ZHONGGUO WENHUA WENWU
TONGJI NIANJIAN

中国文化文物统计年鉴

中华人民共和国文化部　编

2014

國家圖書館出版社
National Library of China Publishing House

图书在版编目(CIP)数据

中国文化文物统计年鉴. 2014/中华人民共和国文化部编. --北京:国家图书馆出版社,2014. 10
ISBN 978 - 7 - 5013 - 5468 - 9

Ⅰ. ①中… Ⅱ. ①中… Ⅲ. ①文化事业—统计资料—中国—2014—年鉴 ②文物工作—统计资料—中国—2014—年鉴 Ⅳ. ①G12 - 66 ②K87 - 66

中国版本图书馆 CIP 数据核字(2014)第 222431 号

书　　名 中国文化文物统计年鉴 2014
著　　者 中华人民共和国文化部　编
责任编辑 金丽萍

出　　版 国家图书馆出版社(100034　北京市西城区文津街 7 号)
(原书目文献出版社　北京图书馆出版社)
发　　行 010 - 66114536　66126153　66151313　66175620
66121706(传真),66126156(门市部)
E-mail btsfxb@ nlc. gov. cn(邮购)
Website www. nlcpress. com ——→投稿中心
经　　销 新华书店
印　　装 北京科信印刷有限公司
版　　次 2014 年 10 月第 1 版　2014 年 10 月第 1 次印刷

开　　本 880 × 1230(毫米)　1/16
印　　张 36. 5
字　　数 1065 千字

书　　号 ISBN 978 - 7 - 5013 - 5468 - 9
定　　价 220. 00 元

中国文化文物统计年鉴（2014）

编者说明

一、《中国文化文物统计年鉴 2014》系统收录了全国和各省、自治区、直辖市 2013 年文化发展各方面的统计数据，以及其他重要历史年份的主要统计数据，是一部全面反映我国文化发展情况的综合性统计资料。

二、本年鉴正文内容共分为七个篇章：一、综合；二、图书馆业；三、群众文化业；四、艺术业；五、文化市场；六、文物业；七、教育、科技、动漫及其他。为方便读者使用，篇末附有《主要统计指标解释》。

三、本资料尚缺香港特别行政区、澳门特别行政区、台湾省的资料。

四、部分分地区数据汇总不等于全国总计，是由于分地区数据未包含中央直属单位数据。

五、符号使用说明：资料中的空格表示该项统计指标数据不足本表最小单位数、数据不详或无该项数据，“#”表示其中的主要项。

六、因时间仓促，年鉴中若有遗漏和不足之处，敬请给予批评指正，以便完善和充实。

编　　者

2014 年 9 月

目　录

一、综合

二、图书馆业

三、群众文化业

四、艺术业

五、文化市场

六、文物业

七、教育、科技、动漫及其他

排序资料

附录资料

全国 2013 年文化发展基本情况

2013 年是全面贯彻落实党的十八大精神的开局之年。面对极为复杂的国内外形势，党中央、国务院坚持稳中求进的工作总基调，保持定力、精准发力、科学决策，积极创新宏观调控方式，坚定不移推进改革开放，开启了党和国家各项事业的新征程。一年来，全国文化系统认真贯彻落实党的十八大精神，紧紧围绕实现中华民族伟大复兴的中国梦，坚持改革创新，坚持服务大局，以建设社会主义文化强国为目标，振奋精神、团结进取、扎实工作，开创了文化改革发展的崭新局面。但总体上看，制约文化发展的因素依然存在，文化发展整体水平还不高，推动文化发展的任务仍然比较艰巨。面对新形势，要深入学习宣传贯彻党的十八届三中全会精神，围绕加快建设社会主义文化强国，着力提高国家文化软实力这一战略目标，加快推进文化治理体系和治理能力的现代化，切实推动文化建设再上新台阶。

一、文化建设全面稳步推进

2013 年，全国文化机构和人员基本保持稳定。据统计，截至 2013 年底，纳入统计制度的全国各类文化单位 29.29 万个，比上年末减少 0.32 万个；从业人员 215.49 万人，比上年末增加 5.68 万人。其中，文化部门所属单位 6.47 万个，增加 674 个；从业人员 63.85 万人，增加 2.28 万人。

2013 年，我国各项文化建设工作取得了新的成就。文化体制机制改革稳步推进，现代文化市场体系进一步健全，文艺创作丰富多彩，文化遗产得到有效保护传承，公共文化和文化产业均衡发展，经济效益和社会效益同步提高，文化对外影响力进一步增强。

（一）加快转变政府职能，文化体制机制改革不断深化

2013 年，文化系统在以往改革工作取得显著进展的基础上，坚持稳中求进，锐意改革创新，切实推动“三个转变（由办文化向管文化转变，由管微观向管宏观转变，由管脚下向管天下转变）”取得明显成效，文化生产力得到进一步解放。一是按照建设服务型创新型政府和法治政府的要求，文化系统进一步转变政府职能，简政放权，推进文化行政审批制度改革，提升行政效能。目前，文化部行政许可项目已取消 3 项，下放 6 项，仅保留 4 项。取消和下放比例达到 69%。在简政放权的同时，加强过程管理与事后监督。发挥行业协会、中介组织的积极作用，减少了文化行政部门对微观事务的管理，提高宏观管理水平。二是加快文化立法，完善文化政策体系，为文化建设顺利开展奠定坚实基础。《公共图书馆法》《博物馆条例》立法进展顺利，《公共文化服务保障法》和《文化产业促进法》已列入十二届全国人大常委会立法规划。制定出台《文化部

2013 年立法工作计划》，为文化部立法工作提供指导。继续深入贯彻实施《非物质文化遗产法》，制定和修改相配套的制度和规章。配合国家行政审批制度改革工作，修订了《营业性演出管理条例》。三是完善政策，加强指导，继续深化国有文艺院团体制改革，演艺业科学发展水平进一步提高。文化部会同中宣部等八部门出台《关于支持转企改制国有文艺院团改革发展的指导意见》，落实和强化了对转制院团的政策扶持，促进了转制院团自我发展能力建设。四是深化文化市场综合执法改革，综合执法规范化建设稳步推进。目前，全国共成立省级综合执法机构 25 个，市县两级综合执法机构 2875 个，执法人员编制总数 32089 人，在岗在编人员 25813 人。

（二）发挥重大艺术活动示范引导作用，艺术演出市场平稳发展

据统计，2013 年末，全国共有艺术表演团体 8180 个，比上年末增加 859 个；从业人员 26.09 万人，增加 1.88 万人。其中各级文化部门管理的艺术表演团体 2067 个，占 25.3%。年末全国各级文化系统艺术表演场馆 1344 个，比上年增加 65 个，观众坐席数 102.79 万个，增加 8.24 万个。全国共有独立核算的艺术展览创作机构 533 个，从业人员 4941 人。其中美术馆 270 个，占 50.7%。

一年来，全国各级文化艺术机构坚持把正确导向和社会效益放在首位，面向基层、面向群众开展创作演出展览，给人民群众提供了丰富多彩的艺术盛宴。

1. 重大艺术活动发挥了巨大示范作用。全国文化系统组织开展了多项专业艺术活动，以点带面，加强引导，促进艺术门类全面协调发展，提高艺术创作质量，增加优秀文化积累。2013 年 10 月，文化部组织举办了第十届中国艺术节。“十艺节”秉持“艺术的盛会、人民的节日”的宗旨，坚持节俭办节、创新办节模式，改进工作作风，突出文化惠民。期间 133 台剧目参加了文华奖评奖或祝贺演出，647 件美术作品参加全国优秀美术作品展览，成为一届展示中国道路、中国精神、中国力量的艺术盛会。文化部举办了第二届优秀保留剧目大奖获奖作品全国巡演活动。巡演活动共历时 4 个月，在 20 多个省（区、市）、100 多个城市的社区、农村及基层单位演出 1000 多场，观众达 80 多万人次，取得了很好的社会效果。国家舞台艺术精品工程推出 15 台重点资助剧目。成功举办 2013 年度全国美术馆藏精品展出季活动，共有 30 个展览项目入选，共计展出各美术馆藏精品 3200 多件，其中 60%的藏品为首次展出，观众总量超过 150 万人次。

2. 演出市场规模持续扩大。2013 年，全国各级艺术表演团体努力开拓国内外市场，积极组织各类文艺演出活动，演出规模继续扩大，演出收入有所增长。据统计，全年全国艺术表演团体演出 165.11 万场，比上年增长 22.3%；国内观众 90064 万人次，增长 8.8%；演出收入 82.07 亿元，增长 27.9%。

为了进一步降低演出票价，让更多的人民群众享受艺术发展成果，2013 年，北京、天津、河南、安徽等地不断拓宽“文化下乡”、“低票价演出”等运作方法，形成了“政府出资、院团演戏、群众得实惠”的良好机制，实现了经济效益与社会效益的有机统一。据统计，全年全国文化部门所属艺术表演团体共组织政府采购的公益演出 8.90 万场，观众 8716.30 万人次。利用流动舞台车演出 9.80 万场次，

观众 9450.03 万人次。

3．赴农村演出规模明显增加。2013 年，全国各级艺术表演团体响应国家号召，积极开拓农村市场，让广大基层群众共享艺术发展的成果。据统计，全年各级艺术表演团体赴农村演出 105.08 万场，比上年增长 29.5%；赴农村演出场次占总演出场次的 63.6%，比重比上年提高 2.5 个百分点；农村观众 52973 万人次，比上年增长 1.7%，占观众总人数的 58.8%。

（三）加快构建现代公共文化服务体系，公共文化服务效能稳步提升

1．重大文化工作取得新成果。一是国家公共文化服务体系示范区（项目）创建取得重要阶段性成果。第一批 31 个创建城市和 45 个示范项目通过验收，32 个城市和 57 个项目列入第二批创建名单。创建工作上升为地方党委政府行为，中央财政资金撬动了创建城市对文化事业的投入。首批中央财政 3.05 亿元示范区创建补助资金撬动了 31 个创建城市财政资金投入超过 150 亿元，4550 万元示范项目补助资金撬动了 47 个创建示范项目所在地财政资金投入超过 30 亿元。二是公共文化机构建设得到加强。文化部开展了第五次全国公共图书馆评估定级。共评估上等级图书馆 2230 个，比第四次评估增加了 446 个，其中一级图书馆 859 个，二级图书馆 640 个，三级图书馆 731 个。开展第一次全国乡镇综合文化站评估定级工作。通过开展评估工作，有效促进了乡镇文化站的标准化、正规化建设。三是重大示范性群众文化活动成果丰硕。十艺节共评选出 220 个“群星奖”作品，110 个“群星奖”项目和 100 位“群文之星”。全国各地围绕“群星奖”开展了广泛的层层选拔和评比演出等活动，充分体现出“群星奖”作为群众文化政府最高奖的示范和带动作用，大大激发了基层群众参与文化创造的积极性。

2．公共图书馆事业再上新台阶。2013 年末，全国共有公共图书馆 3112 个，比上年末增加 36 个。其中县图书馆 1632 个，增加 4 个；少儿图书馆 105 个，增加 6 个。年末全国公共图书馆从业人员 56320 人，比上年末增加 1323 人。其中具有高级职称的人员 5322 人，占 9.5%；具有中级职称的人员 17867 人，占 31.7%。

公共图书馆文化资源进一步丰富，服务能力进一步提高。据统计，2013 年末全国公共图书馆实际使用房屋建筑面积 1158.45 万平方米，比上年末增长 9.5%；图书总藏量 74896 万册，增长 8.8%；电子图书 37767.27 万册；阅览室座席数 80.98 万个，增长 10.2%；计算机 19.54 万台，增长 12.8%；供读者使用的电子阅览终端 11.63 万台，增长 14.6%。年末全国平均每万人公共图书馆建筑面积 85.1 平方米，比上年末增加 6.9 平方米；全国人均图书馆藏量 0.55 册，比上年增加 0.04 册；全国人均购书费 1.22 元，比上年增加 0.15 元。

全年全国公共图书馆发放借书证 2877 万个，比上年增长 15.8%；总流通人次 49232 万，增长 13.3%。书刊文献外借册次 40868 万，增长 23.1%；外借人次 20552 万，增长 18.1%。全年共为读者举办各种活动 91520 次，增长 11.8%；参加人次 4411 万，增长 7.4%。

3．群众文化活动顺利开展。2013 年末，全国共有群众文化机构 44260 个，比上年末增加 384 个。其中乡镇综合文化站 34343 个，增加 242 个。年末

全国群众文化机构从业人员164355人，比上年末增加8127人。其中具有高级职称的人员5472人，占3.3%；具有中级职称的人员16348人，占9.9%。

年末全国群众文化机构实际使用房屋建筑面积3389.39万平方米，比上年末增长6.9%；藏书2.30亿册，增长10.7%；计算机29.22万台，增长24.9%；对公众开放的阅览室99.73万平方米，增长16.2%。年末全国平均每万人群众文化设施建筑面积249.09平方米，比上年末提高14.85平方米。

全年全国群众文化机构共组织开展各类活动128.32万场次，比上年增长6.8%；服务人次44171万，增长0.3%。

各级群众文化活动单位，积极加强对业余文化团体的辅导，充分发挥组织作用。据统计，年末全国群众文化机构共有馆办文艺团体6022个，演出15.13万场，观众6569万人次。由文化馆（站）指导的群众业余文艺团体34.26万个，馆办老年大学724个。

4．公共数字文化建设全面推进。随着信息技术的广泛应用和现代信息设备的普及，公共数字文化发展迅速，已经成为全国公共文化服务体系的重要组成部分。据统计，2013年末全国文化信息资源共享工程已建成2843个市县中心，29555个乡镇（街道）基层服务点，60.2万个村（社区）基层服务点，资源总量达到200.29TB；公共电子阅览室已建成28639个，其中乡镇19572个，街道1389个，社区7678个；数字图书馆推广工程已在全国33家省级馆、374家市级馆全面实施，市级以上公共图书馆数字资源约6000TB。同时，公共数字文化服务能力也全面提升。大力推进国家公共文化数字支撑平台建设。启动“中国文化网络电视”建设试点，有效推进公共数字文化“进村入户”。打造“网络书香”等服务品牌，探索数字图书馆新媒体服务，为基层群众提供更加丰富的数字文化服务。

（四）营造良好发展环境，文化产业健康快速发展

1．文化产业发展环境不断优化。2013年，文化部会同相关部门起草推进文化创意和设计服务与相关产业融合发展的若干意见，制定深化文化金融合作、加快发展对外文化贸易、支持小微文化企业的文件，推动出台动漫产业税收优惠政策，制定并启动实施成长型小微企业、文化产业创业创意人才等扶持计划，不断改善文化产业发展环境。文化产业的财政支持力度进一步加大，全年中央文化产业发展专项资金——“文化金融扶持计划”对92个重点文化信贷项目给予了4.6亿元贴息贷款。金融支持文化发展规模进一步提高，年末文化产业中长期本外币信贷余额1574亿元，比年初新增419亿元，同比增长36.3%；185家文化企业注册发行的债券余额2878.5亿元；77家文化企业在沪深两地资金市场上市，全国各类型的文化产业股权投资基金57只，募集规模超过1350亿元。

2．文化产业规模不断壮大。据国家统计局根据《文化及相关产业分类(2012)》范围初步预计，2013年我国文化及相关产业法人单位实现增加值20782亿元，按同口径和现价计算，比上年增长15%。文化产业法人单位增加值和GDP的比值为3.63%，按同口径计算，比上年提高0.7个百分点。部分地区的文化产业法人单位增加值占地区国内生产总值的比重已经超过5%，成为当地的支柱性产业，在经济

转型中发挥着重要作用。

3．文化产业聚集化水平进一步提高。文化部加强对文化产业园区和基地的管理，通过开展考核巡检工作，撤销了1家国家级文化产业试验园区、1家国家文化产业示范基地称号。年末全国共有8个国家级文化产业示范园区，6个国家级文化产业试验园区和268个国家文化产业示范基地。这些园区和基地涵盖了我国文化产业的骨干企业，充分发挥了示范带动作用。据初步统计，2013年国家级文化产业示范（试验）园区总收入2287亿元，同比增长20.6%，利润562亿元，同比增长40.1%；国家文化产业示范基地总收入2120亿元，同比增长37.6%，利润298亿元，同比增长34.7%。

2013年，实施国家动漫品牌建设和保护计划，推动建设一批在国内和国际市场具有一定影响力的民族原创动漫品牌。发布手机（移动终端）动漫标准，组织实施“中国梦”手机（移动终端）动漫主题创作活动，启动手机（移动终端）动漫标准示范应用推广工程，有效推进新媒体动漫产业发展。据统计，2012年我国动漫产业总产值达到870.85亿元，比上年增长14.6%。截至2013年底，经文化部、财政部、国家税务总局三部门联合认定的动漫企业共587家，重点动漫企业43家。

4．文化科教支撑更加强劲。2013年，文化部稳步推进国家文化科技提升计划、文化部科技创新项目、国家文化创新工程、标准化制修订项目等部级科技及创新项目，积极扶持立项涉及公共文化服务、文化产业发展、文化市场管理、体制机制改革等领域的科技项目48项，国家文化创新工程项目12项，标准化修订项目14项。全年共完成各类艺术学评审立项项目201项，资助经费总额2836万元。首次开展“国家社科基金艺术学重大项目”评审立项工作，6个项目获得立项。会同教育部、国家民委确定并公布首批100个民族文化传承与创新示范专业点，文化系统共有31所艺术职业院校入选。成功举办全国艺术职业教育师资培训班，共对全国来自153个单位的328名学员进行了专业培训。

（五）健全现代文化市场体系，文化市场稳定有序发展

1．文化市场体系进一步完善。出台《娱乐场所管理办法》，引入行政指导制度，实行分级分类管理措施，为娱乐市场管理提供了有力的法规支撑。文化部出台了《文化市场行政审批建设示范标准》，编订了29种审批事项的办事指南业务手册，对文化市场各项行政审批进行全流程标准化指引。出台《网络文化经营单位内容自审管理办法》《网络文化经营单位内容自审管理办法》等规章和规范性文件，调整互联网上网服务市场准入政策，规范企业对自身内容审核和管理责任，强化政府对企业的指导服务和后续监管，引导上网服务企业转型升级。

2．基层文化市场经营单位更有活力。2013年末，纳入统计范围的全国文化市场经营单位（含互联网上网服务营业场所、娱乐场所和民营艺术表演团体）22.66万个，从业人员145.18万人。全年全国文化市场经营单位营业收入1366.57亿元，利润总额351.74亿元。

分区域看，城市文化市场经营单位83788个，占文化市场经营单位总量的37.0%；县城90988个，占40.2%；县以下地区51808个，占22.9%。

3．娱乐场所单位规模有所提高。2011年以来，

全国娱乐场所经营单位持续减少，但从业人员不断增加，单位规模有所提高。据统计，2013年末全国共有娱乐场所89652个，比上年末减少619个；从业人员83.57万人，比上年末增加7.04万人，平均每个娱乐场所9.32人，比上年增加0.84人。全年营业收入884.21亿元，比上年增长46.2%；实现利润208.47亿元，比上年增长5.2%。

4．网吧市场步入转型升级阶段。截至2013年底，我国互联网上网服务企业总量131013个，比上年末减少4670个；从业人员47.82万人，减少5.11万人；全年营业收入387.94亿元，比上年增长9.6%；实现利润142.59亿元，与上年略有下降，一些维持传统商业模式的上网服务企业经营艰难。

2013年，在文化部指导下，各地积极推动上网服务行业转型升级，体现新业态、具有新服务功能的品牌企业崭露头角，一批传统以上网服务为主要功能的上网服务场所正逐渐向集上网服务、社交、休闲娱乐及教育培训功能为一身的社区信息平台和多功能文化活动场所方向发展。

（六）传承弘扬历史文化价值，文化遗产保护工作不断加强

1．文物机构总量和从业人员持续增加。2013年末，全国共有文物机构7737个，比上年末增加1613个。其中，文物保护管理机构2809个，占36.3%，博物馆3473个，占44.9%。年末全国文物机构从业人员13.72万人，比上年末增加1.20万人。其中文物保护管理机构35334人，占25.4%；博物馆79075人，占57.0%。

2．文物机构服务能力进一步提升。2013年，国务院核定公布了第七批全国重点文物保护单位1943处，至此全国重点文物保护单位总数达到4295处。国家文物局公布了第二批12个国家考古遗址公园名单、31个国家考古遗址公园立项名单。红河哈尼梯田文化景观成功申遗，我国世界遗产总数达到45项，位居世界第二。2013年全年投入中央专项资金达到70亿元，实施了2224项全国重点文物保护单位的文物保护项目，完成了6000余件（套）馆藏珍贵文物的修复工作。

年末全国文物机构拥有文物藏品3840.81万件，比上年末增加335.34万件，增长9.6%。其中，博物馆文物藏品2719.16万件，占文物藏品总量的70.8%；文物商店文物藏品763.24万件，占19.9%。文物藏品中，一级文物9.68万件，占0.3%；二级文物76.14万件，占2.0%；三级文物331.55万件，占8.6%。

3．文物机构服务水平进一步提高。全年全国文物机构共安排基本陈列8392个，举办临时展览9644个，接待参观74706万人次，增长11.4%。其中博物馆接待观众63777万人次，占文物机构接待观众总人次的85.4%；文物保护管理机构接待观众10711万人次，占14.3%。参观人群中未成年人20237万人次，比上年增长16.8%，占参观总人数的27.1%。

4．博物馆免费开放工作效果明显。2013年，中央财政继续安排免费开放专项经费，对纳入中央免费开放范围的博物馆、纪念馆进行补助，鼓励改善陈列布展和举办临时展览，支持重点博物馆、纪念馆提升服务能力。全年共安排专项资金30.86亿元，全国免费开放的博物馆2780个，占上报博物馆数量的80.0%。免费开放博物馆从业人员58809人，

占 74.4%。免费博物馆各项业务指标均占全部博物馆的 80%以上，是博物馆对外提供服务的主体。

5．非物质文化遗产保护工作全面开展。2013 年，文化部对第一批和第二批国家级非遗项目保护单位进行了调整变更，重新认定了 433 家第一、二批国家级非遗项目保护单位，并认定了 537 家为第三批国家级非遗项目保护单位。截至 2013 年底，全国共有国家级非遗项目保护单位 2664 家。

2013 年，珠算被列入联合国教科文组织人类非物质文化遗产代表作名录，我国入选项目总数达到 38 个。截至 2013 年底，文化部共认定了 1219 个国家级非物质文化遗产名录和 1986 名国家级非物质文化遗产项目代表性传承人。各省共认定了 9647 个省级非物质文化遗产名录和 7713 名省级非物质文化遗产项目代表性传承人。

据初步统计，年末全国共有非物质文化遗产保护机构 2525 个，从业人员 18128 人。全年全国非物质文化遗产保护机构共举办展览 14078 次，接待观众 3086.05 万人次；举办演出 26339 场，观众 3070.69 万人次；举办民俗活动 12361 次，观众 3673.79 万人次；举办培训班 17554 次，培训人数 121.33 万人次。

（七）提升中华文化影响力，对外及对港澳台文化交流顺利开展

2013 年，对外及对港澳台文化交流工作进展顺利。据统计，全国文化系统审批对外文化交流项目 2159 起，61442 人次参加；批准对港澳文化交流项目 425 项，8883 人次参加；批准对台文化交流项目 324 项，10802 人次参加。同时，创新传播方式和手段，推进文化传通网、中国文化网的发展，加速资源库融合和网上办公平台建设，两网全年编辑发布稿件 23000 多篇，图片 28000 多幅，策划制作了多项专题活动，对外文化传播能力不断提高。

1．高质量完成重大文化外交活动。全年共配合中央领导和文化部领导参与各类高访和出访 35 次，接待外国政府文化代表团 32 起，与 24 个国家签订或续签文化交流年度执行计划，与 9 个国家签订了互设文化中心协定或谅解备忘录。成功组织举办首届汉学家座谈会，开创了中外思想文化交流新平台。在中俄、中美、中欧、中英、中非、中阿、东盟 10+1 和 10+3、中日韩、上合组织等近 20 个区域性多边和双边政府合作机制框架下，中日韩成功评选了首届“东亚文化之都”，圆满完成中国政府援助缅甸第 27 届东南亚运动会开闭幕式技术合作项目，成功举办加拿大“中国文化系列活动”、美国“跨越太平洋”系列活动、德国“中国文化年”闭幕式、第 28 届沙特阿拉伯“杰纳第利亚遗产文化节”中国主宾国活动、第 55 届威尼斯艺术双年展中国馆活动、“中阿丝绸之路文化之旅”等重大对外文化项目近百起，参与和深化各类中外人文交流与合作。

2．重大文化品牌活动影响日益扩大。2013 年，“欢乐春节”活动共涉及 385 个项目，在世界 99 个国家和地区的 251 个城市举办，国内参与省（区、市）多达 29 个，另有 100 多个我驻外使（领）馆、中国文化中心、上百家海外中资企业参与，吸引了约 3500 万海外各阶层民众和华人华侨的热情参与，得到了 2000 多家海外各类媒体的正面报道，在世界范围再次掀起“中国热”。“第十三届亚洲艺术节”以“魅力亚洲、文化中国、七彩云南、美丽春城”为主题，邀请 10 余个国家和地区的艺术团组参加，成为展示亚洲各国优秀艺术成果、丰富我国民众文

化生活的重要品牌。"2013中国文化聚焦"由10余个省（区、市）文化厅（局）、文化机构及我驻非近30个国家使馆共同承办，在国内外举办了200多项文化活动。上海国际艺术节、中泰一家亲、尼泊尔中国节、成都非遗节、相约北京等品牌活动成功举办，成为传播中华文化、促进中外文化交流的重要载体。"艺海流金"、"濠江明月夜"、"情系"系列老品牌和"中秋灯会"、"艺传两岸"等新活动交相辉映，进一步增进了港澳台同胞对中华文化的认同。

3. 海外文化中心建设快速推进。根据国务院批复的《海外中国文化中心发展规划（2012–2020年）》，加快中心的筹备和设立工作，完成尼日利亚中心的筹建和马德里中心的揭牌启用工作，使海外中心总数达到14个。各海外中心活动精彩不断，全年举办各类文化活动预计达近千场，受众超过50万人次，充分显示了海外中心扎根当地、统筹各方资源、面向驻在国主流社会开展丰富多彩活动的独特优势，对外传播能力显著提升。部省年度对口合作成果丰硕，与13个省（区、市）联合开展了100余项文化活动，国外参与相关活动公众10万多人次。

4. 对外文化贸易平台不断拓展。开展2011–2012年度国家文化出口重点企业和重点项目目录认定工作，文化系统232个企业和34个项目列入名单。组织企业和机构参加美国演艺出品人年会、科隆国际游戏展等行业知名展会，成立中国文化国际推广联盟，促进北京、上海对外文化贸易基地加快发展。

（八）发挥中央财政资金示范效应，文化资金保障力度进一步加强

1. 中央财政资金支持文化建设力度加强。2013年，中央财政对文化建设投入力度进一步增强。一方面，全年文化部本级财政拨款收入44.43亿元，比上年增加9.56亿元，增长27.4%。另一方面，中央财政通过继续实施美术馆公共图书馆文化馆（站）免费开放、非遗保护、公共数字文化建设等中央补助地方文化项目，共落实中央补助地方专项资金48.80亿元，资金量比上年增加5.83亿元，增长13.6%。

中央补助地方专项资金中，美术馆公共图书馆文化馆（站）免费开放资金20.17亿元，占41.3%；非物质文化遗产保护专项资金6.63亿元，占13.6%，地市级公共文化设施建设资金6亿元，占12.3%。

2. 全国文化事业费稳定增长。在中央财政资金的带动下，各级财政也加大了对文化建设的扶持力度，全国文化事业费呈现稳定增长态势。据统计，2013年全年全国文化事业费（不含基本建设财政拨款和行政运行费）530.49亿元，比上年增加50.39亿元，增长10.5%；全国人均文化事业费38.99元，比上年增加3.53元，增长10.0%。

全国文物事业费（不含基本建设财政拨款和行政运行费）237.86亿元，比上年增加48.80亿元，增长25.8%；文物事业费占财政总支出的比重为0.17%，比重比上年提高了0.02个百分点。

另据财政部统计，2013年全国财政支出中，文化体育传媒经费2520亿元，比上年增长11.1%，占财政支出的1.80%，比重与上年基本持平。

3. 文化投入模式取得新变化。在加大文化投入的同时，全国财政和文化系统遵循文化发展的特点和规律，积极探索转变财政投入方式，提高财政资金使用效率。2013年，国家艺术基金正式运行，该基金通过项目申报、专家评审和社会公示等制度，

面向全社会文化机构和个人进行资助，提高资金分配使用的透明度和覆盖面，为社会资金资助文化发展提供新的平台，实现了文化艺术资助模式的转型。全国多数地区对艺术表演团体实行了财政补助与演出场次挂钩的动态投入机制，通过政府购买的方式，促进了院团内部机制和服务机制创新。

4．文化设施建设迎来新高潮。2013年，全国各级文化部门加大对公共文化服务设施建设的投入力度，文化设施建设取得显著成效。全年投资项目总数达到1498个，项目计划总投资达607.81亿元，比上年增长18.9%；全年完成投资额为80.57亿元，比上年增长2.7%。竣工项目693个，竣工面积162.7万平方米。

国家级重大文化建设稳步推进。“平安故宫”工程的总体方案获得国务院批准同意。已完成立项批复的国家画院扩建、中央歌剧院剧场、国家美术馆与中央工美馆四项重点工程，投资共计36.88亿元。中芭业务用房与中国歌剧舞剧院剧场等已开始前期选址与方案策划，国家图书馆“国家文献战略储备库”项目正式启动。

全国地市级公共文化设施建设取得新进展。截至2013年底，在纳入《规划》的532个地市级公共图书馆、文化馆和博物馆建设项目中，已开工建设项目187个，占规划项目总数的35.2%；已开工建设项目计划总投资193.64亿元，完成投资72.47亿元，已开工建设项目总建筑面积248.11万平方米。

二、当前文化建设中值得关注的几个问题

（一）公共财政支持力度还需进一步加强

近些年来，党中央国务院高度重视文化建设工作。各级党委政府对文化重要性的认识不断深化，财政对文化建设的投入力度不断加大。但也应该看到，一些地方还未把文化建设列入党委、政府重要议事日程，还未纳入经济社会发展规划，还未将文化建设的成效纳入考核评估体系。由于缺乏标准和规范，一些地方党委政府在文化投入和文化资源的配置等方面缺少“规定动作”和硬约束，存在较大随意性，甚至出现缺位、越位、不作为等问题。从整体上看，财政对文化的支持力度依然不足，还远远不能完全满足文化发展的需要。

据统计，近年来，全国文化事业费占财政支出的比重一直处于不足0.4%的较低水平。2013年，全国文化事业费占财政总支出的比重为0.38%，比重与上年基本持平。

全国人均文化事业费只有38.99元，仅相当于教育的1/40，卫生的1/15。分地区看，人均文化事业费差别非常大，排名前三位的上海、北京和西藏超过了100元，而排名后三位的河南、河北和安徽不足20元。投入的不均衡也直接影响了基本公共文化的均等化发展。

从文化事业费的投入方向看，县以上文化单位占51.4%，比重比上年提高了0.8个百分点；县及县以下文化单位占48.6%，比重比上年下降了0.8个百分点。东部地区文化单位占43.6%，比重下降了0.5个百分点；中部地区文化单位占22.6%，比重提高了0.2个百分点；西部地区文化单位占28.7%，比重下降了0.4个百分点。县及县以下基层地区是近年来文化投入的重点，其占文化事业费的比重也逐年提高，但2013年这一趋势发生了变化。基层投入比重下降的现象值得关注。

（二）文化消费的外部环境还需进一步优化

文化消费是文化发展的基础，也是文化发展的目的。近年来，随着人民收入水平的不断提高和物质生活质量的逐步改善，城乡居民越来越重视文化生活，居民文化消费水平不断提高，成为推动文化建设的重要源泉。但由于兜底的社会保障体系还没有建立起来，住房、教育、医疗、养老消费预期值较高，城乡居民文化消费的欲望还不强，不能消费、不敢消费的心理还普遍存在。

据国家统计局统计，近几年来，不管是城市还是农村，居民人均文化消费逐年增长，文化消费占消费支出的比重整体上呈现逐年提高趋势，但绝对水平依然较低，远远低于10%–12%的发达国家一般规律。

（三）公共文化服务体系建设仍面临诸多困难

十八届三中全会明确提出了“构建现代公共文化服务体系”的重要任务。但是从当前公共文化服务体系建设的现状看，还面临着诸多问题。从设施情况看，尽管基本建立了覆盖城乡的公共文化设施网络，但在部分地区仍存在数量不足、标准不高的现象。尤其是县级公共文化设施普遍存在建设年代久远、建筑面积相对不足的问题。2013年底，县级公共图书馆和文化馆建筑面积低于800平方米的占25%，建成年代在1990年之前的占27.4%。从人员情况看，由于缺乏必要的职业门槛，公共文化机构尤其是基层文化公共机构专职专干人员总量不足、素质不高的情况还比较普遍。2013年底，全国乡镇综合文化站从业人员87922人中，在编人员54776人，仅占62.3%，平均每站仅1.6人。从资金情况看，尽管“三馆一站”免费开放资金的设立基本保障了基层公共文化服务机构的业务运行，但从总体上看，经费投入仍然相对不足，难以满足基层人民群众的基本需求。据统计，2013年，全国县级文化馆中，年业务活动专项经费不足5万元的仍有1321个，占45.1%；在我国2712个县级公共图书馆中，无购书经费支出的有580个，占到县级公共图书馆的21.4%。从内容上看，以群众文化需求为导向的公共文化服务供给模式尚未完全建立，广大群众喜闻乐见的公共文化产品比较缺乏，群众参与文化活动的热情还不高。2013年，全国群众文化机构开展各项活动129.32万次，仅比上年增长6.8%，服务人次44171万人次，仅增长0.3%。从管理上看，公共文化服务体系的法律制度还不健全，还缺乏统一的标准和规范；文化部门和其他部门管理职能条块分割，项目设置交叉重复的现象还比较突出；基层公共文化服务的绩效考核评估机制尚待建立，许多基层文化部门和公益性文化单位工作积极性不高。对党政领导的评估评价还不够，难以对政府履行责任情况进行指导、监督、考核。从均等化情况看，区域不均衡、城乡不均衡和群体不均衡的现象仍然突出，还难以适应“构建现代公共文化服务体系”的要求。

（四）演出市场面临艰难转型

2013年8月，为贯彻中央“八项规定”，反对奢侈浪费之风，中宣部、财政部、文化部、审计署和国家新闻出版广电总局联合下发《关于制止豪华铺张、提倡节俭办晚会的通知》，严格控制党政机关举办文艺晚会和各种庆典活动，营造节俭办晚会的良好氛围，加强对文艺晚会的监督检查。“规定”营造了更加健康公开透明的市场环境，有利于演出市场的结构优化和理性发展，将促使艺术院团积极主动开拓市场，顺应市场的变化和观众的需求，形成合格的市场主体。但从短期看，市场化程度较低的文化系统所属艺术院团受到了较大的影响，面临着艰难转型。

据统计，2013 年文化部门所属的艺术院团 2067 家，比上年减少了 61 家；从业人员 11.7 万人，减少 3044 人；全年演出 39.81 万场，比上年下降 0.9%，国内演出观众 3.48 亿人次，下降了 3.2%，演出收入 14.5 亿元，大幅下降 35.2%。

2014 年是贯彻党的十八届三中全会精神、全面深化改革的第一年。十八届三中全会通过的《中共中央关于全面深化改革若干重大问题的决定》充分体现了党中央全面深化改革的信心和决心，是党在新的历史起点上全面深化改革的科学指南和行动纲领，也为我们在新的起点上加快文化改革发展指明了方向。面对新形势和新任务，文化系统将深入学习宣传贯彻党的十八届三中全会精神，围绕加快建设社会主义文化强国，着力提高国家文化软实力这一战略目标，以激发全民族文化创造活力为中心环节，着力完善文化管理体制、建立健全现代文化市场体系、构建现代公共文化服务体系、提高文化开放水平四项重点任务，实现文化建设再上新台阶，让文化改革发展的成果更多更公平地惠及全体人民。

文化部财务司

综　合

1

2013年全国文化发展主要统计数据

指　标	单位	总量指标		增长速度(%)
		2012年	2013年	
机构和人员				
机构数	个	296083	292884	-1.1
从业人员数	人	2098095	2154948	2.7
文化投入				
文化事业费	亿元	480.10	530.49	10.5
人均文化事业费	元	35.46	38.99	10.0
公共图书馆				
机构数	个	3076	3112	1.2
总藏量	万册	68826.47	74896.05	8.8
总流通人次	万人次	43437.20	49232.00	13.3
群众文化				
机构数	个	43876	44260	0.9
#文化站	个	40575	40945	0.9
组织开展各类活动次数	万次	121.13	129.32	6.8
举办展览	万次	11.48	13.82	20.4
组织文艺活动	万次	68.85	74.06	7.6
组织公益性讲座	万次	2.08	2.36	13.5
举办训练班	万次	38.72	39.08	0.9
服务人次	万人次	44035.62	44170.74	0.3
艺术表演团体				
机构数	个	7321	8180	11.7
演出场次	万场次	135.02	165.11	22.3
#农村演出场次	万场次	81.16	105.07	29.5
国内演出观众人次	万人次	82805.09	90064.25	8.8
#农村观众人次	万人次	52102.43	52973.44	1.7
演出收入	万元	641480	735532	14.7
艺术表演场馆				
机构数	个	1279	1253	-2.0
艺术演出场次	万场次	7.19	4.94	-31.3
艺术演出观众人次	万人次	2191.67	2190.11	-0.07
艺术演出收入	万元	44454	40022	-9.97
文化市场				
机构数	个	231132	226584	-2.0
从业人员数	个	1416028	1451818	2.5
营业收入	万元	10337954	13665714	32.2
营业利润	万元	3559842	3657410	2.7
文物业				
机构数	个	6124	7737	26.4
总藏品	万件/套	3505.48	3840.81	9.6
参观人次	万人次	67059	74706	11.4

注：文化市场数据包括民营艺术表演团体、互联网上网服务营业场所及娱乐场所数据。艺术表演场馆为文化部门所属艺术表演场馆。

按年份主要文化机构数

单位：个

年份	公共图书馆	文化馆	文化站	博物馆	艺术表演团体	艺术表演场馆
1949年	55	896		21	1000	891
1952年	83	2430		35	2084	1510
1957年	400	2748		72	2884	2296
1962年	541	2575	1192	230	3320	2249
1965年	562	2660	2125	214	3458	2943
1970年	323	2332	1794	182	2541	1432
1975年	629	2670	2717	242	2836	1464
1978年	1218	2840	4053	349	3150	1095
1980年	1732	3130	5609	365	3533	1444
1985年	2344	3295	5281	711	3317	1377
1986年	2406	3330	5583	777	3195	2058
1987年	2440	3321	5653	827	3094	2148
1988年	2485	3333	5712	903	2985	2081
1989年	2512	3321	5716	967	2850	2050
1990年	2527	3321	5895	1013	2805	1955
1991年	2535	3265	7242	1075	2772	2068
1992年	2558	3272	6292	1106	2753	2037
1993年	2572	3256	6899	1130	2707	2024
1994年	2589	3261	8015	1161	2698	1998
1995年	2615	3259	10228	1194	2682	1958
1996年	2620	3284	41969	1219	2664	1934
1997年	2628	3286	42163	1282	2663	1947
1998年	2662	3287	42547	1339	2652	1929
1999年	2669	3294	42543	1363	2632	1911
2000年	2675	3297	42024	1392	2619	1900
2001年	2696	3241	40138	1461	2605	1854
2002年	2697	3243	39273	1511	2587	1829
2003年	2709	3228	38588	1515	2601	1900
2004年	2720	3221	38181	1548	2759	1928
2005年	2762	3226	38362	1581	2805	1866
2006年	2778	3214	36874	1617	2866	1839
2007年	2799	3217	37384	1722	4512	1732
2008年	2820	3218	37938	1893	5114	1662
2009年	2850	3223	38736	2252	6139	1499
2010年	2884	3264	40118	2435	6864	1461
2011年	2952	3285	40390	2650	7055	1429
2012年	3076	3301	40575	3069	7321	1279
2013年	3112	3315	40945	3473	8180	1253

注：2007年以前艺术表演团体为文化部门系统内数据，2007年起含非文化部门单位。艺术表演场馆为文化部门所属艺术表演场馆，1996年以前文化站数据未包括其他部门所属乡镇综合文化站，1996—1998年文化站数据包括其他部门所属单位，1999年以后，其他部门所属文化站归文化部门管理。

按年份全国文化事业费基本情况

年　份	文化事业费（亿元）	国家财政总支出（亿元）	文化事业费总支出占国家财政比重（%）
1978年	4.44	1122.09	0.40
1979年	5.84	1281.79	0.46
1980年	5.61	1228.83	0.46
六五时期	**36.03**	**7483.18**	**0.48**
1985年	9.32	2004.25	0.47
七五时期	**62.45**	**12865.67**	**0.49**
1986年	10.74	2204.91	0.49
1987年	10.77	2262.18	0.48
1988年	12.18	2491.21	0.49
1989年	13.57	2823.78	0.48
1990年	15.19	3083.59	0.49
八五时期	**121.33**	**24387.47**	**0.50**
1991年	17.28	3386.62	0.51
1992年	19.46	3742.20	0.52
1993年	22.37	4642.30	0.48
1994年	28.83	5792.62	0.50
1995年	33.39	6823.72	0.49
九五时期	**254.51**	**57043.46**	**0.45**
1996年	38.77	7937.55	0.49
1997年	46.19	9233.56	0.50
1998年	50.78	10798.18	0.47
1999年	55.61	13187.67	0.42
2000年	63.16	15886.50	0.40
十五时期	**496.13**	**128022.85**	**0.39**
2001年	70.99	18902.58	0.38
2002年	83.66	22053.15	0.38
2003年	94.03	24649.95	0.38
2004年	113.63	28486.89	0.40
2005年	133.82	33930.28	0.39
十一五时期	**1220.40**	**318672.05**	**0.38**
2006年	158.03	40422.73	0.39
2007年	198.96	49781.35	0.40
2008年	248.04	62592.66	0.40
2009年	292.31	76299.93	0.38
2010年	323.06	89575.38	0.36
2011年	392.62	109247.79	0.36
2012年	480.10	125952.97	0.38
2013年	530.49	140212.10	0.38

注：①国家财政总支出系国家财政决算数。
②文化事业费：1953年～1980年系国家财政决算数（“一五”至“四五”时期含文物、出版经费，“五五”时期不含文物、出版经费）；1981年以后系文化事业统计年报数（不含文物、出版及科学研究费；不含基本建设的财政拨款和行政运行经费，以下各表同）。

按年份全国文化事业基本建设情况

年　份	本年计划投资(万元)		本年完成投资(万元)	竣工使用	
		国家投资		项目(个)	面积(万平方米)
1982年	46244		37090	1187	
1983年	53170	18063	42381	1292	
1984年	58589	22517	48479	1024	
1985年	73267	32150	64460	986	
七五时期	**320139**	**152369**	**290873**	**2961**	**520.6**
1986年	69939	32864	63197	740	117.6
1987年	69692	34951	61383	622	121.0
1988年	69918	31594	64186	581	97.0
1989年	51964	24680	48124	542	97.9
1990年	58626	28280	53983	476	87.1
八五时期	**627173**	**180715**	**531210**	**1540**	**299.3**
1991年	67112	23214	57781	325	62.8
1992年	89707	28348	78488	358	65.6
1993年	110843	28170	91766	314	56.3
1994年	154649	48912	142171	268	48.1
1995年	204862	52071	161004	275	66.5
九五时期	**1255378**	**497573**	**988048**	**1174**	**413.2**
1996年	187692	58225	144433	287	94.1
1997年	223963	98845	204774	285	74.1
1998年	230649	119561	170079	176	73.0
1999年	280005	112130	239269	217	78.4
2000年	333069	108812	229493	209	93.6
十五时期	**1678383**	**918246**	**1363909**	**1087**	**338.8**
2001年	251075	171729	198397	160	77.2
2002年	346381	159999	240023	150	73.9
2003年	335434	180416	255359	217	115.0
2004年	395208	207739	371204	286	44.4
2005年	350285	198363	298926	274	28.3
十一五时期	**4179930**	**2320025**	**2785294**	**12313**	**1001.5**
2006年	451099	317046	371736	253	139.0
2007年	578655	355023	400798	783	137.3
2008年	665375	297124	444627	1175	125.6
2009年	1208917	692040	816741	4842	284.1
2010年	1275884	658792	751392	5260	315.5
2011年	1083654	599390	777189	4954	296.9
2012年	1360223	710584	784726	982	170.7
2013年	1221647	603400	805750	693	162.7

按年份各地区文化事业费

单位：万元

地 区	1995年	2000年	2005年	2009年	2010年	2011年	2012年	2013年
全 国	**333853**	**631591**	**1338193**	**2923138**	**3230646**	**3926223**	**4801015**	**5304904**
中 央	20973	55498	113028	207120	152788	184867	212300	269177
北 京	8427	24008	64587	139070	161693	179115	228738	244620
天 津	5098	9796	31592	59419	56348	74595	79282	95616
河 北	11393	18984	39626	67514	70307	93048	114728	127775
山 西	9215	12347	29832	68915	78000	111854	131218	141055
内蒙古	8624	14515	30543	90834	112982	127692	162157	173791
辽 宁	17525	26790	47578	103852	113430	109256	147143	139102
吉 林	10613	15711	26566	81951	90327	93047	94962	111561
黑龙江	10722	16598	33742	66055	74631	87957	93551	96252
上 海	15431	42608	79201	179641	186266	241757	287144	294524
江 苏	18234	38527	77658	156415	163123	228144	297752	369077
浙 江	14764	35334	110397	210702	242002	288595	357094	360199
安 徽	8836	15849	30541	68005	76813	91387	90303	111141
福 建	11023	22174	42949	89566	101855	107639	127062	144997
江 西	7404	10696	23398	66782	73401	69643	79760	89733
山 东	16315	30944	61687	127359	138876	175411	206838	246349
河 南	12447	20948	37708	91641	95143	122440	150441	161446
湖 北	11268	19367	43585	97863	114389	108101	138694	154138
湖 南	10525	16564	34771	87969	86133	98805	126938	144707
广 东	27486	58321	128095	226179	269940	337369	384588	419594
广 西	8617	14608	28089	68074	80097	82743	117052	131614
海 南	2965	3468	6007	25626	27356	37297	57209	62250
重 庆		9151	17505	51464	77350	93801	120734	121134
四 川	16905	20500	44523	118242	143902	205784	274876	304646
贵 州	4785	9131	18731	53265	53676	74805	96876	96869
云 南	14563	23945	42036	76259	86881	121629	130776	143712
西 藏	2124	4264	8003	12921	21050	19239	27131	31966
陕 西	8583	13976	23462	72478	89457	119207	153402	191783
甘 肃	6935	9130	20882	47046	55563	83375	91199	98665
青 海	2574	3696	7349	25570	41114	34114	51457	50669
宁 夏	2108	3625	9646	24661	24483	35539	44538	38052
新 疆	7371	10518	24877	60681	71273	87971	125076	138694

按年份各地区文化事业费占财政支出比重

单位：%

地区	1995年		2000年		2005年		2010年		2012年		2013年	
	比重	位次	比重	位次	比重	位次	比重	位次	比重	位次	比重	位次
全国	**0.49**		**0.40**		**0.39**		**0.36**		**0.38**		**0.38**	
北京	0.55	28	0.54	14	0.61	4	0.60	2	0.62	4	0.59	4
天津	0.55	28	0.53	15	0.71	3	0.41	14	0.37	19	0.38	19
河北	0.60	23	0.46	28	0.40	24	0.25	31	0.28	29	0.29	26
山西	0.82	7	0.55	11	0.44	14	0.40	15	0.48	9	0.47	8
内蒙古	0.84	5	0.59	8	0.44	15	0.50	7	0.47	10	0.47	9
辽宁	0.64	15	0.52	17	0.39	25	0.35	22	0.32	24	0.27	29
吉林	0.88	3	0.90	1	0.42	18	0.51	6	0.38	18	0.41	14
黑龙江	0.61	18	0.45	30	0.42	19	0.33	25	0.29	28	0.29	27
上海	0.59	25	0.68	5	0.48	9	0.56	4	0.69	2	0.65	2
江苏	0.72	10	0.61	6	0.46	12	0.33	26	0.42	15	0.47	10
浙江	0.82	7	0.82	2	0.87	1	0.75	1	0.86	1	0.76	1
安徽	0.65	14	0.49	23	0.42	20	0.30	29	0.23	31	0.26	30
福建	0.64	15	0.69	4	0.72	2	0.60	3	0.49	8	0.47	11
江西	0.67	13	0.48	26	0.41	22	0.38	18	0.26	30	0.26	31
山东	0.59	25	0.51	18	0.42	21	0.34	23	0.35	22	0.37	20
河南	0.60	23	0.47	27	0.33	31	0.28	30	0.30	26	0.29	28
湖北	0.69	12	0.53	15	0.55	6	0.46	10	0.37	20	0.35	21
湖南	0.61	18	0.49	23	0.39	26	0.32	28	0.31	25	0.31	24
广东	0.52	30	0.55	11	0.55	7	0.50	8	0.52	5	0.5	6
广西	0.61	18	0.57	10	0.45	13	0.40	16	0.39	17	0.41	15
海南	0.70	11	0.51	18	0.39	27	0.47	9	0.63	3	0.62	3
重庆			0.49	23	0.35	29	0.45	11	0.40	16	0.4	18
四川	0.61	18	0.45	30	0.41	23	0.34	24	0.50	7	0.49	7
贵州	0.56	27	0.46	28	0.35	30	0.33	27	0.35	23	0.31	25
云南	0.62	17	0.58	9	0.54	8	0.38	19	0.37	21	0.35	22
西藏	0.61	18	0.71	3	0.43	16	0.38	20	0.30	27	0.32	23
陕西	0.84	5	0.51	18	0.36	28	0.40	17	0.46	11	0.52	5
甘肃	0.85	4	0.50	22	0.48	10	0.38	21	0.44	13	0.43	13
青海	0.89	2	0.55	11	0.43	17	0.55	5	0.44	14	0.41	16
宁夏	0.92	1	0.60	7	0.60	5	0.44	12	0.52	6	0.41	17
新疆	0.76	9	0.51	18	0.47	11	0.42	13	0.46	12	0.45	12

注：各地财政支出不包含中央转移支付部分。

按年份各地区人均文化事业费及位次

单位：元

地　区	1995年		2000年		2005年		2010年		2012年		2013年	
	人均经费	位次	人均经费	位次	人均经费	位次	人均经费	位次	人均经费	位次	人均经费	位次
全　国	**2.75**		**4.99**		**10.23**		**24.11**		**35.46**		**38.99**	
北　京	8.74	2	17.37	2	41.99	2	82.44	1	110.55	2	115.66	2
天　津	7.56	3	9.79	4	30.29	3	43.55	7	56.11	9	64.96	8
河　北	1.78	25	2.81	25	5.78	25	9.78	31	15.74	30	17.42	30
山　西	3.12	15	3.74	19	8.89	16	21.84	17	36.34	14	38.86	16
内蒙古	4.13	9	6.11	11	12.80	9	45.73	5	65.12	7	69.57	5
辽　宁	4.31	6	6.32	10	11.27	12	25.93	14	33.53	20	31.69	20
吉　林	4.21	8	5.76	12	9.78	14	32.89	9	34.53	17	40.55	14
黑龙江	2.95	16	4.50	16	8.83	17	19.48	21	24.40	24	25.10	26
上　海	13.10	1	25.45	1	44.54	1	80.92	2	120.65	1	121.96	1
江　苏	2.62	8	5.18	15	10.39	13	20.74	19	37.59	13	46.49	12
浙　江	3.26	13	7.55	5	22.54	5	44.46	6	65.20	6	65.51	7
安　徽	1.48	28	2.65	26	4.99	30	12.91	29	15.08	31	18.43	29
福　建	3.27	12	6.39	9	12.15	11	27.61	12	33.90	19	38.42	17
江　西	1.94	22	2.58	28	5.43	27	16.47	25	17.71	28	19.84	28
山　东	1.93	23	3.41	21	6.67	21	14.50	27	21.36	26	25.31	25
河　南	1.34	30	2.26	31	4.02	31	10.12	30	15.99	29	17.15	31
湖　北	2.04	21	3.21	23	7.63	19	19.98	20	24.00	25	26.58	24
湖　南	1.67	26	2.57	29	5.50	26	13.11	28	19.12	27	21.63	27
广　东	3.93	10	6.75	7	13.93	7	25.88	15	36.30	15	39.42	15
广　西	1.93	24	3.25	22	6.03	24	17.40	24	25.00	23	27.89	22
海　南	2.50	19	4.41	17	7.25	20	31.55	11	64.50	8	69.55	6
重　庆			2.96	24	6.09	23	26.81	13	41.00	11	40.79	13
四　川	1.56	27	2.46	30	5.42	28	17.89	23	34.04	18	37.58	19
贵　州	1.36	29	2.59	27	5.02	29	15.45	26	27.81	22	27.66	23
云　南	3.47	11	5.58	13	9.45	15	18.90	22	28.07	21	30.66	21
西　藏	3.22	14	16.27	3	28.89	4	70.12	4	88.09	4	102.45	3
陕　西	2.42	20	3.88	18	6.31	22	23.97	16	40.87	12	50.95	11
甘　肃	2.93	17	3.56	20	8.05	18	21.73	18	35.38	16	38.21	18
青　海	5.30	5	7.14	6	13.53	8	73.07	3	89.80	3	87.66	4
宁　夏	4.23	7	6.45	8	16.18	6	38.85	8	68.84	5	58.18	10
新　疆	5.39	4	5.46	14	12.38	10	32.67	10	56.01	10	61.26	9

按年份各地区文化事业实际完成基建投资

单位：万元

地　区	1995年	2000年	2005年	2009年	2010年	2011年	2012年	2013年
总　计	**161004**	**229493**	**327683**	**816741**	**751392**	**777189**	**784726**	**805750**
中　央	17876	46781	24842	23801	23395	19603	12662	16203
北　京	2646	6679		6517	767	292	9574	25678
天　津	1167	328	5940	20277	21957	475	25596	110
河　北	1904	6235	8841	12037	30647	7966	21534	13820
山　西	640	3730	2255	32240	18624	13729	13912	18515
内蒙古	1587	392	9713	84232	59702	54128	84331	20596
辽　宁	2807	11835	12645	16282	9275	19683	16723	6552
吉　林	1207	1643	9850	17627	11932	32056	20632	20926
黑龙江	1008	2270	2747	10840	19659	10769	800	13620
上　海	18635	5943	522	8669	4931	3201	4121	17683
江　苏	12241	36346	30069	29404	42282	32659	57055	65671
浙　江	12759	34259	48511	16841	54873	42199	47838	65289
安　徽	1762	1168	2005	19785	19565	32813	5616	28104
福　建	4598	3339	11173	45043	40563	54635	20815	26294
江　西	4279	947	2875	39870	56580	17806	16717	23608
山　东	7173	3086	18689	46723	26305	50431	22382	99271
河　南	4018	1570	26997	53188	52948	47357	13589	21828
湖　北	8590	21835		43390	24094	26533	21360	52887
湖　南	4755	5410	9249	21691	18104	49345	7086	10519
广　东	18800	18881	52786	69124	58894	60841	54442	17273
广　西	2722	411	1666	10460	14573	33421	174060	94059
海　南	1967	110	14334	19563	13254	8599	10208	24336
重　庆		254	4800	13999	13548	3407	2657	1506
四　川	18240	6996	6547	72520	60288	49210	31151	23305
贵　州	1429	1635	2387	4665	3061	20331	4095	15672
云　南	3678	3220	4562	28439	16483	21369	38891	24555
西　藏	125		2716	1075	1217		273	3485
陕　西	1059	183	607	6418	7145	10800	12921	10986
甘　肃	406	2908	4866	14125	16227	10971	15022	14990
青　海	838	120	548	1749	1592	1690	14	186
宁　夏	270	279	113	3220	1631	19841	9385	13958
新　疆	1818	700	4828	22927	7276	21032	9263	14265

2013年全国文化文物机构数和

	总　计						
	机构数(个)	从业人员数(人)	专业技术人才	正高级职称	副高级职称	中级职称	机构数(个)
总　计	**292884**	**2154948**	**333677**	**10412**	**32686**	**95016**	**64686**
艺术业	9557	287183	149646	4783	13340	32062	3353
其中：艺术表演团体	8180	260865	142533	4552	12656	29446	2067
艺术表演场馆	1344	26036	6964	213	656	2557	1253
公共图书馆	3112	56320	39440	715	4607	17867	3112
群众文化服务	44260	164355	65269	925	4547	16348	44260
其中：文化站	40945	108434	25706				40945
艺术教育业	139	12680	8526	359	1820	3204	139
文艺科研	225	4739	3676	455	681	1425	224
文物业	7737	137173	42575	1923	5227	16822	6884
文化市场经营机构(不含非公有制艺术表演团体)	220665	1313900					
其他	7189	178598	24545	1252	2464	7288	6714

续表

	文　化　部　门						
	集　体　经　济						
	机构数(个)	从业人员数(人)	专业技术人才	正高级职称	副高级职称	中级职称	机构数(个)
总　计	**311**	**7454**	**4228**	**94**	**423**	**1352**	**853**
艺术业	201	6747	4076	94	421	1321	299
其中：艺术表演团体	182	6542	3958	93	418	1259	239
艺术表演场馆	18	181	114		2	60	60
公共图书馆							
群众文化服务							
其中：文化站							
艺术教育业	2	16	16				3
文艺科研							3
文物业	64	258	13			4	158
文化市场经营机构(不含非公有制艺术表演团体)							
其他	44	433	123		2	27	390

从业人员数(按管理部门分)

文化部门										
合计					国有企业					
从业人员数(人)	专业技术人才	正高级职称	副高级职称	中级职称	机构数(个)	从业人员数(人)	专业技术人才	正高级职称	副高级职称	中级职称
638537	**262361**	**9712**	**31433**	**91276**	**63522**	**580314**	**240202**	**8758**	**29011**	**84530**
139900	87707	4636	12970	30914	2853	116239	72899	3967	11042	25810
117004	81148	4425	12354	28515	1646	95572	67040	3777	10495	23685
22614	6410	193	588	2340	1175	20409	5714	173	520	2068
56320	39440	715	4607	17867	3112	56320	39440	715	4607	17867
164355	65269	925	4547	16348	44260	164355	65269	925	4547	16348
108434	25706				40945	108434	25706			
12680	8526	359	1820	3204	134	12566	8447	359	1813	3171
4732	3670	454	679	1423	221	4589	3559	434	670	1387
120282	37858	1579	4661	15129	6662	117531	36953	1533	4554	14820
140268	19891	1044	2149	6391	6280	108714	13635	825	1778	5127

其他经济					其他部门					
从业人员数(人)	专业技术人才	正高级职称	副高级职称	中级职称	机构数(个)	从业人员数(人)	专业技术人才	正高级职称	副高级职称	中级职称
50769	**17931**	**860**	**1999**	**5394**	**228198**	**1516411**	**71316**	**700**	**1253**	**3740**
16914	10732	575	1507	3783	6204	147283	61939	147	370	1148
14890	10150	555	1441	3571	6113	143861	61385	127	302	931
2024	582	20	66	212	91	3422	554	20	68	217
98	63		7	33						
143	111	20	9	36	1	7	6	1	2	2
2493	892	46	107	305	853	16891	4717	344	566	1693
					220665	1313900				
31121	6133	219	369	1237	475	38330	4654	208	315	897

2013年全国文化文物机构数和

	总　计		按单位性质分类	
			事业	
	机构数(个)	从业人员数(人)	机构数(个)	从业人员数(人)
总　计	**292884**	**2154948**	**64090**	**580702**
艺术业	9557	287183	2598	103182
其中：艺术表演团体	8180	260865	1601	86470
艺术表演场馆	1344	26036	964	16430
图书馆	3112	56320	3112	56320
群众文化服务	44260	164355	44260	164355
其中：文化站	40945	108434	40945	108434
艺术教育业	139	12680	139	12680
文艺科研	225	4739	225	4739
文物业	7737	137173	7602	134020
文化市场经营机构(不含非公有制艺术表演团体)	220665	1313900		
其他	7189	178598	6154	105406

续表

	按登记注册类型分类			
	在内资企业(单位)中			
	股份合作、联营企业		有限责任、股份有限公司	
	机构数(个)	从业人员数(人)	机构数(个)	从业人员数(人)
总　计	**22**	**1368**	**847**	**75027**
艺术业	6	95	247	16273
其中：艺术表演团体	5	90	177	13089
艺术表演场馆	1	5	70	3184
图书馆				
群众文化服务				
其中：文化站				
艺术教育业				
文艺科研			1	87
文物业	8	81	44	1113
文化市场经营机构(不含非公有制艺术表演团体)				
其他	8	1192	555	57554

从业人员数(按单位性质和登记注册类型分)

企业		按登记注册类型分类					
		内资合计		在内资企业(单位)中			
				国有企业(单位)		集体企业(单位)	
机构数(个)	从业人员数(人)	机构数(个)	从业人员数(人)	机构数(个)	从业人员数(人)	机构数(个)	从业人员数(人)
228794	**1574246**	**292872**	**2152945**	**64219**	**597483**	**333**	**8075**
6959	184001	9555	287037	3011	121304	206	6890
6579	174395	8179	260830	1752	99035	185	6633
380	9606	1343	25925	1227	22011	20	233
		3112	56320	3112	56320		
		44260	164355	44260	164355		
		40945	108434	40945	108434		
		139	12680	134	12566	2	16
		225	4739	222	4596		
135	3153	7736	137138	7140	128576	78	660
220665	1313900	220665	1313900				
1035	73192	7180	176776	6340	109766	47	509

按登记注册类型分类							
				港澳台商投资企业		外商投资企业	
私营企业		其他					
机构数(个)	从业人员数(人)	机构数(个)	从业人员数(人)	机构数(个)	从业人员数(人)	机构数(个)	从业人员数(人)
227159	**1464482**	**292**	**6510**	**4**	**388**	**8**	**1615**
6019	140155	66	2320	1	35	1	111
6004	139891	56	2092	1	35		
15	264	10	228			1	111
2	33	1	65				
		2	56				
319	4501	147	2207	1	35		
220665	1313900						
154	5893	76	1862	2	318	7	1504

2013年全国民族自治地区主要

	总计							
	机构数（个）	从业人员数（人）	专业技术人才	正高级职称	副高级职称	中级职称	机构数（个）	从业人员数（人）
总　计	**49131**	**279345**	**50285**	**961**	**4215**	**13889**	**13751**	**99278**
艺术业	**971**	**34195**	**19548**	**498**	**1797**	**4657**	**586**	**22255**
艺术表演团体	848	32911	19048	479	1753	4484	470	20998
其中：少数民族歌舞团	165	7801	4518	186	465	1048	79	4388
艺术表演场馆	115	1216	448	9	35	154	108	1189
其中：剧场、影剧院	98	1130	414	8	34	141	92	1103
艺术创作机构	8	68	52	10	9	19	8	68
图书馆业	**757**	**7977**	**6113**	**57**	**643**	**2619**	**757**	**7977**
群众文化业	**9326**	**27794**	**14195**	**119**	**815**	**3366**	**9326**	**27794**
文化馆	793	11110	8539	119	815	3366	793	11110
文化站	8533	16684	5656				8533	16684
文物业	**1761**	**16525**	**4579**	**133**	**499**	**1756**	**1657**	**16339**
其中：文物保护管理机构	1023	7820	1258	13	110	499	974	7814
博物馆	456	7019	2985	79	338	1145	446	6843
文化休闲娱乐服务	**34896**	**169650**	**2272**	**16**	**56**	**210**	**21**	**1991**
其中：娱乐场所	17896	109252						
其他计算机服务(网吧)	16970	56179						
动漫企业	**22**	**693**					**15**	**471**
其他	**1398**	**22511**	**3578**	**138**	**405**	**1281**	**1389**	**22451**

续表

	文化部门						
	集体经济						
	机构数（个）	从业人员数（人）	专业技术人才	正高级职称	副高级职称	中级职称	机构数（个）
总　计	**56**	**220**	**34**		**1**	**16**	**131**
艺术业	**2**	**53**	**29**		**1**	**15**	**53**
艺术表演团体	2	53	29		1	15	47
其中：少数民族歌舞团							7
艺术表演场馆							6
其中：剧场、影剧院							6
艺术创作机构							
图书馆业							
群众文化业							
文化馆							
文化站							
文物业	**51**	**125**	**4**				**34**
其中：文物保护管理机构	48	114	1				4
博物馆	3	11	3				30
文化休闲娱乐服务	**3**	**42**	**1**			**1**	**13**
其中：娱乐场所							
其他计算机服务(网吧)							
动漫企业							**15**
其他							**16**

文化文物机构数和从业人员数

文化部门									
合计				国有企业					
专业技术人才	正高级职称	副高级职称	中级职称	机构数（个）	从业人员数（人）	专业技术人才	正高级职称	副高级职称	中级职称
45107	**954**	**4185**	**13798**	**13564**	**93621**	**42258**	**885**	**3983**	**13291**
15321	**498**	**1797**	**4656**	**531**	**20070**	**14096**	**451**	**1641**	**4329**
14830	479	1753	4484	421	18933	13705	435	1609	4183
3293	186	465	1048	72	4073	3126	181	442	978
439	9	35	153	102	1069	339	6	23	127
405	8	34	140	86	983	305	5	22	114
52	10	9	19	8	68	52	10	9	19
6113	**57**	**643**	**2619**	**757**	**7977**	**6113**	**57**	**643**	**2619**
14195	**119**	**815**	**3366**	**9326**	**27794**	**14195**	**119**	**815**	**3366**
8539	119	815	3366	793	11110	8539	119	815	3366
5656				8533	16684	5656			
4547	**131**	**496**	**1745**	**1572**	**15932**	**4453**	**124**	**487**	**1716**
1255	13	110	496	922	7693	1251	13	110	494
2956	77	335	1137	413	6557	2866	70	326	1110
1369	**12**	**31**	**135**	**5**	**15**	**6**		**1**	
3562	**137**	**403**	**1277**	**1373**	**21833**	**3395**	**134**	**396**	**1261**

其他经济					其他部门					
从业人员数（人）	专业技术人才	正高级职称	副高级职称	中级职称	机构数（个）	从业人员数（人）	专业技术人才	正高级职称	副高级职称	中级职称
5437	**2815**	**69**	**201**	**491**	**35380**	**180067**	**5178**	**7**	**30**	**91**
2132	**1196**	**47**	**155**	**312**	**385**	**11940**	**4227**			**1**
2012	1096	44	143	286	378	11913	4218			
315	167	5	23	70	86	3413	1225			
120	100	3	12	26	7	27	9			1
120	100	3	12	26	6	27	9			1
282	**90**	**7**	**9**	**29**	**104**	**186**	**32**	**2**	**3**	**11**
7	3			2	49	6	3			3
275	87	7	9	27	10	176	29	2	3	8
1934	**1362**	**12**	**30**	**134**	**34875**	**167659**	**903**	**4**	**25**	**75**
					17896	109252				
					16970	56179				
471					**7**	**222**				
618	**167**	**3**	**7**	**16**	**9**	**60**	**16**	**1**	**2**	**4**

2013年全国文化文物部门所属

	本年收入合计(千元)	财政补贴收入	事业收入	上级补助收入	附属单位上缴收入
总　计	**133121609**	**80559601**	**7029065**	**3046080**	**15455**
文化合计	**98450508**	**54581063**	**2807124**	**1794809**	**11299**
艺术业	16460987	10909142	1737859	442822	4820
其中：艺术表演团体	13786844	9841082	1422200	402956	714
艺术表演场馆	2631993	1027516	315646	39256	4106
图书馆	11511625	10705745	303209	224517	2633
群众文化	16675936	14784388	187876	975468	386
其中：文化站	8623058	7402510		705693	
其他文化	53801960	18181788	578180	152002	3460
文物合计	**33409209**	**25021226**	**3995144**	**1226413**	**4156**
文物科研机构	2089235	1225624	676720	72024	
文物保护管理机构	7802955	4561625	2111456	493220	2647
博物馆	15249488	12680680	1080653	611253	1509
文物商店	697473	13002			
其他文物机构	7570058	6540295	126315	49916	
教育合计	**1261892**	**957312**	**226797**	**24858**	
其中：中等专业学校	584094	471705	56720	18551	

续表

	在支出合计中：			
	商品和服务支出	差旅费	劳务费	福利费
总　计	**31064578**	**974143**	**2562656**	**370285**
文化合计	**20406772**	**711473**	**1676997**	**231164**
艺术业	3049165	210181	476147	74294
其中：艺术表演团体	2573272	197204	443651	56225
艺术表演场馆	462213	11747	29207	17786
图书馆	2518407	59190	154569	41274
群众文化	1836335	82911	237506	30671
其中：文化站				
其他文化	13002865	359191	808775	84925
文物合计	**10356142**	**251943**	**820353**	**132815**
文物科研机构	868455	52001	216788	5183
文物保护管理机构	1750309	27277	121144	42476
博物馆	5361658	132391	383399	75245
文物商店				
其他文物机构	2375720	40274	99022	9911
教育合计	**301664**	**10727**	**65306**	**6306**
其中：中等专业学校	112502	3008	22583	2017

机构经费收支基本情况

经营收入	其他收入	本年支出合计(千元)	基本支出	项目支出	经营支出	工资福利支出
1021146	**41450262**	**126631286**	**49916510**	**51483779**	**1014473**	**26171456**
446727	**38809486**	**94242341**	**38303608**	**33684602**	**545523**	**20340250**
213005	3153339	15951695	7909930	2645471	253861	4598890
13092	2106800	13355976	6971947	2363476	50156	4088251
199864	1045605	2551861	907073	270035	203661	491516
46285	229236	11300346	5765954	4995273	39748	3320881
12253	715565	16353950	10125869	4424983	125072	6258637
	514855	8508703	4974929	2315178	96526	3337333
175184	34711346	50636350	14501855	21618875	126842	6161842
568624	**2593646**	**30958832**	**10811636**	**17188538**	**463372**	**5427649**
21791	93076	1708976	670347	1012048	13062	301643
358605	275402	6675651	3320268	2572202	325991	1302816
119400	755993	14489102	5652484	8160091	82685	3255387
	684471	607707				
68828	784704	7477396	1168537	5444197	41634	567803
5795	**47130**	**1430113**	**801266**	**610639**	**5578**	**403557**
5759	31359	566819	374221	174418	5550	208217

在支出合计中：				
各种税金支出	对个人和家庭补助支出	抚恤金和生活补助	其他资本性支出	各种设备购置费
323141	**9237987**	**527658**	**13126034**	**5312791**
184315	**7521255**	**467408**	**9266654**	**4711273**
100655	1774734	110196	697313	317747
61713	1632970	100155	637034	289698
38896	132572	9643	59407	27904
18189	1118386	45713	3024026	2429850
16066	1372270	87039	1360614	523144
	201898	25505	712562	383715
49405	3255865	224460	4184701	1440532
137599	**1426527**	**54876**	**3494220**	**549638**
16241	88351	7511	263524	43941
32387	335959	8538	481023	28532
76242	872055	30507	1872459	411353
12729	130162	8320	877214	65812
1227	**290205**	**5374**	**365160**	**51880**
631	150665	2879	55853	21687

2013年全国执行事业会计制度的文化文物

	机构数(个)	从业人员(人)	本年收入合计(千元)	财政拨款	上级补助收入
总　计	**64090**	**580702**	**118567440**	**80821097**	**8016291**
一、文化艺术服务	**57521**	**459058**	**72713091**	**57918178**	**7158511**
1.文艺创作与表演	1829	88192	10833610	8331388	1549622
其中：艺术表演团体	1601	86470	10453939	7972467	1546935
2.艺术表演场馆	964	16430	2450591	1162141	728295
3.文物及文化保护	3054	38839	8662605	5311404	2129868
4.博物馆、纪念馆	3473	79075	17557386	14027807	1301317
5.图书馆	3112	56320	11511625	10705745	303209
6.群众文化活动	44260	164355	16675936	14784388	187876
7.美术馆	332	3452	1282744	1002898	170317
8.社会人文科学研究	340	9982	3145252	2122011	738334
9.文化社会团体	4	26	1376	1347	29
10.其他文化艺术	153	2387	591966	469049	49644
二、艺术教育	**139**	**12680**	**2364635**	**1833011**	**405436**
三、文化文物行政主管部门	**4312**	**84543**	**40125334**	**18569238**	
四、文化文物行政执法机构	**1388**	**14690**	**1216776**	**1154736**	**28685**
五、其他	**730**	**9731**	**2147604**	**1345934**	**423659**

机构主要财务指标(按国民经济行业分)

事业收入	经营收入	附属单位上缴收入	其他收入	本年支出合计(千元)	基本支出	项目支出	经营支出
3313276	**20113**	**1473923**	**24922740**	**114156999**	**52506538**	**53799783**	**1239313**
3156411	**17448**	**1306576**	**3155967**	**69732439**	**37030287**	**27418580**	**1139673**
486327	748	18736	446789	10482702	7545890	2564335	54525
480641	748	16935	436213	10127111	7318742	2447939	52821
40983	7352	215162	296658	2347390	1051897	995554	219583
544620	2667	377728	296318	7479281	3706519	2926399	335702
721250	2476	506959	997577	17068968	6765790	9081530	258574
224517	2633	46285	229236	11300346	5765954	4995273	39748
975468	386	12253	715565	16353950	10125869	4424983	125072
55291		26704	27534	1410982	457487	882289	14067
87013		79834	118060	2739020	1287906	1352861	70922
				1405	1405		
20942	1186	22915	28230	548395	321570	195356	21480
30826	**411**	**10748**	**84203**	**2514411**	**1514853**	**968701**	**8290**
			21556096	**38678178**	**11586502**	**24783856**	
15321	**65**		**17969**	**1246732**	**997280**	**146764**	**544**
110718	**2189**	**156599**	**108505**	**1985239**	**1377616**	**481882**	**90806**

续表

	在支出合计中：			
	工资福利支出	商品和服务支出	差旅费	劳务费
总　计	**27409274**	**32858907**	**1009029**	**2729248**
一、文化艺术服务	**20728938**	**18130458**	**633167**	**1826066**
1.文艺创作与表演	4325616	2814168	210262	488655
其中：艺术表演团体	4205062	2711766	204388	478611
2.艺术表演场馆	588564	932157	11946	60855
3.文物及文化保护	1540298	2018478	37164	141353
4.博物馆、纪念馆	3750783	6027917	151106	432860
5.图书馆	3320881	2518407	59190	154569
6.群众文化活动	6258637	1836335	82911	237506
7.美术馆	233813	561726	12909	39358
8.社会人文科学研究	582209	1204408	63212	252315
9.文化社会团体	1036	270	4	9
10.其他文化艺术	127101	216592	4463	18586
二、艺术教育	**787794**	**580313**	**17947**	**113523**
三、文化文物行政主管部门	**4650730**	**13189444**	**315651**	**689596**
四、文化文物行政执法机构	**697112**	**283378**	**17865**	**19461**
五、其他	**544700**	**675314**	**24399**	**80602**

在支出合计中：						资产总计（千元）	
福利费	各种税金支出	对个人和家庭补助支出	抚恤金和生活补助	其他资本性支出	各种设备购置费		固定资产原值
396302	**390051**	**9605632**	**540362**	**13827049**	**5398586**	**216678962**	**140602479**
302350	**328839**	**6292380**	**310172**	**8721012**	**3930366**	**167812389**	**116190218**
60209	66379	1792476	103331	695826	309882	13344259	7790279
59242	66183	1724432	101643	651760	302021	12860538	7410446
22179	53381	140547	10201	347484	33323	8894785	6292786
44988	39396	439680	12975	518829	37106	10569301	4301798
88756	103433	935354	33150	2090543	437777	54859900	35479390
41274	18189	1118386	45713	3024026	2429850	34797788	27227219
30671	16066	1372270	87039	1360614	523144	35974495	30139841
3748	5984	78927	2710	339503	96545	3570902	2412716
8293	17606	320669	13475	299333	58285	4585287	1962778
		98				589	552
2232	8405	93973	1578	44854	4454	1215083	582859
10198	**2323**	**451610**	**10178**	**517524**	**88844**	**4147646**	**2833256**
61487	**18289**	**2290533**	**195863**	**4463676**	**1325148**	**39326496**	**17962701**
7642	**988**	**113250**	**4577**	**34891**	**21932**	**1290874**	**1166771**
14625	**39612**	**457859**	**19572**	**89946**	**32296**	**4101557**	**2449533**

2013年全国执行企业会计制度的文化

	机构数(个)	从业人员(人)	资产总计	固定资产原价
总　计	**228794**	**1574246**	**476399653**	**33236120**
文化艺术服务	**6959**	**184001**	**36842932**	**8229592**
文艺创作与表演	6579	174395	26726413	4304254
艺术表演场馆	380	9606	10116519	3925338
动漫企业服务	**525**	**31127**	**103635748**	**11054050**
文化用品、设备及相关文化产品的生产与销售	**142**	**16085**	**10792786**	**4822599**
其中：文物商店	71	1596	2173265	371395
文化市场经营机构(不含非公有制艺术表演团体)	**220665**	**1313900**	**271607554**	
其他	**503**	**29133**	**53520633**	**9129879**

续表

	损益(千元)			
	养老、医疗、失业等各种社会保险费	住房公积金和住房补贴	差旅费	工会经费
总　计	**4482440**	**314506**	**370804**	**101896**
文化艺术服务	**1517989**	**149763**	**68709**	**19816**
文艺创作与表演	1428622	128037	58817	13480
艺术表演场馆	89367	21726	9892	6336
动漫企业服务	**263256**	**82885**	**231113**	**66384**
文化用品、设备及相关文化产品的生产与销售	**80635**	**31574**	**34139**	**3754**
其中：文物商店	28984	12957	7118	2022
文化市场经营机构(不含非公有制艺术表演团体)	**2470567**			
其他	**149993**	**50284**	**36843**	**11942**

文物机构主要财务指标(按国民经济行业分)

资产、负债、所有者权益(千元)					损益(千元)		
当年提取的折旧总额	负债合计	所有者权益总计	实收资本	国家资本金	营业收入	主营业务收入	营业成本
16362453	**85838346**	**100061257**	**66814931**	**11342695**	**205457807**	**15340849**	**167642100**
619066	**5857976**	**12092460**	**8359663**	**4249504**	**12353755**	**1520416**	**14515043**
343853	2166016	5667901	2971905	2714408	11037934	1132067	12758677
275213	3691960	6424559	5387758	1535096	1315821	388349	1756366
14725463	**44148913**	**59486835**	**43908561**	**560749**	**13975435**	**12628328**	**12491632**
232898	**5587692**	**5205094**	**1421518**	**596018**	**4710553**	**808352**	**3995615**
31277	528769	1644496	298975	284522	874874	796357	711096
					127214514		**90712018**
785026	**30243765**	**23276868**	**13125189**	**5936424**	**47203550**	**383753**	**45927792**

					工资、福利费、税金(千元)		
营业利润	营业外收入	政府补助	营业外支出	利润总额	本年发放工资总额	本年支付的职式福利费	本年应交税金总额
37819227	**10141644**	**9167132**	**1202535**	**6056027**	**35894612**	**324444**	**9216594**
-2160752	**7007987**	**6406627**	**499695**	**150711**	**5837031**	**97224**	**550814**
-1720205	6510788	5965642	432422	161330	5483609	61374	464978
-440545	497199	440985	67273	-10619	353422	35850	85836
1483803	**2113062**	**2041722**	**155672**	**3441193**	**1333666**	**83614**	**1283997**
714938	**65742**	**27574**	**358597**	**422083**	**1153181**	**39619**	**315724**
163778	21427	13002	6222	178983	120122	8818	69197
36505480					**26402451**		**6358096**
1275758	**954853**	**691209**	**188571**	**2042040**	**1168283**	**103987**	**707963**

2013年各地区主要文化机构数

单位：个

地　区	公共图书馆	文化馆	文化站	博物馆	艺术表演团体	艺术表演场馆
总　计	**3112**	**3315**	**40945**	**3473**	**8180**	**1344**
北　京	24	20	326	41	292	17
天　津	31	19	272	20	58	26
河　北	173	182	2217	103	500	77
山　西	127	131	1407	97	226	100
内蒙古	116	118	1038	72	144	18
辽　宁	129	124	1419	63	212	33
吉　林	66	78	897	73	54	26
黑龙江	107	148	1492	156	35	35
上　海	25	26	213	100	148	27
江　苏	113	116	1278	292	291	110
浙　江	98	102	1330	183	733	61
安　徽	107	120	1437	154	991	48
福　建	91	98	1139	98	506	57
江　西	114	118	1759	137	229	51
山　东	153	159	1807	194	414	93
河　南	157	205	2322	222	429	139
湖　北	112	120	1262	170	307	53
湖　南	136	142	2530	103	227	58
广　东	137	147	1599	175	405	45
广　西	112	123	1167	104	59	19
海　南	21	21	212	18	67	7
重　庆	43	41	997	71	443	15
四　川	197	207	4595	188	510	42
贵　州	94	98	1589	75	106	6
云　南	152	148	1398	84	259	18
西　藏	78	82	533	2	79	14
陕　西	114	122	1650	221	119	86
甘　肃	103	103	1331	143	124	22
青　海	49	55	358	22	37	16
宁　夏	26	26	227	11	33	3
新　疆	106	116	1144	76	123	15

2013年各地区主要文化机构从业人员数

单位：人

地　区	公共图书馆	文化馆	文化站	博物馆	艺术表演团体	艺术表演场馆
总　计	**56320**	**55921**	**108434**	**79075**	**260865**	**26036**
北　京	1254	831	1718	1101	7330	1099
天　津	1248	646	413	669	2564	318
河　北	1851	2484	4706	3126	13444	1119
山　西	1539	1956	2817	2215	11029	1516
内蒙古	1998	1922	2727	1412	7053	317
辽　宁	2892	2322	3274	2164	6073	535
吉　林	1652	2393	2059	1214	3196	578
黑龙江	1817	2449	2661	2369	3447	299
上　海	2210	1068	3904	3131	8497	383
江　苏	3033	2089	4828	5668	9105	3076
浙　江	3273	2127	4597	3788	24968	1129
安　徽	1412	1534	4621	2500	19767	1261
福　建	1301	893	2442	1798	14365	895
江　西	1435	1954	3508	2972	6825	732
山　东	2760	3062	4915	4748	10889	1719
河　南	2889	3613	7295	5885	17508	3306
湖　北	2226	2270	2642	3360	9005	1367
湖　南	2143	2244	5685	2515	7890	1008
广　东	4147	2660	8254	3396	13363	1501
广　西	1519	2186	2832	1696	3777	124
海　南	327	237	584	235	2801	251
重　庆	852	907	3756	1897	6762	395
四　川	2170	2880	6858	5417	10880	371
贵　州	1014	1587	4399	1261	3871	81
云　南	1806	2472	4188	942	8173	115
西　藏	107	357	205	75	2324	89
陕　西	2231	2629	4938	6225	7037	1601
甘　肃	1472	1546	3854	2871	5647	281
青　海	393	486	433	196	1269	47
宁　夏	557	746	536	248	1526	27
新　疆	1065	1371	2785	1112	5167	320

2013年各地区文化文物部门

地区	本年收入合计(千元)	财政补贴收入	事业收入	上级补助收入	附属单位上缴收入	经营收入	其他收入	本年支出合计(千元)	基本支出
总计	**133121609**	**80559601**	**7029065**	**3046080**	**15455**	**1021146**	**41450262**	**126631286**	**49916510**
北京	6668508	4342135	432850	20527	119	290063	1582814	6202988	1539021
天津	1893149	1286870	102812	15548	1976	3239	482704	2463512	936892
河北	3340819	2116155	366757	17787	397	15752	823971	3234434	1836255
山西	4809909	3138228	341004	168497	628	58747	1102805	4780804	1663469
内蒙古	2820068	2243808	35879	15987	246	2667	521481	2842820	2096229
辽宁	2769474	2054640	71087	20467	243	29452	593585	2681859	1423238
吉林	2001594	1456456	74036	22493		3680	444929	1823877	980500
黑龙江	1741440	1324363	22656	24507	20	505	369389	1615421	1041463
上海	5401292	3656555	411417	339133		6509	987678	5104966	1947774
江苏	18806136	5318875	248262	106174	2166	21277	13109382	17102378	3112097
浙江	8156716	5340640	524336	226478	1961	77894	1985407	8117481	3072660
安徽	2643374	1417261	92142	125095	1454	3177	1004245	2371684	1182393
福建	3641950	2131321	135306	139985	100	25016	1210222	3567977	1405100
江西	2098869	1329061	70639	77125	267	27179	594598	1920287	929113
山东	5255729	3774766	267830	166723		35435	1010975	5263599	2279062
河南	3903159	2767765	413656	73604	1541	23820	622773	3757693	2222093
湖北	3383002	2285245	162581	165683	20	22299	747174	3336752	1280148
湖南	3374624	2277812	118310	95896	1331	21587	859688	3371125	1699483
广东	8567235	5458552	278104	198891	364	61950	2569374	8455743	3031106
广西	3192895	1895150	37879	115218	187	17188	1127273	2886542	1179815
海南	1250770	805010	27873	14761		2078	401048	1075968	235787
重庆	2476307	1726087	65754	131612		19069	533785	2661478	816847
四川	6907163	4502852	236340	122239	270	17247	2028215	6364450	2442623
贵州	3776736	1963267	745121	254216		273	813859	3180778	1814712
云南	3073920	1910901	71147	66146	278	17475	1007973	2967637	1433148
西藏	1145547	762392	167340	11428	17	8630	195740	868124	349058
陕西	5440791	3777272	286682	129351	183	48185	1199118	5234881	2216410
甘肃	2860907	2058057	149934	13900	12	8483	630521	2706116	1327803
青海	964714	585935	24657	13172	30	100	340820	800738	368639
宁夏	877160	538415	2309	10266		3329	322841	863495	366869
新疆	3109953	2054508	40519	142571	399	23561	848395	2868014	1336383

所属机构收支基本情况

项目支出	经营支出	在支出合计中：工资福利支出	商品和服务支出	差旅费	劳务费	福利费	各种税金支出	对个人和家庭补助支出	抚恤金和生活补助	其他资本性支出	各种设备购置费
51483779	**1014473**	**26171456**	**31064578**	**974143**	**2562656**	**370285**	**323141**	**9237987**	**527658**	**13126034**	**5312791**
3958126	168674	828500	1938696	16178	61899	18326	14839	316524	10226	952903	401652
1362425	5814	419764	672666	4842	39437	8244	5782	273907	6290	705470	171915
1106169	22013	943402	782316	21351	86294	8007	4595	206382	20448	397623	137636
2495447	58763	931778	1089053	39623	93462	9895	13174	208555	18989	421180	146476
601258	2234	1071688	841042	40012	90837	12159	12151	274772	12823	288200	191140
908761	27010	754556	711204	23048	80516	3216	5249	309430	17395	270441	134157
614590	3587	511284	490666	18855	26185	1256	3737	233664	5398	178080	75806
372162	1766	509595	370297	15786	22345	2888	529	253882	7381	93045	47765
2398440	17133	1106647	1802475	14882	47183	23621	18830	216672	11155	560668	297926
2700712	25704	1600755	1609765	41205	142382	16694	8898	650426	16780	869803	306244
3846377	79945	1774277	2445633	64227	280331	36111	18673	576962	22850	738950	360575
726282	9738	612753	459940	21350	45177	6791	2489	284632	18581	179416	84437
1715045	34929	714499	1019635	28902	82581	6306	10276	280380	12961	472248	152829
627069	36726	526000	366575	22521	25920	9768	4057	209486	17674	174966	55564
2281051	135516	1287447	1223240	24943	74023	4936	18692	317992	13999	610134	295225
1190136	30144	1185469	1028221	37667	162365	41305	13757	277212	21272	442166	116455
1548020	28022	746881	739471	38192	62108	15747	4890	268103	13529	293793	118363
1267348	26400	819165	1041048	32128	75746	20873	8454	247587	22526	315212	117752
3696629	60995	1785467	1821579	49173	154594	25616	13632	750281	25376	734844	385642
1384542	20093	616910	652813	36482	40055	3964	5555	295786	45764	295531	113756
722478	1395	159020	363912	11288	31316	2662	1058	39854	4600	217063	59264
1574207	19397	452529	988175	26175	84447	6150	6261	210458	8741	288741	106459
3430073	11909	1279590	2024772	74862	184527	12686	48178	455345	34997	583351	232877
846196	2287	538954	451928	26181	45122	16489	1749	351221	13969	173619	107117
1319363	21053	766971	896324	30738	59692	2683	3267	257436	13243	356429	126063
393257	12415	221897	83656	5336	881	220	281	40364	2970	37393	34377
2055623	43418	1260559	1122234	40016	92142	21352	9618	233898	27179	543420	296464
992441	13324	609352	604671	31385	88241	6948	9427	162790	12948	362555	93307
347065	169	172204	156760	9013	11488	573	1034	92316	4852	105363	25326
369886	5840	202055	183337	7619	26160	577	200	65729	6696	130223	53289
1304192	24092	749304	738384	24558	74022	4751	10708	230776	7693	303271	96000

2013年各地区文化部门

地　区	本年收入合计(千元)	财政补贴收入	事业收入	上级补助收入	附属单位上缴收入	经营收入	其他收入	本年支出合计(千元)	基本支出
总　计	**98450508**	**54581063**	**2807124**	**1794809**	**11299**	**446727**	**38809486**	**94242341**	**38303608**
北　京	3983258	2446199	110552	14764		27569	1384174	3742138	936721
天　津	1414950	979308	65695	14043	1770	1061	353073	1609347	754258
河　北	2133690	1286657	54905	8929	397	14019	768783	2084084	1145234
山　西	2526439	1510030	105664	24836	498	18038	867373	2474096	1142483
内蒙古	2310255	1755918	23293	10568	216	2045	518215	2342613	1840640
辽　宁	2066537	1395502	59095	14571	243	22515	574611	2077368	1140946
吉　林	1643198	1156485	31830	16010		3287	435586	1482843	837228
黑龙江	1414030	1027270	12561	8004	20	505	365670	1363880	906048
上　海	4463210	2980582	330336	323445		5408	823439	4314816	1711591
江　苏	17076862	3926921	176428	85977	1050	13797	12872689	15445357	2507507
浙　江	5976168	3735433	170586	189285	1901	67611	1811352	5967202	2258688
安　徽	2197661	1112815	21464	82428	546	2111	978297	1959729	963971
福　建	2882305	1521496	102673	93323		21569	1143244	2707989	1214909
江　西	1546321	926543	46821	39639	241	13254	519823	1414989	718962
山　东	3650747	2570774	81648	77917		10640	909768	3691478	1730640
河　南	2388745	1649947	128533	33072	596	14678	561919	2396409	1581837
湖　北	2457631	1596649	82179	65697	20	7323	705763	2460215	1016698
湖　南	2400167	1465007	77437	51048	1331	19251	786093	2409333	1367476
广　东	7162405	4277776	157992	171661	364	50080	2504532	7068814	2539797
广　西	2390497	1333594	14439	36352	187	6625	999300	2275743	1018447
海　南	1059100	622685	23960	13311		830	398314	979314	213292
重　庆	1825287	1220496	35487	59912		3850	505542	1845867	701493
四　川	5332560	3301809	55710	110157		15244	1849640	4845047	1928648
贵　州	1865872	985586	13000	74096		193	792997	1738509	900972
云　南	2529242	1469452	15604	47069	278	16493	980346	2490415	1272659
西　藏	445094	320529	2260	11178	17	160	110950	464531	243129
陕　西	3001750	1926287	70205	35200	52	2864	967142	2889646	1293743
甘　肃	1677898	1030605	20607	3357	12	6707	616610	1692987	959819
青　海	861655	506688	17499	9700	30	100	327638	711310	325776
宁　夏	719853	389889	2213	9001		970	317780	731193	305909
新　疆	2228474	1391436	18416	60259	284	23561	734518	2169817	1182111

所属机构收支基本情况

项目支出	经营支出	工资福利支出	在支出合计中：								
			商品和服务支出	差旅费	劳务费	福利费	各种税金支出	对个人和家庭补助支出	抚恤金和生活补助	其他资本性支出	各种设备购置费
33684602	**545523**	**20340250**	**20406772**	**711473**	**1676997**	**231164**	**184315**	**7521255**	**467408**	**9266654**	**4711273**
2432306	23791	448839	1096110	12470	58497	5527	6040	244492	8463	513357	390758
782613	3681	339939	377579	3042	34138	7006	4888	223937	6028	385959	169570
665569	20530	636287	484809	16300	40643	4737	2489	147182	17330	259471	128024
820503	25084	595215	522003	20829	49194	5676	2944	144565	17405	204025	98869
410363	2075	944793	662269	30565	66904	10761	11759	250917	12448	241013	172766
645689	24359	608081	512265	17908	46916	2598	4784	266039	16075	252387	123585
423917	3194	442329	326898	15345	17382	1010	2674	212747	5162	155715	70403
260346	1746	438237	302079	13141	14600	2601	516	219772	6600	70554	34164
1929979	15744	949022	1486214	11902	41738	19376	16774	198181	10282	473421	281476
1846468	20264	1266720	1043202	30845	100130	12829	6718	505729	14108	634732	229123
2669683	71154	1383441	1519103	48452	176442	22961	8285	438910	20711	548331	333862
557901	8203	502578	340884	14351	27019	4985	2031	233641	15958	155995	77981
1276623	31727	600943	659436	23275	66099	4747	9709	237670	11944	290066	142428
419926	19705	409770	221419	13100	16663	5985	3500	163355	14916	119294	46959
1488205	17387	971427	830780	17142	50898	3650	3278	265879	11794	540946	271735
534547	23603	870564	536021	25021	52078	14590	6099	223426	17028	199577	95708
992375	16842	580874	453835	22241	29298	9582	3336	217784	10461	252978	103219
698987	22996	664641	741392	19012	41526	17109	7787	204880	19085	185492	100441
2997444	54109	1498023	1519995	42739	130257	20964	12061	629832	23965	582494	367192
959051	8922	520885	526247	28220	30805	2401	3178	258168	44130	252379	97384
650840	1093	138928	335726	10216	29798	2556	938	37971	4579	210996	56414
888006	15507	352302	430368	18719	49081	4528	5708	176066	6431	229634	87697
2503373	9408	985211	1308360	60140	135144	9194	6531	396362	31963	430757	213836
553330	2002	480386	328237	21598	32559	3482	816	215144	13406	152229	102078
1022633	19959	690381	749890	25221	43633	2328	3127	231488	11935	271690	115862
142337	9585	165153	73463	4358	790	218	273	33429	2876	37375	33960
983337	9268	759086	482225	21592	48748	10117	4712	168528	20131	325780	267369
390984	12136	454372	321604	18746	28351	3331	4708	134029	8915	208007	67651
311511	127	147943	121310	7569	9676	565	67	84533	3897	94673	24888
305293	3769	160629	139336	5593	22567	544	195	57310	6570	106570	50136
785701	23152	668779	372527	19567	56396	3888	9730	211008	7097	214709	77577

2013年各地区文物部门

地区	本年收入合计(千元)	财政补贴收入	事业收入	上级补助收入	附属单位上缴收入	经营收入	其他收入	本年支出合计(千元)	基本支出
总计	**33409209**	**25021226**	**3995144**	**1226413**	**4156**	**568624**	**2593646**	**30958832**	**10811636**
北京	2685250	1895936	322298	5763	119	262494	198640	2460850	602300
天津	425067	266717	26117	1505	206	2178	128344	582807	141070
河北	1176538	802824	311330	8858		1733	51793	1127028	668045
山西	2081320	1448698	213130	143638	130	40709	235015	2129536	408702
内蒙古	509813	487890	12586	5419	30	622	3266	500207	255589
辽宁	690988	647369	11812	5896		6937	18974	593812	279076
吉林	358396	299971	42206	6483		393	9343	341034	143272
黑龙江	286499	266053	225	16503			3718	210667	105999
上海	920214	664416	80049	15588		1101	159060	773365	229909
江苏	1594287	1297219	52489	11909	1116	7480	224074	1517937	496988
浙江	1994162	1466013	315870	37193	60	8775	166251	1985076	702395
安徽	368957	263057	40678	42154	908	1066	21094	334232	149670
福建	664012	543755	15319	38195	100	392	66251	757050	131627
江西	518229	379516	13301	37486	26	13925	73975	469418	186051
山东	1584568	1187210	183072	88806		24795	100685	1550680	529330
河南	1504082	1108152	284581	40482	945	9094	60828	1351597	630771
湖北	891341	658741	77316	99882		14976	40426	843773	244400
湖南	902531	764520	19187	44848		2300	71676	890029	285611
广东	1304333	1108061	104709	20407		10722	60434	1282102	425211
广西	750086	514398	19945	78576		10563	126604	568782	144519
海南	191670	182325	3913	1450		1248	2734	96654	22495
重庆	651020	505591	30267	71700		15219	28243	815611	115354
四川	1559393	1188649	177854	12082	270	2003	178535	1505558	503199
贵州	1910864	977681	732121	180120		80	20862	1442269	913740
云南	479977	393012	40043	19077		982	26863	413096	139356
西藏	700453	441863	165080	250		8470	84790	403593	105929
陕西	2439041	1850985	216477	94151	131	45321	231976	2345235	922667
甘肃	1183009	1027452	129327	10543		1776	13911	1013129	367984
青海	103059	79247	7158	3472			13182	89428	42863
宁夏	157307	148526	96	1265		2359	5061	132302	60960
新疆	873691	656827	20774	82112	115		113863	689572	148210

所属机构收支基本情况

项目支出	经营支出	在支出合计中：									
		工资福利支出	商品和服务支出					对个人和家庭补助支出		其他资本性支出	
				差旅费	劳务费	福利费	各种税金支出		抚恤金和生活补助		各种设备购置费
17188538	**463372**	**5427649**	**10356142**	**251943**	**820353**	**132815**	**137599**	**1426527**	**54876**	**3494220**	**549638**
1525820	144883	379661	842586	3708	3402	12799	8799	72032	1763	439546	10894
350018	2133	59432	283648	1374	3774	1231	894	34721	139	95234	568
440254	1483	298434	293251	5032	44934	3191	2106	50218	3079	136749	8209
1614376	33679	261349	503056	17773	39568	3024	10230	34940	1055	209535	44958
190895	159	126895	178773	9447	23933	1398	392	23855	375	47187	18374
259912	2651	142049	195335	5081	33409	547	465	41538	1320	17258	10376
190673	393	68955	163768	3510	8803	246	1063	20917	236	22365	5403
100358	20	57259	59632	2077	5876	251	13	20063	444	18350	10507
461583	1389	152337	311843	2949	5206	4159	2028	15508	873	86810	16013
822763	5440	282800	546018	9426	37328	3698	2180	92202	1757	230924	75283
1124336	7524	345360	851053	12975	76161	11433	10150	109076	1946	176613	15912
159410	1535	82963	96914	6598	8518	1806	145	29866	2426	16177	3963
397463	159	84051	341252	4601	13318	527	531	23845	556	177202	6150
195363	17021	103434	142982	9132	9188	3625	557	37001	2682	49049	4539
790497	118129	303791	387374	7600	22259	1283	15414	48718	2132	68457	23139
655479	6449	309675	490850	12613	110258	26661	7657	50754	3986	242553	20735
541931	11180	155068	273212	15864	30762	6068	1529	43750	2952	38003	13668
543022	3376	133846	281370	11311	32411	3003	658	29075	2807	120340	13810
661604	5738	256677	290254	6322	23933	3870	1004	88650	1234	126894	13932
400323	11171	84003	119784	7986	7878	1562	2370	24035	950	33524	11002
71638	302	20092	28186	1072	1518	106	120	1883	21	6067	2850
686201	3890	100227	557807	7456	35366	1622	553	34392	2310	59107	18762
923631	2501	286748	712644	14557	48128	3432	41644	57132	2898	151999	18446
292866	285	58568	123691	4583	12563	13007	933	136077	563	21390	5039
253737	1094	70193	140756	5129	14594	355	140	13736	882	44900	7968
250920	2830	56744	10193	978	91	2	8	6935	94	18	417
1072286	34150	501473	640009	18424	43394	11235	4906	65370	7048	217640	29095
601457	1188	154980	283067	12639	59890	3617	4719	28761	4033	154548	25656
35554	42	24261	35450	1444	1812	8	967	7783	955	10690	438
64593	2071	41426	44001	2026	3593	33	5	8419	126	23653	3153
515928	940	77186	364479	4905	16334	863	978	18391	596	87553	17604

2013年各地区分类型文化文物部门所属机构总收入

单位：万元

地区	总计	文化合计	艺术表演团体	艺术表演场馆	图书馆	群众文化	文物合计	文物科研机构	文物保护管理机构	博物馆	其他文物机构
总计	**13312161**	**9845051**	**1378684**	**263199**	**1151163**	**1667594**	**3340921**	**208924**	**780296**	**1524949**	**757006**
北京	666851	398326	76115	2708	52289	34868	268525	13325	95984	68875	89246
天津	189315	141495	38341	4308	27904	25255	42507		3143	27106	
河北	334082	213369	33461	6066	22848	34513	117654	8988	51754	27889	29022
山西	480991	252644	48319	13660	20806	37527	208132	32317	37330	41757	96384
内蒙古	282007	231026	59978	7256	30840	40710	50981	1396	14357	33911	1316
辽宁	276947	206654	36838	6440	41452	38383	69099	6343	8244	48961	3941
吉林	200159	164320	26801	4711	23233	39358	35840	2417	1672	25144	6500
黑龙江	174144	141403	35810	1026	21943	32452	28650	499	8512	19359	280
上海	540129	446321	77225	11787	86639	129717	92021		4093	73018	7770
江苏	1880614	1707686	76893	32107	71931	127601	159429	2614	14655	108469	15849
浙江	815672	597617	73580	27558	78508	162460	199416	3757	73634	73604	45357
安徽	264337	219766	31644	7222	24326	44168	36896	3754	8273	21489	2101
福建	364195	288231	53497	16836	30020	34919	66401	518	3296	42611	18936
江西	209887	154632	22823	7930	20516	32888	51823	3024	3825	38073	5057
山东	525573	365075	65503	12938	45314	73585	158457	4730	42077	60417	48445
河南	390316	238875	53123	9816	31264	51677	150408	20280	35226	47713	45677
湖北	338300	245763	51891	9279	44079	40285	89134	4516	16351	54457	13463
湖南	337462	240017	36575	8142	25251	50492	90253	3466	24162	48058	10447
广东	856724	716241	61004	27786	107135	166169	130433	7012	6177	93997	18052
广西	319290	239050	28034	1177	29032	43636	75009	2695	7515	39463	24759
海南	125077	105910	13742	1087	9933	9045	19167		2604	4862	11702
重庆	247631	182529	22380	4839	19657	53101	65102	5552	4465	46497	8248
四川	690716	533256	37670	5160	64569	116259	155939	4921	31717	107526	7629
贵州	377674	186587	12802	438	16636	40579	191086	3560	146855	16400	24014
云南	307392	252924	33463	2044	25860	55757	47998	4462	12419	27385	2395
西藏	114555	44509	14585	1290	1764	6633	70045	2343	31678	2314	33654
陕西	544079	300175	48195	19720	23627	51503	243904	17827	52767	97893	75250
甘肃	286091	167790	31875	2910	22712	33235	118301	28887	27284	45058	16715
青海	96471	86166	7097	775	5184	9132	10306	1017	716	3810	4525
宁夏	87716	71985	8524	225	9713	14275	15731	3399	6899	5006	426
新疆	310995	222847	56848	5192	21845	37414	87369	5060	2613	25944	53069

2013年各地区分类型文化文物部门所属机构财政拨款

单位：万元

地区	总计	文化合计	艺术表演团体	艺术表演场馆	图书馆	群众文化	文物合计	文物科研机构	文物保护管理机构	博物馆	其他文物机构
总计	**8055960**	**5458106**	**984108**	**102752**	**1070575**	**1478439**	**2502123**	**122562**	**456163**	**1268068**	**654030**
北京	434214	244620	49115	84	49391	32389	189594	1170	51563	56253	80608
天津	128687	97931	33576	1021	27108	24045	26672		2680	23628	
河北	211616	128666	23092	1396	21637	33360	80282	4039	26077	23727	26439
山西	313823	151003	29016	6344	20406	36481	144870	22100	16867	25537	80310
内蒙古	224381	175592	55910	6804	30656	40526	48789	1179	14111	32412	1086
辽宁	205464	139550	29403	1836	40948	36743	64737	6245	6311	48319	3839
吉林	145646	115649	22825	2236	22523	37904	29997	1742	1653	20203	6399
黑龙江	132436	102727	27457	624	21645	31601	26605	498	7631	18211	265
上海	365656	298058	38762	3147	76095	107981	66442		2789	59480	4173
江苏	531888	392692	46008	6512	65869	117387	129722	1958	12814	99390	15534
浙江	534064	373543	54619	9555	71759	135334	146601	3382	41740	65509	35964
安徽	141726	111282	18301	2915	22034	37134	26306	829	6081	17433	1939
福建	213132	152150	41969	7030	26545	28193	54376	114	2474	33061	18726
江西	132906	92654	16227	4748	18748	31555	37952	1895	2552	31370	2110
山东	377477	257077	51431	6688	44736	68401	118721	3616	21858	50479	42736
河南	276777	164995	33776	3670	30279	48094	110815	8322	24213	39200	38999
湖北	228525	159665	38927	1944	40567	33866	65874	1562	9306	43591	11415
湖南	227781	146501	27480	3377	23292	44176	76452	3466	19525	44596	8268
广东	545855	427778	39212	11237	99593	143041	110806	3044	3786	86074	17902
广西	189515	133359	19985	97	23491	34578	51440	188	3400	23213	24622
海南	80501	62269	7357	325	9393	7556	18233		1923	4608	11702
重庆	172609	122050	16116	2190	18838	45239	50559	4079	3764	35468	7248
四川	450285	330181	31926	2526	63021	103258	118865	1695	30939	78904	7327
贵州	196327	98559	8623		14714	32170	97768	1828	61692	11112	23136
云南	191090	146945	29931	430	24684	48697	39301	544	10577	25739	2391
西藏	76239	32053	14005	1231	1718	5696	44186	2343	6221	2314	33308
陕西	377727	192629	29082	10963	21708	47358	185099	13320	33779	76486	61513
甘肃	205806	103061	23378	723	22499	32129	102745	22644	20806	42801	16494
青海	58594	50669	5072	125	4835	8340	7925	477	585	3229	3635
宁夏	53842	38989	6916	138	9556	12758	14853	2939	6689	4799	426
新疆	205451	139144	52676	2815	20343	32450	65683	2713	1755	20797	40418

2013年各地区分类型文化文物部门所属机构总支出

单位：万元

地　区	总计	文化合计	艺术表演团体	艺术表演场馆	图书馆	群众文化	文物合计	文物科研机构	文物保护管理机构	博物馆	其他文物机构
总　计	**12663129**	**9424234**	**1335598**	**255186**	**1130035**	**1635395**	**3095883**	**170898**	**667565**	**1448910**	**747740**
北　京	620299	374214	74724	2904	54556	32770	246085	7245	91131	54895	91751
天　津	246351	160935	52143	4302	38499	24151	58281		2988	46334	
河　北	323443	208408	32253	6748	21448	35885	112703	7412	49480	26771	29040
山　西	478080	247410	47322	12482	20052	38501	212954	21476	30070	34898	126163
内蒙古	284282	234261	60457	6677	31419	40351	50021	3201	14920	30439	1454
辽　宁	268186	207737	36098	6466	44930	39134	59381	3858	6929	44080	2851
吉　林	182388	148284	28433	4647	20660	36711	34103	1712	1695	23338	7231
黑龙江	161542	136388	32096	1239	18767	32492	21067	499	2119	18169	280
上　海	510497	431482	71615	10153	84361	111262	77337		4046	61528	7744
江　苏	1710238	1544536	72099	30753	72904	125470	151794	1991	14070	104742	14007
浙　江	811748	596720	68999	27783	76969	164864	198508	3659	70545	78262	43349
安　徽	237168	195973	28167	6885	24087	44696	33423	2771	6677	20674	2155
福　建	356798	270799	49555	14110	28177	33856	75705	425	2308	35327	36632
江　西	192029	141499	22694	7654	18337	28471	46942	1852	4258	34035	4902
山　东	526360	369148	65393	14520	44902	74666	155068	3639	40244	68023	40363
河　南	375769	239641	53500	10451	30732	50882	135160	14964	30446	45839	42419
湖　北	333675	246022	52952	9233	43633	39667	84377	3385	12684	54176	13290
湖　南	337113	240933	33869	8124	24418	51721	89003	3467	23984	47591	10220
广　东	845574	706881	59582	26760	106861	161075	128210	5995	6677	92651	18050
广　西	288654	227574	29147	1070	25286	41108	56878	2648	4368	27714	21556
海　南	107597	97931	13210	1189	9239	9166	9665		1963	4953	2750
重　庆	266148	184587	21330	4625	19947	53396	81561	4300	4726	64553	7669
四　川	636445	484505	36000	5822	52668	111844	150556	5482	34408	93850	12857
贵　州	318078	173851	11678	605	14154	41033	144227	2291	105422	12423	23750
云　南	296764	249042	32848	2044	24899	57106	41310	4126	9917	23980	2692
西　藏	86812	46453	14598	1203	2129	8305	40359	234	13993	3098	22979
陕　西	523488	288965	42101	17451	22657	52184	234524	15838	51965	96826	69728
甘　肃	270612	169299	32154	3007	21308	33486	101313	30868	16783	37303	16021
青　海	80074	71131	6974	461	6004	9178	8943	1475	708	2531	4031
宁　夏	86350	73119	9109	197	10089	14265	13230	1880	5878	5046	426
新　疆	286801	216982	55167	4986	17275	37701	68957	4042	2165	23133	39037

主要统计指标解释

一、行业、机构指标解释

调查的机构，指由文化部门主办或实行行业管理的文化文物机构以及由文化部门主办的其他文化机构等。

文艺创作与表演：指文学、美术创造和表演艺术（如戏剧、戏曲、歌舞、舞蹈、音乐、曲艺、杂技、马戏、木偶、皮影等各种表演艺术）等活动。包括文学（含电影、电视剧剧本）、音乐、歌曲、舞蹈、戏曲、曲艺等的创作，美术（绘画、雕塑）、工艺品、书法、篆刻等的艺术创作，编导、演员的表演、创作活动，剧务、舞台美工、服装道具、灯光音响等活动，民族艺术创作，其他未列明的文艺创作、表演及辅助活动。

艺术创作机构：指有专职创作人员、独立建制的剧目创作室（组）、美术创作室（组）等专门从事艺术创作的机构。不包括业余性质的文艺创作机构。

艺术表演团体：指由文化部门主办或实行行业管理（经文化行政部门审批并领取营业性演出许可证），专门从事表演艺术等活动的各类专业艺术表演团体，含民间职业剧团（不包括群众业余文艺表演团队）。

艺术表演场馆：指由文化部门主办的，有观众席、舞台、灯光设备，公开售票、专供文艺团体演出的文化活动场所。附属于文化部门机构内非独立核算的剧场、排演场，公开营业的也应单独统计。

图书馆：指各类图书馆的管理与服务（对文献和信息的搜集、整理、存储、利用和管理，向社会公众开放并提供科学、文化等各种知识普及教育）。包括公共图书馆和各类机构内部举办的或单独举办的图书馆的管理与服务。不包括部队系统以及文化馆（文化中心、群众艺术馆）、文化站内设的图书室。

群众文化活动：指开展群众文化活动的场所的管理和组织活动。包括文化馆（含综合性文化中心、群众艺术馆）、文化站、文化宫、少年宫等群众文化活动。在本制度中，目前暂不统计文化部门以外的文化宫和少年宫。

文化馆（含综合性文化中心、群众艺术馆、文化站）：指专门从事群众文化活动的群众文化场馆。不包括临时抽调人员组成、没有编制的农村和街道文化工作队、服务站等。

美术馆：指由文化部门主办或实行行业管理的，具备展览、典藏、研究及公共教育和服务功能的、向公众开放的国有美术馆，以及在民政部门登记注册并在文化部门备案的，具备展览、典藏、研究及公共教育和服务功能的、向公众开放的、非营利性的民营美术馆。

画院：指由文化部门主办或实行行业管理的，各级国有和民营的非营利性的专门的美术创作、研究机构，有专职创作研究人员和独立建制，包括书画院、书法院、油画雕塑院等。不包括业余性质的美术创作机构。

文化艺术研究机构：指有明确的研究方向和任务，有一定水平的学术带头人和一定数量、质量的研究人员，有开展工作的基本条件，主要进行文化艺术研究（含科技）的机构。

文化部门教育机构：指文化部门主办的高等艺术职业院校和中等专业学校、文化干部院校、其他文化艺术教育机构。

高等艺术职业院校：指按国家规定的设置标准和审批程序批准主办的，纳入国家招生计划，通过国家统一招生考试，招收高中毕业生和相当于高中学历者为主要培养对象，实施高等教育的全日制、独立设置的学院和高等专科艺术学校。在本制度中，只统计由文化部门主办和管理的院校。

中等艺术学校：指文化部门内由文化部或省、自治区、直辖市人民政府批准举办，纳入国家招生计划，按国家规定组织入学考试，招收小学或初中（或部分高中）毕业生和具有同等学历者，实施中等艺术教育、培养中等艺术人才的全日制专业学校。

文化干部院校：指各级文化行政主管部门领导的培养和训练文化干部的成人高等教育院校。

其他文化事业机构、其他文化企业：指不属于以上分类的文化部门所属各类文化事业机构和企业机构。

文化市场经营机构：指经文化市场行政部门审批或备案并领取相关许可或备案文件的、从事文化经营和文化服务活动的机构。

文化市场经营机构主要由以下统计调查对象组成：

娱乐场所：指以营利为目的，并向公众开放、消费者自娱自乐的歌舞、游艺等场所，以及各地文化行政部门依据相关规定管理并发放《娱乐场所经营许可证》的其他娱乐场所。

互联网上网服务营业场所（网吧）：指通过计算机等设备向公众提供互联网上网服务的营业性娱乐文化服务场所。

动漫企业：经文化部、财政部、国家税务总局三部门联合认定的从事漫画创作、动画创作、网络动漫（含手机动漫）创作、动漫舞台剧制作、动漫软件开发和动漫衍生产品研发等动漫业务的企业。

博物馆：指为了研究、教育、欣赏的目的，收藏、保护、展示人类活动和自然环境的见证物，向公众开放，非营利性、永久性社会服务机构，包括以博物馆（院）、纪念馆（舍）、科技馆、陈列馆等专有名称开展活动的单位。

综合性博物馆：指综合收藏、展示自然、历史（含革命史和建设成就）、艺术等方面藏品的博物馆。如黑龙江省博物馆、内蒙古博物馆、甘肃省博物馆、贵州省博物馆、南通博物苑、旅顺博物馆等。

历史类博物馆：指主要收藏、展示关于国家（地区）、民族、社会发展、重大事件和人物的历史（古代史、近代史、战争史、革命纪念馆、历史名人纪念馆等）的文物资料的博物馆。如国家博物馆、陕西历史博物馆、泉州海外交通史博物馆、东北烈士纪念馆、韶山毛泽东同志纪念馆、遵义会议会址纪念馆、黑龙江省民族博物馆等。

艺术类博物馆：指主要收藏、展示艺术品、工艺品文物（工艺品、绘画、书法、篆刻、民间艺术）的博物馆。如故宫博物院、上海博物馆、南阳汉画像馆、广东民间工艺馆、武强年画博物馆、徐悲鸿纪念馆、天津戏剧博物馆、景德镇陶瓷历史博物馆等。

自然、科技类博物馆：指主要收藏、展示自然物种历史、发展以及反映科学技术成果方面标本、实物的博物馆。如天津自然博物馆、自贡恐龙博物馆、中国科学技术馆、中国地质博物馆、柳州白莲洞洞穴科学博物馆等。

其他博物馆：指上述 4 类博物馆之外，内容独特的行业性、专门性博物馆。如中国丝绸博物馆、中国茶叶博物馆以及农业、体育、邮电、中药、交通、水利、煤炭、林业、公安、儿童等专门博物馆。

文物考古研究所：是各省级文物行政管理部门领导下的文物保护和科学研究机构，承担有关文物的调查、保护、发掘、研究和宣传工作，对地、市、县的文物工作进行业务辅导。

文物商店：经国务院文物行政部门或者省、自治区、直辖市人民政府文物行政部门依法批准设立的文物购销经营单位。

非物质文化遗产保护中心：指从事非物质文化遗产的调查、抢救、保护、研究、宣传、展示，以及其他相关保护活动的专业综合机构。

二、从业人员指标解释

调查的从业人员，指在文化部门主办或实行行业管理的文化文物机构以及由文化部门主办的其他文化机构中工作并取得劳动报酬的全部人员。包括职工、再就业的离退休人员以及在各机构中工作的外方人员和港、澳、台方人员。

专业技术人员：指在专业技术岗位上工作的人员，不包括在管理岗位上工作具有专业技术职称（职务）的人员（包括正高级职称、副高级职称、中级职称以及初级及以下人员）。

安全保卫人员：指从事文物安全保卫工作和安全管理工作的人员，包括聘用人员。

在编人员：是指经当地编办批准、列入事业编制的人员。

专职人员：指长期从事业务工作的专业人员。

三、经费指标解释

（一）事业经费指标解释

资产合计：是指文化事业单位占有或者使用的能以货币计量的经济资源，包括各种财产、债权和其他权利。包括流动资产、固定资产、在建工程、无形资产和对外投资等。

固定资产原价：反映填表机构使用年限在一年以上、单位价值在 1000 元以上（其中：专用设备单位价值在 1500 元以上），并在使用过程中基本保持原来物质形态的资产，包括房屋及构筑物，专用设备，通用设备，文物和陈列品，图书、档案，家具、用具、装具及动植物等，按原值（计提折旧的，按净值）进行反映。

本年收入合计：反映行政事业单位在本年取得的全部收入，包括行政事业类资金收入和基本建设类收入，具体有财政拨款、上级补助收入、事业收入、经营收入、附属单位上缴收入和其他收入。

财政补贴收入：反映填表单位本年度实际收到的本级财政拨款。包括一般预算财政拨款和政府性基金预算财政拨款。一级预算单位收到的应拨给下级单位使用的款项，年终时尚未拨出的，在编制财务决算表和填报统计报表时，应列为本单位的财政拨款。

基建拨款：指财政部门按基本建设计划拨付的基本建设款项。

上级补助收入：反映填表单位从行政主管部门和上级单位取得的非财政补贴收入。

事业收入：反映事业单位开展专业业务活动及辅助活动取得的收入。

经营收入：反映事业单位在专业业务活动及辅助活动之外开展非独立核算经营活动取得的收入。

附属单位上缴收入：反映填表事业单位拥有附属的独立核算机构，按有关规定上缴的收入。

其他收入：反映取得的除上述规定以外的各项收入，包括投资收益、利息收入、捐赠收入等。

本年支出合计：反映填表机构在业务活动中发生的各项资产耗费和损失等支出情况，包括基本支出、项目支出、经营支出等内容。按经济功能分类，还可分为工资福利支出、商品和服务支出、对个人和家庭补助支出、其他资本性支出等内容。

基本支出：反映填表机构为保障其机构正常运转、完成日常工作任务而发生的人员支出和公用支出。

项目支出：反映填表机构为完成本机构特定的工作任务或事业发展目标，在基本支出之外发生的各项支出。

经营支出：反映填表机构开展专业业务活动及辅助活动之外开展非独立核算经营活动发生的支出。在经营活动中应正确归集实际发生的各项费用数，无法归集的，应按规定的比例合理分摊。

工资福利支出：反映填表机构支付给在职职工和编制外长期聘用人员的各类劳动报酬，以及为上述人员缴纳的各项社会保险费等。主要包括基本工资、津贴补贴、奖金、社会保障缴费、伙食费、伙食补助费、绩效工资、其他工资福利支出等。

商品和服务支出：反映填表机构在开展业务活动中购买商品和服务的支出（不包括用于购置固定资产的支出、战略性和应急储备支出等）。主要包括办公费、印刷费、咨询费、手续费、水费、电费、邮电费、取暖费、物业管理费、交通费、差旅费、出国费、维修（护）费、租赁费、会议费、培训费、招待费、专用材料费、专用燃料费、劳务费、委托业务费、工会经费、福利费等日常公用支出。

差旅费：反映填表机构工作人员出差的住宿费、旅费、伙食补助费、杂费，以及干部及大中专学生调遣费、调干家属旅费补助等方面的支出。

劳务费：反映填表机构支付给单位和个人的劳务费用。如：临时聘用人员、钟点工工资，翻译费，咨询费，评审费，手续费等。

福利费：反映填表机构根据国家规定按工资总额一定比例提取的福利费。

各种税金支出：反映填表机构向国家交纳的各种税金，如房产税、营业税、车船使用税、土地使用税、城市维护建设税、印花税、教育费附加费、养路费、排污费等。从基本建设支出、结余和收益中支付的税金不包括在内。

对个人和家庭补助支出：反映政府对个人和家庭的补助支出，包括离休费、退休费、退职（役）费、抚恤金、生活补助、救济费、医疗费、助学金、奖励金、生产补贴、住房公积金、提租补贴、购房补贴以及其他对个人和家庭的补助支出等。

抚恤金和生活补助：抚恤金指按规定支付给烈士家属、牺牲病故人员家属的一次性和定期抚恤金，革命残疾人员的抚恤金，离退休人员等其他人员的各项抚恤金。生活补助指按规定支付给优抚对象、退伍军人的生活补助费，行政事业单位职工和家属生活补助，因公负伤等住院治疗、住疗养院期间的伙食补助费、长期赡养人员补助费等。

其他资本性支出：反映填表机构使用非各级发展与改革部门集中安排的用于购置固定资产、战略性和应急性储备、土地和无形资产，以及购建基础设施、大型修缮和财政支持企业更新改造所发生的支出，如房屋建筑物购建、办公设备购置、专用设备购置、交通工具购置、大型修缮、信息网络购建、物资储备、土地补偿、安置补助、拆迁补偿等。

各种设备、交通工具、图书购置费：反映填表机构用于购置不够基本建设投资额度，但按会计制度规定纳入固定资产核算范围的各种设备的支出，主要包括办公设备购置、专用设备购置、交通工具购置（含车辆购置税）、信息网络购建（计算机硬件和软件开发应用）、图书购置、档案设备购置费等。

（二）企业经费指标解释

资产总计：反映填表企业拥有或控制的能以货币计量的经济资源，包括各种财产、债权和其他权利。资产按其流动性(即资产的变现能力和支付能力)划分，有流动资产、长期投资、固定资产、无形资产、递延资产和其他资产等分类。

固定资产原价：反映填表企业在建造、购置、安装、改建、扩建、技术改造某项固定资产时所支出的全部货币总额。

当年提取的折旧总额：反映填表企业在报告年度内提取的固定资产折旧合计数。

负债合计：反映填表企业过去的交易、事项形成的现有义务合计数，履行该义务预期会导致经济利益流出企业。

所有者权益合计：反映所有者在填表企业资产中享有的经济利益，其金额为资产减去负债后的余额。

实收资本（股本）：反映填表企业的各投资者实际投入的资本（或股本）总额。

国家资本：反映有权代表国家投资的政府部门或机构、直属事业机构对填表企业投资形成的资本金。

营业收入：反映企业经营主要业务和其他业务所确认的收入总额。

营业成本：反映填表企业在报告期内从事销售商品、提供劳务及转让资产使用权等日常经营活动中所发生的各种耗费，包括营业成本（主营业务成本、其他业务成本）、营业税金及附加、销售费用、管理费用、财务费用等。

养老、医疗、失业等各种社会保险费：反映企业为职工缴纳的基本养老保险、基本医疗保险、失业保险费、工伤保险、生育保险费。

住房公积金和住房补贴：反映报告期内填报企业为职工缴纳的住房公积金和企业支付的职工住房补贴。

工会经费：反映填表企业按规定计提的拨交工会使用的费用。

营业利润：反映填表企业进行生产经营活动所实现的利润。

营业外收入：反映企业发生的与经营业务无直接关系的各项营业外收入，包括非流动资产处置利得、非货币性资产交换利得、债务重组利得、政府补助、盘盈利得、捐赠利得等。

政府补助（补贴收入）：反映填表企业从政府无偿取得的货币性资产或非货币性资产，但不包括政府作为企业所有者投入的资本。

营业外支出：反映企业发生的与经营业务无直接关系的各项营业外支出，包括非流动资产处置损失、非货币性资产交换损失、债务重组损失、公益性捐赠支出、非常损失、盘亏损失等。

利润总额：反映企业在生产经营过程中各种收入减去各种耗费后的盈余，反映填表企业在报告期内实现的亏盈总额，包括营业利润和营业外收支净额。

本年应发工资总额：反映填报企业在报告期内应发放支付给本单位全部职工的劳动报酬（含临时工和聘用人员），包括工资、奖金、津贴和补贴，反映企业报告期内累计应发放的工资总额。

本年支付的职工福利费：反映填报企业在报告期内根据国家有关规定开支的各项福利支出。

四、公用房屋建筑面积指标解释

实际使用房屋建筑面积：指文化部门实际使用办公和业务用房面积，包括租借房屋面积。

实际拥有产权面积：指文化部门实际拥有产权的各种办公和业务用房面积，包括出租产权房屋面积，具体以房屋产权证上登记产权面积为准。

2 图书馆业

按年份全国公共图书馆主要业务活动情况

年 份	机构数(个)	从业人员(人)	总藏量(万册件)	总流通人次(万人次)	外借人次	书刊、文献外借册次(万册次)	书架单层总长度(万米)	发放借书证数(万个)	本年新购藏量(万册)
1979年	1651		18353	7787		9625			
1980年	1732		19904	9045		11830			
1985年	2344	29350	25573	11614		18942			1343
1986年	2406	31849	26133	11722		16205	504	523	1359
1990年	2527	40247	29064	12435		20242	772	603	895
1991年	2535	42037	30614	20496	7949	13325	758	631	771
1992年	2558	43051	31175	18495	7653	12625	748	563	740
1993年	2572	44656	31410	16973	6970	11685	797	562	631
1994年	2589	44367	32332	14451	7232	11852	776	552	556
1995年	2615	45323	32850	14142	7160	11814	899	540	551
1996年	2620	46457	33686	14793	7731	13544	967	527	577
1997年	2628	47882	37549	16114	8561	15685	817	556	680
1998年	2662	48313	38514	17058	8910	15422	873	582	700
1999年	2669	48792	39539	18040	9075	16290	934	596	678
2000年	2675	51342	40953	18854	9600	16913	978	623	692
2001年	2696	48579	42130	20757	9829	17559	945	792	819
2002年	2697	48447	42683	21950	10428	20021	995	918	946
2003年	2709	49646	43776	21440	10666	18775	1035	943	1049
2004年	2720	49069	46152	22095	10140	18536	1247	1056	1228
2005年	2762	50423	48056	23332	10821	20269	1320	1062	1535
2006年	2778	51311	50024	25218	11408	21039	1413	1160	1686
2007年	2799	51650	52053	26103	11454	21319	1318	1273	1871
2008年	2820	52021	55064	28141	12251	23129	1112	1454	2071
2009年	2850	52688	58521	32167	13277	25857	1216	1749	2939
2010年	2884	53564	61726	32823	13934	26392	1200	2020	2956
2011年	2952	54475	63896	37423	15316	28452	1218	2214	3985
2012年	3076	54997	68827	43437	17402	33191	1216	2485	5826
2013年	3112	56320	74896	49232	20552	40868	1191	2877	4865

按年份全国公共图书馆经费收支及设施情况

年份	收入合计(万元)	财政拨款	支出合计(万元)	新增藏量购置费	新购图书(万册)	实际使用房屋建筑面积(万平方米)	书库	阅览室	阅览室座席数(万个)
1979年	5040	5040	5206	2163		86.6	38.1	21.1	
1980年	5476	5476	5486	2273		92.0	42.1	23.5	
1985年	15272	15272	13393	4164	1343	172.0	64.1	46.1	23.1
1986年	19891	19070	17242	5300	1359	210.2	73.0	53.4	33.7
1990年	32328	29292	30271	8474	895	326.0	98.4	76.1	32.1
1991年	36764	32593	34388	8927	771	349.1	104.3	80.0	34.0
1992年	45354	39010	41132	9916	740	363.6	105.3	84.3	34.4
1993年	50917	42975	48211	10698	631	368.0	108.0	85.0	34.3
1994年	74586	60639	63295	9252	556	409.1	113.6	85.7	34.8
1995年	79685	65829	74080	16788	551	415.5	117.8	88.3	35.2
1996年	93235	76582	88963	19626	577	441.4	120.8	94.0	35.6
1997年	114004	93177	113927	25527	680	471.5	124.9	98.0	37.4
1998年	129082	107521	127032	28067	700	492.5	131.7	101.8	39.9
1999年	137430	115830	135826	30473	678	506.0	137.4	105.7	41.6
2000年	163799	139321	157173	37141	692	598.2	139.0	109.7	41.6
2001年	183368	152732	187661	36489	819	561.8	146.4	114.4	43.7
2002年	213322	176882	208929	41853	946	582.8	151.6	122.6	43.9
2003年	242188	205252	235819	44407	1049	588.6	156.0	129.7	46.1
2004年	281234	238141	275034	50780	1228	625.1	158.4	138.6	47.2
2005年	325880	277848	312571	59781	1535	677.0	170.0	150.0	48.0
2006年	366089	319479	344076	66095	1686	718.9	175.5	159.0	50.0
2007年	450512	395441	431326	78262	1871	741.4	181.6	169.2	52.7
2008年	531926	477616	519841	83832	2071	780.0	183.5	179.3	55.4
2009年	613175	550808	606630	104404	2939	850.3	194.7	203.5	60.2
2010年	646085	583685	643629	111093	2956	900.4	204.5	220.6	63.1
2011年	813232	756357	776839	123540	3985	994.9	212.9	245.3	68.1
2012年	1002068	934890	977556	147785	5826	1058.4	230.1	281.9	73.5
2013年	1151163	1070575	1130035	165959	4865	1158.5	240.2	318.9	81.0

按年份各地区公共图书馆机构数

单位：个

地 区	1995年	2000年	2005年	2009年	2010年	2011年	2012年	2013年
总 计	**2615**	**2675**	**2762**	**2850**	**2884**	**2952**	**3076**	**3112**
北 京	22	24	25	24	24	24	24	24
天 津	31	31	32	31	31	31	31	31
河 北	134	145	153	164	165	166	172	173
山 西	119	121	122	126	126	126	126	127
内蒙古	107	108	110	113	113	114	114	116
辽 宁	127	128	126	128	128	128	129	129
吉 林	51	60	63	66	65	65	66	66
黑龙江	96	97	96	100	107	107	106	107
上 海	31	31	28	29	28	25	25	25
江 苏	94	101	103	109	111	112	112	113
浙 江	81	83	90	96	97	97	97	98
安 徽	83	84	88	89	88	100	102	107
福 建	78	81	84	85	86	86	87	91
江 西	104	104	104	108	108	114	114	114
山 东	130	133	145	150	149	150	150	153
河 南	132	134	136	142	142	152	156	157
湖 北	100	103	102	107	107	109	111	112
湖 南	116	115	120	120	124	130	136	136
广 东	114	124	129	133	132	134	137	137
广 西	99	94	95	100	108	108	112	112
海 南	19	19	20	20	20	20	20	21
重 庆		42	43	43	43	43	43	43
四 川	166	129	141	156	161	169	188	197
贵 州	87	89	91	93	93	94	93	94
云 南	148	148	149	150	150	152	152	152
西 藏	18	1	4	4	4	4	77	78
陕 西	114	114	111	112	112	112	112	114
甘 肃	86	91	92	93	94	100	103	103
青 海	41	38	43	44	44	49	49	49
宁 夏	20	22	20	20	20	27	26	26
新 疆	66	80	96	94	103	103	105	106

按年份各地区公共图书馆从业人员

单位：人

地区	1995年	2000年	2005年	2009年	2010年	2011年	2012年	2013年
总计	**45323**	**51342**	**50423**	**52688**	**53564**	**54475**	**54997**	**56320**
北京	886	1080	1219	1292	1307	1273	1258	1254
天津	1084	1111	1057	1087	1077	1051	1272	1248
河北	1592	1711	1690	1751	1789	1823	1852	1851
山西	1370	1527	1631	1579	1575	1545	1550	1539
内蒙古	2015	1833	1776	1822	1804	1907	1937	1998
辽宁	2859	4916	2888	2891	3152	2922	2971	2892
吉林	1596	1724	1783	1717	1661	1674	1652	1652
黑龙江	2014	1846	1669	1806	1846	1772	1796	1817
上海	1686	2513	2597	2376	2180	2264	2089	2210
江苏	1953	2092	2363	2787	2838	2932	2901	3033
浙江	1565	1936	2122	2646	3040	3091	3096	3273
安徽	1168	1241	1217	1229	1239	1267	1312	1412
福建	1077	1172	1110	1199	1190	1227	1263	1301
江西	1386	1462	1373	1426	1406	1469	1454	1435
山东	2318	2506	2690	2669	2680	2697	2647	2760
河南	2352	2626	2742	2756	2762	2839	2867	2889
湖北	2054	2299	2253	2180	2151	2149	2219	2226
湖南	1733	1925	1963	1927	1993	2032	2080	2143
广东	2355	2837	3252	3711	3761	4203	4237	4147
广西	1335	1540	1459	1471	1509	1467	1467	1519
海南	252	250	250	357	374	348	317	327
重庆		785	755	805	854	848	848	852
四川	2415	1719	1869	1974	1972	1984	2051	2170
贵州	869	876	905	946	937	950	976	1014
云南	1429	1571	1661	1754	1760	1734	1783	1806
西藏	50	42	62	66	64	60	91	107
陕西	1317	1572	1691	1944	1988	2007	2163	2231
甘肃	979	1110	1179	1263	1306	1402	1413	1472
青海	400	378	365	391	398	406	394	393
宁夏	498	537	509	531	543	578	545	557
新疆	770	907	951	945	978	981	1070	1065

按年份各地区公共图书馆总藏量

单位：万册件

地　区	1995年	2000年	2005年	2009年	2010年	2011年	2012年	2012年
总　计	**32850**	**40953**	**48056**	**58521**	**61726**	**63896**	**68827**	**74896**
北　京	670	767	1121	1589	1715	1821	1948	2072
天　津	677	786	869	1159	1258	1286	1397	1474
河　北	845	1081	1307	1549	1611	1643	1773	1937
山　西	777	867	963	1176	1208	1259	1363	1466
内蒙古	621	683	744	870	940	1056	1157	1325
辽　宁	1786	1970	2326	2785	2953	2948	3185	3355
吉　林	921	1030	1202	1338	1380	1399	1494	1597
黑龙江	1094	1186	1291	1572	1644	1703	1751	1843
上　海	1586	5500	6049	6593	6809	6783	6978	7239
江　苏	2420	2669	3179	4071	4370	4781	5468	5770
浙　江	1511	1715	2324	3552	3761	3964	4539	5165
安　徽	752	787	847	1136	1236	1208	1407	1776
福　建	902	985	1274	1542	1682	1676	2080	2467
江　西	1070	1122	1282	1474	1520	1602	1681	1990
山　东	1724	1989	2746	3515	3636	3720	3888	4422
河　南	1062	1239	1429	1724	1837	2045	2145	2218
湖　北	1445	1678	1923	2181	2361	2376	2460	2648
湖　南	1362	1514	1667	1839	1961	2031	2144	2282
广　东	1651	2316	3119	4367	4615	5040	5426	6101
广　西	1243	1312	1491	1760	1881	1868	1942	2110
海　南	137	154	184	341	285	316	385	377
重　庆		811	768	988	1031	986	1129	1129
四　川	2356	1722	2002	2480	2599	2703	2802	3048
贵　州	616	681	764	800	812	868	990	1156
云　南	1104	1254	1371	1508	1566	1573	1686	1765
西　藏	51	60	42	50	53	55	67	100
陕　西	733	837	887	1059	1127	1199	1281	1377
甘　肃	670	745	860	951	1042	1128	1176	1226
青　海	280	286	324	402	358	368	376	379
宁　夏	338	380	378	435	462	497	505	595
新　疆	489	579	817	934	1113	999	1084	1242

按年份各地区人均拥有公共图书馆藏量

单位：册/件

地 区	1995年	2000年	2005年	2009年	2010年	2011年	2012年	2013年
全 国	**0.27**	**0.32**	**0.37**	**0.44**	**0.46**	**0.47**	**0.51**	**0.55**
北 京	0.54	0.55	0.73	0.91	0.87	0.90	0.94	0.98
天 津	0.72	0.79	0.83	0.94	0.97	0.95	0.99	1.00
河 北	0.13	0.16	0.19	0.22	0.22	0.23	0.24	0.26
山 西	0.25	0.26	0.29	0.34	0.34	0.35	0.38	0.40
内蒙古	0.27	0.29	0.31	0.36	0.38	0.43	0.46	0.53
辽 宁	0.44	0.46	0.55	0.64	0.68	0.67	0.73	0.76
吉 林	0.36	0.38	0.44	0.49	0.50	0.51	0.54	0.58
黑龙江	0.30	0.32	0.34	0.41	0.43	0.44	0.46	0.48
上 海	1.12	3.29	3.40	3.43	2.96	2.89	2.93	3.00
江 苏	0.34	0.36	0.43	0.53	0.56	0.61	0.69	0.73
浙 江	0.35	0.37	0.47	0.69	0.69	0.73	0.83	0.94
安 徽	0.13	0.13	0.14	0.19	0.21	0.20	0.23	0.29
福 建	0.28	0.28	0.36	0.43	0.46	0.45	0.55	0.65
江 西	0.26	0.27	0.30	0.33	0.34	0.36	0.37	0.44
山 东	0.20	0.22	0.30	0.37	0.38	0.39	0.40	0.45
河 南	0.12	0.13	0.15	0.18	0.20	0.22	0.23	0.24
湖 北	0.25	0.28	0.34	0.38	0.41	0.41	0.43	0.46
湖 南	0.21	0.24	0.26	0.29	0.30	0.31	0.32	0.34
广 东	0.24	0.27	0.34	0.45	0.44	0.48	0.51	0.57
广 西	0.27	0.29	0.32	0.36	0.41	0.40	0.41	0.45
海 南	0.19	0.20	0.22	0.39	0.33	0.36	0.43	0.42
重 庆		0.26	0.27	0.35	0.36	0.34	0.38	0.38
四 川	0.21	0.21	0.24	0.30	0.32	0.34	0.35	0.38
贵 州	0.18	0.19	0.20	0.21	0.23	0.25	0.28	0.33
云 南	0.28	0.29	0.31	0.33	0.34	0.34	0.36	0.38
西 藏	0.21	0.23	0.15	0.17	0.18	0.18	0.22	0.32
陕 西	0.21	0.23	0.24	0.28	0.30	0.32	0.34	0.37
甘 肃	0.27	0.29	0.33	0.36	0.41	0.44	0.46	0.47
青 海	0.58	0.55	0.60	0.72	0.64	0.65	0.66	0.66
宁 夏	0.66	0.68	0.63	0.70	0.73	0.78	0.78	0.91
新 疆	0.29	0.30	0.41	0.43	0.51	0.45	0.49	0.55

按年份各地区公共图书馆总流通人次

单位：万人次

地　区	1995年	2000年	2005年	2009年	2010年	2011年	2012年	2013年
总　计	**14142**	**18854**	**23332**	**32167**	**32823**	**37423**	**43437**	**49232**
北　京	272	320	715	824	775	726	865	1033
天　津	265	461	483	676	606	572	630	714
河　北	473	736	635	713	736	796	1023	1079
山　西	227	261	256	350	374	398	475	603
内蒙古	282	270	380	310	312	373	417	575
辽　宁	829	1184	1133	1666	1457	1553	1939	1939
吉　林	385	409	505	490	503	611	691	540
黑龙江	631	608	505	617	622	694	836	822
上　海	687	1225	1249	1460	1853	1926	2062	3605
江　苏	883	1227	1735	2787	3006	3542	4527	5047
浙　江	555	1140	1398	4253	3454	3971	4572	4946
安　徽	372	561	461	671	760	1176	1264	1347
福　建	466	647	734	1182	1193	1315	1526	1809
江　西	413	485	534	596	639	756	1057	1165
山　东	509	795	1422	1603	1717	1915	2035	2355
河　南	650	713	828	1011	1026	1334	1638	1785
湖　北	559	714	1145	1271	1516	1342	1516	1763
湖　南	618	808	787	940	1028	1215	1490	1694
广　东	1447	2235	3543	4565	4540	6072	6418	7357
广　西	809	927	896	1100	1343	1231	1366	1471
海　南	94	121	115	193	172	150	270	247
重　庆		266	595	588	621	777	1078	1147
四　川	776	554	766	1151	1168	1433	1628	1738
贵　州	462	228	187	267	369	314	420	467
云　南	559	654	735	962	907	993	1070	1223
西　藏		2	2	2	3	3	4	11
陕　西	242	275	365	384	519	560	727	879
甘　肃	225	185	317	414	468	473	558	616
青　海	39	58	68	90	89	96	102	114
宁　夏	140	142	167	147	163	233	210	221
新　疆	140	263	212	364	350	425	645	502

按年份各地区公共图书馆图书外借册次

单位：万册次

地区	1995年	2000年	2005年	2009年	2010年	2011年	2012年	2013年
总计	**11814**	**16913**	**20269**	**25857**	**26392**	**28452**	**33191**	**40868**
北京	283	442	678	890	804	749	819	893
天津	237	274	380	637	572	601	562	658
河北	379	673	469	528	493	504	693	727
山西	204	207	272	242	282	343	392	404
内蒙古	239	233	243	242	312	357	446	578
辽宁	856	1119	1173	1407	1456	1426	1616	1750
吉林	332	387	794	443	412	403	476	462
黑龙江	500	527	789	560	479	483	637	575
上海	507	970	1028	1453	1461	1715	1973	6316
江苏	967	1269	1494	2445	2542	2739	3430	3997
浙江	550	1054	1233	2785	2924	3660	3900	3919
安徽	343	455	341	578	683	843	1186	1258
福建	517	779	729	1129	1097	1205	1519	1805
江西	383	543	723	518	562	590	832	947
山东	573	718	1379	1544	1514	1608	1990	2158
河南	517	695	647	952	915	1214	1378	1465
湖北	543	769	927	1047	1846	1114	1386	1570
湖南	562	735	801	958	1059	1173	1304	1424
广东	687	1192	2037	2536	2267	2617	3070	3499
广西	528	688	761	774	733	668	806	854
海南	49	64	28	134	86	103	126	153
重庆		435	472	760	706	721	868	969
四川	691	564	651	949	924	1042	1194	1374
贵州	133	189	118	213	222	164	279	337
云南	529	680	701	770	702	982	760	870
西藏		11	4	2	4	2	3	9
陕西	238	305	264	258	305	372	497	609
甘肃	173	153	261	329	345	389	447	526
青海	51	52	58	43	42	43	45	89
宁夏	125	265	212	156	182	205	163	253
新疆	91	251	175	354	317	366	396	419

按年份各地区公共图书馆财政拨款

单位：万元

地　区	1995年	2000年	2005年	2009年	2010年	2011年	2012年	2013年
总　计	**65829**	**139321**	**277848**	**550808**	**583685**	**756357**	**934890**	**1070575**
北　京	1683	8734	15554	28294	32746	36261	43528	49391
天　津	1295	2751	10980	14970	18500	30119	25123	27108
河　北	1827	2980	6717	10090	10034	14325	18771	21637
山　西	1184	2150	4862	9433	9838	13342	21448	20406
内蒙古	1432	2452	5086	14221	17898	20954	47688	30656
辽　宁	3737	6822	15446	30535	31121	34838	39276	40948
吉　林	1707	3364	5861	11982	12385	17696	19800	22523
黑龙江	2088	3104	7752	12227	13616	14596	16870	21645
上　海	5558	22870	30636	55912	56345	59285	66891	76095
江　苏	3620	6729	16075	33088	34240	44475	55797	65869
浙　江	2356	6509	20316	38761	43536	52741	69686	71759
安　徽	1165	2054	5436	9933	10008	14125	17942	22034
福　建	1778	3681	6579	11962	14975	19124	21355	26545
江　西	1184	2022	3780	7772	9726	11197	16182	18748
山　东	2814	6129	12039	21027	22996	28069	32611	44736
河　南	1766	3591	5987	12201	12252	16911	22181	30279
湖　北	1649	2896	6498	23000	29240	32336	31304	40567
湖　南	1816	2550	5376	11217	12154	15125	19894	23292
广　东	6110	11868	28592	55146	58296	75460	87426	99593
广　西	1563	2851	5469	11353	12191	13425	22675	23491
海　南	378	322	631	2882	3373	4804	9633	9393
重　庆		1491	2957	7268	7650	11846	20379	18838
四　川	2591	2877	7229	18586	16955	28597	38337	63021
贵　州	746	1259	3401	5383	5939	9616	10903	14714
云　南	2178	5134	6096	11670	11763	17720	20102	24684
西　藏	72	111	336	609	1145	1322	1366	1718
陕　西	934	2038	3973	9107	11547	15884	19896	21708
甘　肃	985	1752	4438	8888	9648	13354	17173	22499
青　海	724	678	1237	2965	3096	4003	5072	4835
宁　夏	408	786	1504	4592	5067	6868	9264	9556
新　疆	1062	1476	3360	6694	8089	11518	17552	20343

按年份各地区公共图书馆总支出

单位：万元

地区	1995年	2000年	2005年	2009年	2010年	2011年	2012年	2013年
总计	**74080**	**157173**	**312571**	**606630**	**643629**	**776839**	**977556**	**1130035**
北京	1851	5326	16840	24095	26706	34490	45592	54556
天津	2128	3074	7548	16083	20119	19465	25863	38499
河北	2044	3458	7208	10186	11062	15008	18744	21448
山西	1170	2270	5085	17289	10787	13033	20849	20052
内蒙古	1458	2536	4959	15166	15124	21493	50213	31419
辽宁	4392	7783	16225	31112	32183	33159	37498	44930
吉林	1835	3520	6295	12141	12613	14344	19559	20660
黑龙江	2139	3409	8602	12551	13500	14719	16986	18767
上海	7021	24425	36757	63238	63728	69955	76427	84361
江苏	4046	8400	20630	37970	37964	46285	61874	72904
浙江	3082	8500	22905	44880	47316	56470	73446	76969
安徽	1384	2641	5767	11014	11788	15666	20465	24087
福建	1710	3916	7446	12294	15517	20371	26184	28177
江西	1323	2343	4343	9401	10432	12076	15909	18337
山东	2968	6881	13242	23034	23206	28317	31732	44902
河南	2140	3902	6377	12674	13452	16503	21725	30732
湖北	2372	3952	8120	24834	31444	35003	34313	43633
湖南	2329	3399	6431	12226	13378	16533	21159	24418
广东	6807	14597	33777	56428	61294	78470	91435	106861
广西	1769	3077	6288	12343	13369	14085	18759	25286
海南	369	355	658	3149	4320	4785	9918	9239
重庆		2026	3856	9123	9335	13866	21121	19947
四川	3245	3462	8218	20540	17841	28633	36464	52668
贵州	810	1428	3497	6350	6736	11081	11838	14154
云南	2234	3928	6786	15896	12632	16585	21077	24899
西藏	61	110	336	609	689	894	1228	2129
陕西	951	2263	4405	9663	11820	15600	19462	22657
甘肃	1011	1799	4399	8639	9592	12147	15418	21308
青海	424	780	1315	3065	3155	4099	5168	6004
宁夏	430	783	1574	4603	5786	7555	8011	10089
新疆	1119	1677	3999	7873	8890	11972	15712	17275

按年份各地区公共图书馆新增藏量购置费

单位：万元

地　区	1995年	2000年	2005年	2009年	2010年	2011年	2012年	2013年
总　计	**16788**	**37141**	**59781**	**104404**	**111093**	**123540**	**147785**	**165959**
北　京	251	914	3413	3756	4483	4776	5564	6057
天　津	318	563	1527	3664	3267	2742	4192	3358
河　北	302	428	677	1471	1524	1920	2393	3469
山　西	131	292	385	1205	1482	1221	2368	1124
内蒙古	86	166	169	830	939	2004	2838	3149
辽　宁	768	948	2027	4070	5165	4720	5033	5742
吉　林	250	459	777	1397	1312	1683	2482	2766
黑龙江	235	395	410	1248	1584	1423	1710	1897
上　海	2204	11210	10342	16490	14950	17962	18320	17855
江　苏	732	1780	3739	7671	8279	9114	12074	13431
浙　江	578	1577	3994	9805	10908	11850	15632	14418
安　徽	262	297	619	1468	1454	1732	2509	3427
福　建	311	716	1599	1588	2801	21017	3357	4696
江　西	99	302	646	954	1299	1389	1564	2294
山　东	506	978	1868	3525	4000	4388	4701	7986
河　南	255	413	655	1240	1449	1847	1892	3188
湖　北	299	699	1296	1888	1847	2138	4210	6350
湖　南	207	415	900	1499	1672	2018	2316	2496
广　东	1186	2832	7394	12042	12506	13326	17404	18493
广　西	291	520	674	1697	1863	2099	2484	3346
海　南	59	41	92	557	874	495	1136	2061
重　庆		330	569	1461	1626	2291	2236	2887
四　川	431	485	1095	2145	2129	3516	3740	4153
贵　州	100	166	301	491	682	1275	910	1126
云　南	441	538	720	1605	1700	2152	2671	4738
西　藏	14	16	43	107	119	116	198	147
陕　西	104	117	701	1169	1527	1885	1871	2992
甘　肃	170	289	594	1013	1177	1267	1803	3819
青　海	33	54	72	198	153	197	236	612
宁　夏	41	68	136	483	501	594	381	582
新　疆	91	136	347	769	925	1190	1371	1049

按年份各地区公共图书馆人均购书费

单位：元

地区	1995年	2000年	2005年	2009年	2010年	2011年	2012年	2013年
全国	**0.139**	**0.293**	**0.457**	**0.782**	**0.829**	**0.917**	**1.091**	**1.220**
北京	0.201	0.661	2.219	2.140	2.286	2.366	2.689	2.864
天津	0.338	0.562	1.464	2.983	2.525	2.024	2.967	2.281
河北	0.047	0.063	0.099	0.209	0.212	0.265	0.328	0.473
山西	0.043	0.089	0.115	0.351	0.415	0.340	0.656	0.310
内蒙古	0.039	0.070	0.071	0.343	0.380	0.807	1.140	1.261
辽宁	0.188	0.224	0.480	0.942	1.181	1.077	1.147	1.308
吉林	0.096	0.168	0.286	0.510	0.478	0.612	0.903	1.005
黑龙江	0.063	0.107	0.107	0.326	0.414	0.371	0.446	0.495
上海	1.558	6.697	5.817	8.584	6.494	7.653	7.698	7.393
江苏	0.104	0.239	0.500	0.993	1.052	1.154	1.524	1.692
浙江	0.134	0.337	0.815	1.893	2.004	2.169	2.854	2.622
安徽	0.044	0.050	0.101	0.239	0.244	0.290	0.419	0.568
福建	0.096	0.206	0.452	0.438	0.759	0.828	0.896	1.244
江西	0.024	0.073	0.150	0.215	0.291	0.309	0.347	0.507
山东	0.058	0.108	0.202	0.372	0.418	0.455	0.485	0.820
河南	0.028	0.045	0.070	0.131	0.154	0.197	0.201	0.339
湖北	0.052	0.116	0.227	0.330	0.323	0.371	0.728	1.095
湖南	0.032	0.064	0.142	0.234	0.254	0.306	0.349	0.373
广东	0.173	0.328	0.804	1.249	1.199	1.269	1.643	1.737
广西	0.064	0.116	0.145	0.349	0.405	0.452	0.531	0.709
海南	0.081	0.052	0.111	0.645	1.008	0.564	1.281	2.303
重庆		0.107	0.203	0.511	0.564	0.785	0.759	0.972
四川	0.038	0.058	0.133	0.262	0.265	0.437	0.463	0.512
贵州	0.029	0.047	0.081	0.129	0.196	0.368	0.261	0.321
云南	0.111	0.125	0.162	0.351	0.370	0.465	0.573	1.011
西藏	0.058	0.061	0.155	0.369	0.396	0.383	0.643	0.471
陕西	0.030	0.032	0.188	0.310	0.409	0.504	0.498	0.795
甘肃	0.070	0.113	0.229	0.384	0.460	0.494	0.699	1.479
青海	0.069	0.104	0.133	0.356	0.271	0.347	0.412	1.060
宁夏	0.080	0.121	0.228	0.773	0.796	0.930	0.588	0.890
新疆	0.055	0.071	0.173	0.356	0.424	0.539	0.614	0.463

按年份各地区公共图书馆购书费支出占总支出的比重

单位：%

地区	1995年	2000年	2005年	2009年	2010年	2011年	2012年	2013年
全国	**22.7**	**23.6**	**19.1**	**17.2**	**17.3**	**15.9**	**15.1**	**15.5**
北京	13.6	17.2	20.3	15.6	16.8	13.8	12.2	12.3
天津	14.9	18.3	20.2	22.8	16.2	14.1	16.2	12.4
河北	14.8	12.4	9.4	14.4	13.8	12.8	12.8	16.0
山西	11.2	12.9	7.6	7.0	13.7	9.4	11.4	5.5
内蒙古	5.9	6.5	3.4	5.5	6.2	9.3	5.7	10.3
辽宁	17.5	12.2	12.5	13.1	16.0	14.2	13.4	14.0
吉林	13.6	13.0	12.3	11.5	10.4	11.7	12.7	12.3
黑龙江	11.0	11.6	4.8	9.9	11.7	9.7	10.1	8.8
上海	31.4	45.9	28.1	26.1	23.5	25.7	24.0	23.5
江苏	18.1	21.2	18.1	20.2	21.8	19.7	19.5	20.4
浙江	18.8	18.6	17.4	21.8	23.1	21.0	21.3	20.1
安徽	18.9	11.2	10.7	13.3	12.3	11.1	12.3	15.6
福建	18.2	18.3	21.5	12.9	18.0	15.1	12.8	17.7
江西	7.5	12.9	14.9	10.1	12.4	11.5	9.8	12.2
山东	17.0	14.2	14.1	15.3	17.2	15.5	14.8	17.9
河南	11.9	10.6	10.3	9.8	10.8	11.2	8.7	10.5
湖北	12.6	17.7	16.0	7.6	5.9	6.1	12.3	15.7
湖南	8.9	12.2	14.0	12.3	12.5	12.2	10.9	10.7
广东	17.4	19.4	21.9	21.3	20.4	17.0	19.0	18.6
广西	16.4	16.9	10.7	13.8	13.9	14.9	13.2	14.2
海南	16.0	11.5	14.0	17.7	20.2	10.4	11.5	21.9
重庆		16.3	14.8	16.0	17.4	16.5	10.6	15.3
四川	13.3	14.0	13.3	10.4	11.9	12.3	10.3	6.6
贵州	12.3	11.6	8.6	7.7	10.1	11.5	7.7	7.6
云南	19.7	13.7	10.6	10.1	13.5	13.0	12.7	19.2
西藏	23.0	14.5	12.8	17.6	17.2	13.0	16.1	8.5
陕西	10.9	5.2	15.9	12.1	12.9	12.1	9.6	13.8
甘肃	16.8	16.1	13.5	11.7	12.3	10.4	11.7	17.0
青海	7.8	6.9	5.5	6.5	4.8	4.8	4.6	12.7
宁夏	9.5	8.7	8.6	10.5	8.7	7.9	4.7	6.1
新疆	8.1	8.1	8.7	9.8	10.4	9.9	8.7	5.2

按年份各地区公共图书馆新购图书册数

单位：万册

地　区	1995年	2000年	2005年	2009年	2010年	2011年	2012年	2013年
总　计	**551**	**692**	**1535**	**2939**	**2956**	**3985**	**5826**	**4865**
北　京	11	33	114	163	125	134	161	152
天　津	12	17	35	89	74	81	109	121
河　北	26	15	33	93	68	58	138	108
山　西	7	12	17	40	45	49	96	44
内蒙古	7	11	8	42	67	110	91	105
辽　宁	41	39	72	173	157	154	297	169
吉　林	14	14	32	64	52	198	140	95
黑龙江	17	17	26	60	71	55	67	81
上　海	44	67	100	197	176	205	312	211
江　苏	41	57	106	205	259	458	874	436
浙　江	33	54	142	321	337	450	628	480
安　徽	9	11	23	82	61	80	408	341
福　建	18	25	71	96	103	152	375	230
江　西	9	15	26	39	65	58	60	76
山　东	23	32	64	172	133	211	159	359
河　南	16	21	30	69	95	114	93	111
湖　北	23	28	43	68	60	83	111	138
湖　南	19	24	54	59	80	94	144	106
广　东	69	77	316	342	368	409	513	604
广　西	16	20	26	61	56	62	91	97
海　南	6	3	3	18	25	36	31	49
重　庆		12	23	58	52	56	186	107
四　川	25	21	47	160	95	271	229	129
贵　州	5	8	7	24	27	34	36	41
云　南	22	15	26	52	43	67	111	106
西　藏			2	1	2	2	5	3
陕　西	5	6	25	37	43	57	130	83
甘　肃	7	7	12	22	26	29	35	68
青　海	1	2	3	6	6	4	8	17
宁　夏	2	3	5	17	31	29	14	24
新　疆	6	5	15	27	32	88	44	48

按年份各地区公共图书馆阅览室坐席数

单位：万个

地　区	1995年	2000年	2005年	2009年	2010年	2011年	2012年	2013年
总　计	**35.2**	**41.6**	**48.0**	**60.2**	**63.1**	**68.1**	**73.5**	**81.0**
北　京	0.5	0.8	1.1	1.3	1.3	1.3	1.4	1.6
天　津	0.5	0.7	1.0	0.9	0.9	1.0	1.2	1.4
河　北	1.4	1.8	2.0	2.0	2.2	2.7	2.7	3.0
山　西	0.9	1.1	1.2	1.5	1.6	1.7	2.0	2.6
内蒙古	1.2	1.3	1.4	1.7	1.7	1.7	1.9	2.4
辽　宁	1.7	2.0	2.3	2.8	3.0	3.0	3.2	3.1
吉　林	0.9	1.2	1.2	1.3	1.4	1.5	1.6	1.6
黑龙江	1.1	1.1	1.3	1.7	1.8	2.0	2.1	2.2
上　海	1.2	1.5	1.5	1.7	1.9	2.0	2.2	2.3
江　苏	1.8	2.2	2.5	3.5	3.9	4.0	4.2	4.4
浙　江	1.2	1.6	2.5	3.5	3.5	3.6	4.0	4.2
安　徽	0.9	0.8	1.0	1.5	1.6	1.7	2.1	2.7
福　建	1.3	1.3	1.7	2.2	2.5	2.4	2.7	2.9
江　西	1.6	1.6	1.7	2.2	2.2	2.3	2.6	2.8
山　东	1.4	2.0	2.7	3.6	3.7	3.8	4.0	4.7
河　南	1.2	1.6	1.7	2.4	2.4	3.0	3.2	4.0
湖　北	2.1	2.1	2.4	2.7	2.7	2.6	3.4	3.5
湖　南	2.2	2.5	2.3	2.9	3.0	3.1	3.4	3.0
广　东	2.6	3.0	4.0	5.8	5.9	6.8	7.1	7.6
广　西	1.8	2.0	1.8	2.3	2.5	2.4	2.6	2.7
海　南	0.3	0.3	0.3	0.4	0.4	0.5	0.5	0.6
重　庆		0.8	0.8	1.0	1.4	1.3	1.6	1.7
四　川	2.2	2.1	2.3	2.6	2.6	3.2	3.5	4.1
贵　州	0.8	1.0	1.1	1.2	1.2	2.2	1.4	1.9
云　南	1.5	1.9	1.9	2.0	2.1	2.2	2.4	2.6
西　藏				0.1		0.1	0.1	0.2
陕　西	0.9	0.9	1.3	1.3	1.4	1.6	1.6	1.8
甘　肃	0.7	0.8	1.0	1.3	1.3	1.5	1.6	1.7
青　海	0.2	0.2	0.2	0.3	0.3	0.3	0.4	0.4
宁　夏	0.4	0.4	0.5	0.5	0.5	0.7	0.7	0.7
新　疆	0.5	0.7	1.0	1.1	1.4	1.6	1.7	2.0

按年份各地区平均每万人公共图书馆建筑面积

单位：平方米

地区	1995年	2000年	2005年	2009年	2010年	2011年	2012年	2013年
全国	**34.3**	**47.3**	**51.8**	**63.7**	**67.2**	**73.8**	**78.2**	**85.1**
北京	56.7	75.3	99.5	94.0	86.6	82.8	107.2	113.8
天津	81.6	99.9	162.0	104.2	103.1	121.4	181.7	168.1
河北	26.9	33.5	38.5	36.5	34.6	41.9	46.7	52.9
山西	27.6	34.3	45.0	92.8	67.8	76.9	81.6	108.1
内蒙古	46.0	53.0	65.8	92.1	90.4	94.6	105.0	131.5
辽宁	53.8	61.6	81.3	97.9	100.8	103.4	108.4	103.4
吉林	35.5	39.6	50.1	51.8	53.3	61.5	67.9	70.6
黑龙江	33.6	36.6	48.2	62.2	65.0	67.5	70.3	72.3
上海	85.8	132.6	137.2	148.9	160.9	158.6	162.4	171.5
江苏	30.3	35.5	57.9	83.9	83.1	85.8	104.3	112.1
浙江	34.8	57.7	83.7	107.1	106.7	114.6	125.7	135.8
安徽	14.6	15.9	23.9	34.4	37.0	41.0	47.1	58.7
福建	42.2	47.5	65.9	84.9	117.1	114.9	89.6	93.4
江西	38.6	39.9	47.6	65.9	61.1	64.9	70.3	75.9
山东	22.6	26.9	42.3	49.1	49.7	73.0	57.6	73.5
河南	21.6	25.9	27.2	33.5	34.5	44.9	45.7	56.8
湖北	35.1	39.3	49.9	55.2	57.3	61.1	83.2	88.3
湖南	33.6	38.7	39.7	46.1	54.9	55.6	53.8	56.9
广东	43.2	132.1	57.8	81.3	80.6	92.8	95.6	102.8
广西	38.1	46.8	45.1	48.6	55.8	55.5	60.9	59.6
海南	36.0	41.9	53.1	91.4	98.2	95.2	96.7	91.4
重庆		37.5	47.2	58.1	70.8	77.1	83.3	85.1
四川	22.6	27.3	34.2	39.2	42.1	48.1	55.4	59.5
贵州	23.9	39.7	35.7	40.8	44.5	49.3	46.7	59.9
云南	44.6	48.5	78.4	62.8	65.5	72.2	71.0	73.2
西藏	52.1	61.1	104.7	93.1	89.6	80.4	88.0	120.6
陕西	32.8	33.8	52.7	49.3	53.5	58.0	64.0	64.1
甘肃	34.5	43.7	41.6	56.2	63.2	67.0	71.2	74.9
青海	60.5	73.4	68.1	80.8	78.9	81.7	93.7	79.5
宁夏	78.2	78.3	68.8	134.4	133.9	177.1	160.9	163.7
新疆	43.1	44.7	54.7	66.2	82.0	80.5	82.4	90.9

2013年公共图

	机构数(个)	从业人员(人)	专业技术人才	正高级职称	副高级职称	中级职称	总藏量(万册)
总　计	**3112**	**56320**	**39440**	**715**	**4607**	**17867**	**74896.05**
其中：少儿图书馆	105	2170	1558	36	222	703	3165.01
按隶属关系分：							
中央	1	1727	1296	47	294	662	3244.28
省、区、市	39	7913	6482	282	1169	2653	18104.56
地、市	360	14183	10937	264	1671	5228	19500.93
县、市、区	2712	32497	20725	122	1473	9324	34046.29
县图书馆	1632	15559	10038	60	596	4497	13734.91

续表 1

	电子图书(万册)	本馆自建	本馆外购	从其他机构免费共享	书架单层总长度(米)	本年新增藏量(万册)	本年新增电子图书(万册)	当年购买的报刊种类(种)	有效借书证数(个)
总　计	**37767.27**	**1062.21**	**24141.18**	**12563.89**	**11913030**	**4865.18**	**14884.51**	**1091244**	**28773644**
其中：少儿图书馆	775.73	11.21	713.81	50.71	227479	284.14	326.57	34160	1439589
按隶属关系分：									
中央	406.50	60.80	345.70			124.77	7.10	18449	1762449
省、区、市	4258.48	86.73	3570.16	601.60	2804409	720.99	822.87	165685	4589493
地、市	15574.32	314.83	13158.91	2100.58	4194464	1485.81	9840.50	286127	10096118
县、市、区	17527.97	599.85	7066.41	9861.71	4914157	2533.61	4214.05	620983	12325584
县图书馆	6730.82	299.96	2791.09	3639.78	2222145	934.45	1704.29	273990	3602310

书馆基本情况

图书		古籍		报刊	视听文献	缩微制品	其它	在藏量中	
	盲文图书		善本					开架书刊	少儿文献
56123.73	**83.52**	**2735.52**	**271.57**	**8034.82**	**1353.08**	**1461.57**	**5187.34**	**31654.95**	**5626.28**
2737.27	1.10	29.69	5.14	145.91	119.49	2.64	130.02	1507.53	1335.27
1111.92	0.12	194.06	28.23	1441.19	31.34	151.57	314.20		
10750.26	5.14	1365.79	162.92	1842.04	305.86	1262.58	2578.04	4423.61	627.27
15849.74	16.95	690.86	39.63	1783.32	482.75	27.10	667.16	9816.05	2133.39
28411.80	61.32	484.80	40.78	2968.29	533.14	20.32	1627.96	17415.29	2865.63
11017.95	11.44	215.36	22.44	1654.65	119.90	9.15	717.90	6101.81	1032.13

总流通人次（万人次）		书刊文献外借册次（万册次）	为读者举办各种活动						计算机（台）		图书馆网站访问量（页次）
	书刊文献外借人次		组织各类讲座次数（次）	参加人次（万人次）	举办展览（个）	参加人次（万人次）	举办培训班（个）	培训人次（万人次）		供读者使用电子阅览室终端数	
49232.00	**20551.83**	**40868.32**	**49474**	**864.77**	**15848**	**3353.77**	**26198**	**192.70**	**195413**	**116274**	**1614819403**
2131.47	976.88	2285.37	2622	51.51	488	99.88	1719	10.67	6648	3286	10408117
418.74			237	6.06	53	57.75	32	0.31	3180	368	1036242518
7755.37	2568.91	8264.71	4166	89.54	1327	817.32	2605	25.95	19963	8261	300276279
14615.43	6054.26	11878.35	13280	255.61	3371	1034.42	6104	42.45	41929	22369	182213889
26442.46	11928.67	20725.25	31791	513.56	11097	1444.29	17457	124.00	130341	85276	96086717
8932.86	4753.65	7152.65	14264	242.20	5795	638.53	9007	61.63	68487	46032	36784250

续表 2

	本年收入合计(千元)	财政补贴收入	购书专项经费	上级补助收入	事业收入	经营收入	附属单位上缴收入	其他收入
总　计	**11511625**	**10705745**	**1479923**	**224517**	**303209**	**46285**	**2633**	**229236**
其中：少儿图书馆	458671	438243	68570	7080	5639	2356		5353
按隶属关系分：								
中央	943336	819443	134500		100468	11780		11645
省、区、市	2906352	2695478	470158	10121	132225	15493	722	52313
地、市	3143131	3021732	444225	51504	16926	3377		49592
县、市、区	4518806	4169092	431040	162892	53590	15635	1911	115686
县图书馆	1680543	1530871	125519	81588	17086	4668	789	45541

续表 3

	本年支出合计(千元)						资产总计(千元)	
	对个人和家庭补助支出	抚恤金和生活补助	其他资本性支出	各种设备、交通工具、图书购置费	新增藏量购置费	新增数字资源购置费		固定资产原值
总　计	**1118386**	**45713**	**3024026**	**2429850**	**1450855**	**208733**	**34797788**	**27227219**
其中：少儿图书馆	52166	1513	113568	101317	66159	8704	1083486	930678
按隶属关系分：								
中央	85629	363	405463	208869	133335	29178	5068735	2816603
省、区、市	247279	6669	993184	868291	470786	88314	11927316	8959950
地、市	346561	16110	773594	646957	386749	53381	7920143	6978843
县、市、区	438917	22571	851785	705733	459985	37860	9881594	8471823
县图书馆	154611	10839	273793	214409	164888	11013	3160664	2723902

本年支出合计(千元)	基本支出	项目支出	经营支出	在支出合计中：工资福利支出	商品和服务支出	差旅费	劳务费	福利费	各种税金支出
11300346	**5765954**	**4995273**	**39748**	**3320881**	**2518407**	**59190**	**154569**	**41274**	**18189**
426417	223164	189845	1711	140574	88402	2311	4437	1216	594
986707	301114	681160	4433	160239	280758	3124	9235	184	2151
2819406	971876	1830960	15209	582124	762356	14981	49788	8253	8163
2996878	1615613	1250151	2107	921597	606862	15780	31202	9498	3890
4497355	2877351	1233002	17999	1656921	868431	25305	64344	23339	3985
1642482	1145717	299059	9383	658893	267039	13258	17736	8533	1564

实际使用公用房屋建筑面积(万平方米)	书库面积	阅览室面积	书刊阅览室面积	电子阅览室面积	实际拥有产权面积(万平方米)	阅览室坐席数(个)	少儿阅览室坐席数	盲人阅览室坐席数	图书馆延伸服务情况：流动服务书刊借阅人次(万人次)	流动图书馆车书刊借阅册次(万册次)	分馆数量(个)
1158.46	**240.25**	**318.85**	**229.64**	**51.23**	**700.99**	**809767**	**196192**	**18976**	**2939.39**	**5188.79**	**6516**
29.61	4.97	9.75	6.51	1.27	19.71	26642	21917	980	252.77	445.16	699
24.46	4.85	6.63	6.52	0.11	25.37	4411	139	12			32
153.18	38.54	41.31	35.63	2.42	110.80	67021	8906	788	350.70	568.10	937
342.32	69.66	95.86	73.51	10.79	185.58	200155	42893	4913	982.74	1725.89	2016
638.51	127.20	175.06	113.99	37.92	379.24	538180	144254	13263	1605.95	2894.80	3531
277.78	57.48	75.56	43.94	19.45	179.92	250134	72701	6107	638.25	965.96	1060

2013年各地区公

地区	机构数（个）	从业人员（人）					总藏量（万册）	
			专业技术人才					图书
				正高级职称	副高级职称	中级职称		
全国	**3112**	**56320**	**39440**	**715**	**4607**	**17867**	**74896.05**	**56123.73**
北京	24	1254	1015	12	73	370	2071.99	1842.46
天津	31	1248	1067	15	140	366	1473.79	1297.63
河北	173	1851	1204	34	168	564	1937.40	1545.80
山西	127	1539	1004	14	78	430	1465.68	1110.52
内蒙古	116	1998	1604	13	281	647	1324.81	1090.04
辽宁	129	2892	2101	59	244	1199	3355.42	2661.32
吉林	66	1652	1380	38	237	658	1597.04	1283.83
黑龙江	107	1817	1381	86	299	764	1843.47	1501.77
上海	25	2210	1580	42	139	617	7239.00	2929.89
江苏	113	3033	2203	41	305	937	5769.83	4902.40
浙江	98	3273	1999	47	266	938	5164.79	4350.12
安徽	107	1412	1016	8	83	382	1776.49	1463.99
福建	91	1301	938	8	83	451	2466.74	1839.76
江西	114	1435	871	11	86	352	1989.68	1464.37
山东	153	2760	2311	35	339	1097	4422.05	3538.97
河南	157	2889	1394	17	129	710	2218.19	1773.19
湖北	112	2226	1741	25	164	973	2648.27	2155.95
湖南	136	2143	1511	17	152	735	2282.20	1768.88
广东	137	4147	2640	43	218	1162	6100.67	5208.07
广西	112	1519	1083	9	74	497	2109.84	1554.95
海南	21	327	251		6	57	377.13	335.37
重庆	43	852	579	14	76	217	1128.85	895.30
四川	197	2170	1328	11	103	535	3048.14	2364.56
贵州	94	1014	751	12	79	243	1156.13	857.46
云南	152	1806	1567	5	208	792	1765.46	1346.67
西藏	78	107	42	10	10	3	100.33	82.97
陕西	114	2231	1211	26	66	556	1377.12	1116.44
甘肃	103	1472	775	6	62	312	1226.22	947.15
青海	49	393	298	5	33	139	378.77	316.61
宁夏	26	557	438	4	39	176	594.70	495.42
新疆	106	1065	861	1	73	326	1241.60	969.97

共图书馆基本情况

盲文图书	古籍	善本	报刊	视听文献	缩微制品	其他	在藏量中		电子图书（万册）	本馆自建
							开架书刊	少儿文献		
83.52	**2735.52**	**271.57**	**8034.82**	**1353.08**	**1461.57**	**5187.34**	**31654.95**	**5626.28**	**37767.27**	**1062.21**
0.28	46.66	6.77	70.76	74.65	0.03	37.43	1189.05	231.00	2544.50	0.28
0.15	57.31	10.49	79.18	24.24	0.99	14.44	700.86	147.17	121.14	20.09
2.52	54.01	2.39	175.42	36.93	7.38	117.86	914.72	140.32	352.27	11.99
1.53	75.01	12.13	228.15	11.41	1.52	39.08	729.70	89.67	402.88	7.13
0.84	31.56	1.05	123.05	10.63	0.44	69.09	490.22	59.85	381.91	39.45
1.03	134.82	16.20	256.96	74.23	0.80	227.29	1695.49	323.50	923.21	13.79
0.52	44.64	6.52	157.10	27.27	2.88	81.33	568.54	82.20	323.83	0.79
0.58	45.49	2.17	210.75	33.90	23.90	27.68	895.66	73.43	354.84	1.45
1.18	201.96	20.43	362.50	123.49	1235.94	2385.22	1767.08	243.01	365.56	0.12
3.50	344.60	26.51	373.58	84.59	5.73	58.92	2800.34	552.06	3488.90	39.60
3.12	193.84	21.15	359.31	194.71	0.61	66.20	2890.95	549.78	9386.50	75.83
4.03	59.55	4.34	150.77	22.19	1.59	78.41	601.27	143.19	2359.57	65.78
1.24	48.43	4.60	235.12	57.05	3.03	283.35	1032.15	230.72	1506.06	73.02
2.27	95.47	6.99	282.69	14.20	0.70	132.25	634.66	152.01	509.29	15.31
3.89	142.44	24.84	403.46	36.63	4.16	296.39	2080.11	300.24	1447.89	48.87
1.59	112.97	7.75	276.85	13.44	1.06	40.69	975.22	125.60	886.56	11.51
2.39	98.51	8.36	274.99	32.73	6.74	79.35	1272.73	191.56	401.76	25.59
3.08	117.98	8.79	289.53	43.66	1.26	60.89	991.28	236.09	591.59	27.08
37.25	80.47	5.31	421.13	187.44	2.47	201.09	3390.43	907.02	2794.07	261.21
0.30	43.65	1.60	391.35	25.64	1.10	93.16	839.85	110.43	624.74	11.36
0.34	1.05	0.01	34.96	3.30	0.01	2.44	215.36	26.72	611.21	14.11
2.24	71.93	9.52	92.24	21.46	3.14	44.79	553.30	111.98	645.32	67.21
2.75	164.84	10.27	331.96	65.17	1.10	120.52	1233.71	243.65	1229.10	53.21
1.89	26.12	1.43	151.22	43.73	1.04	76.56	601.88	58.60	684.10	10.23
1.01	97.05	5.15	245.14	18.99	0.85	56.77	673.45	79.73	723.21	7.65
	1.17	0.05	11.18	0.22		4.79	25.61	2.27	20.61	0.51
2.04	57.76	5.72	133.47	10.78	0.36	58.31	480.91	53.12	2856.97	6.24
1.15	53.53	11.11	178.49	8.88	0.49	37.68	580.94	50.99	154.38	1.86
0.33	13.96	1.25	34.25	2.55	0.18	11.21	77.54	19.56	109.19	0.10
0.20	14.90	0.35	50.29	4.98	0.08	29.03	273.86	30.96	128.93	
0.15	9.78	0.11	207.80	12.67	0.45	40.95	478.08	59.84	430.66	90.05

续表 1

地　区	本馆外购	免费共享	书架单层总长度（米）	本年新购藏量（万册）	本年新增电子图书（万册）	当年购买的报刊种类（种）	有效借书证数（个）	总流通人次（万人次）	书刊文献外借人次
全　国	**24141.18**	**12563.89**	**11913030**	**4865.18**	**14884.51**	**1091244**	**28773644**	**49232.00**	**20551.83**
北　京	324.97	2219.25	528796	152.03	33.59	21696	786317	1033.39	325.32
天　津	100.34	0.72	182603	121.45	31.77	20486	583031	713.55	291.89
河　北	311.04	29.25	386981	108.32	60.83	27831	661312	1078.56	477.91
山　西	176.92	218.83	213429	43.61	163.31	31661	254964	602.85	279.99
内蒙古	161.49	180.97	351602	104.68	262.37	24407	223826	574.93	285.36
辽　宁	732.78	176.65	399767	168.99	149.30	57677	1021177	1939.38	772.61
吉　林	252.88	70.16	184575	95.16	60.48	24457	277460	540.18	241.47
黑龙江	92.81	260.58	252938	80.77	25.05	23606	900264	821.98	303.26
上　海	363.11	2.33	523212	210.96	86.50	50639	1579715	3605.36	1717.29
江　苏	2070.56	1378.73	1193651	435.97	1323.15	70696	3677104	5046.69	2450.10
浙　江	8100.18	1210.49	595329	480.15	7589.50	79830	3215180	4946.30	1911.51
安　徽	2047.07	246.72	219700	340.57	1108.88	37710	650698	1346.79	798.20
福　建	974.59	458.46	360776	229.99	286.15	36041	786512	1809.15	723.94
江　西	283.44	210.54	192702	76.26	168.65	25648	700377	1165.05	675.33
山　东	1074.44	324.58	618457	358.61	407.64	58737	1578114	2355.00	1430.19
河　南	521.02	354.04	339273	111.17	657.52	35393	828449	1785.17	960.10
湖　北	200.47	175.69	525225	138.38	84.01	34693	1079349	1762.79	952.04
湖　南	314.97	249.53	393982	106.39	93.47	35139	782474	1694.02	801.25
广　东	1866.00	666.86	991277	604.50	633.39	89723	4100449	7356.71	1587.97
广　西	500.64	112.74	341172	96.77	96.90	41580	459731	1470.51	438.66
海　南	552.29	44.82	62658	49.20	55.64	17088	125091	246.73	64.05
重　庆	415.60	162.51	296960	106.64	283.20	27725	367088	1146.78	428.57
四　川	870.59	305.30	1309235	129.36	356.06	46697	590203	1738.02	788.84
贵　州	536.75	137.13	161628	41.00	173.80	19891	319904	467.24	261.70
云　南	381.80	333.76	468075	106.10	267.67	48428	413229	1222.71	506.69
西　藏	10.03	10.08	24654	2.85	1.20	2158	8987	11.08	3.62
陕　西	124.79	2725.94	234355	83.22	104.93	22839	303413	879.29	335.45
甘　肃	143.69	8.83	223085	68.46	69.54	15506	274283	616.13	304.36
青　海	106.63	2.46	87480	17.19	70.64	6442	105806	113.85	58.85
宁　夏	23.93	105.00	111079	24.06	120.53	8961	108933	221.32	131.46
新　疆	159.67	180.95	138374	47.62	51.74	29410	247755	501.76	243.86

书刊文献外借册次(万册次)	为读者举办各种活动						计算机(台)	供读者使用电子阅览室终端数	图书馆网站访问量(页次)
	组织各类讲座次数(次)	参加人次(万人次)	举办展览(个)	参加人次(万人次)	举办培训班(个)	培训人次(万人次)			
40868.32	**49474**	**864.77**	**15848**	**3353.77**	**26198**	**192.70**	**195413**	**116274**	**1614819403**
893.30	1731	19.47	296	152.37	717	4.53	3601	1725	45486828
658.05	921	12.33	191	90.28	520	2.86	3148	1522	2931823
726.85	1941	32.57	500	120.56	635	5.53	6774	4171	17164428
404.30	1647	23.63	489	69.96	1041	6.40	5821	3976	739637
577.95	971	14.40	295	50.23	401	2.44	5918	3885	4353760
1749.88	2099	34.60	635	178.20	1374	6.97	7032	3508	33964741
462.26	973	20.41	259	45.10	279	2.52	4335	2146	11019131
575.42	918	17.68	421	60.10	403	3.08	5649	3834	4551058
6316.30	1643	22.20	389	84.06	652	7.25	7071	3121	53697921
3996.84	3003	63.91	911	171.33	1665	12.01	10100	5300	44507261
3918.94	2645	53.95	1228	334.16	2280	13.19	9521	5396	37387859
1258.11	1431	24.46	538	73.80	718	5.17	7132	5003	8681740
1805.18	2265	30.07	638	179.48	674	5.05	5539	3372	31569757
946.87	1409	41.12	628	147.43	540	5.62	6867	4234	9070719
2158.08	2661	50.18	863	97.31	1182	8.54	10637	6780	26041801
1464.83	2454	47.39	737	89.75	876	7.52	8369	5625	3682541
1570.14	1682	35.37	487	133.20	1029	9.26	7088	4621	12239081
1424.31	2347	47.22	545	71.51	1248	13.80	6098	4414	33060775
3498.85	4295	80.62	1318	514.79	1827	12.14	18588	7875	62118111
853.93	1505	26.12	634	105.60	1301	7.16	5763	3887	14804285
153.38	124	2.21	144	18.62	174	1.45	1484	952	523297
968.73	990	11.79	387	77.32	1100	7.51	3890	2530	32006569
1374.10	2680	33.46	806	108.60	1333	10.14	9831	6600	25740255
337.46	1414	13.58	289	23.06	471	3.90	4780	2941	21935463
869.57	1894	27.70	720	123.14	1412	11.52	7214	5029	14226482
8.92	27	0.24	19	1.66	24	0.04	738	581	905156
608.57	1323	17.31	461	70.51	956	8.75	5781	3498	19879537
525.95	1024	27.02	354	33.76	346	2.77	4499	2818	1674337
88.95	244	2.64	88	2.75	179	0.92	1942	1353	90640
253.22	248	4.47	47	5.30	199	0.18	2052	1571	177772
419.08	728	20.61	478	62.06	610	4.20	4971	3638	4344120

续表 2

地区	本年收入合计(千元)	财政补贴收入	购书专项经费	事业收入	上级补助收入	附属单位上缴收入	经营收入	其他收入	本年支出合计(千元)
全国	**11511625**	**10705745**	**1479923**	**224517**	**303209**	**46285**	**2633**	**229236**	**11300346**
北京	522891	493908	65147	4584	7512	2196		14691	545556
天津	279036	271077	36607	303	4270	24		3362	384985
河北	228482	216369	26525	3140	1148	792		7033	214476
山西	208063	204058	17401	604	4	3247		150	200521
内蒙古	308396	306556	27181	665	11			1164	314194
辽宁	414515	409483	44275	597	3568			867	449301
吉林	232331	225229	28101	4318	1233	167		1384	206598
黑龙江	219425	216453	20952	1484	1157		20	311	187667
上海	866394	760948	184092	4719	92998			7729	843610
江苏	719308	658689	114132	8129	14339	6605		31546	729044
浙江	785080	717588	115377	10458	19430	1484	1836	34284	769694
安徽	243264	220341	31108	15481	3331	1484	324	2303	240871
福建	300195	265453	39213	17914	7490	1968		7370	281766
江西	205164	187477	20485	6753	4634	3084	3	3213	183374
山东	453135	447358	70226	3585	319			1873	449015
河南	312639	302790	28954	5565	420	1418	5	2441	307315
湖北	440787	405669	46625	15892	3544	475		15207	436326
湖南	252511	232921	21995	7398	2151	4124		5917	244182
广东	1071353	995928	200096	37416	20659	1504	1	15845	1068610
广西	290322	234913	31819	20269	1732	502		32906	252855
海南	99326	93927	14436	1954		800		2645	92387
重庆	196567	188379	22041	1870	5267			1051	199470
四川	645690	630213	35692	9766	1565			4146	526682
贵州	166364	147140	8603	13769	4021	193		1241	141543
云南	258602	246837	24229	5663	33	3406	200	2463	248987
西藏	17644	17184	1295	300		160			21285
陕西	236265	217081	23136	11764	965	490		5965	226566
甘肃	227122	224994	21146			174		1954	213083
青海	51842	48345	3926	3304	101			92	60036
宁夏	97131	95562	5300	950	106	208		305	100894
新疆	218445	203432	15308	5903	733		244	8133	172746

基本支出	项目支出	经营支出	在支出合计中：						
			工资福利支出	商品和服务支出	差旅费	劳务费	福利费	各种税金支出	对个人和家庭补助支出
5765954	**4995273**	**39748**	**3320881**	**2518407**	**59190**	**154569**	**41274**	**18189**	**1118386**
244991	298864	1697	125820	146905	411	2471	1894	836	49809
210811	170997	24	91625	71114	285	314	1449	403	46316
135021	65188	2019	72174	48561	785	3688	382	124	17717
123041	69025	3347	69187	48226	1087	10527	501	268	16018
225181	80307	703	128921	58277	2493	3022	1132	17	37266
258293	153155	3	152040	114023	1882	5875	339	135	60718
143214	61552	167	76414	41992	1448	1185	122	216	36426
139828	36184	586	70548	41649	1445	1970	321		30283
376886	465549		261929	285648	4941	11228	5432	2305	38501
459824	249339	3262	224232	135095	2495	6485	2322	2055	93453
388272	352525	1497	254723	189363	4094	18613	5620	1020	65772
130528	88289	2024	75518	39434	2779	3833	1039	198	31911
133628	104542	1301	83192	46176	1584	5228	543	239	26433
114194	50973	784	59697	32276	2033	2134	1772	923	28977
225462	189783	20	147270	72860	1480	4088	275	66	37246
178053	110252	1583	104717	45598	1161	5170	934	171	28015
158978	264862	2090	98976	92743	2336	7272	1752	756	31937
175520	57213	3382	85169	61102	2013	3064	2208	490	26887
476179	510877	1890	288539	248205	2899	18496	6861	1655	102714
148991	84014	1505	85001	42346	3497	1876	295	1514	39099
27790	58912	490	18090	34940	942	1167	217	296	2239
82002	113247		48905	42154	1349	5438	908	146	23546
189683	324039	200	113570	96373	3840	7549	1603	434	37391
85402	35580	34	51165	18872	1814	1120	890	54	20503
145133	69467	3369	88487	37757	1490	2515	294	76	25488
9604	7197	187	7268	1190	184		2		966
157180	52392	1728	96055	45488	1333	2545	820	19	15873
119197	81557	755	61302	44670	1481	5124	521	1544	20271
40920	14557		23665	9688	404	472	95	9	7390
59056	35762	568	38146	14539	283	706	108	15	12312
101978	57913	100	58297	30385	1798	2159	439	54	21280

续表 3

地区	抚恤金和生活补助	其他资本性支出	各种设备购置费	新增藏量购置费	新增数字资源购置费	资产总计(千元)	固定资产原值	实际使用公用房屋建筑面积(万平方米)	书库面积
全　国	**45713**	**3024026**	**2429850**	**1450855**	**208733**	**34797788**	**27227219**	**1158.46**	**240.25**
北　京	1720	153876	142278	57629	2945	2039009	1328491	24.06	4.35
天　津	1185	148704	144783	31650	1929	626239	526170	24.74	5.00
河　北	434	60133	41812	33035	1654	547736	483888	38.80	8.13
山　西	1054	34587	29359	10597	643	602044	534222	39.23	7.51
内 蒙 古	2322	78387	56943	27173	4313	589332	544934	32.84	5.52
辽　宁	7952	92526	86175	48645	8771	1157036	1033411	45.40	7.93
吉　林	677	46597	37729	24880	2779	490242	358679	19.43	3.99
黑 龙 江	675	27325	24704	16721	2249	649166	594106	27.72	5.58
上　海	1721	232028	218663	164019	14528	3510062	3116711	41.41	9.20
江　苏	1370	190674	157857	111074	23237	2332836	2048363	89.01	13.63
浙　江	518	226254	203294	137050	7129	2137221	1912373	74.69	14.07
安　徽	1067	45841	41390	26671	7602	722180	644293	35.37	7.37
福　建	1475	75794	67399	38043	8915	815592	702506	35.26	7.99
江　西	1836	43215	30462	18196	4741	489120	404318	34.32	8.50
山　东	1883	141434	135889	67783	12074	1332615	1235636	71.50	15.92
河　南	907	71765	57460	27821	4057	689942	585550	53.45	11.90
湖　北	1885	160855	70964	50756	12747	1615206	819341	51.18	10.66
湖　南	1689	42665	34258	24175	787	532683	456760	38.06	10.84
广　东	1490	262433	238558	164779	20155	3173452	2614606	109.37	18.76
广　西	1714	62359	51789	28451	5006	575180	463405	28.13	7.95
海　南	121	27030	25504	15342	5272	145343	129592	8.18	1.90
重　庆	1005	52124	41507	21155	7713	396735	329737	25.26	4.94
四　川	1751	78946	68876	37421	4112	1050004	805862	48.22	11.25
贵　州	1815	19627	16373	9822	1433	498038	253200	20.96	5.59
云　南	1089	69432	64394	44781	2602	765962	683136	34.33	7.84
西　藏		1710	1710	1417	52	78664	72390	3.76	0.80
陕　西	2707	39457	36711	26967	2952	660783	580917	24.13	5.23
甘　肃	1470	52441	47024	30698	7491	642091	508448	19.35	4.41
青　海	316	13703	6184	5462	660	99323	90481	4.59	1.23
宁　夏	1209	26498	18389	5262	560	279911	229569	10.71	3.11
新　疆	293	40143	22543	10045	447	485306	319521	20.57	4.31

							图书馆延伸服务情况		
			实际拥有产权面积（万平方米）	阅览室坐席数（个）					
阅览室面积	书刊阅览室面积	电子阅览室面积			少儿阅览室坐席数	盲人阅览室坐席数	流动服务书刊借阅人次（万人次）	流动图书馆车书刊借阅册次（万册次）	分馆数量（个）
318.85	**229.64**	**51.23**	**700.99**	**809767**	**196192**	**18976**	**2939.39**	**5188.79**	**6516**
5.99	4.90	0.78	7.68	16002	3921	211	13.90	57.74	313
7.74	4.38	1.02	3.17	13526	2143	100	75.99	118.70	9
11.50	8.22	1.75	26.11	30348	6513	617	36.77	58.34	23
11.45	7.93	2.04	33.00	26050	5125	672	51.12	68.60	165
9.27	6.90	1.75	15.84	24363	5379	505	73.18	130.80	95
11.31	7.82	1.80	24.68	30523	8080	725	127.92	291.00	662
5.57	4.30	0.82	12.91	15645	3878	277	71.72	98.31	210
7.66	5.25	1.53	11.36	21952	5447	389	118.70	175.31	277
10.17	8.62	0.88	21.92	22593	4142	178	126.83	403.28	282
19.88	14.12	2.43	47.75	44431	11794	1303	159.30	274.40	853
17.75	13.46	2.55	39.39	42423	10439	1831	293.36	681.40	720
11.15	8.24	2.05	26.12	27298	6812	804	115.94	152.22	140
10.95	8.58	1.41	22.23	28524	8612	476	129.05	241.51	434
10.87	7.37	1.75	21.26	28283	7147	1203	119.32	138.99	110
18.99	13.14	3.40	36.99	47068	11194	1385	115.29	194.96	356
12.92	9.36	2.44	35.99	39766	10540	1007	53.75	89.69	85
13.16	9.62	2.22	39.46	34860	9348	892	135.05	203.37	91
9.37	6.67	1.89	26.29	30438	9541	405	39.86	67.87	217
33.16	25.44	4.18	58.96	75838	15880	1153	309.92	502.07	737
7.96	5.87	1.53	15.64	27046	7340	400	79.56	143.78	29
2.43	1.76	0.31	6.83	5671	1304	76	14.46	35.18	
6.96	4.86	1.13	16.30	17369	4352	409	104.39	191.81	118
14.56	9.89	3.01	29.37	40983	9101	1128	116.74	202.23	131
6.78	4.21	1.16	16.72	19224	4602	795	71.74	90.16	112
8.76	5.62	2.20	25.20	26376	7200	516	146.38	186.40	122
0.76	0.47	0.19	3.75	1961	236	75	0.46	0.79	
7.65	5.72	1.36	17.06	18116	4107	562	51.02	69.81	81
5.46	3.48	1.06	13.99	17403	4478	366	66.50	133.51	32
1.29	0.68	0.30	2.51	3576	628	46	11.66	19.02	
3.27	2.35	0.65	8.98	7344	1729	218	35.85	70.76	3
7.52	3.93	1.54	8.16	20356	5041	240	73.69	96.81	77

2013年各地区少儿

地区	机构数(个)	从业人员(人)					总藏量(万册)		
			专业技术人才					图书	
				正高级职称	副高级职称	中级职称			盲文图书
全国	**105**	**2170**	**1558**	**36**	**222**	**703**	**3165.01**	**2737.27**	**1.10**
北京	4	107	48	1	5	29	94.45	86.40	
天津	11	171	115	1	18	50	233.89	220.59	
河北	1	10	6		1	2	20.30	20.29	
山西	1	15	10	1		5	11.10	8.45	
内蒙古	2	123	63	1	4	14	88.42	84.57	0.03
辽宁	15	286	218	6	23	128	339.63	305.09	0.02
吉林	4	294	233	14	61	89	491.07	394.89	0.12
黑龙江	1	14	14		1	11	5.61	2.57	
上海	4	68	48	1	2	23	173.83	137.02	0.02
江苏	9	111	61	1	16	20	140.90	129.31	0.04
浙江	3	92	80	2	14	33	196.03	175.56	0.03
安徽	5	75	53		3	23	28.83	24.25	0.04
福建	7	128	77	1	9	40	195.26	170.28	0.53
江西									
山东	1	10	9		2	5	12.77	10.77	0.01
河南	5	73	40		3	12	42.65	36.54	
湖北	4	68	62	1	6	26	141.26	114.88	0.02
湖南	6	124	106	1	12	59	142.90	124.01	0.02
广东	4	156	129	2	20	61	546.45	463.75	0.18
广西	3	57	45		5	22	79.33	72.51	0.01
海南									
重庆	2	93	75	3	14	26	108.81	94.05	
四川	2	9	7				10.13	9.08	0.02
贵州	1	5	4				8.93	7.48	
云南	4	19	16		2	11	22.64	17.36	
西藏									
陕西	2	25	24		1	11	14.41	12.75	
甘肃	4	37	15			3	15.43	14.82	0.01
青海									
宁夏									
新疆									

图书馆基本情况

古籍	善本	报刊	视听文献	缩微制品	其他	在藏量中		电子图书（万册）	本馆自建
						开架书刊	少儿文献		
29.69	**5.14**	**145.91**	**119.49**	**2.64**	**130.02**	**1507.53**	**1335.27**	**775.73**	**11.21**
		1.54	6.51			77.97	46.55	5.40	0.05
		2.92	3.55	0.05	6.78	186.21	110.26	6.04	6.04
		0.01				10.00	10.00		
		2.65				11.10			
0.33		1.99	0.56		0.97	12.67	5.59	1.03	
		4.77	13.87		15.90	192.63	134.84	38.65	2.79
23.00	4.76	55.26	3.40	2.57	11.94	112.31	22.11	155.17	
		2.33	0.05		0.66	4.34			
		1.30	26.98		8.52	110.08	117.32	21.14	
0.11		6.71	2.18		2.60	123.23	88.48	8.01	
		7.51	12.96			131.27	66.14	2.68	
		4.34	0.22		0.02	12.77	19.95	12.57	
		20.73	4.20		0.05	71.24	110.53	147.30	0.85
		1.75	0.25			10.92	6.55	0.07	
		6.11				42.05	35.99	1.82	0.52
3.89	0.34	1.79	2.50		18.20	75.23	8.83	14.12	
0.08		12.03	6.17	0.01	0.60	127.13	108.02	8.70	0.70
		0.78	29.31		52.62	111.46	394.54	287.38	
		5.23	1.60			10.27	6.48	48.34	
1.25	0.02	4.51	4.58		4.43	38.47	24.16	15.82	
		0.24	0.10		0.70	1.20	4.33		
		0.79	0.04		0.62	4.66	0.05	0.27	0.26
		0.04	0.32		4.92	16.00	9.63		
1.00	0.02	0.54	0.11			6.67	4.50	1.20	
0.03		0.04	0.03		0.50	7.66	0.43	0.03	

续表 1

地区			书架单层总长度（米）	本年新购藏量（万册）	本年新增电子图书（万册）	当年购买的报刊种类（种）	有效借书证数（个）	总流通人次（万人次）	
	本馆外购	免费共享							书刊文献外借人次
全国	**713.81**	**50.71**	**227479**	**284.14**	**326.57**	**34160**	**1439589**	**2131.47**	**976.88**
北京	5.35		10018	6.79	0.59	1454	120791	46.52	28.81
天津			7910	11.67	1.63	1784	37794	84.51	60.97
河北			1400	2.59		310		43.00	15.00
山西			900	0.41		63	5121	7.79	7.79
内蒙古	1.03		2734	1.66		300	19885	19.91	12.47
辽宁	35.85	0.01	34418	25.40	3.16	3457	176565	208.75	114.98
吉林	155.17		49749	24.55	0.54	4466	53528	96.98	52.56
黑龙江			330	0.08		33	3574	6.05	3.36
上海	21.14		11361	16.00	6.44	1653	85081	99.35	56.57
江苏	7.01	1.00	12293	13.52	1.51	2187	112690	185.79	123.27
浙江	2.68		10892	21.33	8.33	2103	113286	151.50	110.81
安徽	12.57		1070	5.56	1.32	522	19609	46.73	28.68
福建	138.44	8.00	11887	27.18	25.68	3089	139137	250.84	155.84
江西									
山东	0.02	0.05		0.43		92	5191	10.38	4.19
河南	1.30		3422	6.48	1.23	1536	22653	61.46	37.03
湖北	14.10	0.02	10642	8.40	1.11	1031	57618	96.79	26.29
湖南	8.00		13051	7.50	8.70	2460	42670	105.12	31.86
广东	287.38		18902	88.18	244.76	3384	319392	341.40	47.15
广西	8.24	40.10	6939	6.07	6.21	1586	42433	138.60	24.32
海南									
重庆	15.49	0.33	6994	6.24	15.29	1856	27669	69.87	8.61
四川			40	0.43			1035	4.55	2.24
贵州		0.01	4680	0.20	0.04		18500	1.24	0.36
云南			3200	0.61		376	10636	26.49	4.32
西藏									
陕西		1.20	2024	0.87		256	1353	13.77	13.43
甘肃	0.03		2623	1.99	0.03	162	3378	14.09	5.99
青海									
宁夏									
新疆									

书刊文献外借册次(万册次)	为读者举办各种活动						计算机(台)		图书馆网站访问量(页次)
	组织各类讲座次数(次)	参加人次(万人次)	举办展览(个)	参加人次(万人次)	举办培训班(个)	培训人次(万人次)		供读者使用电子阅览室终端数	
2285.37	**2622**	**51.51**	**488**	**99.88**	**1719**	**10.67**	**6648**	**3286**	**10408117**
74.83	164	3.78	35	5.06	63	0.56	334	205	600000
111.56	167	2.09	23	0.33	75	0.35	297	147	85000
21.00	30	0.30							
7.79							26	26	
33.82	85	1.31	22	0.48	46	0.37	120	61	29474
412.96	500	6.41	55	3.43	312	1.23	738	458	788146
92.51	86	1.27	17	0.29	27	0.09	801	123	578716
5.35	1	0.02	10	0.36			4	1	
168.57	60	0.99	7	1.15	232	2.01	363	161	704065
176.17	112	3.20	56	6.95	97	0.34	535	378	1261342
174.47	76	1.52	10	17.90	107	0.19	310	110	608864
64.59	55	1.11	20	5.79	3	0.02	168	102	69070
369.02	287	5.84	63	12.09	199	1.98	699	405	615582
12.75	3	0.04	2	0.57	15	0.10	42	31	25781
48.32	131	1.41	24	2.87	27	0.34	270	163	
62.07	83	1.09	39	24.16	112	0.34	138	65	373372
76.94	117	2.50	28	3.45	106	0.71	186	59	496186
215.55	481	15.30	16	8.12	204	1.18	720	258	3814837
58.18	56	0.70	11	3.34	40	0.41	188	117	151982
57.02	25	0.22	16	0.60	18	0.05	237	126	112700
3.94	9	0.39	1	0.01	2	0.02	12	10	
1.30	8	0.03	2	0.08	1	0.01	48	35	
10.43	27	0.11	6	1.86	16	0.29	178	84	3000
15.21	38	1.45	13	0.81	13	0.05	89	61	80000
11.02	21	0.45	12	0.18	4	0.04	145	100	10000

续表 2

地　区	本年收入合计(千元)	财政补贴收入	购书专项经费	事业收入	上级补助收入	附属单位上缴收入	经营收入	其他收入	本年支出合计(千元)
全　国	**458671**	**438243**	**68570**	**7080**	**5639**	**2356**		**5353**	**426417**
北　京	17465	16765	850	20	46			634	17912
天　津	37977	36902	5900	303	639	24		109	30849
河　北	1010	1010	500						998
山　西	2069	2069	45						1900
内蒙古	11744	11744	70						9532
辽　宁	41732	41731	5530					1	53480
吉　林	66218	65618	12430	280		167		153	54943
黑龙江	880	880	25						880
上　海	16986	13505	1290	2810	644			27	21804
江　苏	17188	15493	2685	700				995	15899
浙　江	33749	33402	3100					347	30994
安　徽	7564	7061	10	120				383	7428
福　建	37782	33307	4935	2225	1129	959		162	29870
江　西									
山　东	1395	1335	130	30				30	1268
河　南	19088	19076	900		12				6365
湖　北	12218	11415	530					803	12210
湖　南	19911	18520	1600	98		1206		87	19268
广　东	78388	76007	23950		2081			300	73287
广　西	7395	6135	899	64				1196	9165
海　南									
重　庆	17707	16613	2000		1048			46	17707
四　川	1546	1546	56						1546
贵　州	484	314	30	170					371
云　南	2555	2555	300						2555
西　藏									
陕　西	2118	1818	80	260	40				2093
甘　肃	3502	3422	725					80	4093
青　海									
宁　夏									
新　疆									

基本支出	项目支出	经营支出	在支出合计中：						
			工资福利支出	商品和服务支出	差旅费	劳务费	福利费	各种税金支出	对个人和家庭补助支出
223164	**189845**	**1711**	**140574**	**88402**	**2311**	**4437**	**1216**	**594**	**52166**
13443	4469		7771	5751	115	167	57	121	3156
28133	2692	24	11695	5188	30	30	188	50	7514
510	488		510						
1900			919	58	3	6	14		824
9532			5707	951	38	16	55		775
25932	26683		16133	11554	196	240	61		5549
27457	27052	167	14947	14768	591	764	23	9	9320
880			855						
8883	12650		9151	5112	175	319	160		1882
7730	8169		6104	4424	240	119	83	27	1196
16521	14340		10751	6973	90	1059	162		3654
4740	2688		3302	1065	29	39			580
10661	17458	590	7463	9814	188	481	74		2761
954	314		784	48					122
3270	3094		2350	1830	40	313	3		382
2477	5240		4024	2972	72	264	5	91	1981
12313	5750	930	6598	4114	70	150	47	275	3026
25451	44768		19208	6652	259	122	227	6	4425
7167	1998		3870	1961	93	259	6	6	1869
7586	10121		4313	2782	8				2648
1050	196		577	254	3				158
284			284	18	11	7			
1780	775		1070	134			24		162
1818			1084	477	41	47	20	9	4
2692	900		1104	1502	19	35	7		178

续表 3

地　区	抚恤金和生活补助	其他资本性支出	各种设备购置费	新增藏量购置费	新增数字资源购置费	资产总计（千元）	固定资产原值	实际使用公用房屋建筑面积（万平方米）	书库面积
全　国	**1513**	**113568**	**101317**	**66159**	**8704**	**1083486**	**930678**	**29.61**	**4.97**
北　京	86	1115	1115	850	60	61426	54638	1.36	0.14
天　津	411	6326	6301	5079	494	68069	54377	1.43	0.21
河　北		488	488	488		488	488	0.06	
山　西		99	99	66		943	943	0.08	0.06
内蒙古		1999	1556	220		11530	8876	0.39	0.15
辽　宁	75	18297	14576	4508	162	118554	105037	2.76	0.39
吉　林	190	15522	15375	12180		145189	115267	2.40	0.79
黑龙江		25	25	25		720	590	0.05	0.01
上　海	94	5629	3547	2804	741	49377	41903	1.21	0.12
江　苏		3100	2823	2636	47	65649	54454	2.57	0.34
浙　江	1	6228	6228	3314	163	84754	76141	1.93	0.07
安　徽		1487	1471	685	399	17281	14745	0.39	0.04
福　建	610	9141	9077	4567	2281	58893	41934	2.49	0.71
江　西									
山　东		142	142	142		1949	1712	0.39	
河　南		1463	1459	850		19883	6469	1.68	0.21
湖　北		2982	2559	2009	550	29348	23573	0.68	0.21
湖　南	4	4322	2541	1621	107	31124	25604	1.65	0.47
广　东		26635	23642	20956	2464	250050	238678	4.23	0.21
广　西		1465	1465	840	79	18335	17303	0.97	0.25
海　南									
重　庆	38	5192	5192	1317	1156	33784	31806	0.87	0.30
四　川		57	57	57		216	216	0.34	0.03
贵　州		69	61	60	1	1050	1050	0.32	0.04
云　南		300	300	300		3790	3790	0.50	0.04
西　藏									
陕　西	4	198	198	110		1732	1732	0.29	0.06
甘　肃		1287	1020	475		9352	9352	0.57	0.12
青　海									
宁　夏									
新　疆									

							图书馆延伸服务情况		
阅览室面积	书刊阅览室面积	电子阅览室面积	实际拥有产权面积（万平方米）	阅览室坐席数（个）	少儿阅览室坐席数	盲人阅览室坐席数	流动服务书刊借阅人次（万人次）	流动图书馆车书刊借阅册次（万册次）	分馆数量（个）
9.75	**6.51**	**1.27**	**19.71**	**26642**	**21917**	**980**	**252.77**	**445.16**	**699**
0.38	0.34	0.03	0.57	1422	1422		4.03	9.67	15
0.47	0.28	0.11	0.16	1169	1074		36.38	61.10	
0.06	0.06			70	70				
0.02	0.01		0.08	35	35		7.79	7.79	
0.05	0.03	0.02		158	103	11	11.08	21.26	5
0.53	0.32	0.15	1.58	2505	2388	67	28.05	54.83	164
0.48	0.34	0.05	1.86	1448	632	20	27.93	35.68	1
0.03	0.01	0.01	0.05	160	90				2
0.35	0.28	0.07	0.41	1656	1023	6	4.07	22.64	
0.58	0.47	0.10	2.11	2260	1960	20	10.94	15.94	22
0.84	0.77	0.04	0.57	1538	975	563	10.51	33.28	45
0.07	0.05	0.02	0.17	427	423	4	7.20	12.82	10
0.86	0.74	0.12	2.87	3255	3161	50	50.42	53.57	277
0.16	0.06	0.03	0.39	158	50	8			5
0.72	0.63	0.09	2.37	1540	1540		4.77	10.14	7
0.22	0.17	0.04		849	843	6	11.05	21.88	5
0.39	0.34	0.05	1.35	1656	1630	26	1.72	4.14	60
2.30	0.75	0.11	2.01	2228	1652	29	2.14	3.01	37
0.26	0.23	0.04	0.73	1095	1075	20	8.19	31.69	
0.26	0.22	0.04	0.87	820	470	6	24.83	42.27	18
0.17	0.07	0.08	0.19	148	68	5			
0.07	0.06	0.01	0.32	654	545	109	0.35	0.12	
0.21	0.16	0.02	0.50	450	167	10	0.40	0.60	16
0.09	0.08	0.02	0.49	364	64		0.33	1.55	5
0.20	0.04	0.05	0.08	577	457	20	0.60	1.20	5

2013年各地区省级

地区	机构数(个)	从业人员(人)	专业技术人才	正高级职称	副高级职称	中级职称	总藏量(万册)	图书
全国	**39**	**7913**	**6482**	**282**	**1169**	**2653**	**18104.56**	**10750.26**
北京	1	370	345	8	35	136	688.28	553.36
天津	2	554	482	11	57	132	844.87	715.95
河北	1	174	120	11	42	45	230.88	175.23
山西	1	157	136	7	31	52	300.71	178.37
内蒙古	1	181	170	5	66	43	240.97	172.72
辽宁	1	231	206	17	44	103	566.28	444.46
吉林	1	220	168	10	43	63	409.51	322.90
黑龙江	1	202	168	21	46	87	326.62	270.36
上海	2	838	703	39	108	308	5517.56	1405.39
江苏	1	513	471	18	83	166	1006.15	727.44
浙江	1	358	225	14	49	132	614.81	433.70
安徽	1	173	140	4	26	54	287.90	221.19
福建	2	270	244	2	35	117	341.96	264.65
江西	1	156	146	6	34	70	323.41	207.37
山东	1	226	213	9	33	83	740.84	472.58
河南	2	188	149	9	30	67	338.24	256.24
湖北	1	269	251	10	30	80	598.81	468.14
湖南	2	335	289	7	39	122	512.71	364.81
广东	1	303	265	7	44	129	763.59	581.10
广西	3	315	188	9	43	136	557.16	429.66
海南	1	119	85		6	24	105.10	97.84
重庆	2	299	230	13	36	72	382.76	259.78
四川	1	246	175	6	33	53	524.25	344.23
贵州	1	152	115	7	26	52	176.75	131.56
云南	1	186	174	3	54	74	301.24	173.18
西藏	1	49	20	10	10		45.72	35.62
陕西	1	295	174	7	18	88	395.74	298.81
甘肃	1	216	157	5	22	79	391.35	298.20
青海	1	92	78	5	18	32	166.13	130.97
宁夏	1	135	117	2	18	43	213.02	189.20
新疆	1	91	78		10	11	191.22	125.29

公共图书馆基本情况

盲文图书	古籍	善本	报刊	视听文献	缩微制品	其他	在藏量中		电子图书（万册）	本馆自建
							开架书刊	少儿文献		
5.14	**1365.79**	**162.92**	**1842.04**	**305.86**	**1262.58**	**2578.04**	**4423.61**	**627.27**	**4258.48**	**86.73**
0.08	41.60	6.70	38.55	42.64	0.03	12.11	116.71	107.59	252.79	0.12
0.08	53.09	10.35	50.25	17.87	0.94	6.78	370.55	105.96	34.47	20.09
0.21	6.63	0.55	34.42	11.56	2.80	0.24	87.49	9.98	36.14	
0.20	29.32	5.02	87.34	2.72	0.50	2.46	243.09	15.84	53.32	
	18.00	0.45	7.97	0.50	0.20	41.58	42.15	3.35	74.09	0.05
0.04	45.99	12.22	51.60	13.64	0.59	10.00	220.22	16.96	426.73	3.08
0.03	23.00	4.76	47.68	1.42	2.57	11.94	34.52	3.41	130.00	
0.06	13.37	0.66	34.70	4.19	4.00		69.68	6.97	71.80	
0.54	192.23	19.24	333.92	38.92	1235.93	2311.18	725.84	70.27	179.79	
0.22	160.00	14.00	79.74	28.25	4.21	6.51	95.00	5.92	139.49	8.52
0.34	83.78	14.50	83.56	13.46	0.31	0.01	100.99		124.33	0.31
0.07	35.30	3.27	30.12	0.82	0.44	0.04	52.67	12.50	77.53	
0.28	25.14	2.06	39.50	11.55	1.12		72.57		157.75	0.04
0.01	50.16	3.00	29.76	0.72	0.11	35.30	109.04	6.43	134.01	0.01
0.01	75.34	20.00	95.70	7.58	0.67	88.97	354.77	32.57	59.47	
0.04	50.66	2.40	28.34	2.76	0.24		57.50	13.30	201.23	0.52
0.13	46.18	5.87	60.50	13.34	3.19	7.46	157.52	22.20	10.53	
0.77	62.08	5.00	58.19	24.26	0.46	2.92	181.93	93.84	329.10	0.70
0.19	44.00	3.25	124.92	10.11	2.29	1.18	262.80	8.43	182.00	
0.07	26.65	0.78	86.07	14.27	0.14	0.39	118.00	14.84	287.63	0.20
0.19	0.01	0.00	4.86	0.93		1.47	80.58	11.33	395.61	
0.22	45.26	6.99	41.50	7.76	0.88	27.59	87.16	20.58	161.54	7.14
	68.70	6.07	90.20	20.79	0.31	0.03	65.64	0.65	110.27	
0.42	11.14	0.50	33.11	0.77	0.09	0.08	148.04	1.70	290.00	
0.19	59.29	3.05	64.57	4.03	0.13	0.06	4.50	4.76	36.79	0.46
	1.10	0.05	7.47	0.04		1.50	7.90		0.50	0.50
0.14	32.44	4.37	54.37	4.26	0.03	5.83	122.24	16.03	105.57	
0.55	31.62	6.65	57.87	2.99	0.22	0.45	199.03	2.47	39.91	
0.04	11.48	1.00	21.22	0.45	0.05	1.96	29.63	1.34	1.10	
0.02	14.11	0.12	7.69	1.94	0.08		166.20	4.30	110.00	
	8.15	0.03	56.37	1.34	0.07		39.66	13.76	45.00	45.00

续表 1

地　区			书架单层总长度(米)	本年新购藏量(万册)	本年新增电子图书(万册)	当年购买的报刊种类(种)	有效借书证数(个)	总流通人次(万人次)	
	本馆外购	免费共享							书刊文献外借人次
全　国	**3570.16**	**601.60**	**2804409**	**720.99**	**822.87**	**165685**	**4589493**	**7755.37**	**2568.91**
北　京	151.67	101.00	395624	49.44	0.34	6233	341774	454.37	66.75
天　津	14.39		85558	45.05	2.83	9337	393855	319.83	92.32
河　北	36.14		70850	15.93	2.00	5121	218998	195.12	57.13
山　西	53.32		36505		3.00	3131	28618	150.00	62.79
内蒙古	74.04		84320	9.10	60.84	2030	29147	57.05	14.04
辽　宁	323.65	100.00	32719	23.12	67.18	6972	53130	89.23	32.27
吉　林	130.00		43949	17.57		3866	32831	41.59	9.26
黑龙江	71.80		39961	14.10	7.13	2704	187532	286.59	87.04
上　海	179.38	0.41	319399	71.65	41.42	17177	727631	1247.00	1143.13
江　苏	130.97		260000	38.99	8.80	8452	336663	301.10	73.69
浙　江	124.03		62285	25.33	10.85	8563	55571	261.46	36.68
安　徽	43.83	33.70	60168	13.82	38.98	3169	175845	118.87	106.20
福　建	157.71		54837	28.39	7.71	6224	135608	212.60	50.33
江　西	34.00	100.00	2200	3.58	12.00	4102	222734	120.00	57.00
山　东	59.47		136001	31.36	7.40	5717	275746	146.55	60.32
河　南	200.71		45067	5.85	201.23	3152	70230	115.10	39.76
湖　北	10.53		163636	37.61		5027	111091	215.80	67.51
湖　南	163.40	165.00	79004	25.71	9.10	5880	149817	519.20	64.88
广　东	182.00		183802	66.01		9678	200198	1297.07	115.24
广　西	287.43		42028	26.18	15.31	9293	136342	354.52	54.46
海　南	395.61		28843	26.91	2.77	3192	76399	127.83	26.23
重　庆	152.90	1.49	44300	31.46	160.04	5288	120121	305.00	46.86
四　川	110.27		86124	11.97	25.27	6542	25006	12.91	4.11
贵　州	290.00		59678	9.60		3257	64593	13.00	7.00
云　南	36.34		129035	22.57	9.50	4732	113046	235.06	34.17
西　藏			22708	1.23		1263	5942	3.00	1.71
陕　西	105.57		89448	22.66	1.70	4972	80477	261.24	67.24
甘　肃	39.91		60000	32.49	16.38	4407	108975	159.95	37.98
青　海	1.10		37286	2.13	1.10	1250	48573	33.94	10.42
宁　夏	10.00	100.00	39896	6.00	110.00	1789	44000	51.10	32.60
新　疆			9178	5.20		3165	19000	49.30	9.83

书刊文献外借册次(万册次)	为读者举办各种活动						计算机(台)		图书馆网站访问量(页次)
	组织各类讲座次数(次)	参加人次(万人次)	举办展览(个)	参加人次(万人次)	举办培训班(个)	培训人次(万人次)		供读者使用电子阅览室终端数	
8264.71	**4166**	**89.54**	**1327**	**817.32**	**2605**	**25.95**	**19963**	**8261**	**300276279**
272.96	253	2.98	56	109.50			739	316	41256227
353.14	221	4.16	38	79.46	46	1.13	1490	466	1907844
88.01	229	3.33	27	78.00	27	0.52	580	153	7120000
104.81	138	3.03	13	31.00	83	0.49	981	414	
24.37	21	0.81	19	1.96	15	0.20	453	285	3687321
114.52	48	1.08	42	29.06	354	0.93	440	118	13601430
18.51	45	0.51	4	0.03	3	0.03	549	34	528316
157.89	287	2.51	99	21.82	64	0.56	708	460	4506744
4544.88	230	5.67	176	18.24	155	2.80	2961	1253	39908103
180.23	168	6.80	73	39.58	261	3.16	1104	401	18882449
129.53	105	2.22	29	39.34	40	0.08	651	194	14378869
179.50	75	1.35	25	1.43	3	0.03	336	141	2694416
341.00	379	8.63	64	48.51	33	0.60	968	358	21265457
63.00	72	1.34	30	70.41	42	0.73	301	104	8005852
102.04	150	1.75	35	5.28	27	0.13	448	202	7991716
68.90	69	1.06	36	4.52	64	0.52	328	184	970000
183.35	120	3.33	45	45.47	58	0.12	973	536	1230000
251.03	327	3.28	93	7.90	313	4.97	486	196	23573236
219.83	342	10.09	193	71.54	284	1.44	777	305	11146685
177.96	147	2.00	45	41.04	22	0.19	692	274	934400
69.18	17	0.49	15	7.99	78	0.24	351	205	312071
124.13	110	2.72	32	7.41	259	1.32	673	406	29915572
13.34	59	1.22	7	2.20	21	0.29	482	30	436251
11.00	68	1.90	11	1.15	18	0.26	336	181	20000000
68.33	91	2.49	30	35.00	107	1.61	391	221	8170000
5.12	12	0.15	2	1.10	16		80	80	880280
184.82	143	3.95	20	6.01	111	2.65	427	182	12858940
91.26	80	1.80	20	6.85	20	0.16	496	104	1000000
25.92	55	0.70	11	0.35	26	0.05	117	58	57100
71.60	44	2.10	12	2.67	17	0.01	224	224	157000
24.57	61	6.10	25	2.50	38	0.76	421	176	2900000

续表 2

地区	本年收入合计(千元)	财政补贴收入	购书专项经费	事业收入	上级补助收入	附属单位上缴收入	经营收入	其他收入	本年支出合计(千元)
全国	**2906352**	**2695478**	**470158**	**10121**	**132225**	**15493**	**722**	**52313**	**2819406**
北京	219033	211147	35539		6587	707		592	244561
天津	132858	127113	30150	103	2974			2668	242624
河北	44995	40314	8000	1680				3001	44987
山西	56936	53542	8000	20		3247		127	54766
内蒙古	52930	52063	8000	665				202	67136
辽宁	57886	55650			1674			562	62705
吉林	55489	55243	10000			167		79	43394
黑龙江	35666	35666	5500						35666
上海	476733	385601	124069	1553	88055			1524	438288
江苏	147526	127658	45000		7524	495		11849	138247
浙江	103153	90715	2280		7237	1481	722	2998	98632
安徽	48706	45544	6000		2330			832	50173
福建	65257	59059	12000	3951	2242			5	62446
江西	45260	44629	7000			631			33415
山东	66741	66098	12000					643	69767
河南	51430	48991	4500		12	1413		1014	61638
湖北	188358	183965	24000		1518			2875	188358
湖南	60448	54023	6950		1662	3114		1649	60438
广东	152804	140151	41074	73	4541			8039	150939
广西	101029	90931	16000	1452	922			7724	91309
海南	51015	50694	10196					321	44632
重庆	68135	63577	9700		4512			46	71496
四川	267632	265022	9000		84			2526	184928
贵州	38450	38212	3000					238	31933
云南	45557	41752	8000			3406		399	35294
西藏	8449	8449	1000						12107
陕西	54828	52335	10000			450		2043	47645
甘肃	89427	88971	9000			174		282	69923
青海	14449	14023	1200	424				2	20371
宁夏	33128	32804	3000		76	208		40	36879
新疆	72044	71536		200	275			33	24709

基本支出	项目支出	经营支出	在支出合计中：						
			工资福利支出	商品和服务支出	差旅费	劳务费	福利费	各种税金支出	对个人和家庭补助支出
971876	**1830960**	**15209**	**582124**	**762356**	**14981**	**49788**	**8253**	**8163**	**247279**
89118	154734	707	35254	75555	159	1361	869	374	13663
113384	129240		39067	58235	154	6	586	296	14027
13283	31704		6845	20568	258	2320			3848
17159	34360	3247	10964	24980	273	8284	61	239	4568
20569	46567		15148	19731	695	924	350		3315
30647	32058		13712	18351	445	633	23	134	8235
20409	22818	167	10376	13294	565	720	21	9	6781
20079	15587		8401	12156	637	581			6828
129266	308751		118132	154732	2940	6285	1996	2163	15206
59965	77281	1001	38683	25545	291	1199	154	1001	24512
48476	48662	1494	29601	21022	412	2151	983	246	9051
27186	22987		13261	13485	1836	2933	18		13767
23185	39261		17710	17690	428	1336	45	107	7783
16039	17155	221	8105	8658	305	1102	415	16	5833
23440	46327		13583	30230	203	2460	21	39	8002
15044	45181	1413	9409	15824	144	1842	190	50	4149
23790	164568		18842	40144	352	6062	161	207	6943
28897	28427	2838	15977	20292	436	1061	447	275	10099
47776	103163		28991	40390	358	1229	953	826	18610
36317	54212		23595	14634	618	377	3	1441	15161
9096	35536		6614	23292	673	500	8	234	661
22969	48527		17432	18922	466	784	381	74	7560
21135	163793		14167	12425	520	600	107	393	6557
15889	16044		8332	3127	645				4428
14846	17129	3319	8111	4694	235	373			5424
5410	6697		3999	89	81		1		689
19928	27267	450	13898	12759	172	290	332		4852
15837	53942	144	9644	21550	294	3465	19		4634
11778	8562		6695	2628	100	140	3	9	3976
20120	16551	208	11122	9153	30	212	91		4840
10839	13869		6454	8201	256	558	15	30	3277

续表 3

地区	抚恤金和生活补助	其他资本性支出	各种设备购置费	新增藏量购置费	新增数字资源购置费	资产总计（千元）	固定资产原值	实际使用公用房屋建筑面积（万平方米）
全国	**6669**	**993184**	**868291**	**470786**	**88314**	**11927316**	**8959950**	**153.18**
北京	165	71615	71615	34263	1276	1345540	719784	9.40
天津	49	131295	131295	23478	1514	454544	372978	13.32
河北	44	13267	12501	10703		113058	91206	5.30
山西	69	14254	14254	1		139077	95714	8.03
内蒙古	152	28942	17490	8866	3042	156656	150115	2.80
辽宁	55	22407	22407	10840	4560	322778	322778	4.45
吉林	152	12943	12943	10000		120161	92967	1.50
黑龙江	67	8281	8281	4311	1189	273473	273473	3.39
上海	738	150187	148105	118876	7417	2667481	2431609	13.05
江苏	386	49506	48861	30030	17145	567748	479473	9.69
浙江		37465	36856	22766	596	507022	507022	4.92
安徽	101	9660	8568	5716	284	206494	186285	3.69
福建	42	19261	18886	9394	4734	249042	194061	2.93
江西	100	10403	10403	4900	2000	118004	80491	2.25
山东	29	15211	15211	12007	2103	405657	385160	4.49
河南	25	30843	30843	12412	1513	133123	108068	3.89
湖北	140	122429	41045	29484	10051	827672	137078	10.33
湖南	196	10957	9333	6965	157	168093	136979	4.40
广东	117	62948	56366	33286	7912	1106936	715281	9.06
广西	837	25073	25073	12512	3560	245191	179394	4.45
海南		14065	14065	10196	3869	47613	47613	2.79
重庆	86	25425	17650	6609	5076	158513	141722	5.62
四川	108	14619	14619	9000	995	238972	102324	1.72
贵州	109	4132	4132	3000		58876	58876	2.52
云南	179	13636	13636	8000		262760	230020	3.04
西藏		1000	1000	1000		34214	34214	1.75
陕西	1457	14756	13341	8651	1525	344845	290362	4.48
甘肃	323	33951	30867	19280	6796	299479	198967	3.92
青海	25	7041	1248	600	600	62348	55078	1.20
宁夏	896	11555	11340	2600	400	67461	55539	2.33
新疆	22	6057	6057	1040		224485	85319	2.47

								图书馆延伸服务情况		
书库面积	阅览室面积	书刊阅览室面积	电子阅览室面积	实际拥有产权面积（万平方米）	阅览室坐席数（个）	少儿阅览室坐席数	盲人阅览室坐席数	流动服务书刊借阅人次（万人次）	流动图书馆车书刊借阅册次（万册次）	分馆数量（个）
38.54	**41.31**	**35.63**	**2.42**	**110.80**	**67021**	**8906**	**788**	**350.70**	**568.10**	**937**
1.18	2.78	2.62	0.16		2799	379	41	0.46	4.28	18
1.66	5.05	2.52	0.33	0.14	5054	272	12	35.37	59.71	1
1.12	0.93	0.86	0.07	5.30	3070	280	22	3.60	5.90	
1.29	1.71	1.67	0.04	3.01	3237	212	22	5.50	8.33	108
0.58	1.27	1.21	0.06	2.80	1593	60	89	0.85	1.70	
0.75	0.85	0.77	0.07	5.11	1228	150	8	9.18	22.57	152
0.65	0.29	0.22	0.02	1.40	840	38	6	1.84	3.68	1
0.34	0.90	0.80	0.10	3.39	1674	162	24	57.42	70.79	59
6.07	1.36	1.30	0.06	12.36	2467	8	18	3.73	10.21	250
1.03	1.81	1.69	0.11	3.40	2352	206	32	10.32	20.38	
1.92	1.07	1.02	0.06	4.92	1570		135	41.73	64.95	10
0.77	0.90	0.75	0.06	3.69	1659	278	24	3.92	2.95	4
0.78	0.96	0.75	0.10	6.00	2066	1016	33	10.49	16.79	63
1.52	0.71	0.70	0.01	2.25	1411	160	20	36.00	45.00	48
1.80	1.50	1.47	0.03	3.84	1884	164	20	1.67	16.92	2
1.04	1.46	1.38	0.08	5.06	2074	932		0.37	0.67	
1.80	4.20	3.90	0.30	10.33	5293	750	24	5.15	5.15	2
1.33	1.17	1.13	0.04	4.29	2258	770	24	0.50	2.01	50
2.54	0.81	0.81		9.06	7010	388	10			81
1.34	1.81	1.66	0.08	1.67	2717	681	26	19.67	45.14	6
0.47	1.27	1.00	0.06	2.79	1702	225	8	4.55	3.50	
1.07	1.47	1.05	0.10	0.60	2379	755	38	26.28	46.69	18
0.86	0.46	0.45	0.01	1.50	636	15		1.80	2.01	
1.66	0.86	0.83	0.03	2.74	1071	95	20	2.80	5.60	25
0.72	0.82	0.75	0.08	3.04	1324	88	46	24.86	18.07	11
0.42	0.34	0.26	0.07	2.97	300	45				
0.58	1.72	1.62	0.10		1927	284	12	1.01	2.82	18
0.98	0.86	0.64	0.06	3.92	1576	150	30	30.00	72.00	2
0.39	0.15	0.11	0.02	1.89	970	43	14	2.10	8.76	
1.18	1.05	0.96	0.10	3.32	1480	150	30			
0.73	0.80	0.76	0.04		1400	150		9.53	1.53	8

2013年各地区地市级

地区	机构数（个）	从业人员（人）	专业技术人才	正高级职称	副高级职称	中级职称	总藏量（万册）	图书
全国	**360**	**14183**	**10937**	**264**	**1671**	**5228**	**19500.93**	**15849.74**
北京								
天津								
河北	12	460	369	20	69	156	701.53	495.92
山西	7	272	188	5	28	81	257.57	191.10
内蒙古	12	566	486	2	116	191	413.51	359.22
辽宁	22	1207	938	36	135	508	1608.85	1204.71
吉林	10	546	471	24	105	223	671.54	554.63
黑龙江	11	625	433	49	100	228	876.31	669.32
上海								
江苏	17	919	685	16	115	326	1741.47	1464.39
浙江	14	958	641	19	110	292	1604.05	1333.05
安徽	17	423	353	3	38	142	654.61	537.83
福建	13	387	288	4	35	135	719.63	529.86
江西	11	364	268	1	40	105	548.64	433.97
山东	17	788	679	21	126	312	1212.53	993.75
河南	19	706	506	6	76	257	815.97	651.75
湖北	16	681	616	13	102	346	983.09	821.32
湖南	15	484	386	4	50	209	526.94	438.30
广东	26	1616	1281	27	131	616	2847.59	2481.67
广西	15	437	352		23	190	463.50	359.72
海南	3	58	46			16	82.77	76.48
重庆								
四川	22	676	463	5	49	226	978.89	790.93
贵州	9	291	243	4	39	79	255.08	215.11
云南	18	464	394	2	74	193	393.39	309.02
西藏	3	17	12			2	23.21	21.53
陕西	8	309	172	1	29	97	299.89	262.80
甘肃	17	345	186		20	79	259.21	210.51
青海	7	120	90		12	46	71.67	67.39
宁夏	5	167	125	1	15	54	154.94	125.64
新疆	14	297	266	1	34	119	334.58	249.82

公共图书馆基本情况

盲文图书	古籍	善本	报刊	视听文献	缩微制品	其他	在藏量中		电子图书（万册）	本馆自建
							开架书刊	少儿文献		
16.95	**690.86**	**39.63**	**1783.32**	**482.75**	**27.10**	**667.16**	**9816.05**	**2133.39**	**15574.32**	**314.83**
1.34	40.18	1.27	70.83	20.03	4.30	70.28	390.90	59.00	151.32	10.32
0.38	16.31	1.77	46.37	3.16		0.63	168.05	15.85	245.26	0.06
0.43	10.51	0.33	36.66	4.92		2.20	154.91	22.69	188.66	
0.41	81.78	2.83	162.64	41.80	0.13	117.79	701.70	163.78	310.94	6.13
0.31	20.59	1.72	66.13	18.21	0.13	11.85	278.34	25.44	80.14	0.05
0.22	30.66	1.50	122.00	27.09	19.86	7.38	467.25	34.39	18.20	0.91
0.79	130.82	9.71	114.31	23.66	1.05	7.24	1009.76	222.22	1094.13	1.00
0.60	58.92	4.22	94.31	115.38	0.01	2.39	1018.76	199.62	7772.97	0.85
0.73	16.90	0.73	51.28	2.76		45.83	178.92	51.11	746.42	6.63
0.52	9.96	0.68	75.70	16.38	0.03	87.69	321.07	129.39	548.87	1.58
0.80	21.15	1.66	61.12	8.45	0.04	23.91	153.99	50.95	140.13	11.00
0.77	40.47	2.11	110.10	7.29	0.49	60.44	712.00	99.39	922.46	0.12
0.66	46.89	4.19	108.07	6.19	0.59	2.47	435.89	61.49	199.40	
0.64	39.49	1.14	84.08	14.42	0.11	23.67	644.59	76.76	216.90	0.05
0.21	14.78	0.56	56.94	9.23	0.12	7.58	237.84	37.77	119.53	17.09
6.08	23.86	1.05	143.48	108.92	0.15	89.51	1503.22	657.73	1269.72	225.45
0.06	8.44	0.41	82.74	6.42		6.18	246.15	39.92	140.84	
0.15	0.58	0.01	4.21	1.51			38.76	5.67	23.82	
0.61	47.98	1.67	97.26	30.70	0.02	12.00	431.60	108.12	389.64	0.03
0.29	5.73	0.10	27.63	2.53		4.08	144.97	16.44	109.60	0.60
0.14	10.09	0.04	56.54	4.57		13.17	167.82	11.70	462.42	0.31
			1.49	0.03		0.17	17.64	2.13	10.00	
0.31	4.92	0.50	14.15	2.48	0.06	15.49	88.40	3.86	167.84	4.00
0.25	7.83	1.10	23.57	1.39	0.01	15.90	120.47	7.31	34.96	1.00
0.13	0.70	0.08	1.72	0.23		1.63	13.21	8.90	61.57	
0.05	0.21	0.20	17.85	0.42		10.82	37.65	10.09	12.90	
0.09	1.13	0.06	52.16	4.60		26.87	132.20	11.70	135.65	27.65

续表 1

地区	本馆外购	免费共享	书架单层总长度(米)	本年新购藏量(万册)	本年新增电子图书(万册)	当年购买的报刊种类(种)	有效借书证数(个)	总流通人次(万人次)	书刊文献外借人次
全国	**13158.91**	**2100.58**	**4194464**	**1485.81**	**9840.50**	**286127**	**10096118**	**14615.43**	**6054.26**
北京									
天津									
河北	122.50	18.50	144754	55.31	26.53	8033	257927	421.68	168.14
山西	30.96	214.24	68581	10.86	100.05	3603	85020	155.72	86.91
内蒙古	56.89	131.77	158144	38.08	170.77	9056	86871	238.67	107.78
辽宁	246.48	58.33	201634	82.06	24.63	27844	487207	946.99	363.89
吉林	80.09		78424	33.46	27.61	10094	71113	214.06	100.30
黑龙江	16.97	0.32	118431	26.50	16.20	10498	565368	225.57	72.78
上海									
江苏	910.93	182.20	578931	126.18	559.89	22348	1494886	2044.18	818.76
浙江	7742.08	30.04	242088	145.97	7356.84	21597	1294669	1701.98	737.76
安徽	621.29	118.50	63066	196.39	280.12	10272	248825	423.37	200.66
福建	429.25	118.05	105550	51.30	73.45	9164	326863	684.97	261.92
江西	129.13		44684	19.21	23.40	8053	247320	324.42	217.15
山东	798.54	123.80	166376	130.22	317.15	19567	553517	809.30	448.39
河南	173.30	26.10	120428	45.78	114.02	13330	331984	673.04	341.35
湖北	104.13	112.72	187270	34.77	15.63	12663	365692	706.01	386.34
湖南	62.45	40.00	87372	21.28	21.52	7487	193793	277.32	167.20
广东	655.37	388.90	422526	285.94	281.50	32293	2586774	2457.66	652.85
广西	100.24	40.60	98938	36.72	46.50	8971	185865	543.04	129.87
海南	23.82		5980	5.66	7.82	1562	19616	50.18	8.48
重庆									
四川	347.91	41.70	968784	41.04	144.05	13333	228205	611.15	262.19
贵州	99.00	10.00	24282	9.61	27.02	3790	83718	130.93	84.36
云南	208.42	253.69	105283	18.55	112.95	9991	118416	311.08	135.04
西藏	10.00		1732	1.22	1.00	769	2941	4.30	0.73
陕西	17.34	146.50	57683	16.40	16.08	5263	48913	244.43	62.01
甘肃	33.45	0.51	57039	22.35	11.11	4569	45601	134.18	83.14
青海	61.57		21067	7.84	24.90	1584	37949	34.41	22.30
宁夏	12.90		26670	2.40	8.12	2530	33647	64.27	41.52
新疆	63.89	44.11	38747	20.73	31.64	7863	93418	182.52	92.47

书刊文献外借册次（万册次）	为读者举办各种活动						计算机（台）	供读者使用电子阅览室终端数	图书馆网站访问量（页次）
	组织各类讲座次数（次）	参加人次（万人次）	举办展览（个）	参加人次（万人次）	举办培训班（个）	培训人次（万人次）			
11878.35	**13280**	**255.61**	**3371**	**1034.42**	**6104**	**42.45**	**41929**	**22369**	**182213889**
269.03	554	6.74	66	14.92	88	0.85	1528	947	2356882
96.77	450	2.82	61	3.72	452	1.12	1008	669	443285
211.30	159	4.11	78	34.31	40	0.44	1861	1182	287967
852.14	1079	15.54	226	102.39	652	2.58	2882	1231	19535101
198.90	392	12.48	54	25.92	121	1.25	1352	539	7908129
149.35	161	5.29	63	9.32	43	0.33	1505	920	1228
1407.12	949	22.64	245	46.87	324	1.32	2907	1284	14582684
1525.72	747	13.75	262	101.50	1125	7.98	2600	1330	14854068
382.66	503	10.33	145	25.10	67	0.51	1998	1022	1774215
674.76	1040	6.62	188	91.11	224	1.87	1236	661	3824106
327.85	272	13.74	97	33.68	89	0.80	1148	514	456531
693.63	693	14.25	205	29.74	223	2.34	2974	1454	15989876
560.84	796	13.70	144	38.12	149	1.28	2212	1476	1438735
635.41	448	14.01	136	54.92	354	3.69	1630	873	9415932
299.73	451	14.34	107	14.68	275	1.59	1146	689	3366901
1883.57	1924	42.91	451	272.67	777	5.43	5134	2147	43204714
269.84	375	7.50	125	35.43	183	1.36	1151	684	12773116
33.34	16	0.14	58	2.81	5	0.04	174	107	34371
475.87	459	8.63	167	30.46	341	3.30	1845	1043	20163250
111.81	448	1.44	21	0.57	36	0.24	574	335	597505
224.19	597	7.06	191	25.50	304	2.31	1663	1172	2634088
1.64	6	0.06	10	0.50			150	146	24876
141.42	229	2.86	67	11.28	46	0.25	681	308	6171521
173.08	196	8.25	109	4.24	15	0.45	650	341	238745
30.74	52	0.60	9	0.48	34	0.18	257	191	15482
85.20	79	0.73	4	0.54	19	0.05	573	356	15572
162.46	205	5.12	82	23.66	118	0.91	1090	748	105009

续表 2

地区	本年收入合计(千元)	财政补贴收入	购书专项经费	事业收入	上级补助收入	附属单位上缴收入	经营收入	其他收入	本年支出合计(千元)
全国	**3143131**	**3021732**	**444225**	**51504**	**16926**	**3377**		**49592**	**2996878**
北京									
天津									
河北	101378	96485	14132	750	225	440		3478	91281
山西	35017	34669	3618	335				13	34829
内蒙古	116309	116177	10328		11			121	111749
辽宁	204860	204855	30150					5	233933
吉林	98954	94736	15855	3203	100			915	86562
黑龙江	100712	100646	7588		40			26	74189
上海									
江苏	263344	254493	38541	27	983	10		7831	263358
浙江	261907	251275	48820	360	4918			5354	261171
安徽	78079	70664	11799	6312	346			757	74357
福建	120197	109026	8800	7270	844	1968		1089	103525
江西	58491	56561	5446	1125	674			131	58179
山东	199122	197652	32933	500	75			895	191268
河南	138019	136860	16827	404				755	123793
湖北	107159	99382	11887	1040	681			6056	108214
湖南	66651	65275	6260	174	204			998	59788
广东	569035	555552	120319	3644	6712	410		2717	551823
广西	110472	87582	8812	15100	301	356		7133	80737
海南	19827	19784	2020					43	20380
重庆									
四川	125783	123400	11402	1084	575			724	121605
贵州	61099	56115	1390	4725	7	193		59	46025
云南	81666	79544	7904	1306				816	75144
西藏	4826	4826	286						4826
陕西	42174	38165	6550	1770				2239	39566
甘肃	61589	60461	9100					1128	58559
青海	17059	15609	1310	1450					19612
宁夏	33304	33201	1160	45	30			28	33133
新疆	66098	58737	10988	880	200			6281	69272

基本支出	项目支出	经营支出	在支出合计中：工资福利支出	商品和服务支出	差旅费	劳务费	福利费	各种税金支出	对个人和家庭补助支出
1615613	**1250151**	**2107**	**921597**	**606862**	**15780**	**31202**	**9498**	**3890**	**346561**
60140	27746	274	25967	16937	201	462	129		8748
23362	11462		14099	4842	139	734	183		4243
79800	30875		38954	19018	779	799	214		14459
119659	99781		67526	65833	779	1506	193		32598
61021	25413		28913	16975	287	178	30	56	16488
56474	14679		25556	15470	294	1079	199		14002
152580	110749	10	78539	54463	1025	2371	420	493	34459
121097	135319		81732	70498	1590	6960	1512	220	23689
43066	24568		27915	11104	298	441	129	2	6657
46184	26295	1301	29778	11752	429	1033	296	61	10262
32932	23557		17965	7949	529	488	75	578	10068
82306	108352		50255	21474	496	896	86	20	16284
62696	58921		38284	12886	430	2526	273	46	13633
64923	38795		35829	33158	808	853	441	532	13042
47531	12256		22235	14464	475	716	742	47	8032
237769	272788	400	153618	119537	1569	2677	2050	123	48900
58163	20323	112	30563	12863	1459	700	97	33	13212
5821	13929		2524	4136	55	310		30	1059
58623	62760		38061	29186	1336	1885	1044	17	14515
30309	10560	10	17283	7284	447	517	670	54	10786
43142	31538		25555	14941	611	1152	80	70	9621
2593	500		1766	1041	103		1		277
26288	11581		14618	8774	253	888	140	6	2311
32634	23831		14439	12154	512	591	146	1502	6298
14377	4994		7338	5059	198	330	61		2366
18605	14528		12374	3045	123	234	3		3724
33518	34051		19911	12019	555	876	284		6828

续表 3

地区	抚恤金和生活补助	其他资本性支出	各种设备购置费	新增藏量购置费	新增数字资源购置费	资产总计(千元)	固定资产原值	实际使用公用房屋建筑面积(万平方米)	书库面积
全　国	**16110**	**773594**	**646957**	**386749**	**53381**	**7920143**	**6978843**	**342.32**	**69.66**
北　京									
天　津									
河　北	89	37708	21559	15687	1377	235148	207748	10.45	2.22
山　西	11	6365	6165	3939	364	198216	193181	6.41	1.14
内蒙古	42	33727	27627	10253	1066	286952	260509	14.18	1.99
辽　宁	7415	51761	48040	25289	2995	569164	478924	19.66	3.50
吉　林	222	23252	19122	11486	2500	264502	174085	8.98	1.69
黑龙江	187	11030	9855	6985	828	235306	189357	10.83	2.80
上　海									
江　苏	281	74970	50396	38553	3906	749059	666030	31.24	5.38
浙　江	26	73970	73099	48145	4503	671974	612390	23.36	4.78
安　徽	22	21242	19086	10629	5629	212810	197139	11.57	2.44
福　建	748	21570	19627	10324	2820	234412	207462	10.28	1.92
江　西	520	16990	7471	4415	540	147585	126855	11.06	2.11
山　东	1350	82178	79661	30466	7563	508029	458544	27.19	6.26
河　南	529	13071	12313	6326	1830	241040	197112	21.78	4.90
湖　北	670	18666	16221	11025	2471	488328	399844	19.83	4.15
湖　南	509	13685	10150	6967	240	143192	128847	9.76	3.71
广　东	404	127548	123398	94804	7499	1312434	1234757	44.94	6.85
广　西	174	21936	13994	6111	639	164223	145412	9.08	2.04
海　南		6643	6291	2156	536	36735	25925	1.42	0.38
重　庆									
四　川	749	29007	25547	12491	1826	320193	266138	13.61	3.51
贵　州	1201	6580	5150	1856	848	90454	79260	4.31	1.27
云　南	276	20977	17572	7152	1881	179033	159695	9.09	1.71
西　藏		540	540	297	2	22465	22130	0.99	0.13
陕　西	16	8772	8658	6321	810	152541	145591	6.02	1.35
甘　肃	543	11828	10111	7265	300	184960	181143	5.46	1.14
青　海	15	4010	3787	3718	60	16311	16287	1.33	0.25
宁　夏	61	12256	4692	959	160	161781	128938	4.23	0.96
新　疆	50	23312	6825	3130	188	93296	75540	5.23	1.08

							图书馆延伸服务情况		
阅览室面积	书刊阅览室面积	电子阅览室面积	实际拥有产权面积（万平方米）	阅览室坐席数（个）	少儿阅览室坐席数	盲人阅览室坐席数	流动服务书刊借阅人次（万人次）	流动图书馆车书刊借阅册次（万册次）	分馆数量（个）
95.86	**73.51**	**10.79**	**185.58**	**200155**	**42893**	**4913**	**982.74**	**1725.89**	**2016**
4.02	3.37	0.27	5.28	7178	946	139	13.13	20.91	11
2.87	2.46	0.25	6.14	4389	614	80	12.47	16.65	29
3.74	2.95	0.55	5.37	8617	1251	126	17.69	34.95	23
5.20	3.32	0.91	11.69	10620	3276	294	61.51	153.71	329
2.62	2.13	0.19	4.40	4966	829	120	38.76	46.67	36
2.47	2.10	0.32	3.46	5723	530	42	35.06	52.53	110
7.40	4.66	0.52	16.05	13407	2852	143	77.87	104.13	217
6.14	5.33	0.47	11.24	11340	3551	757	76.46	229.34	164
3.74	3.12	0.39	7.64	8695	1868	231	53.10	71.46	77
4.18	3.64	0.30	3.41	8314	2626	141	72.07	123.08	257
4.08	3.08	0.34	4.30	6960	1320	329	29.75	27.93	15
7.46	5.37	0.88	16.71	13058	2554	323	37.59	87.78	154
4.24	3.18	0.82	15.55	12522	2290	479	26.46	62.18	41
3.49	2.84	0.50	12.69	10342	2390	320	53.37	98.17	33
2.44	2.01	0.41	3.93	5892	1762	72	7.89	14.36	90
16.01	12.45	1.57	19.55	26439	5595	255	151.23	246.48	259
1.98	1.61	0.30	3.40	6613	1837	237	29.84	58.45	7
0.19	0.13	0.03	1.42	537	110	18	1.70	17.34	
3.29	2.58	0.42	8.84	8726	1717	306	32.43	53.72	83
1.65	1.16	0.16	3.34	3393	708	152	38.00	40.96	12
2.33	1.67	0.46	6.17	6128	1285	95	46.25	51.48	27
0.09	0.05	0.04	0.72	390	24		0.35	0.52	
1.96	1.69	0.11	6.40	3550	510	70	15.14	18.83	15
1.74	1.22	0.16	3.43	4232	775	56	6.50	15.33	6
0.48	0.28	0.07		760	170	22	1.99	1.06	
0.75	0.38	0.12	2.46	2141	495	30	20.91	40.89	1
1.30	0.72	0.26	1.99	5223	1008	76	25.25	37.02	20

2013年各地区县市级

地区	机构数(个)	从业人员(人)	专业技术人才	正高级职称	副高级职称	中级职称	总藏量(万册)	图书	盲文图书
全国	**2712**	**32497**	**20725**	**122**	**1473**	**9324**	**34046.29**	**28411.80**	**61.32**
北京	23	884	670	4	38	234	1383.70	1289.10	0.20
天津	29	694	585	4	83	234	628.91	581.68	0.08
河北	160	1217	715	3	57	363	1004.99	874.65	0.98
山西	119	1110	680	2	19	297	907.41	741.05	0.95
内蒙古	103	1251	948	6	99	413	670.33	558.11	0.41
辽宁	106	1454	957	6	65	588	1180.30	1012.15	0.58
吉林	55	886	741	4	89	372	515.98	406.30	0.18
黑龙江	95	990	780	16	153	449	640.54	562.08	0.30
上海	23	1372	877	3	31	309	1721.44	1524.50	0.63
江苏	95	1601	1047	7	107	445	3022.21	2710.57	2.49
浙江	83	1957	1133	14	107	514	2945.93	2583.37	2.18
安徽	89	816	523	1	19	186	833.98	704.97	3.23
福建	76	644	406	2	13	199	1405.16	1045.25	0.45
江西	102	915	457	4	12	177	1117.63	823.03	1.46
山东	135	1746	1419	5	180	702	2468.68	2072.64	3.12
河南	136	1995	739	2	23	386	1063.99	865.20	0.89
湖北	95	1276	874	2	32	547	1066.36	866.49	1.61
湖南	119	1324	836	6	63	404	1242.55	965.77	2.11
广东	110	2228	1094	9	43	417	2489.50	2145.31	30.98
广西	94	767	543		8	171	1089.18	765.57	0.17
海南	17	150	120			17	189.26	161.05	
重庆	41	553	349	1	40	145	746.09	635.52	2.02
四川	174	1248	690		21	256	1545.00	1229.41	2.14
贵州	84	571	393	1	14	112	724.30	510.78	1.18
云南	133	1156	999		80	525	1070.83	864.47	0.68
西藏	74	41	10			1	31.40	25.83	
陕西	105	1627	865	18	19	371	681.48	554.83	1.58
甘肃	85	911	432	1	20	154	575.65	438.45	0.35
青海	41	181	130		3	61	140.97	118.25	0.17
宁夏	20	255	196	1	6	79	226.75	180.59	0.13
新疆	91	677	517		29	196	715.81	594.86	0.07

公共图书馆基本情况

古籍		报刊	视听文献	缩微制品	其他	在藏量中		电子图书（万册）	
	善本					开架书刊	少儿文献		本馆自建
484.80	**40.78**	**2968.29**	**533.14**	**20.32**	**1627.96**	**17415.29**	**2865.63**	**17527.97**	**599.85**
5.06	0.06	32.22	32.01		25.32	1072.33	123.40	2291.72	0.16
4.23	0.13	28.93	6.37	0.05	7.66	330.31	41.21	86.67	
7.21	0.57	70.18	5.34	0.28	47.34	436.32	71.34	164.81	1.67
29.38	5.34	94.43	5.53	1.03	35.99	318.55	57.99	104.30	7.08
3.06	0.27	78.42	5.21	0.23	25.31	293.16	33.81	119.16	39.40
7.05	1.15	42.72	18.80	0.08	99.51	773.57	142.76	185.54	4.58
1.05	0.04	43.28	7.65	0.17	57.54	255.69	53.35	113.69	0.74
1.46	0.00	54.05	2.62	0.04	20.30	358.73	32.08	264.84	0.54
9.73	1.19	28.58	84.57	0.01	74.05	1041.25	172.75	185.77	0.12
53.78	2.80	179.52	32.69	0.48	45.17	1695.58	323.92	2255.29	30.09
51.14	2.43	181.44	65.87	0.29	63.80	1771.19	350.16	1489.20	74.67
7.35	0.34	69.37	18.61	1.16	32.53	369.69	79.58	1535.62	59.15
13.33	1.86	119.92	29.12	1.88	195.66	638.51	101.34	799.44	71.40
24.16	2.33	191.82	5.03	0.56	73.05	371.63	94.63	235.15	4.30
26.63	2.74	197.66	21.77	3.01	146.98	1013.35	168.28	465.96	48.75
15.42	1.16	140.44	4.49	0.22	38.22	481.83	50.81	485.93	10.99
12.85	1.35	130.41	4.97	3.43	48.22	470.62	92.60	174.33	25.54
41.13	3.23	174.39	10.18	0.68	50.40	571.51	104.48	142.95	9.30
12.60	1.01	152.74	68.41	0.03	110.40	1624.41	240.86	1342.35	35.76
8.56	0.41	222.54	4.96	0.96	86.60	475.70	55.68	196.27	11.16
0.47	0.00	25.90	0.87	0.01	0.97	96.02	9.73	191.79	14.11
26.67	2.53	50.74	13.70	2.25	17.20	466.14	91.41	483.78	60.07
48.17	2.52	144.50	13.67	0.77	108.49	736.48	134.87	729.19	53.18
9.25	0.83	90.49	40.43	0.95	72.40	308.87	40.46	284.50	9.63
27.67	2.06	124.04	10.40	0.72	43.54	501.14	63.27	224.00	6.89
0.07		2.23	0.15		3.11	0.07	0.13	10.11	0.01
20.39	0.85	64.95	4.05	0.27	36.99	270.27	33.23	2583.56	2.24
14.08	3.35	97.05	4.49	0.26	21.33	261.43	41.21	79.51	0.86
1.78	0.17	11.32	1.87	0.14	7.62	34.70	9.33	46.52	0.10
0.59	0.03	24.75	2.62		18.21	70.01	16.57	6.03	
0.50	0.02	99.27	6.73	0.38	14.08	306.22	34.39	250.01	17.40

续表 1

地区	本馆外购	免费共享	书架单层总长度（米）	本年新购藏量（万册）	本年新增电子图书（万册）	当年购买的报刊种类（种）	有效借书证数（个）	总流通人次（万人次）	书刊文献外借人次
全国	**7066.41**	**9861.71**	**4914157**	**2533.61**	**4214.05**	**620983**	**12325584**	**26442.46**	**11928.67**
北京	173.31	2118.25	133172	102.59	33.26	15463	444543	579.02	258.57
天津	85.95	0.72	97045	76.40	28.94	11149	189176	393.72	199.57
河北	152.40	10.75	171377	37.07	32.30	14677	184387	461.76	252.65
山西	92.64	4.58	108343	32.75	60.26	24927	141326	297.13	130.29
内蒙古	30.56	49.21	109138	57.50	30.76	13321	107808	279.21	163.55
辽宁	162.65	18.32	165414	63.82	57.49	22861	480840	903.16	376.45
吉林	42.79	70.16	62202	44.14	32.87	10497	173516	284.53	131.92
黑龙江	4.04	260.26	94546	40.17	1.72	10404	147364	309.83	143.45
上海	183.73	1.92	203813	139.31	45.08	33462	852084	2358.37	574.16
江苏	1028.67	1196.53	354720	270.81	754.46	39896	1845555	2701.41	1557.65
浙江	234.08	1180.45	290956	308.85	221.81	49670	1864940	2982.85	1137.08
安徽	1381.95	94.52	96466	130.36	789.78	24269	226028	804.55	491.35
福建	387.63	340.41	200389	150.30	204.99	20653	324041	911.58	411.70
江西	120.30	110.54	145818	53.48	133.25	13493	230323	720.63	401.18
山东	216.43	200.78	316080	197.03	83.09	33453	748851	1399.15	921.48
河南	147.00	327.94	173778	59.54	342.27	18911	426235	997.03	578.99
湖北	85.82	62.97	174319	66.00	68.38	17003	602566	840.98	498.20
湖南	89.13	44.53	227606	59.40	62.86	21772	438864	897.50	569.17
广东	1028.63	277.96	384949	252.55	351.90	47752	1313477	3601.98	819.88
广西	112.97	72.14	200206	33.87	35.08	23316	137524	572.95	254.34
海南	132.87	44.82	27835	16.63	45.05	12334	29076	68.72	29.34
重庆	262.70	161.02	252660	75.18	123.16	22437	246967	841.78	381.71
四川	412.41	263.60	254327	76.34	186.74	26822	336992	1113.96	522.53
贵州	147.75	127.13	77668	21.79	146.78	12844	171593	323.31	170.34
云南	137.04	80.08	233757	64.98	145.23	33705	181767	676.58	337.48
西藏	0.03	10.08	214	0.40	0.20	126	104	3.78	1.19
陕西	1.88	2579.44	87224	44.16	87.15	12604	174023	373.62	206.20
甘肃	70.32	8.32	106046	13.62	42.05	6530	119707	322.00	183.24
青海	43.96	2.46	29127	7.22	44.64	3608	19284	45.50	26.13
宁夏	1.03	5.00	44513	15.66	2.41	4642	31286	105.94	57.34
新疆	95.78	136.84	90449	21.69	20.11	18382	135337	269.94	141.56

书刊文献外借册次(万册次)	为读者举办各种活动						计算机(台)		图书馆网站访问量(页次)
	组织各类讲座次数(次)	参加人次(万人次)	举办展览(个)	参加人次(万人次)	举办培训班(个)	培训人次(万人次)		供读者使用电子阅览室终端数	
20725.25	**31791**	**513.56**	**11097**	**1444.29**	**17457**	**124.00**	**130341**	**85276**	**96086717**
620.34	1478	16.49	240	42.87	717	4.53	2862	1409	4230601
304.91	700	8.17	153	10.82	474	1.73	1658	1056	1023979
369.82	1158	22.50	407	27.64	520	4.16	4666	3071	7687546
202.72	1059	17.78	415	35.25	506	4.79	3832	2893	296352
342.28	791	9.48	198	13.96	346	1.80	3604	2418	378472
783.22	972	17.98	367	46.75	368	3.46	3710	2159	828210
244.85	536	7.42	201	19.16	155	1.24	2434	1573	2582686
268.18	470	9.89	259	28.96	296	2.19	3436	2454	43086
1771.41	1413	16.52	213	65.82	497	4.46	4110	1868	13789818
2409.49	1886	34.47	593	84.89	1080	7.53	6089	3615	11042128
2263.70	1793	37.99	937	193.32	1115	5.13	6270	3872	8154922
695.95	853	12.78	368	47.27	648	4.63	4798	3840	4213109
789.42	846	14.82	386	39.87	417	2.58	3335	2353	6480194
556.02	1065	26.04	501	43.34	409	4.09	5418	3616	608336
1362.42	1818	34.18	623	62.29	932	6.07	7215	5124	2060209
835.09	1589	32.64	557	47.12	663	5.72	5829	3965	1273806
751.38	1114	18.03	306	32.82	617	5.46	4485	3212	1593149
873.55	1569	29.60	345	48.93	660	7.25	4466	3529	6120638
1395.45	2029	27.62	674	170.59	766	5.26	12677	5423	7766712
406.13	983	16.63	464	29.13	1096	5.61	3920	2929	1096769
50.85	91	1.59	71	7.82	91	1.18	959	640	176855
844.60	880	9.07	355	69.91	841	6.19	3217	2124	2090997
884.89	2162	23.61	632	75.94	971	6.55	7504	5527	5140754
214.65	898	10.24	257	21.34	417	3.40	3870	2425	1337958
577.05	1206	18.15	499	62.64	1001	7.61	5160	3636	3422394
2.17	9	0.03	7	0.06	8	0.04	508	355	
282.33	951	10.50	374	53.23	799	5.85	4673	3008	849076
261.60	748	16.98	225	22.66	311	2.17	3353	2373	435592
32.29	137	1.34	68	1.93	119	0.69	1568	1104	18058
96.42	125	1.64	31	2.09	163	0.13	1255	991	5200
232.06	462	9.39	371	35.90	454	2.53	3460	2714	1339111

续表 2

地区	本年收入合计(千元)	财政补贴收入	购书专项经费	事业收入	上级补助收入	附属单位上缴收入	经营收入	其他收入	本年支出合计(千元)
全国	**4518806**	**4169092**	**431040**	**162892**	**53590**	**15635**	**1911**	**115686**	**4497355**
北京	303858	282761	29608	4584	925	1489		14099	300995
天津	146178	143964	6457	200	1296	24		694	142361
河北	82109	79570	4393	710	923	352		554	78208
山西	116110	115847	5783	249	4			10	110926
内蒙古	139157	138316	8853					841	135309
辽宁	151769	148978	14125	597	1894			300	152663
吉林	77888	75250	2246	1115	1133			390	76642
黑龙江	83047	80141	7864	1484	1117		20	285	77812
上海	389661	375347	60023	3166	4943			6205	405322
江苏	308438	276538	30591	8102	5832	6100		11866	327439
浙江	420020	375598	64277	10098	7275	3	1114	25932	409891
安徽	116479	104133	13309	9169	655	1484	324	714	116341
福建	114741	97368	18413	6693	4404			6276	115795
江西	101413	86287	8039	5628	3960	2453	3	3082	91780
山东	187272	183608	25293	3085	244			335	187980
河南	123190	116939	7627	5161	408	5	5	672	121884
湖北	145270	122322	10738	14852	1345	475		6276	139754
湖南	125412	113623	8785	7224	285	1010		3270	123956
广东	349514	300225	38703	33699	9406	1094	1	5089	365848
广西	78821	56400	7007	3717	509	146		18049	80809
海南	28484	23449	2220	1954		800		2281	27375
重庆	128432	124802	12341	1870	755			1005	127974
四川	252275	241791	15290	8682	906			896	220149
贵州	66815	52813	4213	9044	4014			944	63585
云南	131379	125541	8325	4357	33		200	1248	138549
西藏	4369	3909	9	300		160			4352
陕西	139263	126581	6586	9994	965	40		1683	139355
甘肃	76106	75562	3046					544	84601
青海	20334	18713	1416	1430	101			90	20053
宁夏	30699	29557	1140	905				237	30882
新疆	80303	73159	4320	4823	258		244	1819	78765

基本支出	项目支出	经营支出	在支出合计中：						
			工资福利支出	商品和服务支出	差旅费	劳务费	福利费	各种税金支出	对个人和家庭补助支出
2877351	**1233002**	**17999**	**1656921**	**868431**	**25305**	**64344**	**23339**	**3985**	**438917**
155873	144130	990	90566	71350	252	1110	1025	462	36146
97427	41757	24	52558	12879	131	308	863	107	32289
61598	5738	1745	39362	11056	326	906	253	124	5121
82520	23203	100	44124	18404	675	1509	257	29	7207
124812	2865	703	74819	19528	1019	1299	568	17	19492
107987	21316	3	70802	29839	658	3736	123	1	19885
61784	13321		37125	11723	596	287	71	151	13157
63275	5918	586	36591	14023	514	310	122		9453
247620	156798		143797	130916	2001	4943	3436	142	23295
247279	61309	2251	107010	55087	1179	2915	1748	561	34482
218699	168544	3	143390	97843	2092	9502	3125	554	33032
60276	40734	2024	34342	14845	645	459	892	196	11487
64259	38986		35704	16734	727	2859	202	71	8388
65223	10261	563	33627	15669	1199	544	1282	329	13076
119716	35104	20	83432	21156	781	732	168	7	12960
100313	6150	170	57024	16888	587	802	471	75	10233
70265	61499	2090	44305	19441	1176	357	1150	17	11952
99092	16530	544	46957	26346	1102	1287	1019	168	8756
190634	134926	1490	105930	88278	972	14590	3858	706	35204
54511	9479	1393	30843	14849	1420	799	195	40	10726
12873	9447	490	8952	7512	214	357	209	32	519
59033	64720		31473	23232	883	4654	527	72	15986
109925	97486	200	61342	54762	1984	5064	452	24	16319
39204	8976	24	25550	8461	722	603	220		5289
87145	20800	50	54821	18122	644	990	214	6	10443
1601		187	1503	60					
110964	13544	1278	67539	23955	908	1367	348	13	8710
70726	3784	611	37219	10966	675	1068	356	42	9339
14765	1001		9632	2001	106	2	31		1048
20331	4683	360	14650	2341	130	260	14	15	3748
57621	9993	100	31932	10165	987	725	140	24	11175

续表 3

地区	抚恤金和生活补助	其他资本性支出	各种设备购置费	新增藏量购置费	新增数字资源购置费	资产总计（千元）	固定资产原值	实际使用公用房屋建筑面积（万平方米）	书库面积
全国	**22571**	**851785**	**705733**	**459985**	**37860**	**9881594**	**8471823**	**638.51**	**127.20**
北京	1555	82261	70663	23366	1669	693469	608707	14.66	3.17
天津	1136	17409	13488	8172	415	171695	153192	11.42	3.34
河北	301	9158	7752	6645	277	199530	184934	23.06	4.79
山西	974	13968	8940	6657	279	264751	245327	24.79	5.08
内蒙古	2128	15718	11826	8054	205	145724	134310	15.86	2.94
辽宁	482	18358	15728	12516	1216	265094	231709	21.30	3.68
吉林	303	10402	5664	3394	279	105579	91627	8.95	1.66
黑龙江	421	8014	6568	5425	232	140387	131276	13.49	2.45
上海	983	81841	70558	45143	7111	842581	685102	28.36	3.13
江苏	703	66198	58600	42491	2186	1016029	902860	48.08	7.23
浙江	492	114819	93339	66139	2030	958225	792961	46.40	7.38
安徽	944	14939	13736	10326	1689	302876	260869	20.11	4.16
福建	685	34963	28886	18325	1361	332138	300983	22.05	5.29
江西	1216	15822	12588	8881	2201	223531	196972	21.00	4.87
山东	504	44045	41017	25310	2408	418929	391932	39.82	7.86
河南	353	27851	14304	9083	714	315779	280370	27.79	5.96
湖北	1075	19760	13698	10247	225	299206	282419	21.02	4.71
湖南	984	18023	14775	10243	390	221398	190934	23.89	5.80
广东	969	71937	58794	36689	4744	754082	664568	55.36	9.36
广西	703	15350	12722	9828	807	165766	138599	14.60	4.58
海南	121	6322	5148	2990	867	60995	56054	3.98	1.05
重庆	919	26699	23857	14546	2637	238222	188015	19.65	3.88
四川	894	35320	28710	15930	1291	490839	437400	32.89	6.88
贵州	505	8915	7091	4966	585	348708	115064	14.14	2.65
云南	634	34819	33186	29629	721	324169	293421	22.20	5.41
西藏		170	170	120	50	21985	16046	1.02	0.24
陕西	1234	15929	14712	11995	617	163397	144964	13.62	3.30
甘肃	604	6662	6046	4153	395	157652	128338	9.96	2.30
青海	276	2652	1149	1144		20664	19116	2.06	0.58
宁夏	252	2687	2357	1703		50669	45092	4.15	0.97
新疆	221	10774	9661	5875	259	167525	158662	12.86	2.50

							图书馆延伸服务情况		
阅览室面积	书刊阅览室面积	电子阅览室面积	实际拥有产权面积（万平方米）	阅览室坐席数（个）	少儿阅览室坐席数	盲人阅览室坐席数	流动服务书刊借阅人次（万人次）	流动图书馆车书刊借阅册次（万册次）	分馆数量（个）
175.06	**113.99**	**37.92**	**379.24**	**538180**	**144254**	**13263**	**1605.95**	**2894.80**	**3531**
3.21	2.27	0.62	7.68	13203	3542	170	13.44	53.46	295
2.69	1.87	0.69	3.04	8472	1871	88	40.62	58.99	8
6.55	3.98	1.41	15.53	20100	5287	456	20.03	31.53	12
6.87	3.81	1.75	23.85	18424	4299	570	33.14	43.62	28
4.26	2.74	1.15	7.67	14153	4068	290	54.65	94.15	72
5.27	3.72	0.82	7.88	18675	4654	423	57.23	114.71	181
2.66	1.95	0.62	7.10	9839	3011	151	31.12	47.96	173
4.28	2.35	1.11	4.50	14555	4755	323	26.22	51.99	108
8.82	7.32	0.83	9.56	20126	4134	160	123.10	393.07	32
10.67	7.77	1.81	28.29	28672	8736	1128	71.11	149.89	636
10.54	7.12	2.03	23.23	29513	6888	939	175.18	387.10	546
6.52	4.37	1.60	14.79	16944	4666	549	58.92	77.81	59
5.81	4.19	1.02	12.83	18144	4970	302	46.49	101.64	114
6.08	3.59	1.40	14.72	19912	5667	854	53.58	66.06	47
10.03	6.31	2.50	16.44	32126	8476	1042	76.03	90.27	200
7.22	4.79	1.54	15.39	25170	7318	528	26.92	26.84	44
5.46	2.88	1.41	16.44	19225	6208	548	76.53	100.05	56
5.77	3.53	1.45	18.07	22288	7009	309	31.47	51.50	77
16.34	12.18	2.61	30.35	42389	9897	888	158.69	255.60	397
4.17	2.59	1.15	10.57	17716	4822	137	30.05	40.20	16
0.96	0.62	0.23	2.63	3432	969	50	8.21	14.34	
5.49	3.82	1.03	15.70	14990	3597	371	78.11	145.12	100
10.81	6.86	2.57	19.03	31621	7369	822	82.51	146.50	48
4.27	2.22	0.97	10.64	14760	3799	623	30.94	43.60	75
5.61	3.20	1.66	15.98	18924	5827	375	75.27	116.85	84
0.34	0.16	0.08	0.06	1271	167	75	0.11	0.27	
3.97	2.41	1.16	10.66	12639	3313	480	34.87	48.16	48
2.86	1.61	0.84	6.64	11595	3553	280	30.00	46.19	24
0.66	0.29	0.21	0.62	1846	415	10	7.57	9.20	
1.47	1.01	0.43	3.19	3723	1084	158	14.94	29.87	2
5.42	2.45	1.25	6.18	13733	3883	164	38.91	58.26	49

主要统计指标解释

1．**藏量**：指本馆已编目的古籍、图书、期刊和报纸的合订本、小册子、手稿，以及缩微制品、录像带、录音带、光盘等视听文献资料数量之和。

对同一书名，但分若干册（卷）的图书，按每一册（卷）作为一册统计。期刊和报纸均以每一合订本为一册统计。至填报本表时，尚未装订成册编目的期刊和报纸不应统计在内。

2．**图书**：指装订成册，不少于49页，并在“古籍”范围以外的纸介质图书。装订成册但不足49页的，按小册子统计到“其他”类中。

3．**盲文图书**：指供盲人读者阅读的图书。

4．**报刊**：指刊登当前事件的专题或综合新闻，每周至少出版一张并按年、月、日顺序或按编号排列的连续出版物。或者是同一刊名下，按顺序号或按年、月、日出版的定期或不定期的一种连续出版物。包括报纸和期刊。

5．**古籍、善本**：实际成书和出版年代在1911年（含1911年）以前的线装、卷轴装、经折装、蝴蝶装、包背装等书籍为古籍。其中清乾隆六十年即1795年（含1795年）以前的古籍为善本，1795年至1911年间的具有历史文献性、学术资料性和印刷装帧艺术代表性的也归为善本。

6．**视听文献**：包括各类型声频文献（唱片、录音带、盒式磁带等）、视频文献（例如幻灯片、透明正片等）和声频与视频混合文献（例如有声电影、录像片等）。

7．**缩微文献**：指所有经过缩微处理制成缩微胶卷和缩微平片，使用时需要放大的文献资料。

8．**其他**：指馆藏文献资源中，不在以上任何一类文献中的内容。

9．**开架书刊**：指图书馆总藏量中已上架并可用于外借或馆内阅读的图书、报刊等。

10．**少儿文献**：是指供少儿阅读的文献，包括图书、绘本、画册、连环画等，不论其是否装订成册，或页数是否达到49页，均按1个“册件”计算在内。“少儿文献”不纳入“总藏量”加总计算，在图书、报刊、视听文献、缩微制品中，涉及少儿文献的，仍然分别统计在内。

11．**电子图书**：指本馆通过购买方式取得当前使用权的电子图书，以及本馆自建或与其他机构合作建设的电子图书。

本馆自建电子图书：指本馆通过数字化加工、网络采集、依法保存等方式获得，并在本地存储和保管的电子图书。

本馆外购电子图书：指本馆付费获得使用权不少于12个月的电子图书。

从其他机构免费共享的电子图书：指其他机构通过VPN共享、本地镜像或硬存储等方式免费授权给本馆使用的电子图书。

12．**书架单层总长度**：指馆藏实际占用书架、书柜单层单面长度之和。

13．**本年度新购藏量**：是指本年度内，通过购买、征集、竞拍等各种方式新入藏的各类型文献资源总量（不包括电子图书）。

14．**新增电子图书**：指图书馆本年度通过自建、购买（获得使用权不少于12个月）的电子图书总量。

15．**当年购买的报刊种类**：指图书馆当年购买的期刊和报纸种类之和。其计量原则同图书。

16．**有效借书证数**：是指由本馆或本馆所在总分馆体系中其他图书馆发放，并在当年内在本馆、本馆下辖分馆或本馆派出各类馆外服务设施中使用过至少一次的借书证数。

17. **总流通人次**：指本年度内到图书馆场馆接受图书馆服务的总人次，包括借阅书刊、咨询问题，以及参加各类读者活动等。

18. **书刊文献外借人次**：指通过本馆或本馆所辖分馆以及本馆派出的馆外服务设施将本馆各类型文献资源借出阅读的读者人次。

19. **书刊文献外借册次**：指读者通过由本馆或本馆所辖分馆以及本馆派出的馆外服务设施借出阅读的本馆各类型文献册次。

20. **组织各类讲座次数、参加人次**：指由本馆举办或与外机构联合举办的各类讲座次数及参加这些讲座的人次。

21. **举办展览个数、参观人次**：指本馆举办或与外机构联合举办的在馆内或馆外展览的展览个数及参观人次。个数按展览的内容计算。同一内容的展览不论在哪些地点展出和展出时间多久，只计算一个。

22. **举办训练班班次、培训人次**：指本馆举办或与外机构联合举办的各种科普、文化、艺术等训练班，按截止到年底办完的班数及培训人数分别计算班次及培训人次。截止到年底未办完的班数和人数均在下一年度统计。

23. **为少儿举办的专场活动**：是指专门以少年儿童为受众组织的展览、讲座、读书、培训等活动，含亲子阅读类活动。

24. **图书馆网站访问量**：指本年度中图书馆网站中所有网页（含文件及动态网页）被访客浏览的总次数。图书馆网站指有独立域名的 web 站点，其中包括 cn 和通用顶级域名下的 web 站点。

25. **计算机台数**：指图书馆内列入固定资产管理并正在使用的计算机终端台数。

26. **供读者使用的终端数**：指图书馆内放置可供读者使用的计算机台数。

27. **新增藏量购置费**：指本馆本年购进图书、报刊、缩微制品、视听文献等藏品所用经费之和。

28. **新增电子图书购置费**：指图书馆本年度专门用于自建、购买电子图书的经费。

29. **少儿阅览室坐席数**：指图书馆中专门提供给少年儿童使用的座位数。

30. **盲人阅览室坐席数**：指图书馆中专门提供给盲人使用，并配置有专门的辅助阅读、视听设备的座位数。

31. **流动服务书刊借阅人次/册次**：是指图书馆利用流动服务方式开展书刊借阅服务的读者人次和册次。

32. **分馆数量**：是指在以本馆为中心馆的总分馆体系中，接受本馆统一管理，具有独立馆舍、一定数量的馆藏、专职管理人员的图书馆数量。总馆对分馆负有业务指导关系，并且总、分馆之间实现文献资源共建共享、通借通还。

3 群众文化业

按年份全国群众文化机构基本情况

年 份	机构数（个）	从业人员（人）	举办展览个数（个）	组织文艺活动次数（次）	举办训练班次（次）	收入合计（万元）	财政拨款	支出合计（万元）	实际使用房屋建筑面积（万平方米）
1979年	3965		13001	114307		10114	10114	10114	
1980年	7723		23553	202828	20359	11270	11270	11376	
1985年	8746	59599	30998	118888	31842	20835	20835	17686	308.5
1986年	8906	67501	32803	106726	30576	29573	25505	23751	354.8
1990年	9087	67817	34292	99068	37017	49763	36985	37475	457.8
1991年	10507	70319	35498	116618	39568	45874	31066	43559	484.5
1992年	9564	66938	32095	96481	40707	53735	35577	49798	496.1
1993年	10155	68097	29636	86680	34279	62098	37840	57877	538.6
1994年	11276	70489	30224	92167	39296	79167	48906	73174	560.3
1995年	13487	75263	31070	110509	46023	89411	56826	83628	614.1
1996年	45253	127742	76397	247357	130592	139090	74434	137775	1110.0
1997年	43738	129194	87795	278782	119873	160117	92275	158861	1176.0
1998年	45834	129842	86960	267351	125872	178165	96416	173207	1195.3
1999年	45837	128216	94270	280373	138195	111089	108656	177528	1195.2
2000年	45321	128420	91670	276574	143370	186896	118430	188437	1229.9
2001年	43397	120156	89392	284316	156089	210181	141754	210860	1213.8
2002年	42516	119072	92917	301792	137350	241050	165163	235593	1203.6
2003年	41816	123458	93514	327306	154502	271704	190424	265751	1431.3
2004年	41402	121441	116639	401818	165823	313104	227641	310850	1408.4
2005年	41588	122500	111300	391439	190194	365887	279033	358641	1507.0
2006年	40088	123465	141150	497779	218696	428962	322773	412430	1622.8
2007年	40601	128096	90900	546477	242055	548301	432311	575722	1667.4
2008年	41156	131142	100877	473613	299791	660111	528838	653613	1931.0
2009年	41959	137484	110251	555052	304955	807244	681147	794190	2193.6
2010年	43382	141002	117353	576799	358719	944397	803918	931951	2526.7
2011年	43675	147732	107785	620586	339883	1285601	1122872	1267505	2982.6
2012年	43876	156228	114774	688482	387201	1453601	1300692	1467803	3171.7
2013年	44260	164355	138225	740611	390758	1667594	1478439	1635395	3389.4

注：1996年以前数据未包括其他部门所属乡镇综合文化站，1996—1998年包括其他部门所属乡镇文化站，1999年以后，其他部门所属乡镇文化站划归文化部门管理。以下各表同。

按年份各地区群众文化机构数

单位：个

地　区	1995年	2000年	2005年	2009年	2010年	2011年	2012年	2013年
总　计	**13487**	**45321**	**41588**	**41959**	**43382**	**43675**	**43876**	**44260**
北　京	35	268	328	332	337	340	343	346
天　津	19	306	217	256	256	258	283	291
河　北	183	2257	2149	2265	2319	2360	2393	2399
山　西	130	1851	1355	1529	1533	1535	1538	1538
内蒙古	547	1712	1329	1020	1017	1105	1132	1156
辽　宁	1522	1520	1522	1534	1550	1549	1550	1543
吉　林	410	894	821	964	965	966	965	975
黑龙江	266	1201	1015	1227	1654	1652	1641	1640
上　海	45	340	249	242	240	241	240	239
江　苏	1180	1771	1534	1447	1442	1429	1419	1394
浙　江	1986	1932	1592	1613	1612	1449	1447	1432
安　徽	351	1898	1677	1480	1509	1532	1554	1557
福　建	249	1085	1116	1187	1190	1199	1199	1237
江　西	113	2000	1546	1834	1924	1947	1950	1877
山　东	158	2581	1926	2025	2013	1988	1979	1966
河　南	224	2479	2395	2466	2466	2506	2514	2527
湖　北	1280	1695	1258	1369	1376	1378	1379	1382
湖　南	137	2667	2617	2543	2561	2624	2617	2672
广　东	1100	2042	1725	1739	1738	1740	1744	1746
广　西	115	1408	1254	1254	1284	1285	1290	1290
海　南	21	327	243	232	230	234	233	233
重　庆		1248	1086	1035	1041	1037	1038	1038
四　川	246	3865	4716	4222	4652	4798	4800	4802
贵　州	693	1030	1401	1514	1524	1579	1661	1687
云　南	1687	1734	1684	1513	1517	1519	1526	1546
西　藏	60	94	208	295	321	320	320	615
陕　西	133	2065	1732	1801	1827	1761	1772	1772
甘　肃	98	1432	1190	1296	1417	1420	1423	1434
青　海	139	250	244	294	409	413	413	413
宁　夏	199	309	252	250	250	252	254	253
新　疆	161	1060	1207	1181	1208	1259	1259	1260

按年份各地区文化馆个数

单位：个

地　区	1995年	2000年	2005年	2009年	2010年	2011年	2012年	2013年
总　计	**3259**	**3297**	**3226**	**3223**	**3264**	**3285**	**3301**	**3315**
北　京	23	23	22	20	20	20	20	20
天　津	19	19	19	19	19	19	19	19
河　北	181	178	175	177	177	177	181	182
山　西	130	130	131	131	131	131	131	131
内蒙古	115	117	115	115	116	116	116	118
辽　宁	128	125	132	122	122	122	123	124
吉　林	58	102	81	76	77	77	77	78
黑龙江	137	133	144	146	146	148	148	148
上　海	43	48	33	29	27	27	27	26
江　苏	122	121	117	117	118	117	119	116
浙　江	95	96	99	100	101	104	102	102
安　徽	113	117	118	120	120	120	121	120
福　建	90	90	90	94	95	95	95	98
江　西	113	113	113	115	115	116	115	118
山　东	158	159	158	158	158	160	158	159
河　南	224	214	204	202	202	203	205	205
湖　北	192	147	124	112	113	115	118	120
湖　南	137	140	140	140	140	141	142	142
广　东	136	140	139	145	144	144	145	147
广　西	112	114	115	114	122	122	123	123
海　南	20	21	21	21	21	21	21	21
重　庆		47	42	41	41	41	41	41
四　川	236	198	201	203	204	205	205	207
贵　州	93	93	95	95	95	97	97	98
云　南	147	147	149	148	148	148	148	148
西　藏	33	59	41	56	82	81	81	82
陕　西	122	122	121	120	120	120	122	122
甘　肃	98	98	100	101	102	103	103	103
青　海	51	52	52	51	51	55	55	55
宁　夏	26	26	25	26	26	28	27	26
新　疆	107	108	110	109	111	112	116	116

按年份各地区文化站个数

单位：个

地　区	1995年	2000年	2005年	2006年	2009年	2010年	2011年	2012年	2013年
总　计	**10228**	**42024**	**38362**	**36874**	**38736**	**40118**	**40390**	**40575**	**40945**
北　京	12	255	306	308	312	317	320	323	326
天　津	343	287	198	181	237	237	239	264	272
河　北	2	2079	1974	2056	2088	2142	2183	2212	2217
山　西		1721	1224	1254	1398	1402	1404	1407	1407
内蒙古	432	1595	1214	933	905	901	989	1016	1038
辽　宁	1394	1395	1390	1362	1412	1428	1427	1427	1419
吉　林	352	792	740	749	888	888	889	888	897
黑龙江	129	1068	871	832	1081	1508	1504	1493	1492
上　海	2	292	216	220	213	213	214	213	213
江　苏	1058	1650	1417	1362	1330	1324	1312	1300	1278
浙　江	1741	1836	1493	1494	1513	1511	1345	1345	1330
安　徽	238	1781	1559	1400	1360	1389	1412	1433	1437
福　建	159	995	1026	1018	1093	1095	1104	1104	1139
江　西		1887	1433	1280	1719	1809	1831	1835	1759
山　东		2422	1768	1857	1867	1855	1828	1821	1807
河　南		2265	2191	2171	2264	2264	2303	2309	2322
湖　北	1088	1548	1134	1200	1257	1263	1263	1261	1262
湖　南		2527	2477	2485	2403	2421	2483	2475	2530
广　东	964	1902	1586	1589	1594	1594	1596	1599	1599
广　西	3	1294	1139	1137	1140	1162	1163	1167	1167
海　南	1	306	222	208	211	209	213	212	212
重　庆		1201	1044	1016	994	1000	996	997	997
四　川	10	3667	4515	3600	4019	4448	4593	4595	4595
贵　州	600	937	1306	1324	1419	1429	1482	1564	1589
云　南	1347	1587	1535	1400	1365	1369	1371	1378	1398
西　藏	27	35	167	165	239	239	239	239	533
陕　西	11	1933	1611	1637	1681	1707	1641	1650	1650
甘　肃		1334	1090	1101	1195	1315	1317	1320	1331
青　海	88	198	192	208	243	358	358	358	358
宁　夏	173	283	227	215	224	224	224	227	227
新　疆	54	952	1097	1112	1072	1097	1147	1143	1144

按年份各地区群众文化机构从业人员数

单位：人

地区	1995年	2000年	2005年	2009年	2010年	2011年	2012年	2013年
总计	**75263**	**128420**	**122500**	**137484**	**141002**	**147732**	**156228**	**164355**
北京	914	1558	1998	2525	2359	2440	2321	2549
天津	847	1367	1085	1004	1027	993	973	1059
河北	3305	5950	5592	6314	6336	6851	6947	7190
山西	2218	4236	3730	4182	4229	4351	4453	4773
内蒙古	2966	4460	3900	3920	3872	4200	4420	4649
辽宁	4924	4310	4424	4842	4898	5183	5507	5596
吉林	2429	3404	3318	3445	3437	3501	3869	4452
黑龙江	2311	3167	2947	3387	4324	4530	4633	5110
上海	1617	3874	3832	4632	4702	4856	4775	4972
江苏	4723	6695	5542	6228	6457	6557	6775	6917
浙江	6366	6082	5147	5602	5881	5991	6459	6724
安徽	2237	4945	4684	4728	5295	5782	6143	6155
福建	1442	2255	2219	2608	2655	3198	3025	3335
江西	1933	4432	4191	3960	4360	4283	4815	5462
山东	3265	6359	6148	7708	7598	7729	8020	7977
河南	3798	6840	7565	10643	10500	10779	10843	10908
湖北	5429	5928	5269	4977	4921	5022	5044	4912
湖南	2207	6198	5857	6744	6937	7318	7798	7929
广东	4012	8863	8953	9468	9696	9957	10234	10914
广西	1605	3387	3803	3976	4075	4136	4827	5018
海南	281	661	615	664	660	752	784	821
重庆		3071	2808	3574	3726	3872	4494	4663
四川	3631	8522	7682	7618	8181	8473	8921	9738
贵州	1751	2142	3577	4808	4790	5223	5320	5986
云南	4012	4350	4693	5194	5181	5421	6347	6660
西藏	317	340	254	216	311	309	374	562
陕西	2246	5184	5040	5830	5802	6604	7375	7567
甘肃	1315	5058	2910	3353	3416	3726	4798	5400
青海	607	705	616	745	772	895	910	919
宁夏	867	1093	979	977	1012	997	1139	1282
新疆	1688	2984	3122	3612	3592	3803	3885	4156

按年份各地区群众文化机构组织文艺活动次数

单位：次

地　区	1995年	2000年	2005年	2009年	2010年	2011年	2012年	2013年
总　计	**110509**	**276574**	**391439**	**555052**	**576799**	**620586**	**688482**	**740611**
北　京	1186	5382	11378	23165	24237	23972	29076	29787
天　津	3883	3069	3234	4843	5067	6485	6354	6334
河　北	3668	17997	23880	26284	27408	29338	33456	34445
山　西	1462	4527	9107	14731	13905	14868	18473	20201
内蒙古	4282	11294	9977	10991	11127	9862	11482	13652
辽　宁	7539	10365	27868	28568	26261	28261	27852	28630
吉　林	3138	3745	4939	8428	7482	9549	11153	13412
黑龙江	3463	8149	7720	14454	17351	17507	18834	19250
上　海	1021	7629	35027	37377	35600	31353	32762	36164
江　苏	13698	17058	20548	32092	32586	30534	39352	42647
浙　江	19063	20121	23580	34159	36619	35368	40738	45132
安　徽	2416	5181	5661	11124	11937	17757	20196	27422
福　建	3545	7689	7464	9965	9691	11320	12522	13771
江　西	1142	5816	6853	11838	11781	13241	14759	14393
山　东	2722	16033	21673	38477	41194	48307	42095	46978
河　南	1792	9203	13405	34261	35713	33398	38639	41410
湖　北	7190	11588	11031	17734	18100	18342	19638	21033
湖　南	1218	9352	15898	22316	25945	26882	29331	28049
广　东	5377	22969	23132	29983	32352	37970	38842	41121
广　西	1429	8349	10592	15537	19775	19483	25171	26153
海　南	167	1454	1422	2164	2351	2727	2856	2839
重　庆		10491	7958	14022	15840	16235	15818	14293
四　川	2628	17536	23760	28732	30194	39449	52552	56310
贵　州	2581	4202	5759	10473	8544	11988	12731	14567
云　南	11257	12437	17983	20250	21665	23108	25839	25762
西　藏	455	346	439	784	1458	1923	2173	1933
陕　西	1205	8612	8282	13592	13306	17317	16961	18113
甘　肃	694	5101	11095	9888	9792	9730	11588	11797
青　海	433	1043	1429	2486	2600	2964	3432	4405
宁　夏	454	4247	2490	5672	6351	4808	6178	8890
新　疆	1401	5589	17855	20662	20567	26540	27629	31718

按年份各地区群众文化机构举办训练班次

单位：次

地区	1995年	2000年	2005年	2009年	2010年	2011年	2012年	2013年
总计	**46023**	**143370**	**190194**	**304955**	**358719**	**339883**	**387201**	**390758**
北京	505	2546	8708	20215	22836	14883	19465	22353
天津	656	3062	1516	4226	4753	3917	7198	5502
河北	1282	15233	11798	10462	13852	11486	14876	14845
山西	518	1405	2248	4928	6886	8691	10719	9750
内蒙古	1091	5552	4099	6900	4082	4061	3940	5128
辽宁	4767	4712	8200	14909	47452	20303	19206	19050
吉林	3393	1586	2649	3499	4029	3525	5627	5498
黑龙江	1091	3109	3546	6586	6129	6419	5736	6437
上海	659	3007	23313	19721	21078	24458	27506	28102
江苏	3698	6488	7048	17410	18950	15768	19016	18787
浙江	8058	9960	11354	19726	18539	19969	25300	27119
安徽	2235	2132	2526	7712	9481	12850	13580	15174
福建	1159	4885	9956	11105	11096	6397	7163	8331
江西	480	3376	2757	5234	8217	6412	12350	7648
山东	1793	17666	8280	22278	21787	26860	22633	21061
河南	898	5552	7609	10677	11837	15985	19207	19783
湖北	1548	3080	15320	8424	10654	7906	9881	9756
湖南	736	2810	4953	7844	10505	10652	12904	13724
广东	3949	11932	14288	27522	29041	29590	30198	31158
广西	1314	4557	4798	7222	8747	8819	14254	11312
海南	159	779	832	1373	1123	1239	2118	2119
重庆		2236	2467	6866	7285	8188	11115	11275
四川	1785	8693	12053	18412	19052	22212	26129	25350
贵州	654	991	1089	3200	4285	13760	6059	7631
云南	1765	3220	4585	11175	10183	9305	12834	13109
西藏	7	25	50	81	313	383	459	635
陕西	595	6320	5305	8327	9665	8718	8985	11147
甘肃	238	4533	2900	8857	4960	6133	6482	6207
青海	175	290	970	1280	1180	1021	1287	1495
宁夏	327	994	1124	2922	3138	1122	1402	1822
新疆	488	2639	3853	5862	7584	8851	9572	9450

按年份各地区群众文化机构培训人次

单位：万人次

地 区	1995年	2000年	2005年	2009年	2010年	2011年	2012年	2013年
总 计	**6.6**	**493.9**	**666.5**	**1593.3**	**1805.6**	**2414.4**	**2749.7**	**3105.1**
北 京	0.2	15.4	48.5	98.1	130.7	99.9	111.9	163.0
天 津	0.3	7.6	5.1	20.9	25.7	28.4	47.3	38.7
河 北	0.4	51.7	49.6	71.0	70.1	79.5	91.9	92.2
山 西	0.2	6.8	11.0	40.8	38.7	48.9	88.2	79.3
内蒙古	0.1	19.2	14.8	25.1	21.8	38.0	33.5	33.8
辽 宁	0.5	14.7	43.7	73.2	97.1	122.5	128.4	136.5
吉 林	0.3	7.2	6.8	20.5	24.9	32.6	39.2	54.7
黑龙江	0.2	15.3	8.2	31.4	32.5	36.0	44.8	49.4
上 海	0.1	6.8	63.1	92.8	116.4	139.8	173.2	241.0
江 苏	0.4	29.9	25.3	102.1	132.0	119.0	149.2	157.8
浙 江	0.6	30.5	46.4	104.7	103.4	120.4	149.8	198.2
安 徽	0.1	7.0	12.0	40.8	49.9	94.9	104.8	125.7
福 建	0.2	11.3	15.9	32.8	39.8	43.8	54.6	57.5
江 西	0.2	8.9	6.8	24.2	25.9	49.5	51.3	52.8
山 东	0.3	16.1	43.3	127.2	142.3	178.9	190.5	187.9
河 南	0.3	24.9	32.4	87.3	83.1	124.8	137.0	140.5
湖 北	0.2	9.4	12.7	45.9	54.3	69.6	83.8	87.8
湖 南	0.2	9.3	16.2	40.6	48.1	72.4	100.6	105.8
广 东	0.5	55.8	52.6	116.5	126.1	302.2	192.3	279.6
广 西	0.3	15.0	17.3	36.4	37.6	51.2	71.5	76.2
海 南		1.8	2.1	9.1	11.8	8.7	13.5	14.0
重 庆		5.1	7.9	49.1	50.6	69.2	80.1	91.1
四 川	0.6	28.4	50.0	97.7	111.1	164.9	211.1	189.7
贵 州		5.0	3.2	14.1	22.6	37.0	40.5	54.7
云 南	0.1	17.8	22.6	58.6	63.8	85.9	128.6	141.2
西 藏				0.6	2.2	2.4	3.9	5.0
陕 西	0.1	23.6	12.7	54.7	53.0	57.2	69.6	94.1
甘 肃	0.1	11.1	12.3	31.5	35.6	53.2	55.6	52.0
青 海		10.8	0.7	4.8	4.2	4.7	9.0	12.1
宁 夏		14.0	7.5	17.3	20.6	11.7	7.5	13.7
新 疆	0.1	13.5	15.4	23.5	29.8	67.4	86.5	79.1

按年份各地区群众文化机构财政拨款

单位：万元

地　区	1995年	2000年	2005年	2009年	2010年	2011年	2012年	2013年
总　计	**56826**	**118430**	**279033**	**681147**	**803918**	**1122872**	**1300692**	**1478439**
北　京	1375	2594	8145	18494	22326	19029	24267	32389
天　津	1249	1422	3076	7709	10026	11906	12807	24045
河　北	1894	5161	9767	20653	21144	27023	32256	33360
山　西	1370	2674	5571	18441	16870	22196	31256	36481
内蒙古	1282	3388	7068	18211	23539	29552	33897	40526
辽　宁	2349	5054	9121	23074	26868	29980	35809	36743
吉　林	1533	3384	5989	20805	26601	24244	28294	37904
黑龙江	1458	3541	6193	14160	17656	21099	23500	31601
上　海	6950	5020	22327	45306	55999	79700	94322	107981
江　苏	4238	8521	19063	44296	50067	69672	89287	117387
浙　江	3233	9446	29490	61801	78833	102970	131636	135334
安　徽	1418	3609	7803	13221	21148	41844	38763	37134
福　建	1731	2895	5168	16192	21289	22502	25393	28193
江　西	1150	2504	4714	12398	14710	19219	22329	31555
山　东	3621	7295	12633	42245	40821	48399	56024	68401
河　南	2151	4630	8194	24967	26726	48223	45600	48094
湖　北	2105	3832	6284	19747	19951	22345	26331	33866
湖　南	1869	3571	7570	19829	22824	42727	39078	44176
广　东	4227	12113	40125	71562	85211	116226	136560	143041
广　西	1248	2639	6056	13926	15349	20763	27169	34578
海　南	222	645	1260	3082	3924	5146	12071	7556
重　庆		2202	4069	15444	21531	31413	41300	45239
四　川	3771	4730	12246	37616	45296	83339	94848	103258
贵　州	540	1657	4797	14164	14770	30443	28838	32170
云　南	1812	5950	10958	21871	23797	35613	43072	48697
西　藏	92	556	1098	1901	5340	5534	4518	5696
陕　西	1183	3027	5296	19008	20919	33783	45548	47358
甘　肃	776	1980	4620	10510	12488	21335	26242	32129
青　海	306	829	1531	8277	13508	9247	8576	8340
宁　夏	367	879	1901	4775	5380	6456	11545	12758
新　疆	1306	2683	6902	17462	19004	40946	29557	32450

按年份各地区群众文化机构总支出

单位：万元

地　区	1995年	2000年	2005年	2009年	2010年	2011年	2012年	2013年
总　计	**83628**	**188437**	**358641**	**794190**	**931951**	**1267505**	**1467803**	**1635395**
北　京	1566	4681	10119	20413	25593	22820	27501	32770
天　津	1376	2633	4133	9494	10948	13761	14617	24151
河　北	2713	5711	10549	21883	25437	30899	32522	35885
山　西	1824	3151	6016	19348	18865	24957	33970	38501
内蒙古	1932	3799	7478	18374	23762	29114	34549	40351
辽　宁	4552	6172	10126	24722	28175	31615	37465	39134
吉　林	2101	3748	6394	18569	23338	26151	36163	36711
黑龙江	2219	3804	6485	15076	17356	21100	23534	32492
上　海	6752	14985	38967	56497	70650	88023	100647	111262
江　苏	8509	16394	25920	55830	60193	95451	98533	125470
浙　江	7101	17194	39851	75512	101392	121547	149577	164864
安　徽	1934	4302	8976	23909	23550	51422	46197	44696
福　建	2199	4135	6763	19582	27568	27749	55413	33856
江　西	1493	3167	6265	14943	17285	21386	26077	28471
山　东	3317	8909	14358	45242	46221	50697	66096	74666
河　南	2737	5647	8810	27499	28402	46233	47003	50882
湖　北	3885	7841	10072	26724	26264	29273	36247	39667
湖　南	2575	5696	9603	24462	27914	47618	43986	51721
广　东	5937	27213	57669	84547	101362	137740	150638	161075
广　西	1877	3425	6842	14977	16646	21451	31984	41108
海　南	364	887	1329	3241	4084	5512	8335	9166
重　庆		4889	6627	23681	32342	42992	53870	53396
四　川	5327	8927	14375	42249	49182	86892	97885	111844
贵　州	989	1976	5123	15599	15666	28891	33659	41033
云　南	4191	7312	11933	24277	25343	36583	45554	57106
西　藏	429	607	1169	2005	5937	5648	7584	8305
陕　西	1569	3648	5775	20242	26052	40583	47509	52184
甘　肃	1189	2251	4995	11738	12960	22763	27220	33486
青　海	537	870	1629	8860	13203	9481	9153	9178
宁　夏	651	1202	2096	5450	5925	7089	11459	14265
新　疆	1785	3261	8194	19247	20338	42068	32857	37701

按年份各地区平均每万人群众文化设施建筑面积

单位：平方米

地　区	1995年	2000年	2005年	2009年	2010年	2011年	2012年	2013年
全　国	**50.7**	**97.2**	**115.3**	**164.3**	**188.6**	**221.2**	**234.2**	**249.1**
北　京	44.2	80.3	224.3	239.2	217.8	233.3	191.9	312.6
天　津	61.6	138.9	130.4	130.5	174.1	213.1	177.3	172.5
河　北	23.6	62.6	67.7	89.3	105.4	132.5	138.0	150.4
山　西	45.4	53.4	58.1	175.7	210.6	221.5	239.6	245.7
内蒙古	98.0	144.4	132.4	157.4	182.6	231.1	247.6	267.1
辽　宁	84.1	79.0	102.6	200.3	201.2	216.1	225.8	219.1
吉　林	38.2	42.2	38.3	61.2	81.5	130.3	144.9	156.8
黑龙江	26.2	38.5	43.2	97.7	140.2	180.7	194.6	190.1
上　海	71.9	216.2	379.1	577.4	485.0	496.5	536.4	566.0
江　苏	97.8	168.6	181.3	289.1	302.8	303.2	366.7	400.4
浙　江	135.2	190.7	276.0	374.9	432.5	478.4	539.5	566.4
安　徽	17.1	23.6	44.4	66.0	93.2	138.0	151.4	152.9
福　建	61.3	98.8	117.4	180.8	240.9	233.5	227.4	248.0
江　西	38.0	79.5	98.4	111.1	131.2	171.5	172.8	189.3
山　东	22.1	41.7	71.8	189.0	218.3	223.7	236.9	249.7
河　南	21.9	39.0	52.2	71.5	94.7	127.3	130.4	135.8
湖　北	80.5	149.5	140.6	173.1	180.6	183.8	184.8	192.9
湖　南	29.8	63.7	80.6	100.7	125.2	167.8	177.2	184.9
广　东	52.1	222.4	258.2	269.7	258.5	315.7	326.7	335.3
广　西	33.5	76.4	100.9	100.6	122.9	134.3	141.6	147.5
海　南	13.8	86.4	71.3	93.6	121.3	107.3	121.6	110.7
重　庆		99.4	96.5	183.9	201.4	226.9	237.1	260.9
四　川	32.1	107.9	83.9	126.1	166.3	234.1	235.4	252.7
贵　州	26.1	28.7	40.5	62.8	81.2	180.0	173.0	197.6
云　南	126.7	126.2	137.1	158.5	163.2	193.2	197.7	203.0
西　藏	145.4	164.1	238.3	352.2	437.9	477.2	522.1	947.2
陕　西	52.4	79.1	110.5	125.1	150.2	187.3	204.0	218.7
甘　肃	62.8	103.0	148.8	129.8	175.7	218.6	242.3	241.4
青　海	118.1	96.5	90.2	136.6	153.4	226.9	229.1	219.9
宁　夏	156.5	170.8	179.5	186.2	188.9	239.1	285.2	300.6
新　疆	60.7	116.4	149.3	277.6	288.4	353.4	352.5	371.8

2013年全国群众

	机构数(个)	从业人员(人)				
			专业技术人才	正高级职称	副高级职称	中级职称
总　计	**44260**	**164355**	**65269**	**925**	**4547**	**16348**
文化馆	**3315**	**55921**	**39563**	**925**	**4547**	**16348**
其中：省级	31	1900	1432	136	370	521
地市级	354	10349	8237	422	1485	3623
县市级	2930	43672	29894	367	2692	12204
其中：县文化馆	1671	23534	16246	157	1245	6683
文化站	**40945**	**108434**	**25706**			
其中：乡镇文化站	34343	87922	22231			

续表 1

	提供文化服务次数(次)					
	举办训练班班次(次)	培训人次(万人次)	举办展览个数(个)	参观人次(万人次)	组织公益性讲座次数(次)	参加人次(万人次)
总　计	**390758**	**3105.14**	**138225**	**9245.73**	**23637**	**441.29**
文化馆	**108332**	**861.07**	**22731**	**4153.60**	**23637**	**441.29**
其中：省级	2019	40.24	372	254.81	577	30.76
地市级	22780	178.29	3326	991.47	4030	77.08
县市级	83533	642.55	19033	2907.33	19030	333.45
其中：县文化馆	31090	249.29	9962	1538.57	7375	145.78
文化站	**282426**	**2244.08**	**115494**	**5092.13**		
其中：乡镇文化站	179747	1488.09	88539	3899.43		

文化机构基本情况

组织品牌节庆活动（个）	提供文化服务次数（次）	提供文化服务次数（次）						
		文化服务惠及人次（万人次）	组织文艺活动次数（次）	为老年人组织专场	为未成年人组织专场	为残障人士组织专场	为农民工组织专场	组织文艺活动参加人次（万人次）
4406	**1293231**	**44170.74**	**740611**	**25007**	**15867**	**4226**	**12410**	**31378.57**
4406	**325104**	**21520.62**	**170404**	**25007**	**15867**	**4226**	**12410**	**16064.66**
92	5034	908.83	2066	25007	221	57	108	583.02
807	52158	4108.70	22022	3376	2925	603	1321	2861.87
3507	267912	16503.09	146316	21173	12721	3566	10981	12619.76
1634	115159	7942.65	66732	8486	6343	1674	5328	6009.02
	968127	**22650.12**	**570207**					**15313.92**
	666659	16484.66	398373					11097.13

藏书（万册）	计算机（台）	本年收入合计（千元）	财政补贴收入	业务活动专项经费	事业收入	上级补助收入	附属单位上缴收入	经营收入
23012.73	**292218**	**16675936**	**14784388**	**3527574**	**187876**	**975468**	**386**	**12253**
551.71	**36800**	**8052878**	**7381878**	**1119809**	**187876**	**269775**	**386**	**12253**
15.76	2250	703070	622489	168414	28744	29456		3257
50.00	6308	1976465	1834886	262841	35853	52253	100	4810
485.95	28242	5373343	4924503	688554	123279	188066	286	4186
202.52	13062	2377051	2191756	285775	42918	90773	114	1344
22461.02	**255418**	**8623058**	**7402510**	**2407765**		**705693**		
17199.73	200735	6762353	5803534	1892045		546238		

续表 2

	其他收入	本年支出合计(千元)	基本支出	项目支出	经营支出	工资福利支出
总　计	**715565**	**16353950**	**10125869**	**4424983**	**125072**	**6258637**
文化馆	**200710**	**7845247**	**5150940**	**2109805**	**28546**	**2921304**
其中：省级	19124	679567	284589	374040	2912	136298
地市级	48563	1870074	1271248	507500	4904	643779
县市级	133023	5295606	3595103	1228265	20730	2141227
其中：县文化馆	50146	2348549	1617242	500667	10243	997113
文化站	**514855**	**8508703**	**4974929**	**2315178**	**96526**	**3337333**
其中：乡镇文化站	412581	6621566	4010652	1699094	74277	2680937

续表 3

	资产总计(千元)	固定资产原值	实际使用房屋建筑面积(万平方米)	业务用房面积	对公众开放阅览室面积
总　计	**35974495**	**30139841**	**3389.39**	**2449.52**	**99.73**
文化馆	**11596009**	**9630855**	**804.35**	**525.13**	**99.73**
其中：省级	857875	516623	24.54	15.16	2.25
地市级	1755417	1324504	151.35	93.91	13.36
县市级	8982717	7789728	628.45	416.07	84.13
其中：县文化馆	5249923	4745529	293.82	192.58	43.36
文化站	**24378486**	**20508986**	**2585.05**	**1924.39**	
其中：乡镇文化站	20007071	17028072	1966.69	1494.51	

在支出合计中：								
商品和服务支出					对个人和家庭补助支出		其他资本性支出	
	差旅费	劳务费	福利费	各种税金支出		抚恤金和生活补助		各种设备、交通工具、图书购置费
1836335	**82911**	**237506**	**30671**	**16066**	**1372270**	**87039**	**1360614**	**523144**
1836335	**82911**	**237506**	**30671**	**16066**	**1170372**	**61534**	**648052**	**139429**
231263	15330	22577	2902	1196	102933	6109	168911	8716
493988	19695	69198	6710	3283	342486	16434	89770	40821
1111084	47886	145731	21059	11587	724953	38991	389371	89892
441014	22343	48389	9329	1114	276820	19540	185231	35216
					201898	**25505**	**712562**	**383715**
					164183	20801	546267	285688

实际拥有产权面积（万平方米）	流动舞台车演出情况			由本馆指导的单位				
	流动舞台车数量（辆）	利用流动舞台车演出场次（场次）	利用流动舞台车演出观众人次（万人次）	馆办文艺团体（个）	演出场次（场）	观众人次（万人次）	馆办老年大学（个）	群众业余文艺团队（个）
1790.49	**550**	**14446**	**1326.62**	**6022**	**151351**	**6569.48**	**724**	**342649**
386.67	**550**	**14446**	**1326.62**	**6022**	**151351**	**6569.48**	**724**	**60555**
11.85	8	111	28.95	93	1347	57.75	13	92
58.49	42	935	88.32	972	42830	1104.01	79	5693
316.33	500	13400	1209.35	4957	107174	5407.73	632	54770
165.99	321	8448	817.46	2397	56954	2945.92	333	26992
1403.82								**282094**
1201.64								204395

2013年各地区群众

地区	机构数(个)	从业人员(人)	专业技术人才	正高级职称	副高级职称	中级职称	组织品牌节庆活动(个)
全国	**44260**	**164355**	**65269**	**925**	**4547**	**16348**	**4406**
北京	346	2549	756	6	32	206	120
天津	291	1059	488	11	76	175	34
河北	2399	7190	2520	55	224	746	184
山西	1538	4773	1827	24	94	623	91
内蒙古	1156	4649	2331	31	211	633	95
辽宁	1543	5596	2359	48	197	828	110
吉林	975	4452	2559	73	339	789	143
黑龙江	1640	5110	2365	146	425	862	121
上海	239	4972	1084	8	64	238	62
江苏	1394	6917	2825	40	211	773	348
浙江	1432	6724	3673	115	312	720	336
安徽	1557	6155	3198	14	87	423	261
福建	1237	3335	1189	13	99	303	191
江西	1877	5462	1864	17	115	472	116
山东	1966	7977	4008	67	384	1059	298
河南	2527	10908	2449	26	138	716	193
湖北	1382	4912	2338	32	173	746	171
湖南	2672	7929	2275	15	133	721	143
广东	1746	10914	2804	36	139	498	246
广西	1290	5018	2594	16	86	591	213
海南	233	821	253	6	14	44	30
重庆	1038	4663	1170	11	75	172	74
四川	4802	9738	3372	17	133	700	245
贵州	1687	5986	2628	24	126	393	83
云南	1546	6660	5022	11	182	1049	128
西藏	615	562	163	4	18	55	11
陕西	1772	7567	2506	15	123	660	90
甘肃	1434	5400	1458	8	100	364	84
青海	413	919	428	6	74	159	22
宁夏	253	1282	796	18	72	240	34
新疆	1260	4156	1967	12	91	390	129

文化机构基本情况

提供文化服务次数(次)	文化服务惠及人次(万人次)	组织文艺活动次数(次)	为老年人组织专场	为未成年人组织专场	为残障人士组织专场	为农民工组织专场	组织文艺活动参加人次(万人次)
1293231	**44170.74**	**740611**	**25007**	**15867**	**4226**	**12410**	**31378.57**
54782	1281.52	29787	343	103	97	200	991.91
13201	274.47	6334	133	63	32	51	183.68
56075	1155.28	34445	1205	641	254	403	829.01
34200	821.02	20201	569	499	159	303	522.88
21306	735.91	13652	870	497	114	407	560.02
53073	1561.97	28630	1131	587	146	438	1220.43
20812	979.54	13412	810	354	108	253	770.00
29205	858.91	19250	868	516	91	214	604.02
68267	1962.10	36164	523	112	35	105	1225.66
70494	2147.63	42647	1538	991	317	594	1541.05
82106	2990.52	45132	698	1387	142	671	2117.98
48009	1427.77	27422	972	585	157	506	997.67
25559	1012.83	13771	452	480	98	322	501.94
37821	996.60	14393	659	588	142	524	738.61
78553	2515.68	46978	2139	1364	409	894	1692.42
71142	2243.53	41410	1454	857	307	627	1490.31
35388	1638.55	21033	792	557	128	265	1096.65
46948	1616.26	28049	1003	686	155	618	1172.55
81835	4527.73	41121	1366	966	174	724	3390.77
41287	1717.96	26153	937	673	169	708	1369.61
5586	267.57	2839	59	31	5	25	198.53
29624	1133.41	14293	175	165	41	112	748.25
92195	3508.77	56310	1243	866	285	841	2645.62
25582	801.58	14567	521	297	88	286	571.39
44433	1820.13	25762	1733	500	88	441	1242.03
2951	96.34	1933	76	68	7	298	77.61
35272	1068.25	18113	794	295	102	324	696.31
21865	746.19	11797	525	282	81	292	473.76
7420	207.68	4405	395	138	56	178	151.50
11571	730.80	8890	357	175	78	198	619.96
46669	1324.24	31718	667	544	161	588	936.46

续表 1

地区	提供文化服务次数(次)						藏书(万册)
	举办训练班班次(次)	培训人次(万人次)	举办展览个数(个)	参观人次(万人次)	组织公益性讲座次数(次)	参加人次(万人次)	
全国	**390758**	**3105.14**	**138225**	**9245.73**	**23637**	**441.29**	**23012.73**
北京	22353	163.00	2200	120.67	442	5.93	419.36
天津	5502	38.67	1097	43.67	268	8.45	111.50
河北	14845	92.19	5402	219.80	1383	14.29	715.88
山西	9750	79.28	3295	194.19	954	24.67	615.59
内蒙古	5128	33.76	2009	135.82	517	6.31	291.30
辽宁	19050	136.47	3247	181.27	2146	23.79	715.36
吉林	5498	54.68	1420	148.98	482	5.89	277.92
黑龙江	6437	49.39	2837	194.20	681	11.30	468.63
上海	28102	241.05	3220	461.23	781	34.16	833.59
江苏	18787	157.78	7829	431.88	1231	16.92	2576.64
浙江	27119	198.22	7560	628.73	2295	45.60	1919.23
安徽	15174	125.70	4730	285.29	683	19.12	536.87
福建	8331	57.53	2991	446.61	466	6.75	492.57
江西	7648	52.76	15240	195.98	540	9.25	556.48
山东	21061	187.95	8992	598.56	1522	36.75	2004.80
河南	19783	140.51	8529	587.34	1420	25.37	687.42
湖北	9756	87.84	4045	444.58	554	9.48	503.49
湖南	13724	105.81	4152	324.13	1023	13.78	1245.68
广东	31158	279.59	8176	822.84	1380	34.54	2335.09
广西	11312	76.22	3290	265.17	532	6.97	676.05
海南	2119	14.03	573	53.88	55	1.12	91.45
重庆	11275	91.09	3701	288.86	355	5.21	606.85
四川	25350	189.70	9208	648.54	1327	24.90	1367.09
贵州	7631	54.75	3033	163.45	351	11.99	632.90
云南	13109	141.16	5167	425.82	395	11.12	561.61
西藏	635	5.05	351	13.07	32	0.62	39.45
陕西	11147	94.09	5441	269.08	571	8.77	475.39
甘肃	6207	52.02	3441	213.99	420	6.41	395.28
青海	1495	12.09	1416	42.70	104	1.40	64.98
宁夏	1822	13.67	742	94.70	117	2.48	96.61
新疆	9450	79.11	4891	300.72	610	7.96	697.68

计算机(台)	本年收入合计(千元)	财政补贴收入	业务活动专项经费	事业收入	上级补助收入	附属单位上缴收入	经营收入
292218	**16675936**	**14784388**	**3527574**	**187876**	**975468**	**386**	**12253**
3776	348682	323886	164299	7003	3909		1056
2162	252552	240454	18053	3449	2582		
7350	345126	333598	78163	867	2068	50	1078
8703	375269	364814	98437	64	1352		
5066	407100	405258	78559	471	631		
7375	383831	367425	47081	2286	9039		
4163	393575	379037	42473	1676	8345		20
5919	324519	316010	61905	826	4459		
6818	1297165	1079805	307380	29346	108172		133
15109	1276010	1173868	160035	18413	45618		1111
15259	1624597	1353344	469538	28036	142814		6
16034	441681	371341	100451	5158	43870	172	
5654	349191	281929	74496	11914	31438		
7223	328876	315547	29317	7354	25909		106
23987	735849	684005	113842	2817	30447		
11144	516767	480944	124288	6805	15570	4	1433
9039	402851	338663	67980	12579	35161		1571
13350	504923	441759	128240	7398	37102		266
14056	1661693	1430410	414864	10144	100786	100	900
11698	436356	345775	38463	1238	12416		1199
2046	90450	75564	38098	384	8630		
12884	531010	452388	164224	8234	50949		
29193	1162585	1032579	300508	4675	92683		
12101	405794	321703	45091	4500	58619		
14371	557571	486970	74939	3186	39218		1910
2227	66329	56960	9041	16	7046		
8898	515030	473576	126561	4499	13107		522
6774	332345	321294	84122		45		
1730	91319	83402	11693	1065	4749	30	100
2105	142754	127580	15484	1554	7926		762
6004	374136	324500	39949	1919	30808	30	80

续表 2

地　区	其他收入	本年支出合计（千元）	基本支出	项目支出	经营支出	工资福利支出
全　国	**715565**	**16353950**	**10125869**	**4424983**	**125072**	**6258637**
北　京	12828	327700	139847	113130	1068	73797
天　津	6067	241512	117913	121260	677	52942
河　北	7465	358854	277881	38156	2518	177128
山　西	9039	385010	226779	136252	1454	128846
内蒙古	740	403508	373341	9286	107	224894
辽　宁	5081	391340	285149	63700	1654	184388
吉　林	4497	367110	259694	84813	469	176398
黑龙江	3224	324920	268277	37762	760	143453
上　海	79709	1112624	641507	371901	14666	357255
江　苏	37000	1254697	709258	457780	13200	383476
浙　江	100397	1648635	769525	605386	4145	465535
安　徽	21140	446955	318212	66273	4944	204426
福　建	23910	338558	206509	92040	3478	121133
江　西	-20040	284713	207386	37132	4580	141260
山　东	18580	746655	500956	190806	3217	301223
河　南	12011	508815	415141	59820	2382	269160
湖　北	14877	396674	238054	118781	4067	147049
湖　南	18398	517210	379870	101986	6335	223735
广　东	119353	1610752	766322	637839	17600	553953
广　西	75728	411082	296188	71813	1927	181004
海　南	5872	91662	39934	41423	128	28693
重　庆	19439	533964	305199	143787	10279	186953
四　川	32648	1118438	544043	466510	2228	297296
贵　州	20972	410329	294521	54257	1830	216122
云　南	26287	571055	398026	107953	5267	253362
西　藏	2307	83050	27527	5085	6763	23262
陕　西	23326	521838	402168	60621	3838	282187
甘　肃	11006	334855	268965	37091	2080	179852
青　海	1973	91781	69487	10215	117	41743
宁　夏	4932	142647	102631	29925	2768	69163
新　疆	16799	377007	275559	52200	526	168949

在支出合计中：								
商品和服务支出	差旅费	劳务费	福利费	各种税金支出	对个人和家庭补助支出	抚恤金和生活补助	其他资本性支出	各种设备、交通工具、图书购置费
1836335	**82911**	**237506**	**30671**	**16066**	**1372270**	**87039**	**1360614**	**523144**
74304	6171	8021	661	575	38852	726	9857	8836
33628	994	1233	1172	305	37824	387	99122	7442
43992	1722	3849	768	138	32822	1021	19700	10872
43132	1642	4378	637	248	31881	8801	28016	16580
49818	3303	3895	587	94	39814	1448	20796	10901
51891	2950	6731	234	236	50213	1863	19466	10095
32235	1240	2391	226	57	57956	1871	28471	9807
40480	3141	2231	487	12	40789	875	10922	6046
120147	824	9250	3771	1907	53137	4221	63867	26261
97014	3410	13684	1240	1098	119048	4374	274469	39255
188736	6555	44532	4514	645	109404	2969	102911	50652
38947	2582	3504	1882	140	49941	2815	29242	15830
49268	1527	6659	525	597	26493	1532	20192	10920
33033	1809	2028	920	296	37618	6089	13189	7013
77972	1200	4731	436	98	42891	1914	93168	24048
57765	1770	4973	964	622	38493	2403	27655	13563
49832	4316	2663	1448	601	47419	2534	25370	12536
77939	2737	8277	2661	644	36808	3586	33842	15393
143451	4181	30212	1685	1261	90061	5792	85369	39092
61911	5096	8138	464	114	63939	8859	24345	16128
16007	1470	3723	200	9	3632	995	4483	1829
49219	2999	13271	837	4918	40584	2076	54414	26000
159143	8204	15920	1576	394	70930	4179	90501	50460
21480	1968	2855	421	137	40849	1003	20871	11988
63276	2857	9120	285	106	49837	2524	39931	11209
4126	505	226	53	2	3014	954	29771	29605
52996	2259	7319	610	59	30846	3303	35611	17164
39740	1894	3715	584	44	24935	1869	22351	10554
11393	320	857	313		10564	1109	6662	821
20418	941	4498	68	64	20775	3736	11807	5137
33042	2324	4622	442	645	30901	1211	14243	7107

续表 3

地区	资产总计(千元)	固定资产原值	实际使用房屋建筑面积(万平方米)	业务用房面积	对公众开放阅览室面积	实际拥有产权面积(万平方米)
全国	**35974495**	**30139841**	**3389.39**	**2449.52**	**99.73**	**1790.49**
北京	421422	306854	66.11	41.34	0.56	4.16
天津	229461	184333	25.40	16.52	0.85	5.89
河北	1003710	879144	110.27	80.49	3.57	70.87
山西	874874	768517	89.17	68.23	6.02	76.10
内蒙古	622440	576317	66.72	49.39	3.10	31.48
辽宁	623965	498716	96.16	61.88	2.13	33.21
吉林	453419	382930	43.13	30.78	4.08	32.81
黑龙江	546721	517384	72.89	51.81	1.95	25.19
上海	2237957	1496430	136.68	94.00	0.90	65.25
江苏	3050854	2606787	317.85	236.66	6.41	138.86
浙江	2875399	2201033	311.38	247.57	2.10	156.13
安徽	1085786	881190	92.20	76.12	3.96	74.36
福建	899033	649829	93.60	70.95	2.46	47.58
江西	744263	625346	85.58	57.46	4.78	46.08
山东	1488346	1242891	243.06	159.31	6.75	64.56
河南	1096231	995060	127.86	93.37	3.88	80.58
湖北	865918	738100	111.88	76.99	4.17	75.01
湖南	1253630	1130935	123.70	93.62	5.43	89.37
广东	3127421	2379390	356.85	243.19	6.56	128.00
广西	652487	596906	69.60	51.44	3.75	44.60
海南	157606	135419	9.91	7.80	0.93	6.87
重庆	1081074	874017	77.49	55.62	1.92	58.26
四川	2797796	2448800	204.86	153.44	4.94	133.01
贵州	810263	705069	69.21	49.01	3.60	48.25
云南	1139487	972554	95.14	72.47	3.45	76.61
西藏	3162964	3054432	29.55	21.90	1.14	6.81
陕西	840698	697623	82.32	59.85	3.68	58.99
甘肃	741633	643219	62.33	46.42	2.18	42.39
青海	180138	161130	12.71	10.73	0.41	8.10
宁夏	151209	127070	21.62	14.99	2.18	14.47
新疆	758290	662416	84.18	56.17	1.89	46.68

流动舞台车演出情况			由本馆指导的单位				
流动舞台车数量(辆)	利用流动舞台车演出场次(场次)	利用流动舞台车演出观众人次(万人次)	馆办文艺团体(个)	演出场次(场)	观众人次(万人次)	馆办老年大学(个)	群众业余文艺团队(个)
550	**14446**	**1326.62**	**6022**	**151351**	**6569.48**	**724**	**342649**
11	319	22.40	59	1449	63.53	10	9623
3	168	3.30	44	652	16.36	2	3845
35	1098	110.43	250	4924	219.37	27	19000
19	228	22.16	194	4781	143.50	26	9074
8	119	9.02	230	2541	159.63	23	4164
10	396	58.03	171	7842	137.13	23	10375
20	466	18.53	166	2741	209.71	17	4094
42	802	69.72	249	2578	156.01	29	5890
8	152	13.06	108	1530	70.41	10	8886
20	850	92.14	325	8668	281.48	44	17065
37	1996	143.21	335	4310	313.71	15	34230
25	537	69.64	290	3120	209.63	19	8079
4	47	1.95	165	1699	107.32	31	7312
10	208	17.69	196	5979	304.54	42	5984
16	620	52.85	287	7829	523.26	41	31431
19	806	95.25	436	6230	378.51	42	24368
14	572	30.37	243	5096	298.22	34	12903
22	996	86.00	134	4195	229.84	38	17718
12	337	22.45	268	4617	376.57	27	12372
30	642	73.57	359	7900	697.21	40	13251
3	36	7.45	21	256	41.06	3	2262
19	374	46.70	108	1441	133.25	26	8217
63	1133	105.74	317	5355	339.22	39	16870
8	158	20.89	243	3599	251.58	30	7521
28	343	43.67	244	7054	264.65	27	23930
3	9	0.35	10	258	7.01		445
20	346	43.58	188	36675	184.47	22	11690
15	248	15.96	127	2017	190.10	17	4966
2	18	0.64	26	1251	43.29	1	667
14	342	22.83	40	1540	82.54	3	1488
10	80	7.03	189	3224	136.40	16	4929

2013年各地区省级

地区	机构数（个）	从业人员（人）					组织品牌节庆活动（个）
			专业技术人才				
				正高级职称	副高级职称	中级职称	
全　国	**31**	**1900**	**1432**	**136**	**370**	**521**	**92**
北　京	1	57	40	3	5	15	13
天　津	1	70	66	6	11	23	8
河　北	1	55	24	5	14	5	
山　西	1	74	74	6	16	25	2
内蒙古	1	42	38	1	8	19	
辽　宁	1	51	48	4	12	19	
吉　林	1	57	51	3	12	21	4
黑龙江	1	45	39	8	8	7	5
上　海	1	62	36	3	11	20	2
江　苏	1	43	31	10	9	12	2
浙　江	1	69	51	16	23	10	6
安　徽	1	36	30	4	5	7	8
福　建	1	55	40	5	9	19	
江　西	1	47	42	1	17	18	4
山　东	1	55	50	6	11	19	
河　南	1	63	41	4	15	16	10
湖　北	1	88	57	6	13	17	6
湖　南	1	80	65	7	11	26	5
广　东	1	45	26	1	12	8	
广　西	1	120	89	6	13	23	
海　南	1	33	24	4	6	14	
重　庆	1	79	60	5	17	17	2
四　川	1	66	43	1	13	15	1
贵　州	1	71	65	3	16	24	
云　南	1	56	31	3	14	14	
西　藏	1	50	25		8	12	
陕　西	1	73	73	3	13	29	
甘　肃	1	47	24		11	13	3
青　海	1	51	41	2	16	14	5
宁　夏	1	111	79	8	13	27	
新　疆	1	49	29	2	8	13	6

文化馆基本情况

提供文化服务次数（次）	文化服务惠及人次（万人次）	组织文艺活动次数（次）					组织文艺活动参加人次（万人次）
			为老年人组织专场	为未成年人组织专场	为残障人士组织专场	为农民工组织专场	
5034	**908.83**	**2066**	**458**	**221**	**57**	**108**	**583.02**
89	175.16	51	1	1	1		152.22
139	9.80	43	10	16	5	12	3.50
384	25.64	61	8	6			21.00
77	5.20	26	3	5	4	7	2.10
47	0.29	22	15	3	1	1	0.08
64	12.47	30	11	4	2		8.24
156	10.86	112	12	55	1	3	9.80
28	1.49	5					0.30
778	57.90	347	4			2	30.00
111	12.89	65	1	1			9.75
273	15.31	55	3	4	1	8	9.90
289	9.65	52	17	30	5		0.85
46	82.48	10	2	3			2.50
190	81.52	60	12	10	4	2	80.00
97	134.31	43	3	17	1	2	100.00
479	35.67	130	2	8	2	30	10.00
46	13.28	15	2	2		1	7.00
117	21.91	38	3	6	2	6	12.50
177	49.06	64					45.44
163	20.60	54	25	15	6	8	16.00
28	2.15	4	1			1	1.00
63	1.99	15	2	1	2	1	0.08
49	6.59	13	5	2	2	4	2.73
106	0.77	18		1		1	0.28
285	15.68	258	232	1	5	3	14.96
32	4.02	20	5	8			0.20
120	3.70	78	6	6	6	6	2.21
94	2.06	36	12	8	2	3	0.08
164	2.44	95	50	5	2		0.38
257	80.90	210	5	2	2	5	38.00
86	13.08	36	6	1	1	2	1.93

续表 1

地区	提供文化服务次数(次)						藏书(万册)
	举办训练班班次(次)	培训人次(万人次)	举办展览个数(个)	参观人次(万人次)	组织公益性讲座次数(次)	参加人次(万人次)	
全　国	**2019**	**40.24**	**372**	**254.81**	**577**	**30.76**	**15.76**
北　京	26	20.14	12	2.80			
天　津	62	0.60	13	5.20	21	0.50	0.16
河　北	300	1.52	8	2.90	15	0.22	2.05
山　西	45	1.80	4	0.80	2	0.50	1.01
内蒙古	14	0.06	8	0.12	3	0.02	
辽　宁	26	1.16	3	3.04	5	0.03	
吉　林	26	0.26	6	0.61	12	0.19	0.87
黑龙江	19	0.11	2	1.00	2	0.08	0.82
上　海	194	4.20	44	4.40	193	19.30	
江　苏	6	0.04	30	3.00	10	0.10	
浙　江	126	1.22	10	3.50	82	0.69	0.89
安　徽	183	0.48	37	8.10	17	0.22	
福　建	16	0.28	15	79.50	5	0.20	
江　西	120	0.46	5	1.00	5	0.06	1.00
山　东	24	0.19	18	34.00	12	0.12	1.34
河　南	328	0.67	9	20.00	12	5.00	1.00
湖　北	5	0.06	5	6.00	21	0.22	1.11
湖　南	41	0.55	19	8.50	19	0.36	2.80
广　东	102	0.74	2	2.50	9	0.37	
广　西	80	0.50	9	4.00	20	0.10	0.80
海　南	20	0.10	2	1.00	2	0.05	0.20
重　庆	48	1.91					
四　川	9	0.20	24	3.60	3	0.06	
贵　州	18	0.09	20	0.20	50	0.20	
云　南	16	0.18	9	0.50	2	0.04	
西　藏	5	0.02	7	3.80			0.50
陕　西	12	0.13	10	0.80	20	0.56	1.20
甘　肃	45	0.48	8	1.20	5	0.30	
青　海	58	1.30	8	0.48	3	0.28	
宁　夏	13	0.45	11	41.50	23	0.95	
新　疆	32	0.36	14	10.75	4	0.04	

计算机(台)	本年收入合计(千元)	财政补贴收入	业务活动专项经费	事业收入	上级补助收入	附属单位上缴收入	经营收入
2250	**703070**	**622489**	**168414**	**28744**	**29456**		**3257**
40	37127	30631	20122				
98	130689	126482		2349	320		
52	15885	15131	9341		354		
66	11045	11039	6841		1		
31	7945	7872	1635	71			
177	17600	17565	10243				
39	10558	10144		414			
60	8271	8271	1150				
176	52245	19817	8253	7242	25157		
93	16575	11956	6740	2156			
97	18176	13633	5492	3007			
	7498	6540		87	5		
	22810	19142	13239	1445	1931		
45	10248	10248					
160	46918	46162	1200	756			
103	15575	11469	1380	3167			926
88	24762	22322		2433			
81	23328	22508	6774	802			
62	29730	28284	20131	1070	363		
35	28633	27825					
40	15751	15498	15498	253			
178	22423	20316	10269		955		
120	24839	20779	12749	1956			
20	12139	12050	4500				
83	13947	11184		307			1569
105	10890	10890					
45	20940	20779	7281	146			
27	6306	6284	2721				
34	9682	9104			370		
55	21384	19490		1007			762
40	9151	9074	2855	76			

续表 2

地　　区	其他收入	本年支出合计(千元)	基本支出	项目支出	经营支出	工资福利支出	商品和服务支出
全　　国	**19124**	**679567**	**284589**	**374040**	**2912**	**136298**	**231263**
北　　京	6496	31808	10633	21174		6599	15734
天　　津	1538	119837	12890	106946		4416	14931
河　　北	400	15467	6126	9341		2224	5621
山　　西	5	15595	8584	7011		4262	3347
内 蒙 古	2	8946	6512	2434		3822	2931
辽　　宁	35	12641	7329	5312		3115	6433
吉　　林		9651	7654	1582	415	3431	2942
黑 龙 江		8271	5081	3190		2249	3350
上　　海	29	52082	34057	3		8440	41741
江　　苏	2463	14577	8910	5667		3772	5804
浙　　江	1536	23988	10858	13130		6268	8345
安　　徽	866	7988	7107	881		2512	2065
福　　建	292	20796	5946	14850		5321	12480
江　　西		10111	4807	5304		2537	5652
山　　东		64659	8850	55809		4189	2945
河　　南	13	14138	8220	4992	926	3365	5121
湖　　北	7	24762	10239	14523		3534	11794
湖　　南	18	23328	12135	11192		4881	11952
广　　东	13	18066	8146	9920		3792	8637
广　　西	808	29351	13749	15602		8299	10384
海　　南		14567	3450	11117		2710	1400
重　　庆	1152	22008	13514	8494		8676	6723
四　　川	2104	24519	9158	15361		4660	14756
贵　　州	89	10385	7013	3372		4508	3294
云　　南	887	14424	7737	5878	809	3149	6299
西　　藏		6539	4281	2258		4091	456
陕　　西	15	14642	7450	7192		3197	7281
甘　　肃	22	7151	4430	2721		2036	3083
青　　海	208	11259	7123	4136		3334	451
宁　　夏	125	18998	16371	1864	762	9381	2414
新　　疆	1	9013	6229	2784		3528	2897

在支出合计中：							
差旅费	劳务费	福利费	各种税金支出	对个人和家庭补助支出	抚恤金和生活补助	其他资本性支出	各种设备、交通工具、图书购置费
15330	**22577**	**2902**	**1196**	**102933**	**6109**	**168911**	**8716**
928	1267	136	1	2962	7	314	205
824	123	222	86	4476	54	96012	5951
811	773	60		3259			
182	91	27		3743	20	4243	
193	429	3		2023	46	170	170
1528	1281	22		2933	17		
102	46	65		2823	58	39	39
321	346	30		2665	48	7	7
38	589	876		1900	281		
413	1679		3	4803	221	198	134
1205	2343	248		4158	175	5217	
302	289	3	49	3329	33	82	82
395	671	144	19	2705	6	290	290
76	32	40		1458	172	463	463
42	60	50	25	3669		50854	
31	5		420	2216		2511	
1918	290	92	39	7676		1758	
275	65	155		3568	51	2925	400
1044	1369	84	57	4613	89	1024	732
1818	3287	113	102	10072	4148	596	
641	759			20	20	3	
382	1816	306	4	172	172	1291	
729	916	32	364	3345			
98	9		20	2505		78	78
277	711			3929	15	238	
119				240	240	30	30
120	1990			3786	28	55	
111	482	117		2004	87	28	
18	63	1		3327	74	11	11
220	573			6090	47	350	
169	223	76	7	2464		124	124

续表 3

地　区	资产总计（千元）		实际使用房屋建筑面积（万平方米）			实际拥有产权面积（万平方米）
		固定资产原值		业务用房面积	对公众开放阅览室面积	
全　国	**857875**	**516623**	**24.54**	**15.16**	**2.25**	**11.85**
北　京	17366	4944				
天　津	33827	9289	0.43	0.39	0.02	0.43
河　北	3788	3788	2.00	0.25	0.03	
山　西	26685	23941	0.64	0.43	0.12	0.64
内蒙古	7660	6221	0.36	0.30	0.07	0.36
辽　宁	12929	6867	0.59	0.46	0.46	0.14
吉　林	29923	26478	0.88	0.59	0.59	1.20
黑龙江	4347	3382	0.16	0.10	0.01	
上　海	186402	19725	1.90	1.70		
江　苏	52195	41313	0.64	0.41		
浙　江	30742	12257	0.83	0.64	0.01	
安　徽	5637	5488	0.25			0.25
福　建	20618	6594	0.59	0.33		0.36
江　西	8030	1050	0.16	0.03	0.03	0.02
山　东	31737	21091	0.72	0.05	0.01	
河　南	15682	10445	0.98	0.93	0.02	
湖　北	11030	7953	0.37	0.18	0.01	0.37
湖　南	169223	166110	2.00	1.30	0.01	2.00
广　东	15221	5568	0.18	0.12		
广　西	32294	23149	0.65	0.61	0.03	
海　南	8993	8993	0.36	0.21	0.21	0.36
重　庆	2910	2910	2.40	1.40	0.02	
四　川	16296	16296	0.78	0.38		1.05
贵　州	11821	7528	0.40	0.38	0.10	0.40
云　南	43807	38351	1.96	1.96		1.96
西　藏	1552	1552	0.69	0.36	0.02	
陕　西	15023	8402	0.96	0.11	0.02	0.96
甘　肃	7353	4547	0.15	0.10		0.15
青　海	5868	4582	0.38	0.38		0.38
宁　夏	24810	14519	0.84	0.59	0.48	0.83
新　疆	4106	3290	1.30	0.50		0.01

流动舞台车演出情况			由本馆指导的单位				
流动舞台车数量（辆）	利用流动舞台车演出场次（场次）	利用流动舞台车演出观众人次（万人次）	馆办文艺团体（个）	演出场次（场）	观众人次（万人次）	馆办老年大学（个）	群众业余文艺团队（个）
8	**111**	**28.95**	**93**	**1347**	**57.75**	**13**	**92**
			5	242	1.10		3
1	61	21.00	4	62	7.00	1	4
			1	5	0.17	1	2
			4	16	0.12	1	9
			5	10	0.92	1	
			3	9	1.08		5
							2
1	30	3.00	3	15	1.50	1	
1			5	24	1.50	1	1
			2	20	0.12		4
1			2	4			3
			5	60	10.00	1	7
1	13	1.95	4	120	6.50	1	6
						1	1
			1	3	0.30	1	5
			2	80	15.09		
			15	40	2.00		12
						1	
2	7	3.00	6	100	5.00	1	3
			5	20	0.20		
			5	146	1.00	1	5
			1	6			6
			4	20	1.50		4
			5	24	1.75		3
1			5	320	0.61		
			1	1	0.30		7

2013年各地区地市级

地区	机构数(个)	从业人员(人)	专业技术人才	正高级职称	副高级职称	中级职称	组织品牌节庆活动(个)
全国	**354**	**10349**	**8237**	**422**	**1485**	**3623**	**807**
北京							
天津							
河北	12	487	438	36	81	151	18
山西	11	318	279	12	36	141	8
内蒙古	12	441	378	13	72	154	31
辽宁	22	603	479	34	83	207	29
吉林	13	444	341	25	69	138	60
黑龙江	16	392	339	63	106	128	23
上海							
江苏	13	473	344	18	61	164	64
浙江	11	414	349	39	77	135	50
安徽	14	277	234	7	33	105	51
福建	10	141	129	4	26	52	61
江西	13	507	405	9	57	170	10
山东	17	613	526	34	93	210	64
河南	18	505	362	12	65	184	36
湖北	12	406	330	23	64	147	22
湖南	14	405	330	5	67	186	26
广东	22	543	430	21	76	181	62
广西	14	437	374	3	50	171	29
海南	2	32	23	2	3	7	5
重庆							
四川	21	579	348	11	43	170	38
贵州	9	367	307	14	68	147	22
云南	16	440	395	7	59	208	16
西藏	7	183	95	4	10	38	
陕西	11	392	271	6	39	111	16
甘肃	16	352	257	2	44	103	19
青海	8	120	102	4	29	48	8
宁夏	5	188	133	8	36	60	18
新疆	15	290	239	6	38	107	21

文化馆基本情况

提供文化服务次数（次）	文化服务惠及人次（万人次）	组织文艺活动次数（次）	为老年人组织专场	为未成年人组织专场	为残障人士组织专场	为农民工组织专场	组织文艺活动参加人次（万人次）
52158	**4108.70**	**22022**	**3376**	**2925**	**603**	**1321**	**2861.87**
2617	92.48	917	113	130	106	42	77.65
881	45.90	263	48	24	11	15	30.23
819	56.02	419	85	69	10	35	42.33
4780	133.65	887	147	74	13	53	92.86
2858	395.65	1192	313	97	71	18	349.21
1421	93.72	954	218	110	14	29	55.83
2172	184.22	1330	195	157	44	77	143.06
5265	279.84	2272	39	938	11	51	214.14
1879	156.69	941	160	78	35	66	114.91
1665	208.38	458	39	94	12	22	34.92
1416	55.83	287	59	52	22	31	37.32
2971	160.23	1369	193	125	20	56	125.73
3878	319.33	1319	290	215	70	86	162.03
1494	341.95	791	89	77	5	30	214.42
1399	85.17	506	128	84	10	42	59.98
4325	407.94	2049	247	194	27	131	285.07
2424	212.91	1088	160	102	18	74	181.36
194	24.21	73	10	12		2	19.40
2360	217.13	993	146	64	42	98	147.71
452	32.92	268	74	31	14	16	27.14
1361	116.81	668	197	27	4	17	86.11
488	42.21	395	30	8	2	147	40.48
1129	100.41	619	57	30	7	90	47.93
1086	88.86	427	194	34	8	31	57.92
386	37.25	200	16	10	4	23	31.18
919	104.56	702	24	20	6	8	99.60
1519	114.41	635	105	69	17	31	83.37

续表 1

地　区	提供文化服务次数(次)						藏书(万册)
	举办训练班班次(次)	培训人次(万人次)	举办展览个数(个)	参观人次(万人次)	组织公益性讲座次数(次)	参加人次(万人次)	
全　国	**22780**	**178.29**	**3326**	**991.47**	**4030**	**77.08**	**50.00**
北　京							
天　津							
河　北	1214	4.41	92	8.77	394	1.65	2.21
山　西	480	3.35	37	5.17	101	7.15	2.71
内蒙古	245	2.29	47	9.47	108	1.93	0.93
辽　宁	3234	20.88	141	14.64	518	5.26	2.52
吉　林	1409	16.57	63	27.26	194	2.61	1.83
黑龙江	324	3.01	73	31.84	70	3.05	3.68
上　海							
江　苏	529	6.39	193	32.56	120	2.21	1.81
浙　江	2586	18.79	218	40.87	189	6.05	0.11
安　徽	655	12.86	150	19.26	133	9.65	0.02
福　建	955	5.75	180	166.11	72	1.60	0.31
江　西	970	4.46	68	12.66	91	1.39	2.55
山　东	1088	6.71	246	23.04	268	4.76	0.31
河　南	2066	15.77	296	135.60	197	5.94	2.62
湖　北	505	4.60	113	121.92	85	1.02	0.40
湖　南	531	6.42	106	16.61	256	2.17	1.20
广　东	1764	14.67	287	104.35	225	3.86	5.77
广　西	1119	3.87	119	25.85	98	1.83	1.74
海　南	93	2.10	20	2.54	8	0.17	0.01
重　庆							
四　川	864	5.38	193	56.53	310	7.50	1.59
贵　州	124	2.48	39	2.88	21	0.42	
云　南	471	4.55	165	24.03	57	2.12	2.17
西　藏	87	1.20	6	0.53			1.54
陕　西	280	2.47	126	48.58	104	1.43	6.02
甘　肃	379	3.25	155	26.02	125	1.68	5.97
青　海	133	0.48	35	5.51	18	0.08	0.35
宁　夏	173	0.86	30	3.84	14	0.26	0.60
新　疆	502	4.72	128	25.05	254	1.27	1.04

计算机（台）	本年收入合计（千元）	财政补贴收入	业务活动专项经费	事业收入	上级补助收入	附属单位上缴收入	经营收入
6308	**1976465**	**1834886**	**262841**	**35853**	**52253**	**100**	**4810**
188	59716	56805	5190	286	625		1058
192	48391	47048	9159		940		
216	78294	77723	7740	400			
327	90094	89670	6580	419			
226	108469	106233	7710		1021		
210	99674	99276	7251		50		
295	120704	108873	11164	3829	1994		811
310	140845	110896	38393	12133	8697		
157	47059	44360	7806	1544	694		
211	44075	36845	1103	728	5557		
153	54232	52013	2455	703	1067		
347	116894	106186	25024	1343	6296		
295	74303	70507	10740	717	2545		
230	78545	68651	12355	4708	2098		1401
217	68386	57014	13358	1202	6137		
586	165588	158646	18244	3078	2801	100	
333	82811	72924	11786	508	2393		1199
49	11360	7398	4328	131	2057		
523	151847	148200	23246	550	1525		
126	53450	50504	4777	464	900		
278	61038	57790	11332	380	742		341
40	21659	20759	266		500		
149	52410	51861	5919				
283	44734	42021	9058				
39	21370	18936	2323	934	1491		
98	30907	28047	3542	515	1107		
230	49610	45700	1992	1281	1016		

续表 2

地　区	其他收入	本年支出合计(千元)	基本支出	项目支出	经营支出	工资福利支出	商品和服务支出
全　国	**48563**	**1870074**	**1271248**	**507500**	**4904**	**643779**	**493988**
北　京							
天　津							
河　北	942	59253	53621	4741	891	28189	13365
山　西	403	39783	30383	9399		18129	9918
内蒙古	171	71065	52460	4005		33565	10487
辽　宁	5	84737	70082	13961		33285	17356
吉　林	1215	90056	39788	42221		23030	10342
黑龙江	348	98671	84388	13740		20771	16933
上　海							
江　苏	5197	120217	67413	40792	811	40481	25325
浙　江	9119	138242	77325	60043		42470	62775
安　徽	461	45576	37346	7541		17015	11867
福　建	945	39568	16548	15734		8826	11170
江　西	449	50181	44244	5096		22052	9869
山　东	3069	109479	76023	28035		38555	39684
河　南	534	72410	53544	18692		27851	24441
湖　北	1687	76823	47527	15901	1401	27362	8781
湖　南	4033	65096	51025	12421		20456	20987
广　东	963	158242	88555	68852	95	52943	44649
广　西	5787	85489	65210	18580	1198	29830	17861
海　南	1774	11274	2778	8496		2582	5038
重　庆							
四　川	1572	120918	64092	55097		34599	47975
贵　州	1582	53634	46800	3721		17137	6822
云　南	1785	65091	42739	21545	341	24739	23574
西　藏	400	21238	8988	1169	167	8315	3441
陕　西	549	50954	38989	11077		17259	13044
甘　肃	2713	43670	35577	7577		16922	15953
青　海	9	20609	16517	1052		8043	6676
宁　夏	1238	28772	22406	6366		12876	6327
新　疆	1613	49026	36880	11646		16497	9328

在支出合计中：							
差旅费	劳务费	福利费	各种税金支出	对个人和家庭补助支出	抚恤金和生活补助	其他资本性支出	各种设备、交通工具、图书购置费
19695	**69198**	**6710**	**3283**	**342486**	**16434**	**89770**	**40821**
452	834	273	116	11802	289	1460	1217
411	1354	189		7308	56	846	662
1331	1723	240	1	13401	216	2891	522
563	1527	101	231	17903	651	5642	3139
527	1420	29	34	15654	242	2211	1889
482	1293	126	4	12274	316	3483	3220
1113	2856	314	999	25759	280	23627	1925
2006	11783	705	525	20854	367	6468	3372
539	1014	1431	40	12311	243	1688	173
277	807	47	9	3855	89	2675	1869
482	763	229	47	14277	4245	644	
372	2184	137	58	6958	277	1586	1076
472	2657	253	17	12471	494	2454	1403
600	967	228	384	13673	224	2069	1491
618	3405	382	339	12721	526	1817	795
1326	17220	391	157	22863	951	2988	2094
999	1222	133		24440	1602	7445	6717
231	1098			1204	4	771	142
2103	4487	252		20072	1280	5018	3264
595	1369	234	62	22165	193	1181	679
1461	3188	148	92	12175	198	1728	754
339	94	53	2	2076	16	804	804
568	2034	189	55	10437	1338	2785	52
679	1243	144	41	8380	257	870	530
135	88	308		3167	142	577	114
268	1584	2		7285	1859	2284	1134
746	984	172	70	7001	79	3758	1784

续表 3

地区	资产总计（千元）	固定资产原值	实际使用房屋建筑面积（万平方米）	业务用房面积	对公众开放阅览室面积	实际拥有产权面积（万平方米）
全国	**1755417**	**1324504**	**151.35**	**93.91**	**13.36**	**58.49**
北京						
天津						
河北	70813	64060	4.73	2.41	0.44	3.43
山西	28766	24753	3.34	2.21	0.24	2.98
内蒙古	63905	43264	6.68	2.30	0.51	0.27
辽宁	78051	62321	6.72	2.77	0.64	1.45
吉林	64885	30378	3.16	2.51	0.96	3.16
黑龙江	73196	61412	5.08	3.57	0.42	1.81
上海						
江苏	150736	132294	12.64	8.98	1.03	3.32
浙江	116409	76796	8.36	5.02	0.24	2.15
安徽	30207	25658	3.20	2.62	0.32	0.54
福建	37994	22079	6.19	3.62	0.13	0.80
江西	38887	25800	5.38	2.72	1.05	3.41
山东	105057	72657	9.87	7.80	0.18	1.58
河南	97109	65903	10.12	8.06	0.67	2.89
湖北	77379	62837	5.70	3.53	0.59	4.78
湖南	47573	28627	6.07	4.68	1.46	2.75
广东	134177	119990	10.37	6.68	1.56	2.89
广西	55437	40455	4.15	2.57	0.21	1.72
海南	43559	43559	1.07	0.76	0.01	0.90
重庆						
四川	121214	70806	11.40	5.59	0.44	4.86
贵州	14945	9639	1.15	0.95	0.46	0.64
云南	73289	58757	7.46	5.33	0.84	2.32
西藏	33871	31531	2.37	0.80	0.04	1.46
陕西	81288	59758	3.57	1.64	0.10	2.40
甘肃	43430	34706	3.15	1.86	0.27	0.66
青海	16725	16725	0.80	0.52	0.08	0.85
宁夏	15700	12929	5.08	2.51	0.44	3.20
新疆	40815	26810	3.57	1.90	0.05	1.27

流动舞台车演出情况			由本馆指导的单位				
流动舞台车数量（辆）	利用流动舞台车演出场次（场次）	利用流动舞台车演出观众人次（万人次）	馆办文艺团体（个）	演出场次（场）	观众人次（万人次）	馆办老年大学（个）	群众业余文艺团队（个）
42	**935**	**88.32**	**972**	**42830**	**1104.01**	**79**	**5693**
2	21	3.60	22	211	41.80		202
			28	374	9.67	1	193
1	2	0.03	37	259	17.09	3	164
2	3	0.03	36	446	22.90	1	222
			60	1618	143.28	1	300
4	65	13.01	50	522	63.65	4	363
4	77	12.50	40	930	38.26	8	263
2	126	17.00	66	359	34.44	2	208
			41	550	39.41	5	358
2	30	1.10	23	148	4.30	4	58
2	10	2.00	27	219	18.35	4	177
1	30	3.00	37	1155	115.70	1	404
2	135	3.90	87	685	83.94	5	163
4	36	0.80	42	195	29.78	8	182
			24	395	29.62	4	276
1	20	2.00	50	397	33.71	3	332
2	12	2.90	63	917	161.30	4	442
			4	55	13.75	1	178
8	219	18.05	51	340	42.82	4	235
1	20	1.00	38	261	16.76	5	123
			22	134	9.96	3	120
			2	20	2.00		50
			31	30836	16.92	1	214
1			30	606	57.11	4	263
			8	258	12.00		90
3	129	7.40	12	204	8.71	1	25
			41	736	36.80	2	88

2013年各地区县市级

地　区	机构数（个）	从业人员（人）					组织品牌节庆活动（个）
			专业技术人才	正高级职称	副高级职称	中级职称	
全　国	**2930**	**43672**	**29894**	**367**	**2692**	**12204**	**3507**
北　京	19	774	573	3	27	191	107
天　津	18	576	394	5	65	152	26
河　北	169	1942	1415	14	129	590	166
山　西	119	1564	1023	6	42	457	81
内蒙古	105	1439	1117	17	131	460	64
辽　宁	101	1668	1186	10	102	602	81
吉　林	64	1892	1547	45	258	630	79
黑龙江	131	2012	1484	75	311	727	93
上　海	25	1006	591	5	53	218	60
江　苏	102	1573	1225	12	141	597	282
浙　江	90	1644	1374	60	212	575	280
安　徽	105	1221	883	3	49	311	202
福　建	87	697	511	4	64	232	130
江　西	104	1400	880	7	41	284	102
山　东	141	2394	2024	27	280	830	234
河　南	186	3045	1145	10	58	516	147
湖　北	107	1776	1107	3	96	582	143
湖　南	127	1759	1156	3	55	509	112
广　东	124	2072	976	14	51	309	184
广　西	108	1629	1179	7	23	397	184
海　南	18	172	120		5	23	25
重　庆	40	828	511	6	58	155	72
四　川	185	2235	1563	5	77	515	206
贵　州	88	1149	855	7	42	222	61
云　南	131	1976	1717	1	109	827	112
西　藏	74	124	37			5	11
陕　西	110	2164	1210	6	71	520	74
甘　肃	86	1147	711	6	45	248	62
青　海	46	315	250		29	97	9
宁　夏	20	447	353	2	23	153	16
新　疆	100	1032	777	4	45	270	102

文化馆基本情况

提供文化服务次数（次）	文化服务惠及人次（万人次）	组织文艺活动次数（次）	为老年人组织专场	为未成年人组织专场	为残障人士组织专场	为农民工组织专场	组织文艺活动参加人次（万人次）
267912	**16503.09**	**146316**	**21173**	**12721**	**3566**	**10981**	**12619.76**
9790	540.27	4718	342	102	96	200	434.97
2923	123.41	1246	123	47	27	39	86.46
14266	500.83	8607	1084	505	148	361	387.33
8276	360.26	3669	518	470	144	281	231.20
5806	387.34	3641	770	425	103	371	305.23
13513	829.86	5692	973	509	131	385	702.68
4759	335.94	3014	485	202	36	232	242.12
8711	474.44	5843	650	406	77	185	353.31
7154	307.55	3396	519	112	35	103	210.32
13854	666.59	7397	1342	833	273	517	497.08
16762	854.61	8097	656	445	130	612	579.19
8568	518.62	4427	795	477	117	440	389.22
5022	359.05	2440	411	383	86	300	246.65
7680	522.06	4344	588	526	116	491	402.10
19138	904.98	10526	1943	1222	388	836	652.68
13850	759.63	8013	1162	634	235	511	615.75
7228	615.30	3882	701	478	123	234	463.35
11873	770.24	6686	872	596	143	570	581.45
16730	1244.63	7673	1119	772	147	593	971.79
9895	779.02	5950	752	556	145	626	658.55
1221	154.12	455	48	19	5	22	119.79
4815	475.02	1967	173	164	39	111	367.34
14664	1344.18	8719	1092	800	241	739	1092.70
5842	299.11	3314	447	265	74	269	225.42
8961	793.74	5437	1304	472	79	421	598.67
1120	30.19	697	41	52	5	151	24.12
6952	407.69	3582	731	259	89	228	297.49
4016	292.29	2402	319	240	71	258	196.01
2461	93.43	1789	329	123	50	155	65.85
3645	362.28	3099	328	153	70	185	345.53
8417	396.42	5594	556	474	143	555	275.45

续表 1

地区	提供文化服务次数(次)						藏书(万册)
	举办训练班班次(次)	培训人次(万人次)	举办展览个数(个)	参观人次(万人次)	组织公益性讲座次数(次)	参加人次(万人次)	
全　国	**83533**	**642.55**	**19033**	**2907.33**	**19030**	**333.45**	**485.95**
北　京	4376	24.95	254	74.42	442	5.93	1.08
天　津	1280	14.14	150	14.86	247	7.95	0.12
河　北	3760	18.03	925	83.05	974	12.41	31.32
山　西	3004	24.31	752	87.73	851	17.02	8.13
内蒙古	1305	7.52	454	70.23	406	4.36	3.97
辽　宁	5563	27.86	635	80.82	1623	18.49	4.12
吉　林	1193	10.93	276	79.80	276	3.09	3.31
黑龙江	1627	13.29	632	99.68	609	8.17	14.99
上　海	2793	17.88	377	64.49	588	14.86	35.68
江　苏	4277	34.02	1079	120.89	1101	14.61	29.15
浙　江	5489	45.66	1152	190.90	2024	38.86	9.44
安　徽	2922	20.77	686	99.39	533	9.24	16.41
福　建	1544	16.92	649	90.54	389	4.95	8.51
江　西	2263	16.44	629	95.73	444	7.79	13.18
山　东	6044	44.63	1326	175.80	1242	31.87	30.34
河　南	3465	21.24	1161	108.21	1211	14.44	30.87
湖　北	2254	20.28	644	123.43	448	8.24	28.72
湖　南	3790	38.33	649	139.20	748	11.25	9.01
广　东	6899	59.56	1012	182.97	1146	30.31	21.60
广　西	2908	24.04	623	91.39	414	5.03	16.64
海　南	594	2.89	127	30.53	45	0.91	2.03
重　庆	2141	15.27	352	87.21	355	5.21	11.76
四　川	3810	26.64	1121	207.51	1014	17.34	47.25
贵　州	1874	17.22	374	45.10	280	11.37	7.37
云　南	2555	30.85	633	155.27	336	8.95	6.06
西　藏	247	0.98	144	4.48	32	0.62	13.95
陕　西	2259	21.44	664	81.99	447	6.78	35.17
甘　肃	773	8.07	551	83.79	290	4.44	10.95
青　海	373	2.95	216	23.60	83	1.04	7.51
宁　夏	364	3.94	102	11.55	80	1.27	6.85
新　疆	1787	11.53	684	102.79	352	6.65	20.47

计算机 (台)	本年收入合计 (千元)	财政补贴收入	业务活动专项经费	事业收入	上级补助收入	附属单位上缴收入	经营收入
28242	**5373343**	**4924503**	**688554**	**123279**	**188066**	**286**	**4186**
838	241247	222947	74274	7003	3909		1056
222	96371	91486	9608	1100			
662	121105	119360	18417	581	959	50	20
443	213998	213412	26874	64	90		
662	161749	161433	22167				
714	153664	149174	12278	1867	2549		
689	170630	166027	19196	1262	2345		20
934	134309	131348	19474	826	1700		
976	338373	299451	25088	22104	6170		133
1455	478434	442803	18480	12428	11326		300
1404	393972	326068	54038	12896	29013		6
1098	134913	118541	20814	3527	8682	172	
716	109105	90096	11237	9741	7020		
1007	111722	94561	6821	6651	8152		106
1615	211144	204293	26840	718	4528		
979	170142	156621	26527	2921	7443	4	507
1007	162930	143207	13191	5438	8508		170
1004	147031	126991	26702	5394	8397		266
1207	280704	254200	29266	5996	14345		900
1282	160627	138685	9552	730	1699		
131	29276	25691	7310		900		
1187	172728	152235	50020	8234	9070		
2059	356903	337217	56031	2169	11569		
842	105158	82621	14104	4036	16401		
1000	189899	178923	17346	2499	4185		
1433	17878	15170	4340	16	2680		
743	180002	169504	26210	4353	4851		522
558	99969	99060	19289				
355	39983	38466	6129	131	896	30	100
325	54774	50923	6396	32	1804		
695	134603	123989	10535	562	8875	30	80

续表 2

地　区	其他收入	本年支出合计（千元）	基本支出	项目支出	经营支出	工资福利支出	商品和服务支出
全　国	**133023**	**5295606**	**3595103**	**1228265**	**20730**	**2141227**	**1111084**
北　京	6332	225545	129214	91956	1068	67198	58570
天　津	3785	95583	83732	11272	579	37124	18697
河　北	135	129423	100968	5953	702	67788	25006
山　西	432	210012	100367	96630	48	64263	29867
内蒙古	316	162079	158583	1390		87480	36400
辽　宁	74	152086	117729	14550	289	75225	28102
吉　林	976	164042	133640	25700	32	86376	18951
黑龙江	435	137944	113641	13440	224	67649	20197
上　海	10515	304116	190561	113025	170	120780	78406
江　苏	11577	463964	223390	218901	300	117614	65885
浙　江	25989	388004	264286	96085	6	170431	117616
安　徽	3991	133109	98539	15885	100	54760	25015
福　建	2248	103133	76051	20246		41469	25618
江　西	2252	109656	77693	11377	453	48949	17512
山　东	1605	207546	162648	30595	6	117155	35343
河　南	2646	165231	142457	8807	310	88114	28203
湖　北	5607	160615	92717	57285	266	56691	29257
湖　南	5983	150608	119501	24196	786	63511	45000
广　东	5263	308489	159538	77698	900	97421	90165
广　西	19513	152838	109653	19500		64902	33666
海　南	2685	33907	15179	12378		9777	9569
重　庆	3189	167949	105427	40531	5563	45346	42496
四　川	5948	349301	209281	111613	72	112986	96412
贵　州	2100	103991	73191	10391	915	49374	11364
云　南	4292	187974	148803	25492	377	89446	33403
西　藏	12	16239	5728	588	4841	5001	229
陕　西	772	181280	135402	24462	835	89731	32671
甘　肃	909	98021	81048	5601	347	45554	20704
青　海	360	40098	29067	4793	52	16999	4266
宁　夏	2015	60526	39803	16679	1220	25688	11677
新　疆	1067	132297	97266	21246	269	56425	20817

在支出合计中：							
差旅费	劳务费	福利费	各种税金支出	对个人和家庭补助支出	抚恤金和生活补助	其他资本性支出	各种设备、交通工具、图书购置费
47886	**145731**	**21059**	**11587**	**724953**	**38991**	**389371**	**89892**
5243	6754	525	574	35890	719	9543	8631
170	1110	950	219	31816	302	1415	79
459	2242	435	22	16496	565	3440	1602
1049	2933	421	248	12559	812	5404	2855
1779	1743	344	93	20267	1003	6796	1903
859	3923	111	5	27440	900	3417	1701
611	925	132	23	34843	1521	15148	3691
2338	592	331	8	24916	491	3318	1878
786	8661	2895	1907	30889	1325	15310	2125
1884	9149	926	96	59369	2283	189350	4229
3344	30406	3561	120	64532	1576	9786	3248
1741	2201	448	51	23835	1690	4364	1708
855	5181	334	569	15819	1305	3055	1963
1251	1233	651	249	18799	964	4552	1524
786	2487	249	15	22171	832	5723	3470
1267	2311	711	185	22520	1820	5631	3234
1798	1406	1128	178	21984	1754	5793	1021
1844	4807	2124	305	14886	1915	6606	2335
1811	11623	1210	1047	35229	1600	10750	5153
2279	3629	218	12	22626	2157	4977	2178
598	1866	200	9	2197	958	1453	454
2617	11455	531	4914	33415	1475	15987	14337
5372	10517	1292	30	41120	2400	13757	6906
1275	1477	187	55	11654	436	4025	2259
1119	5221	137	14	25298	942	10304	1874
47	132			655	655	1895	1769
1571	3295	421	4	12845	1623	11573	3138
1104	1990	323	3	13487	1199	3934	1078
167	706	4		3471	893	4878	208
453	2341	66	64	7094	1820	4875	1875
1409	3415	194	568	16831	1056	2312	1466

续表 3

地　区	资产总计(千元)	固定资产原值	实际使用房屋建筑面积(万平方米)	业务用房面积	对公众开放阅览室面积	实际拥有产权面积(万平方米)
全　国	**8982717**	**7789728**	**628.45**	**416.07**	**84.13**	**316.33**
北　京	404056	301910	11.69	6.14	0.56	4.05
天　津	88876	77304	8.55	5.26	0.83	3.03
河　北	225809	213556	27.10	16.43	3.10	18.11
山　西	147227	134356	23.62	15.11	5.67	23.28
内蒙古	113063	107082	18.34	13.41	2.52	7.22
辽　宁	137805	99532	16.71	10.92	1.03	7.97
吉　林	101850	90746	9.50	6.72	2.54	5.52
黑龙江	126794	120930	18.68	11.86	1.52	4.75
上　海	681651	568694	20.59	13.88	0.90	10.81
江　苏	313470	260782	53.54	38.23	5.38	25.40
浙　江	312677	220137	31.34	20.26	1.85	15.70
安　徽	143422	114138	16.89	12.50	3.64	10.32
福　建	163094	112178	19.17	14.21	2.33	11.01
江　西	156329	133852	21.55	12.27	3.70	9.69
山　东	236375	194464	35.18	25.20	6.57	10.66
河　南	256191	232024	31.70	20.04	3.19	14.75
湖　北	159375	128443	21.80	12.06	3.57	12.38
湖　南	156712	120725	21.71	14.08	3.96	13.41
广　东	303045	220305	46.90	30.15	5.01	13.98
广　西	151397	137227	17.10	10.61	3.51	9.79
海　南	34479	19846	2.38	1.70	0.72	1.62
重　庆	381837	302158	18.77	12.23	1.90	8.03
四　川	447393	328380	37.48	27.26	4.50	18.48
贵　州	206344	173049	14.87	9.18	3.04	8.12
云　南	244216	203160	21.13	14.77	2.60	11.09
西　藏	2742663	2681171	7.28	4.99	1.08	2.28
陕　西	131396	98563	17.92	12.22	3.56	13.60
甘　肃	86972	82504	11.62	8.07	1.91	8.18
青　海	37527	36434	2.61	1.54	0.33	1.87
宁　夏	41016	39646	6.14	5.00	1.26	5.66
新　疆	249656	236432	16.58	9.80	1.85	5.61

流动舞台车演出情况			由本馆指导的单位				
流动舞台车数量(辆)	利用流动舞台车演出场次(场次)	利用流动舞台车演出观众人次(万人次)	馆办文艺团体(个)	演出场次(场)	观众人次(万人次)	馆办老年大学(个)	群众业余文艺团队(个)
500	**13400**	**1209.35**	**4957**	**107174**	**5407.73**	**632**	**54770**
11	319	22.40	59	1449	63.53	10	257
3	168	3.30	39	410	15.26	2	758
32	1016	85.83	224	4651	170.57	26	2791
19	228	22.16	165	4402	133.66	24	1170
7	117	8.99	189	2266	142.42	19	1260
8	393	58.00	130	7386	113.31	21	1665
20	466	18.53	103	1114	65.35	16	631
38	737	56.71	199	2056	92.36	25	1352
7	122	10.06	105	1515	68.91	9	618
15	773	79.64	280	7714	241.72	35	2722
35	1870	126.21	269	3951	279.27	13	3182
25	537	69.64	247	2550	170.11	14	1436
1	17	0.85	140	1547	103.02	27	765
8	198	15.69	169	5760	286.19	38	1413
15	590	49.85	245	6614	397.56	39	4288
16	658	89.40	345	5425	288.07	36	3957
10	536	29.57	201	4901	268.44	25	2205
22	996	86.00	109	3797	199.92	33	2693
11	317	20.45	216	4140	327.78	24	1904
28	630	70.67	281	6943	533.91	36	4933
3	36	7.45	17	201	27.31	1	267
19	374	46.70	108	1441	133.25	26	734
53	907	84.69	260	4915	291.40	34	2517
7	138	19.89	200	3318	234.63	25	1700
28	343	43.67	217	6774	253.69	23	4842
3	9	0.35	7	232	5.01		316
20	346	43.58	153	5819	166.05	21	2063
14	248	15.96	92	1387	131.24	13	973
2	18	0.64	18	993	31.29	1	137
10	213	15.43	23	1016	73.22	2	476
10	80	7.03	147	2487	99.30	14	745

2013年各地区

地区	机构数(个)	从业人员(人)				提供文化服务次数(次)
			专职人员	在编人员	专业技术人员	
全国	**40945**	**108434**	**64391**	**64565**	**25706**	**968127**
北京	326	1718	910	999	143	44903
天津	272	413	242	145	28	10139
河北	2217	4706	2035	1916	643	38808
山西	1407	2817	1465	831	451	24966
内蒙古	1038	2727	1874	1805	798	14634
辽宁	1419	3274	1645	1831	646	34716
吉林	897	2059	1323	1550	620	13039
黑龙江	1492	2661	1557	888	503	19045
上海	213	3904	2060	1340	457	60335
江苏	1278	4828	3001	2756	1225	54357
浙江	1330	4597	2895	2749	1899	59806
安徽	1437	4621	3022	3438	2051	37273
福建	1139	2442	1235	1207	509	18826
江西	1759	3508	1843	1770	537	28535
山东	1807	4915	3139	2813	1408	56347
河南	2322	7295	4205	5302	901	52935
湖北	1262	2642	1769	1360	844	26620
湖南	2530	5685	3739	4006	724	33559
广东	1599	8254	4322	3810	1372	60603
广西	1167	2832	1818	2468	952	28805
海南	212	584	301	419	86	4143
重庆	997	3756	2725	3100	599	24746
四川	4595	6858	3759	4111	1418	75122
贵州	1589	4399	2714	3194	1401	19182
云南	1398	4188	3080	3374	2879	33826
西藏	533	205	125	47	6	1311
陕西	1650	4938	2736	2954	952	27071
甘肃	1331	3854	2491	2141	466	16669
青海	358	433	127	112	35	4409
宁夏	227	536	418	352	231	6750
新疆	1144	2785	1816	1777	922	36647

文化站基本情况

文化服务惠及人次（万人次）	组织文艺活动次数（次）	参加人次（万人次）	举办训练班班次（次）	培训人次（万人次）	举办展览个数（个）	参观人次（万人次）	藏书（万册）
22650.12	**570207**	**15313.92**	**282426**	**2244.08**	**115494**	**5092.13**	**22461.02**
566.09	25018	404.72	17951	117.92	1934	43.45	418.28
141.27	5045	93.72	4160	23.94	934	23.61	111.22
536.33	24860	343.03	9571	68.23	4377	125.08	680.31
409.66	16243	259.35	6221	49.82	2502	100.49	603.75
292.26	9570	212.37	3564	23.88	1500	56.00	286.40
585.99	22021	416.65	10227	86.57	2468	82.77	708.72
237.10	9094	168.87	2870	26.92	1075	41.31	271.91
289.26	12448	194.59	4467	32.99	2130	61.68	449.14
1596.64	32421	985.34	25115	218.97	2799	392.34	797.92
1283.94	33855	891.17	13975	117.34	6527	275.43	2545.68
1840.77	34708	1314.76	18918	132.55	6180	393.46	1908.80
742.81	22002	492.69	11414	91.59	3857	158.54	520.44
362.93	10863	217.88	5816	34.58	2147	110.47	483.75
337.19	9702	219.19	4295	31.40	14538	86.60	539.75
1316.16	35040	814.01	13905	136.42	7402	365.73	1972.81
1128.90	31948	702.53	13924	102.84	7063	323.54	652.93
668.03	16345	411.89	6992	62.91	3283	193.23	473.26
738.94	20819	518.61	9362	60.51	3378	159.82	1232.67
2826.11	31335	2088.48	22393	204.62	6875	533.01	2307.72
705.44	19061	513.71	7205	47.81	2539	143.92	656.87
87.09	2307	58.34	1412	8.94	424	19.81	89.21
656.41	12311	380.84	9086	73.91	3349	201.66	595.09
1940.87	46585	1402.48	20667	157.49	7870	380.90	1318.25
468.78	10967	318.55	5615	34.96	2600	115.27	625.53
893.90	19399	542.29	10067	105.59	4360	246.02	553.38
19.92	821	12.81	296	2.85	194	4.26	23.46
556.45	13834	348.68	8596	70.05	4641	137.71	432.99
362.97	8932	219.76	5010	40.23	2727	102.99	378.37
74.57	2321	54.10	931	7.36	1157	13.11	57.13
183.06	4879	136.83	1272	8.41	599	37.82	89.16
800.33	25453	575.71	7129	62.50	4065	162.12	676.18

续表 1

地区	计算机(台)	本年收入合计(千元)				本年支出合计(千元)
			财政补贴收入	业务活动专项经费	上级补助收入	
全国	**255418**	**8623058**	**7402510**	**2407765**	**705693**	**8508703**
北京	2898	70308	70308	69903		70347
天津	1842	25492	22486	8445	2262	26092
河北	6448	148420	142302	45215	130	154711
山西	8002	101835	93315	55563	321	119620
内蒙古	4157	159112	158230	47017	631	161418
辽宁	6157	122473	111016	17980	6490	141876
吉林	3209	103918	96633	15567	4979	103361
黑龙江	4715	82265	77115	34030	2709	80034
上海	5666	906547	760537	274039	76845	756426
江苏	13266	660297	610236	123651	32298	655939
浙江	13448	1071604	902747	371615	105104	1098401
安徽	14779	252211	201900	71831	34489	260282
福建	4727	173201	135846	48917	16930	175061
江西	6018	152674	158725	20041	16690	114765
山东	21865	360893	327364	60778	19623	364971
河南	9767	256747	242347	85641	5582	257036
湖北	7714	136614	104483	42434	24555	134474
湖南	12048	266178	235246	81406	22568	278178
广东	12201	1185671	989280	347223	83277	1125955
广西	10048	164285	106341	17125	8324	143404
海南	1826	34063	26977	10962	5673	31914
重庆	11519	335859	279837	103935	40924	344007
四川	26491	628996	526383	208482	79589	623700
贵州	11113	235047	176528	21710	41318	242319
云南	13010	292687	239073	46261	34291	303566
西藏	649	15902	10141	4435	3866	39034
陕西	7961	261678	231432	87151	8256	274962
甘肃	5906	181336	173929	53054	45	186013
青海	1302	20284	16896	3241	1992	19815
宁夏	1627	35689	29120	5546	5015	34351
新疆	5039	180772	145737	24567	20917	186671

基本支出	项目支出	经营支出	在支出合计中：				
			工资福利支出	对个人和家庭补助支出	抚恤金和生活补助	其他资本性支出	各种设备购置费
4974929	**2315178**	**96526**	**3337333**	**201898**	**25505**	**712562**	**383715**
21291	3042	98	11402	1532	31	1695	1412
117166	18121	925	78927	1265	167	14800	8053
87445	23212	1406	42192	8271	7913	17523	13063
155786	1457	107	100027	4123	183	10939	8306
90009	29877	1365	72763	1937	295	10407	5255
78612	15310	22	63561	4636	50	11073	4188
65167	7392	536	52784	934	20	4114	941
416889	258873	14496	228035	20348	2615	48557	24136
409545	192420	12089	221609	29117	1590	61294	32967
417056	436128	4139	246366	19860	851	81440	44032
175220	41966	4844	130139	10466	849	23108	13867
107964	41210	3478	65517	4114	132	14172	6798
80642	15355	4127	67722	3084	708	7530	5026
253435	76367	3211	141324	10093	805	35005	19502
210920	27329	1146	149830	1286	89	17059	8926
87571	31072	2400	59462	4086	556	15750	10024
197209	54177	5549	134887	5633	1094	22494	11863
510083	481369	16605	399797	27356	3152	70607	31113
107576	18131	729	77973	6801	952	11327	7233
18527	9432	128	13624	211	13	2256	1233
186258	94762	4716	132931	6997	429	37136	11663
261512	284439	2156	145051	6393	499	71726	40290
167517	36773	915	145103	4525	374	15587	8972
198747	55038	3740	136028	8435	1369	27661	8581
8530	1070	1755	5855	43	43	27042	27002
220327	17890	3003	172000	3778	314	21198	13974
147910	21192	1733	115340	1064	326	17519	8946
16780	234	65	13367	599		1196	488
24051	5016	786	21218	306	10	4298	2128
135184	16524	257	92499	4605	76	8049	3733

续表 2

地 区	资产总计 (千元)	固定资产原值	实际使用房屋建筑面积 (万平方米)	文化活动用房面积	实际拥有产权面积 (万平方米)	本站指导群众业余文艺团队 (支)
全 国	**24378486**	**20508986**	**2585.05**	**1924.39**	**1403.82**	**282094**
北 京			54.42	35.19	0.11	9366
天 津	106758	97740	16.42	10.87	2.43	3084
河 北	703300	597740	76.44	61.40	49.33	16003
山 西	672196	585467	61.57	50.48	49.21	7709
内蒙古	437812	419750	41.35	33.37	23.63	2731
辽 宁	395180	329996	72.13	47.74	23.65	8488
吉 林	256761	235328	29.59	20.97	22.93	3158
黑龙江	342384	331660	48.96	36.28	18.63	4173
上 海	1369904	908011	114.19	78.42	54.44	8268
江 苏	2534453	2172398	251.02	189.05	110.15	14079
浙 江	2415571	1891843	270.86	221.65	138.29	30840
安 徽	906520	735906	71.86	60.99	63.25	6281
福 建	677327	508978	67.66	52.79	35.41	6486
江 西	541017	464644	58.50	42.45	32.97	4394
山 东	1115177	954679	197.29	126.27	52.32	26732
河 南	727249	686688	85.06	64.34	62.95	20242
湖 北	618134	538867	84.02	61.23	57.48	10515
湖 南	880122	815473	93.92	73.56	71.21	14744
广 东	2674978	2033527	299.40	206.25	111.13	10136
广 西	413359	396075	47.69	37.65	33.09	7864
海 南	70575	63021	6.10	5.14	3.99	1817
重 庆	696327	568949	56.32	41.99	50.23	7483
四 川	2212893	2033318	155.20	120.21	108.61	14115
贵 州	577153	514853	52.78	38.51	39.09	5698
云 南	778175	672286	64.59	50.41	61.25	18963
西 藏	384878	340178	19.22	15.76	3.07	73
陕 西	612991	530900	59.87	45.89	42.02	9409
甘 肃	603878	521462	47.42	36.39	33.41	3727
青 海	120018	103389	8.92	8.30	5.00	440
宁 夏	69683	59976	9.56	6.89	4.77	987
新 疆	463713	395884	62.74	43.96	39.79	4089

辖区内社区文化活动场所（个）	社区文化活动室	辖区内社区文化活动场所面积（万平方米）	社区文化活动室面积	辖区内村文化活动场所（个）	村文化活动室	辖区内村文化活动场所面积（万平方米）	村文化活动室面积
125088	**91242**	**5629.83**	**1401.11**	**459605**	**385225**	**11449.63**	**3295.20**
3680	2709	233.34	50.54	5384	3680	368.90	95.22
894	667	11.77	6.88	2713	1992	50.32	11.26
2974	2528	53.73	14.48	28383	22349	518.14	103.52
1708	1259	43.85	11.77	21144	19595	491.46	125.82
1522	1304	20.03	15.90	6577	6380	49.04	43.77
4452	3134	289.60	40.11	9495	7376	501.11	43.49
2792	1660	89.39	17.48	7470	6498	256.17	37.40
1843	1502	46.09	10.35	7158	6235	125.12	27.41
4709	3806	143.90	67.18	2792	2177	80.06	44.22
11514	7310	772.23	255.75	22769	15671	685.02	256.25
7991	4675	845.50	152.46	31969	23933	1602.59	617.19
3770	2879	82.42	18.81	11922	9915	178.52	47.22
2952	2140	83.11	27.10	10966	9094	204.31	53.88
5897	4995	73.50	26.31	10677	9085	153.32	59.43
12865	11497	480.55	129.89	51366	46101	1475.71	360.10
6462	5068	138.94	33.52	34268	29130	672.44	153.10
5650	4225	171.25	45.61	18638	15817	294.32	104.05
7392	4839	219.24	55.76	34567	27840	393.69	175.82
9087	6204	1012.17	191.53	24663	20312	1081.26	347.87
3001	1900	94.25	45.64	12649	9605	270.09	81.95
304	169	5.28	1.64	2178	1526	139.03	12.02
2804	2008	79.00	20.83	8007	7292	67.67	40.57
7123	5007	260.82	46.16	28474	24677	344.67	110.20
1924	1399	60.69	16.79	8289	7063	145.39	33.74
3790	2721	151.41	48.21	14829	14897	327.05	93.96
22	18	0.46	0.46	1080	1080	3.69	3.21
4418	3181	74.52	17.37	21507	18970	442.56	80.23
1336	738	31.62	10.49	9671	7904	241.56	31.25
72	54	3.02	2.70	667	488	6.31	3.06
496	394	28.28	2.99	2269	2009	103.09	11.49
1644	1252	29.92	16.43	7064	6534	177.03	86.51

2013年各地区乡镇

地区	机构数（个）	从业人员（人）	专职人员	在编人员	专业技术人员	提供文化服务次数（次）
全国	**34343**	**87922**	**53387**	**54776**	**22231**	**666659**
北京	183	854	515	467	91	21965
天津	135	231	140	98	7	3146
河北	1981	4216	1856	1677	596	32677
山西	1196	2313	1303	674	410	18518
内蒙古	857	2374	1648	1602	720	10972
辽宁	955	1991	1112	1286	456	13010
吉林	626	1571	1058	1312	529	8172
黑龙江	900	1567	1086	774	444	10148
上海	109	2234	1216	889	291	24391
江苏	920	3501	2229	2193	1017	32221
浙江	931	3142	1968	1910	1373	31975
安徽	1288	4234	2824	3217	1933	32768
福建	977	2066	1057	1036	442	14259
江西	1630	3197	1688	1611	484	23248
山东	1240	3335	2141	1972	1050	33275
河南	1907	6229	3614	4655	781	43552
湖北	1028	2145	1442	1114	704	18061
湖南	2238	4966	3393	3650	676	27650
广东	1173	5772	2840	2730	938	30065
广西	1127	2694	1746	2407	924	27595
海南	203	574	299	417	85	3991
重庆	828	2957	2231	2471	496	17342
四川	4349	6235	3361	3825	1330	62748
贵州	1435	4046	2579	2978	1372	17075
云南	1288	3765	2831	3081	2630	28650
西藏	531	205	125	47	6	1295
陕西	1502	4363	2455	2535	849	23027
甘肃	1228	3654	2416	2052	433	14689
青海	358	433	127	112	35	4409
宁夏	199	488	387	337	231	5801
新疆	1021	2570	1700	1647	898	29964

文化站基本情况

文化服务惠及人次（万人次）	组织文艺活动次数（次）	参加人次（万人次）	举办训练班班次（次）	培训人次（万人次）	举办展览个数（个）	参观人次（万人次）	藏书（万册）
16484.66	**398373**	**11097.13**	**179747**	**1488.10**	**88539**	**3899.43**	**17199.73**
295.29	14032	236.86	7145	40.11	788	18.32	236.28
75.90	2088	52.57	815	11.39	243	11.94	71.14
469.01	20671	296.71	8208	60.01	3798	112.29	610.37
344.57	11764	219.93	4673	40.13	2081	84.51	495.80
219.94	7088	157.07	2726	18.97	1158	43.91	238.72
273.09	8704	199.16	3270	34.67	1036	39.27	430.44
160.36	5652	111.88	1838	17.64	682	30.84	213.48
186.17	6513	125.58	2413	20.12	1222	40.47	354.35
714.79	14506	496.21	8513	71.74	1372	146.84	396.61
816.76	19132	546.09	8669	75.00	4420	195.66	1831.40
1126.72	18302	773.80	9705	73.54	3968	279.38	1299.53
669.89	19302	440.50	9940	83.21	3526	146.19	458.03
298.76	8293	173.79	4130	25.69	1836	99.28	388.69
305.63	8703	199.76	3852	25.71	10693	80.16	453.71
844.23	20272	508.76	8214	84.42	4789	251.05	1376.36
957.92	26272	608.31	11485	85.91	5795	263.70	520.14
493.78	10326	286.74	5061	45.30	2674	161.74	339.71
624.63	17016	434.57	7775	49.94	2859	140.12	1090.06
1790.86	17332	1328.05	8051	112.77	4682	350.04	1471.17
679.19	18152	492.07	6955	46.58	2488	140.55	637.40
81.23	2171	52.78	1399	8.84	421	19.61	86.12
473.71	8844	268.52	5799	54.34	2699	150.86	453.79
1617.83	39986	1152.87	15731	116.77	7031	348.19	1172.73
433.42	9539	291.71	5081	32.86	2455	108.85	593.17
787.32	16761	479.14	8117	88.63	3772	219.55	484.07
19.21	811	12.35	290	2.61	194	4.26	23.04
484.13	11224	297.41	7627	61.86	4176	124.87	396.71
331.91	7787	201.09	4461	37.28	2441	93.54	345.23
74.57	2321	54.10	931	7.36	1157	13.11	57.13
161.16	4124	117.32	1131	7.61	546	36.23	76.39
672.67	20685	481.44	5742	47.11	3537	144.12	597.98

续表 1

地区	计算机(台)	本年收入合计(千元)	财政补贴收入	业务活动专项经费	上级补助收入	本年支出合计(千元)
全　国	**200735**	**6762353**	**5803534**	**1892045**	**546238**	**6621566**
北　京	1563	39108	39108	38730		38997
天　津	599	18436	16198	7038	1504	17525
河　北	5082	137749	132136	43069	130	143375
山　西	6404	96423	88372	53870	85	113415
内蒙古	3393	139349	138644	42897	630	140182
辽　宁	3675	71794	63470	10074	5574	79707
吉　林	2189	83586	79248	14257	2439	82668
黑龙江	3316	60308	56596	28967	1971	58178
上　海	2463	700882	603124	213611	53337	560205
江　苏	8077	482298	449780	85332	22336	476097
浙　江	8656	757786	633296	247744	73983	765721
安　徽	13732	229369	183562	64372	30532	235310
福　建	3682	134065	106844	40950	12800	140018
江　西	5460	122727	129111	19271	16432	105899
山　东	14305	231248	212238	38850	8573	226417
河　南	7915	229203	217722	82691	4444	226533
湖　北	5993	102043	78702	29185	17443	99626
湖　南	10422	235392	208961	73937	19974	247589
广　东	7340	819857	669160	255842	55724	749089
广　西	9833	158524	102302	16850	8322	138253
海　南	1817	33706	26683	10937	5653	31523
重　庆	9410	244541	203734	74243	29659	249317
四　川	23330	554587	464178	178098	71023	549307
贵　州	10157	221967	164952	20737	40403	223211
云　南	11842	215841	176235	33491	25363	249243
西　藏	647	15398	10141	4435	3866	29940
陕　西	7272	229922	201502	78478	7091	243177
甘　肃	5145	177062	169803	52787	45	179279
青　海	1302	20284	16896	3241	1992	19815
宁　夏	1110	33508	27031	5128	4972	32138
新　疆	4604	165390	133805	22933	19938	169812

基本支出	项目支出	经营支出	在支出合计中：工资福利支出	对个人和家庭补助支出	抚恤金和生活补助	其他资本性支出	各种设备购置费
4010652	**1699094**	**74277**	**2680937**	**164183**	**20801**	**546267**	**285688**
14840	2357	58	7705	714		767	539
107498	17716	925	70804	1110	149	14357	7704
81611	23096	1374	36936	8208	7911	17403	12949
136998	1157	107	88705	4009	170	9120	7032
59629	13651	1205	48217	1014	37	5314	2380
62537	13493	22	49658	4506	33	9684	3324
47733	7276	536	36424	837		4021	875
322574	180146	4704	173904	17434	2553	31142	14645
303000	141011	8487	158380	24829	1086	36294	15730
277547	307209	3110	165031	13786	590	52942	26192
161189	34980	4201	117219	9733	799	20745	12655
91752	33275	3360	54010	2969	104	9932	5472
74763	14722	4106	62400	2963	694	6901	4543
166903	43041	1784	90560	7626	479	22936	10958
186394	24805	792	128611	1027	77	15391	8101
68112	21949	2169	43694	2828	462	11141	7162
174609	48560	5499	119654	4657	938	18265	9097
338604	323686	13553	266983	17223	1622	46608	22852
103455	17224	729	74060	6648	952	11297	7233
18186	9412	98	13301	211	13	2246	1223
141549	58305	3682	103233	5639	352	28575	8101
234846	242644	1904	131058	5464	384	64500	36661
155714	32194	898	134091	4185	365	14770	8642
172330	33388	3503	122227	6670	292	23925	5259
8478	1070	1755	5803	43	43	18000	17960
195833	11501	2979	150213	3513	304	19858	13645
142942	21046	1723	110489	1064	326	17034	8678
16780	234	65	13367	599		1196	488
22337	4976	755	19525	306	10	4273	2110
121909	14970	194	84675	4368	56	7630	3478

续表 2

地区	资产总计(千元)	固定资产原值	实际使用房屋建筑面积(万平方米)	文化活动用房面积	实际拥有产权面积(万平方米)	本站指导群众业余文艺团队(支)
全国	**20007071**	**17028072**	**1966.69**	**1494.51**	**1201.64**	**204395**
北京			33.10	20.79		4912
天津	81268	77771	7.84	6.03	2.11	1462
河北	677998	573414	69.58	56.55	47.01	14228
山西	592925	509303	50.62	41.72	45.66	6428
内蒙古	372483	361447	34.58	27.99	21.10	1946
辽宁	261203	230809	38.66	29.62	16.42	3983
吉林	225404	207367	20.98	16.31	20.45	2009
黑龙江	314527	306491	31.51	26.44	17.94	2823
上海	903114	559274	69.96	45.17	40.91	3706
江苏	1646762	1451080	173.68	129.64	81.09	7562
浙江	1884143	1440902	193.64	159.83	105.07	18620
安徽	870444	704583	65.86	56.69	59.34	5297
福建	570586	420446	58.43	45.27	32.29	4877
江西	508174	435370	55.57	40.37	31.94	3987
山东	690954	601624	114.33	75.78	34.28	17188
河南	671694	646761	72.12	56.63	59.61	17805
湖北	532609	474418	68.03	49.97	50.67	7146
湖南	814612	761299	83.08	66.22	66.09	12882
广东	1909128	1483719	203.52	133.93	78.77	5065
广西	405009	388755	46.39	36.86	32.63	7574
海南	69425	61881	6.06	5.12	3.97	1727
重庆	516809	425441	42.07	31.17	39.90	4977
四川	2069192	1901546	141.43	110.73	102.56	10811
贵州	563874	505051	45.74	35.91	38.27	5078
云南	690899	623198	57.48	45.43	56.25	17078
西藏	375836	331136	18.94	15.48	3.07	71
陕西	579834	501834	54.82	42.05	38.71	7604
甘肃	583976	502367	42.14	34.16	32.79	3264
青海	120018	103389	8.92	8.30	5.00	440
宁夏	58869	54347	7.11	5.84	4.11	796
新疆	445302	383049	50.51	38.51	33.66	3049

辖区内社区文化活动场所（个）	社区文化活动室	辖区内社区文化活动场所面积（万平方米）	社区文化活动室面积	辖区内村文化活动场所（个）	村文化活动室	辖区内村文化活动场所面积（万平方米）	村文化活动室面积
71551	**51493**	**2550.40**	**697.47**	**424290**	**356463**	**10121.26**	**2907.22**
895	539	54.32	10.35	5278	3594	357.62	92.59
199	152	4.74	2.73	2524	1838	49.45	10.46
1504	1301	22.10	6.40	28080	22084	514.41	101.88
685	403	12.60	3.57	20349	18888	462.75	118.02
882	769	10.24	8.05	6339	6152	47.19	42.18
1117	777	74.91	5.47	8387	6532	433.51	33.00
1696	792	43.15	7.51	6968	6054	238.61	33.85
531	429	14.53	3.47	6940	6042	123.51	26.51
2328	1798	79.38	35.95	2349	1750	72.82	38.93
6171	3774	347.74	104.73	20914	14468	604.13	222.45
3287	1942	218.40	68.71	25125	18886	1172.97	484.54
2904	2230	61.21	13.53	11652	9671	172.59	44.84
1829	1329	41.99	13.15	10415	8679	195.59	51.53
5361	4535	65.58	23.47	10287	8734	149.68	57.58
7412	6669	233.37	58.57	40190	36111	1073.22	266.97
2863	2152	79.03	17.43	33261	28253	652.38	147.51
3697	2785	90.81	23.26	16646	14011	252.81	91.08
5309	3434	130.14	29.81	33917	27381	364.69	160.07
3723	2492	418.11	97.86	22147	18255	979.65	315.22
2864	1801	80.97	32.59	12499	9505	266.37	80.85
282	150	5.25	1.61	2170	1518	138.94	11.92
1558	1125	39.21	11.59	7148	6528	61.61	36.37
5142	3562	139.75	30.87	28058	24448	337.07	108.67
1507	1091	50.41	13.56	8073	6939	141.64	33.07
2756	1953	117.55	39.97	14119	14496	317.11	86.91
22	18	0.46	0.46	1080	1080	3.69	3.21
3108	2267	62.42	13.68	19840	17717	410.77	75.23
853	419	16.09	8.03	9564	7841	240.43	30.95
72	54	3.02	2.70	667	488	6.31	3.06
267	229	19.44	1.85	2259	2003	102.95	11.46
727	522	13.52	6.58	7045	6517	176.80	86.35

主要统计指标解释

1．**组织品牌活动**：是指由文化馆负责长期组织开展，当地群众广泛参与，在一定区域内具有较大影响，对当地文化生活及经济社会发展产生积极影响的群众文化活动。

2．**组织文艺活动次数**：指本馆组织或与外机构联合组织各种文艺演出（包括调演、汇演）次数，不论地点和内容，每组织一次算一次。

3．**举办训练班班次**：指本馆举办或与外机构联合举办的各种文化、艺术、科普（包括图书、讲演、创作、表演、音乐、舞蹈、美术、文学、摄影等）训练班，按截止到年底办完的班数及培训人数，分别计算班次。

4．**举办展览个数**：指本馆举办或与外机构联合举办的在馆内或者馆外展览的个数。个数按展览的内容计算。同一内容的展览不论在哪些地点展出和展出时间多久，只计算一个。

5．**组织公益性讲座次数**：指由本馆组织的公益性讲座的次数总和。

6．**业务活动专项经费**：指本馆报告期内财政拨款中用于开展群众文化活动的专项经费。

7．**馆办文艺团体**：指由本馆人员组成的为群众提供文艺演出的演出团队。

8．**馆办文艺团体演出场次**：指由本馆人员组成的为群众提供文艺演出的演出团队演出场次。

9．**馆办老年大学**：指由本馆举办的专对老年人进行文艺培训的场所。

10．**群众业余文艺团队**：指业务上受本馆指导的城镇和农村各种业余文艺演出团队。

11．**主体建筑建成年份**：根据填报机构公用房屋建筑的具体建成年份填报，填报机构如有分属不同年份的房屋建筑，按照主体建筑的具体建成年份填报。

4

艺 术 业

按年份各地区艺术表演团体机构数

单位：个

地　区	1995年	2000年	2005年	2009年	2010年	2011年	2012年	2013年
总　计	**2682**	**2619**	**2805**	**6139**	**6864**	**7055**	**7321**	**8180**
北　京	22	20	20	18	18	118	324	292
天　津	19	16	16	29	36	53	48	58
河　北	138	138	126	246	284	312	448	500
山　西	162	159	156	267	342	308	301	226
内蒙古	118	116	109	120	123	121	137	144
辽　宁	89	77	66	245	239	200	155	212
吉　林	68	65	61	68	68	67	41	54
黑龙江	92	89	84	90	89	88	85	35
上　海	31	29	85	77	89	102	147	148
江　苏	136	133	129	359	408	370	434	291
浙　江	83	79	273	435	471	498	609	733
安　徽	92	92	92	1172	1255	1294	1015	991
福　建	91	96	91	373	449	454	341	506
江　西	81	79	79	103	99	99	187	229
山　东	118	118	117	118	119	252	303	414
河　南	216	205	199	413	371	468	364	429
湖　北	105	100	99	196	204	172	226	307
湖　南	89	90	91	110	201	114	157	227
广　东	134	138	139	344	397	401	337	405
广　西	117	118	118	135	141	149	68	59
海　南	23	21	22	59	67	86	61	67
重　庆		38	29	160	381	282	244	443
四　川	140	98	84	332	348	370	469	510
贵　州	30	28	26	61	52	45	79	106
云　南	134	129	135	146	142	161	220	259
西　藏	25	26	27	29	37	47	92	79
陕　西	117	118	113	123	127	115	116	119
甘　肃	78	76	76	81	82	84	103	124
青　海	14	14	12	30	32	38	40	37
宁　夏	15	15	23	47	45	37	16	33
新　疆	87	88	91	136	132	133	137	123

按年份全国文化部门执行事业会计制度的艺术表演团体基本情况

年份	机构数(个)	演出场次(万场次)	农村演出	观众人次(万人)	平均每团演出场次(场)	总收入(万元)	财政拨款	演出收入	总支出(万元)	经费自给率(%)
1949年	1000	30			300					
1952年	2084	66		2312	317					
1957年	2884	137		79245	474					
1958年	3181	205		120290	644					
1964年	3302	171	82	84293	518	19030	5290		19817	69.3
1978年	3143	65	22	79395	206	32086	19644	11079	30049	41.4
1980年	2183	54	20	61519	245	34687	22503	10685	29524	41.3
1985年	3295	74	49	72322	226	48568	30942	13091	47292	37.3
1990年	2788	49	32	51012	176	71535	43759	18041	67514	41.1
1991年	2760	45	29	46411	162	71756	42638	17798	76065	38.3
1992年	2744	43	28	46338	155	80959	46617	19559	87797	39.1
1993年	2698	41	26	42530	151	92770	51093	21756	100106	41.6
1994年	2691	40	26	40935	149	127628	75583	27276	134508	38.7
1995年	2676	41	26	43166	154	151388	86620	34382	160654	40.3
1996年	2656	42	27	47934	158	184240	109781	39870	183534	40.6
1997年	2651	42	26	46361	157	206794	125300	40716	202789	40.2
1998年	2640	42	26	53486	161	218546	139913	41730	223877	35.1
1999年	2622	42	26	46904	161	242645	155609	48967	242797	35.8
2000年	2619	41	26	46168	157	263664	172864	51650	268886	33.8
2001年	2590	42	24	47385	163	311852	210018	57448	312601	32.6
2002年	2577	42	24	45980	161	365331	246661	64884	363312	32.7
2003年	2601	38	22	39163	147	400867	269640	71781	397890	33.0
2004年	2512	41	24	37907	165	459183	313068	86125	459369	31.8
2005年	2472	40	23	35752	159	500262	342807	92603	488472	32.2
2006年	2456	41	24	40766	167	565018	387812	103431	558540	31.7
2007年	2455	42	25	45404	170	691050	487842	120396	670009	30.3
2008年	2465	41	25	41272	167	803030	573623	133077	777735	29.5
2009年	2481	42	25	43127	169	889046	631197	142227	860603	30.0
2010年	2421	42	24	44290	175	946742	654258	155743	917143	31.9
2011年	2249	40	24	38209	176	1058959	777590	162684	1029564	27.3
2012年	1804	32	20	29796	179	1076060	824265	132713	1043740	24.1
2013年	1588	29	18	26067	182	998200	773381	123340	969206	23.2

按年份各地区文化部门执行事业会计制度的艺术表演团体财政拨款

单位：万元

地　区	1995年	2000年	2005年	2009年	2010年	2011年	2012年	2013年
总　计	**86620**	**172864**	**342807**	**631197**	**654258**	**777590**	**824265**	**773381**
北　京	2137	7119	19945	22440	27608	38645	49396	36110
天　津	1625	2973	12827	28403	18125	20196	48926	33576
河　北	2416	4704	9851	15278	16249	21228	20940	15201
山　西	2341	4891	10916	18018	20052	26703	23864	24738
内蒙古	2913	5277	11796	26212	32520	41183	49906	54838
辽　宁	4138	6683	10880	21774	24367	15644	23639	23758
吉　林	2938	5073	9246	20660	21136	21066	10370	10429
黑龙江	4553	7524	14453	30023	31463	32268	36062	18157
上　海	4207	7011	11635	18635	22399	35649	29097	27489
江　苏	4050	9911	13714	25159	21602	24289	28006	27810
浙　江	2501	7431	19611	32928	36260	37888	43718	47950
安　徽	2554	5161	10163	14675	8368	5199	5773	6498
福　建	2258	7607	11839	24263	30485	30492	35951	41969
江　西	1736	3529	6883	12817	14273	17628	18267	10864
山　东	3817	7952	17800	32816	35654	42113	44950	48725
河　南	2803	5435	10575	16856	20957	27169	40457	31422
湖　北	3459	6610	13579	27882	27230	31911	28237	20750
湖　南	2040	3842	7402	14306	17034	19370	19813	20051
广　东	6533	12701	19807	30632	21865	24837	23532	25784
广　西	2237	4913	9022	17385	17950	21834	10016	14483
海　南	962	1390	2200	2886	4924	5718	6109	5215
重　庆		2355	4159	10061	11528	12020	8571	9779
四　川	5065	6610	11642	21383	23847	37816	41323	26783
贵　州	1475	2546	5716	11258	10282	8233	9528	3204
云　南	3783	7270	13017	20541	22782	31131	25756	28202
西　藏	1130	2341	4725	8247	8844	9425	11743	14005
陕　西	2995	6125	8477	20807	16670	31461	18633	19773
甘　肃	1958	3514	8779	19668	20166	25698	24608	14847
青　海	1068	1500	3115	7813	7686	9174	5206	4052
宁　夏	646	1279	3015	7057	6141	9603	8086	118
新　疆	3321	5325	11172	21206	29090	32192	42096	52676

按年份各地区文化部门执行事业会计制度的艺术表演团体演出场次

单位：万场

地　区	1995年	2000年	2005年	2009年	2010年	2011年	2012年	2013年
总　计	**41.2**	**41.0**	**39.9**	**42.0**	**42.4**	**39.7**	**32.3**	**29.0**
北　京	0.4	0.6	0.7	0.3	0.3	0.3	0.3	0.2
天　津	0.3	0.2	0.2	0.3	0.3	0.3	0.3	0.3
河　北	3.0	2.7	3.2	2.3	2.3	2.7	2.2	1.9
山　西	4.4	3.4	2.7	3.2	2.9	2.9	2.4	2.3
内蒙古	1.3	1.4	1.5	1.7	1.7	1.9	1.7	1.4
辽　宁	1.0	0.9	0.9	0.7	0.8	0.2	0.3	0.3
吉　林	1.1	0.7	0.5	0.8	0.8	0.8	0.1	0.1
黑龙江	1.4	1.2	1.1	0.9	1.1	0.8	0.8	0.3
上　海	1.0	1.3	0.9	1.1	1.1	1.0	0.7	0.7
江　苏	3.8	4.0	3.6	3.6	3.3	3.7	3.6	3.9
浙　江	1.1	1.3	1.2	1.2	1.2	0.9	0.8	0.7
安　徽	0.7	1.3	1.1	1.7	1.1	0.2	0.2	0.2
福　建	1.5	1.4	1.2	1.5	1.6	1.6	1.1	1.1
江　西	0.7	0.9	1.0	1.4	1.7	1.3	1.2	0.7
山　东	1.7	2.1	2.0	1.9	2.2	2.0	1.9	1.9
河　南	5.0	3.7	3.9	4.3	4.4	4.1	4.2	4.2
湖　北	1.3	1.5	1.6	2.2	2.2	2.3	1.6	1.6
湖　南	1.2	1.5	2.2	2.0	1.9	1.9	1.5	1.3
广　东	1.7	1.8	1.5	1.3	1.1	1.0	0.7	0.5
广　西	1.1	1.3	1.2	1.1	1.2	1.0	0.2	0.2
海　南	0.2	0.2	0.2	0.1	0.2	0.2	0.1	0.1
重　庆		0.2	0.3	0.3	0.4	0.2	0.1	0.2
四　川	0.9	1.0	0.9	1.0	1.1	1.0	0.6	0.5
贵　州	0.2	0.2	0.3	0.4	0.6	0.4	0.3	0.3
云　南	1.5	1.0	0.9	1.0	1.1	1.0	0.6	0.7
西　藏	0.2	0.2	0.2	0.1	0.2	0.3	0.4	0.5
陕　西	2.3	2.2	2.0	2.1	1.8	1.9	1.2	1.2
甘　肃	1.3	1.4	1.5	1.6	1.6	1.6	1.1	0.3
青　海	0.2	0.2	0.2	0.2	0.2	0.2	0.1	0.1
宁　夏	0.2	0.2	0.2	0.3	0.2	0.3	0.2	0.0
新　疆	0.7	0.9	1.1	1.1	1.4	1.4	1.5	1.3

按年份各地区文化部门执行事业会计制度的艺术表演团体演出观众人次

单位：万人次

地　区	1995年	2000年	2005年	2009年	2010年	2011年	2012年	2013年
总　计	**43166**	**46168**	**35752**	**43127**	**44290**	**38209**	**29796**	**26067**
北　京	249	680	246	163	145	133	138	94
天　津	277	242	159	213	242	238	178	196
河　北	3384	3728	2275	2389	2527	2263	1860	1419
山　西	6362	4913	2748	3858	3554	2768	2611	2113
内蒙古	969	1147	1035	1472	1419	1380	1209	1103
辽　宁	982	1169	961	638	542	160	246	255
吉　林	1032	958	346	728	858	833	121	78
黑龙江	839	993	688	933	814	793	699	192
上　海	506	501	343	478	550	490	315	193
江　苏	1600	1818	1617	2005	1708	1656	1844	1551
浙　江	1281	1512	1524	1310	1262	948	920	826
安　徽	644	841	984	1373	912	249	167	138
福　建	2304	1773	997	1399	1304	1383	724	838
江　西	589	1058	1105	1332	1441	1329	922	594
山　东	2497	2438	2154	2271	2421	2253	1782	1953
河　南	5399	5073	4650	6038	6326	5906	5980	5522
湖　北	1668	2121	1656	2619	2829	2565	1654	1768
湖　南	700	1096	1340	1805	1525	1399	1004	817
广　东	1961	2427	2102	1865	1829	1428	1028	768
广　西	987	1618	1290	1076	1384	1068	275	268
海　南	298	283	190	282	213	239	175	222
重　庆		347	258	314	247	320	227	232
四　川	838	782	705	766	974	911	547	388
贵　州	149	461	258	463	520	329	186	259
云　南	1295	1329	1113	1509	1515	1333	737	951
西　藏	189	305	176	192	362	206	161	253
陕　西	2900	3046	1916	2391	2839	1822	1125	1437
甘　肃	2436	2064	1821	1996	2228	1979	1411	395
青　海	219	186	131	161	185	204	102	72
宁　夏	137	318	223	242	263	379	264	75
新　疆	385	694	534	645	850	923	877	838

按年份各地区文化部门执行事业会计制度的艺术表演团体演出收入

单位：万元

地　区	1995年	2000年	2005年	2009年	2010年	2011年	2012年	2013年
总　计	**34382**	**51650**	**92603**	**142227**	**155743**	**162684**	**132713**	**123340**
北　京	1068	2265	5195	6615	6800	7757	9953	8498
天　津	347	547	1335	2523	2195	2052	2045	2769
河　北	1754	2279	3853	5510	5536	6823	7372	4342
山　西	2528	2683	4151	8354	9410	10329	9394	9006
内蒙古	606	497	914	1352	1458	1798	1715	1727
辽　宁	1209	2185	3298	4367	4220	2186	2029	2147
吉　林	778	1051	2658	4905	2762	3642	1219	807
黑龙江	866	959	887	1624	1804	1934	1816	716
上　海	3023	4527	9526	14738	16127	19105	9819	11299
江　苏	2332	4142	7018	11604	11661	13187	10633	9983
浙　江	1648	2768	5106	7891	10634	7841	6744	6283
安　徽	507	993	2017	3443	2088	1394	971	782
福　建	1953	2382	3158	4893	7024	6527	5807	5491
江　西	381	438	717	2129	2342	1438	1509	1951
山　东	1500	2963	4202	5529	6130	6175	6130	5941
河　南	2647	3104	4743	7684	8464	9339	8057	8225
湖　北	1075	1610	2790	4207	4833	5935	4764	3790
湖　南	630	1137	2151	3077	3238	4807	3220	3245
广　东	3861	6282	8955	10332	9697	9192	8086	7856
广　西	507	717	1468	1809	2037	2543	1537	582
海　南	476	367	550	1069	1854	2129	1358	977
重　庆		433	464	835	1044	841	584	492
四　川	604	732	1725	3305	5064	6837	1451	1668
贵　州	119	142	313	381	387	47	182	350
云　南	353	455	1515	1608	1407	1108	590	818
西　藏	27	12	28	1	3	6	14	131
陕　西	1245	1804	2685	4093	3214	3620	3575	3964
甘　肃	446	579	1652	2629	3548	4126	2767	1304
青　海	63	70	215	593	830	1004	179	443
宁　夏	52	122	212	759	299	94	371	21
新　疆	386	775	761	664	575	849	1061	1057

按年份各地区文化部门执行事业会计制度的艺术表演团体总支出

单位：万元

地区	1995年	2000年	2005年	2009年	2010年	2011年	2012年	2013年
总计	**160654**	**268886**	**488472**	**860603**	**917143**	**1029564**	**1043740**	**969206**
北京	5062	15566	26226	30506	34625	47906	60266	47561
天津	2570	4525	10387	20990	22299	24002	62587	52143
河北	5302	8505	15067	23305	24503	29854	30786	19270
山西	6054	8330	16134	30762	32123	37674	34450	34908
内蒙古	3861	6053	13604	28710	34625	42608	49697	58288
辽宁	6727	10198	16414	27425	29346	18740	27564	26464
吉林	4735	6848	12332	26010	24186	25069	12094	12431
黑龙江	6318	9313	16019	31565	35061	35002	38782	19173
上海	10162	15257	29238	53455	57447	61326	48514	51748
江苏	9742	17384	24396	43330	39562	44317	43627	40825
浙江	6574	12513	26804	46128	54130	55644	56892	55140
安徽	3787	6867	13117	19829	11923	7458	7428	8235
福建	5107	10354	16117	33373	35817	41382	46007	48999
江西	2974	4423	8686	16450	17472	20750	20246	12170
山东	7026	12594	24843	42172	42905	50215	54937	60383
河南	6587	9735	16211	29126	33821	41310	44667	44585
湖北	6368	9808	19185	35921	39500	43000	36099	26428
湖南	4565	6552	11420	21680	24174	27632	25678	24102
广东	12955	22365	33029	46654	35748	37112	33818	35184
广西	3670	6492	11679	22532	23871	28003	13127	16624
海南	1728	1957	3150	4192	7309	8575	8809	7643
重庆		4020	5443	13345	19651	15988	10645	13851
四川	8638	9657	16178	27914	31018	48304	45784	28628
贵州	1960	3421	6888	13115	13235	9266	10529	3387
云南	4974	8442	15437	25384	26076	32727	26697	30429
西藏	1333	2380	4794	8190	8906	9526	12697	14598
陕西	5657	8991	13035	28073	20895	32746	22788	24687
甘肃	3211	4413	10976	23351	25134	29721	28135	16571
青海	1190	1699	3522	9008	8931	10364	6173	4483
宁夏	779	1421	3446	8744	6741	10558	8928	152
新疆	4402	7011	12932	23478	30599	36066	45903	55167

按年份各地区文化部门执行事业会计制度的艺术表演团体经费自给率

单位：%

地区	1995年		2000年		2005年		2009年		2010年		2011年		2012年		2013年	
	自给率	位次	自给率	位次	自给率	位次	自给率	位次	自给率	位次	自给率	位次	自给率	位次	自给率	位次
总计	**40.3**		**33.8**		**32.2**		**30.0**		**31.9**		**27.3**		**24.1**		**23.2**	
北京	34.2	16	22.8	22	26.9	16	30.7	11	31.2	11	27.8	13	23.3	15	22.7	11
天津	32.5	17	32.4	12	27.0	14	19.7	23	32.5	10	18.6	18	7.2	29	9.1	26
河北	48.0	7	46.0	2	33.9	8	35.1	6	38.1	6	31.8	9	31.4	7	29.4	6
山西	53.6	3	39.4	9	33.5	10	46.1	2	40.5	5	38.6	4	32.2	6	31.9	3
内蒙古	19.7	23	11.7	29	12.8	27	11.6	28	7.1	30	6.4	30	4.9	30	5.1	30
辽宁	35.2	15	33.9	11	33.6	9	22.4	19	18.2	24	18.3	19	19.7	19	12.8	20
吉林	28.7	19	25.1	17	25.6	19	21.2	21	24.3	18	16.5	24	13.8	23	11.9	22
黑龙江	27.3	20	18.8	26	9.5	30	9.0	30	8.5	29	8.7	29	8.4	28	5.9	29
上海	64.0	1	57.5	1	65.1	1	63.2	1	61.6	1	49.2	1	47.3	1	53.0	1
江苏	52.9	4	43.0	3	44.0	2	42.5	3	48.7	3	45.4	2	36.3	4	37.8	2
浙江	54.1	2	40.1	8	34.8	7	34.2	8	34.9	9	34.7	6	30.0	8	22.6	12
安徽	25.8	21	23.0	21	23.0	21	29.5	12	29.6	13	42.5	3	26.3	11	29.3	7
福建	50.4	6	30.8	15	30.5	12	29.2	13	28.5	15	29.4	11	27.1	10	22.4	13
江西	29.0	18	22.2	23	21.6	23	26.3	16	23.6	19	18.3	20	20.9	18	20.4	17
山东	42.8	11	37.3	10	26.7	18	21.0	22	21.1	21	18.1	21	21.8	17	21.2	16
河南	50.8	5	42.6	5	38.2	5	40.5	4	58.5	2	36.1	5	28.1	9	27.4	9
湖北	40.0	12	32.3	13	30.8	11	23.3	18	31.0	12	24.4	15	22.3	16	22.3	14
湖南	44.9	9	40.8	6	39.6	3	37.4	5	27.6	16	29.6	10	25.8	12	24.9	10
广东	47.4	8	40.2	7	39.0	4	34.3	7	37.9	7	33.4	8	32.8	5	30.8	5
广西	33.2	16	24.5	19	25.0	20	22.1	20	24.7	17	28.3	12	36.5	3	8.5	27
海南	44.6	10	26.8	16	28.4	13	31.5	10	37.1	8	34.0	7	38.5	2	30.8	4
重庆			42.8	4	26.9	17	26.8	15	44.9	4	24.8	14	25.1	13	27.5	8
四川	39.9	13	24.8	18	27.0	15	24.9	17	28.7	14	21.7	16	9.5	26	10.8	23
贵州	25.5	21	23.0	20	17.6	25	14.4	27	21.1	22	18.7	17	14.4	22	16.2	19
云南	15.0	24	16.5	27	19.9	24	31.6	9	13.1	26	10.4	28	8.4	27	9.4	25
西藏	6.8	27	1.1	31	2.5	31	1.8	31	1.5	31	2.2	31	2.4	31	4.0	31
陕西	36.5	14	31.3	14	37.5	6	27.0	14	21.2	20	15.9	25	24.1	14	22.1	15
甘肃	20.3	22	18.9	25	21.6	22	17.4	24	20.6	23	17.8	22	15.0	21	9.5	24
青海	9.7	26	7.9	30	12.3	28	14.7	26	16.1	25	16.8	23	16.3	20	12.3	21
宁夏	11.0	25	15.8	28	9.6	24	15.1	25	10.2	28	14.3	26	13.8	24	19.7	18
新疆	17.3	24	20.8	24	14.3	26	9.2	29	11.7	27	12.2	27	9.6	25	7.6	28

按年份各地区文化部门所属艺术表演场馆机构数

单位：个

地　区	1995年	2000年	2005年	2009年	2010年	2011年	2012年	2012年
总　计	**1958**	**1900**	**1866**	**1499**	**1461**	**1429**	**1279**	**1253**
北　京	23	24	39	7	7	6	6	8
天　津	30	32	28	27	27	34	27	26
河　北	99	96	95	71	75	81	84	72
山　西	53	49	44	73	87	89	90	90
内蒙古	35	30	27	24	22	18	18	18
辽　宁	79	71	59	40	42	40	37	32
吉　林	60	52	73	33	32	29	28	26
黑龙江	49	56	45	44	44	44	43	35
上　海	43	43	160	91	82	62	33	22
江　苏	140	142	87	89	86	85	86	84
浙　江	100	95	125	69	69	86	63	61
安　徽	110	104	90	68	55	51	25	44
福　建	78	80	76	53	51	48	48	57
江　西	69	61	58	52	53	48	44	46
山　东	116	105	94	78	90	90	88	88
河　南	169	166	156	149	138	132	130	139
湖　北	87	78	66	62	61	55	46	50
湖　南	104	94	83	67	62	65	64	57
广　东	79	75	68	69	63	63	30	41
广　西	34	31	23	22	22	21	19	18
海　南	3	18	13	5	6	6	7	7
重　庆		25	17	18	18	23	18	15
四　川	124	94	65	58	54	45	45	41
贵　州	15	14	12	9	7	11	8	6
云　南	44	40	38	29	32	25	24	18
西　藏	9	20	24	22	17	21	20	13
陕　西	109	112	107	90	89	88	86	84
甘　肃	47	46	30	28	26	22	24	22
青　海	3	2	1	21	18	20	19	13
宁　夏	17	19	12	9	7	4	3	3
新　疆	26	22	47	20	14	13	12	13

按年份全国文化部门执行事业会计制度的艺术表演场馆基本情况

年 份	机构数（个）	演出场次（万场次）		观众人次（万人）	收入合计（万元）			总支出（万元）
			艺术场次			财政拨款	艺术演出收入	
1985年	1377	99	12		11630	1506	1776	9519
1986年	1928	203	15	88670	19547	2233	2488	16786
1990年	1995	302	9	89157	43491	2865	3375	37402
1991年	2009	367	9	77613	47406	5505	3760	44260
1992年	1987	288	7	53188	51123	4037	4487	48185
1993年	1972	245	6	43278	60204	4688	4635	56846
1994年	1947	221	5	27552	68000	5359	5268	66234
1995年	1918	205	5	24252	79507	5723	6481	77136
1996年	1892	256	5	59057	86147	5034	7611	87204
1997年	1898	231	5	16572	88540	6559	8387	89732
1998年	1882	206	5	15368	84956	6800	8869	88735
1999年	1864	168	6	11581	75675	7588	10187	80731
2000年	1863	136	6	12982	81081	8643	10735	82040
2001年	1840	115	7	20544	83431	13112	11601	89815
2002年	1819	74	7	11421	83643	12033	13186	89374
2003年	1900	56	7	8087	103274	15703	21425	104384
2004年	1552	44	7	11286	99402	15467	21477	101157
2005年	1427	41	7	6328	94363	16792	29958	89301
2006年	1390	38	6	6528	117975	19603	37552	117871
2007年	1330	39	6	5906	115036	24067	38414	117321
2008年	1355	40	5	5596	123572	28116	28649	111036
2009年	1248	27	6	5045	113851	32074	23954	112603
2010年	1176	31	6	6003	132109	45333	25935	130900
2011年	1119	30	4	3945	159185	65871	22004	154849
2012年	1004	27	5	3525	136324	60356	11652	171124
2013年	931	26	3	3236	147259	71838	12812	146031

按年份各地区文化部门执行事业会计制度艺术表演场馆财政拨款

单位：万元

地　区	1995年	2000年	2005年	2009年	2010年	2011年	2012年	2013年
总　计	**5723**	**8643**	**16792**	**32074**	**45333**	**65871**	**60356**	**71838**
北　京	40	387	40	191	183	366	285	84
天　津	13	70	173	108	320	196	275	732
河　北	134	392	1097	1164	954	1603	1372	1396
山　西	151	93	263	986	1233	1725	2355	6013
内蒙古	156	232	508	1126	3245	6343	6528	6804
辽　宁	200	253	553	1512	1280	1282	1277	1823
吉　林	366	615	1017	1675	4486	1997	1847	2236
黑龙江	23	124	142	441	557	468	466	620
上　海	54	189	1304	4216	5330	5921	2556	1005
江　苏	191	89	67	348	543	1400	2178	2750
浙　江	325	768	1875	2471	3668	4333	4506	4540
安　徽	338	517	864	898	760	618	877	606
福　建	381	672	1503	1031	823	1032	1254	3965
江　西	301	334	712	899	1121	1246	1127	3437
山　东	439	730	274	400	507	894	2150	2333
河　南	444	337	561	3142	3356	3733	3884	3621
湖　北	81	135	307	1385	2536	5481	1216	1152
湖　南	264	543	607	686	1527	2226	2807	2316
广　东	324	650	2097	3207	6385	7398	7413	7806
广　西	59	18	44	96	81	87	81	97
海　南		11	1	12			10	325
重　庆		81	111	45	45	42	741	976
四　川	255	210	173	856	1078	1329	2149	2526
贵　州	93	63	75	160	163	263	230	
云　南	146	187	249	343	520	663	548	430
西　藏	81	261	494	284	341	810	1436	1231
陕　西	226	288	538	1559	1630	7928	2025	9299
甘　肃	402	180	99	509	260	3359	4142	651
青　海				206	337	372	392	125
宁　夏	21	45	106	136	113	193	555	126
新　疆	217	173	941	1583	1953	2562	3677	2815

按年份各地区文化部门执行事业会计制度的艺术表演场馆演出场次

单位：万场

地　区	1995年	2000年	2005年	2009年	2010年	2011年	2012年	2013年
总　计	**204.8**	**135.5**	**40.6**	**26.6**	**30.7**	**29.8**	**26.6**	**25.7**
北　京	2.8	2.3	2.1	0.2	0.6	0.6	1.0	1.0
天　津	6.8	4.0	1.8	0.5	0.5	0.3	0.4	0.3
河　北	8.2	6.4	1.7	0.6	1.1	1.1	1.6	1.5
山　西	3.6	3.1	2.6	2.2	2.7	2.2	2.3	2.7
内蒙古	1.9	1.8	0.6	0.4	0.8	0.5	0.3	0.3
辽　宁	6.6	4.9	1.1	0.5	0.5	0.4	0.4	0.3
吉　林	3.2	2.7	0.4	1.3	1.4	1.6	1.5	1.8
黑龙江	1.5	1.9	0.5	0.2	0.3	0.3	0.4	0.1
上　海	4.7	3.9	1.8	1.4	1.5	1.6	0.9	0.7
江　苏	26.6	12.6	0.2	0.4	0.3	0.2	0.1	0.1
浙　江	14.2	7.3	1.6	1.6	2.1	2.0	1.3	1.2
安　徽	16.9	8.2	1.3	0.7	0.5	0.4	0.2	0.2
福　建	6.4	4.9	2.1	2.6	3.0	2.7	2.9	3.8
江　西	4.9	2.0	0.7	0.5	0.9	0.6	0.8	0.5
山　东	11.6	9.5	0.7	0.6	1.1	1.0	0.5	0.3
河　南	16.4	10.3	7.8	2.4	2.2	1.1	0.9	0.8
湖　北	11.8	8.9	1.4	2.4	2.7	3.9	2.4	2.4
湖　南	10.9	7.6	1.9	1.3	1.3	2.2	1.3	2.1
广　东	15.6	9.0	2.1	0.9	0.6	0.8	0.6	0.3
广　西	3.7	1.8	1.2	1.6	1.8	0.9	0.9	0.5
海　南	0.3	0.8	0.2	0.1	0.1	0.1	0.0	0.0
重　庆		1.6	0.3	0.1	0.1	0.1	0.0	0.0
四　川	6.0	2.4	1.2	0.5	0.6	0.6	0.4	0.4
贵　州	1.4	1.0	1.1	0.1	0.1	0.0	0.0	
云　南	6.3	4.8	0.6	0.7	0.7	0.1	0.1	0.1
西　藏	2.1	2.1	0.7	0.1	0.3	0.4	0.1	0.0
陕　西	3.9	4.2	1.1	0.5	0.4	0.7	0.4	0.4
甘　肃	2.9	3.2	0.6	0.4	0.3	0.2	0.6	0.3
青　海	0.4	0.2		0.1	0.2	0.1	0.3	0.2
宁　夏	2.2	1.2	0.1	0.1			0.0	0.0
新　疆	0.7	0.9	1.4	1.8	2.0	3.2	4.2	3.4

按年份各地区文化部门执行事业会计制度的艺术演出场馆观众人次

单位：万人次

地　区	1995年	2000年	2005年	2009年	2010年	2011年	2012年	2013年
总　计	**24252**	**12982**	**6328**	**5045**	**6003**	**3945**	**3525**	**3236**
北　京	430	238	231	49	59	66	162	73
天　津	368	150	56	131	189	82	97	98
河　北	673	493	270	155	192	173	234	142
山　西	662	329	230	264	595	166	193	283
内蒙古	325	198	195	138	149	71	88	87
辽　宁	808	369	407	207	223	198	114	112
吉　林	244	227	106	93	114	103	110	173
黑龙江	210	549	128	97	169	99	69	49
上　海	823	381	503	532	461	446	101	100
江　苏	3266	1257	29	64	70	68	63	55
浙　江	1447	597	269	373	442	352	329	264
安　徽	785	328	211	172	123	27	26	13
福　建	743	547	265	257	201	141	135	197
江　西	543	180	178	119	161	96	92	126
山　东	1028	1051	166	121	371	162	176	149
河　南	2335	881	610	392	326	252	232	216
湖　北	895	2194	377	411	746	245	189	175
湖　南	846	452	232	206	248	214	267	271
广　东	1887	553	243	216	189	223	198	143
广　西	447	205	162	144	132	98	94	38
海　南	74	124	19	3	14	19	7	22
重　庆		27	120	38	54	34	14	9
四　川	520	209	328	217	199	104	82	82
贵　州	190	68	46	34	34	7	0	
云　南	1177	231	123	105	89	48	61	41
西　藏	399	155	138	31	62	35	24	10
陕　西	2106	514	348	204	196	217	128	129
甘　肃	409	212	81	81	56	73	75	32
青　海	98	9		11	24	20	31	47
宁　夏	409	188	45	49	19	1	4	5
新　疆	77	56	185	117	98	104	130	97

按年份各地区文化部门执行事业会计制度的艺术表演场馆演出收入

单位：万元

地　区	1995年	2000年	2005年	2009年	2010年	2011年	2012年	2013年
总　计	**6481**	**10735**	**29958**	**23954**	**25935**	**22004**	**11652**	**12812**
北　京	175	746	2871	465	523	590	623	680
天　津	83	70	110	384	536	374	525	401
河　北	245	317	235	401	277	606	387	411
山　西	125	144	201	522	1016	971	231	285
内蒙古	40	30	19	107	309	75	24	170
辽　宁	156	235	646	2233	786	1214	65	1461
吉　林	50	82	212	399	503	560	444	462
黑龙江	57	100	167	201	164	197	19	37
上　海	472	913	19122	10205	12035	9768	576	595
江　苏	1093	1617	221	834	544	121	580	1108
浙　江	649	1174	1111	1564	2772	1282	1408	1909
安　徽	172	221	275	213	206	139	14	40
福　建	185	347	447	255	234	264	130	60
江　西	61	252	138	202	635	151	222	558
山　东	478	580	270	195	215	55	80	115
河　南	547	636	809	1181	1199	516	1258	1389
湖　北	255	309	631	2142	751	846	566	310
湖　南	120	551	388	449	425	543	778	855
广　东	926	1393	753	463	1126	1747	2156	476
广　西	41	123	79	178	343	14	257	5
海　南	12	55	17		2	10	6	85
重　庆			10	13	13	4	16	37
四　川	64	138	403	376	472	618	506	474
贵　州	2	46	56		50	72		
云　南	164	116	151	195	208	18	71	21
西　藏	41	2	5	25	24			34
陕　西	81	268	273	310	410	1213	380	789
甘　肃	66	75	124	401	60	29	326	43
青　海	5	1		2	11	2		
宁　夏	10	33	24	26	17	4		
新　疆	29	48	128	14	72	3	5	3

按年份各地区文化部门执行事业会计制度的艺术表演场馆总支出

单位：万元

地区	1995年	2000年	2005年	2009年	2010年	2011年	2012年	2013年
总计	**77136**	**82040**	**89301**	**112603**	**130900**	**154849**	**171124**	**146031**
北京	1690	3567	5252	2467	2813	3362	3227	2904
天津	1311	1464	1147	1603	1985	1987	2262	2837
河北	2405	2847	3574	3632	4058	5262	4756	5178
山西	1620	1403	1993	4082	5166	4226	5389	8596
内蒙古	666	648	815	1772	3902	5414	7477	6677
辽宁	3481	2767	4153	5326	5534	5162	6262	6112
吉林	2308	1999	1940	3845	6213	3907	4337	4529
黑龙江	560	819	858	1187	1336	1281	739	789
上海	5056	7344	17864	21259	24666	21173	7354	5420
江苏	8848	9270	618	2166	2470	3852	5205	4994
浙江	4672	5471	7807	10494	11682	16895	15323	14649
安徽	3250	3295	3058	3296	1810	1703	1622	908
福建	3629	3905	5031	6614	6614	6172	39648	10149
江西	1227	1421	2028	2089	2401	2124	3116	5099
山东	4271	4530	1172	835	1197	3951	3491	3917
河南	5146	4156	5974	8014	8245	8565	9954	9814
湖北	4476	3043	2820	5329	6234	12675	4495	5321
湖南	3325	4883	2908	2832	4557	4851	5702	5121
广东	8148	7987	6061	7100	10264	11019	14413	12528
广西	1480	1203	1167	2141	2590	1471	1543	1070
海南	354	453	193	155	83	82	48	436
重庆		546	298	57	125	51	937	1250
四川	2676	1861	2501	3483	3277	4693	4878	5738
贵州	489	711	793	945	1835	1246	685	
云南	1337	1503	1505	1839	1973	1105	970	878
西藏	313	357	506	313	318	861	1518	1203
陕西	1521	2124	2428	3673	3415	11296	3766	12030
甘肃	1456	1221	1079	1803	1162	5069	5969	2503
青海	275	121		343	361	398	422	260
宁夏	499	436	271	422	354	223	271	174
新疆	465	452	2751	3278	4262	4774	5348	4950

2013年全国艺术表演团体和

	总计			文化部门				
				合计			国有企业	
	机构数（个）	从业人员数（人）	专业技术人才	机构数（个）	从业人员数（人）	专业技术人才	机构数（个）	从业人员数（人）
总　计	**9524**	**286901**	**149497**	**3320**	**139618**	**87558**	**2821**	**115981**
艺术表演团体	**8180**	**260865**	**142533**	**2067**	**117004**	**81148**	**1646**	**95572**
话剧、儿童剧、滑稽剧类	530	16921	9502	58	5367	3838	44	4197
其中：儿童剧团	26	1266	861	7	660	449	5	498
歌舞、音乐类	2074	76184	41860	632	37294	27434	522	31624
京剧、昆曲类	121	7857	5747	70	6360	5284	57	5450
其中：京剧	113	7201	5259	64	5736	4802	51	4826
地方戏曲类	2384	86110	47762	917	44091	28075	711	35786
杂技、魔术、马戏类	403	12844	7860	61	4968	3398	46	3556
曲艺类	168	3894	2195	58	2168	1502	40	1597
乌兰牧骑	120	3862	2201	117	3777	2178	109	3605
综合性艺术表演团体	2380	53193	25406	154	12979	9439	117	9757
艺术表演场馆	**1344**	**26036**	**6964**	**1253**	**22614**	**6410**	**1175**	**20409**
剧场	575	11280	3669	536	9767	3321	507	9035
影剧院	612	10437	2169	582	9697	2077	552	9066
书场、曲艺场	10	136	81	10	136	81	6	123
杂技、马戏场	2	46	21	2	46	21	2	46
音乐厅	13	474	62	11	407	48	8	264
综合性	101	3213	744	83	2171	668	73	1497
其他艺术表演场馆	31	450	218	29	390	194	27	378

注：艺术表演场馆不含非公有制艺术表演场馆。

场馆机构及从业人员情况

	集体经济			其他经济			其他部门		
专业技术人才	机构数（个）	从业人员数（人）	专业技术人才	机构数（个）	从业人员数（人）	专业技术人才	机构数（个）	从业人员数（人）	专业技术人才
72754	**200**	**6723**	**4072**	**299**	**16914**	**10732**	**6204**	**147283**	**61939**
67040	**182**	**6542**	**3958**	**239**	**14890**	**10150**	**6113**	**143861**	**61385**
3135	2	88	72	12	1082	631	472	11554	5664
398				2	162	51	19	606	412
23638	18	807	425	92	4863	3371	1442	38890	14426
4586	7	260	208	6	650	490	51	1497	463
4104	7	260	208	6	650	490	49	1465	457
22926	131	4613	2752	75	3692	2397	1467	42019	19687
2447	7	281	150	8	1131	801	342	7876	4462
1094	14	320	240	4	251	168	110	1726	693
2178				8	172		3	85	23
7036	3	173	111	34	3049	2292	2226	40214	15967
5714	**18**	**181**	**114**	**60**	**2024**	**582**	**91**	**3422**	**554**
3037	8	117	91	21	615	193	39	1513	348
1940	5	31	12	25	600	125	30	740	92
77	4	13	4						
21									
42				3	143	6	2	67	14
404	1	20	7	9	654	257	18	1042	76
193				2	12	1	2	60	24

2013年全国艺术

	剧团数（个）	从业人员（人）	专业技术人才	演出场次（万场次）	国内演出场次	农村演出场次
总　计	**8180**	**260865**	**142533**	**165.11**	**162.81**	**105.07**
按隶属关系分						
中央	20	5313	3268	0.34	0.32	0.07
省、区、市	190	28985	23763	6.43	5.95	1.73
地、市	505	39501	30573	9.61	9.00	4.65
县、市、区	7465	187066	84929	148.73	147.55	98.63
按单位类型分						
公有制	2261	122947	83803	41.41	39.11	24.83
其中文化部门	2067	117004	81148	39.81	37.57	23.67
其他部门	194	5943	2655	1.60	1.54	1.16
非公有制	5919	137918	58730	123.70	123.70	80.24
按剧种分						
话剧、儿童剧、滑稽剧类	530	16921	9502	6.42	6.36	2.97
其中：儿童剧团	26	1266	861	0.46	0.46	0.09
歌舞、音乐类	2074	76184	41860	28.54	27.97	14.65
京剧、昆曲类	121	7857	5747	2.27	2.25	1.52
其中：京剧	113	7201	5259	2.13	2.12	1.47
地方戏曲类	2384	86110	47762	49.38	49.16	42.15
杂技、魔术、马戏类	403	12844	7860	18.03	17.00	4.47
曲艺类	168	3894	2195	6.65	6.54	3.12
乌兰牧骑	120	3862	2201	1.23	1.19	0.80
综合性艺术表演团体	2380	53193	25406	52.59	52.35	35.42

表演团体基本情况

国内演出观众人次（万人次）	农村观众人次	本年收入合计（千元）	财政补贴收入	演出收入	本年支出合计（千元）	资产总计（千元）	实际使用房屋建筑面积（万平方米）
90064.25	**52973.44**	**28002661**	**13938109**	**8207373**	**23318210**	**39586951**	**638.26**
542.49	86.63	1433813	834232	262639	1251968	3456475	25.98
4751.02	1825.95	5678033	3965239	964210	5656622	9616160	125.89
8969.02	5076.98	4632856	3496330	643112	4440099	5126539	150.21
75801.72	45983.88	16257959	5642308	6337412	11969521	21387777	336.18
36427.61	24195.51	14431821	10133165	2464762	13511241	20694455	436.00
34766.29	23094.51	13786844	9841082	1454426	13355976	19529362	422.30
1661.32	1101.00	644977	292083	179889	155265	1165093	13.70
53636.64	28777.93	13570840	3804944	5742611	9806969	18892496	202.26
3678.11	1452.26	2048333	851376	867212	1747728	4682048	48.04
299.46	72.32	254868	110664	83462	314291	636349	4.16
24311.85	7035.02	7114603	3804363	2237816	6652418	11399732	219.78
1345.23	859.16	3916268	3574406	175905	1370170	2081754	28.36
1297.81	844.84	3699761	3399773	164965	1169803	1873583	26.79
37758.73	31183.83	5481321	3193951	1799062	4823101	5697169	171.15
6188.14	2479.47	1593994	534016	811308	1372739	2120210	23.52
1396.91	789.29	545946	244713	248459	493086	573743	12.16
1007.03	613.95	251553	239278	6937	248904	175757	11.75
14378.24	8560.45	7050643	1496007	2060676	6610066	12856539	123.52

2013年全国公有制艺术

	机构数（个）	从业人员（人）	专业技术人才	正高级职称	副高级职称
总　计	**2261**	**122947**	**83803**	**4552**	**12656**
按隶属关系分					
中央	20	5313	3268	664	768
省、区、市	190	28985	23763	2059	4727
地、市	505	39501	30573	1482	5301
县、市、区	1546	49148	26199	347	1860
按剧种分					
话剧、儿童剧、滑稽剧类	61	5574	3960	418	859
其中：儿童剧团	8	829	566	76	126
歌舞、音乐类	680	40943	29114	1584	4238
京剧、昆曲类	70	6360	5284	523	1075
其中：京剧	64	5736	4802	477	965
地方戏曲类	1039	45531	28610	1216	4019
杂技、魔术、马戏类	62	4993	3398	182	519
曲艺类	60	2209	1508	78	273
乌兰牧骑	118	3807	2178	35	195
综合性艺术表演团体	171	13530	9751	516	1478

表演团体基本情况

中级职称	本团原创首演剧目(个)	演出场次(万场次)	国内演出场次	农村演出场次	国内演出观众人次(万人次)	农村观众人次	本年收入合计(千元)
29446	1357	41.41	39.11	24.83	36427.61	24195.51	14431821
996	26	0.34	0.32	0.07	542.49	86.63	1433813
8157	259	6.43	5.95	1.73	4751.02	1825.95	5678033
12019	340	9.61	9.00	4.65	8969.02	5076.98	4632856
8274	732	25.03	23.85	18.39	22165.08	17205.95	2687119
1526	118	1.32	1.26	0.27	902.51	215.16	1209601
232	14	0.27	0.27	0.06	200.85	55.71	193684
9699	392	8.66	8.09	4.34	7911.24	3633.83	5380981
1953	45	1.20	1.18	0.52	901.21	441.92	1250135
1760	39	1.09	1.07	0.49	854.03	427.79	1034848
10467	578	18.85	18.64	15.01	20635.91	16683.39	4003286
1058	18	2.66	1.64	0.33	1009.42	288.95	545531
530	33	3.72	3.61	1.48	973.93	457.51	368807
597	45	1.18	1.14	0.76	834.82	501.90	250517
3616	128	3.81	3.57	2.12	3258.57	1972.85	1422963

续表

	财政补贴收入	演出收入	本年支出合计(千元)	资产总计(千元)	实际使用房屋建筑面积(万平方米)	排练练功用房
总　计	**10133165**	**2464762**	**13511241**	**20694455**	**436.00**	**99.53**
按隶属关系分						
中央	834232	262639	1251928	3456475	25.98	4.65
省、区、市	3965239	964210	5432827	9616160	125.89	25.35
地、市	3496330	643112	4326505	5126539	150.21	34.74
县、市、区	1837364	594801	2499981	2495281	133.92	34.80
按剧种分						
话剧、儿童剧、滑稽剧类	786990	223455	1206710	2660856	31.95	4.28
其中：儿童剧团	102684	43964	269565	431854	3.33	0.40
歌舞、音乐类	3653142	911310	4903279	7662023	150.48	41.51
京剧、昆曲类	985842	103474	1290707	2001534	26.89	4.97
其中：京剧	811219	93734	1091340	1795663	25.34	4.68
地方戏曲类	2916668	693998	3725236	4588721	133.73	27.90
杂技、魔术、马戏类	341998	130129	514559	738667	16.88	5.80
曲艺类	239766	86220	328698	458913	8.57	2.05
乌兰牧骑	238912	6367	248419	175367	11.69	3.33
综合性艺术表演团体	969847	309809	1293633	2408374	55.81	9.70

实际拥有产权面积(万平方米)	流动舞台车演出情况			政府采购的公益演出活动情况		
	流动舞台车数量(辆)	利用流动舞台车演出场次(万场次)	利用流动舞台车演出观众人次(万人次)	演出场次(万场次)	演出观众人次(万人次)	演出补贴收入(千元)
268.75	**1311**	**10.03**	**9692.05**	**9.18**	**9098.21**	**639749**
27.13				0.04	50.51	36858
83.77	88	0.58	825.84	1.42	1478.19	235877
84.87	309	1.54	1679.81	2.29	2317.29	162694
72.98	914	7.91	7186.39	5.43	5252.23	204320
14.48	19	0.09	57.07	0.36	265.11	52932
2.16	2			0.04	29.09	13434
95.11	384	1.80	1467.05	2.33	1995.38	169267
26.32	31	0.27	245.95	0.28	179.50	30633
25.21	30	0.27	240.95	0.23	164.83	26502
75.77	648	6.25	6393.67	4.54	5006.11	253217
13.02	21	0.20	112.89	0.24	200.92	20631
8.36	16	0.15	147.86	0.21	175.94	9407
3.82	67	0.34	239.23	0.19	122.43	2987
31.87	125	0.93	1028.32	1.03	1152.84	100675

2013年全国文化部门所属

	机构数（个）	从业人员（人）	专业技术人才	正高级职称	副高级职称
总　计	**2067**	**117004**	**81148**	**4425**	**12354**
按隶属关系分					
中央	12	3287	2499	566	591
省、区、市	188	28692	23587	2051	4691
地、市	488	38106	29682	1478	5230
县、市、区	1379	46919	25380	330	1842
按剧种分					
话剧、儿童剧、滑稽剧类	58	5367	3838	414	841
其中：儿童剧团	7	660	449	72	108
歌舞、音乐类	632	37294	27434	1478	3990
京剧、昆曲类	70	6360	5284	523	1075
其中：京剧	64	5736	4802	477	965
地方戏曲类	917	44091	28075	1200	4000
杂技、魔术、马戏类	61	4968	3398	182	519
曲艺类	58	2168	1502	78	273
乌兰牧骑	117	3777	2178	35	195
综合性艺术表演团体	154	12979	9439	515	1461

续表

	财政补贴收入	演出收入	本年支出合计（千元）	资产总计（千元）	实际使用房屋建筑面积（万平方米）
总　计	**9841082**	**2284873**	**13355976**	**19529362**	**422.30**
按隶属关系分					
中央	619386	185084	893329	2676803	19.53
省、区、市	3944112	942618	5583503	9578652	125.20
地、市	3465225	600004	4354536	4896376	146.37
县、市、区	1812359	557167	2524608	2377531	131.19
按剧种分					
话剧、儿童剧、滑稽剧类	765714	216010	1205961	2637826	31.49
其中：儿童剧团	81557	36664	226754	408985	2.89
歌舞、音乐类	3400661	779918	4568558	6755670	141.58
京剧、昆曲类	985842	103474	1308285	2001534	26.89
其中：京剧	811219	93734	1108918	1795663	25.34
地方戏曲类	2904643	661397	3756414	4494842	130.88
杂技、魔术、马戏类	341698	129673	536001	737967	16.83
曲艺类	238358	86160	332626	458303	8.43
乌兰牧骑	238912	6017	248119	175347	11.69
综合性艺术表演团体	965254	302224	1400012	2267873	54.52

艺术表演团体基本情况

中级职称	本团原创首演剧目（个）	演出场次（万场次）	国内演出场次	农村演出场次	国内演出观众人次（万人次）	农村观众人次	本年收入合计（千元）
28515	**1288**	**39.81**	**37.57**	**23.67**	**34766.29**	**23094.51**	**13786844**
671	24	0.24	0.22	0.02	277.16	20.38	1040488
8065	254	6.38	5.89	1.72	4712.50	1816.32	5602505
11777	312	9.38	8.78	4.51	8566.27	4756.78	4535137
8002	698	23.82	22.68	17.43	21210.36	16501.03	2608714
1465	114	1.27	1.21	0.26	872.18	203.72	1164143
171	10	0.23	0.23	0.05	173.02	46.12	148570
9090	381	8.19	7.65	4.10	7253.40	3316.87	4862331
1953	45	1.20	1.18	0.52	901.21	441.92	1250135
1760	39	1.09	1.07	0.49	854.03	427.79	1034848
10252	531	18.03	17.84	14.27	19893.64	16055.28	3949415
1058	18	2.65	1.63	0.32	997.42	276.95	544775
530	27	3.68	3.57	1.45	897.93	395.51	365931
597	45	1.18	1.14	0.75	834.75	501.83	250167
3570	127	3.61	3.36	1.99	3115.76	1902.43	1399947

排练练功用房	实际拥有产权面积（万平方米）	流动舞台车演出情况			政府采购的公益演出活动情况		
		流动舞台车数量（辆）	利用流动舞台车演出场次（万场次）	利用流动舞台车演出观众人次（万人次）	演出场次（万场次）	演出观众人次（万人次）	演出补贴收入（千元）
96.90	**261.95**	**1271**	**9.798**	**9450.03**	**8.90**	**8716.30**	**620698**
3.56	22.82				0.03	34.59	29858
25.33	83.24	88	0.577	825.84	1.42	1478.19	232877
34.15	84.65	301	1.507	1632.65	2.23	2178.35	158478
33.88	71.24	882	7.717	6991.54	5.23	5025.18	199485
4.25	14.04	19	0.088	57.07	0.35	263.81	49932
0.38	1.72	2			0.04	29.09	10434
39.96	89.78	368	1.717	1408.60	2.21	1791.98	158246
4.97	26.32	31	0.273	245.95	0.28	179.50	30633
4.68	25.21	30	0.268	240.95	0.23	164.83	26502
27.40	75.14	629	6.152	6274.18	4.46	4925.94	250195
5.77	12.97	21	0.198	112.89	0.24	188.92	20481
1.99	8.30	15	0.126	101.86	0.18	105.94	7999
3.33	3.82	67	0.336	239.23	0.19	122.43	2987
9.23	31.57	121	0.910	1010.26	1.01	1137.79	100225

2013年全国文化部门执行事业会计

	剧团数（个）	补贴团数	从业人员（人）	专业技术人才	正高级职称
总　计	**1588**	**1506**	**84060**	**58218**	**3176**
按隶属关系分					
中央	8	8	2731	2102	525
省、区、市	110	107	16450	13799	1349
地、市	346	337	26866	22032	1050
县、市、区	1124	1054	38013	20285	252
按剧种分					
话剧、儿童剧、滑稽剧类	28	28	2803	2160	284
其中：儿童剧团	3	3	388	296	59
歌舞、音乐类	478	457	26621	19594	1073
京剧、昆曲类	56	54	5290	4410	488
其中：京剧	50	48	4666	3928	442
地方戏曲类	735	688	35484	22657	991
杂技、魔术、马戏类	42	37	2566	1902	99
曲艺类	49	47	1544	1067	51
乌兰牧骑	117	115	3777	2178	35
综合性艺术表演团体	83	80	5975	4250	155

制度的艺术表演团体基本情况

	副高级职称	中级职称	本团原创首演剧目（个）	演出场次（万场次）	国内演出场次	农村演出场次	国内演出观众人次（万人次）
	9138	**20910**	**822**	**29.02**	**27.53**	**18.16**	**26066.56**
	590	557	21	0.22	0.21	0.01	257.97
	3061	5088	138	2.63	2.50	0.70	2315.79
	4008	8874	188	6.70	6.41	3.47	6046.88
	1479	6391	475	19.47	18.42	13.98	17445.93
	523	866	39	0.52	0.51	0.10	364.74
	77	99	9	0.14	0.14	0.05	113.23
	2932	6512	259	5.78	5.35	3.09	5059.67
	963	1672	32	0.97	0.95	0.39	697.99
	853	1479	26	0.85	0.84	0.36	650.80
	3350	8498	363	14.12	13.97	11.17	16064.97
	311	516	5	1.68	0.99	0.18	626.68
	179	394	20	3.07	2.96	1.37	662.10
	195	597	45	1.18	1.14	0.75	834.75
	685	1855	59	1.72	1.67	1.12	1755.68

续表 1

	农村观众人次	本年收入合计(千元)	财政补贴收入	事业收入	演出收入
总　计	**18261.76**	**9982000**	**7733807**	**1422200**	**1233403**
按隶属关系分					
中央	18.32	923041	541251	250418	166791
省、区、市	1062.57	3692250	2927074	419166	381775
地、市	3595.11	3254393	2685244	331407	300965
县、市、区	13585.76	2112316	1580238	421209	383872
按剧种分					
话剧、儿童剧、滑稽剧类	93.72	723612	520049	143192	114337
其中：儿童剧团	45.12	107881	66044	32827	22078
歌舞、音乐类	2465.67	3625801	2755682	527060	426015
京剧、昆曲类	345.03	1100461	890799	104851	93433
其中：京剧	330.90	885174	716176	93982	83693
地方戏曲类	13106.76	3233374	2499276	486201	452964
杂技、魔术、马戏类	185.90	247541	185008	47489	41550
曲艺类	356.85	224339	178308	27830	27023
乌兰牧骑	501.83	250167	238912	7356	6017
综合性艺术表演团体	1206.01	576705	465773	78221	72064

上级补助收入	附属单位上缴收入	经营收入	其他收入	本年支出合计(千元)	基本支出	项目支出
402956	**714**	**13092**	**409231**	**9692057**	**6971947**	**2363476**
			131372	749495	535907	213587
213897	245	2556	129312	3731002	2258151	1455041
129493	99	4424	103726	3131931	2449033	544419
59566	370	6112	44821	2079629	1728856	150429
18020			42351	759218	434878	318101
2094			6916	187114	62300	124814
190501	309	5455	146794	3377941	2487919	729316
52265		1523	51023	1158135	710530	438562
39865		1523	33628	958768	619881	329845
108207	355	4849	134486	3112310	2279425	715516
9166		242	5636	254800	202427	48435
7618			10583	208387	149208	52336
2550			1349	248119	226145	10578
14629	50	1023	17009	573147	481415	50632

续表 2

	本年支出合计(千元)			
		在支出合计中		
	经营支出	工资福利支出	商品和服务支出	差旅费
总　　计	**50156**	**4088251**	**2573272**	**197204**
按隶属关系分				
中央		274970	288717	40512
省、区、市	2467	1143789	1194186	64924
地、市	8564	1483382	693884	56957
县、市、区	39125	1186110	396485	34811
按剧种分				
话剧、儿童剧、滑稽剧类		186301	261651	10785
其中：儿童剧团		28278	44051	1574
歌舞、音乐类	11738	1482128	959138	90939
京剧、昆曲类	1687	381559	332347	15486
其中：京剧	1687	324566	230075	9012
地方戏曲类	29608	1380917	749649	63492
杂技、魔术、马戏类	267	116953	70425	4687
曲艺类	5	78467	41156	2052
乌兰牧骑	2720	168671	38542	4062
综合性艺术表演团体	4131	293255	120364	5701

本年支出合计(千元)						
在支出合计中						
			对个人和家庭补助支出		其他资本性支出	
劳务费	福利费	各种税金支出		抚恤金和生活补助		各种设备、交通工具、图书购置费
443651	**56225**	**61713**	**1632970**	**100155**	**637034**	**289698**
58103	4477	13481	98011	8536	32734	25287
187090	18296	23094	759963	49951	424248	178481
130609	14239	13912	580475	25894	114355	46088
67849	19213	11226	194521	15774	65697	39842
43646	4815	9958	123164	6694	134560	36720
11338	1493	1143	13393	1174	98684	2684
183430	15065	27715	521382	21428	162701	85480
53208	4261	5648	228860	7245	68845	48000
35444	3363	5270	208403	6418	54817	37338
127036	26690	13391	553226	53813	209869	88795
6522	1173	667	54583	1683	9673	7623
5243	909	706	51077	1095	18239	2069
7415	610	986	17680	2102	8036	6367
17151	2702	2642	82998	6095	25111	14644

续表 3

	资产总计（千元）	固定资产原价	实际使用房屋建筑面积（万平方米）	排练练功用房
总　计	**12089866**	**7056394**	**305.00**	**70.22**
按隶属关系分				
中央	2368773	1443514	15.36	3.17
省、区、市	5309624	2527273	75.71	15.21
地、市	2786530	1824452	105.15	23.52
县、市、区	1624939	1261155	108.79	28.32
按剧种分				
话剧、儿童剧、滑稽剧类	1616213	475386	18.63	2.48
其中：儿童剧团	319444	140374	1.90	0.13
歌舞、音乐类	4436752	3167296	103.28	29.59
京剧、昆曲类	1642246	907119	20.03	4.18
其中：京剧	1436375	823928	18.47	3.88
地方戏曲类	3388116	1815194	107.82	21.66
杂技、魔术、马戏类	269027	199364	10.54	3.02
曲艺类	159303	78396	5.98	1.56
乌兰牧骑	175347	129615	11.69	3.33
综合性艺术表演团体	402862	284024	27.05	4.41

实际拥有产权面积(万平方米)	流动舞台车演出情况			政府采购的公益演出活动情况		
	流动舞台车数量(辆)	利用流动舞台车演出场次(万场次)	利用流动舞台车演出观众人次(万人次)	演出场次(万场次)	演出观众人次(万人次)	演出补贴收入(千元)
194.14	**978**	**7.75**	**7716.33**	**6.20**	**6304.65**	**371057**
18.79				0.03	31.84	29858
51.87	42	0.24	432.14	0.61	754.33	120202
66.73	226	1.09	1283.56	1.50	1498.65	94453
56.75	710	6.43	6000.64	4.07	4019.84	126544
7.74	6	0.02	3.15	0.10	60.01	19927
1.13				0.01	9.00	1224
67.04	286	1.23	1008.57	1.50	1173.63	114863
21.87	23	0.20	193.60	0.20	110.95	21644
20.76	22	0.19	188.60	0.15	96.29	17513
61.35	503	5.11	5472.63	3.48	4042.47	170596
8.23	15	0.18	106.29	0.14	128.95	10756
6.04	13	0.12	95.88	0.15	88.22	4723
3.82	67	0.34	239.23	0.19	122.43	2987
18.04	65	0.56	596.98	0.46	577.99	25561

2013年全国文化部门执行企业会计

	剧团数(个)	补贴团数	从业人员(人)	专业技术人才
总　计	**479**	**380**	**32944**	**22930**
按隶属关系分				
中央	4	1	556	397
省、区、市	78	74	12242	9788
地、市	142	126	11240	7650
县、市、区	255	179	8906	5095
按剧种分				
话剧、儿童剧、滑稽剧类	30	27	2564	1678
其中：儿童剧团	4	4	272	153
歌舞、音乐类	154	122	10673	7840
京剧、昆曲类	14	12	1070	874
其中：京剧	14	12	1070	874
地方戏曲类	182	135	8607	5418
杂技、魔术、马戏类	19	17	2402	1496
曲艺类	9	9	624	435
乌兰牧骑				
综合性艺术表演团体	71	58	7004	5189

制度的艺术表演团体基本情况

正高级职称	副高级职称	中级职称	本团原创首演剧目(个)	演出场次(万场次)	国内演出场次	农村演出场次
1249	**3216**	**7605**	**466**	**10.78**	**10.04**	**5.51**
41	1	114	3	0.01	0.01	0.00
702	1630	2977	116	3.74	3.39	1.02
428	1222	2903	124	2.68	2.37	1.04
78	363	1611	223	4.35	4.26	3.45
130	318	599	75	0.75	0.70	0.16
13	31	72	1	0.08	0.08	0.00
405	1058	2578	122	2.41	2.30	1.02
35	112	281	13	0.24	0.23	0.13
35	112	281	13	0.24	0.23	0.13
209	650	1754	168	3.91	3.87	3.10
83	208	542	13	0.97	0.64	0.14
27	94	136	7	0.61	0.61	0.09
360	776	1715	68	1.89	1.69	0.87

续表 1

	国内演出观众人次(万人次)	农村观众人次	资产、负债、所有者权益(千元)	
			资产总计	固定资产原价
总　计	**8699.72**	**4832.75**	**7439496**	**4080236**
按隶属关系分				
中央	19.19	2.06	308030	202577
省、区、市	2396.70	753.75	4269028	2001844
地、市	2519.39	1161.67	2109846	1363526
县、市、区	3764.44	2915.28	752592	512289
按剧种分				
话剧、儿童剧、滑稽剧类	507.44	110.00	1021613	648910
其中：儿童剧团	59.79	1.00	89541	41128
歌舞、音乐类	2193.73	851.21	2318918	1388916
京剧、昆曲类	203.22	96.89	359288	299277
其中：京剧	203.22	96.89	359288	299277
地方戏曲类	3828.67	2948.52	1106726	576837
杂技、魔术、马戏类	370.74	91.05	468940	171436
曲艺类	235.83	38.66	299000	194503
乌兰牧骑				
综合性艺术表演团体	1360.08	696.42	1865011	800357

资产、负债、所有者权益(千元)					损益(千元)	
本年折旧	负债合计	所有者权益合计	实收资本(股本)	国家资本	营业收入	演出收入
327576	**2045871**	**5393625**	**2822586**	**2584660**	**1479670**	**1051470**
15314	37148	270882	212580	210940	39047	18293
160085	1383486	2885542	1224430	1076225	766514	560843
113206	412196	1697650	973427	903698	422165	299039
38971	213041	539551	412149	393797	251944	173295
44360	256006	765607	350321	337117	149436	101673
1640	62423	27118	65308	65308	24897	14586
94096	573370	1745548	861001	844643	514907	353903
15194	35443	323845	167726	163526	20548	10041
15194	35443	323845	167726	163526	20548	10041
47114	310986	795740	541189	430579	285057	208433
9494	159682	309258	162677	151777	119247	88123
18231	34533	264467	87673	21673	80054	59137
99087	675851	1189160	651999	635345	310421	230160

续表 2

	损益(千元)			
	营业成本	养老、医疗、失业等各种社会保险费	住房公积金和住房补贴	差旅费
总　计	**3252261**	**258618**	**125529**	**57398**
按隶属关系分				
中央	143794	20504	10338	1510
省、区、市	1628706	127697	74989	25864
地、市	1118863	84424	31206	18053
县、市、区	360898	25993	8996	11971
按剧种分				
话剧、儿童剧、滑稽剧类	404484	24310	9625	6351
其中：儿童剧团	39632	3767	1397	246
歌舞、音乐类	1072464	79287	25971	20284
京剧、昆曲类	132572	12419	2987	4846
其中：京剧	132572	12419	2987	4846
地方戏曲类	571306	40261	22390	12567
杂技、魔术、马戏类	259339	21327	7623	3543
曲艺类	118881	6285	2166	828
乌兰牧骑				
综合性艺术表演团体	693215	74729	54767	8979

损益(千元)						
工会经费	营业利润	营业外收入	政府补助(补贴收入)	营业外支出	利润总额	本年发放工资总额
10477	**-1772591**	**2325174**	**2107275**	**411658**	**140925**	**1337342**
	-104747	78400	78135	40	-26387	59891
5118	-862192	1143741	1017038	223795	57754	625771
3884	-696698	858579	779981	103742	58139	460834
1475	-108954	244454	232121	84081	51419	190846
1187	-255048	291095	245665	42259	-6212	132900
221	-14735	15792	15513	8	1049	13794
3429	-557557	721623	644979	118153	45913	431919
213	-112024	129126	95043	17578	-476	46246
213	-112024	129126	95043	17578	-476	46246
2734	-286249	430984	405367	72798	71937	272909
1205	-140092	177987	156690	21862	16033	112129
583	-38827	61538	60050	5358	17353	39488
1126	-382794	512821	499481	133650	-3623	301751

续表 3

	工资、福利费、税金(千元)		实际使用房屋建筑面积(万平方米)	
	本年支付的职工福利费	本年应交税金总额		排练练功用房
总　计	**56930**	**66704**	**117.30**	**26.69**
按隶属关系分				
中央	1169	6798	4.17	0.39
省、区、市	29004	38548	49.49	10.12
地、市	17144	14131	41.22	10.63
县、市、区	9613	7227	22.41	5.56
按剧种分				
话剧、儿童剧、滑稽剧类	5272	7415	12.86	1.77
其中：儿童剧团	855	1118	0.99	0.25
歌舞、音乐类	18803	20493	38.31	10.37
京剧、昆曲类	2915	916	6.87	0.80
其中：京剧	2915	916	6.87	0.80
地方戏曲类	9653	8408	23.06	5.75
杂技、魔术、马戏类	8869	4992	6.29	2.75
曲艺类	2021	4728	2.46	0.43
乌兰牧骑				
综合性艺术表演团体	9397	19752	27.47	4.82

实际拥有产权面积（万平方米）	流动舞台车演出情况			政府采购的公益演出活动情况		
	流动舞台车数量（辆）	利用流动舞台车演出场次（万场次）	利用流动舞台车演出观众人次（万人次）	演出场次（万场次）	演出观众人次（万人次）	演出补贴收入（千元）
67.81	**293**	**2.05**	**1733.70**	**2.70**	**2411.65**	**249641**
4.03					2.75	
31.38	46	0.34	393.70	0.81	723.87	112675
17.92	75	0.42	349.10	0.73	679.70	64025
14.49	172	1.29	990.91	1.16	1005.33	72941
6.30	13	0.07	53.92	0.26	203.80	30005
0.60	2			0.03	20.09	9210
22.74	82	0.49	400.02	0.71	618.35	43383
4.45	8	0.07	52.35	0.08	68.54	8989
4.45	8	0.07	52.35	0.08	68.54	8989
13.79	126	1.04	801.54	0.98	883.48	79599
4.74	6	0.02	6.60	0.10	59.98	9725
2.27	2	0.01	5.98	0.03	17.72	3276
13.53	56	0.35	413.28	0.55	559.80	74664

2013年全国非公有制

	机构数（个）	从业人员（人）	专业技术人才	国内演出场次（万场次）	农村演出场次	国内演出观众人次（万人次）	农村观众人次
总　计	**5919**	**137918**	**58730**	**123.70**	**80.24**	**53636.64**	**28777.93**
按剧种分							
话剧、儿童剧、滑稽剧类	469	11347	5542	5.09	2.70	2775.60	1237.11
其中：儿童剧团	18	437	295	0.19	0.03	98.61	16.61
歌舞、音乐类	1394	35241	12746	19.88	10.31	16400.61	3401.19
京剧、昆曲类	51	1497	463	1.07	1.00	444.03	417.24
其中：京剧	49	1465	457	1.05	0.98	443.79	417.05
地方戏曲类	1345	40579	19152	30.53	27.14	17122.82	14500.44
杂技、魔术、马戏类	341	7851	4462	15.37	4.14	5178.72	2190.53
曲艺类	108	1685	687	2.93	1.64	422.98	331.79
乌兰牧骑	2	55	23	0.05	0.04	172.21	112.05
综合性艺术表演团体	2209	39663	15655	48.78	33.30	11119.67	6587.60

艺术表演团体基本情况

经营情况(千元)									资产总计(千元)	实际使用房屋建筑面积(万平方米)
营业收入	演出收入	营业成本	养老、医疗、失业等各种社会保险费	本年发放工资总额	本年应交税金总额	营业利润	营业外收入	政府补贴		
9442626	**5742611**	**9374547**	**1160678**	**4075581**	**394867**	**68620**	**4128214**	**3804944**	**18892496**	**202.26**
762431	643757	498610	16337	187387	45487	263821	76301	64386	2021192	16.09
52252	39498	44718	1846	18134	1693	7534	8932	7980	204495	0.83
1545185	1326506	1621249	59873	856079	60935	-76062	188437	151221	3737709	69.30
74466	72431	61885	1002	45487	122	12581	2591667	2588564	80220	1.46
73256	71231	60885	1002	44887	122	12371	2591657	2588554	77920	1.46
1170207	1105064	1017399	28367	749257	20347	153389	307828	277283	1108448	37.42
746119	681179	836018	44322	320863	21999	-89897	302344	192018	1381543	6.64
170906	162239	157622	6809	75356	5255	13283	6233	4947	114830	3.60
670	570	485	100	380	5	185	366	366	390	0.05
4972643	1750867	5181281	1003869	1840775	240720	-208679	655037	526160	10448165	67.71

2013年全国艺术

	机构数（个）	从业人员（人）	专业技术人才	正高级职称
总　计	**1344**	**26036**	**6964**	**213**
其中：附属剧场	265	5625	2328	87
儿童剧场	32	517	178	1
按登记注册类型分				
国 有	1227	22011	6065	187
集 体	20	233	116	
其 他	97	3792	783	26
按管理部门分				
文化部门	1253	22614	6410	193
其他部门	91	3422	554	20
按机构类型分				
剧场	575	11280	3669	122
影剧院	612	10437	2169	57
书场、曲艺场	10	136	81	2
杂技、马戏场	2	46	21	
音乐厅	13	474	62	6
综合性	101	3213	744	21
其他艺术表演场馆	31	450	218	5
按隶属关系分				
中央	7	176	19	3
省、区、市	108	4362	1417	60
地、市	367	9283	2511	62
县、市及以下	862	12215	3017	88

表演场馆基本情况

副高级职称	中级职称	坐席数(个)	演(映)出场次合计(万场次)	艺术演出场次	观众人次合计(万人次)	艺术演出观众人次
656	**2557**	**1027946**	**82.93**	**6.60**	**7776.35**	**2662.45**
338	897	186441	9.58	1.55	1494.59	747.92
24	67	25144	1.24	0.14	179.33	59.92
571	2234	920635	52.72	4.80	5617.75	2254.41
2	62	10830	0.24	0.14	64.12	31.66
83	261	96481	29.97	1.67	2094.48	376.38
588	2340	930100	57.64	4.94	6179.89	2190.11
68	217	97846	25.29	1.67	1596.46	472.34
394	1332	436776	13.02	2.79	2332.44	1395.42
152	816	452527	63.30	1.95	4109.85	672.27
13	24	808	0.14	0.14	12.76	12.76
3	8	3462	0.01	0.01	8.50	8.50
6	22	12832	0.20	0.17	165.49	137.86
62	292	105952	5.75	1.52	1064.65	409.90
26	63	15589	0.52	0.04	82.65	25.73
2	12	5657	0.08	0.08	43.19	43.10
256	558	91915	11.95	1.15	1123.19	750.74
244	1006	259040	39.72	2.64	2829.14	859.46
154	981	671334	31.18	2.73	3780.83	1009.14

续表

	本年收入合计(千元)	财政拨款	艺术演出收入	本年支出合计(千元)
总　　计	**4263611**	**1603126**	**824888**	**4171029**
其中：附属剧场	1766874	737708	462227	1738022
儿童剧场	99160	28745	22154	86927
按登记注册类型分				
国 有	3298043	1357980	628441	3161657
集 体	21067	7413	1657	16460
其 他	944501	237733	194790	992912
按管理部门分				
文化部门	2631993	1027516	400219	2551861
其他部门	1631618	575610	424669	1619168
按机构类型分				
剧场	2300107	1067799	537294	2162818
影剧院	1040090	189386	88249	1035742
书场、曲艺场	16865	8511	1013	16760
杂技、马戏场	3116		1103	3116
音乐厅	166871	44851	49715	149586
综合性	693821	269339	136911	759077
其他艺术表演场馆	42741	23240	10603	43930
按隶属关系分				
中央	43313	261	21106	41364
省、区、市	1669982	729634	433946	1575536
地、市	1522843	455876	213806	1600162
县、市及以下	1027473	417355	156030	953967

人员支出(千元)	资产总计(千元)	年末固定资产原价	实际使用房屋建筑面积(万平方米)	演(映)出业务用房	实际拥有产权面积(万平方米)
1118383	**19011304**	**10218124**	**663.78**	**349.66**	**412.66**
337643	8104331	1971828	176.12	85.66	124.11
28951	179331	87508	13.73	6.72	9.12
940375	12240804	8504560	512.96	291.22	308.84
10337	64195	25987	6.28	4.71	2.71
167671	6706305	1687577	144.54	53.74	101.11
910869	11466698	8536314	517.22	274.62	296.12
207514	7544606	1681810	146.57	75.04	116.53
592861	7659395	5006225	293.78	172.47	169.64
324369	3442515	2393651	200.14	113.66	126.52
4704	7967	7042	0.21	0.13	0.11
2193	42157	40357	1.43	0.75	1.43
38174	393233	293370	14.71	5.87	4.61
135091	7377814	2401831	147.55	54.43	107.25
20991	88223	75648	5.95	2.36	3.10
6857	31958	13284	6.92	5.72	2.50
327138	5041724	2966451	110.75	73.25	67.73
423711	9163942	3247272	265.57	118.64	178.51
360677	4773680	3991117	280.54	152.07	163.92

2013年全国执行事业会计制度的

	机构数(个)	从业人员(人)					坐席数(个)	演(映)出场次合计(万场次)	
			专业技术人才	正高级职称	副高级职称	中级职称			艺术演出场次
总　计	**964**	**16430**	**4585**	**140**	**400**	**1757**	**710195**	**26.39**	**2.98**
其中：附属剧场	182	3395	1562	57	218	606	122352	2.85	0.78
儿童剧场	21	207	45		10	16	16195	0.98	0.08
按登记注册类型分									
国 有	940	15993	4351	136	380	1650	693238	26.19	2.83
集 体	10	124	97		2	59	4909	0.03	0.02
其 他	14	313	137	4	18	48	12048	0.17	0.13
按管理部门分									
文化部门	931	15273	4337	131	352	1613	674468	25.73	2.71
其他部门	33	1157	248	9	48	144	35727	0.66	0.27
按机构类型分									
剧场	418	7817	2582	88	263	999	316653	7.78	1.64
影剧院	445	7075	1522	43	107	595	313897	17.96	0.97
书场、曲艺场	5	10	4			2	120	0.03	0.03
杂技、马戏场	1						900		
音乐厅	8	271	56	6	5	19	6561	0.11	0.10
综合性	66	1074	306	3	15	99	61590	0.45	0.22
其他艺术表演场馆	21	183	115		10	43	10474	0.07	0.02
按隶属关系分									
中央	1	67	14	2	2	10	1024	0.02	0.02
省、区、市	60	2940	999	44	165	417	55647	6.11	0.70
地、市	229	4693	1292	22	100	547	142044	9.44	0.75
县、市及以下	674	8730	2280	72	133	783	511480	10.81	1.51

艺术表演场馆基本情况

观众人次合计（万人次）	艺术演出观众人次	本年收入合计（千元）	财政补贴收入	事业收入	艺术演出收入	上级补助收入	附属单位上缴收入	经营收入	其他收入
3488.75	**1579.48**	**2450591**	**1162141**	**728295**	**436539**	**40983**	**7352**	**215162**	**296658**
603.19	420.70	1216526	613870	427362	314320	2745	1160	46489	124900
72.53	38.58	42559	11606	24722	18478	1788	243	256	3944
3414.94	1538.27	2398824	1132176	720853	431008	38428	7109	209946	290312
9.93	6.87	8836	7024	880	540	557			375
63.88	34.34	42931	22941	6562	4991	1998	243	5216	5971
3235.99	1369.11	1472593	718375	315646	128123	39256	4106	199864	195346
252.77	210.37	977998	443766	412649	308416	1727	3246	15298	101312
1451.51	858.04	1750467	877661	573574	377769	22746	2608	93973	179905
1626.24	438.70	443113	134845	106511	35757	14543	1353	82273	103588
		510	87	48	12				375
104.28	101.62	63204	23377	16049	1138	60		18734	4984
265.00	171.33	179409	115011	31339	21353	2754	3391	19329	7585
41.72	9.80	13888	11160	774	510	880		853	221
15.30	15.30	13701						13692	9
715.34	517.48	1416519	653800	526811	363237	13607	1160	70632	150509
820.76	369.75	504209	233288	86966	27126	8365	3892	78341	93357
1937.36	676.95	516162	275053	114518	46176	19011	2300	52497	52783

续表

	本年支出合计(千元)	基本支出	项目支出	经营支出	在支出合计中：				
					工资福利支出	商品和服务支出	差旅费	劳务费	福利费
总　　计	**2347390**	**1051897**	**995554**	**219583**	**588564**	**932157**	**11946**	**60855**	**22179**
其中：附属剧场	1114856	291804	767243	41849	193707	533596	6393	40584	9402
儿童剧场	32230	18933	6666	2044	8398	6680	21	1498	173
按登记注册类型分									
国 有	2297387	1014825	986723	216730	570162	921287	11525	60331	21231
集 体	9250	7598	1652		4023	1345	128		
其 他	40753	29474	7179	2853	14379	9525	293	524	948
按管理部门分									
文化部门	1460309	907073	270035	203661	491516	462213	11747	29207	17786
其他部门	887081	144824	725519	15922	97048	469944	199	31648	4393
按机构类型分									
剧场	1645895	624104	901481	92280	359943	737859	8857	49092	14143
影剧院	460368	304591	26858	82261	168061	103948	2020	5686	5041
书场、曲艺场	483	483			81	36		11	4
杂技、马戏场									
音乐厅	66964	31551	19990	14705	14855	20891	318	737	1255
综合性	160197	79894	45857	29496	38209	66832	707	5294	1630
其他艺术表演场馆	13483	11274	1368	841	7415	2591	44	35	106
按隶属关系分									
中央	13263			12575	385	1005	76	101	141
省、区、市	1313811	403781	824371	68631	209760	668891	5934	40056	11054
地、市	514434	304819	103266	87667	172308	129360	3881	10727	6850
县、市及以下	505882	343297	67917	50710	206111	132901	2055	9971	4134

各种税金支出	对个人和家庭补助支出	抚恤金和生活补助	其他资本性支出	各种设备、交通工具、图书购置费	资产总计(千元)	固定资产原价	实际使用房屋建筑面积(万平方米)	演(映)出业务用房	实际拥有产权面积(万平方米)
53381	**140547**	**10201**	**347484**	**33323**	**8894785**	**6292786**	**373.50**	**222.27**	**222.74**
19023	48000	2674	294626	10346	2433145	1150085	77.74	50.48	51.56
1424	1478	85	703	703	95001	59987	5.26	3.71	2.89
52739	135467	10171	343473	33143	8521315	5934151	363.80	215.86	215.05
	2857	20	714	82	19857	14595	1.64	1.22	1.16
642	2223	10	3297	98	353613	344040	8.07	5.19	6.54
38896	132572	9643	59407	27904	7254376	5661048	335.94	191.01	192.22
14485	7975	558	288077	5419	1640409	631738	37.56	31.25	30.52
36103	85523	5772	315556	19075	5358747	3303108	201.18	121.75	122.17
12461	38112	3549	16400	5515	1906259	1542181	122.23	66.47	74.46
	366				215	186	0.04	0.02	0.04
					1407	1407	0.13	0.13	0.13
2016	5451	555	9716	6120	339713	282548	4.36	4.04	0.47
2763	8793	315	5620	2537	1257558	1142115	42.04	28.38	23.89
38	2302	10	192	76	30886	21241	3.52	1.49	1.60
687	1243	552			8111	5087	0.72	0.72	
29858	51632	3645	318716	21870	3813994	2127453	79.44	57.73	51.94
12649	43076	1379	14599	5142	1956339	1563655	102.28	55.21	60.85
10187	44596	4625	14169	6311	3116341	2596591	191.06	108.62	109.96

2013年全国文化部门所属执行事业会计

	机构数（个）	从业人员（人）					坐席数（个）	演(映)出场次合计（万场次）
			专业技术人才					
				正高级职称	副高级职称	中级职称		
总　计	**931**	**15273**	**4337**	**131**	**352**	**1613**	**674468**	**25.73**
其中：附属剧场	162	2399	1327	48	174	467	102726	2.61
儿童剧场	18	174	33		2	13	14027	0.58
按登记注册类型分								
国 有	908	14836	4103	127	332	1506	657511	25.53
集 体	10	124	97		2	59	4909	0.03
其 他	13	313	137	4	18	48	12048	0.17
按机构类型分								
剧场	401	6887	2361	81	219	873	300728	7.59
影剧院	440	7042	1516	43	105	592	308511	17.58
书场、曲艺场	5	10	4			2	120	0.03
杂技、马戏场	1						900	
音乐厅	6	204	42	4	3	9	3737	0.05
综合性	57	947	299	3	15	94	49998	0.42
其他艺术表演场馆	21	183	115		10	43	10474	0.07
按隶属关系分								
中央								
省、区、市	51	2047	788	37	123	293	47520	5.93
地、市	223	4618	1286	22	98	546	134008	9.40
县、市及以下	657	8608	2263	72	131	774	492940	10.40

制度的艺术表演场馆基本情况

艺术演出场次	观众人次合计（万人次）	艺术演出观众人次	本年收入合计（千元）	财政补贴收入	事业收入	艺术演出收入	上级补助收入	附属单位上缴收入	经营收入	其他收入
2.71	**3235.99**	**1369.11**	**1472593**	**718375**	**315646**	**128123**	**39256**	**4106**	**199864**	**195346**
0.57	422.89	260.81	262193	171801	30877	18049	2745	1160	31871	23739
0.04	41.22	17.27	25540	11606	8083	1839	1408	243	256	3944
2.57	3162.18	1327.91	1420826	688410	308204	122592	36701	3863	194648	189000
0.02	9.93	6.87	8836	7024	880	540	557			375
0.13	63.88	34.34	42931	22941	6562	4991	1998	243	5216	5971
1.47	1330.85	748.96	802529	435520	170742	77456	22246	2608	92699	78714
0.95	1593.09	419.79	436725	134825	100745	29991	14163	1353	82051	103588
0.03			510	87	48	12				375
0.05	44.56	41.90	49503	23377	16049	1138	60		5042	4975
0.20	225.77	148.66	169438	113406	27288	19016	1907	145	19219	7473
0.02	41.72	9.80	13888	11160	774	510	880		853	221
0.51	571.96	374.13	476530	218044	124863	63615	13107	1160	70038	49318
0.72	775.78	339.88	496869	232719	84868	25671	7518	646	77761	93357
1.48	1888.25	655.11	499194	267612	105915	38837	18631	2300	52065	52671

续表

	本年支出合计(千元)	基本支出	项目支出	经营支出	在支出合计中：工资福利支出	商品和服务支出	差旅费	劳务费
总　计	**1460309**	**907073**	**270035**	**203661**	**491516**	**462213**	**11747**	**29207**
其中：附属剧场	251270	167181	42398	28487	104253	69220	6233	9280
儿童剧场	26635	13338	6666	2044	8397	6518	21	1498
按登记注册类型分								
国 有	1410306	870001	261204	200808	473114	451343	11326	28683
集 体	9250	7598	1652		4023	1345	128	
其 他	40753	29474	7179	2853	14379	9525	293	524
按机构类型分								
剧场	787564	492437	175962	91245	267376	271324	8749	17570
影剧院	454281	298854	26858	81929	167915	103768	2020	5681
书场、曲艺场	483	483			81	36		11
杂技、马戏场								
音乐厅	53701	31551	19990	2130	14470	19886	242	636
综合性	150797	72474	45857	27516	34259	64608	692	5274
其他艺术表演场馆	13483	11274	1368	841	7415	2591	44	35
按隶属关系分								
中央								
省、区、市	463929	274015	104600	68286	118495	203027	5865	8628
地、市	507063	300138	103186	85117	169158	127494	3878	10709
县、市及以下	489317	332920	62249	50258	203863	131692	2004	9870

福利费	各种税金支出	对个人和家庭补助支出	抚恤金和生活补助	其他资本性支出	各种设备、交通工具、图书购置费	资产总计（千元）	固定资产原价	实际使用房屋建筑面积（万平方米）	演（映）出业务用房	实际拥有产权面积（万平方米）
17786	**38896**	**132572**	**9643**	**59407**	**27904**	**7254376**	**5661048**	**335.94**	**191.01**	**192.22**
5118	5146	42399	2122	7263	5285	1077428	749734	48.88	25.60	24.93
173	1262	1478	85	353	353	94651	59637	4.45	3.36	2.89
16838	38254	127492	9613	55396	27724	6880906	5302413	326.24	184.61	184.53
		2857	20	714	82	19857	14595	1.64	1.22	1.16
948	642	2223	10	3297	98	353613	344040	8.07	5.19	6.54
9891	22645	80296	5769	28163	14016	3798970	2735555	171.41	95.60	96.58
5041	12286	38040	3549	16050	5165	1899515	1535437	120.51	65.58	73.81
4		366				215	186	0.04	0.02	0.04
						1407	1407	0.13	0.13	0.13
1114	1329	4208	3	9716	6120	331602	277461	3.65	3.33	0.47
1630	2598	7360	312	5286	2527	1191781	1089761	36.69	24.88	19.61
106	38	2302	10	192	76	30886	21241	3.52	1.49	1.60
6817	16435	46579	3643	31363	16819	2491191	1766874	54.47	35.48	28.69
6845	12530	41559	1378	14559	5134	1886096	1506825	98.32	52.07	60.43
4124	9931	44434	4622	13485	5951	2877089	2387349	183.15	103.47	103.11

2013年各地区艺术表演

地区	总计	话剧、儿童剧、滑稽剧类	其中：儿童剧团	歌舞、音乐类	京剧、昆曲类
总计	**8180**	**530**	**26**	**2074**	**121**
北京	292	34	4	40	4
天津	58	5	1	10	4
河北	500	21	1	144	9
山西	226	5	1	45	1
内蒙古	144	2		39	1
辽宁	212	40		73	4
吉林	54	3		17	
黑龙江	35	8	1	9	2
上海	148	29	5	41	3
江苏	291	27		80	7
浙江	733	93	1	63	29
安徽	991	23	3	74	4
福建	506	6		35	1
江西	229	17		81	2
山东	414	21	2	54	28
河南	429	25		73	2
湖北	307	14		174	5
湖南	227	15		75	2
广东	405	40	5	80	3
广西	59	4		32	
海南	67	3		20	
重庆	443	20		184	2
四川	510	31		166	
贵州	106	1		69	1
云南	259	21		139	1
西藏	79	1		36	
陕西	119	3	1	28	1
甘肃	124	1		34	1
青海	37	2		31	
宁夏	33	7		12	1
新疆	123	6		100	2

团体分剧种机构数

单位：个

其中：京剧	地方戏曲类	杂技、魔术、马戏类	曲艺类	乌兰牧骑	综合性艺术表演团体
113	**2384**	**403**	**168**	**120**	**2380**
3	18	6	7		183
3	11	2	5		21
9	123	53	7		143
1	134	1	6		34
1	7	1	1	75	18
4	9	6	3		77
	13				21
2	4	1	1		10
2	26	9	5		35
6	94	24	12		47
26	409	12	22		105
4	198	186	14		492
1	423	3	11		27
2	78	7	2		42
28	94	15	10		192
2	206	37	19		67
5	52	4	2		56
1	73	2	2		58
3	177	10	17		78
	3	2	1		17
	35	1	8		
2	9	2	3		223
	48	7	5	1	252
1	3	4			28
1	12	2			84
				40	2
1	70	1	3		13
1	46	1	2	1	38
				1	3
1	5	1			7
2	4	3		2	6

2013年各地区艺术表演团体

地区	总计			文化部门					
				合计			国有企业		
	机构数(个)	从业人员数(人)	专业技术人才	机构数(个)	从业人员数(人)	专业技术人才	机构数(个)	从业人员数(人)	专业技术人才
总计	**8180**	**260865**	**142533**	**2067**	**117004**	**81148**	**1646**	**95572**	**67040**
北京	292	7330	4439	18	2536	1858	4	1001	793
天津	58	2564	1928	16	2000	1732	14	1771	1513
河北	500	13444	8223	123	4984	3251	100	3849	2635
山西	226	11029	5412	147	8281	4697	84	5745	3579
内蒙古	144	7053	5050	109	5820	4602	109	5820	4602
辽宁	212	6073	3495	36	3587	2483	30	3220	2259
吉林	54	3196	2317	40	2702	2031	3	791	731
黑龙江	35	3447	2570	28	3361	2511	28	3361	2511
上海	148	8497	4156	21	2853	2227	17	2119	1803
江苏	291	9105	6257	114	5706	4579	15	1063	871
浙江	733	24968	11516	60	3792	2960	55	3619	2927
安徽	991	19767	7350	55	3077	2392	41	2358	1878
福建	506	14365	8391	80	3502	2631	75	3379	2546
江西	229	6825	4053	75	2454	1857	67	2161	1595
山东	414	10889	7937	102	5444	4645	97	5221	4489
河南	429	17508	7876	174	9367	4062	169	9007	3897
湖北	307	9005	5667	86	5363	3846	86	5363	3846
湖南	227	7890	5066	98	4326	3182	72	2936	2191
广东	405	13363	6519	70	4209	2452	68	4167	2432
广西	59	3777	2420	17	1700	1417	16	1284	1037
海南	67	2801	1223	19	1073	524	14	870	433
重庆	443	6762	2491	21	1258	917	21	1258	917
四川	510	10880	4899	52	3000	2251	44	2787	2098
贵州	106	3871	1894	38	1424	862	31	1148	738
云南	259	8173	4306	84	3174	2612	78	2957	2411
西藏	79	2324	749	78	2292	747	54	1700	620
陕西	119	7037	4499	92	6142	4078	76	5130	3344
甘肃	124	5647	3191	66	3846	2436	42	2357	1422
青海	37	1269	474	16	747	464	13	709	463
宁夏	33	1526	857	12	692	412	7	424	291
新疆	123	5167	4040	108	5005	3931	107	4969	3899

机构数和从业人员情况

文化部门						其他部门		
集体经济			其他经济					
机构数(个)	从业人员数(人)	专业技术人才	机构数(个)	从业人员数(人)	专业技术人才	机构数(个)	从业人员数(人)	专业技术人才
182	**6542**	**3958**	**239**	**14890**	**10150**	**6113**	**143861**	**61385**
7	146	54	7	1389	1011	274	4794	2581
1	1		1	228	219	42	564	196
11	509	379	12	626	237	377	8460	4972
54	2252	1000	9	284	118	79	2748	715
						35	1233	448
			6	367	224	176	2486	1012
			37	1911	1300	14	494	286
						7	86	59
			4	734	424	127	5644	1929
87	2715	1953	12	1928	1755	177	3399	1678
1	33	3	4	140	30	673	21176	8556
1	41	28	13	678	486	936	16690	4958
2	77	76	3	46	9	426	10863	5760
			8	293	262	154	4371	2196
			5	223	156	312	5445	3292
1	16	5	4	344	160	255	8141	3814
						221	3642	1821
1	4		25	1386	991	129	3564	1884
			2	42	20	335	9154	4067
			1	416	380	42	2077	1003
3	134	53	2	69	38	48	1728	699
						422	5504	1574
4	145	113	4	68	40	458	7880	2648
			7	276	124	68	2447	1032
			6	217	201	175	4999	1694
			24	592	127	1	32	2
9	469	294	7	543	440	27	895	421
			24	1489	1014	58	1801	755
			3	38	1	21	522	10
			5	268	121	21	834	445
			1	36	32	15	162	109

2013年各地区公有制艺术表演团体分剧种原创首演剧目数

单位：个

地　区	总计	话剧、儿童剧、滑稽剧类	儿童剧团	歌舞、音乐类	京剧、昆曲类	京剧	地方戏曲类	杂技、魔术、马戏类	曲艺类	乌兰牧骑	综合性艺术表演团体
总　计	**1357**	**118**	**14**	**392**	**45**	**39**	**578**	**18**	**33**	**45**	**128**
北　京	17	5	1	4	2		3	2	1		
天　津	12	3	1	1	5	5			3		
河　北	31			2			20		4		5
山　西	63	1		3	1	1	57	1			
内蒙古	53			10			4			31	8
辽　宁	17	5		5			1	1			5
吉　林	74	1		9			37				27
黑龙江	5	2		1	1	1					1
上　海	46	19	4	15	5	4	5	1	1		
江　苏	64	3		1			46		1		13
浙　江	73	5		9	5	2	52		1		1
安　徽	96	8		16	2	2	57	2	6		5
福　建	99	6		16	3	3	66	1	4		3
江　西	64	1		31	1	1	20		1		10
山　东	70	7	4	9	16	16	30	2			6
河　南	47			3			43	1			
湖　北	92	14		39	1	1	20	6	2		10
湖　南	43	5		7	1	1	27		3		
广　东	35	6		9			16		2		2
广　西	11			5			1				5
海　南	12	1		1			9		1		
重　庆	8						3				5
四　川	27	3		9			4		2		9
贵　州	39	2		36							1
云　南	70	2		49	1	1	16				2
西　藏	24	1		10						13	
陕　西	53	5		23			20	1			4
甘　肃	28			4			21		1		2
青　海	7			7							
宁　夏	8	3		5							
新　疆	43	3		38						1	1

2013年各地区艺术表演团体分剧种国内演出场次

单位：万场次

地　区	总计	话剧、儿童剧、滑稽剧类		歌舞、音乐类	京剧、昆曲类		地方戏曲类	杂技、魔术、马戏类	曲艺类	乌兰牧骑	综合性艺术表演团体
			儿童剧团			京剧					
总　计	**162.81**	**6.36**	**0.46**	**27.97**	**2.25**	**2.12**	**49.16**	**17.00**	**6.54**	**1.19**	**52.35**
北　京	2.17	0.30	0.11	0.29	0.13	0.11	0.11	0.24	0.42		0.68
天　津	0.69	0.07	0.03	0.22	0.05	0.05	0.14	0.01	0.10		0.09
河　北	6.97	0.14		1.52	0.13	0.13	2.03	1.55	0.06		1.54
山　西	3.89	0.01		0.26	0.01	0.01	3.01	0.08	0.04		0.49
内蒙古	2.55	0.02		1.34	0.01	0.01	0.09	0.01		0.97	0.12
辽　宁	1.63	0.40		0.36	0.06	0.06	0.07	0.14	0.02		0.60
吉　林	0.64	0.03		0.19			0.20				0.22
黑龙江	0.47	0.08	0.02	0.13	0.06	0.06	0.04	0.01	0.03		0.13
上　海	3.39	0.35	0.11	0.44	0.04	0.03	1.68	0.38	0.26		0.25
江　苏	7.73	0.22		0.90	0.07	0.04	1.25	0.57	2.32		2.40
浙　江	14.53	1.34		0.85	0.94	0.88	9.23	0.17	0.63		1.37
安　徽	31.66	0.47	0.04	0.98	0.04	0.04	3.60	3.35	0.37		22.84
福　建	11.00	0.08		0.40	0.01	0.01	9.77	0.09	0.23		0.41
江　西	5.06	0.26		1.77	0.03	0.03	1.65	0.44	0.07		0.84
山　东	5.31	0.25	0.04	0.92	0.41	0.41	1.64	0.47	0.16		1.47
河　南	26.06	0.38		2.01	0.03	0.03	5.58	8.73	1.31		8.03
湖　北	3.69	0.24		1.40	0.08	0.08	1.07	0.07	0.05		0.77
湖　南	3.53	0.28		0.94	0.03	0.02	1.32	0.08	0.06		0.82
广　东	4.20	0.18	0.01	0.79			2.40	0.08	0.10		0.66
广　西	1.46	0.01		1.03			0.06	0.01	0.02		0.34
海　南	0.95	0.04		0.32			0.50		0.08		
重　庆	4.74	0.18		2.61	0.02	0.02	0.06	0.03	0.02		1.82
四　川	7.59	0.50		2.23			0.76	0.15	0.08	0.02	3.86
贵　州	1.51	0.01		1.01	0.01	0.01	0.05	0.04			0.40
云　南	3.82	0.19		1.90	0.01	0.01	0.11	0.15			1.46
西　藏	0.37			0.19						0.17	0.01
陕　西	2.44	0.05	0.02	0.56	0.01	0.01	1.56	0.05	0.07		0.13
甘　肃	1.92	0.02		0.39	0.01	0.01	1.05	0.07	0.03		0.34
青　海	0.29	0.01		0.27							
宁　夏	0.86	0.10		0.35	0.02	0.02	0.14	0.02			0.23
新　疆	1.40	0.03		1.27	0.01	0.01	0.01	0.03		0.03	0.04

2013年各地区艺术表演团体分剧种国内演出观众人次

单位：万人次

地区	总计	话剧、儿童剧、滑稽剧类	儿童剧团	歌舞、音乐类	京剧、昆曲类	京剧	地方戏曲类	杂技、魔术、马戏类	曲艺类	乌兰牧骑	综合性艺术表演团体
总计	**90064**	**3678**	**299**	**24312**	**1345**	**1298**	**37759**	**6188**	**1397**	**1007**	**14378**
北京	983	118	85	185	55	49	76	89	112		348
天津	285	29	11	54	41	41	90	6	8		56
河北	5183	127		682	76	76	1906	835	10		1546
山西	3701	14	2	256	2	2	3021	1	7		401
内蒙古	1373	6		239	5	5	89	19	3	893	120
辽宁	851	127		306	23	23	32	22	6		335
吉林	424	13		121			160				131
黑龙江	404	63	27	121	32	32	42	3	25		117
上海	1175	178	49	358	23	23	247	202	39		128
江苏	2663	110		420	65	51	1159	152	279		477
浙江	9272	1154		889	371	352	5804	75	105		874
安徽	8578	208	7	759	49	49	2628	2139	223		2572
福建	4157	12		287	14	14	3678	72	63		31
江西	2379	82		513	23	23	885	5	27		845
山东	3602	133	40	358	343	343	1597	183	31		958
河南	9122	192		201	16	16	6152	1907	155		500
湖北	2880	111		697	81	81	1487	65	52		388
湖南	1775	49		512	19	9	719	49	26		401
广东	4601	314	6	673			2982	73	75		483
广西	882	8		444			75	4	10		342
海南	972	39		257			625	5	46		
重庆	1410	46		618	11	11	123	20	16		577
四川	12541	206		10684			259	83	44	2	1263
贵州	1229	1		765	9	9	116	38			301
云南	2325	119		1450	15	15	179	38			525
西藏	257	5		146						99	7
陕西	2681	23	11	440	5	5	2026	25	14		148
甘肃	2190	30		343	34	34	1419	41	21	1	302
青海	163	3		160						0	1
宁夏	596	48		238	7	7	174	16			114
新疆	866	19		732	3	3	8	23		11	70

2013年各地区艺术表演团体分剧种财政拨款

单位：万元

地区	总计	话剧、儿童剧、滑稽剧类	儿童剧团	歌舞、音乐类	京剧、昆曲类	京剧	地方戏曲类	杂技、魔术、马戏类	曲艺类	乌兰牧骑	综合性艺术表演团体
总计	**1393811**	**85138**	**11066**	**380436**	**357441**	**339977**	**319395**	**53402**	**24471**	**23928**	**149601**
北京	75290	10312	1221	8146	21129	13023	6327	21111	1101		7165
天津	33576	2974	1256	8554	8541	8541	9611	2502	1396		
河北	24520	207		3844	2464	2464	8545	344	279		8835
山西	29345	1510	69	4866	925	925	19850	304	305		1586
内蒙古	56027	1376		23177	1578	1578	2828	1243	385	20758	4683
辽宁	29415	4341		12141	4730	4730	2389	1802			4012
吉林	25488	614		10830			6870				7174
黑龙江	27458	2159	24	7192	3806	3806	3222	767	1742		8570
上海	46807	7718	2261	15024	6524	4339	9695	2404	1202		4241
江苏	46611	2267		7214	5698	2054	16328	2149	2432		10523
浙江	317114	2455	10	11365	263284	260574	35063	1009	312		3627
安徽	47668	1291	600	5977	2657	2657	6328	1243	151		30021
福建	42452	2923		12769	2057	2057	16855	1838	4196		1814
江西	18504	1555		5738	2102	2102	7449		702		958
山东	54022	3254	620	15367	8783	8783	16968	4765	810		4076
河南	36762	2348		2876	1164	1164	26950	1584	154		1687
湖北	39620	3632		12546	3465	3465	13267	2272	739		3699
湖南	48106	1368		7283	2153	1334	32059	1150	1540		2554
广东	44116	2150		21600			15510	1045	1726		2084
广西	22824			9137			8515	441	343		4389
海南	10507	1402		5795			3286		25		
重庆	19554	2464		5126	1393	1393	4429	820	299		5023
四川	33293	1091		11252			8725	1164	2222	5	8834
贵州	13583	652		4268	300	300	2534	610	1063		4156
云南	33523	1682		18865	2330	2330	8061				2586
西藏	14060	1362		10237						2354	108
陕西	29632	577	277	9403	794	794	15978	659	1092		1129
甘肃	25519	843		12758	784	784	7895	609	256	376	1997
青海	5251	164		5087							
宁夏	7025	827		3040	1554	1554	1535				68
新疆	52718	2197		37795	2209	2209	2324	1570		435	6189

2013年各地区艺术表演

地区	总计	话剧、儿童剧、滑稽剧类		歌舞、音乐类	京剧、昆曲类
			儿童剧团		
总计	**8207373**	**867212**	**83462**	**2237816**	**175905**
北京	836180	92392	43629	84195	36657
天津	39321	5973	1389	12365	4118
河北	298876	4195		59521	3303
山西	194570	10080	23	35912	2773
内蒙古	42302	585		31394	30
辽宁	150516	6717		31368	2305
吉林	67139	5513		24677	
黑龙江	28151	2414	844	11214	569
上海	370397	128455	13380	147328	6642
江苏	389296	30960		92707	3521
浙江	1142760	244347	800	194067	71529
安徽	636645	9360	550	103380	4012
福建	463154	3651		85915	1371
江西	196777	53979		78265	1504
山东	169744	11241	2014	41255	11146
河南	250573	20858		45986	211
湖北	190580	7754		83479	3537
湖南	275504	4393		39956	610
广东	453593	104673	1445	109926	
广西	96892	233		38227	
海南	163903	49825		86643	
重庆	270115	5529		131286	859
四川	461606	11760		189089	
贵州	67235			25839	735
云南	439949	4010		172767	39
西藏	1305	1		452	
陕西	119100	2629	713	35463	762
甘肃	68662	889		24421	111
青海	21395	1100		19759	
宁夏	26690	2881		6832	250
新疆	11804	1000		8053	

团体分剧种演出收入

单位：万元

京剧	地方戏曲类	杂技、魔术、马戏类	曲艺类	乌兰牧骑	综合性艺术表演团体
164965	**1799062**	**811308**	**248459**	**6937**	**2060676**
33068	22178	268488	162869		169400
4118	8392	1528	1610		5335
3303	38861	131925	646		60426
2773	118211	1800	1831		23963
30	1312	1686	340	5151	1804
2305	1386	91716	216		16808
	27543				9406
569	238	1683	26		12007
4745	34347	24126	6479		23020
1432	56584	15004	13524		176996
68416	496071	7617	10421		118708
4012	114865	82120	6745		316163
1371	319771	2937	3093		46416
1504	36834	1212	1018		23966
11146	34009	16586	1990		53517
211	101988	41404	5460		34666
3537	30087	8564	7880		49279
358	49396	3955	3060		174134
	163378	5596	12107		57913
	2712	3739	1135		50846
	25045	200	2190		
859	2360	2800	133		127149
	17272	83084	2283	570	157548
735	283	2686	1486		36206
39	2429	70			260634
				842	10
762	65140	5973	1407		7726
111	24848	2346	510	1	15536
				350	186
250	3307	1560			11860
	215	903		23	1610

2013年各地区艺术

地区	剧团数(个)	从业人员(人)	专业技术人才	演出场次(万场次)	国内演出场次	农村演出场次
总计	**8180**	**260865**	**142533**	**165.11**	**162.81**	**105.07**
北京	292	7330	4439	2.24	2.17	0.62
天津	58	2564	1928	0.69	0.69	0.21
河北	500	13444	8223	7.53	6.97	4.73
山西	226	11029	5412	3.93	3.89	3.33
内蒙古	144	7053	5050	2.66	2.55	1.31
辽宁	212	6073	3495	1.81	1.63	0.41
吉林	54	3196	2317	0.64	0.64	0.36
黑龙江	35	3447	2570	0.50	0.47	0.12
上海	148	8497	4156	3.41	3.39	0.91
江苏	291	9105	6257	7.90	7.73	4.20
浙江	733	24968	11516	14.55	14.53	11.75
安徽	991	19767	7350	31.73	31.66	24.46
福建	506	14365	8391	11.02	11.00	9.81
江西	229	6825	4053	5.09	5.06	3.12
山东	414	10889	7937	5.41	5.31	2.95
河南	429	17508	7876	26.10	26.06	13.70
湖北	307	9005	5667	3.73	3.69	2.32
湖南	227	7890	5066	3.55	3.53	2.05
广东	405	13363	6519	4.24	4.20	2.80
广西	59	3777	2420	1.54	1.46	0.37
海南	67	2801	1223	0.95	0.95	0.59
重庆	443	6762	2491	4.81	4.74	3.58
四川	510	10880	4899	7.65	7.59	4.20
贵州	106	3871	1894	1.63	1.51	0.66
云南	259	8173	4306	3.87	3.82	1.52
西藏	79	2324	749	0.46	0.37	0.27
陕西	119	7037	4499	2.48	2.44	1.66
甘肃	124	5647	3191	1.93	1.92	1.44
青海	37	1269	474	0.31	0.29	0.14
宁夏	33	1526	857	0.93	0.86	0.46
新疆	123	5167	4040	1.45	1.40	0.97

表演团体基本情况

国内演出观众人次(万人次)	农村观众人次	总收入(千元)	财政补贴收入	演出收入	总支出(千元)	资产总计(千元)	实际使用房屋建筑面积(万平方米)
90064.25	**52973.44**	**28002661**	**13938109**	**8207373**	**23318210**	**39586951**	**638.26**
983.00	269.59	2045447	752898	836180	1836701	3682063	14.95
284.94	101.06	397071	335764	39321	530043	390027	8.00
5182.83	3744.55	600395	245195	298876	809992	858274	23.09
3700.76	3159.54	560383	293450	194570	532842	578931	22.83
1373.14	746.07	637895	560271	42302	622215	415756	24.03
850.67	268.90	508578	294146	150516	403489	1325046	17.90
424.19	282.96	333204	254876	67139	320144	520945	12.09
404.43	85.69	360094	274577	28157	322259	615793	13.83
1174.97	208.50	1147733	468068	370397	961889	1370305	12.28
2663.15	1474.07	926915	466105	389296	843969	1072821	28.57
9272.08	6826.64	4485620	3171144	1142760	1701518	2419874	43.66
8578.15	6038.31	2555122	476681	636645	2338611	7200867	21.69
4156.54	3555.02	974961	424521	463154	849562	1448386	21.64
2379.21	1824.62	461254	185043	196777	357050	617366	16.56
3602.16	2344.12	2224580	540219	169744	2462829	938047	32.98
9122.38	6631.30	746036	367620	250573	655106	722193	28.39
2880.09	1869.64	685872	396196	190580	624281	1063197	32.95
1774.92	945.06	823761	481063	275504	528802	689694	27.00
4600.53	2912.98	1023732	441155	453593	970284	1967034	31.71
881.79	332.28	357466	228237	96892	356569	762372	9.55
972.29	738.74	303433	105073	163903	298376	645881	5.46
1409.86	902.54	574203	195541	270115	470111	1081664	17.00
12541.43	1305.50	903613	332929	461606	767692	1372650	30.73
1229.47	705.07	273408	135825	67235	221957	1043744	11.66
2325.28	1084.01	853161	335231	439949	580722	1009011	22.74
257.30	161.50	146396	140600	1305	146495	260895	14.07
2681.20	1880.11	510932	296324	119100	442512	730608	24.81
2190.05	1554.69	382528	255186	68662	367396	667839	13.55
163.48	65.59	80712	52511	21395	77447	205727	3.67
595.78	352.16	114090	70246	26690	112841	108748	3.17
865.70	516.03	570253	527182	11804	552538	344718	21.70

2013年各地区省级艺术

地　区	剧团数（个）	从业人员（人）	专业技术人才	演出场次（万场次）	国内演出场次	农村演出场次
总　计	**190**	**28985**	**23763**	**6.43**	**5.95**	**1.73**
北　京	11	2390	1804	0.87	0.83	0.06
天　津	11	1905	1657	0.27	0.27	0.01
河　北	3	801	677	0.21	0.12	0.05
山　西	7	837	732	0.10	0.08	0.04
内蒙古	6	617	573	0.12	0.06	0.02
辽　宁	4	813	622	0.07	0.07	0.01
吉　林	4	667	607	0.15	0.14	0.06
黑龙江	4	1025	856	0.10	0.10	0.03
上　海	18	3036	2295	0.97	0.95	0.05
江　苏	2	1156	1125	0.55	0.55	0.26
浙　江	9	1037	845	0.39	0.38	0.20
安　徽	7	835	700	0.22	0.19	0.01
福　建	7	756	738	0.12	0.11	0.02
江　西	6	452	395	0.16	0.16	0.12
山　东	7	798	762	0.12	0.09	0.02
河　南	6	1119	883	0.23	0.23	0.18
湖　北	5	947	745	0.14	0.14	0.02
湖　南	7	961	773	0.18	0.18	0.02
广　东	10	1161	880	0.12	0.12	0.07
广　西	2	713	582	0.16	0.10	0.02
海　南	3	423	254	0.04	0.04	0.03
重　庆	6	821	587	0.13	0.10	0.05
四　川	5	732	478	0.06	0.06	0.02
贵　州	5	509	425	0.11	0.10	0.02
云　南	4	458	417	0.06	0.06	0.03
西　藏	3	404	334	0.03	0.02	0.01
陕　西	6	1453	1182	0.28	0.27	0.04
甘　肃	8	943	824	0.19	0.19	0.11
青　海	1	96	68	0.11	0.11	0.05
宁　夏	4	397	324	0.15	0.10	0.08
新　疆	9	723	619	0.06	0.04	0.01

表演团体基本情况

国内演出观众人次（万人次）	农村观众人次	总收入（千元）	财政补贴收入	演出收入	总支出（千元）	资产总计（千元）	实际使用房屋建筑面积（万平方米）
4751.02	**1825.95**	**5678033**	**3965239**	**964210**	**5656622**	**9616160**	**125.89**
397.32	36.19	736209	472302	201630	717888	1212944	8.43
134.95	7.47	371397	325796	25641	509330	365435	5.51
201.91	125.58	123384	92932	18707	129607	167298	2.97
69.48	36.37	127112	57434	33890	131932	109650	2.78
86.95	30.74	114157	108066	5461	115516	87704	2.73
68.25	13.60	161755	137488	12289	154491	91153	4.85
104.57	48.77	100657	83795	10147	115372	127275	2.61
98.53	17.39	114818	88217	9195	114834	439150	3.62
362.47	29.34	817150	395227	202411	758642	1044875	6.46
162.94	83.64	173231	67352	105397	158844	480636	4.78
299.01	105.69	272302	218279	35089	229564	409347	3.85
191.87	10.58	128793	89013	26096	116384	359762	1.36
164.18	39.96	188848	160238	11580	176519	997340	5.47
79.76	56.14	78230	54551	9786	88988	232571	2.79
70.36	16.83	203405	177421	12485	214607	224159	4.67
451.03	403.88	200742	115405	26318	204487	231948	3.17
152.06	40.67	111398	91688	11378	123610	133918	5.27
113.85	14.78	139414	108915	13108	138622	136651	5.90
151.34	85.49	250520	175506	52567	240836	528670	4.57
88.43	33.57	163076	110640	38572	176776	285308	3.13
42.20	28.50	67589	45303	8846	68920	59961	1.60
105.49	75.72	177062	121539	12672	167212	390769	6.43
45.62	17.00	109225	90147	15475	102913	313022	1.64
103.06	44.41	59814	51132	2859	54711	143888	0.88
57.67	46.29	89740	82986	963	99362	113514	1.90
55.71	21.45	59047	59007	15	60402	177866	8.57
425.25	106.33	175813	92590	33311	155416	187998	6.65
240.82	115.31	99788	62667	11685	93975	221531	3.66
50.00	25.00	22334	10200	7946	20125	160689	1.65
138.55	105.10	73883	66321	3707	82860	72994	1.41
37.41	4.18	167140	153082	4924	133877	108134	6.61

2013年各地区地市级艺术

地　区	剧团数（个）	从业人员（人）		演出场次（万场次）		
			专业技术人才		国内演出场次	
						农村演出场次
总　计	**505**	**39501**	**30573**	**9.61**	**9.00**	**4.65**
北　京						
天　津						
河　北	35	1973	1534	0.62	0.57	0.39
山　西	40	3290	2356	0.65	0.63	0.44
内蒙古	19	1894	1576	0.23	0.22	0.10
辽　宁	22	2445	1638	0.50	0.33	0.15
吉　林	11	1144	835	0.12	0.12	0.06
黑龙江	16	1975	1438	0.27	0.24	0.04
上　海						
江　苏	39	2537	2078	1.57	1.52	0.62
浙　江	15	1344	1082	0.29	0.28	0.11
安　徽	21	1493	1243	0.44	0.40	0.18
福　建	21	1464	1191	0.34	0.34	0.18
江　西	15	830	702	0.13	0.13	0.09
山　东	38	2840	2535	0.84	0.78	0.40
河　南	27	2120	1450	0.77	0.74	0.60
湖　北	19	1897	1597	0.41	0.40	0.18
湖　南	21	1311	979	0.43	0.43	0.27
广　东	26	1703	1141	0.32	0.31	0.12
广　西	6	581	463	0.17	0.17	0.04
海　南	3	259	159	0.04	0.04	0.02
重　庆						
四　川	27	1955	1552	0.37	0.32	0.11
贵　州	8	557	379	0.07	0.06	0.02
云　南	16	1348	1297	0.22	0.21	0.11
西　藏	8	407	324	0.07	0.06	0.03
陕　西	10	675	459	0.15	0.14	0.09
甘　肃	13	1332	854	0.15	0.14	0.10
青　海	8	521	358	0.08	0.07	0.02
宁　夏	2	124	32	0.15	0.14	0.06
新　疆	19	1482	1321	0.22	0.22	0.13

表演团体基本情况

国内演出观众人次(万人次)	农村观众人次	总收入(千元)	财政补贴收入	演出收入	总支出(千元)	资产总计(千元)	实际使用房屋建筑面积(万平方米)
8969.02	**5076.98**	**4632856**	**3496330**	**643112**	**4440099**	**5126539**	**150.21**
660.63	504.16	152808	120348	22709	140323	225235	6.49
727.32	569.85	225488	164341	49482	214100	223001	10.01
201.47	98.82	219581	204275	5605	224812	117681	5.43
276.81	94.05	196853	152263	31240	196753	203439	7.65
77.52	40.54	111351	91751	16690	111847	204241	3.68
195.16	17.59	229261	173119	16474	192212	160828	9.04
577.41	215.25	395554	275331	88135	368525	307250	10.61
323.26	146.18	283981	194967	47544	282208	452763	7.72
467.52	255.01	153207	71972	47107	131386	211642	3.68
195.84	79.83	239785	184252	23035	218023	227880	5.03
144.48	83.86	78186	61744	5582	70277	79886	4.30
805.62	457.67	343749	254315	38597	329698	328187	14.58
1205.23	991.25	179698	132741	25526	178633	187158	5.37
446.98	202.57	281764	206179	34897	282619	348488	6.51
312.09	150.84	132744	107541	10910	118177	104142	5.13
476.70	305.84	301459	190006	78070	302211	426481	9.74
224.07	58.35	81073	66371	8219	74438	38471	0.43
39.21	31.92	55837	21743	30512	40540	54875	0.79
314.54	92.51	227079	193507	18293	216782	284420	8.53
80.40	25.20	62730	25648	9276	59437	308377	3.50
379.23	201.14	153550	136453	5560	149299	134198	3.70
28.60	10.75	55345	55269	76	54598	41191	3.54
224.70	146.60	58905	42928	8641	57268	80641	4.14
269.90	174.52	148239	132465	9198	162742	200944	3.63
64.82	20.10	43855	36398	6425	44835	39871	1.72
85.00	20.01	8560	1250	2160	5801	6200	0.09
164.53	82.58	212214	199153	3149	212555	129049	5.18

2013年各地区县级艺术

地区	剧团数（个）	从业人员（人）	专业技术人才	演出场次（万场次）	国内演出场次	农村演出场次
总计	**7465**	**187066**	**84929**	**148.73**	**147.55**	**98.63**
北京	281	4940	2635	1.38	1.34	0.56
天津	47	659	271	0.42	0.42	0.20
河北	462	10670	6012	6.70	6.28	4.29
山西	179	6902	2324	3.18	3.18	2.85
内蒙古	119	4542	2901	2.32	2.27	1.18
辽宁	186	2815	1235	1.24	1.23	0.26
吉林	39	1385	875	0.38	0.38	0.24
黑龙江	15	447	276	0.14	0.14	0.05
上海	130	5461	1861	2.44	2.44	0.86
江苏	250	5412	3054	5.78	5.67	3.32
浙江	709	22587	9589	13.87	13.87	11.44
安徽	963	17439	5407	31.07	31.06	24.27
福建	478	12145	6462	10.56	10.55	9.60
江西	208	5543	2956	4.80	4.78	2.91
山东	369	7251	4640	4.46	4.45	2.53
河南	396	14269	5543	25.10	25.09	12.92
湖北	283	6161	3325	3.18	3.15	2.12
湖南	199	5618	3314	2.94	2.92	1.76
广东	369	10499	4498	3.79	3.77	2.61
广西	51	2483	1375	1.21	1.20	0.31
海南	61	2119	810	0.88	0.87	0.54
重庆	437	5941	1904	4.68	4.64	3.53
四川	478	8193	2869	7.22	7.20	4.07
贵州	93	2805	1090	1.46	1.36	0.62
云南	239	6367	2592	3.59	3.56	1.38
西藏	68	1513	91	0.37	0.28	0.23
陕西	103	4909	2858	2.06	2.02	1.53
甘肃	103	3372	1513	1.59	1.59	1.24
青海	28	652	48	0.12	0.10	0.07
宁夏	27	1005	501	0.63	0.62	0.32
新疆	95	2962	2100	1.17	1.14	0.84

表演团体基本情况

国内演出观众人次（万人次）	农村观众人次	总收入（千元）	财政补贴收入	演出收入	总支出（千元）	资产总计（千元）	实际使用房屋建筑面积（万平方米）
75801.72	**45983.88**	**16257959**	**5642308**	**6337412**	**11969521**	**21387777**	**336.18**
585.68	233.41	1309238	280596	634550	1118813	2469119	6.52
149.99	93.59	25674	9968	13680	20713	24592	2.50
4320.29	3114.82	324203	31915	257400	540062	465741	13.63
2903.96	2553.32	207783	71675	111198	186810	246280	10.05
1084.72	616.51	304157	247930	31236	281887	210371	15.87
505.61	161.25	149970	4395	106987	52245	1030454	5.40
242.11	193.65	121196	79330	40302	92925	189429	5.81
110.74	50.71	16015	13241	2482	15213	15815	1.16
812.51	179.16	330583	72841	167986	203247	325430	5.83
1922.80	1175.18	358130	123422	195764	316600	284935	13.18
8649.82	6574.77	3929337	2757898	1060127	1189746	1557764	32.09
7918.77	5772.73	2273122	315696	563442	2090841	6629463	16.65
3796.53	3435.23	546328	80031	428539	455020	223166	11.14
2154.97	1684.62	304838	68748	181409	197785	304909	9.47
2726.18	1869.62	1677426	108483	118662	1918524	385701	13.73
7466.12	5236.17	365596	119474	198729	271986	303087	19.86
2281.06	1626.40	292710	98329	144305	218052	580791	21.16
1348.98	779.44	551603	264607	251486	272003	448901	15.98
3972.49	2521.65	471753	75643	322956	427237	1011883	17.40
569.29	240.36	113317	51226	50101	105355	438593	6.00
890.88	678.32	180007	38027	124545	188916	531045	3.07
1304.37	826.82	397141	74002	257443	302899	690895	10.57
12181.27	1195.99	567309	49275	427838	447997	775208	20.56
1046.01	635.46	150864	59045	55100	107809	591479	7.29
1888.38	836.59	609871	115792	433426	332061	761299	17.14
172.99	129.30	32004	26324	1214	31495	41838	1.95
2031.25	1627.18	276214	160806	77148	229828	461969	14.03
1679.33	1264.86	134501	60054	47779	110679	245364	6.26
48.67	20.49	14523	5913	7024	12487	5167	0.31
372.22	227.04	31647	2675	20823	24180	29554	1.67
663.77	429.27	190899	174947	3731	206106	107535	9.91

2013年各地区公有制

地区	剧团数(个)	从业人员(人)				
			专业技术人才			
				正高级职称	副高级职称	中级职称
总计	**2261**	**122947**	**83803**	**4552**	**12656**	**29446**
北京	18	2536	1858	140	288	675
天津	16	2000	1732	201	407	664
河北	131	5223	3420	182	505	1307
山西	163	9032	4811	95	463	1484
内蒙古	109	5820	4602	203	658	1371
辽宁	36	3587	2483	198	545	1146
吉林	40	2702	2031	172	451	846
黑龙江	28	3361	2511	351	593	982
上海	23	3146	2403	201	480	999
江苏	114	5706	4579	263	785	1601
浙江	67	4062	3101	252	642	976
安徽	61	3376	2545	79	282	936
福建	174	3558	2673	101	359	1076
江西	86	2884	2140	23	191	710
山东	103	5557	4758	239	943	1624
河南	174	9367	4062	196	481	1454
湖北	86	5363	3846	197	617	1562
湖南	99	4346	3198	90	409	1361
广东	75	4394	2539	110	302	812
广西	17	1700	1417	65	216	451
海南	21	1235	643	9	37	160
重庆	21	1258	917	46	172	254
四川	52	3000	2251	40	285	968
贵州	39	1559	963	36	139	298
云南	96	3575	2880	90	409	1108
西藏	78	2292	747	29	103	261
陕西	95	6237	4125	128	408	1218
甘肃	69	3986	2491	50	238	797
青海	30	1075	466	3	61	150
宁夏	12	692	412	22	39	82
新疆	108	5005	3931	77	380	1117

艺术表演团体基本情况

本团原创首演剧目(个)	演出场次(万场次)	国内演出场次	农村演出场次	国内演出观众人次(万人次)	农村观众人次	本年收入合计(千元)
1357	**41.41**	**39.11**	**24.83**	**36427.61**	**24195.51**	**14431821**
17	0.96	0.89	0.06	420.28	36.39	761145
12	0.32	0.31	0.06	196.10	60.47	383411
31	2.78	2.23	1.62	2051.81	1616.96	337950
63	3.16	3.11	2.66	3101.53	2655.92	507438
53	1.43	1.31	0.78	1115.14	596.07	599779
17	0.62	0.45	0.19	405.71	146.75	368378
74	0.50	0.49	0.31	389.97	270.19	268012
5	0.43	0.40	0.11	361.53	84.39	358102
46	1.04	1.02	0.07	398.76	40.02	847782
64	4.68	4.51	2.13	1942.53	1072.31	768934
73	1.49	1.48	1.03	1334.31	801.36	746796
96	1.30	1.22	0.70	1235.73	657.60	336488
99	1.18	1.15	0.82	929.49	605.29	537980
64	1.32	1.28	1.02	1005.34	779.29	241883
70	2.10	2.00	1.33	2175.10	1456.45	658378
47	4.52	4.48	3.92	5789.62	5249.10	531228
92	1.97	1.93	1.26	2200.95	1418.85	518913
43	1.76	1.73	1.13	1098.53	594.41	366605
35	0.92	0.89	0.56	1255.57	826.81	626682
11	0.44	0.36	0.13	445.98	165.78	280337
12	0.23	0.22	0.16	322.38	225.95	173907
8	0.28	0.20	0.11	316.56	229.29	223795
27	0.56	0.49	0.20	467.37	185.41	376701
39	0.49	0.37	0.20	450.07	255.33	138137
70	0.90	0.86	0.50	1289.65	666.28	353948
24	0.45	0.36	0.27	253.30	158.70	145846
53	2.07	2.02	1.34	2081.94	1358.54	489135
28	1.19	1.18	0.93	1556.17	1173.36	322652
7	0.28	0.26	0.12	154.98	60.52	73952
8	0.37	0.30	0.18	300.81	167.42	85235
43	1.35	1.30	0.88	837.92	493.68	568479

续表

地区	财政补贴收入	演出收入	本年支出合计(千元)	资产总计(千元)	实际使用房屋建筑面积(万平方米)	排练练功用房
总计	**10133165**	**2464762**	**13511241**	**20694455**	**436.00**	**99.53**
北京	491145	205274	734936	1222486	9.12	0.94
天津	335764	27686	521430	370877	5.51	0.98
河北	231275	77305	287116	453232	13.77	4.08
山西	292292	158558	458118	513447	21.15	3.91
内蒙古	559095	17362	593855	374326	19.93	5.87
辽宁	294026	44747	358290	312468	13.07	3.13
吉林	228246	29827	280327	374979	9.32	2.42
黑龙江	274571	26261	298000	605303	13.47	2.91
上海	408747	214665	789258	1080018	6.67	1.03
江苏	460080	247932	653402	916175	24.12	4.97
浙江	546272	122728	684225	1013372	17.59	2.84
安徽	192940	86006	279919	624620	6.98	1.82
福建	420999	59350	497189	1283169	13.68	1.80
江西	162754	39989	226434	405525	10.65	1.59
山东	515394	72125	660698	635683	23.90	7.77
河南	337764	101528	530952	517253	18.19	6.38
湖北	389274	70226	522792	627459	25.00	6.30
湖南	275603	49119	336297	379346	18.59	4.32
广东	404078	160227	595596	1016829	18.01	3.92
广西	199848	58500	272297	374603	4.76	0.87
海南	85213	69317	144761	136255	3.58	0.52
重庆	161156	14693	201966	481166	9.22	1.88
四川	319261	36143	337230	625820	12.95	2.27
贵州	87027	15049	124495	480576	5.95	1.68
云南	309776	16958	341168	354890	10.75	2.74
西藏	140050	1305	145975	260895	14.04	4.05
陕西	293744	105213	399994	691425	23.01	3.61
甘肃	235668	39430	297717	493260	10.79	2.09
青海	50951	17065	72114	202857	3.55	1.23
宁夏	69163	6970	61093	81803	1.67	0.91
新疆	526757	10565	551669	327863	21.07	6.07

实际拥有产权面积（万平方米）	流动舞台车演出情况			政府采购的公益演出活动情况		
	流动舞台车数量（辆）	利用流动舞台车演出场次（万场次）	利用流动舞台车演出观众人次（万人次）	演出场次（万场次）	演出观众人次（万人次）	演出补贴收入（千元）
268.75	**1311**	**10.03**	**9692.05**	**9.18**	**9098.21**	**639749**
6.71	1			0.10	30.04	15368
1.74	3	0.04	53.00	0.00	2.20	
10.59	80	0.58	438.47	0.15	259.85	9385
10.60	117	0.44	364.16	0.45	356.43	35431
10.42	88	0.42	308.72	0.29	257.18	6849
8.20	13	0.03	23.87	0.09	60.08	8118
7.06	37	0.25	236.24	0.33	259.44	9128
3.40	20	0.04	38.53	0.04	31.06	2288
4.42				0.03	11.20	6031
11.49	49	0.45	394.12	0.49	347.39	63760
9.09	18	0.12	154.27	0.44	453.11	32427
3.29	45	0.40	363.96	0.35	471.52	25493
8.09	20	0.04	44.15	0.24	215.45	17654
5.97	48	0.48	244.15	0.45	254.89	15315
14.15	72	0.95	1003.83	0.65	672.89	23138
11.05	174	2.55	3063.56	1.56	1912.26	78600
18.99	72	0.95	1039.14	0.61	701.69	22130
16.33	106	0.86	522.04	0.75	444.78	28779
9.96	4	0.02	8.60	0.10	124.98	17850
1.09	12	0.08	97.65	0.07	89.51	3480
1.40	13	0.03	49.51	0.06	76.29	10182
3.65	11	0.07	132.10	0.09	209.27	17083
10.38	15	0.04	40.84	0.21	202.38	23027
2.75	6	0.01	13.02	0.07	93.57	5759
7.36	61	0.17	234.18	0.21	316.97	9472
7.55	7	0.01	5.86	0.04	14.91	54
17.81	63	0.31	289.66	0.40	478.76	57430
5.42	46	0.15	163.71	0.17	193.40	11093
2.07	11	0.07	42.81	0.05	46.92	120
1.69	14	0.17	176.16	0.16	179.26	6275
8.92	85	0.30	145.74	0.50	280.05	41172

2013年各地区文化部门所属

地　区	机构数(个)	从业人员(人)	专业技术人才	正高级职称	副高级职称	中级职称
全　国	**2067**	**117004**	**81148**	**4425**	**12354**	**28515**
北　京	18	2536	1858	140	288	675
天　津	16	2000	1732	201	407	664
河　北	123	4984	3251	182	503	1160
山　西	147	8281	4697	93	459	1459
内蒙古	109	5820	4602	203	658	1371
辽　宁	36	3587	2483	198	545	1146
吉　林	40	2702	2031	172	451	846
黑龙江	28	3361	2511	351	593	982
上　海	21	2853	2227	193	444	907
江　苏	114	5706	4579	263	785	1601
浙　江	60	3792	2960	250	642	970
安　徽	55	3077	2392	77	272	861
福　建	80	3502	2631	101	359	1053
江　西	75	2454	1857	22	154	614
山　东	102	5444	4645	238	934	1624
河　南	174	9367	4062	196	481	1454
湖　北	86	5363	3846	197	617	1562
湖　南	98	4326	3182	90	409	1349
广　东	70	4209	2452	110	299	778
广　西	17	1700	1417	65	216	451
海　南	19	1073	524	9	37	160
重　庆	21	1258	917	46	172	254
四　川	52	3000	2251	40	285	968
贵　州	38	1424	862	36	132	264
云　南	84	3174	2612	90	400	1053
西　藏	111	4817	2615	91	329	807
陕　西	105	5915	3631	90	316	1104
甘　肃	25	1788	1143	13	107	394
青　海	19	1075	718	25	89	194
宁　夏	4	124	30			2
新　疆	108	5005	3931	77	380	1117

艺术表演团体基本情况

本团原创首演剧目（个）	演出场次（万场次）	国内演出场次	农村演出场次	国内演出观众人次（万人次）	农村观众人次	本年收入合计（千元）
1288	**39.81**	**37.57**	**23.67**	**34766.29**	**23094.51**	**13786844**
17	0.96	0.89	0.06	420.28	36.39	761145
12	0.32	0.31	0.06	196.10	60.47	383411
30	2.65	2.11	1.53	2011.82	1578.85	334610
43	2.84	2.80	2.40	2749.87	2361.42	483194
53	1.43	1.31	0.78	1115.14	596.07	599779
17	0.62	0.45	0.19	405.71	146.75	368378
74	0.50	0.49	0.31	389.97	270.19	268012
5	0.43	0.40	0.11	361.53	84.39	358102
41	0.98	0.96	0.06	360.24	30.39	772254
64	4.68	4.51	2.13	1942.53	1072.31	768934
56	1.17	1.15	0.70	1193.70	665.75	735802
83	1.17	1.09	0.61	1040.98	517.10	316440
95	1.10	1.07	0.74	855.49	531.79	534966
63	1.22	1.20	0.95	942.96	727.05	228231
70	2.09	2.00	1.33	2170.10	1453.65	655034
47	4.52	4.48	3.92	5789.62	5249.10	531228
92	1.97	1.93	1.26	2200.95	1418.85	518913
43	1.75	1.72	1.13	1091.65	588.01	365751
35	0.89	0.86	0.54	1182.07	770.07	610041
11	0.44	0.36	0.13	445.98	165.78	280337
12	0.20	0.19	0.15	310.57	221.44	137422
8	0.28	0.20	0.11	316.56	229.29	223795
27	0.56	0.49	0.20	467.37	185.41	376701
38	0.48	0.36	0.19	442.07	253.33	128018
69	0.77	0.74	0.45	1045.98	516.63	334627
43	1.31	1.20	0.73	887.10	499.02	375479
51	2.06	2.02	1.57	2470.85	1846.46	406802
11	0.41	0.40	0.26	471.69	314.90	189207
11	0.40	0.33	0.18	297.64	147.33	129782
	0.05	0.05	0.03	74.69	42.28	1482
43	1.35	1.30	0.88	837.92	493.68	568479

续表

地区	财政补贴收入	演出收入	本年支出合计(千元)	资产总计(千元)	实际使用房屋建筑面积(万平方米)	排练练功用房
全国	**9841082**	**2284873**	**13355976**	**19529362**	**422.3**	**96.9**
北京	491145	205274	747238	1222486	9.12	0.94
天津	335764	27686	521430	370877	5.51	0.98
河北	230915	74648	322527	446860	13.32	3.96
山西	290164	136684	473222	437245	19.12	3.59
内蒙古	559095	17362	604570	374326	19.93	5.87
辽宁	294026	44747	360984	312468	13.07	3.13
吉林	228246	29827	284329	374979	9.32	2.42
黑龙江	274571	26261	320959	605303	13.47	2.91
上海	387620	193073	716148	1042510	5.98	1.01
江苏	460080	247932	720991	916175	24.12	4.97
浙江	546188	112348	689988	1009102	17.46	2.76
安徽	183006	83484	281673	610694	6.33	1.67
福建	419685	57650	495545	1282886	13.68	1.8
江西	162274	37390	226940	382571	10.56	1.57
山东	514310	69865	653928	612723	23.4	7.47
河南	337764	101528	534996	517253	18.19	6.38
湖北	389274	70226	529515	627459	25	6.3
湖南	274795	49101	338692	378892	18.53	4.32
广东	392121	155757	595823	1005189	17.29	3.81
广西	199848	58500	291473	374603	4.76	0.87
海南	73566	44519	132095	110345	3.46	0.47
重庆	161156	14693	213302	481166	9.22	1.88
四川	319261	36143	360003	625820	12.95	2.27
贵州	86227	14703	116775	367131	5.41	1.63
云南	299306	13915	328482	321716	9.72	2.53
西藏	233138	66048	320114	796135	24.99	5.6
陕西	283043	64870	402696	423196	18.96	3.54
甘肃	158670	23591	190616	391730	5.45	1.35
青海	108499	11186	134404	101057	3.25	1.17
宁夏	1182	213	1520	1799	0.16	0.12
新疆	526757	10565	551669	327863	21.07	6.07

实际拥有产权面积（万平方米）	流动舞台车演出情况			政府采购的公益演出活动情况		
	流动舞台车数量（辆）	利用流动舞台车演出场次（万场次）	利用流动舞台车演出观众人次（万人次）	演出场次（万场次）	演出观众人次（万人次）	演出补贴收入（千元）
261.95	**1271**	**9.80**	**9450.03**	**8.90**	**8716.30**	**620698**
6.71	1			0.10	30.04	15368
1.74	3	0.04	53.00		2.20	
10.19	74	0.52	419.76	0.15	259.37	9335
10.33	108	0.42	341.56	0.43	348.78	34801
10.42	88	0.42	308.72	0.29	257.18	6849
8.2	13	0.03	23.87	0.09	60.08	8118
7.06	37	0.25	236.24	0.33	259.44	9128
3.4	20	0.04	38.53	0.04	31.06	2288
3.89				0.03	11.20	3031
11.49	49	0.45	394.12	0.49	347.39	63760
9	18	0.12	154.27	0.43	452.41	32357
3.16	38	0.33	254.10	0.25	319.87	20050
8.09	20	0.04	44.15	0.24	215.45	17654
5.89	45	0.44	222.71	0.43	236.55	15215
14.15	72	0.95	1003.83	0.65	672.89	23138
11.05	174	2.55	3063.56	1.56	1912.26	78600
18.99	72	0.95	1039.14	0.61	701.69	22130
16.27	106	0.86	521.24	0.75	442.58	28679
9.87	4	0.02	8.60	0.09	96.62	17299
1.09	12	0.08	97.65	0.07	89.51	3480
1.4	12	0.03	48.01	0.06	75.69	9382
3.65	11	0.07	132.10	0.09	209.27	17083
10.38	15	0.04	40.84	0.21	202.38	23027
2.64	6	0.01	13.02	0.07	93.57	5759
6.72	53	0.14	200.51	0.15	170.32	8372
17.23	25	0.10	71.97	0.22	198.93	34202
11.16	72	0.33	302.98	0.33	426.84	30077
3.96	15	0.09	76.05	0.05	80.48	4091
1.93	21	0.17	148.77	0.15	144.86	5865
0.16	2	0.02	45.00	0.03	52.77	530
8.92	85	0.30	145.74	0.50	280.05	41172

2013年各地区文化部门执行事业

地区	剧团数(个)		从业人员(人)				
		补贴团数		专业技术人才			
					正高级职称	副高级职称	中级职称
总计	**1588**	**1506**	**84060**	**58218**	**3176**	**9138**	**20910**
北京	11	7	1147	847	89	150	339
天津	16	16	2000	1732	201	407	664
河北	89	73	3385	2397	114	364	892
山西	117	105	6613	3660	56	353	1203
内蒙古	107	107	5687	4478	203	657	1357
辽宁	23	23	2234	1616	152	399	750
吉林	3	3	791	731	95	182	265
黑龙江	21	21	2157	1622	173	429	622
上海	15	14	1894	1630	147	339	616
江苏	96	89	3469	2675	117	450	1014
浙江	48	48	2778	2267	202	511	740
安徽	12	12	597	509	19	69	176
福建	77	68	3452	2585	101	357	1047
江西	46	41	1486	1127	13	105	391
山东	91	87	4869	4226	218	892	1526
河南	162	159	8320	3354	176	392	1277
湖北	70	69	3713	2561	64	311	1144
湖南	78	76	3135	2333	72	320	1020
广东	42	41	2373	1290	54	136	429
广西	11	10	825	665	42	125	208
海南	13	13	738	379	5	25	106
重庆	15	13	743	629	32	127	182
四川	44	43	2377	1864	31	246	861
贵州	22	20	604	325	13	38	77
云南	71	70	2849	2345	87	361	930
西藏	78	74	2292	747	29	103	261
陕西	59	59	3617	2210	53	174	665
甘肃	20	18	1548	1015	13	96	358
青海	11	9	507	336	3	50	114
宁夏	4	4	124	30			2
新疆	108	106	5005	3931	77	380	1117

会计制度的艺术表演团体基本情况

本团原创首演剧目(个)	演出场次(万场次)	国内演出场次	农村演出场次	国内演出观众人次(万人次)	农村观众人次	本年收入合计(千元)	财政补贴收入	事业收入
822	**29.02**	**27.53**	**18.16**	**26066.56**	**18261.76**	**9982000**	**7733807**	**1422200**
9	0.24	0.20	0.00	94.25	0.25	469119	361102	88674
12	0.32	0.31	0.06	196.10	60.47	383411	335764	32354
19	1.90	1.47	1.04	1418.54	1165.28	208622	152009	43557
28	2.28	2.26	1.96	2112.94	1906.03	358725	247375	91694
52	1.41	1.29	0.77	1102.54	592.67	578093	548380	18223
10	0.27	0.25	0.11	255.04	83.65	271362	237584	21577
2	0.11	0.11	0.03	77.82	32.97	119074	104290	8065
2	0.28	0.26	0.07	192.46	69.61	192961	181566	8677
27	0.70	0.69	0.04	192.58	18.96	549341	274888	120904
49	3.87	3.75	1.80	1550.77	890.93	432294	278102	110044
37	0.66	0.64	0.41	825.54	512.46	603952	479504	75628
6	0.19	0.18	0.12	137.95	64.37	89104	64979	8368
88	1.08	1.06	0.72	838.39	530.19	529224	419685	61774
36	0.66	0.66	0.55	593.87	478.17	133487	108635	19626
59	1.85	1.78	1.17	1953.37	1308.40	614947	487253	71275
40	4.19	4.15	3.66	5522.44	5022.08	436406	314221	84406
67	1.57	1.55	1.14	1768.15	1266.57	266292	207495	43015
27	1.34	1.32	0.92	817.21	471.04	260456	200507	35653
18	0.49	0.48	0.36	768.16	542.48	366232	257840	79861
5	0.24	0.22	0.09	268.46	115.86	158958	144834	6773
10	0.14	0.13	0.10	222.21	147.43	75726	52152	22724
4	0.17	0.13	0.07	231.89	170.21	135865	97786	8919
18	0.46	0.41	0.17	388.27	163.46	298824	267833	19583
4	0.32	0.22	0.15	259.09	178.92	37535	32043	3600
61	0.68	0.64	0.37	951.46	445.97	310526	282022	11038
24	0.45	0.36	0.27	253.30	158.70	145846	140050	1904
32	1.19	1.15	0.87	1437.16	1008.13	252320	197730	39908
9	0.28	0.27	0.20	394.52	280.03	164267	148470	13876
3	0.08	0.07	0.03	71.52	22.20	46029	40518	4489
	0.05	0.05	0.03	74.69	42.28	1482	1182	293
43	1.35	1.30	0.88	837.92	493.68	568479	526757	15300

续表 1

地区	演出收入	上级补助收入	附属单位上缴收入	经营收入	其他收入	本年支出合计(千元)	基本支出
总计	**1233403**	**402956**	**714**	**13092**	**409231**	**9692057**	**6971947**
北京	84984	5847			13496	475614	290004
天津	27686	6587			8706	521430	216733
河北	43421	1652		21	11383	192699	168971
山西	90062	16652		356	2648	349079	270093
内蒙古	17265	7083		88	4319	582884	548048
辽宁	21472				12201	264643	201207
吉林	8065				6719	124310	97673
黑龙江	7156	170			2548	191725	173954
上海	112993	152388			1161	517481	289058
江苏	99833	22586		620	20942	408254	333141
浙江	62834	26530			22290	551404	364891
安徽	7821	14615	50	160	932	82351	69890
福建	54908	32413		1315	14037	489987	330654
江西	19509	2472	238	2185	331	121700	86767
山东	59405	41440		100	14879	603828	420057
河南	82245	9578	54	769	27378	445849	341960
湖北	37897	5615		1682	8485	264278	198485
湖南	32445	3383		907	20006	241017	169199
广东	78555	13358	245	32	14896	351836	236865
广西	5822	15			7336	166243	111465
海南	9768	670			180	76432	45336
重庆	4917	1936		1266	25958	138509	79507
四川	16682	5609		750	5049	286276	218499
贵州	3502	1518			374	33867	28856
云南	8179	1581	78	2513	13294	304287	224045
西藏	1305	3582	17		293	145975	115566
陕西	39635	6669	22	76	7915	246870	220510
甘肃	13039	1655			266	165712	117675
青海	4429	785			237	44833	38490
宁夏	213	5			2	1520	1140
新疆	10565	16562	10	252	9598	551669	427301

项目支出	经营支出	在支出合计中					
		工资福利支出	商品和服务支出				
				差旅费	劳务费	福利费	各种税金支出
2363476	**50156**	**4088251**	**2573272**	**197204**	**443651**	**56225**	**61713**
185609		128211	209686	4120	28138	1365	3114
304580		112080	98696	1087	25411	2345	1844
18495	3005	117376	43314	4809	4575	1093	462
62060	6940	181185	73653	8601	13355	2669	1027
25691	388	356098	113330	7645	15399	1726	7482
50009		102751	65004	7011	13540	303	1019
26636		44332	25009	3542	5705	273	937
11016		93706	28185	1810	3577	515	328
227744		169061	271940	1705	7913	4295	9364
65051	983	211439	120432	9507	21169	2902	1891
185632		219809	176474	17515	49073	4222	1697
7185	501	34317	16155	1148	3191	213	202
128591	7417	200894	109573	9506	21518	1986	3009
9220	2009	57567	20975	2344	4886	1378	634
158684	2043	240786	174204	4276	21154	2195	2408
85156	2053	205051	124069	9210	15975	5281	1844
54794	7395	131815	57325	5096	9093	2496	789
50553	1626	101889	56545	2894	8837	3384	1777
98486	1140	127865	83701	7608	25578	2084	1930
54778		55061	32555	3176	5832	1145	419
25902	360	35556	27424	2552	7436	870	333
55189	2636	42273	28834	3352	8238	1563	363
63248	514	111687	66946	6242	23415	825	968
2928	135	19139	4923	351	41	127	14
64476	3748	134006	62352	8058	11343	610	385
11810	2437	75039	10741	2150	291	117	251
20368	1732	140935	47251	5812	7763	3690	1599
40089	458	56462	38664	7959	8030	543	286
652	10	31252	3327	947	403	54	
	155	1184	92	13	1	4	4
55257	2471	274455	93176	6646	14668	1475	1852

续表 2

地区	对个人和家庭补助支出	抚恤金和生活补助	其他资本性支出	各种设备购置费	资产总计(千元)	固定资产原值	实际使用房屋建筑面积(万平方米)
总计	**1632970**	**100155**	**637034**	**289698**	**12089866**	**7056394**	**305.00**
北京	92672	4497	45018	39012	635787	315435	5.15
天津	68280	1025	119735	11535	370877	90913	5.51
河北	11169	994	5237	1804	278735	161362	9.49
山西	35601	4416	22829	14121	349490	263597	15.15
内蒙古	86120	3247	12250	8564	366281	256920	19.73
辽宁	60052	1094	12051	11315	153085	131396	8.48
吉林	38578	864	13077	2133	152334	91110	3.20
黑龙江	66752	1414	340	115	422369	95921	6.58
上海	46570	2922	22600	22600	737227	223449	2.87
江苏	53961	2074	15835	6971	282716	165951	16.20
浙江	80790	3685	43603	14081	648208	342289	13.83
安徽	26643	575	2881	1784	62797	20873	1.13
福建	88811	3353	38613	17724	1276337	854577	13.65
江西	31444	1520	3394	1164	126374	88111	6.44
山东	99608	3766	45234	28747	578569	407489	21.56
河南	68481	4225	17947	6326	441921	286309	16.35
湖北	49444	1327	7644	5691	270667	223330	18.01
湖南	43527	4278	17788	4449	231154	191517	14.74
广东	62052	5287	29498	10217	443400	226381	8.59
广西	58751	26840	5608	5338	95451	61038	2.96
海南	3935	951	6368	4014	58936	45725	2.12
重庆	30969	1072	33934	4327	201709	142217	4.51
四川	63434	2815	4566	520	188715	142203	9.70
贵州	6202	14	86		88915	33741	2.53
云南	72702	1803	21258	18443	292461	159922	8.49
西藏	16774	1113	2744	2329	260895	141705	14.04
陕西	32767	2772	4361	3651	144345	93316	11.97
甘肃	37123	1000	27582	2179	210623	104809	3.72
青海	7364	265	98	33	21053	20843	1.74
宁夏			60		1799	1792	0.16
新疆	94383	2411	22061	15224	327863	228639	21.07

	实际拥有产权面积(万平方米)	流动舞台车演出情况			政府采购的公益演出活动情况		
排练练功用房		流动舞台车数量(辆)	利用流动舞台车演出场次(万场次)	利用流动舞台车演出观众人次(万人次)	演出场次(万场次)	演出观众人次(万人次)	演出补贴收入(千元)
70.22	**194.14**	**978**	**7.75**	**7716.33**	**6.20**	**6304.65**	**371057**
0.60	5.34				0.00	1.11	1512
0.98	1.74	3	0.04	53.00	0.00	2.20	
2.28	7.84	45	0.27	184.93	0.10	145.34	2445
2.54	8.91	89	0.35	280.70	0.30	256.18	28276
5.81	10.10	86	0.41	305.72	0.29	257.18	6849
1.79	4.61	6	0.01	5.07	0.04	36.97	4447
1.06	4.58	3	0.02	8.52	0.09	59.83	3224
1.80	2.79	12	0.03	23.28	0.02	17.06	1108
0.50	1.56				0.02	10.50	2831
3.16	7.31	43	0.40	338.30	0.27	225.98	12846
2.23	5.51	13	0.08	98.27	0.27	313.87	17271
0.29	0.87	10	0.12	50.93	0.04	32.38	3448
1.79	8.09	20	0.04	44.15	0.24	214.95	17654
0.89	4.44	26	0.26	144.45	0.21	142.69	5120
6.60	13.42	67	0.88	909.73	0.52	515.21	17418
5.47	9.55	160	2.40	2963.73	1.38	1779.84	67269
4.28	13.82	63	0.85	975.58	0.47	592.15	9652
2.90	13.53	84	0.69	404.72	0.56	311.99	18884
1.67	4.21	4	0.02	8.60	0.04	37.23	3766
0.67	0.28	10	0.07	61.90	0.03	36.95	760
0.34	1.16	8	0.02	31.68	0.04	58.47	8260
1.47	3.02	7	0.04	112.87	0.07	166.78	12063
1.67	8.14	14	0.03	33.84	0.16	177.77	19326
1.00	0.73	2	0.01	9.53	0.02	18.54	25
2.09	6.36	45	0.12	178.65	0.13	147.73	7696
4.05	7.55	7	0.01	5.86	0.04	14.91	54
2.01	8.10	42	0.22	223.13	0.22	294.59	23082
0.54	2.31	13	0.04	50.85	0.04	53.23	4091
0.38	0.40	9	0.02	17.61	0.03	18.37	120
0.12	0.16	2	0.02	45.00	0.03	52.77	530
6.07	8.92	85	0.30	145.74	0.50	280.05	41172

2013年各地区文化部门执行企业

地区	剧团数(个)	补贴团数	从业人员(人)	专业技术人才	正高级职称	副高级职称	中级职称
总计	**479**	**380**	**32944**	**22930**	**1249**	**3216**	**7605**
北京	7	6	1389	1011	51	138	336
天津							
河北	34	12	1599	854	68	139	268
山西	30	23	1668	1037	37	106	256
内蒙古	2	1	133	124		1	14
辽宁	13	8	1353	867	46	146	396
吉林	37	37	1911	1300	77	269	581
黑龙江	7	7	1204	889	178	164	360
上海	6	6	959	597	46	105	291
江苏	18	18	2237	1904	146	335	587
浙江	12	11	1014	693	48	131	230
安徽	43	33	2480	1883	58	203	685
福建	3		50	46		2	6
江西	29	24	968	730	9	49	223
山东	11	9	575	419	20	42	98
河南	12	12	1047	708	20	89	177
湖北	16	13	1650	1285	133	306	418
湖南	20	18	1191	849	18	89	329
广东	28	22	1836	1162	56	163	349
广西	6	5	875	752	23	91	243
海南	6	6	335	145	4	12	54
重庆	6	6	515	288	14	45	72
四川	8	7	623	387	9	39	107
贵州	16	13	820	537	23	94	187
云南	13	8	325	267	3	39	123
西藏							
陕西	33	27	2525	1868	62	226	546
甘肃	46	38	2298	1421	37	142	439
青海	5	1	240	128		11	36
宁夏	8	8	568	382	22	39	80
新疆							

会计制度的艺术表演团体基本情况

本团原创首演剧目(个)	演出场次(万场次)	国内演出场次	农村演出场次	国内演出观众人次(万人次)	农村观众人次	资产、负债、所有者权益(千元)	
						资产总计	固定资产原价
466	**10.78**	**10.04**	**5.51**	**8699.72**	**4832.75**	**7439496**	**4080236**
8	0.73	0.69	0.06	326.03	36.14	586699	146724
11	0.75	0.64	0.49	593.28	413.57	168125	87310
15	0.56	0.54	0.44	636.93	455.39	87755	80163
1	0.02	0.02	0.01	12.60	3.40	8045	7975
7	0.36	0.20	0.09	150.68	63.10	159383	92565
72	0.39	0.38	0.28	312.16	237.22	222645	140708
3	0.15	0.14	0.04	169.07	14.78	182934	113707
14	0.29	0.28	0.02	167.67	11.43	305283	242679
15	0.81	0.77	0.33	391.75	181.38	633459	168493
19	0.51	0.51	0.29	368.17	153.29	360894	162896
77	0.98	0.91	0.50	903.04	452.73	547897	183642
7	0.02	0.02	0.02	17.10	1.60	6549	
27	0.56	0.54	0.40	349.09	248.87	256197	224874
11	0.24	0.22	0.16	216.73	145.25	34154	13925
7	0.33	0.33	0.27	267.18	227.02	75332	42660
25	0.40	0.39	0.12	432.80	152.28	356792	312468
16	0.41	0.40	0.20	274.43	116.98	147738	80937
17	0.40	0.38	0.18	413.91	227.59	561789	508812
6	0.20	0.14	0.03	177.52	49.92	279152	161227
2	0.07	0.06	0.05	88.36	74.00	51409	39600
4	0.11	0.08	0.04	84.67	59.08	279457	168995
9	0.10	0.08	0.02	79.09	21.95	437105	109066
34	0.16	0.14	0.04	182.98	74.41	278216	139874
8	0.09	0.09	0.07	94.52	70.66	29255	15633
19	0.85	0.84	0.46	633.81	340.32	535240	326876
19	0.87	0.86	0.70	1033.70	838.33	278851	140121
2	0.13	0.13	0.06	77.17	34.87	181107	116085
8	0.32	0.25	0.15	226.12	125.13	80004	49644

续表 1

地区	资产、负债、所有者权益(千元)					损益(千元)	
	本年折旧	负债合计	所有者权益合计	实收资本(股本)	国家资本	营业收入	演出收入
总计	**327576**	**2045871**	**5393625**	**2822586**	**2584660**	**1479670**	**1051470**
北京	14266	147407	439292	378251	261251	151184	120290
天津							
河北	25813	32164	135961	112017	111357	40571	31227
山西	8684	31077	56678	18533	17514	54545	46622
内蒙古			8045	8054	8054	10971	97
辽宁	2411	56060	103323	89834	86834	40209	23275
吉林	6301	83104	139541	37689	37271	24191	21762
黑龙江	469	11972	170962	125216	125153	51671	19105
上海	11294	41660	263623	16500	16500	110173	80080
江苏	9809	347858	285601	33855	32645	152262	148099
浙江	18551	95206	265688	142410	129410	60619	49514
安徽	23928	203768	344129	233380	186935	98302	75663
福建		146	6403	5000	5000	5742	2742
江西	16639	14198	241999	113687	107024	36646	17881
山东	5610	15861	18293	6862	5562	12980	10460
河南	7598	38732	36600	24813	19799	69079	19283
湖北	23274	109980	246812	164876	164276	41279	32329
湖南	7162	74493	73245	46595	45309	26228	16656
广东	44324	124121	437668	190275	188475	107369	77202
广西	30443	72873	206279	57965	57965	61162	52678
海南	1291	11575	39834	34423	33753	36914	34751
重庆	4378	58707	220750	69750	65750	13672	9776
四川	3255	38538	398567	127981	127981	24925	19461
贵州	13247	53166	225050	145907	143761	28153	11201
云南	969	9475	19780	6962	5766	6682	5736
西藏							
陕西	16127	158801	376439	257962	243324	89150	64743
甘肃	7715	105264	173587	69096	62699	59016	25235
青海	6915	56412	124695	40000	40000	14385	10552
宁夏	1789	16105	63899	52113	44352	12543	6757
新疆							

损益(千元)							
营业成本	养老、医疗、失业等各种社会保险费	住房公积金和住房补贴	差旅费	工会经费	营业利润	营业外收入	政府补助(补贴收入)
3252261	**258618**	**125529**	**57398**	**10477**	**-1772591**	**2325174**	**2107275**
259322	15187	14866	1528	1311	-108138	140842	130043
91745	27071	18374	2692	407	-51174	85417	78906
88769	9606	1683	3424	741	-34224	69924	42789
10971		246	355			10715	10715
93647	13523	3809	804	392	-53438	56807	56442
156017	4711	1969	3861	101	-131826	124747	123956
106275	4170	14414	1363	196	-54604	113470	93005
198658	17478	3231	709	1118	-88485	112740	112732
245148	28353	10555	2095	657	-92886	184378	181978
123759	11114	3455	2207	1169	-63140	71231	66684
185681	15110	5419	4782	455	-87379	129034	118027
5558	676	350	18		184		
96754	3905	2529	2696	214	-60108	58098	53639
48200	5177	2407	653	5	-35220	27107	27057
85103	4352	1431	1916	42	-16024	25743	23543
258514	8474	5725	4539	1087	-217235	211342	181779
94424	4831	763	520	341	-68196	79067	74288
233296	9832	6502	4450	1139	-125927	136440	134281
106054	7563	2008	699	161	-44892	60217	55014
43754	1828	964	6383	101	-6840	24782	21414
63457	1404	686	847	60	-49785	74258	63370
50954	3299	400	229	104	-26029	52952	51428
78527	5431	3793	1261	215	-50374	62330	54184
21636	3545	574	256	124	-14954	17419	17284
149244	16019	2598	1512	157	-60094	140483	93088
128523	8793	5253	4372	137	-69507	95466	85313
24904	610	42	382		-10519	10555	10200
59573	6052	1145	1335	43	-47030	71210	67981

续表 2

地　区	损益(千元)		工资、福利费、税金(千元)			实际使用房屋建筑面积(万平方米)	
	营业外支出	利润总额	本年发放工资总额	本年支付的职工福利费	本年应交税金总额		排练练功用房
总　计	**411658**	**140925**	**1337342**	**56930**	**66704**	**117.30**	**26.69**
北　京	12302	20402	84590	4332	8959	3.97	0.33
天　津							
河　北	38083	-3840	28818	3709	1401	3.83	1.67
山　西	35374	326	47101	2183	2256	3.97	1.05
内 蒙 古	10715		3974	78		0.20	0.06
辽　宁	2694	675	41006	21	856	4.59	1.34
吉　林	4002	-11081	78297	2198	376	6.12	1.37
黑 龙 江	22959	35907	49995	218	905	6.89	1.11
上　海	9	24246	59573	1348	4589	3.12	0.50
江　苏	67589	23903	136142	3397	8596	7.92	1.81
浙　江	14825	-6734	62403	3733	5676	3.62	0.53
安　徽	13641	28014	80097	3562	3610	5.20	1.39
福　建		184	3102		115	0.03	0.01
江　西	8486	-10496	42621	2716	293	4.12	0.68
山　东	1900	-10013	18194	198	370	1.84	0.86
河　南	4044	5675	24059	1022	956	1.84	0.92
湖　北	6723	-12616	86951	4207	1322	6.99	2.02
湖　南	3251	7620	36448	2023	1289	3.80	1.42
广　东	10691	-178	99435	3292	5048	8.70	2.14
广　西	19176	-3851	28708	522	2036	1.80	0.20
海　南	11909	6033	13954	927	1201	1.34	0.13
重　庆	11336	13137	22906	1706	869	4.71	0.41
四　川	22773	4150	15014	760	1605	3.25	0.60
贵　州	4381	7575	38062	2101	790	2.88	0.63
云　南	2559	-94	8969	68	219	1.23	0.45
西　藏							
陕　西	24895	55494	71188	8443	4363	10.95	1.56
甘　肃	27303	-1344	72296	1573	1029	7.00	1.52
青　海		36	6657	40	556	1.73	0.81
宁　夏	29998	-5818	16891	1384	621	1.51	0.79
新　疆							

实际拥有产权面积（万平方米）	流动舞台车演出情况			政府采购的公益演出活动情况		
	流动舞台车数量（辆）	利用流动舞台车演出场次（万场次）	利用流动舞台车演出观众人次（万人次）	演出场次（万场次）	演出观众人次（万人次）	演出补贴收入（千元）
67.81	**293**	**2.05**	**1733.70**	**2.70**	**2411.65**	**249641**
1.37	1			0.09	28.94	13856
2.35	29	0.25	234.83	0.05	114.03	6890
1.42	19	0.07	60.86	0.12	92.60	6525
0.32	2	0.01	3.00			
3.59	7	0.02	18.80	0.05	23.11	3671
2.48	34	0.23	227.72	0.24	199.61	5904
0.61	8	0.01	15.25	0.02	14.00	1180
2.33					0.70	200
4.18	6	0.05	55.82	0.22	121.40	50914
3.50	5	0.04	56.00	0.16	138.54	15086
2.30	28	0.21	203.18	0.21	287.50	16602
					0.50	
1.45	19	0.18	78.26	0.21	93.86	10095
0.73	5	0.08	94.10	0.13	157.68	5720
1.50	14	0.15	99.83	0.18	132.42	11331
5.18	9	0.10	63.57	0.14	109.54	12478
2.74	22	0.17	116.52	0.19	130.59	9795
5.66				0.05	59.39	13533
0.81	2	0.01	35.75	0.03	52.56	2720
0.24	4	0.02	16.33	0.02	17.22	1122
0.63	4	0.03	19.23	0.02	42.50	5020
2.24	1	0.00	7.00	0.05	24.61	3701
1.92	4	0.00	3.49	0.05	75.03	5734
0.36	8	0.02	21.85	0.03	22.58	676
9.68	18	0.09	66.11	0.18	184.02	34148
3.05	30	0.11	79.85	0.11	132.25	6995
1.65	2	0.05	25.20	0.01	27.25	
1.53	12	0.15	131.16	0.12	126.49	5745

2013年各地区非公有制

地区	机构数（个）	从业人员（人）	专业技术人才	国内演出场次（万场次）	农村演出场次	国内演出观众人次（万人次）	农村观众人次	营业收入
全　国	**5919**	**137918**	**58730**	**123.70**	**80.24**	**53636.64**	**28777.93**	**9442626**
北　京	274	4794	2581	1.28	0.55	562.72	233.21	897992
天　津	42	564	196	0.37	0.15	88.84	40.59	12830
河　北	369	8221	4803	4.74	3.11	3131.02	2127.59	238192
山　西	63	1997	601	0.77	0.67	599.23	503.62	51750
内蒙古	35	1233	448	1.24	0.53	257.99	150.00	33510
辽　宁	176	2486	1012	1.19	0.22	444.96	122.15	139316
吉　林	14	494	286	0.15	0.04	34.22	12.77	38362
黑龙江	7	86	59	0.07	0.01	42.90	1.30	1960
上　海	125	5351	1753	2.37	0.84	776.21	168.48	228410
江　苏	177	3399	1678	3.22	2.07	720.62	401.76	150680
浙　江	666	20906	8415	13.06	10.72	7937.77	6025.28	1094639
安　徽	930	16391	4805	30.44	23.76	7342.41	5380.72	1923574
福　建	332	10807	5718	9.84	8.99	3227.06	2949.74	423051
江　西	143	3941	1913	3.78	2.11	1373.86	1045.32	180482
山　东	311	5332	3179	3.31	1.62	1427.06	887.67	1529980
河　南	255	8141	3814	21.58	9.77	3332.76	1382.20	175681
湖　北	221	3642	1821	1.76	1.06	679.15	450.79	140417
湖　南	128	3544	1868	1.79	0.91	676.40	350.64	235822
广　东	330	8969	3980	3.32	2.24	3344.97	2086.17	347653
广　西	42	2077	1003	1.10	0.24	435.81	166.50	48530
海　南	46	1566	580	0.73	0.43	649.91	512.79	109010
重　庆	422	5504	1574	4.54	3.47	1093.30	673.25	281157
四　川	458	7880	2648	7.10	4.00	12074.07	1120.09	512501
贵　州	67	2312	931	1.14	0.46	779.40	449.74	85161
云　南	163	4598	1426	2.97	1.02	1035.63	417.73	472540
西　藏	1	32	2	0.01		4.00	2.80	
陕　西	24	800	374	0.42	0.31	599.26	521.57	18327
甘　肃	55	1661	700	0.74	0.51	633.88	381.33	38840
青　海	7	194	8	0.03	0.02	8.50	5.06	5140
宁　夏	21	834	445	0.56	0.28	294.96	184.74	25770
新　疆	15	162	109	0.11	0.10	27.78	22.35	1349

艺术表演团体基本情况

经营情况(千元)								资产总计(千元)	实际使用房屋建筑面积(万平方米)
	营业成本				营业利润	营业外收入			
演出收入		养老、医疗、失业等各种社会保险费	本年发放工资总额	本年应交税金总额			政府补贴		
5742611	**9374547**	**1160678**	**4075581**	**394867**	**68620**	**4128214**	**3804944**	**18892496**	**202.26**
630906	1089463	47304	375299	47123	-191471	386310	261753	2459577	5.84
11635	8613	551	4903	605	4217	830		19150	2.50
221571	484428	3587	405275	9454	-246236	24253	13920	405042	9.32
36012	37494	1707	26245	1674	14256	1195	1158	65484	1.69
24940	17645	690	8297	717	15865	4606	1176	41430	4.10
105769	42505	2772	14308	3924	96810	884	120	1012578	4.83
37312	35815	650	9845	1098	2547	26830	26630	145966	2.77
1890	1300		898	53	660	32	6	10490	0.36
155732	172622	23170	54621	6823	55789	71541	59321	290287	5.61
141364	122978	11034	58927	11432	27703	7301	6025	156646	4.45
1020032	1002468	25916	502996	38107	92171	2644185	2624872	1406502	26.07
550639	2040392	78837	568454	140620	-116238	295060	283741	6576247	14.71
403804	351059	3111	276802	14853	71992	13930	3522	165217	7.96
156788	121869	2196	83925	3412	58613	38889	22289	211841	5.92
97619	1800231	849127	819845	6965	-270251	36222	24825	302364	9.09
149045	120110	8960	62714	4523	55572	39127	29856	204940	10.21
120354	94766	6172	53803	3617	45651	26542	6922	435738	7.94
226385	188446	3480	36854	12400	47377	221334	205460	310348	8.42
293366	358307	16511	143562	21008	-10694	49397	37077	950205	13.70
38392	65096	5305	24860	3166	-16567	28599	28389	387769	4.79
94586	141706	4527	55699	3695	-32696	20516	19860	509626	1.89
255422	256809	20366	133165	5437	24347	69251	34385	600498	7.78
425463	407689	20576	160708	10174	104812	14411	13668	746830	17.78
52186	92415	3798	31980	2695	-7254	50110	48798	563168	5.72
422991	234746	15053	101225	39162	237794	26673	25455	654121	12.00
	520	130	390		-520	550	550		0.03
13887	14897	837	10112	568	3430	3470	2580	39183	1.81
29232	42369	3419	28691	1125	-3529	21036	19518	174579	2.76
4330	5170	400	4576	13	-30	1620	1560	2870	0.13
19720	21750	470	15906	412	4020	3085	1083	26945	1.50
1239	869	22	696	12	480	425	425	16855	0.63

2013年各地区艺术

地区	机构数(个)	从业人员(人)	专业技术人才	正高级职称	副高级职称	中级职称	坐席数(个)	演(映)出场次合计(万场次)	艺术演出场次	观众人次合计(万人次)	艺术演出观众人次
总计	**1344**	**26036**	**6964**	**213**	**656**	**2557**	**1027946**	**82.93**	**6.60**	**7776.35**	**2662.45**
北京	17	1099	247	7	42	128	16343	1.20	0.29	210.03	168.22
天津	26	318	18	1	1	6	15523	1.37	0.15	139.00	62.86
河北	77	1119	244	9	14	92	52479	1.79	0.14	204.22	60.36
山西	100	1516	387		15	152	90873	9.81	0.85	516.59	160.39
内蒙古	18	317	88		4	43	15376	0.33	0.04	87.41	29.58
辽宁	33	535	74		7	25	20130	0.43	0.18	151.57	94.42
吉林	26	578	208	5	39	59	17005	1.86	0.12	178.51	43.65
黑龙江	35	299	80	9	7	18	21139	0.12	0.03	54.65	15.63
上海	27	383	47	4	3	22	17605	1.53	0.31	215.08	168.99
江苏	110	3076	480	7	31	182	105567	36.82	1.49	2160.10	272.54
浙江	61	1129	360	2	17	121	59096	4.07	0.42	894.38	261.01
安徽	48	1261	598	20	52	211	37961	1.71	0.30	259.50	105.25
福建	57	895	250	1	17	82	34211	4.74	0.08	222.61	41.55
江西	51	732	228	4	37	91	29726	0.76	0.27	203.89	95.45
山东	93	1719	522	8	43	177	71440	1.14	0.20	299.01	161.98
河南	139	3306	326	40	15	103	100867	0.96	0.16	228.97	106.54
湖北	53	1367	387	7	27	171	54960	2.50	0.21	256.19	140.27
湖南	58	1008	336	11	13	147	51085	2.76	0.27	329.35	128.80
广东	45	1501	357	16	50	128	51371	1.28	0.22	315.44	150.17
广西	19	124	26		1	6	13114	1.82	0.12	122.77	58.22
海南	7	251	65	3	2	9	7122	0.07	0.03	51.08	26.30
重庆	15	395	280	6	52	89	5914	0.06	0.05	19.43	18.26
四川	42	371	185		7	86	26563	0.37	0.10	82.58	51.18
贵州	6	81	29		3	5					
云南	18	115	40		1	13	11869	0.13	0.09	65.14	40.12
西藏	14	89	63	3	12	25	6613	0.05	0.04	10.40	9.84
陕西	86	1601	814	42	123	302	51949	0.82	0.23	248.04	102.31
甘肃	22	281	12		2	6	14025	0.42	0.02	46.27	13.53
青海	16	47	8				7378	0.40	0.02	51.79	4.27
宁夏	3	27	20	1		4	1604	0.05	0.00	10.90	1.10
新疆	15	320	166	4	17	42	13381	3.48	0.08	98.29	26.57

表演场馆基本情况

总收入（千元）	财政拨款	艺术演出收入	总支出（千元）	人员支出	资产总计（千元）	年末固定资产原值	实际使用房屋建筑面积（万平方米）	排练练功用房	实际拥有产权面积（万平方米）
4263611	**1603126**	**824888**	**4171029**	**1118383**	**19011304**	**10218124**	**663.78**	**349.66**	**412.66**
960393	436594	302357	872084	106845	1401401	431576	31.05	23.70	28.46
43076	10210	5446	43020	13746	94892	77680	8.89	5.30	1.18
70577	19978	8340	76881	31875	622311	509066	26.11	15.85	12.83
150585	69454	3481	133027	38311	688868	537818	46.47	31.95	24.01
72555	68039	1697	66765	17747	685914	684344	12.58	4.64	11.54
64713	18673	15033	64976	24664	114015	117784	12.72	6.64	5.97
47109	22364	4899	46473	24295	219799	175578	8.56	5.38	8.90
10264	6235	855	12390	7508	81309	51152	6.29	3.85	2.93
141545	31619	33077	124762	34911	490987	439313	12.86	8.97	4.62
810107	138062	112670	885314	144377	6845921	1870645	133.16	48.31	93.31
275583	95546	50008	277826	97062	712756	621096	45.09	23.88	23.78
101440	46200	20661	96826	30920	397473	134978	22.66	14.07	17.24
168357	70300	7611	141098	51640	1017465	709191	23.07	9.22	14.95
88859	47480	13869	84119	28826	450291	196969	18.85	11.72	15.24
137048	68082	26301	153688	48754	631622	483145	38.58	20.79	26.91
98161	36703	13976	104513	46635	439657	387251	35.82	18.57	19.92
143799	42642	42057	141875	45078	460388	391126	30.89	16.80	16.20
82577	33821	13583	82377	30901	388596	354491	21.46	11.26	17.26
302197	125086	48108	292693	78603	979161	831908	39.33	19.48	22.64
11816	967	2603	10747	3892	41091	38788	6.30	3.38	2.16
10867	3246	977	11885	5147	165497	104596	2.26	1.48	0.73
48393	21899	5202	46250	17494	73877	60535	4.79	2.85	1.81
51602	25256	4740	58224	27319	692657	248377	15.78	8.78	8.67
4376			6048	2429	89583	19803	0.69		0.96
20439	4295	4809	20443	8621	70153	56563	4.55	2.69	4.01
12898	12308	340	12031	8195	75090	26670	3.14	1.11	2.58
198048	109798	58246	175325	92763	434373	295085	24.56	11.29	14.08
29099	7227	2141	30071	11302	383150	151394	8.23	5.18	2.45
9288	1251	150	5780	2781	47619	38824	3.74	2.14	0.95
2249	1384	150	1965	1385	3128	3014	0.41	0.18	0.39
52278	28146	395	50189	27500	180302	156080	7.97	4.52	3.52

2013年各地区省级艺术

地　区	机构数（个）	从业人员（人）	专业技术人才	正高级职称	副高级职称	中级职称	坐席数（个）	演(映)出场次合计（万场次）	艺术演出场次	观众人次合计（万人次）
总　计	**108**	**4362**	**1417**	**60**	**256**	**558**	**91915**	**11.95**	**1.15**	**1123.19**
北　京	8	858	211	7	42	124	7124	0.17	0.17	132.51
天　津	12	115	5	1	1	1	5572	0.11	0.10	49.83
河　北	4	54	3		1	2	5146	0.05	0.02	47.79
山　西	3	44	10		2	5	5453	3.32	0.01	80.49
内蒙古	1	46	8			8	2098	0.01	0.01	10.00
辽　宁	3	144	5		1	1	3550	0.05	0.05	63.29
吉　林	2	137	37	1	6	11	1462	0.02	0.01	28.20
黑龙江	2	40	5	1	2		1700	0.00	0.00	1.38
上　海	10	203	21	3	1	14	9181	0.28	0.28	149.81
江　苏	3	36	11		1	6	1961	0.02	0.02	9.29
浙　江	5	161	80		7	19	5170	0.26	0.08	61.30
安　徽	2	97	17		2	12	2311	0.04	0.04	27.96
福　建	3	201	17	1	2	10	3582	1.86	0.01	49.78
江　西	6	173	64	1	21	23	3785	0.06	0.04	32.56
山　东	4	144	32	3	9	13	3576	0.02	0.02	15.98
河　南	2	198	13		1	12	4054	0.04	0.02	44.76
湖　北	3	55	26	1	11	7	2849	0.03	0.02	22.71
湖　南	4	173	27		1	15	4225	0.69	0.06	63.70
广　东	2	119	14	2	1	2	3185	0.04	0.04	43.90
广　西	2	16					2247	1.29	0.01	45.73
海　南	2	96	18	3	2	5	1830	0.01	0.01	7.00
重　庆	6	235	171	4	29	38	2601	0.04	0.04	9.69
四　川	1	79	16		4	9	1400	0.01	0.01	14.00
贵　州	4	64	13		3	5				
云　南										
西　藏										
陕　西	4	685	559	31	103	210	1601	0.07	0.07	35.44
甘　肃	5	51	6		2	2	2864	0.12	0.01	11.22
青　海	1	14	1							
宁　夏	1	15	10	1		1				
新　疆	3	109	17		1	3	3388	3.33	0.02	64.87

表演场馆基本情况

艺术演出观众人次	总收入(千元)	财政拨款	艺术演出收入	总支出(千元)	人员支出	资产总计(千元)	年末固定资产原值	实际使用房屋建筑面积(万平方米)	排练练功用房	实际拥有产权面积(万平方米)
750.74	**1669982**	**729634**	**433946**	**1575536**	**327138**	**5041724**	**2966451**	**110.75**	**73.25**	**67.73**
132.49	932953	435756	295413	842574	91914	1279411	327079	23.91	21.53	23.25
41.43	14242		2683	13018	5108	11875	5693	2.98	2.03	
19.91	10168	5969	3532	10147	2762	357631	288646	4.61	3.34	3.48
4.56	47076	28920		36705	3470	38508	22368	11.75	8.86	1.75
10.00	31297	30640	500	26320	4561	619151	619139	3.92	1.00	3.92
54.29	34316	9015	11131	32980	12657	17045	16808	3.88	1.85	0.75
9.60	11272	5001	3542	11254	5492	84530	57612	2.24	0.90	2.69
0.50	1952		471	4296	1382	35236	5302	1.17	0.31	1.17
149.41	68556	3671	27206	73437	19854	381263	356301	9.85	7.16	2.34
8.29	4700		4389	5879	1548	64365	86176	2.39	1.35	
51.88	42173		14369	48948	20142	182287	157699	3.19	1.86	1.56
27.46	14962	1737	1323	13932	4443	49460	45346	1.95	0.55	1.95
5.40	46304	10650	5318	50880	10654	66468	59211	1.53	1.15	0.46
25.29	57045	36082	8085	51475	9427	107828	70233	7.43	5.03	6.75
9.84	25944	15549	6104	35404	7002	46680	48879	3.88	2.11	1.85
28.48	40220	22000	9903	37470	8301	12241	1234	1.73	0.77	
12.11	15872	2100	9486	16693	2222	87616	76977	2.01	1.01	2.01
36.09	32587	12636	5448	30981	7540	183573	177864	4.65	1.27	4.32
43.90	35266	16158	1242	40132	12645	318489	264935	1.96	1.84	0.59
12.15	3349		2552			11699	11699	1.33	1.33	
7.00	6161			7163	3157	61493	402	0.95	0.95	
9.09	32076	12134	2394	32026	8166	42434	31514	2.56	1.75	0.05
14.00	18645		3661	20866	8711	484489	65394	2.29	1.09	2.28
	4376			5592	1982	87176	19803	0.69		0.96
24.77	92993	74132	13483	88358	56131	116434	58917	3.10	0.50	3.16
6.12	9114	720	1711	9160	4492	227924	49310	2.95	2.05	0.82
	6497			2003	1249	8091	46			
	1149	1149		1065	993	331	217			
6.69	28717	5615		26778	11133	57996	41647	1.87	1.67	1.63

2013年各地区地市级艺术

地　区	机构数(个)	从业人员(人)	专业技术人才	正高级职称	副高级职称	中级职称	坐席数(个)	演(映)出场次合计(万场次)	艺术演出场次	观众人次合计(万人次)
总　计	**367**	**9283**	**2511**	**62**	**244**	**1006**	**259040**	**39.72**	**2.64**	**2829.14**
北　京										
天　津										
河　北	23	534	133	9	10	51	6085	1.16	0.05	51.89
山　西	21	545	134		8	65	19578	2.90	0.05	105.34
内蒙古	8	134	68		4	29	7723	0.25	0.02	64.70
辽　宁	14	188	19			11	7833	0.25	0.07	41.48
吉　林	9	137	44		3	4	4731	1.60	0.07	87.41
黑龙江	15	94	30	1	3	7	9647	0.03	0.01	18.06
上　海										
江　苏	40	1916	226	6	29	113	47197	25.58	1.36	1325.78
浙　江	16	459	110	2	8	40	17229	0.80	0.20	245.58
安　徽	20	802	427	18	46	141	13972	0.36	0.10	152.51
福　建	17	381	131		13	43	10478	1.17	0.02	37.95
江　西	12	278	61		3	34	6376	0.44	0.09	86.00
山　东	29	601	199	2	17	64	18969	0.38	0.05	69.65
河　南	26	802	70	1	2	39	9736	0.53	0.03	40.18
湖　北	15	446	120		4	68	14074	2.21	0.08	95.90
湖　南	9	229	133	3	9	65	3984	0.14	0.03	16.35
广　东	19	824	279	13	48	96	19098	0.67	0.12	145.40
广　西	9	67	17		1	5	3708	0.52	0.10	67.45
海　南										
重　庆										
四　川	19	142	70		3	40	13037	0.23	0.04	33.94
贵　州	2	17	16							
云　南	11	102	32		1	9	7212	0.11	0.07	56.26
西　藏	4	87	63	3	12	25	2500	0.03	0.03	8.30
陕　西	15	188	41		5	18	6100	0.07	0.03	25.07
甘　肃	7	174	2			2	4826	0.29	0.01	25.46
青　海	4	6					1540	0.02		16.25
宁　夏										
新　疆	3	130	86	4	15	37	3407	0.02	0.01	12.25

表演场馆基本情况

艺术演出观众人次	总收入（千元）	财政拨款	艺术演出收入	总支出（千元）	人员支出	资产总计（千元）	年末固定资产原值	实际使用房屋建筑面积（万平方米）	排练练功用房	实际拥有产权面积（万平方米）
859.46	**1522843**	**455876**	**213806**	**1600162**	**423711**	**9163942**	**3247272**	**265.57**	**118.64**	**178.51**
16.44	35190	3675	2792	37286	16857	84180	33207	4.45	1.44	3.09
41.11	55700	9149	1736	47524	14585	293077	203568	15.30	11.15	7.27
15.58	16374	12912	1197	15568	8367	47480	46117	7.20	2.67	6.88
20.29	22045	4334	3677	23524	6591	64837	67704	4.31	2.89	1.97
14.88	24152	9672	845	24130	11683	105549	91505	3.10	2.22	3.57
7.25	5454	4185	342	4949	3548	25148	24439	2.58	2.16	1.13
212.36	618532	105193	94398	698963	102432	6321967	1429526	101.15	31.63	74.24
123.25	137716	68929	26914	133118	37035	138929	117131	17.58	10.01	11.07
55.03	71908	39135	16711	70446	19890	314093	63474	14.24	9.20	9.89
10.98	60689	27828	956	51136	22388	382301	91655	9.31	3.02	5.92
28.12	14356	6157	312	15140	10698	72775	55833	3.50	1.82	2.79
48.20	43822	16497	4598	51212	16165	128244	112799	9.75	6.97	7.66
15.56	24373	1198	2103	34334	15924	82892	49451	8.51	2.26	5.71
43.91	43807	1510	3319	44160	15064	173986	148574	7.40	5.22	5.41
12.34	15106	8139	658	17508	7583	47411	44700	3.30	1.57	2.81
64.70	225296	81229	46038	216818	58060	302406	222618	24.55	10.20	15.92
40.80	7005	218		9202	2845	25569	23285	2.93	0.94	1.46
17.74	19173	14401	483	22784	8237	144279	123679	8.28	4.82	2.42
				456	447	2407				
35.23	19374	3406	4809	19206	7739	59163	46279	3.31	1.73	2.86
8.30	12698	12108	340	11831	8095	64712	17712	2.61	0.73	2.52
16.87	15528	4632	1545	15517	8676	77194	55103	5.35	2.57	2.29
3.71	13007			13948	5216	106998	85732	3.06	1.82	0.36
0.08	676	676		676	576	10055	10055	0.81	0.48	0.45
6.75	20862	20693	33	20726	15010	88290	83126	3.00	1.12	0.84

2013年各地区县级艺术

地　区	机构数（个）	从业人员（人）					坐席数（个）	演(映)出场次合计（万场次）		观众人次合计（万人次）
			专业技术人才						艺术演出场次	
				正高级职称	副高级职称	中级职称				
总　计	**862**	**12215**	**3017**	**88**	**154**	**981**	**671334**	**31.18**	**2.73**	**3780.83**
北　京	9	241	36			4	9219	1.03	0.12	77.51
天　津	14	203	13			5	9951	1.26	0.05	89.16
河　北	50	531	108		3	39	41248	0.59	0.07	104.54
山　西	76	927	243		5	82	65842	3.59	0.80	330.76
内蒙古	9	137	12			6	5555	0.07	0.01	12.71
辽　宁	16	203	50		6	13	8747	0.13	0.07	46.80
吉　林	15	304	127	4	30	44	10812	0.24	0.03	62.90
黑龙江	18	165	45	7	2	11	9792	0.09	0.01	35.21
上　海	17	180	26	1	2	8	8424	1.25	0.03	65.26
江　苏	67	1124	243	1	1	63	56409	11.22	0.11	825.03
浙　江	40	509	170		2	62	36697	3.01	0.15	587.49
安　徽	26	362	154	2	4	58	21678	1.31	0.16	79.03
福　建	37	313	102		2	29	20151	1.71	0.05	134.89
江　西	33	281	103	3	13	34	19565	0.26	0.14	85.33
山　东	60	974	291	3	17	100	48895	0.74	0.13	213.38
河　南	111	2306	243	39	12	52	87077	0.39	0.12	144.03
湖　北	35	866	241	6	12	96	38037	0.27	0.11	137.57
湖　南	45	606	176	8	3	67	42876	1.94	0.18	249.31
广　东	24	558	64	1	1	30	29088	0.57	0.06	126.14
广　西	8	41	9			1	7159	0.01	0.01	9.60
海　南	5	155	47			4	5292	0.07	0.02	44.08
重　庆	9	160	109	2	23	51	3313	0.02	0.02	9.74
四　川	22	150	99			37	12126	0.13	0.06	34.64
贵　州										
云　南	7	13	8			4	4657	0.03	0.01	8.89
西　藏	10	2					4113	0.01	0.01	2.11
陕　西	67	728	214	11	15	74	44248	0.69	0.13	187.53
甘　肃	10	56	4			2	6335	0.02	0.01	9.59
青　海	11	27	7				5838	0.38	0.02	35.54
宁　夏	2	12	10			3	1604	0.05	0.00	10.90
新　疆	9	81	63		1	2	6586	0.13	0.06	21.17

表演场馆基本情况

艺术演出观众人次	总收入（千元）			总支出（千元）		资产总计（千元）		实际使用房屋建筑面积（万平方米）		实际拥有产权面积（万平方米）
		财政拨款	艺术演出收入		人员支出		年末固定资产原值		排练练功用房	
1009.14	**1027473**	**417355**	**156030**	**953967**	**360677**	**4773680**	**3991117**	**280.54**	**152.07**	**163.92**
35.73	27440	838	6944	29510	14931	121990	104497	7.14	2.17	5.21
21.43	28834	10210	2763	30002	8638	83017	71987	5.91	3.27	1.18
24.01	25219	10334	2016	29448	12256	180500	187213	17.06	11.07	6.27
114.72	47809	31385	1745	48798	20256	357283	311882	19.42	11.94	14.98
4.00	24884	24487		24877	4819	19283	19088	1.46	0.97	0.74
19.84	8352	5324	225	8472	5416	32133	33272	4.53	1.90	3.25
19.17	11685	7691	512	11089	7120	29720	26461	3.22	2.26	2.63
7.88	2858	2050	42	3145	2578	20925	21411	2.54	1.38	0.63
19.58	72989	27948	5871	51325	15057	109724	83012	3.01	1.81	2.28
51.88	186875	32869	13883	180472	40397	459589	354943	29.62	15.33	19.06
85.89	95694	26617	8725	95760	39885	391540	346266	24.32	12.00	11.16
22.77	14570	5328	2627	12448	6587	33920	26158	6.48	4.32	5.40
25.17	61364	31822	1337	39082	18598	568696	558325	12.23	5.05	8.57
42.03	17458	5241	5472	17504	8701	269688	70903	7.92	4.87	5.69
103.94	67282	36036	15599	67072	25587	456698	321467	24.96	11.71	17.40
62.51	33568	13505	1970	32709	22410	344524	336566	25.59	15.54	14.21
84.25	84120	39032	29252	81022	27792	198786	165575	21.47	10.57	8.78
80.38	34884	13046	7477	33888	15778	157612	131927	13.51	8.42	10.14
41.57	41635	27699	828	35743	7898	358266	344355	12.82	7.45	6.13
5.27	1462	749	51	1545	1047	3823	3804	2.04	1.11	0.70
19.30	4706	3246	977	4722	1990	104004	104194	1.31	0.53	0.73
9.17	16317	9765	2808	14224	9328	31443	29021	2.23	1.11	1.76
19.44	13784	10855	596	14574	10371	63889	59304	5.21	2.87	3.98
4.89	1065	889		1237	882	10990	10284	1.23	0.96	1.15
1.54	200	200		200	100	10378	8958	0.54	0.38	0.06
60.67	89527	31034	43218	71450	27956	240745	181065	16.10	8.22	8.62
3.71	6978	6507	430	6963	1594	48228	16352	2.23	1.31	1.28
4.19	2115	575	150	3101	956	29473	28723	2.93	1.66	0.50
1.10	1100	235	150	900	392	2797	2797	0.41	0.18	0.39
13.13	2699	1838	362	2685	1357	34016	31307	3.10	1.73	1.06

2013年各地区执行事业会计制度的

地区	机构数(个)	从业人员(人)					坐席数(个)	演(映)出场次合计(万场次)	
			专业技术人才						艺术演出场次
				正高级职称	副高级职称	中级职称			
总计	**964**	**16430**	**4585**	**140**	**400**	**1757**	**710195**	**26.39**	**2.98**
北京	17	1099	247	7	42	128	16343	1.20	0.29
天津	20	192	12	1	1	5	12161	0.28	0.11
河北	65	965	210	9	10	84	45666	1.52	0.08
山西	79	1147	330		13	130	76437	2.72	0.19
内蒙古	18	317	88		4	43	15376	0.33	0.04
辽宁	26	442	72		7	24	15303	0.34	0.15
吉林	23	555	204	5	38	56	15965	1.83	0.11
黑龙江	32	246	68	8	5	18	17609	0.11	0.03
上海	17	226	28	1	3	11	9829	1.08	0.16
江苏	21	379	118		4	34	21616	0.15	0.07
浙江	40	570	225		8	74	29801	1.16	0.19
安徽	18	221	51			17	10539	0.18	0.02
福建	49	694	233	1	16	72	25952	3.76	0.07
江西	38	383	150	3	20	58	22844	0.47	0.21
山东	47	734	224	2	18	77	35050	0.26	0.09
河南	125	3065	318	40	15	96	89045	0.83	0.15
湖北	44	904	281	5	14	141	42956	2.41	0.14
湖南	51	736	286	11	12	122	44321	2.08	0.25
广东	25	801	111	4	5	55	30683	0.34	0.10
广西	15	108	26		1	6	8847	0.48	0.05
海南	5	143	47			4	5092	0.02	0.02
重庆	9	139	109	2	23	51	3463	0.02	0.02
四川	40	364	183		7	86	25763	0.37	0.10
贵州									
云南	15	59	31		1	10	10100	0.10	0.06
西藏	14	89	63	3	12	25	6613	0.05	0.04
陕西	68	1240	703	31	102	272	43403	0.37	0.13
甘肃	68	1240	703	31	102	272	43403	0.37	0.13
青海	68	1240	703	31	102	272	43403	0.37	0.13
宁夏	68	1240	703	31	102	272	43403	0.37	0.13
新疆	68	1240	703	31	102	272	43403	0.37	0.13

艺术表演场馆基本情况

观众人次合计(万人次)	艺术演出观众人次	本年收入合计(千元)	财政补贴收入	事业收入	艺术演出收入	上级补助收入	附属单位上缴收入	经营收入	其他收入
3488.75	**1579.48**	**2450591**	**1162141**	**728295**	**436539**	**40983**	**7352**	**215162**	**296658**
210.03	168.22	960393	436594	402954	302357	424		18609	101812
98.33	49.81	29524	7318	13622	4007	1978	920	290	5396
144.49	35.72	52944	13978	10291	5491	163	347	11599	16566
299.99	86.34	97103	66140	9191	2957	1174	435	13301	6862
87.41	29.58	72555	68039	3040	1697	634	216	247	379
112.03	85.82	61676	18548	23645	14606	2733	243	12495	4012
173.25	42.09	46416	22364	17788	4619	650		3100	2514
49.26	12.23	8219	6195	818	371	160		505	541
127.84	95.85	65956	10052	44374	15784	8208			3322
98.59	56.15	62858	29132	21795	12622	877	3246	5539	2269
264.45	112.59	139482	45401	38660	19089	4963	5	9406	41047
12.88	8.73	10214	6062	2361	395	690		467	634
196.79	35.54	112017	39650	18600	603	4270		18286	31211
126.06	66.14	56264	34374	9848	5575	2630		7691	1721
154.02	68.01	37766	23325	3902	1150	380		8180	1979
215.99	104.25	90450	36211	24805	13891	1012	510	9656	18256
174.54	76.89	52332	11522	8175	3100	2642		3015	26978
270.68	109.14	50886	23164	15005	8551	1852	1195	4533	5137
142.70	92.20	127965	78055	21584	4757	743	18	21614	5951
40.94	19.57	8467	967	1059	51	130	187	4614	1510
21.58	17.80	4329	3246	852	852			30	201
8.65	7.48	12591	9755	1188	370	1522			126
82.34	51.16	51535	25256	7742	4740	784		13574	4179
41.47	23.65	9086	4295	209	209	53		4279	250
10.40	9.84	12898	12308	340	340	250			
128.73	63.95	122448	93022	20115	7892	1558	30	1071	6652
128.73	63.95	122448	93022	20115	7892	1558	30	1071	6652
128.73	63.95	122448	93022	20115	7892	1558	30	1071	6652
128.73	63.95	122448	93022	20115	7892	1558	30	1071	6652
128.73	63.95	122448	93022	20115	7892	1558	30	1071	6652

续表

地　区	本年支出合计(千元)	基本支出	项目支出	经营支出	在支出合计中：				
					工资福利支出	商品和服务支出	差旅费	劳务费	福利费
总　计	**2347390**	**1051897**	**995554**	**219583**	**588564**	**932157**	**11946**	**60855**	**22179**
北　京	872084	137035	719771	15278	99509	465427	142	31162	4160
天　津	28371	13764	7675	2506	9055	7020	31	264	44
河　北	54230	34576	4307	12194	23712	11590	126	402	393
山　西	92274	43552	34820	11741	25788	20427	469	2948	464
内 蒙 古	66765	45549	19059	140	15392	31339	289	600	107
辽　宁	61437	31694	6071	22680	19574	32351	253	1258	929
吉　林	45285	38585	3482	2558	11841	18395	137	240	126
黑 龙 江	7890	6872	458	400	4724	1653	102	335	12
上　海	67106	55215	8707		16892	29887	154	4610	714
江　苏	57570	50586	2307	4677	19960	25538	164	554	984
浙　江	146486	100420	32876	8869	46008	44364	519	903	1426
安　徽	9077	6721	80	525	3428	1754	126	126	72
福　建	101493	64696	15087	19438	35336	45251	1528	3158	778
江　西	50987	19228	15686	11415	11845	18906	417	646	557
山　东	40251	15506	14778	8423	16542	2222	193	82	34
河　南	98137	68951	3119	16665	38982	14525	369	1587	2305
湖　北	53207	47119	2194	2225	22509	8015	285	279	603
湖　南	51207	38893	2471	3208	17574	17961	307	761	2198
广　东	125279	39935	64128	19655	25134	49720	388	2836	1203
广　西	10747	5211	99	5318	3377	4403	49		70
海　南	4355	1740		115	1810	2016	5	1503	500
重　庆	12495	8645	2960	890	7011	4055	72	170	727
四　川	57375	35264	8318	5462	17889	19602	404	1524	159
贵　州									
云　南	8783	6029		2536	2480	1892	216	81	114
西　藏	12031	8933	2598	198	7099	931	302	42	
陕　西	120334	89380	14398	1165	54498	28253	4432	2987	2706
甘　肃	120334	89380	14398	1165	54498	28253	4432	2987	2706
青　海	120334	89380	14398	1165	54498	28253	4432	2987	2706
宁　夏	120334	89380	14398	1165	54498	28253	4432	2987	2706
新　疆	120334	89380	14398	1165	54498	28253	4432	2987	2706

各种税金支出	对个人和家庭补助支出	抚恤金和生活补助	其他资本性支出	各种设备购置费	资产总计(千元)	固定资产原值	实际使用房屋建筑面积(万平方米)	演(映)出业务用房	实际拥有产权面积(万平方米)
53381	**140547**	**10201**	**347484**	**33323**	**8894785**	**6292786**	**373.50**	**222.27**	**222.74**
14345	7336		287374	5072	1401401	431576	31.05	23.70	28.46
830	901	40	1617	662	78793	69459	5.91	3.48	0.62
1459	1619	120	4750	905	520705	464295	21.54	13.07	11.64
1235	1566	98	8810	454	564698	458694	37.83	24.77	19.45
324	2355	43	319	308	685914	684344	12.58	4.64	11.54
2469	4069	34	864	575	92642	82910	10.07	5.28	4.26
1350	11777	138	1303	563	207323	163264	8.19	5.13	8.68
60	1362	5			45690	44813	4.78	3.20	1.74
1936	5072	205	640	635	200578	119842	6.75	5.34	2.12
571	5211	99	391	267	401465	341588	18.39	11.40	7.50
4046	17705	1517	7016	3840	407882	325667	20.87	12.15	11.86
353	2355	283	316		35076	31522	3.23	2.02	3.08
5612	6501	829	6879	2806	234710	187512	14.08	7.35	6.93
1164	5411	291	2005	1747	360526	117809	15.27	10.13	11.83
202	1678	277	590	10	358733	351118	13.98	10.28	6.56
2559	4394	546	743	604	383628	334448	31.79	16.25	18.19
773	2716	35	1145	229	310446	269424	15.24	10.02	12.86
1163	7027	575	2142	1182	204277	177891	15.53	9.49	11.78
2359	3771	2	10458	6650	748881	676437	22.21	9.46	10.23
483	515	50	15	15	29392	27089	4.03	1.37	1.70
8	70	67	363	363	99633	93574	1.24	0.60	0.58
106	1420	105			49897	44332	2.65	1.73	0.72
3246	9287	1935	3006	2372	689643	247534	15.58	8.63	8.47
1081	2553	14	40		45542	40733	2.96	2.27	2.41
20	1096		50	50	75090	26670	3.14	1.11	2.58
1874	24052	1758	2345	1564	273445	182822	18.05	9.92	11.23
1874	24052	1758	2345	1564	273445	182822	18.05	9.92	11.23
1874	24052	1758	2345	1564	273445	182822	18.05	9.92	11.23
1874	24052	1758	2345	1564	273445	182822	18.05	9.92	11.23
1874	24052	1758	2345	1564	273445	182822	18.05	9.92	11.23

2013年各地区文化部门所属执行事业

地区	机构数(个)	从业人员(人)				
			专业技术人才			
				正高级职称	副高级职称	中级职称
总计	**931**	**15273**	**4337**	**131**	**352**	**1613**
北京	8	236	34			3
天津	20	192	12	1	1	5
河北	63	938	208	9	10	82
山西	73	1095	325		13	127
内蒙古	18	317	88		4	43
辽宁	25	433	71		7	24
吉林	23	555	204	5	38	56
黑龙江	32	246	68	8	5	18
上海	15	166	24	1	1	9
江苏	14	310	111		4	32
浙江	40	570	225		8	74
安徽	18	221	51			17
福建	49	694	233	1	16	72
江西	38	383	150	3	20	58
山东	46	726	222	2	16	77
河南	125	3065	318	40	15	96
湖北	44	904	281	5	14	141
湖南	51	736	286	11	12	122
广东	25	801	111	4	5	55
广西	14	108	26		1	6
海南	5	143	47			4
重庆	9	139	109	2	23	51
四川	40	364	183		7	86
贵州						
云南	15	59	31		1	10
西藏	13	89	63	3	12	25
陕西	67	1238	703	31	102	272
甘肃	15	234	6			4
青海	12	17	2			
宁夏	2	23	18	1		3
新疆	12	271	127	4	17	41

会计制度的艺术表演场馆基本情况

坐席数 (个)	演(映)出场次合计 (万场次)	艺术演出场次	观众人次合计 (万人次)	艺术演出观众人次	本年收入合计 (千元)	财政补贴收入
674468	**25.73**	**2.71**	**3235.99**	**1369.11**	**1472593**	**718375**
8215	1.02	0.12	72.51	32.73	27078	838
12161	0.28	0.11	98.33	49.81	29524	7318
41386	1.52	0.08	142.28	33.58	50431	13958
69943	2.70	0.18	283.01	80.21	90747	60130
15376	0.33	0.04	87.41	29.58	72555	68039
14158	0.33	0.15	111.53	85.82	61360	18232
15965	1.83	0.11	173.25	42.09	46416	22364
17609	0.11	0.03	49.26	12.23	8219	6195
7586	0.70	0.13	99.78	77.79	52914	10052
12686	0.11	0.04	55.43	26.69	54763	27498
29801	1.16	0.19	264.45	112.59	139482	45401
10539	0.18	0.02	12.88	8.73	10214	6062
25952	3.76	0.07	196.79	35.54	112017	39650
22844	0.47	0.21	126.06	66.14	56264	34374
34047	0.25	0.09	148.72	64.81	37186	23325
89045	0.83	0.15	215.99	104.25	90450	36211
42956	2.41	0.14	174.54	76.89	52332	11522
44321	2.08	0.25	270.68	109.14	50886	23164
30683	0.34	0.10	142.70	92.20	127965	78055
7547	0.47	0.05	37.74	19.36	8417	967
5092	0.02	0.02	21.58	17.80	4329	3246
3463	0.02	0.02	8.65	7.48	12591	9755
25763	0.37	0.10	82.34	51.16	51535	25256
10100	0.10	0.06	41.47	23.65	9086	4295
5933	0.05	0.04	9.86	9.46	12898	12308
42903	0.37	0.13	128.73	63.95	122418	92992
9719	0.30	0.01	31.90	5.60	25828	6507
5980	0.15	0.02	46.70	4.18	1251	1251
854	0.04		4.70		1819	1264
11841	3.44	0.05	96.71	25.66	51618	28146

续表 1

地区	事业收入	艺术演出收入	上级补助收入	附属单位上缴收入	经营收入	其他收入
总计	**315646**	**128123**	**39256**	**4106**	**199864**	**195346**
北京	7363	6804	424		17793	660
天津	13622	4007	1978	920	290	5396
河北	7910	4111	163	347	11599	16454
山西	8955	2847	1174	435	13191	6862
内蒙古	3040	1697	634	216	247	379
辽宁	23645	14606	2733	243	12495	4012
吉林	17788	4619	650		3100	2514
黑龙江	818	371	160		505	541
上海	32251	5949	7328			3283
江苏	19527	11084	30		5439	2269
浙江	38660	19089	4963	5	9406	41047
安徽	2361	395	690		467	634
福建	18600	603	4270		18286	31211
江西	9848	5575	2630		7691	1721
山东	3902	1150	380		7600	1979
河南	24805	13891	1012	510	9656	18256
湖北	8175	3100	2642		3015	26978
湖南	15005	8551	1852	1195	4533	5137
广东	21584	4757	743	18	21614	5951
广西	1009	51	130	187	4614	1510
海南	852	852			30	201
重庆	1188	370	1522			126
四川	7742	4740	784		13574	4179
贵州						
云南	209	209	53		4279	250
西藏	340	340	250			
陕西	20115	7892	1558	30	1071	6652
甘肃	6039	430	443		6451	6388
青海						
宁夏	260					295
新疆	33	33	60		22918	461

本年支出合计(千元)	基本支出	项目支出	经营支出	在支出合计中：工资福利支出	商品和服务支出	差旅费
1460309	**907073**	**270035**	**203661**	**491516**	**462213**	**11747**
29038	14437		14601	11628	2455	73
28371	13764	7675	2506	9055	7020	31
51779	32143	4307	12194	22867	11526	126
85958	42340	29826	11631	24997	20246	454
66765	45549	19059	140	15392	31339	289
61121	31438	6071	22680	19318	32351	253
45285	38585	3482	2558	11841	18395	137
7890	6872	458	400	4724	1653	102
54203	42312	8707		13367	26821	154
49944	45594	1553	2797	17025	22997	128
146486	100420	32876	8869	46008	44364	519
9077	6721	80	525	3428	1754	126
101493	64696	15087	19438	35336	45251	1528
50987	19228	15686	11415	11845	18906	417
39171	15106	14778	7743	16142	2157	190
98137	68951	3119	16665	38982	14525	369
53207	47119	2194	2225	22509	8015	285
51207	38893	2471	3208	17574	17961	307
125279	39935	64128	19655	25134	49720	388
10697	5211	99	5318	3377	4353	49
4355	1740		115	1810	2016	5
12495	8645	2960	890	7011	4055	72
57375	35264	8318	5462	17889	19602	404
8783	6029		2536	2480	1892	216
12031	8933	2598	198	7099	931	302
120304	89350	14398	1165	54468	28253	4432
25030	10850	5100	8741	7200	5986	201
2602	1151			1049	150	
1735	1457		278	1263	285	12
49504	24340	5005	19708	20698	17234	178

续表 2

地　区	劳务费	福利费	各种税金支出	对个人和家庭补助支出	抚恤金和生活补助	其他资本性支出
总　计	**29207**	**17786**	**38896**	**132572**	**9643**	**59407**
北　京	15	17	1179	3091		21
天　津	264	44	830	901	40	1617
河　北	397	393	1400	1529	117	4426
山　西	2897	464	1212	1566	98	8800
内蒙古	600	107	324	2355	43	319
辽　宁	1258	929	2469	4009	34	864
吉　林	240	126	1350	11777	138	1303
黑龙江	335	12	60	1362	5	
上　海	4329	620	1505	4192	203	290
江　苏	509	974	487	3755	99	391
浙　江	903	1426	4046	17705	1517	7016
安　徽	126	72	353	2355	283	316
福　建	3158	778	5612	6501	829	6879
江　西	646	557	1164	5411	291	2005
山　东	64	29	167	1677	276	550
河　南	1587	2305	2559	4394	546	743
湖　北	279	603	773	2716	35	1145
湖　南	761	2198	1163	7027	575	2142
广　东	2836	1203	2359	3771	2	10458
广　西		70	483	515	50	15
海　南	1503	500	8	70	67	363
重　庆	170	727	106	1420	105	
四　川	1524	159	3246	9287	1935	3006
贵　州						
云　南	81	114	1081	2553	14	40
西　藏	42		20	1096		50
陕　西	2987	2706	1874	24052	1758	2345
甘　肃	755	174	2068	1099	424	960
青　海						
宁　夏	213	3		38		21
新　疆	728	476	998	6348	159	3322

各种设备购置费	资产总计（千元）	固定资产原值	实际使用房屋建筑面积（万平方米）	演(映)出业务用房	实际拥有产权面积（万平方米）
27904	**7254376**	**5661048.00**	**335.94**	**191.01**	**192.22**
21	115790	98297.00	6.54	2.14	4.62
662	78793	69459.00	5.91	3.48	0.62
905	475977	419567.00	20.36	12.12	10.81
444	510768	404774.00	35.35	23.07	16.78
308	685914	684344.00	12.58	4.64	11.54
575	92233	82501.00	9.64	4.85	3.96
563	207323	163264.00	8.19	5.13	8.68
	45690	44813.00	4.78	3.20	1.74
285	156836	85992.00	5.54	4.47	2.12
267	250631	234167.00	12.55	7.40	4.69
3840	407882	325667.00	20.87	12.15	11.86
	35076	31522.00	3.23	2.02	3.08
2806	234710	187512.00	14.08	7.35	6.93
1747	360526	117809.00	15.27	10.13	11.83
2	308733	301118.00	13.37	9.67	6.56
604	383628	334448.00	31.79	16.25	18.19
229	310446	269424.00	15.24	10.02	12.86
1182	204277	177891.00	15.53	9.49	11.78
6650	748881	676437.00	22.21	9.46	10.23
15	29392	27089.00	3.74	1.11	1.70
363	99633	93574.00	1.24	0.60	0.58
	49897	44332.00	2.65	1.73	0.72
2372	689643	247534.00	15.58	8.63	8.47
	45542	40733.00	2.96	2.27	2.41
50	75046	26626.00	3.02	1.10	2.52
1564	270445	179822.00	17.88	9.77	11.23
158	171682	107084.00	5.24	3.04	1.76
	28346	28346.00	3.44	1.86	0.65
21	2228	2114.00	0.19	0.14	0.19
2271	178408	154788.00	6.97	3.75	3.14

2013年各地区执行企业会计

地　区	机构数(个)	从业人员(人)					坐席数(个)	演(映)出场次合计(万场次)
			专业技术人才	正高级职称	副高级职称	中级职称		
总　计	**380**	**9606**	**2379**	**73**	**256**	**800**	**317751**	**56.54**
北　京								
天　津	6	126	6			1	3362	1.09
河　北	12	154	34		4	8	6813	0.27
山　西	21	369	57		2	22	14436	7.09
内蒙古								
辽　宁	7	93	2			1	4827	0.10
吉　林	3	23	4		1	3	1040	0.03
黑龙江	3	53	12	1	2		3530	0.01
上　海	10	157	19	3		11	7776	0.46
江　苏	89	2697	362	7	27	148	83951	36.67
浙　江	21	559	135	2	9	47	29295	2.92
安　徽	30	1040	547	20	52	194	27422	1.53
福　建	8	201	17		1	10	8259	0.98
江　西	13	349	78	1	17	33	6882	0.29
山　东	46	985	298	6	25	100	36390	0.88
河　南	14	241	8			7	11822	0.13
湖　北	9	463	106	2	13	30	12004	0.09
湖　南	7	272	50		1	25	6764	0.68
广　东	20	700	246	12	45	73	20688	0.94
广　西	4	16					4267	1.34
海　南	2	108	18	3	2	5	2030	0.05
重　庆	6	256	171	4	29	38	2451	0.03
四　川	2	7	2				800	0.00
贵　州	6	81	29		3	5		
云　南	3	56	9			3	1769	0.03
西　藏								
陕　西	18	361	111	11	21	30	8546	0.45
甘　肃	7	47	6		2	2	4306	0.13
青　海	3	30	6				1398	0.25
宁　夏	1	4	2			1	750	0.01
新　疆	3	49	39			1	1540	0.04

制度的艺术表演场馆基本情况

			资产、负债、所有者权益(千元)						
艺术演出场次	观众人次合计(万人次)	艺术演出观众人次	资产总计	固定资产原值	当年提取的折旧总额	负债合计	所有者权益合计	实收资本(股本)	国家资本
3.62	**4287.59**	**1082.96**	**10116519**	**3925338**	**275213**	**3691960**	**6424559**	**5387758**	**1535096**
0.04	40.67	13.05	16099	8221	205	17922	-1823	1880	1880
0.06	59.73	24.63	101606	44771	15068	58958	42648	44872	43422
0.66	216.61	74.05	124170	79124	4099	38491	85679	32341	31084
0.03	39.54	8.60	21373	34874	235	15923	5450	18627	8771
0.01	5.26	1.56	12476	12314	713	18590	-6114	2887	2887
0.00	5.38	3.40	35619	6339	1242	26125	9494	14459	14459
0.15	87.24	73.14	290409	319471	3111	152354	138055	18515	14374
1.42	2061.51	216.39	6444456	1529057	160557	2580606	3863850	3917277	301490
0.23	629.93	148.42	304874	295429	4961	44917	259957	248949	244028
0.28	246.62	96.52	362397	103456	9646	189512	172885	162902	69776
0.01	25.83	6.01	782755	521679	7874	12760	769995	269936	269936
0.06	77.82	29.31	89765	79160	5107	11689	78076	28481	18838
0.11	144.99	93.97	272889	132027	8629	80571	192318	180033	179053
0.01	12.98	2.28	56029	52803	3	4920	51109	49474	49055
0.07	81.65	63.38	149942	121702	3991	83161	66781	35232	24232
0.02	58.67	19.66	184319	176600	7643	90350	93969	59257	59257
0.12	172.74	57.97	230280	155471	15639	70514	159766	97869	92415
0.07	81.83	38.65	11699	11699	2264		11699		
0.01	29.50	8.50	65864	11022	149	10905	54959	63672	3672
0.03	10.78	10.78	23980	16203	1748	18384	5596	9569	4050
	0.24	0.03	3014	843		3869	-855	225	
			89583	19803		21889	67694	1556	1556
0.02	23.67	16.47	24611	15830	2730	8056	16555	21100	11100
0.10	119.31	38.36	160928	112263	8441	66830	94098	75642	70632
0.01	14.37	7.94	211468	44310	9399	33593	177875	19142	14137
0.00	5.09	0.09	19273	10478	701	12370	6903	2352	1552
0.00	6.20	1.10	900	900	55	50	850	850	550
0.04	1.58	0.91	1894	1292	9	1292	602	892	30

续表

地区	损益(千元)							
	营业收入	艺术演出收入	营业成本	养老、医疗、失业等保险费	住房公积金和住房补贴	差旅费	工会经费	营业利润
总计	**1315821**	**388349**	**1756366**	**89367**	**21726**	**9892**	**6336**	**-440545**
北京								
天津	10658	1439	14641	1085	1463	4		-3983
河北	11342	2849	16643	1112	514	9	59	-5301
山西	47334	524	38900	2593	180	213	17	8434
内蒙古								
辽宁	2461	427	3091	86	45	7	6	-630
吉林	693	280	1188	176	50	7	10	-495
黑龙江	1994	484	4500	1289	362	10		-2506
上海	53355	17293	57649	3206	531	384	132	-4294
江苏	625328	100048	822848	38453	4560	2408	1470	-197520
浙江	85744	30919	131116	4456	1830	757	513	-45372
安徽	49366	20266	85108	6250	2070	931	116	-35742
福建	24959	7008	38494	2025	490	151	210	-13535
江西	17209	8294	32406	2029	603	1327	2472	-15197
山东	49864	25151	95306	7718	1936	366	59	-45442
河南	6836	85	6169	1278	217	4	17	667
湖北	59703	38957	87059	3346	789	342	109	-27356
湖南	20404	5032	29886	1526	201	123	90	-9482
广东	125010	43351	164843	5891	4273	1029	484	-39833
广西	3349	2552						3349
海南	6538	125	7530	259	2	96	1	-992
重庆	7007	4832	11627	531	307	554	163	-4620
四川	67		835	671				-768
贵州	2346		6048	1112	204	16	10	-3702
云南	11353	4600	11660	743	320	162	112	-307
西藏								
陕西	58501	50354	51770	2331	331	455	199	6731
甘肃	2519	1711	4921	40	53	9	2	-2402
青海	1643	150	3178	305	146	116	21	-1535
宁夏	230	150	180	36	30	15	10	50
新疆	660	362	684	42		5		-24

				工资、福利费、税金(千元)					
营业外收入	政府补助(补贴收入)	营业外支出	利润总额	本年发放工资总额	本年发放福利费总额	本年应交税金	实际使用房屋建筑面积(万平方米)	演(映)出业务用房	实际拥有产权面积(万平方米)
497199	**440985**	**67273**	**-10619**	**353422**	**35850**	**85836**	**290.29**	**127.39**	**189.91**
2894	2892	8	-1097	3774	16	670	2.99	1.82	0.56
6291	6000	6008	-5018	5331	1213	927	4.57	2.78	1.19
6148	3314	1853	12729	10598	359	2954	8.64	7.19	4.55
576	125	448	-502	1011	10	347	2.65	1.36	1.71
			-495	676	1	30	0.37	0.25	0.22
51	40		-2455	1297	125	425	1.51	0.65	1.19
22234	21567	7	17933	10515	2432	3863	6.11	3.63	2.49
121921	108930	4896	-80495	109184	10022	38373	114.77	36.90	85.80
50357	50145	224	4761	30475	2874	10380	24.22	11.73	11.92
41860	40138	2641	3477	23523	1614	3430	19.43	12.05	14.17
31381	30650	1111	16735	9478	325	1819	9.00	1.87	8.02
15386	13106	726	-537	10016	1554	802	3.58	1.59	3.41
49418	44757	18131	-14155	28831	1703	3526	24.61	10.50	20.35
875	492	207	1335	3219	40	305	4.03	2.32	1.73
31764	31120	1609	2799	18101	1752	4746	15.65	6.78	3.33
11287	10657	1284	521	5670	630	1082	5.93	1.77	5.49
49222	47031	2571	6818	41073	8625	6735	17.12	10.02	12.41
			3349				2.27	2.01	0.46
			-992	3199	68	374	1.02	0.88	0.15
28795	12144	22128	2047	8814	249	369	2.14	1.12	1.08
		14	-782	131	12	8	0.20	0.15	0.20
2030			-1672	2375	54	334	0.69		0.96
			-307	3329	259	1299	1.58	0.42	1.60
17099	16776	3221	20609	12863	1350	1787	6.50	1.37	2.85
752	720	120	-1770	2964	39	190	2.99	2.14	0.69
6394			4859	1674	58	342	0.30	0.28	0.30
200	120	50	200	45	39	50	0.22	0.04	0.20
		1	-25	454		28	1.00	0.77	0.38

2013年各地区执行事业

地 区	机构数(个)	从业人员(人)					坐席数(个)	演(映)出场次合计(万场次)
			专业技术人才	正高级职称	副高级职称	中级职称		
总 计	**418**	**7817**	**2582**	**88**	**263**	**999**	**316653**	**7.78**
北 京	7	858	211	7	42	124	5324	0.14
天 津	7	97	6	1	1	1	4680	0.13
河 北	21	361	68		3	42	16515	0.72
山 西	26	342	113		1	22	25520	0.41
内蒙古	3	77	38		1	11	5055	0.02
辽 宁	12	314	49		6	18	7908	0.26
吉 林	7	187	52		7	18	4068	0.08
黑龙江	13	44	22	7		2	6583	0.04
上 海	9	175	17	1	1	9	6566	0.15
江 苏	11	138	42			2	9323	0.06
浙 江	25	372	152		7	45	20045	0.21
安 徽	12	130	33			16	5799	0.17
福 建	17	325	126		11	34	10910	0.52
江 西	23	204	74	1	5	29	13357	0.14
山 东	28	395	110		7	20	20300	0.14
河 南	40	793	84	18	2	15	27617	0.09
湖 北	22	419	103		3	63	22579	0.14
湖 南	26	390	194	11	10	77	21837	0.22
广 东	10	330	64	2	4	34	13253	0.19
广 西	9	61	15			1	5061	0.02
海 南	1						600	
重 庆	6	123	109	2	23	51	2241	0.02
四 川	30	276	139		7	66	20072	0.29
贵 州								
云 南	4	5	3			3	2388	0.01
西 藏	2	69	63	3	12	25	1570	0.03
陕 西	35	945	598	31	94	237	28613	0.19
甘 肃	8	190	4			2	4877	0.04
青 海								
宁 夏								
新 疆	4	197	93	4	16	32	3992	3.34

会计制度的剧场基本情况

艺术演出场次	观众人次合计(万人次)	艺术演出观众人次	本年收入合计(千元)	财政补贴收入	事业收入	艺术演出收入	上级补助收入	附属单位上缴收入	经营收入	其他收入
1.64	**1451.51**	**858.04**	**1750467**	**877661**	**573574**	**377769**	**22746**	**2608**	**93973**	**179905**
0.14	88.09	88.07	932953	435756	395451	295413			594	101152
0.10	51.21	39.62	14780		9201	2842	1788			3791
0.05	34.94	11.38	13138	1668	565	123	2	347	9352	1204
0.07	116.07	28.40	55266	49146	2486	497	220		782	2632
0.02	16.00	15.42	39848	38464	542	542	247	216		379
0.12	80.91	71.16	49901	12819	22202	14437	2728	243	11792	117
0.05	40.63	13.95	15107	8321	6225	4423	476			85
0.01	9.75	2.65	1194	648	426	29	80		40	
0.14	88.64	86.35	52231	9627	34099	9913	7828			677
0.03	39.91	19.46	28237	16512	11347	8757			100	278
0.11	139.51	88.12	98768	37280	28674	16602	1096	5	5059	26654
0.01	6.07	4.46	5513	2514	2012	65	325		440	222
0.04	49.40	17.56	57541	30737	8192	181	1483		1542	15587
0.13	48.66	21.44	12515	7681	2454	1085	130		1028	1222
0.04	63.27	27.82	30927	19636	2174	607	330		7962	825
0.04	58.37	25.02	17318	7295	5142	1001	149	450	584	3698
0.07	85.60	41.42	14476	2806	3755	1945	1530		2081	4304
0.14	98.88	75.65	26779	16522	5597	1966	937	1160	868	1695
0.05	53.07	42.83	54719	37819	4705	4553	10		11682	503
0.01	13.25	6.61	2358	270	1059	51	130	187	365	347
	2.00	2.00								
0.02	7.29	6.18	12068	9244	1176	358	1522			126
0.09	64.84	43.63	43996	19155	7175	4588	772		12865	4029
0.01	4.70	3.10	110	110						
0.03	6.90	6.90	10946	10416	280	280	250			
0.11	93.96	54.81	97855	80715	12604	7048	260		706	3570
0.01	20.82	3.43	16982	750	5998	430	443		3403	6388
0.02	68.78	10.61	44941	21750	33	33	10		22728	420

续表

地区	本年支出合计(千元)	基本支出	项目支出	经营支出	在支出合计中：工资福利支出	商品和服务支出	差旅费	劳务费
总计	**1645895**	**624104**	**901481**	**92280**	**359943**	**737859**	**8857**	**49092**
北京	842574	122458	719771	345	87741	462960	69	31147
天津	13096	7762	1055	400	4890	5201	3	9
河北	17563	7930	5	9146	6228	2077	36	4
山西	44795	15814	27669	968	8842	8113	25	697
内蒙古	33275	18016	15259		6269	23128	198	358
辽宁	49043	21295	5671	21115	14816	28971	196	1219
吉林	14347	13699	348		3079	5562	44	179
黑龙江	1194	1154		40	824	64		
上海	56005	44182	8639		14518	27612	154	4610
江苏	27397	26633	754	10	8679	16942	37	70
浙江	106038	72909	30289	1701	31518	36834	343	376
安徽	5330	3963	80	510	2244	1169	118	101
福建	46010	29381	13172	1922	19333	17496	1353	2884
江西	13992	11512	1599	675	6191	2255	156	39
山东	31768	8784	14510	8263	11342	1159	181	61
河南	17300	15345	300	253	9542	3831	175	357
湖北	16601	13253	1108	1456	9168	4416	70	169
湖南	27826	22399	1248	1771	9478	11730	155	187
广东	53927	13014	29934	10914	9932	8066	241	641
广西	2547	1875	99	454	1551	482	5	
海南								
重庆	11972	8122	2960	890	6494	4049	72	170
四川	48295	28642	8318	5361	14381	19165	383	1478
贵州								
云南	110	110			22	9		
西藏	10139	7401	2598	98	5567	721	122	32
陕西	96228	78035	13778	494	43104	25570	4395	2868
甘肃	15982	9706	100	5880	6452	4573	193	755
青海								
宁夏								
新疆	42541	20710	2217	19614	17738	15704	133	681

福利费	各种税金支出	对个人和家庭补助支出	抚恤金和生活补助	其他资本性支出	各种设备购置费	资产总计(千元)	固定资产原值	实际使用房屋建筑面积(万平方米)	演(映)出业务用房	实际拥有产权面积(万平方米)
14143	**36103**	**85523**	**5772**	**315556**	**19075**	**5358747**	**3303108**	**201.18**	**121.75**	**122.17**
4143	13154	4173		287353	5051	1279411	327079	23.91	21.53	23.25
29	591	247	10	1617	662	11320	5871	2.30	1.74	0.30
230	322	328	11	472	472	52242	27624	6.21	4.95	2.36
101	517	680	8	5110	20	185477	153860	17.09	12.07	5.81
68	49	534		275	275	649558	649032	8.80	2.09	8.80
824	1902	1247	34	794	505	65028	58485	7.22	3.48	2.55
101	655	5004	66	702	502	94391	63313	3.41	2.14	3.57
		238				25924	25856	1.98	1.32	0.24
714	1734	4473	205	222	217	176228	103672	5.81	4.77	1.00
25	39	968		75	55	146651	109753	8.10	3.42	2.55
1117	3424	12200	411	3497	1488	321678	278875	14.98	9.37	9.12
21	319	819	125	290		16430	13361	2.15	0.99	2.12
454	2401	3342	447	3608	2608	118666	93587	5.19	3.00	3.15
49	362	2948	19	145	8	270287	95987	6.01	3.73	4.72
24	160	1219	218	40	8	107435	101043	8.35	6.33	4.14
150	385	2260	122	366	321	113638	102500	9.97	4.89	6.19
230	543	305	22	904	146	85442	76762	7.81	5.32	6.45
1587	751	4866	394	502	337	98588	91862	7.48	5.23	5.24
202	665	1117	2	226	73	346996	342837	14.34	5.04	8.56
	130	259		15	15	17167	15317	2.55	0.71	1.05
						6000		0.08	0.08	
727	106	1420	105			47692	42506	2.26	1.39	0.72
113	3182	6235	1790	3004	2372	677038	236773	13.11	7.14	6.53
		79				13971	11468	0.63	0.63	0.40
		1096				58657	11657	2.25	0.37	2.52
2591	1775	22582	1204	2079	1514	187825	125706	12.65	6.50	7.67
174	1939	1099	424	946	158	119146	93928	3.71	1.73	1.56
469	998	5785	155	3314	2268	65861	44394	2.84	1.79	1.63

2013年各地区执行事业

地区	机构数（个）	从业人员（人）	专业技术人才			
				正高级职称	副高级职称	中级职称
总计	**445**	**7075**	**1522**	**43**	**107**	**595**
北京	9	241	36			4
天津	12	95	6			4
河北	37	488	134	9	6	38
山西	35	581	154		10	81
内蒙古	14	238	48		3	32
辽宁	9	87	14		1	2
吉林	15	350	150	4	31	38
黑龙江	9	160	20		4	10
上海	7	51	11		2	2
江苏	3	29	10			2
浙江	13	178	70		1	26
安徽	6	91	18			1
福建	28	327	70	1	4	35
江西	9	102	39		9	18
山东	18	326	114	2	11	57
河南	83	2058	223	22	12	71
湖北	18	379	107	5	1	56
湖南	25	346	92		2	45
广东	12	299	15			7
广西	4	30	4			2
海南	3	93	1			
重庆	1					
四川	6	62	21			17
贵州						
云南	11	54	28		1	7
西藏	4	18				
陕西	30	288	101		8	35
甘肃	5	41	2			2
青海	11	14	2			
宁夏	1	8	8			2
新疆	7	41	24		1	1

会计制度的影剧院基本情况

坐席数(个)	演(映)出场次合计(万场次)	艺术演出场次	观众人次合计(万人次)	艺术演出观众人次	本年收入合计(千元)	财政补贴收入
313897	**17.96**	**0.97**	**1626.24**	**438.70**	**443113**	**134845**
9219	1.03	0.12	77.51	35.73	27440	838
7481	0.15	0.01	47.12	10.19	14744	7318
19876	0.75	0.02	73.40	10.03	26487	5858
30318	2.24	0.09	127.78	20.36	29111	8660
9603	0.31	0.02	71.01	13.76	28837	25705
4789	0.06	0.02	12.00	4.54	4473	2513
11897	1.75	0.06	132.62	28.14	29397	13542
6615	0.06		30.76	2.40	1971	1247
3263	0.93	0.01	39.20	9.50	13725	425
3792	0.03	0.01	26.50	13.09	2203	797
9436	0.89	0.05	122.64	24.47	37357	5081
4740	0.02	0.01	6.81	4.27	4701	3548
13645	3.22	0.03	142.79	14.39	51905	6626
5505	0.25	0.05	47.90	23.31	9093	1139
13662	0.11	0.05	88.59	39.02	5520	2670
57224	0.71	0.10	121.02	51.90	32681	4950
17358	2.22	0.06	72.26	30.23	29044	1537
22484	1.86	0.11	171.81	33.49	24107	6642
11881	0.10	0.01	30.33	13.07	8417	1087
2026	0.40		11.43	0.36	5135	559
2492	0.01	0.01	7.58	3.80	399	96
842			1.36	1.30	42	30
4176	0.06	0.01	14.46	6.13	7366	6045
7712	0.09	0.06	36.77	20.55	8976	4185
2877	0.01	0.01	2.31	2.00	1752	1692
14290	0.18	0.02	34.78	9.14	24168	11882
3394	0.25		7.39		8539	5480
5600	0.14	0.01	43.50	0.98	1101	1101
854	0.04		4.70		670	115
6846	0.09	0.02	19.93	12.55	3752	3477

续表 1

地　区						
	事业收入	艺术演出收入	上级补助收入	附属单位上缴收入	经营收入	其他收入
总　计	**106511**	**35757**	**14543**	**1353**	**82273**	**103588**
北　京	7503	6944	424		18015	660
天　津	4421	1165	190	920	290	1605
河　北	3793	436	161		2192	14483
山　西	4240	2297	297	290	11538	4086
内蒙古	2498	1155	387		247	
辽　宁	1443	169	5		50	462
吉　林	11563	196	174		3100	1018
黑龙江	50		80		465	129
上　海	10275	5871	380			2645
江　苏	720	175	30		397	259
浙　江	9801	2338	3867		4347	14261
安　徽	349	330	365		27	412
福　建	10378	422	2539		16744	15618
江　西	5079	2350	1498		1025	352
山　东	1428	243	50		218	1154
河　南	9760	2987	863	60	3265	13783
湖　北	3846	653	692		438	22531
湖　南	9408	6585	915	35	3665	3442
广　东	1371	144	213	18	3946	1782
广　西					3683	893
海　南	72	72			30	201
重　庆	12	12				
四　川	450	100	12		709	150
贵　州						
云　南	209	209	53		4279	250
西　藏	60	60				
陕　西	7511	844	1298	30	365	3082
甘　肃	11				3048	
青　海						
宁　夏	260					295
新　疆			50		190	35

本年支出合计(千元)	基本支出	项目支出	经营支出	在支出合计中：		
				工资福利支出	商品和服务支出	差旅费
460368	**304591**	**26858**	**82261**	**168061**	**103948**	**2020**
29510	14577		14933	11768	2467	73
15275	6002	6620	2106	4165	1819	28
23400	17683	2	3045	13604	4015	40
33398	19718	2081	9782	11407	6472	324
29620	27473		140	9053	4431	91
4873	3479	400	964	3063	871	4
29044	23022	3134	2558	7720	12476	70
2023	1586		360	1556	43	
11101	11033	68		2374	2275	
2399	1732		667	1371	356	30
37089	24213	2526	7168	12972	6656	118
3747	2758		15	1184	585	8
53247	34785	422	17516	15388	26659	146
10128	3331	56	2289	2906	3231	40
7164	5982	268	160	4621	1063	12
42692	27133	2819	4740	20823	8254	109
28198	26650	330	333	8608	1871	191
23381	16494	1223	1437	8096	6231	152
8829	4112	679	2755	4127	3067	60
7279	2612		4667	1262	3811	44
425	310		115	310	16	5
42	42			36	6	
8907	6449		101	3379	405	15
8673	5919		2536	2458	1883	216
1692	1432			1432	210	180
23682	11201	340	671	11259	2401	37
8741	867	5000	2831	593	1305	
1101	1001			899	150	
670	392		278	308	234	5
4038	2603	890	94	1319	685	22

续表 2

地区	劳务费	福利费	各种税金支出	对个人和家庭补助支出	抚恤金和生活补助	其他资本性支出
总计	**5686**	**5041**	**12461**	**38112**	**3549**	**16400**
北京	15	17	1191	3163		21
天津	255	15	239	654	30	
河北	96	163	629	982	106	1897
山西	1051	301	652	641	28	3209
内蒙古	242	39	275	1821	43	24
辽宁	4	14	59	47		
吉林	61	22	499	6298	72	581
黑龙江			43	424	2	
上海			202	599		418
江苏		43	106	88	88	268
浙江	516	305	595	4564	1060	3493
安徽	25	51	34	1536	158	26
福建	233	324	3211	3127	382	3068
江西	510	414	644	1157	220	253
山东	21	10	42	459	59	550
河南	1230	1413	1510	2100	390	104
湖北	85	312	230	629	13	76
湖南	574	611	412	2161	181	1640
广东	253	707	184	26		409
广西			313	206		
海南	3		8	3		
重庆						
四川	42	44	54	3040	145	2
贵州						
云南	81	114	1081	2474	14	40
西藏	10		20			50
陕西	119	115	99	1464	554	266
甘肃			129			
青海						
宁夏	213					
新疆	47	7		449	4	5

各种设备购置费	资产总计(千元)	固定资产原值	实际使用房屋建筑面积(万平方米)	演(映)出业务用房	实际拥有产权面积(万平方米)
5515	**1906259**	**1542181**	**122.23**	**66.47**	**74.46**
21	121990	104497	7.14	2.17	5.21
	67473	63588	3.60	1.75	0.32
427	76848	45056	8.67	3.90	4.23
404	153203	125333	8.92	5.84	5.63
13	34156	33112	3.66	2.46	2.64
	23176	20224	1.35	0.95	0.97
41	110504	98047	4.58	2.98	4.92
	6340	6240	1.62	0.78	0.90
418	24350	16170	0.94	0.57	1.12
200	5451	5386	1.54	0.82	1.01
2326	78623	44328	5.77	2.72	2.70
	18646	18161	1.08	1.03	0.96
48	114827	92708	7.15	3.84	3.78
139	55283	11105	2.97	1.47	1.09
2	40298	39075	3.64	2.37	2.42
94	256596	228956	19.75	10.46	11.99
34	207996	183012	6.46	4.07	5.64
845	105689	86029	8.05	4.26	6.54
403	61661	52098	5.43	2.16	1.67
	10749	10730	1.02	0.35	0.50
	92327	92268	1.16	0.52	0.58
	317	317	0.24	0.19	
	8965	7281	1.87	1.19	1.46
	31571	29265	2.34	1.64	2.01
50	7683	7683	0.68	0.54	0.06
50	82575	54073	5.24	3.27	3.56
	52278	12908	1.26	1.21	0.20
	22346	22346	2.99	1.58	0.65
	1897	1897	0.19	0.14	0.19
	32441	30288	2.94	1.26	1.51

主要统计指标解释

1．**本团原创首演剧目**：指由戏曲、话剧、歌剧、舞剧、歌舞剧、木偶、皮影等艺术表演团体原生创作并首演且单个剧目演出时间超过一小时的表演剧目，但不包括音乐、舞蹈、曲艺、杂技等单个小节目的创作演出。

2．**演出场次**：指以场为计量单位的在国内和国外的艺术表演的次数。包括售票、包场等有演出收入的场次和政府采购的公益性演出场次及参加汇演、调演等无演出收入的公开演出场次，包括流动舞台车演出场次，不包括彩排和内部观摩等无演出收入的场次。

场数的计算，通常以售票、发票一次（或在其他地点进行一次艺术表演活动相当于剧场演出一场的时间）为一场。按时收费的，按日场、晚场或早场等一般习惯（约1至2小时）计算。评弹等曲艺演出计算场数，可按演出1至2小时为一场的原则进行折算。独幕剧或音乐、舞蹈、曲、杂、木、皮节目组成专场演出时，不论包括几个独幕剧或节目，一律按一场计算。

3．**农村演出场次及观众人次**：指本团到（乡镇及以下）农村和林区、牧区、渔区的演出。不论在本省或外省，凡到上述地区演出，均计入农村演出。

4．**演出收入**：指艺术表演团体通过售票或包场演出所取得的票房收入，不包括政府采购的公益性演出补贴收入。

5．**政府采购的公益性演出场次、观众人次**：指本团报告期内不进行售票、免费给社会公众演出并从财政部门获取一定场次补贴的公益性演出场次、观众人次。

6．**政府采购的公益性演出补贴收入**：指本团报告期内因进行公益性演出而取得的补贴收入，为财政拨款的其中项。

7．**坐席数**：指公开营业艺术表演场馆可向观众售票的实际坐席数。

8．**演（映）出业务用房**：指在艺术表演场馆中用于演(映)出服务的设施面积。多功能艺术表演的场所应包括观众厅、门厅、舞台部分(主台、侧台、后台)的建筑面积和辅助设施——休息室、化妆间、服装间、道具间、舞台设备控制间(灯控间、音控间、放映间等)的建筑面积以及配电设施、消防通道的建筑面积。若属非独立建筑的，则按使用面积计算。

5 文化市场

近年来全国文化市场经营机构基本情况

年份	机构数(个)	从业人员(人)	资产总计(万元)	营业收入(万元)	利润总额(万元)
2006年	166406	945418	4515546	4148403	885730
2007年	217643	1197610	12956212	7089004	1749171
2008年	221253	1254641	12532138	7465936	1593758
2009年	223893	1288615	12074316	5736445	2939123
2010年	230659	1375660	13806937	8654903	3264805
2011年	238455	1415526	16540928	9766472	3620262
2012年	231132	1416028	18997555	10337954	3585366
2013年	226584	1451818	29050005	13665714	3657410

注：文化市场数据仅包括网吧、娱乐场所和非公有制艺术表演团体。

近年来全国娱乐场所基本情况

年份	机构数(个)	从业人员(人)	资产总计(万元)	营业收入(万元)	利润总额(万元)
2006年	51742	490289	2990424	2101890	329557
2007年	82174	611108	5927457	3546201	583689
2008年	84356	639511	7048155	3709413	659403
2009年	82200	636800	6271305	4130085	1367846
2010年	85854	703520	7635552	4772099	1718734
2011年	92577	758377	9661392	5661798	1939320
2012年	90271	765250	11136779	6048764	1982344
2013年	89652	835658	19109269	8842052	2224658

近年来全国网吧基本情况

年　份	机构数(个)	从业人员(人)	资产总计(万元)	营业收入(万元)	利润总额(万元)
2006年	114273	443745	2210843	2016913	329557
2007年	133163	539460	4304405	3434114	1036162
2008年	134267	565707	5307279	3645153	913361
2009年	138048	580749	5585437	3785362	1510735
2010年	140376	584912	5864306	3626809	1490620
2011年	141275	567170	6282208	3754922	1565375
2012年	135683	529362	8818719	3539807	1431362
2013年	131013	478242	8051486	3879399	1425890

2013年全国文化市场经营机构基本情况

	机构数(个)	从业人员(人)	资产总计(千元)	损益(千元)					
				营业收入	营业成本	养老、医疗、失业等保险费	本年发放工资总额	本年应交税金总额	营业利润
总　　计	**226584**	**1451818**	**290500047**	**136657136**	**100086561**	**3631243**	**30478033**	**6752967**	**36574103**
按城乡分									
城市	83788	642457	122533085	62698914	45874527	1417173	14221670	3800861	16825840
县城	90988	612512	124215916	49683540	35022982	1798143	12182359	2071389	14661501
县以下	51808	196849	43751043	24274690	19189065	415937	4074003	880712	5086764
按经营范围分									
非公有制艺术表演团体	5919	137918	18892496	9442626	9374547	1160678	4075581	394867	68620
娱乐场所	89652	835658	191092687	88420516	66175231	1835525	18456661	4824931	22246581
互联网上网服务营业场所(网吧)	131013	478242	80514864	38793994	24536783	635040	7945791	1533169	14258902

2013年全国娱乐场所基本情况

	机构数(个)	从业人员(人)	资产总计(千元)	损益(千元)					
				营业收入	营业成本	养老、医疗、失业等保险费	本年发放工资总额	本年应交税金总额	营业利润
总　　计	**89652**	**835658**	**191092687**	**88420516**	**66175231**	**1835525**	**18456661**	**4824931**	**22246581**
按城乡分									
城市	34811	426241	92471118	45323504	34208148	1112289	10530635	3057028	11115333
县城	40427	320821	68375773	27139182	17899580	451429	5712699	1202509	9239825
县以下	14414	88596	30245792	15957832	14067510	271811	2213324	565390	1891424
按经营类别分									
歌舞娱乐场所	53180	706074	161023748	78254428	58764302	1567297	16132442	4265706	19491207
游艺娱乐场所	34655	117866	28058917	8544400	6157525	219668	2013205	468016	2387088
其他	1817	11718	2010021	1621690	1253404	48564	311011	91210	368286

2013年全国互联网上网服务营业场所(网吧)基本情况

	机构数(个)	从业人员(人)	资产总计(千元)	损益(千元)					
				营业收入	营业成本	养老、医疗、失业等保险费	本年发放工资总额	本年应交税金总额	营业利润
总　　计	**131013**	**478242**	**80514864**	**38793994**	**24536783**	**635040**	**7945791**	**1533169**	**14258902**
按城乡分									
城市	48977	216216	30061967	17375410	11666379	304884	3691035	743833	5710507
县城	44642	153773	36947647	13101732	7748855	186036	2394079	474013	5353056
县以下	37394	108253	13505251	8316858	5121555	144126	1860679	315322	3195340

2013年全国各地区文化市场经营机构基本情况

地区	机构数(个)	从业人员(人)	资产总计(千元)	损益(千元)					
				营业收入	营业成本	养老、医疗、失业等保险费	本年发放工资总额	本年应交税金总额	营业利润
全　国	**226584**	**1451818**	**290500047**	**136657136**	**100086561**	**3631243**	**30478033**	**6752967**	**36574103**
北　京	2255	25021	18373348	7053143	6324144	204070	1776349	688603	728998
天　津	1514	20069	2622213	956813	665296	29761	163364	38542	291517
河　北	9087	44555	4808797	2450655	1742857	20042	837774	88347	707799
山　西	2045	12476	1248655	3692196	1008181	15840	169761	38787	2684015
内蒙古	6333	21457	16299501	2039513	1139279	24203	269912	67774	900234
辽　宁	10821	50818	8646420	3487768	1877509	62193	628785	118973	1610259
吉　林	4062	14358	2547009	1045381	575262	5415	214942	47844	470120
黑龙江	7922	25692	2906570	1453738	795746	17037	267361	60194	657993
上　海	3889	47223	10881181	6085550	5190026	303435	1370723	442609	895526
江　苏	16324	95630	16696306	10020151	6911684	212850	1953651	374464	3108570
浙　江	11604	110256	36612735	10793726	8386325	199876	2738130	557266	2407402
安　徽	10521	66477	15859127	6449400	5312179	139138	1364339	279218	1137802
福　建	4955	62650	8594921	5461564	4444167	80483	1458133	434005	1017397
江　西	7915	42204	5614386	3095557	1706129	48092	646526	101842	1389428
山　东	14307	68344	9329821	5328097	4137767	917027	1593365	164370	1190329
河　南	10164	61150	7109059	4025007	2367185	41312	726514	186420	1657755
湖　北	10329	59231	8417974	5078341	3217186	151641	1139669	236376	1862621
湖　南	13468	64337	7669954	4420246	2514550	82951	715626	177568	1905787
广　东	16304	164775	45162596	21347472	19236694	549340	3908332	1162106	2110838
广　西	8184	52841	5671190	3028930	2126564	45927	836771	180392	902365
海　南	1675	12477	11443494	3661954	3436384	18697	2003141	278779	225569
重　庆	6250	39588	4907978	3269763	2442135	65013	935490	100944	827577
四　川	15778	94210	12768690	8642816	5637678	241039	1760386	381879	3005399
贵　州	4837	32857	4616569	2607080	1774797	26206	596336	104685	832283
云　南	11278	75183	7197121	4021010	2506349	52418	1007300	156101	1514671
西　藏	483	3537	1249115	552980	441821	2839	139125	26977	111159
陕　西	3968	27823	4400391	2025023	1334383	14629	311704	53056	691740
甘　肃	2779	18569	3588222	1596870	1009230	8985	353193	74022	587640
青　海	1044	4378	435264	372947	213472	2997	77480	9960	159475
宁　夏	1748	9746	1221132	751396	400326	2592	104924	17501	351070
新　疆	4741	23886	3600308	1842049	1211256	45195	408927	103363	630765

2013年各地区娱乐场所基本情况

地区	机构数(个)	从业人员(人)	资产总计(千元)	损益(千元)					
				营业收入	营业成本				营业利润
						养老、医疗、失业等保险费	本年发放工资总额	本年应交税金总额	
全国	**89652**	**835658**	**191092687**	**88420516**	**66175231**	**1835525**	**18456661**	**4824931**	**22246581**
北京	1009	15710	13185198	5351760	4587942	141028	1174323	593901	763817
天津	559	15363	1990211	610968	418834	15085	105734	26564	192134
河北	2726	20377	2744161	1374591	752834	9993	253766	51834	621758
山西	664	6098	654209	3335264	765778	8761	82811	29516	2569485
内蒙古	3095	10790	2273077	1078623	618544	13886	126622	19889	460079
辽宁	4700	30833	4633536	1585192	964032	32983	251794	56471	621161
吉林	1592	7169	1458672	520966	273245	2672	107548	22816	247722
黑龙江	3059	11010	1204165	589383	328161	5210	113075	18558	261222
上海	2501	31537	9451749	5185692	4476241	261915	1136449	407074	709451
江苏	7587	63663	11483296	6484242	4586580	163297	1313485	246827	1897764
浙江	4407	64304	30174299	6808641	5318510	130399	1586588	393854	1490131
安徽	3865	31200	6342954	2926704	2165035	47950	519417	113096	761669
福建	2135	41833	7301940	4344090	3550785	65834	980751	377172	793305
江西	3348	21632	3041846	1604321	849293	26521	330830	56628	755028
山东	2973	30403	4017020	1853040	1260007	39880	382359	84158	593033
河南	2117	23513	3081824	1738813	1074938	18302	323424	123543	663875
湖北	2874	28415	4685188	2720654	1861239	80623	629303	118100	859416
湖南	2820	26713	3067174	1797485	998392	30712	277249	62351	799093
广东	7460	115053	38441823	18052921	16507075	439632	2826809	961046	1545846
广西	3622	33421	3655494	2059810	1418816	34601	593820	136474	640994
海南	767	7083	10550130	3331670	3161169	9948	1892737	260779	170500
重庆	2774	21942	2967787	1893162	1452978	31669	545524	75659	440184
四川	6325	48979	7973909	4792750	3201897	132482	955800	239447	1590964
贵州	2634	20731	2684968	1676781	1141470	14156	392438	68984	535311
云南	7379	56553	4849289	2557858	1655712	26917	707470	92543	902156
西藏	229	2672	1060395	417080	368080	440	108233	17042	49000
陕西	1136	13198	2712175	937823	689246	7780	154510	34038	249677
甘肃	1176	10928	2197720	1059037	663890	3901	228798	57148	395147
青海	601	2360	217694	207491	114931	1106	42728	5482	92560
宁夏	1060	5357	653634	404179	195822	1356	51047	13212	208357
新疆	2458	16818	2337150	1119525	753755	36486	261219	60725	365742

2013年各地区歌舞娱乐场所基本情况

地区	机构数(个)	从业人员(人)	资产总计(千元)	损益(千元)					
				营业收入	营业成本	养老、医疗、失业等保险费	本年发放工资总额	本年应交税金总额	营业利润
全　国	**53180**	**706074**	**161023748**	**78254428**	**58764302**	**1567297**	**16132442**	**4265706**	**19491207**
北　京	736	14260	11491556	4988831	4302186	130570	1061247	560719	686645
天　津	363	12676	1395147	488779	340523	10107	84043	21058	148256
河　北	2027	18175	2421075	1294327	698787	9328	234523	46949	595541
山　西	661	6065	649015	3034704	545028	3404	67686	11508	2489675
内蒙古	1646	8077	1670547	891757	518828	9864	97167	15885	372929
辽　宁	3490	25902	3995101	1371405	827455	29165	205028	47586	543950
吉　林	1187	6082	1266976	470763	246257	2374	95544	19758	224505
黑龙江	1835	8075	861381	428703	239039	4405	82942	13448	189664
上　海	1356	22876	5797891	3274457	2863713	171492	702837	242198	410745
江　苏	3678	53956	9285180	5433995	3849370	146259	1119091	199703	1584625
浙　江	3175	59211	29009205	6389564	4954168	118260	1474332	371168	1435395
安　徽	1659	24761	5315397	2550596	1908257	41686	438121	99933	642338
福　建	1650	39870	6482431	4166874	3400076	64063	938611	366769	766798
江　西	1237	15309	2406110	1218487	669433	19661	262237	43246	549054
山　东	2109	24425	3029986	1477542	1013389	29401	310392	62846	464154
河　南	1387	19085	2529361	1468623	904358	15480	271012	105769	564265
湖　北	1630	22232	3567966	2239643	1558277	63812	494609	101502	681366
湖　南	1468	21336	2643987	1583304	846925	22536	234021	51269	736379
广　东	4198	106219	30019568	17472380	15982820	412782	2623551	915446	1489560
广　西	1554	27116	3284332	1794593	1235452	29366	503885	124577	559140
海　南	380	6078	10389273	3307986	3146620	9656	1886314	259953	161366
重　庆	1673	19331	2738227	1700527	1315247	29559	484498	71920	385280
四　川	4837	42515	6960398	4117954	2768231	109723	847173	212279	1349723
贵　州	1320	15623	2139469	1390064	935149	10861	318509	58842	454916
云　南	3868	50455	4450430	2273527	1448064	25582	594094	86398	825472
西　藏	205	2561	1050765	411700	366230	440	107613	16962	45470
陕　西	768	10393	2016789	809599	517621	6823	126249	29390	293078
甘　肃	973	9142	1948928	921993	542034	3159	184085	48603	379960
青　海	142	1396	138860	150190	88857	263	33646	3336	61333
宁　夏	707	4431	557516	337026	149054	1295	47627	12782	187972
新　疆	1261	8441	1510881	794535	582854	35921	201755	43904	211653

2013年各地区游艺娱乐场所基本情况

地　区	机构数(个)	从业人员(人)	资产总计(千元)	损益(千元)					
				营业收入	营业成本	养老、医疗、失业等保险费	本年发放工资总额	本年应交税金总额	营业利润
全　国	**34655**	**117866**	**28058917**	**8544400**	**6157525**	**219668**	**2013205**	**468016**	**2387088**
北　京	272	1430	1610242	343128	269236	8818	108756	31662	73892
天　津	196	2687	595064	122189	78311	4978	21691	5506	43878
河　北	687	2162	318627	79125	53494	653	18933	4773	25631
山　西									
内蒙古	1442	2696	600670	185924	99236	4012	29425	3989	86688
辽　宁	1191	4776	633044	211005	135333	3812	46644	8882	75672
吉　林	389	1040	184596	45947	25210	298	11326	2894	20737
黑龙江	1214	2897	338299	159196	88316	803	29556	5090	70880
上　海	748	4899	2885774	1227718	1037586	59966	266513	126416	190133
江　苏	3901	9671	2195872	1047953	735850	16988	194027	47005	312206
浙　江	1228	4996	1060628	411237	357466	11859	109156	22466	53771
安　徽	2191	6349	1007107	363745	246321	6232	76505	12360	117424
福　建	456	1512	770021	150143	130863	1072	32367	6914	19279
江　西	2065	5908	568916	338399	168030	6696	63483	12747	170369
山　东	843	5563	818362	325601	209654	9363	62800	11789	115947
河　南	726	4407	548063	267980	168831	2818	52234	17751	99149
湖　北	1226	5890	1078922	457023	290350	15966	130492	16118	166674
湖　南	1284	4170	335162	190322	141820	7992	39453	10507	48501
广　东	3237	8249	8332720	527949	469877	24967	187042	41085	58071
广　西	2064	6281	368922	263775	182254	5235	89531	11839	81522
海　南	385	951	154657	20534	11979	202	5065	816	8554
重　庆	1073	2551	227440	180550	127518	2036	59778	3372	53032
四　川	1463	5987	853830	559941	345896	18466	103244	24595	214155
贵　州	1305	5058	543249	284967	205304	3294	73550	10084	79664
云　南	3327	5454	360772	262190	191530	1126	107556	5789	70660
西　藏									
陕　西	340	2670	658654	113904	163173	934	27165	4425	-49269
甘　肃	54	498	67630	9508	6620	12	3364	600	2888
青　海	111	333	56629	37402	15697	570	4103	1769	21705
宁　夏	344	897	92578	65401	45877	11	3060	320	19524
新　疆	893	7884	792467	291644	155893	489	56386	16453	135751

2013年各地区按城乡分娱乐场所基本情况(城市)

地区	机构数(个)	从业人员(人)	资产总计(千元)	损益(千元)					
				营业收入	营业成本	养老、医疗、失业等保险费	本年发放工资总额	本年应交税金总额	营业利润
全国	**34811**	**426241**	**92471118**	**45323504**	**34208148**	**1112289**	**10530635**	**3057028**	**11115333**
北京	787	13893	12115422	4717419	4110971	134628	975099	556675	606449
天津	437	14294	1695897	543215	372574	14322	92051	25340	170641
河北	890	9046	1044769	435809	337513	6490	115219	28541	98296
山西	285	3241	314309	3177911	657484	6358	57406	25122	2520427
内蒙古	897	4191	952593	328671	198178	7786	58616	9344	130493
辽宁	2711	20825	3055447	1005912	647745	20707	141704	35792	358168
吉林	467	3382	741744	317696	164484	454	57844	10425	153212
黑龙江	1033	5276	585234	281205	167162	1089	61244	9121	114043
上海	1498	22503	6163195	3779793	3463180	208239	859853	279567	316613
江苏	2823	25983	5034813	3167954	2393057	101864	678310	128528	774897
浙江	1382	25626	12855131	2462486	2001386	55349	590519	190698	461100
安徽	1450	17235	3913129	1961530	1501733	29879	317782	83675	459798
福建	570	13505	1978752	1815036	1662994	45020	408130	222325	152042
江西	1240	10197	1519755	839161	381537	14217	158042	26572	457624
山东	1403	16340	1723294	832219	685336	25511	187812	56599	146883
河南	918	13158	1536976	1051247	669076	10873	181449	100882	382171
湖北	1343	17101	2618900	1670818	1296333	52459	465138	85802	374485
湖南	940	12821	1532499	799039	455874	18213	125809	35313	343165
广东	2701	48037	7051725	4239786	3524366	168652	1104597	415174	715420
广西	1261	17306	1966551	1050868	792553	22740	348924	89021	258316
海南	253	3833	9967280	3043037	2997466	4899	1846836	248122	45571
重庆	1330	14079	1893306	1248732	998551	19429	357977	50726	250182
四川	2430	23566	3880906	2474518	1811444	75246	429896	122364	663073
贵州	680	6974	839664	554095	428198	8741	168289	28932	125897
云南	2131	31562	1695199	801385	553044	14240	180656	40067	248341
西藏	72	1457	845165	285720	281220	440	67619	14680	4500
陕西	507	6972	1553597	461240	408520	5469	72466	23593	52720
甘肃	454	5433	1113350	628969	419487	2507	142900	45168	209482
青海	125	1445	149403	162258	88047	540	32928	4639	74211
宁夏	646	4037	477656	298407	135786	542	25928	10272	162621
新疆	1147	12923	1655457	887368	602849	35386	219592	53949	284492

2013年各地区按城乡分娱乐场所基本情况(县城)

地区	机构数(个)	从业人员(人)	资产总计(千元)	损益(千元)					
				营业收入	营业成本	养老、医疗、失业等保险费	本年发放工资总额	本年应交税金总额	营业利润
全　国	**40427**	**320821**	**68375773**	**27139182**	**17899580**	**451429**	**5712699**	**1202509**	**9239825**
北　京	134	1184	411272	221772	144865	1021	69051	6440	76907
天　津	84	778	207959	51318	35280	660	11007	849	16038
河　北	1536	9551	1444042	833106	344566	3387	109006	20864	488540
山　西	259	1754	278175	124134	84510	2013	20177	3543	39624
内蒙古	1971	6048	1255573	720119	404983	5873	64665	9963	315136
辽　宁	1587	8398	1356552	471268	260690	11563	98815	19114	210578
吉　林	931	3238	620871	173270	91851	2115	43842	10032	81419
黑龙江	1653	4868	531852	270783	143427	2503	44444	7399	127355
上　海	575	5819	2279232	892820	642700	31723	165100	80890	250120
江　苏	3443	31196	5260075	2808483	1854778	52965	549586	107308	953808
浙　江	2008	31223	15875765	3565707	2710752	61297	796004	166081	854956
安　徽	1696	11398	2144993	852179	593727	14552	177609	25650	258453
福　建	1169	21758	4356727	2042741	1531192	15902	453760	124939	511549
江　西	1745	10492	1387999	714146	439955	11799	162964	28329	274191
山　东	1440	13117	2069965	974102	535288	12932	183883	24496	438814
河　南	1068	9759	1439182	642663	379807	7239	132276	21738	262856
湖　北	1305	10187	1864528	957883	512254	24081	146510	29737	445629
湖　南	1430	12690	1434650	934747	511645	11369	139556	24865	423102
广　东	2406	33394	10385060	2463312	2099162	83091	557584	194697	364150
广　西	1632	14011	1550625	911996	563044	10645	216400	43204	348952
海　南	288	2364	510214	252816	136136	4260	36646	11062	116680
重　庆	894	6340	837974	536209	377441	10707	151002	21343	158767
四　川	2992	21601	3444888	2004966	1199631	48405	455389	102623	805445
贵　州	1669	12783	1756211	1043399	668042	5120	205776	38114	375357
云　南	3455	20061	2649487	1397594	863695	10648	465048	46685	533909
西　藏	149	1179	211280	120070	77740		37754	2339	42330
陕　西	538	5475	988172	418826	254672	2126	74213	9790	164153
甘　肃	637	5002	1005480	402458	229898	1231	79651	11099	172560
青　海	398	804	65311	42261	25296	525	9303	785	16966
宁　夏	350	1163	151815	89100	51106	788	21208	2589	37994
新　疆	985	3186	599844	204934	131447	889	34470	5942	73487

2013年各地区按城乡分娱乐场所基本情况(县以下)

地区	机构数(个)	从业人员(人)	资产总计(千元)	损益(千元)					
				营业收入					营业利润
					营业成本	养老、医疗、失业等保险费	本年发放工资总额	本年应交税金总额	
全国	**14414**	**88596**	**30245792**	**15957832**	**14067510**	**271811**	**2213324**	**565390**	**1891424**
北京	88	633	658503	412569	332106	5379	130173	30787	80462
天津	38	291	86355	16434	10980	103	2676	375	5455
河北	300	1780	255350	105677	70756	117	29541	2429	34921
山西	120	1103	61725	33219	23784	390	5228	851	9435
内蒙古	227	551	64911	29833	15384	227	3341	582	14449
辽宁	402	1610	221536	108012	55597	713	11274	1565	52415
吉林	194	549	96057	30001	16910	103	5862	2359	13091
黑龙江	373	866	87079	37396	17572	1618	7387	2039	19824
上海	428	3215	1009322	513078	370362	21954	111495	46617	142717
江苏	1321	6484	1188408	507805	338746	8468	85589	10990	169060
浙江	1017	7455	1443404	780448	606372	13753	200065	37075	174075
安徽	719	2567	284832	112995	69576	3519	24025	3771	43419
福建	396	6570	966460	486313	356598	4912	118860	29908	129715
江西	363	943	134092	51014	27801	505	9824	1727	23213
山东	130	946	223761	46719	39383	1437	10664	3063	7336
河南	131	596	105666	44903	26056	190	9700	923	18848
湖北	226	1127	201760	91954	52652	4083	17655	2561	39302
湖南	450	1202	100025	63699	30873	1131	11884	2172	32826
广东	2353	33622	21005038	11349822	10883547	187889	1164628	351176	466275
广西	729	2104	138318	96946	63220	1217	28496	4248	33726
海南	226	886	72636	35817	27567	789	9255	1594	8250
重庆	550	1523	236507	108221	76986	1533	36545	3590	31235
四川	903	3812	648114	313266	190821	8831	70515	14459	122445
贵州	285	974	89093	79287	45230	294	18373	1938	34057
云南	1793	4930	504603	358879	238974	2029	61766	5791	119905
西藏	8	36	3950	11290	9120		2860	23	2170
陕西	91	751	170405	57758	26054	185	7831	655	32804
甘肃	85	493	78890	27610	14504	162	6247	880	13106
青海	78	111	2980	2972	1588	42	497	58	1384
宁夏	64	157	24163	16672	8931	26	3911	351	7741
新疆	326	709	81849	27223	19460	212	7157	833	7763

2013年各地区互联网上网

地区	机构数（个）	从业人员（人）	资产总计（千元）	损益(千元)
				营业收入
全国	**131013**	**478242**	**80514864**	**38793994**
北京	972	4517	2728573	803391
天津	913	4142	612852	333015
河北	5992	15957	1659594	837872
山西	1318	4381	528962	305182
内蒙古	3203	9434	13984994	927380
辽宁	5945	17499	3000306	1763260
吉林	2456	6695	942371	486053
黑龙江	4856	14596	1691915	862395
上海	1263	10335	1139145	671448
江苏	8560	28568	5056364	3385229
浙江	6531	25046	5031934	2890446
安徽	5726	18886	2939926	1599122
福建	2488	10010	1127764	694423
江西	4424	16631	2360699	1310754
山东	11023	32609	5010437	1945077
河南	7792	29496	3822295	2110513
湖北	7234	27174	3297048	2217270
湖南	10520	34080	4292432	2386939
广东	8514	40753	5770568	2946898
广西	4520	17343	1627927	920590
海南	862	3828	383738	221274
重庆	3054	12142	1339693	1095444
四川	8995	37351	4047951	3337565
贵州	2136	9814	1368433	845138
云南	3736	14032	1693711	990612
西藏	253	833	188720	135900
陕西	2808	13825	1649033	1068873
甘肃	1548	5980	1215923	498993
青海	436	1824	214700	160316
宁夏	667	3555	540553	321447
新疆	2268	6906	1246303	721175

服务营业场所(网吧)基本情况

损益(千元)				
营业成本	养老、医疗、失业等保险费	本年发放工资总额	本年应交税金总额	营业利润
24536783	**635040**	**7945791**	**1533169**	**14258902**
646739	15738	226727	47579	156652
237849	14125	52727	11373	95166
505595	6462	178733	27059	332277
204909	5372	60705	7597	100274
503090	9627	134993	47168	424290
870972	26438	362683	58578	892288
266202	2093	97549	23930	219851
466285	11827	153388	41583	396111
541163	18350	179653	28712	130286
2202126	38519	581239	116205	1183103
2065347	43561	648546	125305	825100
1106752	12351	276468	25502	492371
542323	11538	200580	41980	152100
734967	19375	231771	41802	575787
1077529	28020	391161	73247	867547
1172137	14050	340376	58354	938308
1261181	64846	456563	114659	957554
1327712	48759	401523	102817	1059317
2371312	93197	937961	180052	575686
642652	6021	218091	40752	277938
133509	4222	54705	14305	87765
732348	12978	256801	19848	363046
2028092	87981	643878	132258	1309623
540912	8252	171918	33006	304226
615891	10448	198605	24396	374721
73221	2269	30502	9935	62679
630240	6012	147082	18450	438633
302971	1665	95704	15749	196022
93371	1491	30176	4465	66945
182754	766	37971	3877	138693
456632	8687	147012	42626	264543

2013年各地区按城乡分互联网上网服务营业场所(网吧)基本情况(城市)

地区	机构数(个)	从业人员(人)	资产总计(千元)	损益(千元)					
				营业收入	营业成本	养老、医疗、失业等保险费	本年发放工资总额	本年应交税金总额	营业利润
全　国	**48977**	**216216**	**30061967**	**17375410**	**11666379**	**304884**	**3691035**	**743833**	**5710507**
北　京	739	3649	2362513	667343	547370	15689	198752	44646	119974
天　津	749	3527	535417	293215	209844	13899	43310	10516	83371
河　北	1496	4824	469714	236922	152616	2176	57012	7481	84306
山　西	480	1892	160458	156633	125480	1608	32967	3200	31154
内蒙古	1234	4516	1155308	508150	287956	4427	83783	33832	220194
辽　宁	2790	9585	1572585	926810	467469	14570	211782	31897	459341
吉　林	958	2953	512243	269541	161394	736	50590	9647	108147
黑龙江	1919	7294	875439	424887	240692	6313	92584	23102	184195
上　海	1057	9150	935843	501493	410158	10369	144304	22966	91336
江　苏	3442	13241	2092979	1361108	933448	16376	281982	61464	427660
浙　江	1848	6951	1172668	863660	642186	12975	206720	42415	221475
安　徽	2448	9517	1512329	865942	657906	5382	145463	13248	208036
福　建	561	2430	247645	159335	140838	2741	47224	12048	18497
江　西	1300	6299	1003510	467661	244131	6356	66660	14841	223530
山　东	4260	14576	1463198	785560	449222	8164	180830	38694	336337
河　南	2627	12833	1689879	1017200	611094	4556	144242	28665	406039
湖　北	2973	14516	1522766	1086534	701600	47928	251927	69644	386374
湖　南	3543	14357	1865444	991415	591859	18900	187490	54838	399556
广　东	3173	15761	2367750	1102935	940122	32294	311562	53932	162813
广　西	1299	7487	633450	396461	318567	2598	96147	20794	77894
海　南	252	1649	142655	80382	47269	1653	17931	4429	33113
重　庆	1617	7431	821638	695578	478641	8223	163830	11656	216887
四　川	2978	15400	1497091	1265676	837914	43124	241435	48277	427913
贵　州	591	3102	394608	261889	190331	5703	67983	10426	71558
云　南	1270	5970	659306	406694	281378	6031	99988	12129	125316
西　藏	138	551	107920	85090	40890	2260	18522	5759	44200
陕　西	986	6236	624957	474341	314117	2774	59641	6619	160224
甘　肃	564	2622	332628	189914	130191	22	42290	8191	59723
青　海	167	1023	98573	98685	56665	200	17714	3051	42019
宁　夏	331	2418	327744	207747	112346	145	19071	1020	95401
新　疆	1187	4456	903709	526609	342685	6692	107299	34406	183924

2013年各地区按城乡分互联网上网服务营业场所(网吧)基本情况(县城)

地区	机构数(个)	从业人员(人)	资产总计(千元)	损益(千元)					
				营业收入	营业成本	养老、医疗、失业等保险费	本年发放工资总额	本年应交税金总额	营业利润
全国	**44642**	**153773**	**36947647**	**13101732**	**7748855**	**186036**	**2394079**	**474013**	**5353056**
北京	85	337	241361	77551	57037	19	16222	1861	20515
天津	84	362	45685	23985	16584	196	5325	451	7401
河北	2733	7145	777750	384223	226106	3489	78915	14277	158117
山西	574	1765	285208	112189	60861	3441	21181	3841	51328
内蒙古	1674	4260	12716691	373039	191935	4258	45052	11762	181104
辽宁	2064	5694	1204036	684782	333517	7975	123119	21689	351264
吉林	1057	2899	345780	174134	83408	917	38440	12075	90726
黑龙江	2205	5815	679933	363223	190660	4068	48961	15323	172563
上海	52	256	23330	18158	12822	201	5779	711	5336
江苏	2804	8962	1966480	1342337	869647	12126	179111	33748	472689
浙江	2352	9741	2492919	1062012	760858	15909	234828	48024	301154
安徽	1442	4715	802885	397917	246525	3545	70233	6306	151393
福建	1160	5061	588841	360389	275631	5930	98599	21792	84758
江西	1467	5965	908593	533841	316800	8566	99189	16804	217041
山东	4499	12505	2962411	836758	444517	14022	145856	26800	392241
河南	2816	9901	1308756	699105	359041	6805	117255	18211	340064
湖北	2103	6954	1034026	637442	320010	9779	110907	26767	317431
湖南	3025	10322	1506624	858304	459225	18469	115375	28197	399169
广东	1993	8962	1032662	584109	435877	18381	163006	32105	148322
广西	1201	4622	569766	280214	171163	2040	60251	11397	109052
海南	229	992	131670	70916	42619	1784	20812	5781	28297
重庆	675	2532	297536	244225	149681	3140	50459	4801	94544
四川	2980	11970	1463019	1113643	648575	29566	222567	55256	465067
贵州	1011	5326	798069	483793	292902	1798	84905	18355	190891
云南	1574	5989	775801	440093	254511	3254	76286	9627	185582
西藏	109	272	78200	48790	31481	9	11600	4126	17309
陕西	992	5038	703770	402040	214745	2744	62647	9349	187295
甘肃	649	2461	737847	231872	125050	1196	37418	5827	106822
青海	202	628	97985	51660	31055	853	10210	1209	20605
宁夏	209	727	147079	80182	49352	387	11985	2085	30830
新疆	622	1595	222934	130806	76660	1169	27586	5456	54146

2013年各地区按城乡分互联网上网服务营业场所(网吧)基本情况(县以下)

地区	机构数(个)	从业人员(人)	资产总计(千元)	损益(千元)					
				营业收入	营业成本	养老、医疗、失业等保险费	本年发放工资总额	本年应交税金总额	营业利润
全国	**37394**	**108253**	**13505251**	**8316858**	**5121555**	**144126**	**1860679**	**315322**	**3195340**
北京	148	531	124699	58496	42333	30	11753	1071	16163
天津	80	253	31750	15815	11422	30	4092	406	4393
河北	1763	3988	412130	216728	126873	798	42806	5300	89855
山西	264	724	83296	36360	18568	324	6557	556	17792
内蒙古	295	658	112995	46191	23199	942	6158	1575	22992
辽宁	1091	2220	223685	151668	69986	3894	27782	4992	81682
吉林	441	843	84348	42378	21400	441	8518	2209	20978
黑龙江	732	1487	136543	74286	34934	1447	11843	3158	39353
上海	154	929	179972	151797	118183	7780	29570	5035	33614
江苏	2314	6365	996906	681785	399032	10017	120147	20993	282754
浙江	2331	8354	1366346	964774	662303	14677	206998	34865	302471
安徽	1836	4654	624712	335264	202322	3424	60772	5948	132942
福建	767	2519	291278	174699	125854	2866	54757	8140	48845
江西	1657	4367	448596	309253	174036	4453	65923	10158	135216
山东	2264	5528	584829	322759	183790	5834	64474	7753	138969
河南	2349	6762	823660	394208	202002	2689	78878	11478	192205
湖北	2158	5704	740256	493295	239571	7139	93729	18248	253749
湖南	3952	9401	920365	537220	276628	11391	98659	19781	260592
广东	3348	16030	2370156	1259854	995313	42522	463392	94015	264552
广西	2020	5234	424711	243915	152922	1383	61693	8560	90993
海南	381	1187	109413	69977	43622	785	15962	4095	26355
重庆	762	2179	220519	155641	104026	1615	42512	3391	51615
四川	3037	9981	1087841	958246	541603	15291	179877	28726	416643
贵州	534	1386	175755	99456	57679	751	19030	4225	41777
云南	892	2073	258603	143824	80002	1164	22331	2640	63823
西藏	6	10	2600	2020	850		380	50	1170
陕西	830	2551	320306	192492	101378	494	24795	2482	91114
甘肃	335	897	145448	77207	47730	447	15995	1732	29477
青海	67	173	18143	9972	5651	438	2252	205	4321
宁夏	127	410	65730	33518	21056	234	6916	771	12462
新疆	459	855	119660	63760	37287	826	12128	2764	26473

主要统计指标解释

1. **核定人数：**指由文化市场行政管理部门核定的娱乐经营场所建筑面积以及容纳的消费者数量。

2. **包厢包间数量：**指歌舞娱乐场所内设置的、用于经营的相对独立的分隔空间数量。

3. **电子游戏及游艺机台数：**指游艺娱乐场所用于经营的游戏、游艺设备台数。

4. **注册用户数：**指消费或使用经营性互联网文化单位提供的互联网文化产品及其服务并正式注册的用户数量。

5. **日均访问量：**指经营性互联网文化单位所提供互联网文化产品及其服务的终端浏览次数，通称网站点击数。

6. **拥有自主知识产权的网络游戏产品数：**指网络游戏经营单位自主研发或拥有知识产权的网络游戏产品数。

7. **所运营网络游戏产品日均在线人数：**所运营国产网络游戏产品和进口网络游戏产品的每日平均在线人数。

8. **计算机终端数：**指互联网上网服务营业场所内由文化市场行政管理部门审核批准的向公众提供上网服务的计算机终端设备数量。

9. **上网人次：**指互联网上网服务营业场所（网吧）接待上网消费者人次。

10. **执法用车：**指用于举报受理、调查取证、暗访等工作的机动车辆。

11. **执勤用车：**指用于文化市场日常巡查、重大活动保障的机动车辆（一般喷涂“文化执法”、“12318”举报电话等字样）。

12. **数码取证设备：**指文化市场执法机构列入本单位固定资产管理并用于调查取证的扫描仪、投影仪、数码（摄）相机、暗访设备等。

13. **执法通讯设备：**指文化市场执法机构列入本单位固定资产管理并用于保障执法工作的固定电话、移动电话、传真机、对讲机等。

14. **影视鉴定设备：**指文化市场执法机构列入本单位固定资产管理并用于影视产品鉴定的电视机、DVD 机、CD 机等。

15. **网络执法设备：**指用于网络执法的硬盘复制机、电子物证检验设备等。

16. **执法用房：**指举报受理室、询问调查室、证据保存室、技术监控室等执法专用房间。

6 文物业

按年份各地区文物业藏品数

单位：件/套

地　区	1995年	2000年	2005年	2009年	2010年	2011年	2012年	2013年
总　计	**11331575**	**12491531**	**19964963**	**26802714**	**28642200**	**30185365**	**35054763**	**38408146**
北　京	167342	181864	1152341	3731567	3735879	3720324	4404172	3618499
天　津	546695	553684	598813	955282	955735	1057753	1059623	1057629
河　北	617098	668097	527123	549484	554831	562888	560167	573197
山　西	394648	397373	897875	802477	775959	782881	918646	906751
内蒙古	352021	367847	442177	424424	461499	489949	540966	559438
辽　宁	225092	214994	423106	709835	724758	749095	728896	756364
吉　林	163694	168976	190796	327628	299574	304559	362828	405508
黑龙江	162820	166115	168899	208946	218877	306430	364860	510656
上　海	203424	268984	1496698	1445473	1444185	1956095	3858258	3994788
江　苏	771836	803066	1933152	2290390	2490474	2489717	2535918	2607435
浙　江	396543	494206	869053	882154	896263	820544	1080763	1115042
安　徽	328780	432385	446566	505821	822095	833904	876437	929951
福　建	218598	263587	419697	453309	445866	496246	503477	545008
江　西	202575	241239	387165	546505	643335	650343	680459	645355
山　东	591720	792763	811316	1396215	1448056	1355055	1753262	1820374
河　南	1021544	1260014	1435202	1744709	1833281	1912920	2019691	2095459
湖　北	560737	615162	983730	1149587	1464517	1446195	1875999	1926674
湖　南	278609	277841	532768	834156	857677	889723	895236	917386
广　东	456762	498102	988920	1157448	1121797	1124316	1242862	1668942
广　西	232666	211091	301908	324733	347472	376608	429300	465209
海　南	24938	48731	30140	48679	58398	66556	74743	40063
重　庆		237413	301849	760449	754363	620620	671680	764717
四　川	675154	457941	752459	894390	1147088	1374585	1340777	3403278
贵　州	36892	41579	54690	117051	119594	189925	173553	131667
云　南	214693	244475	299465	430699	453712	474652	644043	1265769
西　藏	127026	68650	212691	41647	143071	198650	232318	230967
陕　西	502005	533192	883408	937288	946083	976671	1211594	1355289
甘　肃	249723	280812	429726	547705	546332	593630	596848	600243
青　海	75233	97052	141121	187116	186276	217765	244345	245398
宁　夏	37881	48620	77025	83813	84093	84730	92651	108786
新　疆	72457	94477	107777	151416	150646	153370	155347	185351

按年份各地区博物馆机构数

单位：个

地　区	1995年	2000年	2005年	2009年	2010年	2011年	2012年	2013年
总　计	**1194**	**1384**	**1581**	**2252**	**2435**	**2650**	**3069**	**3473**
北　京	17	25	34	40	41	41	41	41
天　津	14	14	18	18	18	19	20	20
河　北	31	43	46	64	65	69	75	103
山　西	69	76	86	86	89	89	92	97
内蒙古	17	25	33	46	54	59	65	72
辽　宁	26	30	39	61	61	62	62	63
吉　林	16	16	18	71	57	58	68	73
黑龙江	29	41	46	71	76	103	104	156
上　海	12	11	25	29	27	36	90	100
江　苏	72	86	99	182	213	245	266	292
浙　江	59	68	80	100	100	100	166	183
安　徽	30	37	43	68	120	131	141	154
福　建	64	81	82	93	94	95	94	98
江　西	82	81	82	103	108	108	109	137
山　东	56	59	75	111	114	120	178	194
河　南	66	70	79	103	111	159	180	222
湖　北	88	94	91	116	120	125	161	170
湖　南	57	66	73	75	81	85	95	103
广　东	114	128	146	160	169	161	168	175
广　西	37	39	49	62	64	71	79	104
海　南	17	15	16	15	16	18	19	18
重　庆		14	18	37	37	39	39	71
四　川	54	50	55	89	108	144	152	188
贵　州	4	8	11	53	59	53	66	75
云　南	22	30	32	113	120	84	85	84
西　藏	2	2	2	2	2	2	2	2
陕　西	59	67	82	101	106	122	194	221
甘　肃	52	65	69	91	102	145	149	143
青　海	8	14	15	18	18	22	22	22
宁　夏	3	4	6	6	6	6	9	11
新　疆	12	23	28	63	71	73	72	76

2013年全国文

	机构数(个)	从业人员(人)			
			专业技术人才	正高级职称	副高级职称
总　计	**7737**	**137173**	**42575**	**1923**	**5227**
按单位类型分					
文物科研机构	115	5243	2517	299	542
文物保护管理机构	2809	35334	8465	155	779
博物馆	3473	79075	29918	1360	3693
文物商店	71	1596	675	6	75
其他文物机构	1269	15925	1000	103	138
按隶属关系分					
中央	12	3432	1598	168	371
省、区、市	297	18147	8012	669	1484
地、市	1444	40402	14154	648	1957
县、市、区	5984	75192	18811	438	1415
按部门分					
文物部门	6884	120282	37858	1579	4661
其他部门	853	16891	4717	344	566

续表 1

	在藏品数中(件/套)		本年修复藏品数(件/套)		
	本年从有关部门接收文物数	本年藏品征集数		一级品	二级品
总　计	**127264**	**313553**	**59364**	**488**	**2374**
按单位类型分					
文物科研机构	46	50	14330	53	65
文物保护管理机构	14144	8425	5114	35	132
博物馆	113070	304839	39920	400	2177
文物商店					
其他文物机构	4	239			
按隶属关系分					
中央	11312	2502	358	1	115
省、区、市	4514	45472	16486	234	541
地、市	31673	97894	21225	45	995
县、市、区	79765	167685	21295	208	723
按部门分					
文物部门	78312	191743	53252	391	2277
其他部门	48952	121810	6112	97	97

物业基本情况

中级职称	安全保卫人员	登记注册志愿者(人)	文物藏品(件/套)	一级品	二级品	三级品	本年新增藏品
16822	**23688**	**77480**	**38408146**	**96816**	**761350**	**3315487**	**622749**
975	366	135	1594975	2328	9887	114471	18708
3376	4343	4168	1906829	8457	24397	135178	53521
11716	18791	73152	27191601	85707	721805	3056574	550277
339			7632366	59	88	2422	
416	188	25	82375	265	5173	6842	243
630	617	576	2956953	20138	376180	837993	25037
3126	2564	9761	14929635	29878	235749	1376040	59326
6046	6830	32798	8583810	25736	75403	635507	231932
7020	13677	34345	11937748	21064	74018	465947	306454
15129	20478	65383	30406952	92442	749251	3292658	435333
1693	3210	12097	8001194	4374	12099	22829	187416

三级品	基本陈列(个)	临时展览(个)	参观人次(万人次)	未成年人参观人次	门票销售总额(千元)	本年收入合计(千元)	财政补助收入
10502	**8392**	**9644**	**74705.58**	**20237.33**	**5839535**	**36458406**	**26710141**
232	10	23	218.19	20.00	101370	2089235	1225624
1586	732	449	10710.89	2011.08	2837666	8195571	4901103
8684	7650	9172	63776.50	18206.25	2900499	17557386	14027807
						896301	13002
						7719913	6542605
19	30	133	2521.77	283.80	798858	1949052	1498552
2747	422	938	7643.68	2350.36	694909	9893944	7544179
2716	2067	3222	26229.03	6297.76	2194041	10887335	8133938
5020	5873	5351	38311.10	11305.42	2151727	13728075	9533472
9749	6810	8536	62648.75	17277.58	4622495	33409209	25021226
753	1582	1108	12056.83	2959.75	1217040	3049197	1688915

续表 2

	本年收入合计(千元)				
	事业收入	上级补助收入	附属单位上缴收入	经营收入	其他收入
总　　计	**4219138**	**1371510**	**5123**	**964525**	**3187969**
按单位类型分					
文物科研机构	676720	72024		21791	93076
文物保护管理机构	2114786	528320	2647	366947	281768
博物馆	1301317	721250	2476	506959	997577
文物商店					883299
其他文物机构	126315	49916		68828	932249
按隶属关系分					
中央	325814	600		70911	53175
省、区、市	985189	92061	206	60567	1211742
地、市	1210455	417485	2481	181353	941623
县、市、区	1697680	861364	2436	651694	981429
按部门分					
文物部门	3995144	1226413	4156	568624	2593646
其他部门	223994	145097	967	395901	594323

续表 3

	福利费	各种税金支出	对个人和家庭补助支出	抚恤金和生活补助	其他资本性支出
总　　计	**147187**	**171363**	**1522431**	**58206**	**3737046**
按单位类型分					
文物科研机构	5183	16241	88351	7511	263524
文物保护管理机构	43337	38960	368564	9225	505765
博物馆	88756	103433	935354	33150	2090543
文物商店					
其他文物机构	9911	12729	130162	8320	877214
按隶属关系分					
中央	8153	14441	156884	2638	363885
省、区、市	17880	27823	381440	15389	1127968
地、市	30678	33180	529532	21144	1179713
县、市、区	90476	95919	454575	19035	1065480
按部门分					
文物部门	132815	137599	1426527	54876	3494220
其他部门	14372	33764	95904	3330	242826

本年支出合计(千元)	基本支出	项目支出	经营支出	在支出合计中：工资福利支出	商品和服务支出	差旅费	劳务费
34158246	**12088012**	**18313061**	**648453**	**6025774**	**11174113**	**316474**	**871328**
1708976	670347	1012048	13062	301643	868455	52001	216788
7054111	3483333	2775286	335183	1405524	1902021	28380	122658
17068968	6765790	9081530	258574	3750783	6027917	151106	432860
717318							
7608873	1168542	5444197	41634	567824	2375720	84987	99022
1742403	708344	993647	39567	347712	762904	21943	42151
9502648	1882082	6708155	49291	1047771	3582047	139454	261257
9883977	3854464	5229940	61653	1969206	3372192	76798	355306
13029218	5643122	5381319	497942	2661085	3456970	78279	212614
30958832	10811636	17188538	463372	5427649	10356142	296656	820353
3199414	1276376	1124523	185081	598125	817971	19818	50975

各种设备、交通工具、图书购置费	资产总计(千元)	固定资产原值	实际使用房屋建筑面积(万平方米)	展览用房	文物库房	实际拥有产权面积(万平方米)
579124	**76749044**	**42613659**	**2115.09**	**920.82**	**169.64**	**1761.05**
43941	3235660	1250351	96.23		8.29	18.18
31594	10313553	4111605	244.63	70.40	15.13	313.02
437777	54859900	35479390	1700.50	849.40	138.74	1378.28
	2173265	371395	15.30		7.26	8.66
65812	6166666	1400918	58.43	1.02	0.23	42.92
92775	6110658	2033173	63.63	13.49	3.98	43.77
264111	19269409	9280091	248.08	87.97	42.93	160.32
127208	22525943	13465675	746.38	295.34	50.02	509.88
95030	28843034	17834720	1056.99	524.03	72.71	1047.09
549638	58486631	30716859	1756.64	744.84	143.10	1464.54
29486	18262413	11896800	358.45	175.98	26.54	296.52

2013年全国文物保护

	机构数（个）	从业人员（人）				
			专业技术人才	正高级职称	副高级职称	中级职称
总　　计	**2809**	**35334**	**8465**	**155**	**779**	**3376**
按隶属关系分						
中央						
省、区、市	11	415	94	5	15	40
地、市	300	10015	2680	108	382	1104
县、市、区	2498	24904	5691	42	382	2232
按部门分类						
文物部门	2741	32081	8017	152	704	3192
其他部门	68	3253	448	3	75	184
按机构类型分						
区域性文物保护管理机构	1911	17649	5937	121	524	2383
专门为一处或几处文物保护单位设立的保护管理机构	898	17685	2528	34	255	993

续表 1

	基本陈列（个）	临时展览（个）	参观人次（万人次）		门票销售总额（千元）	
				未成年人参观人次		省部级及以上科研课题数（个）
总　　计	**732**	**449**	**10710.89**	**2011.08**	**2837666**	**24**
按隶属关系分						
中央						
省、区、市	7	2	75.93	5.08	9715	
地、市	115	82	3861.48	476.27	1432901	9
县、市、区	610	365	6773.49	1529.74	1395050	15
按部门分类						
文物部门	722	446	9674.14	1944.10	2030557	24
其他部门	10	3	1036.76	66.98	807109	
按机构类型分						
区域性文物保护管理机构	469	352	5424.11	1180.48	1312823	21
专门为一处或几处文物保护单位设立的保护管理机构	263	97	5286.78	830.61	1524843	3

管理机构基本情况

安全保卫人员	登记注册志愿者人数(人)	藏品数(件/套)				在藏品数中(件/套)			本年修复文物数(件/套)			
			一级品	二级品	三级品	本年新增藏品	本年从有关部门接收文物数	本年藏品征集数		一级品	二级品	三级品
4343	**4168**	**1906829**	**8457**	**24397**	**135178**	**53521**	**14144**	**8425**	**5114**	**35**	**132**	**1586**
88		79929	364	903	2116	15		7	1276			966
982	541	233157	2300	2881	17040	24205	8550	269	895	6	24	80
3273	3627	1593743	5793	20613	116022	29301	5594	8149	2943	29	108	540
4150	4134	1896763	8404	23900	133977	53521	14144	8425	5114	35	132	1586
193	34	10066	53	497	1201							
1763	3107	1429683	5926	15649	117716	29998	5009	8300	3193	33	132	616
2580	1061	477146	2531	8748	17462	23523	9135	125	1921	2		970

本年完成科研成果						本年收入合计(千元)					
专利(个)	专著或图录(册)	论文数(篇)	古建维修、考古发掘报告(册)	获国家奖(个)	获省、部奖(个)		财政补助收入	事业收入	上级补助收入	附属单位上缴收入	经营收入
	58	**301**	**55**	**3**	**16**	**8195571**	**4901103**	**2114786**	**528320**	**2647**	**366947**
	11	10				302731	73214	160631	864	206	
	26	149	39	2	12	2696273	1812600	640677	141712	2061	25043
	21	142	16	1	4	5196567	3015289	1313478	385744	380	341904
	57	297	55	3	14	7802955	4561625	2111456	493220	2647	358605
	1	4			2	392616	339478	3330	35100		8342
	40	255	52	3	12	5390107	3262108	1363963	343679	2602	287234
	18	46	3		4	2805464	1638995	750823	184641	45	79713

续表 2

	其他收入	本年支出合计(千元)	基本支出	项目支出	文物本体保护	藏品技术保护
总　　计	**281768**	**7054111**	**3483333**	**2775286**	**748013**	**11675**
按隶属关系分						
中央						
省、区、市	67816	141747	74739	51081	19524	7493
地、市	74180	2389753	994680	1330680	355437	482
县、市、区	139772	4522611	2413914	1393525	373052	3700
按部门分类						
文物部门	275402	6675651	3320268	2572202	740991	11675
其他部门	6366	378460	163065	203084	7022	
按机构类型分						
区域性文物保护管理机构	130521	4667112	2328266	1701146	463086	3104
专门为一处或几处文物保护单位设立的保护管理机构	151247	2386999	1155067	1074140	284927	8571

续表 3

	各种设备、交通工具、图书购置费	资产总计(千元)	固定资产原值	实际使用房屋建筑面积(万平方米)	展览用房	文物库房(含标本室)
总　　计	**31594**	**10313553**	**4111605**	**244.63**	**70.40**	**15.13**
按隶属关系分						
中央						
省、区、市	2	244087	58577	2.48	0.95	0.05
地、市	9637	5281784	2002096	86.48	20.66	3.00
县、市、区	21955	4787682	2050932	155.67	48.79	12.08
按部门分类						
文物部门	28532	8250086	3497081	224.25	69.92	15.08
其他部门	3062	2063467	614524	20.39	0.49	0.05
按机构类型分						
区域性文物保护管理机构	18859	5365639	2096794	122.93	38.39	9.43
专门为一处或几处文物保护单位设立的保护管理机构	12735	4947914	2014811	121.71	32.02	5.71

			在支出合计中：								
展示利用等保护性设施建设	保护管理体系	经营支出	工资福利支出	商品和服务支出	差旅费	劳务费	福利费	各种税金支出	对个人和家庭补助支出	抚恤金和生活补贴	其他资本性支出
216407	**50569**	**335183**	**1405524**	**1902021**	**28380**	**122658**	**43337**	**38960**	**368564**	**9225**	**505765**
3828	900		17425	26150	890	1970	179	115	9557	65	6274
58303	21888	18975	494927	878897	9411	74740	10054	19445	136352	3589	153586
154276	27781	316208	893172	996974	18079	45948	33104	19400	222655	5571	345905
216407	50569	325991	1302816	1750309	27277	121144	42476	32387	335959	8538	481023
		9192	102708	151712	1103	1514	861	6573	32605	687	24742
57538	31758	273088	872193	1271862	18530	83645	32897	27043	279422	5478	268306
158869	18811	62095	533331	630159	9850	39013	10440	11917	89142	3747	237459

实际拥有产权面积（万平方米）	文物保护规划和方案设计（个）	文物保护维修情况				进行考古发掘情况				主办刊物（种）	国际合作项目数（个）
		国保单位保护维修项目数（个）	保护维修面积（平方米）	省保单位保护维修项目数（个）	市、县保单位保护维修项目数（个）	考古发掘面积（万平方米）	出土器物（件/套）	原址保护展示面积（万平方米）	异地保护展示面积（万平方米）		
313.02	**773**	**583**	**42601858**	**336**	**510**	**358.89**	**59462**	**20.92**	**0.09**	**30**	**4**
2.10	1	2	1020								
88.96	99	215	34726389	42	31	4.25	10960	1.27	0.00	12	3
221.96	673	366	7874449	294	479	354.64	48502	19.64	0.09	18	1
312.62	766	577	42590397	334	509	358.89	59462	20.67	0.09	30	4
0.40	7	6	11461	2	1			0.25			
192.59	633	313	34258169	307	503	356.16	16723	18.62	0.09	25	3
120.43	140	270	8343689	29	7	2.73	42739	2.29		5	1

2013年全国博

	机构数(个)	从业人员(人)	专业技术人才	正高级职称	副高级职称	中级职称	安全保卫人员(人)	登记注册志愿者(人)
总　计	**3473**	**79075**	**29918**	**1360**	**3693**	**11716**	**18791**	**73152**
其中：免费开放	2780	58809	23651	1002	2917	9147	14089	64500
按机构类型分								
综合性	1415	33293	15194	629	1982	6057	8105	37561
历史类	1353	33052	10185	414	1139	3985	7751	26237
艺术类	234	4048	1601	133	211	595	911	1735
自然科技类	97	2518	1058	79	154	410	478	4088
其他	374	6164	1880	105	207	669	1546	3531
按隶属关系分								
中央	5	2869	1311	118	276	512	612	576
省、区、市	119	11392	5478	392	1003	2078	2262	9723
地、市	800	24699	10310	476	1408	4468	5686	32137
县、市、区	2549	40115	12819	374	1006	4658	10231	30716
按系统分类								
文物部门	2745	66263	25933	1046	3221	10337	15774	61089
其他部门	423	8758	2943	183	339	1029	1940	10562
民办	305	4054	1042	131	133	350	1077	1501

续表 1

	基本陈列(个)	临时展览(个)	参观人次(万人次)	未成年人参观人次	门票销售总额(千元)	本年完成科研成果		
						省部级及以上科研课题数(个)	专利(个)	专著或图录(册)
总　计	**7650**	**9172**	**63776.50**	**18206.25**	**2900499**	**382**	**43**	**882**
其中：免费开放	6397	7908	51114.75	15549.58	148929	321	29	708
按机构类型分								
综合性	3550	5397	22980.45	7564.99	387542	182	13	475
历史类	2547	2243	31973.62	8355.99	2180528	98	12	272
艺术类	499	762	2481.93	580.78	15002	20	12	62
自然科技类	282	152	1996.63	599.01	214446	59	1	29
其他	772	618	4343.88	1105.49	102981	23	5	44
按隶属关系分								
中央	30	133	2521.77	283.80	798858	23	3	107
省、区、市	410	924	7443.56	2335.07	668395	180	7	289
地、市	1947	3129	22273.56	5811.71	676569	77	6	216
县、市、区	5263	4986	31537.62	9775.68	756677	102	27	270
按系统分类								
文物部门	6078	8067	52756.43	15313.48	2490568	302	20	729
其他部门	973	587	8937.93	2369.45	359364	63	12	100
民办	599	518	2082.14	523.33	50567	17	11	53

物馆基本情况

藏品数(件/套)				在藏品数中(件/套)			本年修复文物数(件/套)			
	一级品	二级品	三级品	本年新增藏品	本年从有关部门接收文物数	本年藏品征集数		一级品	二级品	三级品
27191601	**85707**	**721805**	**3056574**	**550277**	**113070**	**304839**	**39920**	**400**	**2177**	**8684**
19599372	64978	442019	2356859	354588	51612	189992	34528	277	1875	7576
13301703	52111	338252	1956987	208837	44395	89525	24795	198	1352	6556
6292906	22492	293960	816126	188501	58859	103642	9460	108	539	1548
1749465	3276	47388	148319	23494	5834	7553	1383	4	211	40
2308201	4431	10581	12517	21042	3276	12557	1491	89	75	6
3539326	3397	31624	122625	108403	706	91562	2791	1		534
2956953	20138	376180	837993	25037	11312	2502	357		115	19
7791515	27220	221493	1301376	54833	4514	45465	9210	182	477	1561
6188321	23195	70959	569245	193388	23077	97367	12130	39	970	2624
10254812	15154	53173	347960	277019	74167	159505	18223	179	615	4480
21636691	81389	710245	3035525	362861	64118	183029	33808	303	2080	7931
2230421	2763	8664	14896	94519	48952	34449	1867	92	88	95
3324489	1555	2896	6153	92897		87361	4245	5	9	658

论文数(篇)	古建维修、考古发掘报告(册)	获国家奖(个)	获省、部奖(个)	本年收入合计(千元)	财政补助收入	事业收入	上级补助收入	附属单位上缴收入	经营收入
5167	**192**	**67**	**179**	**17557386**	**14027807**	**1301317**	**721250**	**2476**	**506959**
4120	146	52	137	12580437	10924476	374253	552778	2070	191684
2873	156	35	102	8006002	6721858	459283	299031	1224	95570
1651	22	9	36	6703201	5229499	618948	321028	455	120654
207	6	15	26	914597	685623	43560	19546	572	104790
185	1	5	5	790004	475584	93183	28761	200	142237
251	7	3	10	1143582	915243	86343	52884	25	43708
589		2	2	1478828	1201254	220183			12878
2197	37	17	70	4956091	4402099	275376	17486		37438
1424	99	20	30	5425914	4335001	425103	228431	420	153673
957	56	28	77	5696553	4089453	380655	475333	2056	302970
4580	170	44	121	15249488	12680680	1080653	611253	1509	119400
533	6	11	28	2041774	1313080	216576	99293	665	220602
54	16	12	30	266124	34047	4088	10704	302	166957

续表 2

	其他收入	本年支出合计(千元)	基本支出	项目支出	文物征集	馆藏品保护	陈列展览	教育与科研
总　计	**997577**	**17068968**	**6765790**	**9081530**	**767448**	**345086**	**1160675**	**121019**
其中：免费开放	535176	12151700	4709823	6794104	625038	274565	891292	93309
按机构类型分								
综合性	429036	7663655	2941544	4422506	427733	197684	559472	55756
历史类	412617	6639280	2791450	3266925	118900	118033	291794	39681
艺术类	60506	840858	274270	381720	90598	9984	35434	7304
自然科技类	50039	725795	363110	316004	41848	8088	118465	11836
其他	45379	1199380	395416	694375	88369	11297	155510	6442
按隶属关系分								
中央	44513	1317332	549802	764305	123808	25289	68561	
省、区、市	223692	4987037	1196915	3575262	242801	108432	466320	54948
地、市	283286	4939166	2347314	2378179	172472	81702	297665	27275
县、市、区	446086	5825433	2671759	2363784	228367	129663	328129	38796
按系统分类								
文物部门	755993	14489102	5652484	8160091	651359	301420	996012	96002
其他部门	191558	2100597	1003761	811189	70543	28869	141944	19764
民办	50026	479269	109545	110250	45546	14797	22719	5253

续表 3

	各种设备、交通工具、图书购置费	资产总计(千元)	固定资产原值	实际使用房屋建筑面积(万平方米)	展览用房	文物库房(含标本室)面积	实际拥有产权面积(万平方米)	文物保护规划和方案设计(个)
总　计	**437777**	**54859900**	**35479390**	**1700.50**	**849.40**	**138.74**	**1378.28**	**1036**
其中：免费开放	363240	39105371	26154799	1286.62	644.46	109.18	993.21	875
按机构类型分								
综合性	258832	22605730	13229101	751.30	363.99	77.62	481.00	654
历史类	127904	19599023	14179553	607.43	294.66	34.43	702.96	300
艺术类	17865	3058545	1909186	92.18	48.37	10.32	38.72	26
自然科技类	15239	5809178	4130247	100.75	69.89	6.37	50.07	12
其他	17937	3787424	2031303	148.84	72.49	10.01	105.53	44
按隶属关系分								
中央	51888	5050697	1569035	57.68	13.27	3.65	35.01	8
省、区、市	218612	13458938	7875392	211.02	86.22	31.96	137.20	203
地、市	102740	14541967	10836054	561.30	274.68	42.81	403.78	195
县、市、区	64537	21808298	15198909	870.50	475.23	60.32	802.29	630
按系统分类								
文物部门	411353	39339906	24346831	1366.13	673.91	113.72	1083.01	942
其他部门	19654	11985455	8887531	228.79	117.39	12.57	173.58	71
民办	6770	3534539	2245028	105.59	58.10	12.46	121.70	23

经营支出	在支出合计中：								
	工资福利支出	商品和服务支出	差旅费	劳务费	福利费	各种税金支出	对个人和家庭补助支出	抚恤金和生活补贴	其他资本性支出
258574	**3750783**	**6027917**	**151106**	**432860**	**88756**	**103433**	**935354**	**33150**	**2090543**
89113	2626138	4253671	113195	330577	41667	61217	672059	26872	1527413
73076	1636634	2745031	72990	240600	48886	19205	467956	17699	1033193
96210	1579960	2327979	56587	138877	29853	75380	363741	11467	817417
26106	183577	234857	6735	15712	4022	2081	36150	1236	87058
31385	132230	364189	4736	9069	2321	4208	24403	1974	39436
31797	218382	355861	10058	28602	3674	2559	43104	774	113439
2976	279449	501143	10109	22406	4348	8568	139026	2198	321945
33184	751596	2082430	43818	104717	13652	10437	278616	8340	740001
40921	1252556	1679610	47805	164383	17417	9544	331825	13488	631477
181493	1467182	1764734	49374	141354	53339	74884	185887	9124	397120
82685	3255387	5361658	132391	383399	75245	76242	872055	30507	1872459
100594	410450	630891	12352	41431	9691	24128	62661	2317	196996
75295	84946	35368	6363	8030	3820	3063	638	326	21088

文物保护单位保护维修情况				进行考古发掘情况				国际合作项目数(个)	主办刊物(种)
国保单位保护维修项目数(个)	保护维修面积(平方米)	省保单位保护维修项目数(个)	市、县保单位保护维修项目数(个)	考古发掘面积(万平方米)	出土器物(件/套)	原址保护展示面积(万平方米)	异地保护展示面积(万平方米)		
471	**7591**	**320**	**351**	**72.688**	**195648**	**4.28**	**5.48**	**105**	**214**
305	7330	270	311	52.912	180938	4.08	4.33	70	173
236	7240	215	276	56.245	179910	3.64	4.11	44	85
200	338	86	58	12.128	14386	0.25	1.18	11	75
8	6	3		1.750	1300	0.27	0.01	23	30
8	1	6	6	0.403				27	8
19	4	10	11	2.163	52	0.12	0.18		16
4	1			0.120	180	0.02		2	2
32	15	3		7.163	61618	2.26	1.20	51	36
138	6270	54	32	15.675	21010	0.79	1.15	13	75
297	1301	263	319	49.730	112840	1.21	3.13	39	101
454	7582	316	349	72.688	188548	4.28	5.48	64	148
16	6	2	2		3300			35	40
1		2			3800			6	26

2013年全国文物

	机构数(个)	从业人员(人)	专业技术人才	正高级职称	副高级职称	中级职称	库存文物数(件/套)	一级品
总　计	**71**	**1596**	**675**	**6**	**75**	**339**	**7632366**	**59**
按隶属关系分								
中央								
省、区、市	23	895	409	6	54	206	6379893	33
地、市	41	635	239		16	123	1173194	26
县、市、区	7	66	27		5	10	79279	
按系统分类								
文物部门	67	1392	618	6	69	297	5196259	56
其他部门	4	204	57		6	42	2436107	3

续表

	损益(千元)							
	主营业务收入	营业成本	养老、医疗、失业等各种社会保险费	住房公积金和住房补贴	差旅费	工会经费	营业利润	营业外收入
总　计	**796357**	**711096**	**28984**	**12957**	**7118**	**2022**	**163778**	**21427**
按隶属关系分								
中央								
省、区、市	533448	435276	18923	8943	4445	1343	154670	14155
地、市	252581	265824	9857	3985	2641	677	7120	6565
县、市、区	10328	9996	204	29	32	2	1988	707
按系统分类								
文物部门	620810	602509	23370	10778	6675	1592	73537	21427
其他部门	175547	108587	5614	2179	443	430	90241	

商店基本情况

二级品	三级品	资产、负债、所有者权益(千元) 资产总计	固定资产原价	当年提取的折旧总额	负债合计	所有者权益合计	实收资本	国家资本金	损益(千元) 营业收入
88	**2422**	**2173265**	**371395**	**31277**	**528769**	**1644496**	**298975**	**284522**	**874874**
38	29	1634995	229591	25763	323469	1311526	224045	224045	589946
50	2393	488049	115708	4701	199215	288834	63737	49503	272944
		50221	26096	813	6085	44136	11193	10974	11984
46	1843	1705997	246340	25012	446344	1259653	280715	276522	676046
42	579	467268	125055	6265	82425	384843	18260	8000	198828

政府补助(补贴收入)	营业外支出	利润总额	工资、福利费、税金(千元) 本年发放工资总额	本年支付的职工福利费	本年应交税金总额	实际使用房屋建筑面积(万平方米)	营业用房	库房	实际拥有产权面积(万平方米)
13002	**6222**	**178983**	**120122**	**8818**	**69197**	**15.30**	**5.95**	**7.25**	**8.66**
11869	3824	165001	76353	6396	54451	9.75	2.62	5.53	4.81
1026	463	13222	41217	2236	14057	5.07	3.08	1.58	3.72
107	1935	760	2552	186	689	0.48	0.25	0.15	0.12
13002	5198	89766	98285	8667	45080	13.56	5.68	5.80	8.41
	1024	89217	21837	151	24117	1.74	0.28	1.46	0.25

2013年全国文物保护科学

	机构数(个)	从业人员(人)						登记注册志愿者人数(人)
			专业技术人才				安全保卫人员	
				正高级职称	副高级职称	中级职称		
总　计	**115**	**5243**	**2517**	**299**	**542**	**975**	**366**	**135**
按性质分类								
考古研究	75	4201	1816	236	368	705	272	59
古建研究	12	391	297	24	61	113	12	
其他研究	28	651	404	39	113	157	82	76
按隶属关系分类								
中央	1	145	137	17	54	52	2	
省、区、市	42	3682	1595	225	344	624	198	15
地、市	64	1318	729	55	133	282	133	120
县、市、区	8	98	56	2	11	17	33	
按经费来源分类								
文物经费	96	4231	2161	241	458	829	330	135
科研经费	10	917	310	53	74	128	28	
其他经费	9	95	46	5	10	18	8	

续表 1

		基本陈列(个)	临时展览(个)	参观人次(万人次)		门票销售总额(千元)	省部级及以上科研课题数(个)
	三级品				未成年人参观人次		
总　计	**232**	**10**	**23**	**218.19**	**20.00**	**101370**	**69**
按性质分类							
考古研究	12	5	10	116.85	10.22	14760	39
古建研究		2	9	5.50	1.70		17
其他研究	220	3	4	95.84	8.08	86610	13
按隶属关系分类							
中央							
省、区、市	220	5	12	124.19	10.21	16799	46
地、市	12	5	11	94.00	9.79	84571	23
县、市、区							
按经费来源分类							
文物经费	220	6	14	211.21	18.50	101356	55
科研经费	12						14
其他经费		4	9	6.98	1.50	14	

研究机构基本情况

藏品数(件/套)	在藏品数中(件/套)						本年修复文物数(件/套)		
	一级品	二级品	三级品	本年新增藏品	本年从有关部门接收文物数	本年藏品征集数		一级品	二级品
1594975	**2328**	**9887**	**114471**	**18708**	**46**	**50**	**14330**	**53**	**65**
1130429	1933	6582	84619	8799	46	50	10193		
384034	34	696	4635	9909			650		1
80512	361	2609	25217				3487	53	64
							1	1	
645345	2048	8295	66722	4478			6000	52	64
944886	214	1508	46775	14108	46	27	8200		1
4744	66	84	974	122		23	129		
1349039	2020	9238	111568	14509	2	33	9652	53	65
238011	299	608	2535	3099	44	17	4502		
7925	9	41	368	1100			176		

本年完成科研成果						本年收入合计(千元)			
专利(个)	专著或图录(册)	论文数(篇)	古建维修、考古发掘报告(册)	获国家奖(个)	获省、部奖(个)		财政补助收入	事业收入	上级补助收入
7	**112**	**995**	**375**	**12**	**42**	**2089235**	**1225624**	**676720**	**72024**
4	75	813	358	12	31	1543294	918000	525506	29566
2	11	95	14		5	139163	36670	79220	10568
1	26	87	3		6	406778	270954	71994	31890
	21	70			4	102445	46333	54580	
6	63	676	204	12	26	1466210	834646	526689	27717
1	23	244	161		12	505761	337076	95139	44207
	5	5	10			14819	7569	312	100
4	95	866	332	4	30	1792164	1051988	592170	66895
3	12	129	43	8	12	262067	147608	78776	4929
	5					35004	26028	5774	200

续表 2

	本年收入合计(千元)			本年支出合计(千元)			
	附属单位上缴收入	经营收入	其他收入		基本支出	项目支出	文物征集
总　计		**21791**	**93076**	**1708976**	**670347**	**1012048**	**76070**
按性质分类							
考古研究		11508	58714	1218843	511952	698410	53632
古建研究		10283	2422	131139	42559	78532	2374
其他研究			31940	358994	115836	235106	20064
按隶属关系分类							
中央			1532	101625	69089	32536	15866
省、区、市		14621	62537	1160343	472608	667553	52925
地、市		350	28989	432037	120910	306554	7131
县、市、区		6820	18	14971	7740	5405	148
按经费来源分类							
文物经费		21441	59670	1498405	535985	937984	73031
科研经费			30754	188090	128274	57973	3039
其他经费		350	2652	22481	6088	16091	

续表 3

	本年支出合计(千元)				资产总计(千元)		公用房屋建筑面积(万平方米)
	在支出合计中：						
	对个人和家庭补助支出	抚恤金和生活补贴	其他资本性支出	各种设备购置费		固定资产原值	
总　计	**88351**	**7511**	**263524**	**43941**	**3235660**	**1250351**	**96.23**
按性质分类							
考古研究	66665	6405	123423	33047	2428860	853839	22.94
古建研究	8618	577	4755	2489	202602	65081	65.79
其他研究	13068	529	135346	8405	604198	331431	7.50
按隶属关系分类							
中央	7496	82	3961	3961	375377	212001	1.32
省、区、市	61784	6429	141315	34967	2485543	859140	20.83
地、市	18017	665	118054	4819	367298	172301	73.72
县、市、区	1054	335	194	194	7442	6909	0.36
按经费来源分类							
文物经费	74546	4553	261820	42823	2939366	1117902	91.55
科研经费	12776	2958	1126	969	250282	125113	4.47
其他经费	1029		578	149	46012	7336	0.22

本年支出合计(千元)									
				在支出合计中：					
馆藏品保护	陈列展览	教育与科研	经营支出	工资福利支出	商品和服务支出	差旅费	劳务费	福利费	税金支出
3235	**8074**	**17192**	**13062**	**301643**	**868455**	**52001**	**216788**	**5183**	**16241**
354	6691	5401	3236	224397	665754	39507	158267	3404	12537
118	200	11201	9826	26419	75271	2011	35798	1384	1379
2763	1183	590		50827	127430	10483	22723	395	2325
2740				21182	68986	7946	13021	145	1795
352	5299	16512	12621	201480	635785	40293	143363	3028	12962
143	2775	680	200	73519	161455	3549	60029	1967	748
			241	5462	2229	213	375	43	736
3212	4251	16602	12862	272447	718579	44050	189529	4237	16215
23	2483	590		23097	136928	7161	24589	372	26
	1340		200	6099	12948	790	2670	574	

				进行考古发掘情况					
文物库房(含标本室)面积	实验室面积	实际拥有产权面积(万平方米)	文物保护规划和方案设计(个)	考古发掘面积(万平方米)	出土器物(件/套)	原址保护展示面积(万平方米)	异地保护展示面积(万平方米)	国际合作项目数(个)	主办刊物(种)
8.29	**1.01**	**18.18**	**387**	**51.74**	**116409**	**1.465**	**0.05**	**13**	**16**
6.75	0.27	14.09	133	49.70	116209	1.071	0.05	11	12
0.64	0.45	0.41	96	1.88		0.300			1
0.90	0.29	3.68	158	0.16	200	0.094		2	3
0.28	0.13	3.15	97					1	1
5.34	0.26	13.09	231	39.44	99095	1.051	0.04	12	10
2.56	0.61	1.73	59	11.42	16220	0.414			5
0.11	0.01	0.21		0.89	1094				
6.83	0.80	17.25	316	43.78	99469	1.014	0.04	12	13
1.40	0.21	0.93	70	7.18	15340	0.451		1	3
0.06		0.01	1	0.78	1600				

2013年各地区

地区	机构数(个)	从业人员(人)						登记注册志愿者(人)
			专业技术人才				安全保卫人员	
				正高级职称	副高级职称	中级职称		
全　国	**7737**	**137173**	**42575**	**1923**	**5227**	**16822**	**23688**	**77480**
北　京	112	5437	736	16	68	334	592	511
天　津	30	876	579	9	92	232	130	220
河　北	300	8433	1908	90	290	770	1201	407
山　西	336	6197	1610	44	161	658	1230	1519
内蒙古	169	2133	1244	44	170	552	312	2669
辽　宁	143	3764	1529	83	251	742	546	471
吉　林	130	1565	827	42	153	306	246	573
黑龙江	250	2719	1436	73	213	559	514	2234
上　海	112	3421	1675	60	162	604	488	4048
江　苏	410	6783	2364	154	288	976	1403	5797
浙　江	346	6575	2065	156	312	800	1099	6044
安　徽	257	3146	1246	47	136	445	744	1114
福　建	150	1989	837	53	114	316	483	1729
江　西	235	3818	1293	56	134	445	698	15590
山　东	384	9866	3573	133	428	1448	1399	2752
河　南	519	12199	2547	90	298	1045	1938	3098
湖　北	291	4713	2072	102	233	1037	858	1284
湖　南	250	4074	1057	30	111	435	636	682
广　东	270	4186	1680	56	148	610	794	9691
广　西	187	2180	949	39	74	330	482	804
海　南	36	533	108	2	9	24	147	21
重　庆	101	2307	860	39	99	259	420	2778
四　川	397	7769	1980	87	173	724	1439	3478
贵　州	192	1986	564	8	37	139	331	258
云　南	215	1684	1155	21	156	505	281	5076
西　藏	677	5752	87	3	13	32	794	
陕　西	596	11555	2730	142	294	1051	2293	2450
甘　肃	308	4961	1316	38	113	468	1047	1042
青　海	107	667	191	3	37	94	62	16
宁　夏	37	620	290	12	37	95	92	359
新　疆	178	1833	469	23	52	157	372	189

文物业基本情况

文物藏品(件/套)	一级品	二级品	三级品	在藏品数中(件/套)			本年修复藏品数(件/套)	一级品
				本年新增藏品数(件/套)	本年从有关部门接收文物数(件/套)	本年藏品征集数(件/套)		
38408146	**96816**	**761350**	**3315487**	**622749**	**127264**	**313553**	**59364**	**488**
3618499	854	10379	56528	799	1	594	254	
1057629	1041	5359	133814	145		80	1433	
573197	1363	13083	59842	9587	526	1152	1020	23
906751	3541	8312	76850	1801	89	1476	594	52
559438	2251	5700	11490	6393	1037	3696	1392	2
756364	1961	13685	142063	9181	66	7785	1462	14
405508	574	4430	18666	36557	15894	8289	280	
510656	2026	4486	27252	14479	660	8676	1688	7
3994788	2424	51362	191236	28704	216	24451	264	
2607435	3969	96778	462804	24288	599	7618	2167	3
1115042	3145	11783	75532	23169	252	14138	1482	5
929951	2173	5158	55033	6440	2392	2169	1809	20
545008	1042	2840	94034	12810	4470	8021	314	1
645355	1846	6451	42907	3995	299	2486	2809	24
1820374	12641	15213	95014	27289	2561	6184	4048	30
2095459	2396	17019	280452	121549	26619	45936	4751	7
1926674	2765	8040	90295	25604	471	22177	6824	13
917386	3254	7391	55408	3808	16	2964	2470	8
1668942	1376	17356	68681	13805	1338	7447	1776	
465209	337	5238	52259	18540	1257	9398	357	13
40063	102	341	1970	821	15	803	363	1
764717	1387	2827	26789	4211	107	2381	3817	
3403278	6332	11740	111950	95192	268	90838	5199	8
131667	806	2257	5601	2115	332	1597	132	1
1265769	1122	2425	16066	5833	350	3006	1900	5
230967	2982	21705	30357	180		180	1328	1
1355289	8070	15878	83058	69515	49235	18539	4855	230
600243	3409	12093	98315	9706	5771	3040	514	4
245398	414	916	1209	646	42	575	62	13
108786	368	3577	7898	16104	136	3133	797	2
185351	707	1348	4121	4446	933	2222	2845	

续表 1

地区	二级品	三级品	基本陈列(个)	临时展览(个)	参观人次(万人次)	未成年人参观人次(万人次)	门票销售总额(千元)	本年收入合计(千元)
全国	**2374**	**10502**	**8392**	**9644**	**74705.58**	**20237.33**	**5839535**	**36458406**
北京	11	87	90	158	1759.96	318.22	431758	2888847
天津		28	63	52	561.12	178.00	8527	425067
河北	62	372	224	298	3258.78	1057.03	285892	1341200
山西	172	110	114	128	1859.11	463.82	313520	2085114
内蒙古	7	103	257	139	1012.21	296.38	5991	509813
辽宁	30	127	202	135	1410.90	273.00	120035	761772
吉林		31	105	257	725.92	290.16	38193	358396
黑龙江	33	292	306	309	1870.38	636.22	354	497894
上海		10	247	399	1808.54	523.31	146945	1470932
江苏	240	423	718	977	6269.54	1476.41	101884	1909857
浙江	19	263	460	1081	4940.49	1144.48	258985	2065797
安徽	20	278	410	379	2198.31	798.63	3849	446348
福建		86	248	376	2144.29	700.32	410	664012
江西	349	2374	296	248	2762.23	1176.40	54377	535536
山东	244	502	752	707	5734.56	1575.06	1109642	2196140
河南	251	837	441	482	5039.09	1436.90	347841	1600722
湖北	396	1520	444	386	2510.88	800.68	20087	903965
湖南	52	421	224	232	3150.49	1209.46	155271	1192131
广东	20	115	434	803	3879.53	823.85	83957	1315207
广西	4	94	197	193	1380.89	369.57	2554	750086
海南			34	61	364.16	106.21	1048	191670
重庆	3	135	193	136	1965.94	544.59	178227	709507
四川	63	392	396	333	5382.56	1231.64	371213	1738082
贵州	2	14	129	106	1391.86	286.06	8883	1913086
云南	12	49	260	194	1607.36	531.12	483	481311
西藏		967	117	13	194.49	8.09	30219	700453
陕西	248	792	452	440	3968.58	760.56	841347	2507685
甘肃	13	40	338	295	2067.20	652.44	88265	1214667
青海	3	7	33	34	62.40	13.45		103059
宁夏	2	8	37	38	249.70	60.38	23837	157307
新疆	3	6	141	122	652.33	211.11	7083	873691

财政补助收入	事业收入	上级补助收入	附属单位上缴收入	经营收入	其他收入	本年支出合计(千元)	基本支出	项目支出
26710141	**4219138**	**1371510**	**5123**	**964525**	**3187969**	**34158246**	**12088012**	**18313061**
1901336	322298	5763	119	262494	396837	2582203	614406	1525820
266717	26117	1505	206	2178	128344	582807	141070	350018
938067	311941	8858		7909	74425	1294315	808820	457612
1451722	213130	144238	130	40859	235035	2132496	410604	1614944
487890	12586	5419	30	622	3266	500207	255589	190895
715945	14020	5896		6937	18974	679262	347316	277122
299971	42206	6483		393	9343	341034	143272	190673
343849	11432	35101		97701	9811	419677	180504	183859
1041992	177886	42386	25	20394	188249	1344902	529472	702173
1476526	122728	44332	1116	26147	239008	1796148	650942	905851
1497181	318974	40616	320	35676	173030	2061012	727942	1156550
302886	47322	53804	908	5652	35776	456592	192781	218105
543755	15319	38195	100	392	66251	757050	131627	397463
394782	13301	37786	26	13925	75716	488910	196774	200192
1344009	185831	89061		214492	362747	2111407	745343	840823
1156785	305214	40782	945	18438	78558	1592211	663283	713899
662373	77316	104301	500	17986	41489	861488	254338	545302
1014609	19379	80512		3582	74049	1156334	370440	723014
1114793	104709	20407	180	13723	61395	1294824	428960	665109
514398	19945	78576		10563	126604	568782	144519	400323
182325	3913	1450		1248	2734	96654	22495	71638
558232	31233	73211	2	17678	29151	880528	145392	716965
1361680	178730	15372	270	2868	179162	1702458	514541	1098983
978678	732121	180120		305	21862	1444491	915012	293366
393802	40043	19477		982	27007	417324	142010	254714
441863	165080	250		8470	84790	403644	105937	250920
1881942	223195	99617	131	57865	244935	2483317	966700	1124645
1058881	129327	10543		1776	14140	1054464	377546	632361
79247	7158	3472			13182	89428	42863	35554
148526	96	1265		2359	5061	132302	60960	64593
656827	20774	82112	115		113863	689572	148210	515928

续表 2

地区	经营支出	在支出合计中：						
		工资福利支出	商品和服务支出	差旅费	劳务费	福利费	各种税金支出	对个人和家庭补助支出
全国	**648453**	**6025774**	**11174113**	**316474**	**871328**	**147187**	**171363**	**1522431**
北京	144883	389028	845325	3619	3741	12799	8834	72032
天津	2133	59432	283648	1374	3774	1231	894	34721
河北	7284	338082	355649	6871	51851	3715	2624	59113
山西	33689	261731	504218	19972	39713	3024	10230	34965
内蒙古	159	126895	178773	9133	23933	1398	392	23855
辽宁	2651	178655	223139	5097	34775	639	520	60853
吉林	393	68955	163768	3510	8803	246	1063	20917
黑龙江	3764	91169	81252	4294	7353	769	1161	22592
上海	27421	277521	502537	3990	9310	6756	2887	33212
江苏	41433	365881	618662	11191	40886	5487	2986	98652
浙江	16551	367059	867221	13830	77435	12352	10931	110182
安徽	12722	111570	116745	8713	10600	3008	666	33682
福建	159	84051	341252	4646	13318	527	531	23845
江西	17453	109796	149112	9946	11685	4379	635	38116
山东	157797	364646	508084	9251	34987	3369	35685	55036
河南	19551	332337	504648	14973	113478	26981	8460	52307
湖北	11738	160188	276068	15538	32145	6330	2339	43750
湖南	4659	155800	418971	12550	36428	3404	914	34346
广东	10167	260895	292781	6851	23953	3930	1221	88660
广西	11171	84003	119784	8031	7878	1562	2370	24035
海南	302	20092	28186	1072	1518	106	120	1883
重庆	6131	116113	575742	8411	37777	1999	609	40730
四川	7717	325549	781839	15504	48990	4337	47859	66896
贵州	295	59415	123892	4633	12593	13027	933	136087
云南	1094	72631	140899	5087	14642	358	140	13769
西藏	2830	56780	10193	978	91	2	8	6935
陕西	60498	536625	668614	19524	45235	12772	5241	70766
甘肃	1188	160290	286277	13013	60546	3623	4719	29017
青海	42	24261	35450	1444	1812	8	967	7783
宁夏	2071	41426	44001	2026	3593	33	5	8419
新疆	940	77186	364479	49459	16334	863	978	18391

抚恤金和生活补助	其他资本性支出	各种设备购置费	资产总计（千元）	固定资产原值	实际使用房屋建筑面积（万平方米）	展览用房	库房	实际拥有产权面积（万平方米）
58206	**3737046**	**579124**	**76749044**	**42613659**	**2115.09**	**920.82**	**169.64**	**1761.05**
1763	439649	10894	2781233	649696	36.99	11.83	3.47	14.15
139	95234	568	588604	138030	19.42	8.94	3.02	2.49
3237	185858	10414	2000728	1162188	68.41	29.45	4.41	50.99
1055	210347	45770	1384561	552312	59.35	21.49	4.92	91.68
375	47187	18374	1576785	1375765	60.78	27.80	4.62	28.89
1408	17703	10821	1265286	968863	45.93	23.87	3.03	107.96
236	22365	5403	392245	252577	21.18	12.60	1.26	11.21
604	45347	12467	1813588	1582052	61.33	35.88	3.65	34.01
1302	115481	21543	7109667	4286896	75.91	30.52	9.41	30.97
1783	292578	79083	7354891	5756329	190.00	96.36	13.86	140.80
2043	177465	16451	4328373	2785873	115.24	49.40	9.20	53.56
2594	29706	6221	1598741	1021327	55.34	28.97	4.83	52.88
556	177202	6150	718665	313787	49.14	21.41	3.44	49.95
3619	49495	4972	1125125	844887	56.69	29.92	5.47	71.18
2696	75049	26940	7551429	3080866	158.75	80.16	12.26	175.66
4071	249592	22873	3467156	1591053	184.22	52.87	14.17	88.26
2952	38874	13850	1953608	1294734	116.42	69.13	8.59	59.08
3176	129265	14746	1739496	949004	52.80	19.71	4.45	48.04
1244	126954	13992	3016456	1675182	107.29	41.98	6.33	135.78
950	33524	11002	838884	643729	45.21	18.66	3.51	21.51
21	6067	2850	169432	133464	4.91	1.71	0.20	5.33
2372	64304	19347	1319938	648890	47.35	20.59	4.39	29.50
2900	175221	19719	4522284	2252535	115.06	51.78	9.94	113.49
563	21420	5069	1332502	955819	29.25	11.85	1.39	37.13
882	44900	7968	1283607	499224	38.64	19.50	2.63	29.80
94	18	417	425524	91760	18.67	2.01	3.28	9.38
7223	225738	31420	4469142	2655351	113.66	40.85	11.47	141.04
4033	154722	25830	2766206	1627062	53.74	24.06	4.71	53.55
955	10690	438	201512	155337	6.13	3.05	0.75	3.68
126	23653	3153	197336	123643	12.19	5.53	0.91	15.52
596	87553	17604	1345382	512251	31.48	15.45	2.11	9.82

2013年各地区

地区	机构数(个)	从业人员(人)					安全保卫人员	登记注册志愿者(人)
			专业技术人才					
				正高级职称	副高级职称	中级职称		
全国	**297**	**18147**	**8012**	**669**	**1484**	**3126**	**2564**	**9761**
北京	48	2021	456	15	57	231	209	142
天津	10	650	449	9	80	192	75	220
河北	16	697	289	37	72	110	134	80
山西	16	758	268	20	60	115	145	1266
内蒙古	4	188	144	22	45	61	27	122
辽宁	5	259	173	33	66	46	18	133
吉林	6	184	139	11	37	49	11	
黑龙江	14	575	352	26	90	112	58	414
上海	11	785	504	36	67	201	33	361
江苏	8	794	206	22	36	90	201	450
浙江	10	561	310	53	82	109	57	599
安徽	8	326	218	15	43	68	31	525
福建	8	476	216	14	34	77	119	857
江西	9	791	296	17	40	118	178	159
山东	7	463	247	17	33	75	54	180
河南	9	1244	315	44	76	137	188	381
湖北	8	617	293	47	60	120	59	352
湖南	13	706	290	20	38	121	115	192
广东	7	248	158	9	20	67	15	
广西	7	404	235	22	25	85	56	473
海南	3	292	30	2	8	17	74	1
重庆	6	736	351	20	46	111	52	944
四川	6	427	236	11	26	65	32	400
贵州	4	113	85	6	13	30	3	16
云南	5	174	111	9	28	44	9	300
西藏	7	387	80	3	11	31	59	
陕西	11	1309	591	60	122	252	210	223
甘肃	12	1211	499	34	75	218	251	653
青海	7	169	105	3	31	45	29	
宁夏	6	249	143	12	25	47	41	282
新疆	6	333	223	20	38	82	21	36

省级文物业基本情况

文物藏品(件/套)				在藏品数中(件/套)			本年修复藏品数(件/套)	
	一级品	二级品	三级品	本年新增藏品数(件/套)	本年从有关部门接收文物数(件/套)	本年藏品征集数(件/套)		一级品
14929635	**29878**	**235749**	**1376040**	**59326**	**4514**	**45472**	**16486**	**234**
3561988	609	9804	54024	175		16	254	
1034253	1041	5351	133738	133		80	1433	
298543	571	3943	33464	65	44	13	401	23
369455	1871	1544	56227	923		923	290	52
169543	755	1219	2247	487			674	
336778	892	5054	58571				210	
160809	295	2404	13903	1439		1439	7	
198789	1432	2715	17421	2975		1413	218	2
2975162	1389	45084	152008	8590	2	8184	223	
540899	1062	88438	360591	188		188	205	3
253267	1009	5651	36626	4565		3940	95	1
481955	891	2477	12873	847		492	248	4
209987	572	498	42064	782	441	134	18	1
225690	536	1771	11568	126	20	106	97	12
314626	3423	3768	46042	800	1	499	586	
467259	616	3198	42841	3257		834	81	2
505283	1073	2647	39560	20465		20465	792	
455192	584	2012	25638	276		223	462	5
365792	406	6561	12640	1545		1199	433	
155172	188	2463	9275	2935	66	1755	65	13
21992	70	226	1429	264	15	249	300	
369584	1131	2171	18999	961		690	2662	
170445	750	2071	46298	703		75	778	2
40459	472	1000	4002	803		803	34	
224605	509	1402	12211				538	1
144954	1398	16619	28794				1326	
428855	3614	5100	18438	270		159	1253	107
181308	1723	6434	76704	4028	3757	74	229	4
138943	273	579	594	62	32	30	2	
59397	281	2834	5619	1594	136	1458	797	2
68651	442	711	1631	68		31	1775	

续表 1

地　区	二级品	三级品	基本陈列(个)	临时展览(个)	参观人次(万人次)	未成年人参观人次(万人次)	门票销售总额(千元)	本年收入合计(千元)
全　国	**541**	**2747**	**422**	**938**	**7643.68**	**2350.36**	**694909**	**9893944**
北　京	11	87	50	97	316.42	49.40	18090	1358558
天　津		28	32	43	450.29	159.77	2036	376614
河　北	23	210	34	19	450.19	124.68		214751
山　西	130	108	12	48	213.49	140.93	85	724558
内蒙古		19	12	17	168.36	53.51		73065
辽　宁			1		41.00	13.70		150081
吉　林			2	26	69.00	20.00		81316
黑龙江	4	62	31	35	362.40	167.37	42	99323
上　海			18	39	416.50	86.78	4220	561261
江　苏	9	68	23	25	323.49	61.45	61838	461333
浙　江	1	73	16	62	462.52	199.45		268882
安　徽	6	94	16	29	89.52	60.90		128264
福　建		17	11	63	323.13	110.55		105543
江　西	47	38	17	38	624.20	270.61		199009
山　东		75	2	8	107.39	35.80		194071
河　南	5	8	17	34	241.52	86.17		231559
湖　北	89	200	15	29	233.24	47.10		312697
湖　南	19	346	10	15	119.92	23.39	153	531919
广　东	16	3	7	27	132.32	31.60		281889
广　西	2	4	7	56	207.09	31.83		304401
海　南			10	32	90.00	33.80		121506
重　庆			18	34	842.21	260.48	3517	378975
四　川	22	137	10	15	102.00	48.96		175942
贵　州		3	1	5	50.00	16.00		188820
云　南	1		2	17	91.00	69.00		182968
西　藏		966	6	12	84.51	1.51	5193	616005
陕　西	140	153	14	28	675.51	69.98	578696	563007
甘　肃	12	34	12	10	212.68	30.63	19000	382851
青　海			6	20	23.01	2.83		36799
宁　夏	2	8	7	31	56.30	13.67		77653
新　疆	2	6	3	24	64.51	28.53	2039	510324

						本年支出合计(千元)		
财政补助收入	事业收入	上级补助收入	附属单位上缴收入	经营收入	其他收入		基本支出	项目支出
7544179	**985189**	**92061**	**206**	**60567**	**1211742**	**9502648**	**1882082**	**6708155**
828653	140501				389404	1117474	194591	736477
224411	23707	1505	206		126785	533450	110227	333637
161748	45082	150		60	7711	210628	114029	96375
637564	71458			8508	7028	1060647	37632	1009869
62923	7872	1015			1255	101313	28012	73301
134897	1322				13862	99097	52524	34105
71418	7871				2027	83469	20670	60079
93546	259			5371	147	112130	36269	73272
384455	31266	9338			136202	494439	77269	340970
355986	71938			7347	26062	374340	73493	278029
207419	10930				50533	302606	60046	202285
76127	37268	904			13965	118753	39693	67925
87486	7493	4028			6536	87737	29815	52131
148703	5046			10458	34802	156108	31020	93495
123259	9818				60994	314623	34345	228682
146382	64509	4559		3590	12519	198066	74510	110053
246803	47115			4029	14750	304236	51294	219295
482075	163			2799	46882	534618	93821	392066
236696	28482	1098		7061	8552	263470	48977	208755
260332	17482			10283	16304	303446	31815	257641
120746					760	48615	9655	38900
330517	28952	7966			11540	367860	55043	312814
100415	36408				39119	217367	37735	147580
170917	17234				669	178454	12382	166072
128747	37895			222	16104	174348	47033	121187
391994	155698	200			68113	332938	66238	242333
510272	850				51885	547225	168593	208998
308600	64405	6			9840	408354	165367	239592
25367	6301				5131	34119	16643	15498
71556		385		839	4873	59293	30673	28068
414165	7864	60907			27388	363425	32668	318671

续表 2

地区								
	经营支出	在支出合计中：						
		工资福利支出	商品和服务支出					对个人和家庭补助支出
				差旅费	劳务费	福利费	各种税金支出	
全　国	**49291**	**1047771**	**3582047**	**139454**	**261257**	**17880**	**27823**	**381440**
北　京		137061	383768	2122	730	1567	8169	36198
天　津		47330	270433	1274	2234	1043	434	24266
河　北	107	27401	102333	3128	19184	150	412	12886
山　西	3486	40086	202633	2975	14306	200	4695	10527
内蒙古		17837	64093	3471	13494		97	3915
辽　宁		16370	49790	2735	7969	3	126	3829
吉　林		9684	26032	1605	3782	175	599	3052
黑龙江	1250	18769	38392	1173	4378	78	1144	13068
上　海		73525	206752	1355	2815	1733	584	7335
江　苏	18000	42934	213112	2880	5412	53		19625
浙　江		43255	97212	4785	15322	1621	261	14925
安　徽		21691	57785	5115	5507	1362	53	17311
福　建		23142	38765	1826	2907	172	9	9099
江　西	4444	29610	65326	5613	3105	947	71	10638
山　东		19213	112682	2216	10070	26		10399
河　南	3469	31833	104929	4588	17465	484	1260	9054
湖　北	4209	28967	129422	9411	16881	781	1230	16024
湖　南	2550	33025	164771	5285	16055	95	112	13750
广　东	1177	21377	47591	1255	102	500	50	17844
广　西	9826	22847	55114	5364	4794	1347	2355	10029
海　南		8679	17033	600	841		2	945
重　庆		54959	253260	4954	29550	221	274	28692
四　川		26201	133783	2130	993	676	1239	10195
贵　州		6377	30391	931	5		849	2845
云　南	222	10275	65703	2271	5852			3698
西　藏		17703	9302	690	79	2		6555
陕　西		113473	167108	3063	8482	2891	284	29463
甘　肃		51794	167095	8671	43892	1490	1753	16461
青　海		9953	16323	841	1342	4	947	4938
宁　夏	551	18654	23646	897	1643			5310
新　疆		23746	267468	46230	2066	259	814	8564

抚恤金和生活补助	其他资本性支出	各种设备购置费	资产总计(千元)	固定资产原值	实际使用房屋建筑面积(万平方米)	展览用房	库房	实际拥有产权面积(万平方米)
15389	**1127968**	**264111**	**19269409**	**9280091**	**248.08**	**87.97**	**42.93**	**160.32**
304	264224	4448	1294156	332896	21.48	7.32	3.08	4.29
139	93870	426	552083	114772	15.44	5.76	2.95	2.47
214	63528	675	258031	144165	6.20	4.05	1.54	4.45
426	26267	25288	229940	111671	8.67	3.10	1.45	21.48
51	15468	11760	833512	737865	7.45	2.00	1.20	7.42
83	2578	2578	408611	291504	4.00	0.85	0.70	3.41
59	2880	253	93276	58906	2.94	0.13	0.29	0.83
156	23241	8251	574435	516874	9.24	5.06	0.96	7.38
384	72323	11576	1705848	983582	20.00	6.11	6.48	1.72
133	75917	62677	1236255	1009746	12.49	5.84	1.36	6.71
50	108509	6830	671603	479894	8.86	4.17	1.73	1.77
1809	10830	545	269267	133453	6.19	2.86	1.00	5.16
135	3813	2615	142423	48696	7.49	2.52	0.78	13.80
269	2022	1782	538849	441677	9.69	4.84	1.20	12.44
178	50273	17343	1753858	213443	9.24	4.44	1.24	1.38
142	15354	8918	688782	474940	10.09	3.58	2.26	7.05
411	9659	5242	786732	383112	9.37	3.44	2.56	1.82
1072	18048	5777	607996	310817	6.02	2.06	0.63	3.87
58	2192	1830	1168967	260188	0.86		0.17	0.10
49	10138	7007	170449	82852	10.56	1.60	0.71	8.98
6	2605	2605	49606	44764	2.19	0.92	0.10	
1854	29868	15616	273226	111414	11.19	3.27	0.71	1.65
161	13568	8026	206821	85182	3.89	1.00	0.67	1.16
	2956	1818	141130	20823	1.31	0.38	0.26	1.31
674	3845	3845	685096	37575	1.50	0.86	0.33	1.49
94			397977	40420	2.92	1.05	0.30	5.93
3249	76952	15566	1378174	944247	15.68	3.34	4.78	10.76
3037	72883	18139	1332909	583526	11.36	2.20	1.79	10.24
87	927	173	147295	121918	3.46	1.68	0.50	2.70
25	7875	2838	137681	67222	4.72	1.83	0.65	5.55
80	45355	9664	534421	91947	3.60	1.72	0.57	3.05

2013年各地区地市级

地　区	机构数（个）	从业人员（人）	专业技术人才	正高级职称	副高级职称	中级职称	安全保卫人员	登记注册志愿者（人）
全　国	**1444**	**40402**	**14154**	**648**	**1957**	**6046**	**6830**	**32798**
北　京								
天　津								
河　北	51	3140	791	40	148	324	401	265
山　西	63	1793	650	22	79	276	425	130
内蒙古	27	763	479	18	83	201	103	779
辽　宁	48	2181	826	48	154	419	293	271
吉　林	32	725	325	29	74	114	123	513
黑龙江	52	747	392	27	56	177	141	124
上　海								
江　苏	153	3543	1417	92	185	633	599	4310
浙　江	81	2967	848	68	115	336	404	4603
安　徽	57	1067	374	10	46	147	274	278
福　建	33	652	290	18	36	107	160	457
江　西	62	1214	511	33	61	160	183	7085
山　东	79	3408	1314	56	197	541	361	1066
河　南	117	3913	1393	42	186	622	650	1845
湖　北	48	1304	670	29	91	378	227	251
湖　南	42	859	265	8	42	135	160	306
广　东	80	1996	885	31	100	393	325	7928
广　西	63	981	392	15	36	143	258	187
海　南	10	123	45		1	3	46	
重　庆								
四　川	65	3411	630	34	74	268	589	857
贵　州	22	555	82	2	12	33	103	54
云　南	37	529	397	7	68	168	66	197
西　藏	39	24					1	
陕　西	80	2282	648	15	71	281	494	841
甘　肃	45	1137	332	3	24	114	270	297
青　海	19	132	27		4	16	8	9
宁　夏	9	208	40		4	9	17	32
新　疆	30	748	131	1	10	48	149	113

文物业基本情况

文物藏品（件/套）				在藏品数中（件/套）			本年修复藏品数（件/套）	
	一级品	二级品	三级品	本年新增藏品数（件/套）	本年从有关部门接收文物数（件/套）	本年藏品征集数（件/套）		一级品
8583810	**25736**	**75403**	**635507**	**231932**	**31673**	**97894**	**21225**	**45**
74626	339	6955	14242	2675	404	528	140	
131870	479	1271	6683	411	3	384	204	
242450	860	2147	3585	1934	9	1880	299	1
251657	692	7015	65889	6353	26	5171	273	
134627	199	1700	2984	13988	12407	1581	128	
144379	65	325	3879	2751	367	2213	689	
1798287	2250	6682	92545	19640	86	5016	1377	
267521	791	2751	15848	6952	74	2190	761	1
224617	381	1018	20196	1418	211	689	1066	1
149429	317	616	14566	8906	2008	6886	131	
182627	602	1750	8649	2457	10	2059	144	3
644564	7401	5976	27020	18644	782	1230	516	4
1114662	1260	8823	158075	86143	11452	39686	4181	3
637718	1205	3619	40116	2828	62	1385	5123	10
220315	1654	3115	17534	1965	16	1566	1272	3
948669	837	6795	35849	8528	720	5030	1140	
167469	66	1650	32634	10372	848	3048	138	
2908	10	27	112	451		451		
523183	3595	4878	26403	14426	7	13474	327	6
29263	75	508	696	442	305	96	11	
105056	115	187	1602	2580	66	1021	420	
1470								
289992	1665	5109	37742	1956	308	787	1748	
151555	602	1624	6285	1994	1502	317	29	
41783	37	172	185	500		500	60	13
23801	44	220	639	12685		76		
79312	195	470	1549	933		630	1048	

续表 1

地　区	二级品	三级品	基本陈列(个)	临时展览(个)	参观人次(万人次)	未成年人参观人次(万人次)	门票销售总额(千元)	本年收入合计(千元)
全　国	**995**	**2716**	**2067**	**3222**	**26229.03**	**6297.76**	**2194041**	**10887335**
北　京								
天　津								
河　北			51	110	1007.05	299.15	134033	573607
山　西			21	24	440.42	58.39	147120	748834
内蒙古	2		53	58	392.82	115.55	3584	269153
辽　宁	17	84	103	100	948.84	158.23	110955	385848
吉　林		12	32	104	352.04	158.93	33300	166706
黑龙江	1	108	56	78	528.49	152.26		173509
上　海								
江　苏	218	134	299	475	3998.09	815.28	25898	1120839
浙　江	9	68	111	318	2635.25	479.41	228832	1187410
安　徽	3	92	116	160	823.87	254.10	392	121171
福　建		9	47	106	727.28	296.44	30	184803
江　西		86	101	89	862.21	403.43	37631	129622
山　东	238	41	191	291	1934.39	475.80	655495	632280
河　南	231	545	138	215	2075.26	508.46	275166	819573
湖　北	197	1007	80	120	905.80	206.29	1667	256625
湖　南	33	67	64	72	778.90	312.56	1508	173570
广　东	4	103	165	412	2501.96	406.22	42731	687509
广　西	1	90	75	67	578.53	165.12	2154	241847
海　南			7	3	127.87	13.10	76	35768
重　庆								
四　川	33	120	65	130	1590.11	346.94	337567	1051602
贵　州	2	5	14	18	401.06	47.56	50	81754
云　南	1	4	86	86	486.28	173.20		145981
西　藏								14242
陕　西		131	72	70	1140.09	144.64	74050	1008588
甘　肃	1	3	61	67	597.10	190.34	59638	373165
青　海	3	7	8	4	25.91	5.91		34500
宁　夏			10	3	99.97	15.67	21918	55009
新　疆	1		41	42	269.45	94.81	246	213820

财政补助收入	事业收入	上级补助收入	附属单位上缴收入	经营收入	其他收入	本年支出合计(千元)	基本支出	项目支出
8133938	**1210455**	**417485**	**2481**	**181353**	**941623**	**9883977**	**3854464**	**5229940**
319749	190684			850	62324	514712	339212	157610
494082	73610	105231		4280	71631	591153	178832	388978
261839	2503	2454		622	1735	236828	111195	80551
371121	5845	5517			3365	356161	216713	134599
120914	34335	5286			6171	148894	88999	58218
160185	3600	808		2080	6836	144440	77122	59104
854807	29338	33841	1116	5591	196146	1056111	381723	498349
767923	296746	22951	320	8106	91364	1173739	454557	616343
104104	8068	3865		1485	3649	136622	56146	70677
158055	4137	9972			12639	151210	35870	105069
109883	4482	5265		846	9146	134453	76830	50241
461521	14452	6166		129350	20791	494551	285768	154918
576470	181009	21380	945	13336	26433	771799	308045	438722
190560	20496	30543			15026	240313	90258	143937
123974	1677	43330			4589	147309	77089	63666
572028	57018	6424		2989	49050	690955	235117	280291
154745	1210	55798		50	30044	176315	59899	111302
31276	2906				1586	29674	8257	21265
779408	133590	2386		1437	134781	962775	218611	713470
52380		26651		80	2643	63586	31193	26474
137251		1766		300	6664	116372	39888	70686
14242						13896	186	12
792503	81116	19422		9910	105637	984734	315301	620689
319310	50381	745		41	2688	285318	84972	188249
22893	857	3214			7536	24680	9249	15301
54853		10			146	45769	17457	26576
127862	12395	4460	100		69003	191608	55975	134643

续表 2

地区	经营支出	在支出合计中：工资福利支出	商品和服务支出	差旅费	劳务费	福利费	各种税金支出	对个人和家庭补助支出
全国	**61653**	**1969206**	**3372192**	**76798**	**355306**	**30678**	**33180**	**529532**
北京								
天津								
河北	850	180238	145882	1308	23023	1744	1508	35562
山西	3663	99798	186107	14094	21465	1360	659	15485
内蒙古	159	51255	86643	4096	8517	1134	162	14538
辽宁		116219	130013	1618	21540	232	81	47617
吉林		35699	66636	1222	4530	35	464	14213
黑龙江	963	29515	20467	875	1155	262		6169
上海								
江苏	4305	208166	301156	5457	30660	1962	2380	60213
浙江	7048	185147	514515	4958	42651	6096	9710	69662
安徽	2387	39543	25517	1082	1669	383	33	7514
福建		25370	42357	1359	4490	184	50	9117
江西	1033	37065	46951	2109	2037	1503	100	14908
山东	14639	120289	154642	2139	4336	653	930	28530
河南	8646	143286	258924	4782	78777	2510	5638	32983
湖北		55365	88255	2432	9693	3048	94	16715
湖南		39439	51387	1640	7297	433	86	11284
广东	1723	151485	153755	3816	15093	2047	662	53596
广西	916	35925	43512	1190	2497	108	15	8714
海南		7555	8964	206	515	2		680
重庆								
四川	5587	163329	465275	6897	27265	1744	7170	36678
贵州	80	11007	19385	435	1989	87		5063
云南	194	27277	42538	2084	5251	157	122	5770
西藏		1135	424	156				128
陕西	8300	117277	360175	8785	20061	2889	1472	17966
甘肃	230	38899	60901	1090	8714	1653	1841	6615
青海		5405	5864	265	291	1		2085
宁夏		12418	16436	682	648	1		1544
新疆	930	31100	75511	2021	11142	450	3	6183

抚恤金和生活补助	其他资本性支出	各种设备购置费	资产总计(千元)	固定资产原值	实际使用房屋建筑面积(万平方米)	展览用房	库房	实际拥有产权面积(万平方米)
21144	**1179713**	**127208**	**22525943**	**13465675**	**746.38**	**295.34**	**50.02**	**509.88**
2022	28551	5301	817938	610768	27.21	12.40	1.09	11.55
142	149486	17733	521893	188337	21.47	9.03	1.42	38.63
188	13280	5815	401612	310753	25.99	9.90	2.06	9.79
746	11612	6589	548433	426446	26.32	14.32	1.45	5.58
144	17170	4188	215462	121451	10.15	7.27	0.50	8.48
229	15892	1842	301401	255031	25.09	12.21	0.98	10.56
1266	199223	11185	4341959	3330518	91.54	43.89	6.63	54.20
1286	34214	5255	2378470	1522943	49.03	18.37	2.66	20.40
354	7793	2573	550158	315291	19.15	10.12	1.81	27.56
258	48105	2467	275859	149059	17.36	7.69	1.25	6.46
1802	18970	1811	212582	133445	19.44	10.27	1.46	12.32
1579	14518	6193	2137133	1065523	50.33	18.54	2.43	43.34
2133	201481	7255	1909014	603966	120.07	24.46	7.58	38.58
1800	12677	2977	323851	256054	21.05	9.36	2.78	15.70
1275	9449	4300	406943	279067	16.70	6.09	2.43	8.37
970	56650	8591	1170611	895437	58.10	22.48	3.86	100.56
437	16036	3140	502972	417906	18.65	8.12	1.59	3.74
	2661	107	94083	65266	1.03	0.29	0.02	0.68
1991	119553	7636	2493682	968195	38.08	13.76	2.57	22.58
251	4201	1397	540379	512140	5.55	1.97	0.24	0.90
21	32231	2636	222143	191895	15.67	7.70	1.11	13.63
			7193	7193	2.02			2.02
968	59864	7053	1103984	281597	35.35	12.87	2.52	40.96
407	52797	3738	453931	296700	12.59	6.70	0.55	9.13
506	7628	265	13391	10748	1.73	0.99	0.17	0.31
	12158		16534	15038	3.40	1.58	0.09	1.03
369	33513	7161	564332	234908	13.32	4.94	0.80	2.84

2013年各地区县级

地区	机构数(个)	从业人员(人)						登记注册志愿者(人)
			专业技术人才	正高级职称	副高级职称	中级职称	安全保卫人员	
全　国	**5984**	**75192**	**18811**	**438**	**1415**	**7020**	**13677**	**34345**
北　京	64	3416	280	1	11	103	383	369
天　津	20	226	130		12	40	55	
河　北	233	4596	828	13	70	336	666	62
山　西	257	3646	692	2	22	267	660	123
内蒙古	138	1182	621	4	42	290	182	1768
辽　宁	90	1324	530	2	31	277	235	67
吉　林	92	656	363	2	42	143	112	60
黑龙江	184	1397	692	20	67	270	315	1696
上　海	101	2636	1171	24	95	403	455	3687
江　苏	249	2446	741	40	67	253	603	1037
浙　江	255	3047	907	35	115	355	638	842
安　徽	192	1753	654	22	47	230	439	311
福　建	109	861	331	21	44	132	204	415
江　西	164	1813	486	6	33	167	337	8346
山　东	298	5995	2012	60	198	832	984	1506
河　南	393	7042	839	4	36	286	1100	872
湖　北	235	2792	1109	26	82	539	572	681
湖　南	195	2509	502	2	31	179	361	184
广　东	183	1942	637	16	28	150	454	1763
广　西	117	795	322	2	13	102	168	144
海　南	23	118	33			4	27	20
重　庆	95	1571	509	19	53	148	368	1834
四　川	326	3931	1114	42	73	391	818	2221
贵　州	166	1318	397		12	76	225	188
云　南	173	981	647	5	60	293	206	4579
西　藏	631	5341	7		2	1	734	
陕　西	505	7964	1491	67	101	518	1589	1386
甘　肃	251	2613	485	1	14	136	526	92
青　海	81	366	59		2	33	25	7
宁　夏	22	163	107		8	39	34	45
新　疆	142	752	115	2	4	27	202	40

文物业基本情况

文物藏品(件/套)	一级品	二级品	三级品	在藏品数中(件/套)			本年修复藏品数(件/套)	
				本年新增藏品数(件/套)	本年从有关部门接收文物数(件/套)	本年藏品征集数(件/套)		一级品
11937748	**21064**	**74018**	**465947**	**306454**	**79765**	**167685**	**21295**	**208**
56511	245	575	2504	624	1	578		
23376		8	76	12				
200028	453	2185	12136	6847	78	611	479	
405426	1191	5497	13940	467	86	169	100	
147445	636	2334	5658	3972	1028	1816	419	1
167929	377	1616	17603	2828	40	2614	979	14
110072	80	326	1779	21130	3487	5269	145	
167488	529	1446	5952	8753	293	5050	781	5
1019626	1035	6278	39228	20114	214	16267	41	
268249	657	1658	9668	4460	513	2414	585	
594254	1345	3381	23058	11652	178	8008	626	3
223379	901	1663	21964	4175	2181	988	495	15
185592	153	1726	37404	3122	2021	1001	165	
237038	708	2930	22690	1412	269	321	2568	9
861184	1817	5469	21952	7845	1778	4455	2946	26
513538	520	4998	79536	32149	15167	5416	489	2
783673	487	1774	10619	2311	409	327	909	3
241879	1016	2264	12236	1567		1175	736	
354481	133	4000	20192	3732	618	1218	203	
142568	83	1125	10350	5233	343	4595	154	
15163	22	88	429	106		103	63	1
395133	256	656	7790	3250	107	1691	1155	
2709650	1987	4791	39249	80063	261	77289	4094	
61945	259	749	903	870	27	698	87	1
936108	498	836	2253	3253	284	1985	942	4
84543	1584	5086	1563	180		180	2	1
636442	2791	5669	26878	67289	48927	17593	1854	123
267380	1084	4035	15326	3684	512	2649	256	
64672	104	165	430	84	10	45		
25588	43	523	1640	1825		1599		
37388	70	167	941	3445	933	1561	22	

续表 1

地区	二级品	三级品	基本陈列(个)	临时展览(个)	参观人次(万人次)	未成年人参观人次(万人次)	门票销售总额(千元)	本年收入合计(千元)
全　国	**723**	**5020**	**5873**	**5351**	**38311.10**	**11305.42**	**2151727**	**13728075**
北　京			40	61	1443.55	268.82	413668	1530289
天　津			31	9	110.83	18.23	6491	48453
河　北	39	162	139	169	1801.53	633.19	151859	552842
山　西	42	2	81	56	1205.21	264.51	166315	611722
内蒙古	5	84	192	64	451.04	127.32	2407	167595
辽　宁	13	43	98	35	421.05	101.07	9080	225843
吉　林		19	71	127	304.88	111.24	4893	110374
黑龙江	28	122	219	196	979.50	316.59	312	225062
上　海		10	229	360	1392.04	436.53	142725	909671
江　苏	13	221	396	477	1947.97	599.69	14148	327685
浙　江	9	122	333	701	1842.72	465.62	30153	609505
安　徽	11	92	278	190	1284.92	483.63	3457	196913
福　建		60	190	207	1093.88	293.33	380	373666
江　西	302	2250	178	121	1275.83	502.37	16746	206905
山　东	6	386	559	408	3692.79	1063.46	454147	1369789
河　南	15	284	286	233	2722.30	842.26	72675	549590
湖　北	110	313	349	237	1371.85	547.28	18420	334643
湖　南		8	150	145	2251.68	873.51	153610	486642
广　东		9	262	364	1245.25	386.03	41226	345809
广　西	1		115	70	595.28	172.62	400	203838
海　南			17	26	146.30	59.31	972	34396
重　庆	3	135	175	102	1123.73	284.11	174710	330532
四　川	8	135	321	188	3690.45	835.74	33646	510538
贵　州		6	114	83	940.80	222.50	8833	1642512
云　南	10	45	172	91	1030.08	288.92	483	152362
西　藏		1	111	1	109.98	6.59	25026	70206
陕　西	108	508	366	342	2152.99	545.94	188601	936090
甘　肃		3	265	218	1257.42	431.48	9627	458651
青　海			19	10	13.48	4.72		31760
宁　夏			20	4	93.44	31.05	1919	24645
新　疆			97	56	318.37	87.77	4798	149547

财政补助收入	事业收入	上级补助收入	附属单位上缴收入	经营收入	其他收入	本年支出合计(千元)	基本支出	项目支出
9533472	**1697680**	**861364**	**2436**	**651694**	**981429**	**13029218**	**5643122**	**5381319**
1072683	181797	5763	119	262494	7433	1464729	419815	789343
42306	2410			2178	1559	49357	30843	16381
456570	76175	8708		6999	4390	568975	355579	203627
320076	68062	39007	130	28071	156376	480696	194140	216097
163128	2211	1950	30		276	162066	116382	37043
209927	6853	379		6937	1747	224004	78079	108418
107639		1197		393	1145	108671	33603	72376
90118	7573	34293		90250	2828	163107	67113	51483
657537	146620	33048	25	20394	52047	850463	452203	361203
265733	21452	10491		13209	16800	365697	195726	129473
521839	11298	17665		27570	31133	584667	213339	337922
122655	1986	49035	908	4167	18162	201217	96942	79503
298214	3689	24195	100	392	47076	518103	65942	240263
136196	3773	32521	26	2621	31768	198349	88924	56456
759229	161561	82895		85142	280962	1302233	425230	457223
433933	59696	14843		1512	39606	622346	280728	165124
225010	9705	73758	500	13957	11713	316939	112786	182070
408560	17539	37182		783	22578	474407	199530	267282
306069	19209	12885	180	3673	3793	340399	144866	176063
99321	1253	22778		230	80256	89021	52805	31380
30303	1007	1450		1248	388	18365	4583	11473
227715	2281	65245	2	17678	17611	512668	90349	404151
481857	8732	12986	270	1431	5262	522316	258195	237933
755381	714887	153469		225	18550	1202451	871437	100820
127804	2148	17711		460	4239	126604	55089	62841
35627	9382	50		8470	16677	56810	39513	8575
579167	141229	80195	131	47955	87413	951358	482806	294958
430971	14541	9792		1735	1612	360792	127207	204520
30987		258			515	30629	16971	4755
22117	96	870		1520	42	27240	12830	9949
114800	515	16745	15		17472	134539	59567	62614

续表 2

地区	经营支出	在支出合计中：						
		工资福利支出	商品和服务支出					对个人和家庭补助支出
				差旅费	劳务费	福利费	各种税金支出	
全　国	**497942**	**2661085**	**3456970**	**78279**	**212614**	**90476**	**95919**	**454575**
北　京	144883	251967	461557	1497	3011	11232	665	35834
天　津	2133	12102	13215	100	1540	188	460	10455
河　北	6327	130443	107434	2435	9644	1821	704	10665
山　西	26540	121847	115478	2903	3942	1464	4876	8953
内蒙古		57803	28037	1566	1922	264	133	5402
辽　宁	2651	46066	43336	744	5266	404	313	9407
吉　林	393	23572	71100	683	491	36		3652
黑龙江	1551	42885	22393	2246	1820	429	17	3355
上　海	27421	203996	295785	2635	6495	5023	2303	25877
江　苏	19128	114781	104394	2854	4814	3472	606	18814
浙　江	9503	138657	255494	4087	19462	4635	960	25595
安　徽	10335	50336	33443	2516	3424	1263	580	8857
福　建	159	35539	260130	1461	5921	171	472	5629
江　西	11976	43121	36835	2224	6543	1929	464	12570
山　东	143158	225144	240760	4896	20581	2690	34755	16107
河　南	7436	157218	140795	5603	17236	23987	1562	10270
湖　北	7529	75856	58391	3695	5571	2501	1015	11011
湖　南	2109	83336	202813	5625	13076	2876	716	9312
广　东	7267	88033	91435	1780	8758	1383	509	17220
广　西	429	25231	21158	1477	587	107		5292
海　南	302	3858	2189	266	162	104	118	258
重　庆	6131	61154	322482	3457	8227	1778	335	12038
四　川	2130	136019	182781	6477	20732	1917	39450	20023
贵　州	215	42031	74116	3267	10599	12940	84	128179
云　南	678	35079	32658	732	3539	201	18	4301
西　藏	2830	37942	467	132	12		8	252
陕　西	52198	305875	141331	7676	16692	6992	3485	23337
甘　肃	958	69597	58281	3252	7940	480	1125	5941
青　海	42	8903	13263	338	179	3	20	760
宁　夏	1520	10354	3919	447	1302	32	5	1565
新　疆	10	22340	21500	1208	3126	154	161	3644

抚恤金和生活补助	其他资本性支出	各种设备购置费	资产总计(千元)	固定资产原值	实际使用房屋建筑面积(万平方米)	展览用房	库房	实际拥有产权面积(万平方米)
19035	**1065480**	**95030**	**28843034**	**17834720**	**1056.99**	**524.03**	**72.71**	**1047.09**
1459	175425	6446	1487077	316800	15.51	4.51	0.39	9.86
	1364	142	36521	23258	3.98	3.18	0.07	0.03
1001	93779	4438	924759	407255	35.00	13.00	1.78	34.99
487	34594	2749	632728	252304	29.20	9.36	2.05	31.57
136	18439	799	341661	327147	27.33	15.90	1.36	11.68
579	3513	1654	308242	250913	15.61	8.70	0.89	98.97
33	2315	962	83507	72220	8.09	5.20	0.47	1.90
219	6214	2374	937752	810147	27.00	18.61	1.71	16.08
918	43158	9967	5403819	3303314	55.91	24.41	2.93	29.25
384	17438	5221	1776677	1416065	85.98	46.63	5.87	79.90
707	34742	4366	1278300	783036	57.34	26.86	4.81	31.39
431	11083	3103	779316	572583	30.01	15.99	2.02	20.16
163	125284	1068	300383	116032	24.28	11.21	1.41	29.70
1548	28503	1379	373694	269765	27.57	14.81	2.81	46.42
939	10258	3404	3660438	1801900	99.19	57.18	8.59	130.94
1796	32757	6700	869360	512147	54.06	24.83	4.34	42.63
741	16538	5631	843025	655568	86.00	56.33	3.25	41.55
829	101768	4669	724557	359120	30.07	11.56	1.40	35.79
216	68112	3571	676878	519557	48.34	19.50	2.30	35.12
464	7350	855	165463	142971	15.99	8.95	1.21	8.80
15	801	138	25743	23434	1.68	0.50	0.08	4.65
518	34436	3731	1046712	537476	36.16	17.32	3.69	27.85
748	42100	4057	1821781	1199158	73.09	37.01	6.70	89.75
312	14263	1854	650993	422856	22.40	9.51	0.89	34.92
187	8824	1487	376368	269754	21.48	10.93	1.19	14.67
	18	417	20354	44147	13.74	0.96	2.97	1.44
3006	88922	8801	1986984	1429507	62.63	24.64	4.17	89.33
589	29042	3953	979366	746836	29.79	15.16	2.38	34.18
362	2135		40826	22671	0.94	0.38	0.08	0.67
101	3620	315	43121	41383	4.07	2.13	0.18	8.94
147	8685	779	246629	185396	14.57	8.78	0.74	3.94

2013年各地区文物

地区	机构数（个）	从业人员（人）	专业技术人才	高级职称	副高级职称	中级职称	安全保卫人员	登记注册志愿者人数	藏品数（件/套）
全国	**2809**	**35334**	**8465**	**155**	**779**	**3376**	**4343**	**4168**	**1906829**
北京	26	2855	206		7	90	337	125	33398
天津	8	112	85	1	14	18	13		3702
河北	165	4291	875	26	126	385	524	37	104370
山西	141	2038	599	3	32	186	464	160	166097
内蒙古	89	635	392	9	41	184	22	11	45506
辽宁	61	1223	388	1	41	179	116	5	35923
吉林	49	172	107	5	16	48	1	1	5036
黑龙江	87	273	193	18	28	90	31	21	18758
上海	7	117	81		2	21	10	356	6700
江苏	56	375	158	4	10	53	31	11	29692
浙江	96	1714	540	43	77	212	128	276	60495
安徽	92	466	258	3	22	97	61	118	43180
福建	40	112	56	5	6	15	9	62	3956
江西	66	292	99	1	9	40	51		29112
山东	115	3484	1004	7	117	427	195	14	202939
河南	125	2456	560	9	46	211	289	549	241499
湖北	47	682	250	2	14	162	97	12	28327
湖南	80	712	141		8	53	69	15	132877
广东	35	321	94	1	1	24	39	76	38139
广西	63	267	151		6	44	67	6	25463
海南	10	144	44		1	2	42		168
重庆	25	211	70		7	28	43	1129	62764
四川	171	1944	481	10	45	152	155	881	211468
贵州	74	379	182		5	39	26	21	15474
云南	120	623	487	1	50	224	57	10	72300
西藏	561	5442	36	2	2	17	782		161956
陕西	210	2859	621	3	26	285	477	225	86663
甘肃	56	599	143	1	6	31	147		1860
青海	29	54	24		3	16	6	1	2476
宁夏	22	297	97		11	36	36	45	33829
新疆	83	185	43			7	18	1	2702

保护管理机构基本情况

			在藏品数中(件/套)			本年修复文物数(件/套)			
一级品	二级品	三级品	本年新增藏品	本年从有关部门接收文物数	本年藏品征集数		一级品	二级品	三级品
8457	**24397**	**135178**	**53521**	**14144**	**8425**	**5114**	**35**	**132**	**1586**
214	517	1541	62		20				
	2	57							
227	1541	9404	5611	78	96	130			
500	766	3471	256	86	29	120			
125	384	1186	1525	284	810	123	1	3	44
108	652	9427	2140	40	1986	66	2	5	20
11	30	200	23			80			3
41	289	428	2384	25	1858	90	1	10	14
111	51	422	158		158				
78	230	914	56						
216	539	4210	999	175	141	380			
259	450	11229	1870	1236	50	99	1	3	40
4	7	391							
77	221	3503	268	7	188	9		6	3
455	2867	7731	136	2	70	49			8
434	2550	30292	20224	11989	205	56			
93	320	2030	59		18	165		48	97
1523	437	4602	74		45	385			
4	86	2911	43		43	20			
20	358	3055	181	1	42				
3		1	50		50	63	1		
50	207	1975	212	43	42	4			
1448	3656	22703	942	38	99	735	5	27	84
69	214	376	150		92	13			
175	492	1327	1223	17	452	832	4	10	44
1865	5891	3552				1278	1		967
223	852	5897	491	123	301	417	19	20	262
32	64	108	8						
22	47	50	1		1				
65	667	2152	14310		1629				
5	10	33	65						

续表 1

地 区	基本陈列(个)	举办展览(个)	参观人次(万人次)	未成年人参观人次	门票销售总额(千元)	本年完成科研成果		
						省部级及以上科研课题数(个)	专利(个)	专著或图录(册)
全 国	**732**	**449**	**10710.89**	**2011.08**	**2837666**	**24**		**58**
北 京	20	27	1259.33	224.10	408722	2		6
天 津	3	2	15.05	7.20	1834			
河 北	34	9	778.82	156.69	275493			4
山 西	4	5	741.22	148.97	75796			1
内蒙古	43	16	103.76	31.30	2545	1		
辽 宁	19	9	232.68	35.04	29031			2
吉 林						1		2
黑龙江	22	23	46.62	18.65				
上 海	7	9	40.74	9.93	137			
江 苏	18	17	151.64	11.95	2311	2		2
浙 江	68	52	1151.04	127.05	243219	1		3
安 徽	32	26	161.09	60.31	2900			
福 建	5	5	19.24	7.07	410			1
江 西	22	16	101.32	53.54	2275			
山 东	23	15	1398.78	174.55	911663	1		
河 南	11	4	856.96	147.48	284046			
湖 北	18	16	153.26	34.01	15752			
湖 南	36	21	314.14	119.64	130530			
广 东	40	33	280.31	41.60	21891			
广 西	17	22	127.53	31.29	1709			
海 南	6	2	89.81	15.75	1048			
重 庆	9	7	49.82	12.68	48120			2
四 川	47	44	548.12	83.89	170935	4		11
贵 州	18	5	127.00	31.57	8658	10		2
云 南	52	37	368.93	118.80	271	2		6
西 藏	110		160.00	6.59	30219			10
陕 西	27	18	1093.77	228.12	86980			4
甘 肃	6	4	185.52	45.21	52736			1
青 海	3		8.00	1.05				
宁 夏	9	5	134.53	24.64	23837			1
新 疆	3		11.90	2.42	4598			

论文数（篇）	古建维修、考古发掘报告（册）	获国家奖（个）	获省、部奖（个）	本年收入合计（千元）	财政补助收入	事业收入	上级补助收入	附属单位上缴收入	经营收入
301	**55**	**3**	**16**	**8195571**	**4901103**	**2114786**	**528320**	**2647**	**366947**
12				959841	515629	171308	4776	119	262494
				31429	26796	2221	664	206	1534
15			1	542958	281144	240385	160		5346
4				373297	168670	66907	85412	130	27870
7				143568	141112	165	2210		
6	1		1	147291	125759	7996	5896		6937
4	1		2	16719	16531		80		
14				85117	76314		6063		
				40931	27894	299	132		
14				146554	128143	6608	3830	1116	1200
32	8	1	1	736689	417402	285551	14139		7226
13				85754	60834	5388	15813		2900
3				32956	24741	267	5651		378
20				40001	27269	2063	10326		
4				505250	297800	167085	25212		8829
17	2			355460	245333	74579	10089	945	8982
	2			163511	93058	7358	51850		8877
4	4			281593	198847	16916	56726		665
			2	64079	39270	18863	2897		636
2	1			75154	33998	1390	5248		
				26035	19232	3913			1248
24	1		1	44647	37641	203	6516		
44	23	2	8	483957	476174	1812	3122		
11	6			1468546	616916	713337	137452		80
20	5			124546	106132	78	14033		70
4				316782	62211	165080	250		8470
10				527666	337789	95380	47479	131	10030
8				272958	208175	58681	3800		1655
				7161	5845	857	258		
9	1			68990	66894	96	295		1520
				26131	17550		7941		

续表 2

地　区	其他收入	本年支出合计(千元)	基本支出	项目支出				
					文物本体保护	藏品技术保护	展示利用保护	保护管理体系
全　国	**281768**	**7054111**	**3483333**	**2775286**	**748013**	**11675**	**216407**	**50569**
北　京	5515	911306	351814	351058	87541	189	27359	1953
天　津	8	29881	15209	13183				
河　北	15923	520028	420855	92083	36064	30	358	842
山　西	24308	300697	130296	133701	11219		25845	548
内蒙古	81	149197	74291	67299	15077	20	360	340
辽　宁	703	148834	108432	29471	5621		900	646
吉　林	108	16954	11901	4005	2394	5		
黑龙江	2740	21189	17037	3788	879		345	
上　海	12606	40461	16773	23578	20	20	96	57
江　苏	5657	140698	42020	92799	62652			6583
浙　江	12371	705802	363219	307387	53569	495	2993	9255
安　徽	819	72179	31143	36434	13145	150	5006	2379
福　建	1919	23079	11564	10465	5529	2	200	400
江　西	343	44332	21001	15712	3614	127	3423	2659
山　东	6324	478646	233750	121285	17094		152	373
河　南	15532	307664	119862	164526	39893	202	26829	2460
湖　北	2368	126836	35551	86691	12792	50	1759	296
湖　南	8439	255503	59283	193968	43023	4	99372	3500
广　东	2413	70578	34870	28460	753	1057	832	700
广　西	34518	43683	14637	28479	5149	91	48	311
海　南	1642	19631	7058	10542	2553			
重　庆	287	47260	10133	35448	13287	9	80	1102
四　川	2849	510869	90045	415621	36661	1231	1477	840
贵　州	761	1054223	827899	17484	6278	70	1353	8
云　南	4233	99527	44961	50514	4833	190	160	1477
西　藏	80771	139952	85676	32463	16019	7553		
陕　西	36857	519651	213963	253602	156153	180	12112	9203
甘　肃	647	167946	50731	116629	94045		4798	2100
青　海	201	7076	3830	2734				
宁　夏	185	58783	26038	28285	880		550	
新　疆	640	21646	9491	7592	1276			2537

本年支出合计(千元)									
经营支出	在支出合计中:								
	工资福利支出	商品和服务支出	差旅费	劳务费	福利费	各种税金支出	对个人和家庭补助支出	抚恤金和生活补贴	其他资本性支出
335183	**1405524**	**1902021**	**28380**	**122658**	**43337**	**38960**	**368564**	**9225**	**505765**
144883	209061	385877	814	896	11064	510	24910	1450	106957
1489	6281	4671	153	791	15	17	8512		467
4943	170125	87262	1230	14534	2036	1808	21256	2083	79731
25261	73906	77011	1591	3625	2020	1825	6104	101	7484
	34837	41520	1146	1612	131	133	6031	122	14087
2651	59742	42349	605	4132	476	386	22535	437	3474
	6765	4879	137	415			2362	7	327
	10494	5163	270	281	5		2670	6	1800
	11631	22778	155	264	278	2	889	64	2052
600	26426	83082	490	3420	407		8328	265	1229
5641	134697	249449	2796	31172	5257	8345	51156	340	8279
1900	19315	14208	838	1418	395	125	4166	171	1866
155	5895	5634	188	573	5	26	2386		37
50	10350	10172	367	502	129	7	3315	128	1818
116406	125574	145293	1438	1173	341	14254	6733	1017	2445
5982	73846	62829	1094	9306	1174	1694	9653	854	64857
4352	20578	23153	697	1322	571	75	4797	198	4094
565	21364	103299	2424	4646	1328	380	2249	151	75540
4882	15517	37366	849	3558	75	86	2300	7	764
	10491	8002	372	137	16		1342	17	477
302	6907	7928	61	258	82	96	598	13	2726
	6078	12464	344	1864	82		1675	30	3077
	93571	265606	3788	18093	858	6163	22238	394	40493
110	16013	49894	1050	7001	12551	12	126967	74	5732
70	26340	31168	950	4220	198	84	4124	131	6669
2830	40008	6794	498	63		8	5381		18
10499	119898	64689	2058	3836	2307	888	10866	905	31734
40	21397	23985	735	1444	1462	1992	1290	139	21335
42	3122	1162	106	76		39	159		411
1520	18763	18554	999	1342	33	5	2708	80	14958
10	6532	5780	137	684	41		864	41	827

续表 3

地区	各种设备购置费	资产总计(千元)	固定资产原值	实际使用房屋建筑面积(万平方米)	展览用房	文物库房(含标本室)	实际拥有产权面积(万平方米)	文物保护规划和方案设计(个)
全国	**31594**	**10313553**	**4111605**	**244.63**	**70.40**	**15.13**	**313.02**	**773**
北京	6240	1104906	211992	11.13	1.77	0.11	4.30	9
天津	4	19839	4487	1.37	1.10	0.01		
河北	2250	702659	276536	10.16	3.64	1.01	5.43	41
山西	2036	348155	172810	15.26	4.50	0.89	44.29	32
内蒙古	689	82355	56020	7.53	3.51	0.58	3.58	23
辽宁	2071	122900	82297	6.63	1.58	0.33	92.78	14
吉林	323	7884	3419	0.18	0.02	0.02		11
黑龙江	480	22581	14279	1.50	0.72	0.14	0.21	10
上海	979	83515	66869	1.68	0.97	0.08	0.17	6
江苏	718	163835	74713	4.57	2.18	0.28	2.46	18
浙江	779	1265957	764426	20.46	7.25	0.66	4.93	92
安徽	400	125101	28479	4.07	1.57	0.19	0.87	15
福建		34545	6857	2.30	0.56	0.04	1.25	12
江西	678	40858	27576	3.32	2.13	0.16	0.50	47
山东	2173	1943879	635205	31.35	9.42	0.64	6.79	52
河南	1209	1185077	310039	15.22	2.87	1.71	12.32	32
湖北	769	100519	82671	12.25	1.72	0.33	1.93	10
湖南	2685	319989	94326	7.90	3.01	0.46	14.02	56
广东	564	80312	21552	5.46	1.93	0.14	0.03	9
广西	91	58342	18878	5.10	1.67	0.18	1.24	8
海南	112	69195	51857	0.89	0.33	0.01	4.25	3
重庆	596	58857	31999	4.48	1.86	0.72	1.86	30
四川	1170	1332421	505719	14.88	3.22	1.72	26.09	63
贵州	1027	55670	47349	3.77	1.86	0.20	18.03	29
云南	1059	153256	46816	7.62	2.72	0.29	11.09	97
西藏	417	131040	52355	13.01	0.93	2.97	1.33	
陕西	1209	404666	256774	23.93	4.92	0.99	42.25	22
甘肃	366	252877	131798	3.24	0.57	0.06	3.53	15
青海		4087	3535	0.71	0.67	0.02	0.67	8
宁夏	224	23990	20756	2.86	1.16	0.17	5.16	4
新疆	276	14286	9216	1.81	0.08	0.03	1.68	5

文物保护维修情况				进行考古发掘情况				主办刊物(种)	国际合作项目数(个)
国保单位保护维修项目数(个)	保护维修面积(平方米)	省保单位保护维项修目数(个)	市、县保单位保护维修项目数(个)	考古发掘面积(万平方米)	出土器物(件/套)	原址保护展示面积(万平方米)	异地保护展示面积(万平方米)		
583	**42601858**	**336**	**510**	**359**	**59462**	**20.92**	**0.094**	**30**	**4**
25	21056	5	73		829			1	
6	4200								
99	5916771	9		3	4250				1
137	380491	30	87					1	
3	733000	1	3	2	1200				
1	1	2			31	0.00			
5	788090				330				
19	164500	2	1					4	
			2					1	
8	2275235	13	9		105				
56	100303	47	157	267	2120		0.036	5	
3	10280	16	12		24	0.10			
5	503	7	13					1	
4	2561	11	13	29	10	6.00	0.032	1	
23	1495891	14	10		195	11.00	0.026	1	
39	156955	46	4	1	2152	0.04		1	
2	2	1	2						
6	2002121	11	9	4	40304	2.25		2	
2	2271	5	12						
9	9905	7	11						
2	10472								
3	3798	10	10	1	903			1	
27	65291	47	28	48	5934			4	2
11	82063	12	16					1	
17	30136	16	31	2	1035	0.50		2	
		2							
20	26581	18	7	1		0.98		4	1
42	28209247	1							
		1							
6	66431	2			40	0.05			
3	43703								

2013年各地区

地区	机构数(个)	从业人员(人)						登记注册志愿者人数	藏品数(件/套)
			专业技术人才	正高级职称	副高级职称	中级职称	安全保卫人员		
全国	**3473**	**79075**	**29918**	**1360**	**3693**	**11716**	**18791**	**73152**	**27191601**
北京	41	1101	369	13	43	150	254	386	1142291
天津	20	669	432	8	72	185	117	220	688456
河北	103	3126	900	43	127	340	661	370	271992
山西	97	2215	787	19	77	356	726	1316	598381
内蒙古	72	1412	802	24	122	353	286	2658	498069
辽宁	63	2164	1034	72	187	518	420	466	444906
吉林	73	1214	666	33	127	233	245	572	361260
黑龙江	156	2369	1193	47	172	449	481	2213	487097
上海	100	3131	1519	60	156	552	478	3692	2282961
江苏	292	5668	2071	143	259	863	1363	5722	1662661
浙江	183	3788	1374	92	203	541	955	5768	1002041
安徽	154	2500	922	35	104	316	680	996	670420
福建	98	1798	735	44	102	284	474	1667	482562
江西	137	2972	1105	49	109	376	640	15590	448996
山东	194	4748	2159	86	268	844	1201	2738	1352501
河南	222	5885	1556	43	168	635	1596	2521	964804
湖北	170	3360	1664	80	189	819	741	1249	1668740
湖南	103	2515	788	21	88	333	552	667	510258
广东	175	3396	1480	44	128	547	750	9615	996706
广西	104	1696	711	28	60	263	413	798	397058
海南	18	235	64	2	8	22	105	21	39895
重庆	71	1897	749	32	84	220	366	1649	679375
四川	188	5417	1421	71	113	542	1284	2597	3141223
贵州	75	1261	349	6	25	92	304	237	94124
云南	84	942	615	13	92	261	224	5066	1191016
西藏	2	75	39		9	13	12		63150
陕西	221	6225	1737	106	202	622	1606	2223	1174563
甘肃	143	2871	803	9	54	277	783	1042	506315
青海	22	196	128	2	24	59	56	15	183255
宁夏	11	248	149	8	16	41	54	314	74808
新疆	76	1112	286	9	29	98	352	188	154764

博物馆基本情况

在藏品数中(件/套)									
一级品	二级品	三级品	本年新增藏品	本年从有关部门接收文物数	本年藏品征集数	本年修复文物数(件/套)	一级品	二级品	三级品
85707	**721805**	**3056574**	**550277**	**113070**	**304839**	**39920**	**400**	**2177**	**8684**
457	4917	52172	737	1	574	254		11	87
1041	5357	133757	145		80	1433			28
638	7646	18468	3749	448	1056	493	4	39	162
3001	7457	72781	1545	3	1447	474	52	172	110
1922	5248	10010	4868	753	2886	1269	1	4	59
1830	12831	130391	7041	26	5799	1256	12	25	107
563	4375	18318	36534	15894	8289	200			28
1974	4156	23567	11665	635	6818	1448	6	23	278
2313	51311	190814	28546	216	24293	264			10
3891	96548	461890	23092	599	7618	1971	3	240	423
2878	11008	70042	22109	33	13980	1088	5	19	251
1873	4674	43615	4405	1156	2119	1710	19	17	238
1038	2833	93643	12810	4470	8021	314	1		86
1760	6189	39057	3727	292	2298	2800	24	343	2371
12186	12346	87283	26853	2559	6114	3723	30	244	494
1871	13528	208504	86890	14630	45731	1783	7	250	837
2638	7602	85151	25545	471	22159	3609	13	348	1423
1665	6857	50299	3691	16	2919	1714	8	52	421
1362	17270	65770	13635	1338	7404	1076		20	115
316	4880	47196	17246	1256	9356	357	13	4	94
99	341	1969	771	15	753	300			
1337	2620	24814	3999	64	2339	1221		3	135
4884	8084	89247	94250	230	90739	4044	3	36	308
737	2043	5225	1965	332	1505	119	1	2	14
945	1919	14709	4610	333	2554	1025	1	2	5
1117	15812	26800	180		180	50			
7517	14415	72303	68123	49106	17966	2788	178	187	520
2405	8374	70074	9689	5771	3040	413	4	13	40
370	782	1009	645	42	574	62	13	3	7
303	2910	5725	1794	136	1504	797	2	2	8
638	1292	3978	4381	933	2222	1508		3	6

续表 1

地　区	基本陈列(个)	举办展览(个)	参观人次(万人次)	未成年人参观人次(万人次)	门票销售总额(千元)	本年完成科研成果		
						省部级及以上科研课题数	专利	专著或图录
全　国	**7650**	**9172**	**63776.50**	**18206.25**	**2900499**	**382**	**43**	**882**
北　京	70	131	500.63	94.11	23036	17		32
天　津	60	50	546.07	170.80	6693	2		2
河　北	190	289	2479.96	900.34	10399	1	1	3
山　西	110	123	1029.90	306.86	153262	11		15
内蒙古	214	119	908.46	265.08	3446	3	1	10
辽　宁	183	126	1178.21	237.95	91004	8		4
吉　林	105	257	725.92	290.16	38193	3		9
黑龙江	284	286	1823.76	617.57	354	17		31
上　海	240	390	1767.80	513.37	146808	15	3	62
江　苏	698	960	6117.61	1464.45	99559	32	8	104
浙　江	392	1029	3789.45	1017.43	15766	47	3	97
安　徽	378	353	2037.23	738.32	949	11	10	14
福　建	243	371	2125.04	693.25		15	1	43
江　西	272	225	2656.71	1121.36	52102	23		15
山　东	729	690	4335.78	1400.50	197979	27		45
河　南	430	477	4181.12	1289.22	63795	12		32
湖　北	426	370	2357.62	766.67	4335	14	2	33
湖　南	188	211	2836.35	1089.81	24741	32		18
广　东	394	769	3598.92	782.25	62066			33
广　西	179	171	1253.16	338.20	750	6	1	22
海　南	28	59	274.36	90.47				4
重　庆	184	129	1916.12	531.91	130107	14	1	17
四　川	349	289	4834.45	1147.76	200278	24	1	23
贵　州	111	101	1264.86	254.49	225	2		5
云　南	208	157	1238.43	412.32	212	2		9
西　藏	7	13	34.49	1.51				
陕　西	425	422	2874.82	532.44	754367	14	6	73
甘　肃	327	289	1766.90	597.08	20769	2	2	6
青　海	30	34	54.41	12.40		1		1
宁　夏	28	31	110.67	35.68		4		6
新　疆	138	118	635.54	208.69	446			7

论文数	古建维修、考古发掘报告	获国家奖	获省、部奖	本年收入合计(千元)	财政补助收入	事业收入	上级补助收入	附属单位上缴收入	经营收入
5167	**192**	**67**	**179**	**17557386**	**14027807**	**1301317**	**721250**	**2476**	**506959**
131				694149	567927	36276	987		
14				271056	236281	23896	841		644
67				418138	352144	26314	8548		2563
10	2			421367	258398	78393	33439		2690
68	6	2	1	339107	324122	8655	3189	30	622
34	3			495540	489116	6024			
85		1	1	251443	202032	36319	6403		393
76	1	6	10	404985	259906	11411	29038		97701
314		5	8	1280900	972372	177587	42254	25	20394
598	72	15	24	1397762	1173206	110346	40502		24947
253	1	9	3	805291	684255	31206	26107	320	28450
78	2	9	13	289262	214141	14200	37540	908	2752
156	11	3	3	426107	330612	11312	32094	100	14
120	5		6	396285	327218	3343	26600	26	9253
368	5	1	21	986303	582060	9497	63649		205313
328	2	1	18	569934	437435	87439	11691		9456
220	26	3	9	557193	439538	36553	50357	500	9109
291			25	730207	692450	2463	23786		2917
207	5		1	948540	866061	47624	15330	180	13087
151	5	1	2	394627	232125	4066	73232		280
35	1		1	48620	46078		1450		
181	13	1	5	523083	407323	22759	60315	2	17678
161	16	1	10	1087161	795284	143781	12250	270	2868
39	5		1	166226	112115	1550	42668		225
67	2		1	274824	257824	2183	5444		912
				23144	23144				
336	3	5	12	1047578	795820	119286	49351		41015
106	1	2	1	482121	459323	13772	6737		121
9	5			38098	32286	949	3214		
30			1	50064	47988		970		677
45				259443	207969	13930	13264	115	

续表 2

地区	其他收入	本年支出合计(千元)	基本支出	项目支出				
					文物本体保护	藏品技术保护	展示利用保护	保护管理体系
全　国	**997577**	**17068968**	**6765790**	**9081530**	**767448**	**345086**	**1160675**	**121019**
北　京	88959	561155	190589	368830	1231	1119	33222	764
天　津	9394	463340	125861	336835	1572	877	97578	569
河　北	28569	409763	299191	107025	2896	18067	17846	159
山　西	48447	351937	124773	194311	2988	36855	17212	1070
内蒙古	2489	304386	170086	88897	19994	6539	2936	809
辽　宁	400	446709	207233	215027	17738	2998	79414	760
吉　林	6296	233377	121288	108696	8268	1604	16478	454
黑龙江	6929	390696	155921	179825	19914	5371	22587	842
上　海	68268	1186816	512699	637169	106780	12354	116962	25130
江　苏	48761	1323633	574264	689426	84410	20834	79938	7177
浙　江	34953	856151	305447	523948	75154	16256	70940	14328
安　徽	19721	323685	147901	146152	12142	6037	21438	1845
福　建	51975	353269	114932	224691	18515	16355	34495	2338
江　西	29845	358095	154481	162293	5726	6133	28678	1606
山　东	125784	1037833	441176	410744	23773	14489	56602	4070
河　南	23913	695335	311061	215200	12585	18656	44038	8761
湖　北	21136	559471	164125	369799	12713	19063	55282	4228
湖　南	8591	726542	240123	475611	10029	10140	24478	12691
广　东	6258	935415	357568	561546	52088	15300	76087	3490
广　西	84924	277143	111364	158613	16324	2450	25684	6316
海　南	1092	49526	13694	35483	1755	1306	10358	23
重　庆	15006	709960	131461	565632	35090	12387	35769	6245
四　川	132708	968616	388567	536379	23172	16289	14261	2792
贵　州	9668	126451	60787	49843	1997	4032	6568	427
云　南	8461	243669	55266	177808	5968	1240	5749	1613
西　藏		30975	7882	15447				
陕　西	42106	1106343	418838	398474	33304	26909	36069	7097
甘　肃	2168	414240	173373	203422	14564	9197	35687	4127
青　海	1649	25311	17525	7696	391	55	1380	
宁　夏	429	50460	24923	23411	11634	1384	1014	
新　疆	24165	231334	93589	128992	10925	15501	23364	1288

本年支出合计(千元)									
	在支出合计中：								
经营支出	工资福利支出	商品和服务支出					对个人和家庭补助支出		其他资本性支出
			差旅费	劳务费	福利费	各种税金支出		抚恤金和生活补贴	
258574	**3750783**	**6027917**	**151106**	**432860**	**88756**	**103433**	**935354**	**33150**	**2090543**
	110085	237086	1999	2218	1334	1757	27142	87	65646
644	53151	278977	1221	2983	1216	877	26209	139	94767
2341	129330	171211	2960	20556	1418	479	20552	261	76369
3746	96519	127870	11461	6211	505	3594	12997	588	58091
159	86224	100442	5497	10666	1254	248	16333	253	32217
	101737	142858	1835	24579	160	8	33174	928	11070
393	58001	79410	2533	5718	193	722	14838	217	21368
3764	77541	74489	3966	7072	764	1161	16865	586	43547
27421	265890	479759	3835	9046	6478	2885	32323	1238	113429
40833	318562	486524	9434	31734	3897	2986	86544	1428	237687
10910	198654	325024	8769	34658	6318	2582	48244	1478	145322
10822	85695	76721	3463	4468	2411	541	23935	819	24555
4	75634	94058	4142	7869	517	505	20168	555	64135
14409	89180	122006	6738	6942	3596	626	31217	2448	37502
41191	204934	272920	5353	26738	3003	21431	39515	1362	69078
13569	161254	215483	6776	21145	24231	2156	22937	1260	34159
7386	109953	210894	9370	25297	5088	1700	31658	2261	27330
4094	100696	259073	5437	18813	1644	534	24117	2532	46367
5285	223317	203649	4659	13858	3513	1089	77459	1187	115277
1345	64748	88715	3766	4730	946	1467	21534	932	31174
	11728	19323	933	1205	12	24	1105	8	3322
6131	103002	466439	6212	27804	1877	609	38630	2342	45925
7717	210825	393349	10487	28523	3161	41626	38872	2413	125599
185	27285	40752	2386	5159	317	52	5360	214	13191
1024	40305	51180	2007	4449	160	56	8315	132	37542
	6620	1041	15	3	1		86	3	
49758	307147	292895	6969	22272	9079	3405	42108	3146	106612
1148	88347	122886	4929	22338	886	1169	15094	1776	39420
	11085	7706	560	465	3	253	4243	97	1054
389	15905	15960	705	2165			4354	39	6657
930	37980	68074	2580	10770	426	323	10400	223	40186

续表 3

地区	各种设备、交通工具、图书购置费	资产总计（千元）	固定资产原值	实际使用房屋建筑面积（万平方米）	展览用房	库房	实际拥有产权面积（万平方米）	文物保护规划和方案设计（个）
全　国	**437777**	**54859900**	**35479390**	**1700.50**	**849.40**	**138.74**	**1378.28**	**1036**
北　京	3891	531194	227718	22.87	10.06	1.86	8.62	15
天　津	564	306358	125329	16.76	7.84	2.21	2.49	3
河　北	6966	998131	801689	53.62	25.81	2.53	41.87	8
山　西	38682	373196	196477	34.01	17.00	3.27	44.39	50
内蒙古	17244	1432173	1291254	52.13	24.29	3.63	24.31	19
辽　宁	5938	940124	830725	37.90	22.29	2.51	13.56	12
吉　林	4410	329587	223126	20.30	12.59	1.13	10.38	10
黑龙江	11987	1779458	1556352	59.53	35.16	3.45	33.70	9
上　海	20564	6720707	4216397	72.38	29.55	7.80	29.23	10
江　苏	77938	6735105	5598696	181.97	94.18	12.76	135.57	68
浙　江	11882	2716504	1841302	89.02	42.15	8.20	45.32	63
安　徽	5327	1350330	950750	49.73	27.39	4.06	52.01	53
福　建	6150	601528	283965	46.08	20.85	3.25	48.45	45
江　西	3644	1013122	780520	50.44	27.80	4.82	64.92	86
山　东	21646	4563408	2347975	122.96	70.74	11.25	167.06	78
河　南	16453	1468072	1041789	93.01	49.99	10.25	71.31	28
湖　北	9831	1479125	1095480	99.15	66.62	6.98	51.20	80
湖　南	11088	1160928	728957	40.51	16.70	3.39	30.28	60
广　东	11547	2703088	1594583	99.70	40.05	5.53	135.16	44
广　西	10656	678805	605330	38.68	17.00	3.18	18.85	37
海　南	2738	70556	65405	4.02	1.38	0.19	1.09	9
重　庆	17701	1201030	610410	41.77	18.73	3.66	27.53	41
四　川	15256	2981906	1694682	97.05	48.56	8.18	86.24	87
贵　州	3099	1062013	829825	21.09	9.99	1.13	15.24	6
云　南	6290	1081188	437518	30.69	16.78	2.32	18.46	6
西　藏		2880	2880	2.42	1.08	0.27	5.40	
陕　西	22553	3212206	2205559	83.45	35.93	10.01	96.11	38
甘　肃	10570	1455488	1121591	44.19	23.50	4.17	44.69	41
青　海	155	151063	135364	4.81	2.39	0.57	2.87	6
宁　夏	942	122520	91922	9.13	4.38	0.72	10.36	8
新　疆	10177	587410	376785	23.47	15.37	1.82	6.62	8

文物保护单位维修情况				进行考古发掘情况				国际合作项目数（种）	主办刊物（种）
国保单位保护维修项目数（个）	保护维修面积（平方米）	省保单位保护维项修目数（个）	市、县保单位保护维修项目数（个）	考古发掘面积（万平方米）	出土器物（件/套）	原址保护展示面积（万平方米）	异地保护展示面积（万平方米）		
471	**7591**	**320**	**351**	**72.69**	**195648**	**4.28**	**5.48**	**105**	**214**
7			4					13	7
1		1		3.50		0.08			
5	2			0.40		0.07			2
86	9	27	105	0.01	330	0.01		1	1
5	29	1	1	2.12	2800	0.27		3	2
2				0.06	40	0.02			3
11	276	3	3	0.09		0.13	3.00		4
6	3	3		0.71		0.24		1	4
		1	7	1.30	18	0.20	0.01	46	22
24	107	12	17	12.34	21600	0.30	0.07	6	17
11	8	16	69	0.14	18560	0.08			20
20	84	29	10	0.30		0.02		1	8
18	3	22	24	1.83	40000	0.13	1.18		9
17	7	20	19	1.81	60800	0.04	0.03	2	6
28	206	19	7	17.53	20000	0.36		1	11
55	108	40	9					2	9
1		19	10	2.84	2620	0.48		3	11
13	2	19	8	0.10	3000				4
15	4	23	21	0.15	1412		0.05		6
16	2	5	8	4.41	6300				3
		3	2	0.05		1.00			
9	113	8	6	1.34	3800	0.53	0.01	11	13
42	18	16	6	2.35	11688	0.01	1.13	8	14
5		1							3
1		7	6	0.31		0.08		1	6
									1
28	70	14	2	18.32	2500	0.02		3	16
30	6383	8	4						7
11	156	3	3	0.57		0.20		1	3

2013年各地区文物

地 区	机构数（个）	从业人员（人）						登记注册志愿者人数（人）	藏品数（件/套）
			专业技术人才				安全保卫人员（人）		
				正高级职称	副高级职称	中级职称			
全 国	**2745**	**66263**	**25933**	**1046**	**3221**	**10337**	**15774**	**61089**	**21636691**
北 京	40	1040	360	13	43	145	237	386	1139789
天 津	20	669	432	8	72	185	117	220	688456
河 北	79	2456	706	35	96	256	503	199	252883
山 西	93	2185	775	19	77	352	715	1269	592837
内蒙古	72	1412	802	24	122	353	286	2658	498069
辽 宁	60	2115	1029	72	187	515	409	436	434424
吉 林	73	1214	666	33	127	233	245	572	361260
黑龙江	78	1274	716	19	116	289	224	364	295197
上 海	43	1285	732	40	87	279	174	1494	1386657
江 苏	183	3880	1607	85	205	704	953	2522	1077226
浙 江	103	2945	1252	85	190	505	751	5526	724756
安 徽	104	1620	663	9	69	219	462	398	506295
福 建	98	1798	735	44	102	284	474	1667	482562
江 西	119	2790	1009	27	82	341	593	15242	432064
山 东	145	3552	1825	62	235	742	916	1945	1177354
河 南	164	4948	1273	31	145	558	1383	2178	875123
湖 北	138	2976	1479	67	163	758	643	834	1431981
湖 南	95	1957	640	19	84	272	404	637	429326
广 东	167	3267	1458	44	127	538	725	9610	962250
广 西	104	1696	711	28	60	263	413	798	397058
海 南	18	235	64	2	8	22	105	21	39895
重 庆	41	1447	615	20	67	190	253	1343	587863
四 川	157	4994	1271	46	94	463	1136	2387	797853
贵 州	72	1235	348	6	25	91	291	237	90423
云 南	70	856	592	10	85	250	208	5009	1171685
西 藏	2	75	39		9	13	12		63150
陕 西	161	5197	1472	52	147	538	1315	1022	867965
甘 肃	132	2720	788	9	52	269	753	1022	502510
青 海	22	196	128	2	24	59	56	15	183255
宁 夏	11	248	149	8	16	41	54	314	74808
新 疆	76	1112	286	9	29	98	352	188	154764

系统博物馆基本情况

			在藏品数中(件/套)						
一级品	二级品	三级品	本年新增藏品	本年从有关部门接收文物数	本年藏品征集数	本年修复文物数(件/套)	一级品	二级品	三级品
81389	**710245**	**3035525**	**362861**	**64118**	**183029**	**33808**	**303**	**2080**	**7931**
456	4893	51936	737	1	574	254		11	87
1041	5357	133757	145		80	1433			28
550	7560	18037	3374	376	755	385		39	162
3000	7453	72521	1055	3	1015	416	52	172	108
1922	5248	10010	4868	753	2886	1269	1	4	59
1810	12801	130341	6999	26	5757	1256	12	25	107
563	4375	18318	36534	15894	8289	200			28
1563	3015	18598	5860	387	3327	752	3	14	159
1467	46619	185472	12581	2	8984	235			10
3577	95763	459831	15720	595	4917	1836	3	240	403
2216	10358	69578	14718	32	7847	1008	4	9	232
1846	4649	42023	2543	1156	822	442	18	15	177
1038	2833	93643	12810	4470	8021	314	1		86
1302	5530	38590	3189	288	1764	2768	21	343	2371
12124	12262	87203	19302	2550	4512	2483	30	241	182
1823	13301	207571	86840	14630	45681	1777	7	250	837
2637	7602	85089	24889	471	22120	3559	13	348	1423
1596	6653	49451	3015	16	2343	1433	8	52	416
1362	17266	65759	13509	1338	7322	1076		20	115
316	4880	47196	17246	1256	9356	357	13	4	94
99	341	1969	771	15	753	300			
1325	2557	24297	2300	35	820	1099		3	111
4731	7416	89201	16869	230	14103	3141	3	36	308
567	1712	5025	1965	332	1505	97	1	2	14
931	1892	14531	4567	328	2516	1025	1	2	5
1117	15812	26800	180		180	50			
6558	12562	70063	8888	745	7092	1706	93	114	329
2403	8371	70010	9530	5766	2886	413	4	13	40
370	782	1009	645	42	574	62	13	3	7
303	2910	5725	1794	136	1504	797	2	2	8
638	1292	3978	4381	933	2222	1508		3	6

续表 1

地　区	基本陈列（个）	举办展览（个）	参观人次（万人次）		门票销售总额（千元）	本年完成科研成果		
				未成年人参观人次（万人次）		省部级及以上科研课题数	专利	专著或图录
全　国	**6078**	**8067**	**52756.43**	**15313.48**	**2490568**	**302**	**20**	**729**
北　京	69	128	432.11	84.96	23036	17		32
天　津	60	50	546.07	170.80	6693	2		2
河　北	139	240	1699.46	612.34	9597	1	1	3
山　西	103	106	988.70	292.84	153112	11		15
内蒙古	214	119	908.46	265.08	3446	3	1	10
辽　宁	174	125	1148.39	224.82	91004	7		4
吉　林	105	257	725.92	290.16	38193	3		9
黑龙江	166	223	1012.30	399.38	200	2		16
上　海	103	264	874.49	166.23	44947	6	1	40
江　苏	480	805	3375.48	1048.30	28296	20	7	68
浙　江	245	931	3347.84	924.52	7839	47	3	94
安　徽	257	293	1604.70	594.85		2		4
福　建	243	371	2125.04	693.25		15	1	43
江　西	244	211	2191.61	906.59	17089	15		8
山　东	545	615	3072.83	1107.32	39982	27		35
河　南	318	417	3674.47	1138.78	62809	7		23
湖　北	334	345	2164.33	684.86	3180	14		29
湖　南	168	197	2050.38	868.79	24741	31		18
广　东	375	754	3526.45	766.80	62066			28
广　西	179	171	1253.16	338.20	750	6	1	22
海　南	28	59	274.36	90.47				4
重　庆	105	84	1451.70	430.84	127822	7		12
四　川	295	257	4571.04	1107.54	199980	16		17
贵　州	108	101	1245.65	253.10		2		5
云　南	192	151	1155.59	397.30	202	1		6
西　藏	7	13	34.49	1.51				
陕　西	307	182	2384.16	368.12	725511	10		55
甘　肃	289	282	1594.89	545.16	20769	2	2	6
青　海	30	34	54.41	12.40		1		1
宁　夏	28	31	110.67	35.68		4		6
新　疆	138	118	635.54	208.69	446			7

论文数	古建维修、考古发掘报告	获国家奖	获省、部奖	本年收入合计(千元)	财政补助收入	事业收入	上级补助收入	附属单位上缴收入	经营收入
4580	**170**	**44**	**121**	**15249488**	**12680680**	**1080653**	**611253**	**1509**	**119400**
131				688747	562527	36276	987		
14				271056	236281	23896	841		644
50				278892	237271	25703	8548		1433
10	2			417573	255374	78393	32839		2540
68	6	2	1	339107	324122	8655	3189	30	622
34	3			489611	483187	6024			
85		1	1	251443	202032	36319	6403		393
33	1		2	193590	182110	204	10440		
207		4	4	730182	594796	79750	15456		1101
516	72	12	20	1084692	993899	40107	8079		6280
253	1	9	2	736038	655087	28102	22684	60	1899
40				214891	174332	7556	25890	908	1066
156	11	3	3	426107	330612	11312	32094	100	14
111	3		3	380728	313702	3343	26300	26	9253
272	1	1	17	604166	504790	7860	63394		15616
313	2		5	477127	392002	66806	11391		112
197	26	2	9	544569	435906	36553	45938		6099
265			24	480576	445959	2271	23222		1635
206	5		1	939973	860735	47624	15330		10132
151	5	1	2	394627	232125	4066	73232		280
35	1		1	48620	46078		1450		
154	12		2	464965	354682	21793	58804		15219
90	3		6	1075260	789041	142905	8960	270	2003
39	5		1	164004	111118	1550	42668		
62	2		1	273850	257394	2183	5044		912
				23144	23144				
309	3	5	12	978934	764863	112568	43885		28471
106	1	2	1	450583	428014	13772	6737		121
9	5			38098	32286	949	3214		
30			1	50064	47988		970		677
45				259443	207969	13930	13264	115	

续表 2

地区	其他收入	本年支出合计(千元)	基本支出	项目支出	文物征集	馆藏品保护	陈列展览	教育与科研
全国	**755993**	**14489102**	**5652484**	**8160091**	**651359**	**301420**	**996012**	**96002**
北京	88957	548946	178483	368830	1231	1119	33222	764
天津	9394	463340	125861	336835	1572	877	97578	569
河北	5937	267708	176858	89667	2058	17817	16938	109
山西	48427	348977	122871	193743	2758	36735	17092	972
内蒙古	2489	304386	170086	88897	19994	6539	2936	809
辽宁	400	440800	202604	213747	17727	2940	79397	760
吉林	6296	233377	121288	108696	8268	1604	16478	454
黑龙江	836	181686	81416	96324	5215	1517	7271	185
上海	39079	615279	213136	396579	70551	6697	76221	12380
江苏	36327	1047422	420310	606338	79472	19334	34598	6699
浙江	28206	782617	279900	491734	71481	12338	67762	13860
安徽	5139	206735	105590	90267	4964	3938	9705	761
福建	51975	353269	114932	224691	18515	16355	34495	2338
江西	28104	340353	145508	157464	4832	3379	27712	1421
山东	12506	680225	297479	364311	21070	10798	51713	1736
河南	6816	458388	278549	159980	4687	15307	26068	7445
湖北	20073	541756	154187	366428	12238	18763	55014	4041
湖南	7489	475905	160518	306063	8922	6809	21715	11414
广东	6152	926505	354468	558041	50748	15056	75802	3305
广西	84924	277143	111364	158613	16324	2450	25684	6316
海南	1092	49526	13694	35483	1755	1306	10358	23
重庆	14467	645527	101423	534868	33422	5372	30023	4853
四川	132081	938504	377225	527815	17635	14740	13228	2491
贵州	8668	124229	59515	49343	1697	3932	6518	377
云南	8317	239801	52762	176850	5655	1227	5485	1527
西藏		30975	7882	15447				
陕西	29147	968261	374805	346115	7701	23045	32318	5223
甘肃	1939	373025	163931	172518	14109	9197	26362	3882
青海	1649	25311	17525	7696	391	55	1380	
宁夏	429	50460	24923	23411	11634	1384	1014	
新疆	24165	231334	93589	128992	10925	15501	23364	1288

本年支出合计(千元)									
	在支出合计中：								
经营支出	工资福利支出	商品和服务支出	差旅费	劳务费	福利费	各种税金支出	对个人和家庭补助支出	抚恤金和生活补贴	其他资本性支出
82685	**3255387**	**5361658**	**132391**	**383399**	**75245**	**76242**	**872055**	**30507**	**1872459**
	100718	234347	1994	1879	1334	1722	27142	87	65543
644	53151	278977	1221	2983	1216	877	26209	139	94767
1183	103845	111176	1283	13639	1107	171	12777	171	29176
3736	96137	126708	11361	6066	505	3594	12972	588	57279
159	86224	100442	5497	10666	1254	248	16333	253	32217
	99910	141235	1818	24579	160	8	32006	907	11059
393	58001	79410	2533	5718	193	722	14838	217	21368
20	43631	52869	1749	5595	246	13	14336	426	16550
1389	140706	289065	2794	4942	3881	2026	14619	809	84758
4840	235481	413880	7669	28176	2108	2180	80094	1402	176033
2233	176955	308856	7674	33384	5399	1801	47138	1381	144470
1435	57938	57390	1737	2526	1349	130	20119	651	11176
4	75634	94058	4142	7869	517	505	20168	555	64135
13977	83178	115876	6504	4445	2842	548	30102	1511	37056
1523	162725	204407	3908	14010	917	1160	36705	1350	64344
467	138592	201685	4216	17925	23911	1353	21384	1175	27120
6828	104833	208038	8984	23914	4826	890	31658	2261	26459
2811	80330	124887	4198	14796	1243	278	18918	2163	37457
3255	220456	201207	4629	13838	3453	929	77449	1177	115217
1345	64748	88715	3766	4730	946	1467	21534	932	31174
	11728	19323	933	1205	12	24	1105	8	3322
3890	87116	448504	5257	25393	1500	553	32292	2280	40728
2501	202704	391116	10050	27669	2669	41552	38850	2411	122746
175	26438	40551	2336	5129	297	52	5350	214	13161
1024	38017	51046	1941	4401	160	56	8298	132	37542
	6620	1041	15	3	1		86	3	
23410	271995	264290	5677	20431	7542	3070	36712	2971	98514
1148	83157	119676	4551	21682	880	1169	14838	1776	39246
	11085	7706	560	465	3	253	4243	97	1054
389	15905	15960	705	2165			4354	39	6657
930	37980	68074	2580	10770	426	323	10400	223	40186

续表 3

地　区	各种设备、交通工具、图书购置费	资产总计（千元）	固定资产原值	实际使用房屋建筑面积（万平方米）	展览用房	库房	实际拥有产权面积（万平方米）	文物保护规划和方案设计（个）
全　国	**411353**	**39339906**	**24346831**	**1366.13**	**673.91**	**113.72**	**1083.01**	**942**
北　京	3891	490595	193552	22.47	9.74	1.86	8.62	15
天　津	564	306358	125329	16.76	7.84	2.21	2.49	3
河　北	4811	525606	424265	35.75	19.73	2.12	31.01	8
山　西	37870	359360	188145	30.50	13.71	3.12	43.79	50
内蒙古	17244	1432173	1291254	52.13	24.29	3.63	24.31	19
辽　宁	5927	918397	813117	36.92	21.93	2.47	12.79	12
吉　林	4410	329587	223126	20.30	12.59	1.13	10.38	10
黑龙江	10027	554643	501913	22.39	14.47	1.58	10.16	1
上　海	15034	2089742	1229540	28.68	11.65	5.65	4.29	4
江　苏	74138	3576507	2820785	136.15	67.23	9.35	86.78	63
浙　江	11343	1845940	1324616	65.21	30.40	6.54	33.24	62
安　徽	3069	517543	427414	32.34	17.25	2.71	31.33	33
福　建	6150	601528	283965	46.08	20.85	3.25	48.45	45
江　西	3211	915136	689407	46.71	25.36	4.59	63.47	77
山　东	19703	3435470	1734118	85.14	50.23	6.65	74.63	75
河　南	14315	963751	655154	74.17	38.59	8.40	58.84	21
湖　北	9649	1163719	889999	90.38	61.58	6.05	46.80	80
湖　南	10152	631753	471288	30.35	13.33	2.94	22.65	57
广　东	11487	2680512	1573759	97.22	38.93	5.16	134.61	43
广　西	10656	678805	605330	38.68	17.00	3.18	18.85	37
海　南	2738	70556	65405	4.02	1.38	0.19	1.09	9
重　庆	17116	810187	351747	31.73	12.03	2.03	14.83	37
四　川	14703	2823648	1592661	75.69	37.15	6.59	79.19	69
贵　州	3069	1009266	787078	19.16	9.49	1.02	12.66	6
云　南	6290	1079688	436018	27.00	15.12	2.08	18.31	5
西　藏		2880	2880	2.42	1.08	0.27	5.40	
陕　西	20228	2224501	1404425	62.13	25.33	8.23	87.00	33
甘　肃	10396	1390365	1067435	40.57	20.25	3.95	42.19	38
青　海	155	151063	135364	4.81	2.39	0.57	2.87	6
宁　夏	942	122520	91922	9.13	4.38	0.72	10.36	8
新　疆	10177	587410	376785	23.47	15.37	1.82	6.62	8

文物保护单位维修情况				进行考古发掘情况				国际合作项目数（个）	主办刊物（种）
国保单位保护维修项目数（个）	保护维修面积（平方米）	省保单位保护维项修目数（个）	市、县保单位保护维修项目数（个）	考古发掘面积（万平方米）	出土器物（件/套）	原址保护展示面积（万平方米）	异地保护展示面积（万平方米）		
454	**7582**	**316**	**349**	**72.69**	**188548**	**4.28**	**5.48**	**64**	**148**
7			4					13	5
1		1		3.50		0.08			
5	2			0.40		0.07			
86	9	27	105	0.01	330	0.01		1	1
5	29	1	1	2.12	2800	0.27		3	2
2				0.06	40	0.02			3
11	276	3	3	0.09		0.13	3.00		4
4	3	1		0.71		0.24			3
		1	7	1.30	18	0.20	0.01	18	9
20	107	12	17	12.34	21600	0.30	0.07	4	13
11	8	16	68	0.14	18560	0.08			16
19	84	27	10	0.30		0.02			6
18	3	22	24	1.83	40000	0.13	1.18		9
17	7	20	19	1.81	60000	0.04	0.03		6
28	206	19	6	17.53	20000	0.36		1	5
53	105	40	9					2	3
1		19	10	2.84	2620	0.48		3	8
13	2	19	8	0.10	3000	0.00			2
14	3	23	21	0.15	1412	0.00	0.05		5
16	2	5	8	4.41	6300				3
		3	2	0.05		1.00			
4	110	8	6	1.34		0.53	0.01	10	5
42	18	16	6	2.35	11688	0.01	1.13	4	9
5		1							2
1		7	6	0.31		0.08		1	6
									1
27	69	14	2	18.32		0.02		1	11
29	6382	8	4						6
11	156	3	3	0.57		0.20		1	3

2013年各地区

地区	机构数（个）	从业人员（人）					库存文物数（件/套）	
			专业技术人才	正高级职称	副高级职称	中级职称		一级品
全　国	**71**	**1596**	**675**	**6**	**75**	**339**	**7632366**	**59**
北　京	2	187	41		4	29	2434867	
天　津	1	95	62		6	29	365471	
河　北	2	9					2663	
山　西	1	14	8		3	4	131497	
内蒙古	1	7					1384	
辽　宁	3	58	25		1	9	270931	5
吉　林	1	11	1				30780	
黑龙江								
上　海	1	67	51		2	21	1705127	
江　苏	8	225	97		9	47	907976	
浙　江	9	86	28		2	10	37522	
安　徽	2	48	26	1	1	11	212822	12
福　建	2	41	27	1	3	12	58490	
江　西	4	74	38		2	13	165809	
山　东	5	100	49	3	11	23	240541	
河　南	6	116	57		9	47	200564	19
湖　北	1	50	42	1	10	20	197019	4
湖　南	2	52	30		5	17	221903	8
广　东	4	95	35			16	250237	10
广　西	4	46	15			8	39657	1
海　南								
重　庆	2	18	3		1		22578	
四　川	2	81	9		3	6	50587	
贵　州	1	14					20532	
云　南	2	41	14		2	7		
西　藏	1	7					5656	
陕　西	1	6					780	
甘　肃	1	12					29065	
青　海	1	8	3			1	4247	
宁　夏								
新　疆	1	28	14		1	9	23661	

文物商店基本情况

		资产、负债、所有者权益(千元)							损益(千元)
二级品	三级品	资产总计	固定资产原价	当年提取的折旧总额	负债合计	所有者权益合计	实收资本	国家资本金	营业收入
88	**2422**	**2173265**	**371395**	**31277**	**528769**	**1644496**	**298975**	**284522**	**874874**
		483008	122332	6405	99937	383071	16870	16870	209146
		262407	8214	536	34129	228278	25188	25188	118938
		511			256	255	225	225	
		8271	1815		584	7687	1369	1369	2883
		703	762	59		703	703	703	25
6	40	64988	5803	630	24885	40103	6956	6956	15855
		5077	513	161	3691	1386	1931	1931	209
		252624			4163	248461	100000	100000	71401
		300350	65281	2778	135037	165313	14883	14883	173841
		74927	20344	587	34235	40692	12201	12201	29916
		25014	7102	6043	3798	21216	1076	1076	12368
		29235	16774	415	7041	22194	7247	7247	10406
		14400	6754	175	4880	9520	7607	7607	18072
		109189	12259	2904	73900	35289	6593	6374	26827
53	685	35318	10566	247	11507	23811	17193	2959	14655
20	2	202950	14987	7626	8941	194009	3740	3740	3474
7	2	74579	15762	614	27400	47179	12197	12197	34931
		88609	21276	1015	6524	82085	19449	19449	51852
	908	10977	1874	2	4862	6115	5404	5404	5260
		6771	598	71	1275	5496	1730	1730	3405
		35894	4334	133	15321	20573	6173	6173	41460
		24547	20665	579	1048	23499	6000	6000	2574
		39419	5831		14464	24955	14486	14486	12870
2	5	2914	2914		923	1991	1991	1991	557
	780	3803	658	122	1273	2530	2105	2105	1672
		7504	808	42	5569	1935	1500	1500	3568
		948	773		346	602	400	400	2357
		8328	2396	133	2780	5548	3758	3758	6352

续表

地区	主营业务收入	营业成本	养老、医疗、失业等各种社会保险费	住房公积金和住房补贴	差旅费	工会经费	营业利润	营业外收入
全国	**796357**	**711096**	**28984**	**12957**	**7118**	**2022**	**163778**	**21427**
北京	180964	118759	5618	2182	373	432	90387	6
天津	118938	89586	4181	2741	340	363	29352	3644
河北								
山西	2248	3469	-18	77	93	2	-586	552
内蒙古	25	72			4		-47	
辽宁	14368	16625	1238	645	508	67	-770	240
吉林	209	1273	199	81	81	4	-1064	861
黑龙江								
上海	71401	40187	3302	605	232	210	31214	4
江苏	167191	169714	5801	2340	1530	290	4127	4573
浙江	27437	26885	811	198	254	80	3031	729
安徽	11553	11471	357	403	150	13	897	423
福建	9393	10138	811	469	347	58	268	3
江西	18072	18878	631	248	77	3	-806	376
山东	24846	27994	553	433	516	18	-1167	1058
河南	11863	15381	1257	254	505	46	-726	1097
湖北	2315	5945	61	561	232	74	-2471	
湖南	31754	36908	406	156	166	2	-1977	6271
广东	40265	48350	1669	751	425	244	3502	95
广西	4684	5914	393	95	74		-654	501
海南								
重庆	3252	1206	54	11	19	1	2199	
四川	35331	39581	618	325	367	52	1879	
贵州	1119	3405					-831	
云南	6156	5952	366	73	178	26	6918	500
西藏	113	557						
陕西	1672	1669	25	60	1		3	
甘肃	3568	3394	144	16	178		174	
青海	2104	1978	164	51	100	8	379	15
宁夏								
新疆	5516	5805	343	182	368	29	547	479

			工资、福利费、税金(千元)						
政府补助(补贴收入)	营业外支出	利润总额	本年发放工资总额	本年支付的职工福利费	本年应交税金总额	实际使用房屋建筑面积(万平方米)	营业用房	库房	实际拥有产权面积(万平方米)
13002	**6222**	**178983**	**120122**	**8818**	**69197**	**15.30**	**5.95**	**7.25**	**8.66**
	1024	89369	21559	134	24344	1.66	0.22	1.44	0.25
3640		32996	18156	192	11221	1.29	0.49	0.80	
552		-34	860	69	112	0.47	0.04	0.24	0.47
		-47	68		2	0.01		0.01	
231		-530	3105	330	987	0.38	0.16	0.18	0.11
		-203	334	42	21	0.01	0.01	0.01	0.07
		31218	10508	2860	11822	1.82	0.10	1.53	1.57
263	123	8577	20292	1239	7256	2.72	1.73	0.76	2.40
65	45	3715	3573	216	1210	0.43	0.32	0.09	0.05
225		1320	1786	419	670	0.23	0.06	0.13	
		271	2620	208	543	0.65	0.33	0.15	0.22
246	59	-489	1333	245	523	0.80	0.31	0.49	0.73
322		-109	2820	82	767	0.70	0.31	0.16	0.32
805		371	3482	210	612	1.18	0.60	0.30	0.14
	2492	-4963	3579	1045	18	0.35	0.08	0.26	
5970	510	3784	2679	190	1114	0.65	0.04	0.11	0.64
	32	3565	12889	631	5024	0.91	0.55	0.36	0.55
183	2	-155	1158	133	289	0.12	0.04	0.02	0.02
	1935	264	562	95	265	0.14	0.05	0.02	0.11
		1879	2898	90	1708	0.12	0.06	0.04	0.57
		-831	802	30	324	0.16	0.09	0.06	
500		7418	1358		106	0.06	0.03	0.03	0.05
			444		3	0.07		0.03	0.03
		3	209	6	43	0.02	0.02		
		174	288	53	99	0.05	0.03	0.02	0.05
		394	412	31	91	0.03	0.03		0.03
		1026	2348	268	23	0.30	0.27	0.04	0.30

主要统计指标解释

1. **藏品：**藏品是文博机构根据收藏品的文化属性、自然属性等情况所划分的文物藏品、标本藏品、模型藏品（含具有收藏、展示价值的雕塑、绘画等艺术作品）和复制品藏品的总和。本指标所统计的藏品是指报告期末，该机构已经整理并登记入账的藏品数。尚未整理或正在整理的藏品，应在整理造册入账后列入下年统计。一级品、二级品、三级品均根据入账情况如实填写。

藏品数：指按历年来以件、套为计量单位统计的藏品数量。即单件藏品编一个号者按一件计算，成套藏品按整体编一个号者，也按一件计算（其组成部分即使有分号，也按一件计）。不易计数的藏品，如粮食、药材及液体等，不论数量多少，均按一件计算。

2. **本年新增藏品数：**指本年从各种渠道获得的新增入库藏品总数。

3. **本年从有关部门接收文物数：**指本年从公安、工商、海关等司法及检查部门移交接收的文物。

4. **本年藏品征集数：**本年从社会上征集为馆藏的文物数量（包括标本数）。

5. **本年修复文物数：**本年运用技术手段进行修复保养的馆藏文物数量（包括标本）。

6. **基本陈列：**指由本馆设计布陈、地点固定、时间较长的展出。

7. **举办展览：**展览指在本机构内设置，由本馆设计布陈、形式比较多样的展出。同一内容的巡回展览，均按一个计算。展览的计量单位不是指每次展出的文物藏品件数。与系统外机构合办的展览，由本馆统计；与系统内机构合办的，由主办馆统计。基本陈列不作为展览统计。

8. **参观人次和未成年人参观人次：**参观人次指本报告期末，向社会开放的文物保护管理机构当年接待的所有参观人次的累计数。

未成年人参观人次是指接待有组织的集体参观人次与零散观众中能够确切统计的未成年人参观人次的总和。

9. **本年承担课题、项目数：**指本机构报告期内承担的课题和项目数量。

10. **专利数：**向中央及地方专利局申请并得到承认的专利数量。

11. **专著或图录：**由本单位人员完成，经过正式出版部门编印出版的科技专著、高等院校教科书、科普著作和论文集。

12. **论文数：**是指由本机构的人员完成，并在省级以上刊物公开发表的论文数之和。

13. **古建维修报告：**地上不可移动文物维修保护工程全过程记录及应用技术研究介绍的综合性技术报告。

7

教育、科技、动漫及其他

2013年全国文化部门

	机构数（个）	从业人员（人）			
			专业技术人才		
				正高级职称	副高级职称
总　计	**139**	**12680**	**8526**	**359**	**1820**
高等院校	16	5171	3373	224	729
其中：高等职业院校	15	5171	3373	224	729
中等专业学校	95	6782	4689	114	1016
文化干部学校	4	209	60	2	13
其他教育机构	24	518	404	19	62

续表 1

		招生数（人）	在校生数（人）		
	就业人数			戏剧类	戏曲类
总　计	**3875**	**23584**	**77228**	**4132**	**6700**
高等院校	3752	13016	39029	2425	3355
其中：高等职业院校	3752	12956	38969	2425	3355
中等专业学校	123	9395	35434	1582	3204
文化干部学校					
其他教育机构		1173	2765	125	141

教育机构基本情况

中级职称	毕业生数(人)	中职生人数	升学人数	就业人数	高职生人数	升学人数
3204	**20928**	**10557**	**3482**	**3207**	**7418**	**938**
1182	10180	2591	1208	671	6836	822
1182	10180	2591	1208	671	6836	822
1796	9990	7726	2108	2462	517	51
34						
192	758	240	166	74	65	65

舞蹈类	音乐类	美术类	其他	在校生中高职生人数(人)	本年收入合计(千元)	财政补贴收入
20208	**15081**	**14248**	**16859**	**25280**	**2364635**	**1833011**
6685	7362	10286	8916	23882	1020331	736665
6685	7302	10286	8916	23882	1007766	724100
12557	7235	3743	7113	1353	1174584	977958
					74667	35793
966	484	219	830	45	95053	82595

续表 2

	本年收入合计(千元)				
	事业收入	上级补助收入	附属单位上缴收入	经营收入	其他收入
总　计	**405436**	**30826**	**411**	**10748**	**73021**
高等院校	244338	6355		2815	29147
其中：高等职业院校	244338	6355		2815	29147
中等专业学校	122449	24315	411	7933	41364
文化干部学校	27842	50			965
其他教育机构	10807	106			1545

续表 3

	本年支出合计(千元)				
	在支出合计中：				
	劳务费	福利费	各种税金支出	对个人和家庭补助支出	抚恤金和生活补助
总　计	**113523**	**10198**	**2323**	**451610**	**10178**
高等院校	63963	5542	776	208122	4584
其中：高等职业院校	63945	5542	776	208122	4584
中等专业学校	39655	4119	698	219753	4858
文化干部学校	5501		810	8266	71
其他教育机构	4404	537	39	15469	665

本年支出合计(千元)	基本支出	项目支出	经营支出	在支出合计中：工资福利支出	商品和服务支出	差旅费
2514411	**1514853**	**968701**	**8290**	**787794**	**580313**	**17947**
1182246	666050	512270	1944	309563	294653	9842
1178052	666050	508076	1944	309436	291715	9842
1184415	749688	410382	6346	434795	234944	7346
59630	36738	22891		11139	29560	64
88120	62377	23158		32297	21156	695

其他资本性支出	各种设备、交通工具、图书购置费	资产总计(千元)	固定资产原值	实际使用房屋建筑面积(万平方米)	教学用房面积	实际拥有产权面积(万平方米)
517524	**88844**	**4147646**	**2833256**	**202.50**	**144.71**	**143.37**
320447	36349	1850765	1166931	81.11	60.92	61.71
319318	35483	1841266	1165802	81.11	60.92	61.71
187151	47322	2066523	1539194	109.00	75.07	76.79
1623	1623	138432	59749	2.74	2.15	1.57
8303	3550	91926	67382	9.65	6.57	3.30

2013年各地区文化部门

地　区	机构数（个）	从业人员（人）					毕业生数（人）
			专业技术人才	正高级职称	副高级职称	中级职称	
全　国	**139**	**12680**	**8526**	**359**	**1820**	**3204**	**20928**
北　京	2	503	377	17	48	155	240
天　津	3	525	321	20	109	125	762
河　北	5	624	547	6	66	220	1328
山　西	19	1503	1012	18	269	433	3314
内蒙古	4	373	272	3	41	109	496
辽　宁	5	346	278	19	48	124	406
吉　林	2	14	12	1	3	8	
黑龙江	6	469	311	75	108	76	398
上　海	1	72	22	1	6	15	12
江　苏	14	896	712	37	138	265	1770
浙　江	6	718	422	37	103	157	1742
安　徽	6	508	346	9	58	123	1550
福　建	12	569	401	16	66	141	1002
江　西	4	237	204	10	66	68	653
山　东	4	297	213	4	55	113	497
河　南	8	335	251	3	36	90	1252
湖　北	7	748	408	24	94	187	1281
湖　南	4	639	318	15	77	101	926
广　东	6	762	389	2	103	169	473
广　西	4	170	138	5	33	51	199
海　南	1	136	102		13	20	214
重　庆	1	280	225		36	33	146
四　川	4	924	534	17	80	146	1324
贵　州							
云　南	1	259	229	14	74	79	353
西　藏							
陕　西	5	228	175		22	84	252
甘　肃							
青　海	1	96	60		26	34	123
宁　夏	1	107	84	3	21	29	99
新　疆	2	149	113	1	11	22	116

教育机构基本情况

中职生人数			高职生人数			招生数（人）	在校生数（人）	
	升学人数	就业人数		升学人数	就业人数			戏剧类
10557	**3482**	**3207**	**7418**	**938**	**3875**	**23584**	**77228**	**4132**
220	162	58	20			382	1894	60
131	99	15	631		622	995	2728	31
769	394	278	559	59	342	808	3658	238
1609	405	446	1023	658	242	3116	10393	279
326	18	308				528	1924	60
351	287	64	42	32	10	482	1703	158
163	75	88	220	11	209	498	1448	101
12							74	
528	156	332	367	68	26	1583	6540	30
811	280	123	931	33	806	2049	6445	349
717	217	197	185			1629	4360	297
564	110	390	438	60	370	1660	4344	145
211	63	148	442	4	438	649	2296	282
487	259	226				767	2232	
1022	49	170				735	2741	90
723	389	70	535	2	486	1103	3724	310
109	15	66	761			1486	3904	489
423	114	86				642	2493	157
199	3	23				439	860	
214						225	929	257
146	140	6				258	1045	228
395	65	1	929			1882	6370	477
42	1	41	311	11	300	779	2355	38
152	96	46				233	922	56
123						142	556	
75	55	20	24		24	287	601	
35	30	5				227	689	

续表 1

地　区						在校生中高职生人数（人）	本年收入合计（千元）
	戏曲类	舞蹈类	音乐类	美术类	其他		
全　国	**6700**	**20208**	**15081**	**14248**	**16859**	**25280**	**2364635**
北　京	1210	174		178	272	517	149931
天　津	98	212	397	1005	985	2248	95400
河　北	170	948	795	585	922	1823	94095
山　西	1184	2842	2958	1392	1738	2134	234094
内蒙古	230	469	805	36	324		44896
辽　宁	44	966	378	63	94	42	77910
吉　林							826
黑龙江	42	375	433	297	200	3	58480
上　海					74	74	17868
江　苏	275	2040	1185	1545	1465	837	199455
浙　江	934	848	1606	949	1759	3298	219783
安　徽	135	939	585	1157	1247	204	87072
福　建	485	1032	591	899	1192	1585	105943
江　西	20	803	424	203	564	1148	39234
山　东	454	733	320	136	589		21329
河　南	338	257	293	99	1664		30243
湖　北	260	876	1139	507	632	1854	107518
湖　南	23	995	739	758	900	2760	85281
广　东	285	1250	532	189	80		144846
广　西	39	356	130	97	238		53704
海　南		412	87	123	50		24375
重　庆		497	247	57	16		124029
四　川	124	1363	465	2869	1072	4657	120283
贵　州							
云　南	290	312	412	791	512	2002	64701
西　藏							
陕　西	60	405	205	46	150		21106
甘　肃							
青　海		331	95	85	45		16688
宁　夏		337	114	107	43	62	33343
新　疆		436	146	75	32	32	20702

财政补贴收入	事业收入	上级补助收入	附属单位上缴收入	经营收入	其他收入	本年支出合计(千元)	基本支出	项目支出
1833011	**405436**	**30826**	**411**	**10748**	**73021**	**2514411**	**1514853**	**968701**
127848	16131			4413	629	173390	102977	66236
75970	17000	48			2282	313066	75412	237654
69177	16883				8035	90662	82552	8110
209203	24310	163			418	210324	134879	66125
41704	2972	97			123	43600	40622	2978
68232	9073				605	63600	35165	24132
826						826	826	
48538	9870		71			58428	46970	11458
11557	1032	100			5179	16785	6274	6878
150884	27130	8288		487	12666	201898	155172	46238
170070	40058	50		1508	8097	198483	134498	62717
47436	33392	973			5271	87769	78145	9624
74582	18134	9223		3055	948	113007	65179	44413
25599	12831				804	40386	27950	12436
17591	3216				522	22356	19607	2409
28301	1818	50		48	26	27283	25159	1950
98698	4406	154			4243	106194	74519	31674
58232	24379	200		36	2338	83699	57417	26254
112274	19376	7272	340	1148	4436	148958	103488	44322
48391	3645	296			1372	43319	18151	25168
23543	616				215	37420	14633	22786
102498	20594	620			317	123115	30604	92510
70477	44297				5509	92874	61866	31007
48437	15500				764	64126	21133	42993
15037	4698				1315	21329	18011	788
14258	2430					16418	12633	3785
26068	2070			53	5152	37020	19822	17169
14457	2161	3292			792	21538	16975	4563

续表 2

地　区	经营支出	在支出合计中：					
		工资福利支出	商品和服务支出	差旅费	劳务费	福利费	各种税金支出
全　国	**8290**	**787794**	**580313**	**17947**	**113523**	**10198**	**2323**
北　京	2196	46533	53376	608	7712	663	
天　津		29786	25076	503	4736	135	
河　北		37363	23966	979	4188	681	57
山　西		91345	73253	1393	4829	1261	
内蒙古		22497	9678	440	1309	152	
辽　宁		23681	15010	370	2253	108	
吉　林		654					
黑龙江		31580	8596	570	1869	36	
上　海		5288	4418	31	239	86	28
江　苏	487	76251	37199	1478	7085	460	11
浙　江	1267	57724	85643	3394	31327	2100	238
安　徽		33140	23927	445	9847	31	317
福　建	3043	33189	21409	1123	3765	1039	73
江　西		14475	3826	335	489	171	
山　东		12744	5209	211	888	12	11
河　南	92	12268	6817	307	1757	113	1
湖　北		38724	34904	552	7855	293	95
湖　南	28	26079	21655	1825	1826	862	9
广　东	1148	58782	20677	486	3501	1042	595
广　西		12676	6919	278	1392	5	7
海　南		11604	7154	85	758		
重　庆		14510	14635	931	932	405	2
四　川		42682	28013	695	5039	255	67
贵　州							
云　南		6397	5678	388	1465		
西　藏							
陕　西		11346	5425	80	925	285	2
甘　肃							
青　海		7130	1064	8	41	3	
宁　夏	29	8731	4505	230	183		
新　疆		10658	3314	144	1815		

对个人和家庭补助支出	抚恤金和生活补助	其他资本性支出	各种设备购置费	资产总计(千元)	固定资产原值	实际使用房屋建筑面积(万平方米)	教学用房面积	实际拥有产权面积(万平方米)
451610	**10178**	**517524**	**88844**	**4147646**	**2833256**	**202.50**	**144.71**	**143.37**
27566	611	19979	14397	409033	292006	8.34	7.79	5.74
31495	572	226709	4209	147044	46448	7.31	5.52	4.05
25041	428	3790	3790	143085	88915	8.77	6.06	7.17
36509	982	7923	2940	197221	177058	19.16	10.91	9.18
7783	143	1260	1213	78232	74194	5.62	4.06	2.67
8745	220	5466	1235	90380	82406	4.55	3.05	2.39
171	170			197	163	0.02	0.01	
14047	337	4141	3094	50304	48630	4.64	3.90	2.30
2983		437	437	53933	24317	0.58	0.26	
65590	1236	9904	3656	235322	173782	20.14	15.27	14.92
37503	256	16345	11386	463745	356581	25.67	17.25	18.93
22654	240	7447	2683	184736	140713	13.81	11.96	12.15
21605	652	5700	4510	382313	115735	6.07	3.04	2.50
10277	76	6651	4066	75897	72691	5.44	3.71	4.82
3612	73	791	351	43042	37076	5.36	3.19	4.09
5876	376	133	44	39365	32640	4.02	3.08	2.41
11587	332	3396	1695	340018	327947	13.90	12.39	9.56
15539	634	9845	3666	91599	87305	9.12	8.35	9.12
37199	284	26825	5590	229154	197042	11.20	6.85	9.69
14093	684	9628	5370	90259	67464	2.51	2.31	2.29
1426	15	645		154402	57777	2.31	0.50	2.31
1		88109	1651	59633	18474	4.12	3.36	1.48
17643	986	4433	2169	211120	124313	4.77	2.99	4.67
12212	426	39839	2233	106643	18746	1.53	0.40	1.53
1997	28	626	147	42910	41617	3.46	1.67	2.19
4192	24	247	247	20655	17963	1.06	0.48	1.06
4212	238	14623	5623	17349	17349	3.38	2.15	2.26
3035	101	1009	819	53502	35547	3.07	2.08	2.46

2013年各地区文化部门

地　区	机构数（个）	从业人员（人）	专业技术人才	正高级职称	副高级职称	中级职称	毕业生数（人）
全　国	**95**	**6782**	**4689**	**114**	**1016**	**1796**	**9990**
北　京	1	152	106	3	16	38	117
天　津							
河　北	4	316	280	4	60	105	611
山　西	16	878	583	10	183	249	1563
内蒙古	3	342	269	3	40	107	496
辽　宁	4	250	199	12	29	91	285
吉　林							
黑龙江	5	218	80	7	44	21	22
上　海	1	72	22	1	6	15	12
江　苏	8	745	567	26	119	217	1558
浙　江	4	278	180	13	39	65	554
安　徽	4	157	50		10	33	621
福　建	9	326	232	8	43	89	289
江　西	2	45	38		11	16	50
山　东	4	297	213	4	55	113	497
河　南	5	307	241	3	35	83	1022
湖　北	4	296	197	7	41	87	506
湖　南	3	155	138	1	17	45	137
广　东	5	754	386	2	102	168	473
广　西	2	155	123	5	31	45	199
海　南	1	136	102		13	20	214
重　庆	1	280	225		36	33	146
四　川	1	104	80	1	7	36	63
贵　州							
云　南							
西　藏							
陕　西	4	167	121		21	35	217
甘　肃							
青　海	1	96	60		26	34	123
宁　夏	1	107	84	3	21	29	99
新　疆	2	149	113	1	11	22	116

中等专业学校基本情况

						招生数（人）	在校生数（人）	
中职生人数	升学人数	就业人数	高职生人数	升学人数	就业人数			戏剧类
7726	**2108**	**2462**	**517**	**51**	**123**	**9395**	**35434**	**1582**
117	62	55				166	684	60
611	333	278				291	1276	75
1341	284	379				1489	5081	101
326	18	308				528	1924	60
243	179	64	42	32	10	282	1164	98
6	4	2	1	1		22	129	24
12							74	
399	100	259	302	3	26	1289	5650	30
466	86	116	88	15	3	554	2368	52
423	32	99				119	578	
229	25	146	60		60	482	1448	145
50	12	38				122	334	
487	259	226				767	2232	
1022	49	170				682	2611	25
483	149	70				317	1193	214
81	15	66				236	847	
423	114	86				422	2273	157
199	3	23				237	748	
214						225	929	257
146	140	6				258	1045	228
63	63					59	278	
152	96	46				192	722	56
123						142	556	
75	55	20	24		24	287	601	
35	30	5				227	689	

续表 1

地区						在校生中高职生人数(人)	本年收入合计(千元)
	戏曲类	舞蹈类	音乐类	美术类	其他		
全国	**3204**	**12557**	**7235**	**3743**	**7113**	**1353**	**1174584**
北京		174		178	272		55585
天津							
河北	170	475	266		290		47648
山西	736	1492	1718	437	597		101603
内蒙古	230	469	805	36	324		40548
辽宁	44	640	270	27	85	42	45844
吉林							
黑龙江	21	72			12	3	20082
上海					74	74	17868
江苏	230	1867	946	1502	1075	792	160602
浙江	306	376	610	168	856	348	55418
安徽		302	84	65	127		9593
福建	184	609	128	253	129		62353
江西		284	12		38		6277
山东	454	733	320	136	589		21329
河南	288	257	278	99	1664		29176
湖北	134	341	258	119	127		42830
湖南	23	543	46	34	201		13355
广东	285	1200	532	99			143952
广西	39	276	98	97	238		52312
海南		412	87	123	50		24375
重庆		497	247	57	16		124029
四川		199			79		13068
贵州							
云南							
西藏							
陕西	60	235	175	46	150		16004
甘肃							
青海		331	95	85	45		16688
宁夏		337	114	107	43	62	33343
新疆		436	146	75	32	32	20702

财政补贴收入	事业收入	上级补助收入	附属单位上缴收入	经营收入	其他收入	本年支出合计(千元)	基本支出	项目支出
977958	**122449**	**24315**	**411**	**7933**	**41364**	**1184415**	**749688**	**410382**
49680	3706			1634	565	79660	30334	49046
41984	2092				3572	40772	39926	846
99224	1997	163			219	100634	71159	20155
37356	2972	97			123	39452	38074	1378
40103	5741					36028	22334	9391
19840	170		71			20011	20011	
11557	1032	100			5179	16785	6274	6878
114993	24215	8288		487	12619	164699	123278	40933
47288	4306	50		1508	2266	54770	30795	22707
5863	2853	460			417	9504	8851	653
51431	3589	3429		3055	848	60300	32013	24872
3959	2314				4	5898	5242	656
17591	3216				522	22356	19607	2409
27234	1818	50		48	26	26216	24174	1950
37100	3796	104			1830	41564	27650	13914
9947	2693	200			420	11936	11021	915
112181	18675	7172	340	1148	4436	148214	102744	44322
47158	3495	290			1369	42017	16849	25168
23543	616				215	37420	14633	22786
102498	20594	620			317	123115	30604	92510
10753	2300				15	11792	9204	2588
11892	3598				458	16296	15481	788
14258	2430					16418	12633	3785
26068	2070			53	5152	37020	19822	17169
14457	2161	3292			792	21538	16975	4563

续表 2

地区	经营支出	在支出合计中：					
		工资福利支出	商品和服务支出	差旅费	劳务费	福利费	各种税金支出
全　国	**6346**	**434795**	**234944**	**7346**	**39655**	**4119**	**698**
北　京	280	14644	20442	185	1748	350	
天　津							
河　北		16880	8801	145	1318	144	11
山　西		50333	29320	714	1142	429	
内蒙古		21117	8620	436	977	152	
辽　宁		16712	10440	218	698	108	
吉　林							
黑龙江		19025	358	25	33	21	
上　海		5288	4418	31	239	86	28
江　苏	487	62920	24778	1039	5602	384	
浙　江	1267	16291	18369	643	9074	556	
安　徽		5693	1597	44	88	31	4
福　建	3043	18244	11993	675	3584	82	37
江　西		2218	1750	99	420	15	
山　东		12744	5209	211	888	12	11
河　南	92	11720	6701	306	1695	101	1
湖　北		17134	13201	213	2128	189	25
湖　南		5401	3369	20	17	101	
广　东	1148	58258	20462	486	3475	881	567
广　西		12022	6782	276	1372	1	7
海　南		11604	7154	85	758		
重　庆		14510	14635	931	932	405	2
四　川		6982	2985	124	969	43	3
贵　州							
云　南							
西　藏							
陕　西		8536	4677	58	459	25	2
甘　肃							
青　海		7130	1064	8	41	3	
宁　夏	29	8731	4505	230	183		
新　疆		10658	3314	144	1815		

对个人和家庭补助支出	抚恤金和生活补助	其他资本性支出	各种设备购置费	资产总计（千元）	固定资产原值	实际使用房屋建筑面积（万平方米）	教学用房面积	实际拥有产权面积（万平方米）
219753	**4858**	**187151**	**47322**	**2066523**	**1539194**	**109.00**	**75.07**	**76.79**
3131		17424	14397	189981	100634	2.61	2.23	
13002	356	1588	1588	104248	60664	3.40	2.06	3.17
17571	776	2116	1644	78406	58289	7.49	4.96	4.93
6619	143	714	667	71364	69048	5.17	4.06	2.67
5745	60	922	322	68317	61404	2.96	1.61	1.62
560	51	4	4	7878	7800	0.79	0.46	0.24
2983		437	437	53933	24317	0.58	0.26	
58323	986	7528	1852	195020	150255	15.04	11.90	13.64
13519	63	5323	627	50433	44085	13.58	9.77	10.33
1529	43	203	190	15654	10759	2.04	1.31	0.38
9098	325	4863	3673	126936	93570	4.19	1.70	0.61
1902		28		8808	6377	0.62	0.62	
3612	73	791	351	43042	37076	5.36	3.19	4.09
5665	376	132	43	38087	31362	3.85	2.94	2.31
8397	123	2812	1476	278277	267953	7.62	6.46	5.50
1907		465	165	26213	21919	2.08	1.48	2.08
37199	284	26820	5585	228931	196819	11.05	6.70	9.69
13583	684	9628	5370	89875	67214	2.47	2.28	2.29
1426	15	645		154402	57777	2.31	0.50	2.31
1		88109	1651	59633	18474	4.12	3.36	1.48
1381	109	444	444	47210	44903	1.49	1.06	1.49
1161	28	276	147	38369	37636	2.71	1.48	2.19
4192	24	247	247	20655	17963	1.06	0.48	1.06
4212	238	14623	5623	17349	17349	3.38	2.15	2.26
3035	101	1009	819	53502	35547	3.07	2.08	2.46

2013年全国文化艺术

	机构数（个）	从业人员（人）	专业技术人才	正高级职称	副高级职称	中级职称
总　计	**225**	**4739**	**3676**	**455**	**681**	**1425**
按行业分类						
文化科技研究	72	1834	1390	122	204	540
综合性艺术研究	108	2313	1845	303	433	719
地方戏艺术研究	37	414	324	21	30	113
其他科研机构	8	178	117	9	14	53
按经费来源分类						
科研经费	14	1181	871	154	210	364
文化经费	205	3198	2477	281	448	937
其他经费	6	360	328	20	23	124
按隶属关系分类						
中央	2	738	597	134	157	232
省级	34	1183	897	139	197	324
地级	143	2232	1779	179	309	736
县级	46	586	403	3	18	133
按部门分类						
文化部门	224	4732	3670	454	679	1423
其他部门	1	7	6	1	2	2

科研机构基本情况

本年完成科研项目(个)	国家级	省级	本年度科研项目获奖情况(个)	获国家级奖	获省部级奖	所办刊物(种)	申请专利数(个)
186	**55**	**100**	**174**	**61**	**100**	**75**	**30**
39	13	23	29	14	13	27	25
132	40	76	120	34	75	35	4
15	2	1	18	11	7	12	1
			7	2	5	1	
15	10	5	5	2	3	3	21
170	45	94	168	59	96	71	9
1		1	1		1	1	
9	9		1		1		1
83	24	59	63	11	50	27	24
71	19	22	105	48	46	43	4
23	3	19	5	2	3	5	1
186	55	100	174	61	100	75	30

续表 1

	论文及资料		本年收入合计(千元)			
	专著数(册)	论文数(省级及以上刊物公开发表)(篇)		财政补贴收入	事业收入	上级补助收入
总　　计	**134**	**968**	**1056017**	**896387**	**61614**	**14989**
按行业分类						
文化科技研究	26	287	318093	240337	10727	2208
综合性艺术研究	87	641	621551	548998	48070	10128
地方戏艺术研究	17	36	73096	67275	65	2463
其他科研机构	4	4	43277	39777	2752	190
按经费来源分类						
科研经费	10	54	418325	359004	48730	935
文化经费	122	910	562876	520682	11291	13895
其他经费	2	4	74816	16701	1593	159
按隶属关系分类						
中央	10	48	318601	265222	46520	
省级	55	592	319085	231658	8840	9469
地级	56	306	391119	374675	4657	5119
县级	13	22	27212	24832	1597	401
按部门分类						
文化部门	134	968	1054108	894707	61614	14773
其他部门			1909	1680		216

本年收入合计(千元)			本年支出合计(千元)				在支出合计中
附属单位上缴收入	经营收入	其他收入		基本支出	项目支出	经营支出	工资福利支出
	58043	**24984**	**1030044**	**617559**	**340813**	**57860**	**280566**
	57266	7555	313490	187464	63913	57059	94417
	777	13578	618787	373581	240399	777	158419
		3293	75039	39846	30451	24	18064
		558	22728	16668	6050		9666
	903	8753	419907	223876	194680	903	90801
	777	16231	535592	375894	145533	801	175671
	56363		74545	17789	600	56156	14094
		6859	320559	164744	155814		60288
	58043	11075	312125	161586	92550	57836	78984
		6668	371005	271027	89867		127683
		382	26355	20202	2582	24	13611
	58043	24971	1028287	615982	340633	57860	280170
		13	1757	1577	180		396

续表 2

	商品和服务支出	差旅费	劳务费	福利费	各种税金支出	对个人和家庭补助支出
总　计	**335953**	**11211**	**35527**	**3110**	**1365**	**232318**
按行业分类						
文化科技研究	55453	3346	6020	448	718	62430
综合性艺术研究	260753	6319	25994	2299	577	148074
地方戏艺术研究	12913	1016	2539	105	5	16570
其他科研机构	6834	530	974	258	65	5244
按经费来源分类						
科研经费	190753	4476	20263	1628	603	78697
文化经费	143079	6625	15154	1465	762	148904
其他经费	2121	110	110	17		4717
按隶属关系分类						
中央	173339	2919	17506	1478	532	56164
省级	86434	3547	8301	731	255	74111
地级	69453	4436	8645	778	576	99594
县级	6727	309	1075	123	2	2449
按部门分类						
文化部门	335686	11176	35527	3108	1365	231714
其他部门	267	35		2		604

抚恤金和生活补助	其他资本性支出	各种设备、交通工具、图书购置费	资产总计(千元)	固定资产原值	实际使用房屋建筑面积(万平方米)	科研房屋面积	实际拥有产权面积(万平方米)
5964	**35809**	**14344**	**1349627**	**712427**	**21.36**	**5.66**	**16.86**
3746	8452	4630	319529	161581	4.34	1.33	3.63
1873	26017	8650	983873	530847	15.81	3.70	12.42
286	1187	911	21627	16960	0.78	0.53	0.82
59	153	153	24598	3039	0.44	0.09	
1244	24793	8201	907049	493448	11.34	0.93	11.12
3012	11016	6143	317140	169634	9.53	4.72	4.29
1708			125438	49345	0.49	0.00	1.45
288	23810	7517	869971	474510	10.80	0.63	10.80
980	5260	2952	318586	160517	6.42	3.93	4.00
4637	5885	3054	151091	69206	3.47	0.80	1.97
59	854	821	9979	8194	0.67	0.29	0.09
5964	35809	14344	1349350	712150	21.31	5.60	16.86
			277	277	0.05	0.05	

2013年各地区文化

地　区	机构数（个）	从业人员（人）				
			专业技术人才			
				正高级职称	副高级职称	中级职称
全　国	**225**	**4739**	**3676**	**455**	**681**	**1425**
北　京						
天　津	1	25	24	2	4	12
河　北	11	113	94	16	13	22
山　西	27	876	650	32	68	230
内蒙古	10	138	109	14	25	52
辽　宁	11	186	136	14	26	67
吉　林	9	158	134	19	39	44
黑龙江	4	70	59	9	17	22
上　海	2	47	23	1	6	16
江　苏	10	110	100	22	15	36
浙　江	7	146	121	28	16	31
安　徽	11	134	118	9	15	39
福　建	10	110	87	12	20	37
江　西	14	292	262	10	35	108
山　东	6	93	82	12	17	34
河　南	18	174	144	18	25	54
湖　北	12	155	89	16	23	42
湖　南	7	91	70	8	19	20
广　东	7	91	59	15	16	20
广　西	10	165	132	9	20	52
海　南						
重　庆	1	36	27	1	4	14
四　川	6	416	264	17	49	131
贵　州	2	21	19	3		8
云　南	9	85	76	8	14	24
西　藏	1	18	5	1	2	2
陕　西	11	133	100	7	16	43
甘　肃	1	24	24	3	5	7
青　海	1	15	10		4	5
宁　夏	2	31	27	10	4	7
新　疆	2	48	34	5	7	14

艺术科研机构基本情况

本年完成科研项目(个)	国家级	省级	本年度科研项目获奖情况(个)	获国家级奖	获省部级奖	所办刊物(种)	申请专利数(个)
186	**55**	**100**	**174**	**61**	**100**	**75**	**30**
3		3	4		4		
1		1	8	2	6	3	
2	1	1	7	5	2	5	21
19	1	18				5	
6	2	4	26		26	2	
9	3	6	1	1		4	
3		3	3	1	2		
						1	
36	7	13	12	4	6	3	
6	2	1	5	3		3	
1		1				3	
2		2	6	3	3	3	
1			6		6	2	
9	3	6	18	5	13	1	
34	11	12	19	12	7	5	4
12	6	6	13	7	6	4	
4	2	2	20	13	7	2	
5	3	2	6	1	5	6	
8		8	6	1	3	3	3
1	1						
6		6	3	2	1	2	1
						2	
						3	
						2	
2		2	9		2	6	
4	1	3	1	1		1	
						1	
						1	
3	3					2	

续表 1

地区	论文及资料		本年收入合计(千元)			
	专著数(册)	论文数(省级及以上刊物公开发表)(篇)		财政补贴收入	事业收入	上级补助收入
全国	**134**	**968**	**1056017**	**896387**	**61614**	**14989**
北京						
天津	7	30	4937	4773		150
河北	5	11	14659	14242		350
山西	9	22	67727	61551	3339	814
内蒙古	9	41	25377	25343		10
辽宁	4	50	25326	25326		
吉林	7	20	29701	29339	67	180
黑龙江		22	11368	11364		3
上海	2	16	11856	7774	2401	1200
江苏	5	45	35179	30057	2	961
浙江	5	19	108862	49865	530	838
安徽		5	16693	15636	59	975
福建	9	82	42299	38443	294	3509
江西	1	2	23118	22806	291	21
山东	8	34	17370	17000		
河南	9	109	22113	21628		226
湖北	5	52	26825	24661	1349	421
湖南	5	70	11820	11248	329	
广东	8	32	25432	24068	225	493
广西	5	56	36889	32407	726	375
海南						
重庆		27	27040	22646	2115	600
四川	12	26	93442	88067	2661	
贵州		25	6095	5703		
云南		6	11565	11093	119	71
西藏			2863	2863		
陕西	3	65	17093	16036	178	437
甘肃	2	18	2803	2803		
青海			2715	2591		123
宁夏		15	5481	5083		
新疆	4	20	10768	6749	409	3232

本年收入合计(千元)			本年支出合计(千元)				在支出合计中
附属单位上缴收入	经营收入	其他收入		基本支出	项目支出	经营支出	工资福利支出
	58043	**24984**	**1030044**	**617559**	**340813**	**57860**	**280566**
		14	6352	4667	1685		1766
		67	13982	12946	97		5756
	903	1120	67680	51378	8561	903	20777
		24	29302	20143	7207		10729
			24209	22276	1933		10562
		115	33830	23277	10271		8667
		1	11063	8012	3051		3569
		481	12961	6659	6302		3864
		4159	34577	25648	8929		10203
	56363	1266	105530	22832	26179	56156	17380
		23	16465	14799	1261	24	5465
		53	43265	15667	27598		7881
			22205	20782	584		11323
		370	16479	13824	2655		7066
		259	21087	19451	1082		10158
		394	26242	19669	6573		9143
	160	83	11078	10106	812	160	4727
		646	22258	17227	4457		7576
		3381	36522	27366	8984		10144
	306	1373	26802	2773	23723	306	1798
		2714	69758	51279	18469		29575
		392	5058	1733	2590		1197
		282	14708	9371	5325		4242
			2863	2863			1262
		442	16062	12002	3980		6618
			2803	1803	1000		982
		1	2580	2246	334		1052
		398	5779	4979	720		2935
	311	67	7985	7037	637	311	3861

续表 2

地区	商品和服务支出	差旅费	劳务费	福利费	各种税金支出	对个人和家庭补助支出
全 国	**335953**	**11211**	**35527**	**3110**	**1365**	**232318**
北 京						
天 津	1722	17	31	37		2791
河 北	1613	111	30	67		4190
山 西	17067	860	1567	271	52	9390
内蒙古	10103	708	880	114		5248
辽 宁	2768	181	152	10	30	9311
吉 林	9682	325	505	24	3	13403
黑龙江	3452	306	108	11		3804
上 海	6214	253	2	168	1	1757
江 苏	12815	205	1984	22	53	11216
浙 江	7624	419	2289	110	2	7232
安 徽	2547	146	467	10		6956
福 建	3395	517	1064	28	7	6551
江 西	3111	231	86	8		5863
山 东	2981	86	76	6	23	5644
河 南	2345	227	151	98		7422
湖 北	6090	120	120	115		9734
湖 南	1031	164	61	45	30	3766
广 东	4859	410	748	35	74	9458
广 西	8249	602	2036	27		16130
海 南						
重 庆	24083	370	1631	9		688
四 川	13262	1375	2836	205	83	19628
贵 州	3085	163	164		444	490
云 南	5528	34		7		4005
西 藏	226	45	1			1375
陕 西	4204	195	243	14	7	4576
甘 肃	1045	67	10	65		683
青 海	501	23	19	1		1027
宁 夏	1196	51	274	1		1562
新 疆	1816	81	486	124	24	2254

抚恤金和生活补助	其他资本性支出	各种设备、交通工具、图书购置费	资产总计（千元）	固定资产原值	实际使用房屋建筑面积（万平方米）	科研房屋面积	实际拥有产权面积（万平方米）
5964	**35809**	**14344**	**1349627**	**712427**	**21.36**	**5.66**	**16.86**
	73	73	7273	587	0.12	0.12	
174	177	177	3729	2624	0.17	0.01	
188	4816	2806	33170	28428	2.04	0.59	1.55
177	517	411	15900	5704	0.50	0.30	0.33
211	89	70	6370	5594	0.27	0.13	
188	451	390	19448	13432	0.47	0.21	0.51
64	238	233	3760	3170	0.17		0.13
	187		7290	2655	0.21	0.07	
126	343	124	9224	4813	0.41	0.10	0.06
44	493	427	156093	50881	0.70	0.13	1.58
77	193	73	3020	2714	0.29	0.21	0.27
610	977	973	19386	12259	0.30	0.14	0.07
1732	20	10	7281	4542	0.29	0.20	0.25
65	7	7	5119	2644	0.13	0.04	
146	403	29	20541	13879	0.38	0.02	0.01
71	423	423	8087	6541	0.31	0.17	0.21
144	21	20	5150	4027	0.20	0.02	0.25
36	358	317	16603	5906	0.31	0.01	0.08
387	575	48	9543	5160	0.07	0.05	
9	233		24569	24569	1.55	1.55	
736	89	11	51305	13809	0.25	0.13	
	104		8412	812	0.01		
7	919	27	5122	3143	0.02		
			875	875	0.27	0.27	
316	70	31	13252	8889	0.87	0.35	0.79
67	93	93	2271	1112			
			1252	776			
43	76		3227	2140	0.08	0.06	
58	54	54	12384	6232	0.18	0.16	

2013年全国动漫

	机构数(个)	从业人员(人)	具有大专以上学历人员	通过动漫人才专业认证的专业人员	资产、负债、所有者权益(千元)		
					资产总计	固定资产原价	当年提取的折旧总额
总　计	**525**	**31127**	**26653**	**4420**	**103635748**	**11054050**	**14725463**
按城乡分							
城市	508	30422	26064	4293	102843371	11019831	14716492
县城	17	705	589	127	792377	34219	8971
县以下							
按登记注册类型分							
内资企业	519	30606	26253	4411	102881966	10764447	14668205
港澳台商投资企业	2	318	239		634797	273187	51236
外商投资企业	4	203	161	9	118985	16416	6022
按部门分							
文化部门	192	10301	8842	2353	13353840	1399862	504821
其他部门	333	20826	17811	2067	90281908	9654188	14220642
按机构类型分							
漫画创作企业	56	1983	1788	325	5337224	122061	20514
动画创作、制作企业	395	24805	21081	3719	95565035	10651015	14640890
网络动漫(含手机动漫)创作制作企业	28	1704	1516	228	815350	61282	22359
动漫软件开发企业	28	1801	1620	117	1544604	115664	34066
动漫衍生产品研发设计企业	18	834	648	31	373535	104028	7634

企业基本情况

				损益(千元)						
负债合计	所有者权益合计	实收资本(股本)	国家资本金	营业总收入	主营业务收入	自主开发生产动漫产品收入	营业总成本	养老、失业等保险费	住房公积金和住房补贴	差旅费
44148913	**59486835**	**43908561**	**560749**	**13975435**	**12628328**	**9426894**	**12491632**	**263256**	**82885**	**231113**
43607554	59235817	43704865	568073	13794412	12449728	9276458	12312846	261661	82618	228611
541359	251018	203696	-7324	181023	178600	150436	178786	1595	267	2502
43955440	58926526	43556822	562727	13890676	12543638	9393487	12407228	261049	82406	230176
167048	467749	266819	-1978	71457	71388	21042	68414	2046	470	604
26425	92560	84920		13302	13302	12365	15990	161	9	333
3406820	9947020	7977761	460021	2041410	1965740	756485	1993059	55340	35801	34964
40742093	49539815	35930800	100728	11934025	10662588	8670409	10498573	207916	47084	196149
508967	4828257	3795846	505030	986880	948164	235034	1069293	17232	3136	16685
42574776	52990259	39306489	58522	12002621	10702794	8537408	10510076	221926	75710	201479
276252	539098	229800	51	224580	224485	137193	211782	6860	1318	2938
659087	885517	484049	7500	480706	473058	342846	434875	12183	1713	7090
129831	243704	92377	-10354	280648	279827	174413	265606	5055	1008	2921

续表

	损益(千元)					
	营业总成本		营业利润	营业外收入		营业外支出
	工会经费	动漫产品研究开发经费			政府补助(补贴收入)	
总　计	**66384**	**4052335**	**1483803**	**2113062**	**2041722**	**155672**
按城乡分						
城市	66268	4031930	1481566	2089262	2027268	155551
县城	116	20405	2237	23800	14454	121
县以下						
按登记注册类型分						
内资企业	66283	4014281	1483448	2095878	2024600	155408
港澳台商投资企业		35711	3043	13433	13404	264
外商投资企业	101	2343	-2688	3751	3718	
按部门分						
文化部门	2647	379148	48351	1262577	1251941	38163
其他部门	63737	3673187	1435452	850485	789781	117509
按机构类型分						
漫画创作企业	605	108861	-82413	46797	45023	55720
动画创作、制作企业	65240	3782509	1492545	2009117	1953519	88683
网络动漫(含手机动漫)创作制作企业	215	45424	12798	15863	14940	2616
动漫软件开发企业	214	84799	45831	34006	22516	5238
动漫衍生产品研发设计企业	110	30742	15042	7279	5724	3415

	工资、福利费、税金(千元)								
利润总额	本年发放工资总额	本年支付的职工福利费	本年应缴税金总额	经营面积(万平方米)	原创漫画作品(部)	原创动画作品(部)	网络动漫(含手机动漫)下载次数(次)	动漫舞台剧演出场次(次)	自主知识产权动漫软件(套)
3441193	**1333666**	**83614**	**1283997**	**64.35**	**9761**	**5206**	**2228235171**	**747**	**1299**
3415277	1308917	82342	1278095	62.06	9617	5172	2207033532	714	1251
25916	24749	1272	5902	2.29	144	34	21201639	33	48
3423918	1294102	82016	1281272	62.96	9721	5193	2228235171	747	1287
16212	28426	1157	2304	0.99		4			6
1063	11138	441	421	0.41	40	9			6
1272765	399745	18392	102388	25.47	1463	1722	1279203729	471	805
2168428	933921	65222	1181609	38.90	8298	3484	949031442	276	494
-91336	96911	5540	40310	3.15	410	117	425318558	273	46
3412979	1067410	70038	1181146	51.71	2565	4511	1051222340	451	389
26045	59510	2322	9379	3.03	6295	115	635009935	1	602
74599	68143	4934	26873	2.52	353	429	7684338	20	190
18906	41692	780	26289	3.95	138	34	109000000	2	72

2013年各地区动漫

地区	机构数(个)	从业人员(人)	具有大专以上学历人员	通过动漫人才专业认证的专业人员	资产、负债、所有者权益(千元)			
					资产总计	固定资产原值	当年提取的折旧总额	负债合计
全国	**525**	**31127**	**26653**	**4420**	**103635748**	**11054050**	**14725463**	**44148913**
北京	59	2612	2300	166	1517200	170651	77078	869799
天津	20	805	742	11	1466146	91484	10368	684403
河北	13	482	442	138	234005	24300	2690	24525
山西	6	206	131	29	89741	4353	772	27535
内蒙古	4	115	107	15	79042	350994	4022	3431
辽宁	14	938	731	125	293687	50333	6454	123852
吉林	3	560	501	7	232385	36976	15256	245840
黑龙江	14	1258	1075	104	222947	44718	6808	76342
上海	32	1117	884	136	1976045	103077	13074	524771
江苏	74	2881	2419	412	1355816	254625	35902	669501
浙江	27	1202	1018	147	4798591	540450	432873	1676528
安徽	25	1247	1122	273	373117	25357	13202853	144202
福建	31	1836	1560	151	72271618	3505960	320562	33453907
江西	13	1453	1350	416	173071	46199	17620	52846
山东	10	608	498	103	197858	46500	7966	106147
河南	19	811	673	175	367579	30136	5962	52651
湖北	20	1612	1475	142	1256973	247803	50841	425424
湖南	24	2711	2350	1077	4262520	156364	12663	443490
广东	61	6052	5058	460	11592852	5186618	464707	4192527
广西	9	323	295	69	30177	9334	1638	10783
海南	1	47	43		24731	120	22	89
重庆	5	392	346	89	166293	20047	2849	54163
四川	7	501	429	16	81351	20225	12147	48487
贵州	6	159	145	31	34248	6486	1846	2346
云南	9	346	242	39	133999	17721	10218	65013
西藏								
陕西	8	329	307	61	156963	41424	4432	59818
甘肃	2	269	235	13	133931	10390	937	88532
青海								
宁夏	3	53	48	3	59866	2665	178	13095
新疆	6	202	127	12	52996	8740	2725	8866

企业基本情况

			损益(千元)					
所有者权益合计	实收资本(股本)	国家资本金	营业总收入	主营业务收入	自主开发生产动漫产品收入	营业总成本	养老、失业等保险费	住房公积金和住房补贴
59486835	**43908561**	**560749**	**13975435**	**12628328**	**9426894**	**12491632**	**263256**	**82885**
647401	318962	5000	483400	478530	301803	536842	23679	7017
781743	680000		266969	266433	104124	262259	5904	920
209480	88587	2030	29006	28425	7221	42065	1432	271
62206	35891		10689	10689	7069	11760	91	14
75611	36580		6500	5964	5103	8627	535	90
169835	65490	-15000	178086	177429	75598	113914	10820	3977
-13455	45000		19851	19851	12583	45149	1939	544
146605	70127	5500	114231	113614	62504	108435	1681	78
1451274	748395	525463	769847	764675	106314	852342	15898	3222
686315	503217	37995	427925	417953	315792	488505	18399	1952
3122063	2766042	-58885	251196	239888	150307	260438	6963	25916
228915	163668	3000	264538	261261	125730	226130	5292	904
38817711	30354300	20500	2944375	2938431	2824760	2420932	108376	23986
120225	78080	300	235785	199227	52751	200639	1377	356
91711	67825	10000	57373	53692	35956	55559	4627	6
314928	151370	5000	43054	39268	32742	57002	1354	564
831549	162699		496592	484550	194717	303530	3054	3018
3819030	3281859	4999	549518	542853	260696	560546	13722	1139
7400325	3886054	-2154	6437666	5210355	4624156	5573337	30005	7752
19394	17099		24746	23286	16302	24479	812	108
24642	10000		12987	12985	9280	10977	239	
112130	59000	14950	113250	112083	1720	108234	929	
32864	28395	1280	42393	41972	33552	47989	1710	66
31902	26249		15882	15828	9841	8112	730	185
68986	83560		57087	55982	27383	57433	1820	529
97145	66716	700	69105	69105	19812	64799	994	12
45399	37500	20	7571	7571	4059	9725	231	259
46771	42046	51	17430	17430		12550	240	
44130	33850		28383	18998	5019	19323	403	

续表

地区	损益(千元)							
		营业总成本						
	差旅费	工会经费	动漫产品研究开发经费	营业利润	营业外收入	政府补助(补贴收入)	营业外支出	利润总额
全国	**231113**	**66384**	**4052335**	**1483803**	**2113062**	**2041722**	**155672**	**3441193**
北京	13120	934	65395	-53442	42583	36588	4218	-15077
天津	3174	75	34323	4710	16949	15470	1337	20322
河北	619	57	5281	-13059	1134	927	1001	-12926
山西	1124	6	4790	-1071	3523	3445	1108	1344
内蒙古	309	11	1210	-2127	1212	210	99	-1014
辽宁	6377	360	20624	64172	3644	1661	13689	54127
吉林	1159	195	16522	-25298	7371	7360	210	-18137
黑龙江	1072	152	9173	5796	7189	6417	198	12787
上海	5815	498	21575	-82495	57354	55612	56762	-81903
江苏	7250	421	83829	-60580	63460	54477	20544	-17664
浙江	3915	352	119125	-9242	1163611	1161297	522	1153847
安徽	2119	140	36539	38408	6866	6600	4644	40630
福建	80767	420	603128	523443	421907	420257	25796	919554
江西	1936	318	6850	35146	1330	419	552	35924
山东	627	4	13105	1814	3484	3337	7541	-2243
河南	1102	31	18077	-13948	10423	10225	293	-3818
湖北	2992	53	23690	193062	39046	13954	1594	230514
湖南	12574	883	123176	-11028	33663	31678	6234	16401
广东	78363	60438	2808013	864329	192357	185631	8225	1048461
广西	1348	160	6989	267	1587	950	50	1804
海南	74	3	6626	2010	7992		3	9999
重庆	758		300	5016	8578	8575	38	13556
四川	1367	188	4995	-5596	2801	2723	70	-2865
贵州	137	21	1475	7770	8		40	7738
云南	839	72	5918	-346	1257	1256	-177	1088
西藏								
陕西	573	388	7257	4306	5889	4823	835	9360
甘肃	163	18	754	-2154	3			-2151
青海								
宁夏	1210	156	2039	4880			1	4879
新疆	230	30	1557	9060	7841	7830	245	16656

工资、福利费、税金(千元)			经营面积(万平方米)	原创漫画作品(部)	原创动画作品(部)	网络动漫(含手机动漫)下载次数(次)	动漫舞台剧演出场次(次)	自主知识产权动漫软件(套)
本年发放工资总额	本年支付的职工福利费	本年应缴税金总额						
1333666	**83614**	**1283997**	**64.35**	**9761**	**5206**	**2228235171**	**747**	**1299**
155734	4368	32546	4.52	500	213	226305669	1	148
28850	655	6194	1.61	103	31	4443795	2	31
17957	687	4076	0.67	744	49	10650	23	9
2592	147	324	0.18	18	52	175		1
3441	107	5156	0.26	31	268	110000		
47004	2479	12381	1.63	35	91	200		7
17703	443	685	0.20	307	325			15
11871	125	10706	1.86	447	371	1919744		11
69384	5873	30472	1.38	43	25	50631854	15	11
109260	3976	15701	12.57	46	115	13754960	17	27
45277	1734	12819	3.78	974	120	388647183	2	27
38481	1893	6912	2.88	6	50	6652038	20	535
89201	36396	641348	4.27	327	148	64481580	11	76
54320	1825	15556	2.12	104	151	745555632	85	121
13311	859	4109	0.58	7	25	8700006		12
21851	558	1420	1.87	92	78	25934121	312	27
44380	1443	8339	1.62	32	40	26264850	16	34
88258	5190	19187	3.90	4334	782	582499450	33	31
386527	9947	442451	6.74	117	2020	70832757	205	90
8787	353	1053	0.68	7	33	5040000	5	2
1666	108	239	0.22					23
20663	118	3957	0.63					
21733	870	1666	0.20	2	8	801000		8
2720	225	679	1.11	7	7			2
14259	380	1602	5.20	12	24	59194		29
10726	2749	3258	1.06	184	28	130313		9
2531	54	183	1.94	12	16			
1082	2	108	0.02		5			1
4097	50	870	0.65	1270	131	5460000		12

2013年全国文化行政

	机构数(个)	从业人员(人)	文化类人员	本年收入合计(千元)	财政补贴收入
总　计	**3240**	**71773**	**41208**	**33307652**	**31199499**
省区市	31	2371	1777	3454731	3097850
地市	336	12401	7833	6962546	6726014
县市区	2872	56398	31598	21361089	19903538

续表 1

	本年收入合计(千元)				
	在支出合计中：				
	工资福利支出	商品和服务支出	差旅费	劳务费	福利费
总　计	**4191279**	**10983051**	**280580**	**625982**	**56162**
省区市	206872	1443308	40590	51322	2651
地市	927928	2437515	69058	116478	12341
县市区	2989978	6526499	154372	450646	40632

主管部门基本情况

文化类经费				本年支出合计(千元)		
	行政运行	一般行政管理事务	文化活动等经费		基本支出	项目支出
22472607	**5228225**	**1521272**	**10717517**	**31836665**	**10601831**	**19486175**
2722134	338692	78572	1981684	3285829	531696	2636086
5335958	1301993	309412	2429657	6805746	2441770	4238611
13628309	3522107	1099688	5619003	20427372	7381483	11540642

税金支出	对个人和家庭补助支出	抚恤金和生活补助	其他资本性支出	各种设备购置费	资产总计(千元)	固定资产原价
17534	**2176327**	**188621**	**3625123**	**1265897**	**34514056**	**16901224**
113	209852	11405	521805	420574	4399352	1326165
1299	662916	33088	613570	181770	9896774	3726767
16033	1209451	112814	2322581	635673	17441481	10018094

续表 2

	实际使用房屋建筑面积（万平方米）	实际拥有产权面积（万平方米）	本辖区内非物质文化遗产名录		
			国家级项目（个）	保护单位个数	省级项目（个）
总　计	**596.79**	**404.45**	**1219**		**9647**
省区市	53.88	48.19	1687	1892	9647
地市	114.77	50.66	1298	1159	5503
县市区	397.01	276.08	1736	1518	7681

续表 3

	本辖区内非物质文化遗产代表性传承人				
	学徒人数	省级代表性传承人（人）	学徒人数	市级代表性传承人（人）	健在人数
总　计	**791468**	**7713**	**1160290**	**13456**	**12739**
省区市	6266	7713	32749		
地市	722093	4908	823010	13456	12739
县市区	63109	7438	304531	19822	19000

	本辖区内非物质文化遗产名录				
保护单位个数	市级项目（个）	保护单位个数	县级项目（个）	保护单位个数	国家级代表性传承人（人）
7417	**14864**	**10715**	**63603**	**34055**	**1986**
7417					1385
4386	14864	10715			889
5491	19842	12517	63603	34055	1148

		辖区内非物质文化遗产生态保护区			
县级代表性传承人（人）	健在人数	国家级	省级	市级	县级
60357	**56441**	**15**	**62**	**132**	**856**
		10	62		
		17	65	132	
60357	56441	96	213	370	856

2013年各地区文化行政

地　区	机构数（个）	从业人员（人）		本年收入合计（千元）			
			事业编制人员		财政补贴收入		
						文化类经费	
							行政运行
全　国	**3240**	**71773**	**41208**	**33307652**	**31199499**	**22472607**	**5228225**
北　京	18	793	761	2174494	2098011	1404724	102867
天　津	17	446	351	330368	323681	214914	76984
河　北	189	4656	2610	1029917	984852	744475	265875
山　西	131	1976	1301	835630	828208	626366	134942
内蒙古	116	2174	1088	746753	730880	593065	225928
辽　宁	98	1668	977	691849	678100	451993	134750
吉　林	70	1111	780	506732	420625	298511	111815
黑龙江	142	1894	1154	412979	404954	275994	103372
上　海	18	481	285	838234	739815	549089	94407
江　苏	116	2894	1757	1732937	1631552	1368542	452774
浙　江	103	2586	1650	1946141	1691593	1295657	314941
安　徽	125	2561	1543	1025357	951617	755180	165605
福　建	96	1503	933	1402219	1313234	842572	118181
江　西	114	2479	1538	605627	533468	398350	93663
山　东	162	3525	2701	1259932	1238005	991611	287814
河　南	174	4073	2714	749354	713985	693082	207157
湖　北	124	2401	1439	793862	736201	547959	155368
湖　南	141	2876	1585	930517	889452	538126	182653
广　东	153	4356	2202	2349215	2194110	1494453	394778
广　西	122	1894	1017	1157175	1044394	759096	127457
海　南	24	420	191	683205	658126	532143	48131
重　庆	40	845	461	706700	691023	533950	88682
四　川	206	5859	2979	2572813	2429896	1792178	385783
贵　州	99	4445	2340	1065850	925732	630284	154002
云　南	147	3695	1848	1261622	1207095	745232	183677
西　藏	82	776	294	193718	185645	150899	55956
陕　西	120	2715	1169	1284021	1123798	894223	130210
甘　肃	103	2611	1727	597537	575160	422417	136662
青　海	55	482	280	557636	523777	355205	43717
宁　夏	26	618	379	366100	354730	186338	42141
新　疆	108	2357	1154	969872	905683	599773	142500

主管部门基本情况

		本年支出合计(千元)	基本支出	项目支出	在支出合计中：			
一般行政管理事务	文化活动等经费				工资福利支出	商品和服务支出	差旅费	劳务费
1521272	**10717517**	**31836665**	**10601831**	**19486175**	**4191279**	**10983051**	**280580**	**625982**
10568	988419	1967125	180254	1782837	92763	619157	1173	17993
2350	55203	292494	121696	170797	39740	149725	490	5280
61824	316802	990496	450420	503032	200148	289920	5095	19387
47372	329089	839853	342255	473040	109758	279070	6149	13635
24381	224103	774385	501225	254120	130916	367764	13881	39973
39983	156032	678178	274548	351602	96763	224217	4703	15661
29528	99788	381913	170543	195504	64797	162635	5055	6474
27012	101714	429328	238406	168161	82992	174774	5457	5868
46547	368311	875584	178840	530666	62815	473631	3208	3169
99899	671206	1731907	667355	966351	273630	543510	11067	47379
69399	655348	1930971	483716	1343882	290799	795704	15031	46695
51638	172701	823766	366854	376277	143126	220116	6181	14411
54688	315820	1327380	403687	894904	111371	390715	7204	26376
22678	103731	571810	242430	293452	112330	104193	5523	6177
49701	429163	1249977	431298	687798	184303	436374	8488	19509
106459	241456	771349	448355	253591	167946	252007	10572	18849
41369	271705	791593	273239	502073	124286	190906	7610	3815
53195	248570	920308	435848	464061	149717	478044	8793	19520
122427	679266	2351638	681538	1487840	346034	829351	20148	42716
75515	306969	1081475	289799	718598	94239	346275	13189	8069
10750	340556	619787	86238	514992	46080	245205	4567	15716
50674	262177	738260	172736	525917	51349	256734	9527	17646
129671	723825	2331659	691797	1511744	308279	859490	31215	68168
87236	263704	969675	425160	451394	177604	271958	16799	28100
57864	293443	1215085	433227	748996	175152	557278	11647	17692
18988	66380	193863	73172	115647	47925	55617	1157	230
21601	645466	1260335	340392	805480	130914	279849	6643	25615
26340	145394	662948	389317	215273	110807	176499	6015	9573
2610	256663	399264	118824	263492	30833	92188	5453	7709
11980	58598	367758	119748	234784	40838	94557	3803	13897
33425	238742	978783	322032	609034	126524	189859	8177	33144

续表 1

地 区	福利费	税金支出	对个人和家庭补助支出	抚恤金和生活补助	其他资本性支出	各种设备购置费
全 国	**56162**	**17534**	**2176327**	**188621**	**3625123**	**1265897**
北 京	1381	336	49863	1302	285862	200278
天 津	1596	4	44930	2645	16046	4481
河 北	1778	120	70784	14410	161433	70352
山 西	651	75	41492	2712	98630	34622
内蒙古	6645	2733	64070	4586	122954	90653
辽 宁	333	849	66658	4495	123098	14315
吉 林	184	10	39563	1101	40328	18922
黑龙江	1081	116	64515	3192	30674	2800
上 海	2402	32	41783	784	72034	3152
江 苏	4428	793	163085	5562	115413	10978
浙 江	5377	260	141796	11580	118359	14331
安 徽	1493	993	106575	10954	75758	17978
福 建	728	212	73662	4070	145234	40676
江 西	1216	392	45468	3288	56193	5436
山 东	379	56	53194	3519	127698	52661
河 南	3184	381	67749	8299	71296	14944
湖 北	1928	53	60627	4178	49718	11524
湖 南	3916	591	60253	6837	79113	41225
广 东	5744	228	209639	8022	148547	61233
广 西	283	474	52198	3507	155488	21736
海 南	538	292	26824	2442	171502	23817
重 庆	431	3	49388	1190	85984	14164
四 川	3473	755	128836	13372	248443	88114
贵 州	2021	141	100356	9645	110598	73363
云 南	865	480	60719	6027	137276	19968
西 藏	14		8670	808	3100	266
陕 西	1258	200	47464	8490	237088	207107
甘 肃	1119	664	44842	3924	101208	6015
青 海	99	39	25172	2096	68397	17409
宁 夏	339	19	20592	1568	66611	25651
新 疆	740	6144	51452	2702	133873	29846

资产总计(千元)		实际使用房屋建筑面积(万平方米)	实际拥有产权面积(万平方米)	本辖区内非物质文化遗产名录		
	固定资产原值			国家级项目(个)	省级项目(个)	市级项目(个)
34514056	**16901224**	**596.79**	**404.45**	**1219**	**9647**	**14864**
1846590	960612	13.57	2.32		213	
500197	45218	2.20	0.52		129	
583221	371629	47.26	16.58		614	363
586677	427558	11.29	7.29		406	976
882250	466821	21.45	15.52		342	564
628903	281084	16.88	14.42		190	239
979452	202242	3.21	4.87		291	83
393191	270447	13.09	6.23		236	349
1359566	468928	6.27	4.49		179	
1478341	660549	23.34	18.84		298	347
984370	370498	14.45	10.08		737	1626
666462	444717	13.49	7.15		239	610
1937632	831093	20.82	2.98		353	344
507293	297012	18.29	10.63		488	351
1028657	599757	27.18	11.28		269	1811
625522	335943	18.98	11.09		372	1164
673723	531211	22.86	20.52		296	523
482559	302588	13.99	12.98		238	670
5866502	1591571	35.85	20.48		348	273
547453	322258	16.05	9.52		291	194
736851	496581	33.96	32.72		72	1
557223	234545	9.02	3.98		278	
2470124	1298531	35.30	26.46		415	1072
872194	446464	20.03	18.67		401	337
1291432	804197	34.84	31.89		361	1434
267033	123196	10.56	11.14		322	106
967035	480877	15.93	10.21		441	525
508862	391549	16.05	11.30		264	248
438523	120791	3.86	1.78		209	
250925	198400	7.31	2.91		62	223
818844	694159	18.28	16.10		293	431

续表 2

地区	县级项目(个)	本辖区内非物质文化遗产代表性传承人				
		国家级代表性传承人(人)	学徒人数	省级代表性传承人(人)	学徒人数	市级代表性传承人(人)
全国	**63603**	**1986**	**791468**	**7713**	**1160290**	**13456**
北京	326		646	206	876	
天津	313		618	50	1700	
河北	2217		4980	320	108963	283
山西	2640		2916	614	19978	976
内蒙古	1310		784	399	2623	636
辽宁	551		2262	101	4961	362
吉林	430		361	12	6238	25
黑龙江	335		209	23	3056	401
上海	12		170	360	1149	
江苏	3002		1052	10	3815	440
浙江	6588		4674	929	70327	1239
安徽	3894		708199		767786	523
福建	705		1970	411	5309	419
江西	1105		1250		3792	616
山东	6178		3121	262	21580	1127
河南	5230		19743	641	52765	1324
湖北	2540		5394	452	17080	465
湖南	2751		14734	136	6105	381
广东	1108		1720	496	9195	339
广西	2158		5897	10	7759	155
海南	127		307	85	719	29
重庆	1729		859	441	5773	
四川	3150		1339	682	12388	1122
贵州	2115		1881	301	7345	281
云南	3653		2281		4390	1125
西藏	17		510	18	266	33
陕西	2887		1292	318	4071	423
甘肃	2689		673	1	3231	141
青海	691		239		153	
宁夏	339		456		1780	207
新疆	2813		931	435	5117	384

			辖区内非物质文化遗产生态保护区			
健在人数	县级代表性传承人（人）	健在人数	国家级	省级	市级	县级
12739	**60357**	**56441**	**15**	**62**	**132**	**856**
	1376	200				3
	150	147				
278	1976	1866		11		14
877	3011	2738	1	3	1	1
534	1845	1782		13	5	100
341	604	567				52
25	141	96				
395	370	362		3		22
	15	15				
440	2392	2282				8
1159	3125	2895	1	9	20	4
503	2880	2786	1		1	28
412	678	649	1	1	1	36
608	1073	923	1			56
963	3323	3065	1	8	2	7
1275	5108	4929		5	7	40
440	3784	3481			1	39
379	2325	2214	1			31
327	1219	1194	1	2	1	14
151	1630	1568	1		1	31
29	353	313				1
	1779	1718				3
1107	2603	2458	1		1	112
279	2246	2310	1	2		9
1071	4524	4387	2		91	82
33	50	39		1		
383	4160	4154	1			20
142	3653	3480				20
	637	641	1			5
210	208	262				
378	3119	2920		4		118

2013年全国文物行政

	机构数(个)	从业人员(人)	实有文物从业人员数	编制数(人)	文物从业人员编制数
总　计	**1072**	**12770**	**6867**	**9513**	**5442**
省区市	31	877	613	681	591
其中：独立编制文物局	19	626	531	642	560
行政部门内设机构	12	251	82	39	31
地市	188	2846	1634	2245	1385
其中：独立编制文物局	87	1606	1312	1336	1072
行政部门内设机构	101	1240	322	909	313
县市区	852	8958	4531	6492	3377
其中：独立编制文物局	261	4470	3422	3267	2605
行政部门内设机构	591	4488	1109	3225	772

续表 1

	基本支出	项目支出	在支出合计中：工资福利支出	商品和服务支出	差旅费
总　计	**984671**	**5297681**	**459451**	**2206393**	**35071**
省区市	94356	2340438	49027	783873	8459
其中：独立编制文物局	83521	2044234	44287	741105	5681
行政部门内设机构	10835	296204	4740	42768	2778
地市	328558	1180738	121763	598048	12898
其中：独立编制文物局	208230	734890	83911	243794	10836
行政部门内设机构	120328	445848	37852	354254	2062
县市区	536124	1616411	282031	689084	10426
其中：独立编制文物局	299215	867017	159490	251490	6066
行政部门内设机构	236909	749394	122541	437594	4360

主管部门基本情况

本年收入合计（千元）	财政补助收入	文物类经费	行政运行	一般行政管理事务	文物保护等经费	本年支出合计（千元）
6817682	**6330449**	**4753685**	**306558**	**135636**	**2945875**	**6841513**
2174667	2146533	2123697	73048	37107	1301465	2451958
1791573	1763739	1740903	64679	36417	1237258	2144919
383094	382794	382794	8369	690	64207	307039
1833950	1595604	1096946	97317	47850	769578	1713867
983319	877533	606617	73239	43132	398856	956965
850631	718071	490329	24078	4718	370722	756902
2626816	2406844	1462113	123184	40453	827138	2489961
1364104	1196885	966076	79278	30414	493721	1209714
1262712	1209959	496037	43906	10039	333417	1280247

劳务费	福利费	各种税金支出	对个人和家庭补助支出	抚恤金和生活补贴	其他资本性支出	各种设备购置费
63614	**5325**	**755**	**114206**	**7242**	**838553**	**59251**
4866	478	15	22094	325	210307	6700
4108	478	15	19626	319	204766	5642
758			2468	6	5541	1058
34088	981	14	40270	2690	271470	9372
20391	825	14	30310	1381	171168	8306
13697	156		9960	1309	100302	1066
23269	3866	726	44794	4004	321821	8224
12564	1805	678	20136	2353	111385	4246
10705	2061	48	24658	1651	210436	3978

续表 2

	资产总计(千元)	固定资产原值	实际使用房屋建筑面积(万平方米)	实际拥有产权面积(万平方米)	与国外文博机构合作项目数(个)
总　计	**4812440**	**1061477**	**55.06**	**35.43**	**122**
省区市	924916	148902	3.30	2.91	108
其中：独立编制文物局	887487	132775	3.30	2.91	96
行政部门内设机构	37429	16127			12
地市	1689060	297362	18.48	7.06	6
其中：独立编制文物局	1283361	192395	16.79	6.47	
行政部门内设机构	405699	104967	1.69	0.60	6
县市区	1985912	530061	28.85	21.77	
其中：独立编制文物局	1457138	336700	17.36	10.27	
行政部门内设机构	528774	193361	11.50	11.50	

续表 3

	全国重点文物保护单位	省级重点文物保护单位	市县级文物保护单位	本辖区对外开放的省级及以上文物保护单位数(个)	本级财政专项安排文物保护经费(千元)
总　计	**4275**	**14687**	**112335**	**4905**	**8503834**
省区市	4275	14687	112335	4691	853434
其中：独立编制文物局	3245	11005	91689	2715	740084
行政部门内设机构	1030	3682	20646	1976	113350
地市				165	431613
其中：独立编制文物局				15	242003
行政部门内设机构				150	189610
县市区				49	276877
其中：独立编制文物局				19	167738
行政部门内设机构				30	109139

对外交流情况				本级举办业务培训情况		本辖区文物点(处)
与国外文博机构签署协议或备忘录数(个)	赴港澳台人员数(人次)	对港澳台交流项目数(个)	参加国际组织活动数(个)	举办业务培训班(个)	培训业务人员数(人)	
32	**324**	**55**	**54**	**761**	**44946**	**518864**
22	180	42	35	193	19066	518864
21	146	35	32	149	15252	441409
1	34	7	3	44	3814	77455
4	126	6	6	146	7901	
1	7	2	6	105	5573	
3	119	4		41	2328	
	2	1		386	15279	
	1	1		178	5657	
	1			208	9622	

本级出台地方性文物业法规、规章(部)	出入境文物审核数(件/套)	禁止出境文物数	临时入境文物审核数	临时出境文物审核数	文物拍卖标的审核数(个)	禁止上拍文物标的数
68	**446377**	**1238**	**39143**	**7527**	**955604**	**2311**
16	138684	480	18916	4779	320660	721
14	137498	467	10153	4299	120584	322
2	1186	13	8763	480	200076	399
14						
4						
10						
38					245	245
12					245	245
26						

2013年各地区文物

地区	机构数（个）	从业人员（人）	实有文物从业人员数	编制数（人）	文物从业人员编制数	本年收入合计（千元）	财政补助收入
全国	**1072**	**12770**	**6867**	**9513**	**5442**	**6817682**	**6330449**
北京	17	437	129	371	114	801421	792553
天津	1						
河北	23	743	332	682	325	273156	263143
山西	74	1352	772	1014	617	906295	779026
内蒙古	4	18	10	13	10	10805	10390
辽宁	11	182	103	147	112	37262	36241
吉林	2	10	7	10	10	63985	63985
黑龙江	4	14	13	2	2	1530	1407
上海	1					41426	41426
江苏	40	422	106	85	50	157036	155337
浙江	48	748	139	705	137	407655	354929
安徽	7	80	32	76	22	18824	17663
福建	8	19	12	13	5	187637	185689
江西	24	211	156	133	87	33129	20594
山东	53	592	379	583	428	428272	427355
河南	144	2616	1763	2006	1302	408842	386568
湖北	65	442	305	350	259	116002	101853
湖南	54	648	473	490	422	92744	82683
广东	49	163	69	93	48	172405	172237
广西	11	89	64	73	49	247025	245697
海南	8	154	24	16	15	117015	117015
重庆	1	28	20	23	23	82480	72476
四川	31	230	144	224	130	61138	59480
贵州	40	293	211	332	220	240144	231364
云南	5	27	27	26	26	19308	19268
西藏	56	198	111	75	42	336522	333060
陕西	120	1612	803	775	437	696013	576853
甘肃	100	634	184	567	183	166690	164512
青海	54	369	75	278	64	45254	36346
宁夏	1	12	6	12	6	4259	4259
新疆	15	338	309	244	208	461159	395572

行政主管部门基本情况

文物类经费				本年支出合计(千元)	基本支出	项目支出	在支出合计中:	
	行政运行	一般行政管理事务	文物保护等经费				工资福利支出	商品和服务支出
4753685	**306558**	**135636**	**2945875**	**6841513**	**984671**	**5297681**	**459451**	**2206393**
524204	19306		488594	837715	49070	741611	27162	192898
109915	18203	1415	54546	271830	61356	210385	28691	57801
644308	41367	6570	495566	1207291	116782	1073814	56533	214123
9945	1820		7629	12950	2800	10150	824	11632
33453	18441	368	7048	26335	17381	6230	9121	10510
63622	327	660	61825	70939	1260	69679	315	69287
				1530	1530		306	1119
41426				41426		41426		
139927	11789	5776	96057	138976	27943	110430	15480	35951
280063	12624	6794	246307	390307	42732	302264	21688	269051
13764	2010	40	11714	19487	6211	13276	2327	4912
55639	805		38014	364736	2884	158726	1172	237787
2514	499	870	1045	35873	13512	11296	5543	6854
368283	15313	16425	139940	349153	55880	287241	27435	67061
350897	46872	35372	189499	381932	109015	270764	58947	114348
62758	12229	2595	38975	114453	34858	58096	20499	15436
53189	12467	6558	25597	92524	58016	31782	25621	37862
77287	6396	3220	20554	174847	16321	29702	9056	12962
235813	1460	40	32774	215040	7537	207038	2641	9126
101523	136		30777	27497	1743	25613	1457	935
72365	1554	700	10130	76686	1854	74832	1153	74694
37929	2459	4335	22524	112583	21050	91053	13521	69092
211648	5626	4889	143800	237500	22230	207223	13675	13780
18929	1059		17870	20326	1538	18788	1334	17275
308460	5878	1	1262	229747	11063	203010	8808	2010
320806	28038	6999	255745	643717	210557	398260	64880	192016
160789	8232	1831	121906	159363	14081	142173	8108	33355
5581	2672	2	405	40311	16258	15622	6905	16520
4259	59	1200	3000	4259	2817	1442	358	647
373460	15908	18750	335078	356453	30759	325661	19261	281961

续表 1

地区	差旅费	劳务费	福利费	各种税金支出	对个人和家庭补助支出	抚恤金和生活补贴	其他资本性支出
全国	**35071**	**63614**	**5325**	**755**	**114206**	**7242**	**838553**
北京	538	127	138		13633	13	266168
天津							
河北	1424	1942	193	1	13488	853	10736
山西	2675	14323	270	88	11306	305	32575
内蒙古	1250	98			52		442
辽宁	550	1292			2402	4	669
吉林	515	3			1337		
黑龙江	1				104		
上海							
江苏	757	736	1150		2960	90	53089
浙江	826	2966	334		7826	225	21472
安徽	281	77	3		1087	12	3146
福建	150	2747	5		645	1	112998
江西	286	1307	80		1588	309	9301
山东	951	1153	17		5826	243	2010
河南	3113	14367	707	549	10327	1377	147090
湖北	1970	1023	353	22	4298	362	3042
湖南	1944	4276	417		4882	487	2642
广东	386	433	21	10	1386	50	8146
广西	771	175	1		639	1	1617
海南	78	55	12		180		19
重庆	123	294					755
四川	454	1166	83		3573	73	1957
贵州	734	433	159	20	3409	275	1844
云南	278	323			62		35
西藏	364	25			1354	91	
陕西	8674	7302	1030	37	8277	1058	73680
甘肃	794	1650	69		878	5	31122
青海	349	192	3	10	1902	853	9163
宁夏	129						
新疆	1418	3738	280	18	3737	332	9880

					对外交流情况			
各种设备购置费	资产总计（千元）	固定资产原值	实际使用房屋建筑面积（万平方米）	实际拥有产权面积（万平方米）	与国外文博机构合作项目数（个）	与国外文博机构签署协议或备忘录数（个）	赴港澳台人员数（人次）	对港澳台交流项目数（个）
59251	**4812440**	**1061477**	**55.06**	**35.43**	**122**	**32**	**324**	**55**
157	324296	65687	1.15	0.95	44	2	27	8
1073	195567	47523	3.41	2.59			14	
2641	446054	101323	4.40	2.49	1	2	2	1
	308	308	0.03		2	1		
566	44544	19173	0.31	1.20				1
	773		0.04		1		11	1
	1190	1190	0.10	0.10				
					9		6	1
264	122239	9959	0.23		6	2	124	4
1570	176432	137764	3.88	3.16			2	1
494	14086	4954	0.00					
	49679	2513	0.11	0.04			17	5
201	21162	18682	2.11	0.92				
1649	603781	47842	1.91	0.38	4	3	5	1
2302	457816	93608	6.65	3.08	6	2	8	3
909	57635	44882	3.10	4.75		1	8	1
973	83264	51740	2.67	2.48				
52	45621	7762	0.33	0.04			11	3
9	11283	1520	0.45	0.57				
	29681	16202					2	1
755	790	790			9	1	12	5
38	68368	30801	2.39		1	2		
290	156590	53169	4.24	3.87				
	946	697	0.08					
	287306	32227	3.17	2.63				
3358	674178	88688	4.34	1.56	28	7	31	13
674	57627	14488	0.38	0.00	2	3	23	
223	33010	10501	0.20	0.12				
	1940	1940	0.04					
6098	633722	70392	4.89	0.83	1		5	

续表 2

地区	参加国际组织活动数(个)	本级举办业务培训情况		本辖区文物点(处)			
		举办业务培训班(个)	培训业务人员数(人)		全国重点文物保护单位	省级重点文物保护单位	市县级文物保护单位
全　国	**54**	**761**	**44946**	**518864**	**4275**	**14687**	**112335**
北　京	4	44	3475	3840	124	216	659
天　津				2082	27	214	144
河　北	2	11	672	33943	274	652	2880
山　西	2	40	2862	53875	451	309	12466
内蒙古		4	380	21009	139	319	700
辽　宁		19	330	2522	125	222	2172
吉　林	1	16	802	9017	74	272	2512
黑龙江		1	80	10759	47	165	420
上　海	1	1	82	4422	29	154	480
江　苏	3	28	1561	20007	226	833	4000
浙　江		48	3368	73943	229	624	4563
安　徽		14	1427	3327	128	708	2489
福　建		16	1143	4862	137	674	4051
江　西		12	561	2393	127	266	2000
山　东	1	41	3767	9827	191	1293	8338
河　南	3	69	4239	8669	357	902	7409
湖　北	1	73	2650	7645	148	826	6671
湖　南		21	1001	20366	183	837	4000
广　东		15	1533	37156	98	475	4234
广　西	1	8	540	2358	66	355	1937
海　南		6	225				
重　庆	6	3	300	2051	55	283	1713
四　川	3	8	610	65231	229	969	6307
贵　州		34	742	14852	70	342	14439
云　南		6	491	14704	131	333	3741
西　藏				4277	55	391	978
陕　西	9	125	6548	49058	233	579	3217
甘　肃		38	1402	16895	131	625	4726
青　海		8	420	6411	44	415	888
宁　夏		3	200	3818	34	143	347
新　疆	4	13	835	9545	113	291	3854

本辖区对外开放的省级及以上文物保护单位数（个）	本级财政专项安排文物保护经费（千元）	本级出台地方性文物业法规、规章（部）	出入境文物审核数（件/套）	禁止出境文物数	临时入境文物审核数	临时出境文物审核数	文物拍卖标的审核数（个）	禁止上拍文物标的数
4905	**8503834**	**68**	**446377**	**1238**	**39143**	**7527**	**955604**	**2311**
19	296183	3	102500	348	8209	1541		
	4300							
	33570		418			91	1365	
161	138795	2	47	8		39	4180	2
460	15000	1						
12	1050	2						
46	8000	1		1	300			
193	2000						131	
31	12000		1079	12	7153		181844	367
626	17210	6	2500	48	420	580	25000	
671	291493	6	28288		251	212	36934	159
708	31850	5						
30	20116				1297	480	13408	25
68	12952	2						
130	104890	5	92		21		7261	
	56967							
98	35295	6	858	1	314	114	6464	39
	35958	3					245	245
401	45966	1	1809	12	520	1277	24189	36
310	1270	1					269	
	3340							
106	32130		224		120	104	1206	4
	7602		123	50			9844	3
	4791							
160	22328	1	107		13		4424	7
	112							
	289886	13	639		298	341	2887	73
224	9829						1254	6
400		7						
51	1000	2						
	26041	1						

2013年全国文化产业示范(试验)

	机构数(个)	从业人员(人)	具有大学专科以上学历人员	具有中级职称以上人员	资产总计	固定资产原价
总　计	**1187**	**1534892**	**562594**	**114374**	**792035215**	**250473160**
按机构类型分						
国家级文化产业示范园区	26	336002	192915	40539	220748521	50455477
国家级文化产业试验园区	13	59205	16333	7624	85950163	8107926
国家文化产业示范基地(单体企业)	207	109292	38414	8793	91179330	28677333
国家文化产业示范基地(集聚类)	50	196377	70352	11857	62310981	14985269
省级文化产业示范园区	122	331286	149522	14282	53311476	21008643
省级文化产业示范基地	769	502730	95058	31279	278534744	127238512
按隶属关系分						
中央						
省、区、市	192	295460	160871	26492	215588288	109226588
地、市	143	71663	33762	6102	145561086	21617351
县、市、区	852	1167769	367961	81780	430885841	119629221
按部门分						
文化部门	620	924925	343269	62135	308142562	98554753
其他部门	567	609967	219325	52239	483892653	151918407

续表

	差旅费	工会经费	营业利润	营业外收入	政府补助	营业外支出
总　计	**3090323**	**631127**	**76230288**	**11230705**	**5285036**	**3715912**
按机构类型分						
国家级文化产业示范园区	800166	125473	20370795	4191552	1302826	538866
国家级文化产业试验园区	85617	824	3146214	542613	394633	158080
国家文化产业示范基地(单体企业)	249927	50262	9305535	1831341	1414762	215762
国家文化产业示范基地(集聚类)	903737	52926	13297044	1029908	210885	1055219
省级文化产业示范园区	214944	82033	6159574	314288	195641	312154
省级文化产业示范基地	835932	319609	23951126	3321003	1766289	1435831
按隶属关系分						
中央						
省、区、市	698069	169696	26033120	2415737	1841071	306996
地、市	238627	13474	6668734	1296862	929885	443611
县、市、区	2153627	447957	43528434	7518106	2514080	2965305
按部门分						
文化部门	1424510	207867	38056896	7461415	2984373	2508284
其他部门	1665813	423260	38173392	3769290	2300663	1207628

园区和产业示范基地基本情况

资产、负债、所有者权益(千元)					损益(千元)				
当年提取的折旧总额	负债合计	所有者权益合计	实收资本(股本)		营业收入		营业成本	养老、医疗、失业等各种社会保险费	住房公积金和住房补贴
				国家资本		主营业务收入			
47735858	**360236210**	**431799005**	**165303910**	**61606537**	**408571110**	**312465503**	**332340822**	**6994907**	**1502525**
3106796	112418917	108329604	33932907	21977904	133015649	90320886	112644854	1252957	497970
328769	40524196	45425967	34708904	3640126	8587196	8418350	5440982	105118	27898
2768264	43083954	48095376	16077035	3337987	40099801	34162898	30794266	852381	132784
380109	11940862	50370119	14439506	4799147	39752395	38742001	26455351	1494048	214147
451861	17707907	35603569	10354394	1151563	30805315	26952646	24645741	310981	135175
40700059	134560374	143974370	55791164	26699810	156310754	113868722	132359628	2979422	494551
37919716	120627017	94961271	23342969	14754288	134566328	131290148	108533208	1782870	631897
1563851	70999344	74561742	47229579	6788820	31380706	30365174	24711972	323483	71816
8252291	168609849	262275992	94731362	40063429	242624076	150810181	199095642	4888554	798812
6681535	124406804	183735758	75698146	39468980	142703162	124017214	104646266	1876001	692719
41054323	235829406	248063247	89605764	22137557	265867948	188448289	227694556	5118906	809806

		工资、福利费、税金(千元)							
利润总额		本年发放工资总额	本年支付的职工福利费	本年应交税金总额	经营面积(万平方米)	获得国家级文化奖项数量(个)	向社会捐赠总额(千元)	获得著作权、发明专利总数(项)	辖区内单体企业数量(个)
	净利润								
83745081	**41149758**	**28085027**	**2562263**	**21769915**	**77914.43**	**16898**	**2453285**	**18435**	**68056**
24023481	15128246	8223354	787358	9143743	11012.31	193	67394	410	7211
3530747	1105046	1001803	57261	735532	1136.03	174	52710	154	834
10921114	5130518	3365533	265753	2855838	39363.45	7812	781311	4952	4064
13271733	7269965	5381886	579033	3265452	2679.59	119	97471	4489	9280
6161708	2555859	2319462	383362	948726	2184.73	24	19984	1100	7784
25836298	9960124	7792989	489496	4820624	21538.32	8576	1434415	7330	38883
28141861	19393102	9749574	1019033	10669688	3311.28	393	182622	3048	7565
7521985	2460913	3470486	131759	2014683	949.57	320	271881	5099	3089
48081235	19295743	14864967	1411471	9085544	73653.57	16185	1998782	10288	57402
43010027	18439759	12745870	1236858	6572080	39092.84	1180	1983322	12100	18381
40735054	22709999	15339157	1325405	15197835	38821.60	15718	469963	6335	49675

2013年各地区国家级文化产业示范(试验)

地 区	机构数(个)	从业人员(人)	具有大学专科以上学历人员	具有中级职称以上人员	资产、负债、所有者权益(千元) 资产总计	固定资产原价	当年提取的折旧总额
全 国	**296**	**700876**	**318014**	**68813**	**460188995**	**102226005**	**6583938**
北 京	21	34458	20681	594	7723441	683661	51590
天 津	8	9236	3497	591	1436830	201568	28603
河 北	14	55361	7840	5271	2206751	386482	17018
山 西	10	16622	9024	1634	9094107	2320034	249311
内蒙古	8	1597	568	102	3587451	614564	23893
辽 宁	10	5320	2531	1120	3840403	3166943	316886
吉 林	9	3848	2637	958	1835030	993931	5470
黑龙江	8	23532	17682	4645	12122227	8919283	28697
上 海	16	17592	14821	1464	41582706	4415767	532747
江 苏	13	15817	3707	1421	10677671	3501668	149963
浙 江	13	8138	2344	342	8265770	2751096	223682
安 徽	11	7306	3164	1127	6493315	2931095	151032
福 建	13	7393	1972	590	80195727	4068502	313229
江 西	12	19134	4589	728	21291960	1965539	600262
山 东	12	76375	16114	4836	81775908	25017565	1878669
河 南	8	67916	42188	9931	11126543	3789666	211163
湖 北	4	1164	825	93	962703	221234	58316
湖 南	11	115576	76662	13108	6628461	1015209	81968
广 东	21	75518	22673	1595	119897842	31083627	1377026
广 西	7	6754	427	54	846497	464425	24649
海 南	3	1594	802	48	2173701	153003	54023
重 庆	8	5109	1032	230	1303007	345794	22841
四 川	13	46570	4858	1893	1951316	477065	19475
贵 州	4	301	163	14	209258	4107	509
云 南	7	2386	388	39	2302877	432558	21762
西 藏	2	330	38	117	150613	16026	1713
陕 西	11	72324	55887	16098	17425121	1128609	84474
甘 肃	7	671	202	91	699291	333143	19889
青 海							
宁 夏	5	876	250	36	1574807	788956	29122
新 疆	7	2058	448	43	807661	34885	5956

园区和产业示范基地基本情况

资产、负债、所有者权益(千元)				损益(千元)				
负债合计	所有者权益合计	实收资本(股本)	国家资本	营业收入	主营业务收入	营业成本	养老、医疗、失业等各种社会保险费	住房公积金和住房补贴
207967929	**252221066**	**99158352**	**33755164**	**221455041**	**171644135**	**175335453**	**3704504**	**872799**
4001874	3721567	889811	248505	3601260	3473551	3458030	82512	26916
505731	931099	207280	500	633936	620244	510107	13040	1904
1536509	670242	143958	6000	6901709	6812815	4317917	3112	121
3304447	5789660	381060	25764	5981945	3737646	2424190	27626	16678
1736984	1850467	755200		543601	531918	378321	5278	47
1855539	1984864	1234176	22266	1171971	905713	1043034	32598	5374
533115	1301915	897500		516930	493093	438912	4979	1674
1221553	10900674	6465101	3808101	10001946	9503333	4879528	112743	41901
9285429	32297277	6930311	721191	16469546	16406366	14583920	830161	161883
4833190	5844481	2052275	825832	8564308	7688999	7459421	59293	28887
2448324	5817446	1290621	8000	3217961	3101634	2038806	34286	6078
3617426	2875889	1092661	77500	1557096	1552756	1256900	29615	8540
38257519	41938208	30333677		7979481	6962832	3983859	469139	29684
1583344	19708616	1086128	80000	5206652	5190812	1298988	23675	6856
36916267	44859641	28320223	16440504	11588230	7373343	8904268	73640	25123
5013923	6112620	3363280	2263600	13538322	12412568	10444355	51994	45030
414575	548128	204782	34660	327311	326441	184111	2644	
3288454	3340007	1615417	493800	22249477	21295920	15987722	910253	362622
81830704	38067138	7432130	6381939	57927254	57590525	49453850	297772	71410
545890	300607	309227		504914	336402	314241	6011	43
212931	1960770	1635002	1545002	373471	364605	174283	14737	8780
208974	1094033	348850	185000	652178	529692	568617	8824	2098
751794	1199522	726618	377660	2171830	1883199	2004932	518046	1378
114898	94360	41410	5410	36848	34777	30917	1153	41
1618731	684146	340176	12180	314838	312978	186984	10390	1029
119498	31115	17797		17393	17374	9865	230	
844481	16580640	370030	50000	37664617	590296	37600566	60186	16200
441346	257945	123417	40000	1145617	1005108	941036	972	951
716643	858164	311854	101750	178806	173602	134112	3879	197
207836	599825	238380		415593	415593	323661	15716	1354

续表

地区	差旅费	工会经费	营业利润	营业外收入	政府补助	营业外支出	利润总额
全国	**2039447**	**229485**	**46119588**	**7595414**	**3323106**	**1967927**	**51747075**
北京	45551	4064	143230	499841	482938	7326	635745
天津	6084	204	123829	23000	22352	224	146605
河北	6494	355	2583792	12654	6392	8250	2588196
山西	10135	4411	3557755	15762	11747	3400	3570117
内蒙古	19613	1080	165280	15511	5635	243	180548
辽宁	2932	1586	128937	11699	9202	2645	137991
吉林	5734	509	78018	23600	23580	59	101559
黑龙江	151819	30733	5122418	87050	86330	383	5209085
上海	705005	2606	1885626	154210	130030	189719	1850117
江苏	28686	5331	1104887	130470	105641	180095	1055262
浙江	16996	2713	1179155	104984	103562	8772	1275367
安徽	5230	2017	300196	217060	135866	3142	514114
福建	80571	7159	3995622	395892	395596	32368	4359146
江西	9084	689	3907664	8755	8083	52307	3864112
山东	142071	13999	2683962	963871	613788	424415	3223418
河南	297399	21755	3093967	2598465	45896	119484	5572948
湖北	1717	265	143200	27961	3570		171161
湖南	376841	79957	6261755	92220	87124	48631	6305344
广东	67857	27883	8473404	979258	623913	32687	9419975
广西	2068	263	190673	8473	3200	20	199126
海南	1527	1207	199188	6689	2741	2946	202931
重庆	2801	186	83561	39477	39439	62	122976
四川	39158	17416	166898	21853	9846	4722	184029
贵州	1176	136	5931	2770	300	15	8686
云南	1598	485	127854	7094	6535	4235	130713
西藏	311	27	7528	2000	2000	17	9511
陕西	2940	1205	64051	969715	185292	829085	204681
甘肃	2311	113	204581	152934	152901	1769	355746
青海							
宁夏	2133	108	44694	11323	8823	2409	53608
新疆	3605	1023	91932	10823	10784	8497	94258

	工资、福利费、税金(千元)							
净利润	本年发放工资总额	本年支付的职工福利费	本年应交税金总额	经营面积(万平方米)	获得国家级文化奖项数量(个)	向社会捐赠总额(千元)	获得著作权、发明专利总数(项)	辖区内单体企业数量(个)
28633775	**17972576**	**1689405**	**16000565**	**54191.38**	**8298**	**998886**	**10005**	**21389**
493387	461625	36194	418779	361.97	50	4145	1015	3697
121110	83810	3535	90511	5.56	5	110	103	875
87725	292019	2581	50912	317.51	176	15132	196	544
435739	164992	41143	364936	30.98	72	4042	66	210
132562	93735	2587	67387	2105.48	2	2620	56	
97048	127979	7124	59075	67.14	4	2052	221	365
25487	51529	1383	11623	13.84	20	950	487	26
5161805	1063416	122185	1122189	1542.90	25	10071	119	286
1351590	2360109	325573	1277479	305.43	18	2607	215	2647
811423	1153136	56541	535116	584.32	128	108037	4539	1620
540684	268119	10915	270291	97.23	20	3676	185	171
260322	171332	12412	113380	717.19	7288	664188	14	253
1467960	1312313	90031	1022894	36.09	49	55841	320	348
84337	184309	13357	71501	325.84	55	2586	259	264
2172783	453520	46580	504765	12635.87	29	32467	130	2040
4060309	1718353	39897	942531	28689.50	139	24255	100	1359
14500	30854			0.88	3	100	5	
4751855	4093342	558305	1242119	124.12	95	37440	1292	1757
5637781	2490122	175534	6752910	661.41	31	6501	190	685
184155	44092	1165	21393	71.44	15	300	25	
167184	55872	7503	59650	27.00		12	39	12
51892	45569	6370	16048	17.73	3	10005	9	322
100861	897674	96492	829100	48.60	7	130	115	316
8673	9225	405	1397	3.46	2	3060		
44009	66105	2007	26461	18.74	1	5308	28	
132	9100	197	395	0.29	2	15		
164630	145704	26001	23252	5221.57	32	616	210	3507
84675	24193	1311	11538	8.28	2	90		80
44344	29680	657	14355	148.79	3	2218	15	4
74813	70748	1420	78578	2.20	22	312	52	1

2013年对外、对港澳台文化交流活动项目基本情况

单位：次

地区	合计	按交流活动性质		按交流活动分类				按交流活动范围分类			
		出访	来访	演出	展览	国际会议	其他	国外	香港	澳门	台湾
全　国	**2908**	**1732**	**1176**	**1992**	**289**	**96**	**531**	**2159**	**306**	**119**	**324**
北　京	79	57	22	42	27	2	8	66	11	2	
天　津	132	36	96	108	6	1	17	117	2		13
河　北	15	10	5	7	4	1	3	7	2	2	4
山　西	4	4		2	2			1		2	1
内蒙古	28	23	5	7		1	20	23	1		4
辽　宁											
吉　林	68	16	52	56	1	5	6	63	1		4
黑龙江	24	17	7	11	3		10	20	1		3
上　海	140	60	80	89	23	6	22	122	7	2	9
江　苏	4	4		1			3	4			
浙　江	131	106	25	43	31	7	50	102	9	2	18
安　徽	42	30	12	16	1	4	21	25	5	4	8
福　建	105	91	14	51	8	4	42	47	7	3	48
江　西	19	17	2	6	3	2	8	10	3	1	5
山　东	76	49	27	23	28	1	24	40	5	1	30
河　南	9	8	1	7	2			6		1	2
湖　北	104	19	85	71	12	5	16	66	12	1	25
湖　南	28	26	2	6		7	15	20	3	4	1
广　东	777	332	445	548	97		132	414	173	70	120
广　西	21	13	8	11	2	1	7	18			3
海　南	12	7	5		3	1	8	7	2		3
重　庆	29	29		8			21	29			
四　川	110	66	44	44	17	12	37	88	9	3	10
贵　州	30	26	4	7	1	2	20	20	7		3
云　南	38	26	12	11	3	2	22	34	1		3
西　藏											
陕　西	14	14		10	2	2		10	2		2
甘　肃	52	50	2	3	7	27	15	39	9	1	3
青　海	8	8		1	3		4	7			1
宁　夏	5	5		2	3			5			
新　疆	33	24	9	30		3		30		2	1

2013年对外、对港澳台文化交流活动参与交流人员项目基本情况

单位：人

地区	合计	按交流活动性质		按交流活动分类				按交流活动范围分类			
		出访	来访	演出	展览	国际会议	其他	国外	香港	澳门	台湾
全　国	**81127**	**29617**	**51510**	**66338**	**3567**	**1240**	**9982**	**61442**	**6150**	**2733**	**10802**
北　京	991	951	40	900	42	21	28	853	81	57	
天　津	3217	275	2942	3179	2	1	35	3093	4		120
河　北	1237	224	1013	961	70	4	202	801	97	91	248
山　西	115	115		66	49			39		43	33
内蒙古	335	284	51	228		3	104	170	81		84
辽　宁											
吉　林	883	338	545	859	3	8	13	869	2		12
黑龙江	335	155	180	301	7		27	330	1		4
上　海	16588	846	15742	15093	256	850	389	15990	228	107	263
江　苏	80	80		3			77	80			
浙　江	1841	1390	451	1368	329	10	134	959	315	5	562
安　徽	604	377	227	300	14	6	284	312	113	42	137
福　建	7688	1896	5792	2098	165	4	5421	688	223	139	6638
江　西	249	147	102	86	41	2	120	73	155	9	12
山　东	1166	484	682	821	222	1	122	774	83	10	299
河　南	263	254	9	249	14			203		35	25
湖　北	902	67	835	741	109	14	38	709	51	30	112
湖　南	529	233	296	457		18	54	353	65	110	1
广　东	13974	5615	8359	11306	985		1683	8301	2707	1285	1681
广　西	578	344	234	243	14	150	171	526			52
海　南	520	195	325		15	1	504	110	365		45
重　庆	250	250		164			86	250			
四　川	1998	1028	970	755	991	63	189	1635	134	45	184
贵　州	435	395	40	255	80	21	79	160	177		98
云　南	656	340	316	384	81	6	185	537	33		86
西　藏											
陕　西	325	325		315	6	4		159	93		73
甘　肃	302	297	5	202	31	44	25	278	15	1	8
青　海	64	64		26	26		12	62			2
宁　夏	42	42		27	15			42			
新　疆	1094	357	737	1085		9		1058		13	23

2013年全国艺术展览

	机构数（个）	从业人员（人）	专业技术人才	正高级职称	副高级职称	中级职称	藏品（件/套）	文物藏品数
总　计	**533**	**4941**	**3212**	**442**	**586**	**1124**	**452257**	**11756**
其中：免费开放	364	3740	2270	253	383	826	432510	11755
按登记注册类型分								
国有	522	4836	3174	442	585	1115	449109	11756
集体	4	24	8		1	4	2193	
其他	7	81	30			5	955	
按隶属关系分								
中央	2	202	137	51	20	45	111033	
省、区、市	39	1302	854	204	167	261	113713	2521
地、市	201	1988	1352	154	287	482	127730	3114
县、市、区	291	1449	869	33	112	336	99781	6121
按部门分								
文化部门	524	4791	3163	434	576	1114	446148	11756
其他部门	9	150	49	8	10	10	6109	
按机构类型分								
美术馆	270	2708	1558	128	242	601	370483	8882
画院	71	739	558	131	128	155	29838	2803
美术馆(画院)	67	790	539	117	96	172	51896	31
剧目创作室	125	704	557	66	120	196	40	40

创作机构基本情况

								藏品(件/套)	
								非文物藏品数	
非文物藏品数	国画	油画	版画	雕塑	水粉、水彩	设计	连环画、漫画	民间艺术	书法
424894	**82091**	**15879**	**28368**	**4911**	**18016**	**5527**	**65362**	**85220**	**42178**
405156	67462	15762	27615	4871	17766	5527	65322	84519	40317
421746	81471	15780	27840	4900	17966	5522	65342	85190	40934
2193	198	30	528	11	50	5	20	30	1221
955	422	69							23
111033	13516	2786	7248	1452	10000	668	10000	63031	1163
104763	20683	4389	13002	1254	4204	515	3167	13637	7394
116448	27774	4041	5592	957	1611	4074	51276	2329	11114
92650	20118	4663	2526	1248	2201	270	919	6223	22507
418828	81619	15783	27078	4385	18006	5527	65362	85213	42038
6066	472	96	1290	526	10			7	140
346023	49356	13380	25745	4405	15501	5400	64157	84178	26240
26996	17128	565	1682	25	2242	2	1034	125	3810
51835	15607	1934	941	481	273	125	171	917	12108
40									20

续表 1

	摄影、多媒体	漆艺	陶艺	年度展览总量（个）	自主办展数量	参观人次（万人次）	未成年人参观人次
总　计	**41416**	**3037**	**2093**	**4556**	**2705**	**2916.36**	**543.63**
其中：免费开放	41244	3037	2087	4321	2530	2896.74	538.16
按登记注册类型分							
国有	41277	3035	2093	4470	2635	2822.81	540.71
集体	100			10	10	0.82	0.29
其他	39	2		76	60	92.72	2.63
按隶属关系分							
中央		158	210	140	22	112.00	
省、区、市	27862	603	266	615	266	825.16	125.99
地、市	5420	16	171	1997	1088	1393.61	250.58
县、市、区	8134	2260	1446	1804	1329	585.59	167.06
按部门分							
文化部门	41256	3036	2087	4410	2623	2902.09	541.53
其他部门	160	1	6	146	82	14.26	2.10
按机构类型分							
美术馆	40176	2976	1549	3696	2217	2545.34	444.87
画院	248		55				
美术馆(画院)	972	61	489	843	480	368.42	98.32
剧目创作室	20			17	8	2.60	0.44

学术成果			本年收入合计(千元)						
专著或图录(册)	论文数(篇)	学术活动(次)		财政补贴收入	收藏专项经费	事业收入	上级补助收入	附属单位上缴收入	经营收入
11091	**820**	**967**	**1623951**	**1324959**	**166928**	**172991**	**60367**		**28456**
4486	718	874	1334988	1083277	153758	140702	55130		28318
7085	817	941	1601104	1304223	166928	172991	60062		28424
			13040	12940			100		
4006	3	26	9807	7796			205		32
13		15	227494	114475	31000	112490			
158	261	244	746135	632740	98580	53215	35424		1670
6615	326	397	452053	418186	29176	5809	16968		1980
4305	233	311	198269	159558	8172	1477	7975		24806
7078	816	951	1603207	1305742	166228	172799	60367		28456
4013	4	16	20744	19217	700	192			
6385	539	641	1034327	803449	135147	131726	51699		26262
2546	128	92	216964	202019	12228	1635	3399		1752
2107	96	181	252073	203103	19553	38591	3592		442
53	57	53	120587	116388		1039	1677		

续表 2

	其他收入	本年支出合计(千元)	基本支出	项目支出	收藏经费	经营支出	工资福利支出
总　计	**37178**	**1725944**	**655941**	**986749**	**163511**	**15727**	**337315**
其中：免费开放	27561	1452231	475013	903755	149601	15219	254012
按登记注册类型分							
国有	35404	1698736	641823	979879	163511	15695	331929
集体		13040	2892	4480			591
其他	1774	14168	11226	2390		32	4795
按隶属关系分							
中央	529	215435	95630	119805	31000		41931
省、区、市	23086	889698	209893	675317	106250	1578	102093
地、市	9110	423398	242474	132464	18871	1578	128377
县、市、区	4453	197413	107944	59163	7390	12571	64914
按部门分							
文化部门	35843	1706180	644492	979125	162938	15727	329228
其他部门	1335	19764	11449	7624	573		8087
按机构类型分							
美术馆	21191	1166763	336634	785535	137113	13702	183812
画院	8159	195186	116415	69939	11841	1660	59486
美术馆(画院)	6345	247418	123039	96778	14557	365	52052
剧目创作室	1483	116577	79853	34497			41965

在支出合计中：									资产总计（千元）
商品和服务支出	差旅费	劳务费	福利费	各种税金支出	对个人和家庭补助支出	抚恤金和生活补助	其他资本性支出	各种设备、交通工具、图书购置费	
651085	**17559**	**46248**	**4443**	**6134**	**138295**	**4000**	**382697**	**104261**	**4043199**
578743	14531	34614	4043	4869	86526	3115	353561	98496	3788156
646663	17211	46037	4146	5504	138152	4000	379630	104193	4015249
3011	77	187	3		81		3035	36	9973
1411	271	24	294	630	62		32	32	17977
110793	2446	14419	19	1364	15942	532	20771	3994	619594
366836	6120	12968	2727	1662	63956	2296	274094	50293	2024542
121979	6711	16387	678	189	49585	966	58524	45325	694155
51477	2282	2474	1019	2919	8812	206	29308	4649	704908
647497	17400	45644	4443	6134	137004	2895	381262	104031	4016124
3588	159	604			1291	1105	1435	230	27075
474662	9878	25585	3209	4646	51813	2253	292350	56440	3219220
68935	3378	4426	497	141	32614	695	23349	7191	437658
87691	3037	13908	550	1338	27630	457	47153	40105	358846
19797	1266	2329	187	9	26238	595	19845	525	27475

续表 3

	固定资产原值	实际使用房屋建筑面积(万平方米)	展览用房	库房面积	画室面积	实际拥有产权面积(平方米)	讲座(次)
总　计	**2789863**	**127.73**	**49.28**	**8.17**	**5.14**	**49.04**	**1370**
其中：免费开放	2601602	119.90	47.91	7.56	4.48	43.91	1327
按登记注册类型分							
国有	2777677	124.97	48.33	8.04	5.09	46.20	1333
集体	9973	0.24	0.08	0.02	0.03	0.24	17
其他	2213	2.53	0.87	0.10	0.03	2.60	20
按隶属关系分							
中央	344363	3.85	0.80	0.49		3.85	30
省、区、市	1232920	48.60	16.30	3.47	1.55	14.32	283
地、市	603395	46.20	19.02	2.40	1.99	17.92	518
县、市、区	609185	29.08	13.16	1.81	1.59	12.95	539
按部门分							
文化部门	2763354	123.25	46.44	8.00	5.01	48.56	1354
其他部门	26509	4.48	2.84	0.17	0.13	0.48	16
按机构类型分							
美术馆	2156558	97.55	37.62	6.99	2.50	36.32	1104
画院	354682	10.29	2.53	0.20	1.11	7.10	
美术馆(画院)	262646	18.62	9.12	0.97	1.53	5.30	245
剧目创作室	15977	1.27				0.31	21

公共教育活动		创作情况(个)			培训情况		学术研究情况(个)		
教育活动(次)	出版物(种)	创作项目数量	参加展览数量	获省部级以上奖项的作品数	组织培训次数(次)	培训人次(万人次)	本年承担课题、项目数	省部级以上课题项目数	结项课题项目数
4726	**1990**	**11114**	**2732**	**768**	**435**	**1.68**	**111**	**39**	**34**
2302	1959	3865	1724	592	333	1.37	80	26	23
4678	1983	11114	2728	768	432	1.67	111	39	34
6	1								
42	6		4		3	0.01			
64	7		10				4	4	
526	59	2080	190	53	23	0.09	46	13	10
3652	151	5301	1404	331	208	0.95	36	13	17
484	1773	3733	1128	384	204	0.64	25	9	7
4707	1983	11032	2720	768	433	1.68	111	39	34
19	7	82	12		2	0.01			
4481	1922				2.00	0.02	64	20	19
		2058	858	132	173	0.43	12	5	6
242	54	3172	1485	523	173	0.93	17	8	1
3	14	5884	389	113	87	0.30	18	6	8

2013年各地区艺术展览

地　区	机构数(个)	从业人员(人)					藏品(件/套)	
			专业技术人才					文物藏品数
				正高级职称	副高级职称	中级职称		
总　计	**533**	**4941**	**3212**	**442**	**586**	**1124**	**452257**	**11756**
北　京	1	78	42	22	10	6	8939	
天　津	4	26	15		3	5	274	
河　北	12	197	94	12	13	44	2465	68
山　西	23	234	82	5	16	32	26086	100
内蒙古	26	204	123	9	14	52	5060	800
辽　宁	1	10	5	2	3			
吉　林	22	130	95	10	23	41	6555	1
黑龙江	21	155	125	27	29	29	5581	
上　海	6	264	146	21	13	55	21917	3657
江　苏	75	625	532	95	106	206	25995	96
浙　江	9	114	60	9	7	27	13931	
安　徽	16	106	69	11	14	22	4021	110
福　建	5	38	36	10	3	12	5588	5
江　西	25	240	135	9	28	49	7718	341
山　东	66	524	414	38	92	124	36657	3007
河　南	7	78	52	7	10	14	4622	
湖　北	11	161	112	31	12	30	6567	31
湖　南	19	110	79	1	21	32	3154	11
广　东	16	362	145	16	26	45	57935	1550
广　西	5	67	52	8	8	21	1214	
海　南								
重　庆	6	52	38	2	8	14	2602	15
四　川	45	223	143	12	22	47	58903	888
贵　州	2	32	27	6	5	10	55	
云　南	8	62	54	6	17	14	1243	100
西　藏								
陕　西	5	132	61	2	6	18	8538	
甘　肃	54	370	223	13	44	84	19447	441
青　海								
宁　夏	1	10	9	1	2	4	1469	
新　疆	40	135	107	6	11	42	4688	535

创作机构基本情况

非文物藏品数	国画	油画	版画	雕塑	水粉、水彩	设计	连环画、漫画	民间艺术	书法
424894	**82091**	**15879**	**28368**	**4911**	**18016**	**5527**	**65362**	**85220**	**42178**
8939	3848	346	627	16	2211		1011		710
274	131	22	43	10	9				11
2365	692	169	250	62	107	20	20	63	350
25931	2386	274	74	538	183	5	125	535	6829
4255	1010	154	3	27	217	402	13	346	1573
6554	2071	189	30	16	235	300	520	251	2023
5551	395	382	1481	6	18				41
18260	3498	1520	1658	267	373	24	386	3979	2518
25973	13655	698	2886	45	480	28	149	3668	3167
11271	2919	737	2790	303	264	1050	143	156	1584
3883	1821	39	80	322	175	16	168	11	794
5187	1665	251	1299	50	58	5	131	111	578
7342	2089	291	203	58	293	128	269	493	1248
24341	7948	1426	1255	125	644	8	81	3835	6150
4622	935	218	705	70	81	100	5	867	939
6536	1285	356	538	140	318	34	130	1299	546
3144	890	429	84	24	136	25	52	119	1042
57692	11263	3529	5479	496	1098	2511	1583	1169	1800
1214	570	76	34	4	57	25		2	398
2587	284	55	597	45	88	2	6	691	155
57664	2749	392	143	108	290	4	50274	541	1556
55	55								
1143	111	70	200	4	26	4			93
4769	872	276	218	24	102			2365	468
19030	4496	636	156	674	501	168	261	1545	5093
1469	640	25	262						542
3810	297	533	25	25	52		35	143	807

续表 1

地　区	摄影、多媒体	漆艺	陶艺	年度展览总量（个）	自主办展数量	参观人次（万人次）	未成年人参观人次	专著或图录（册）
总　计	**41416**	**3037**	**2093**	**4556**	**2705**	**2916**	**544**	**11091**
北　京	170							16
天　津	39		5	55	29	154	45	4000
河　北	605		7	165	55	216	97	9
山　西	82	22	24	214	157	19	4	1
内蒙古	433			107	44	14	7	11
辽　宁								
吉　林	860		13	69	52	15	3	16
黑龙江	1		5	43	28	2	0	12
上　海	3162	119	5	95	58	212	7	36
江　苏	427	1	178	409	233	240	43	37
浙　江	393	8	103	136	60	484	24	23
安　徽	233		98	188	115	60	12	1936
福　建	123	372	59	44	44	23	9	11
江　西	614	5	11	212	163	51	14	10
山　东	1705	60	482	537	339	272	75	2573
河　南	364	16	23	209	121	76	7	10
湖　北	968	133	120	117	87	58	11	2163
湖　南	170	5	161	90	49	52	14	8
广　东	26430	47	173	418	310	293	77	42
广　西	38		1	62	25	36	6	8
海　南								
重　庆	502	12	150	39	20	29	9	14
四　川	1253		10	222	129	183	26	27
贵　州								
云　南	600		35	34	30	18	5	3
西　藏								
陕　西		2		105	61	142	11	30
甘　肃	1574	2077	178	546	315	108	26	77
青　海								
宁　夏				27	15	2	0	3
新　疆	670		42	273	144	46	13	2

学术成果								
论文数(篇)	学术活动(次)	本年收入合计(千元)	财政补贴收入	收藏专项经费	事业收入	上级补助收入	附属单位上缴收入	经营收入
820	**967**	**1623951**	**1324959**	**166928**	**172991**	**60367**		**28456**
40	35	42716	40329	7000				1614
		2131	1065					
19	52	32998	31727	3000	15			
6	15	24675	23756	4150	260	215		56
11	17	34412	33314	103	727	370		
	3	1674	1674					
3	6	38219	37893	3000		318		
4	25	20977	19364			1453		
61	25	221508	155955	4978	33398	31030		
149	91	195184	173126	11760	4870	3704		22
39	50	75252	67902	7531	5487	635		32
22	22	20041	14814	850	449	2987		
	10	10147	8853	800	505	786		
9	24	37478	35008	4964	664	1664		30
142	127	255388	251544	61175	45	650		2940
14	28	17045	14967	3000	2074			
95	43	38380	31552	2750	1721	528		
18	16	15624	14987	180	212	10		
23	53	154533	104913	16092	7148	12899		23680
	26	10718	9064			169		
5	13	10137	9430	230	149	410		
11	41	49874	47889	560	1105	270		
		5152	5152					
6	6	10465	9537		53			
28	68	20358	18283	1256	1224	724		
105	134	34557	32916	2449	373	1040		82
5	6	2292	2151	80				
5	16	14522	13319	20	22	505		

续表 2

地区	其他收入	本年支出合计(千元)	基本支出	项目支出	收藏经费	经营支出	工资福利支出	商品和服务支出
总计	**37178**	**1725944**	**655941**	**986749**	**163511**	**15727**	**337315**	**651085**
北京	773	40841	24206	15112	7000	1522	8026	15930
天津	1066	1909	1609				545	82
河北	1256	30754	17260	11613	2700		8104	12740
山西	388	23167	18065	4275	150	706	11412	2207
内蒙古	1	29957	25057	4646	300	3	10799	5237
辽宁		1674	1594	80			725	273
吉林	8	38001	12756	24476	3613		6871	4039
黑龙江	160	20895	15521	5354			6263	1807
上海	1125	328108	63627	262438	3628		30503	202834
江苏	13462	201542	119512	68307	11760	22	59159	55624
浙江	1196	103570	14214	62228	16957	232	9377	45159
安徽	1791	19025	9216	8989	850	185	6216	7125
福建	3	7872	4615	3093	624		3077	2549
江西	112	16137	7818	8179	1400	55	4923	6180
山东	209	286539	47704	236592	60869	2011	28968	47270
河南	4	16968	8049	8795	1299		4345	7526
湖北	4579	42751	13711	27895	2840	500	5693	24173
湖南	415	15488	11733	3364	320		4888	3668
广东	5893	141939	57417	62279	13252	10359	33365	54266
广西	1485	8433	5826	2606	361		3445	1556
海南								
重庆	148	10252	3589	6550	65		2659	5125
四川	610	33746	16092	14184	1950		10698	10341
贵州		5928	5010	918			1743	2738
云南	875	10336	6051	3905			3942	2806
西藏								
陕西	127	27103	14682	11486	1256		7255	7372
甘肃	146	32275	23979	6592	1058	102	14880	8777
青海								
宁夏	141	2085	1672	413	209		817	492
新疆	676	13214	9726	2575	50	30	6686	2396

在支出合计中：								资产总计（千元）
差旅费	劳务费	福利费	各种税金支出	对个人和家庭补助支出	抚恤金和生活补助	其他资本性支出	各种设备、交通工具、图书购置费	
17559	**46248**	**4443**	**6134**	**138295**	**4000**	**382697**	**104261**	**4043199**
474	973	50		7357	218	8005		116437
66		2		817				139
950	1275	124		3814	108	6091	623	51342
143	135	3		2536	36	270	50	76432
301	915	19	1	3782	33	777	351	46099
4	31	1		554		42		528
385	48			4253	205	22180	13	67622
210	181	18		5167	1186	1270	165	26247
475	2160	1218		5871	378	75984	5620	526412
2035	4193	318	22	38794	282	33915	11594	279454
954	8203	215	384	1205		43661	43561	550017
457	364	63		2422	56	391	100	28905
156	280	31	2	1872		35	35	16924
632	623	76	82	1750	85	835	684	67091
833	854	171		10202	254	131124	29377	575825
181	740	314	71	1141		3956	147	88427
1092	4505	473	109	6962	79	4693	552	234701
258	245	72		1861	148	273	121	11412
2451	2133	735	3179	6186		17578	3551	356890
115	20	7	9	1893	63	546	98	28709
315	958	2	3	887		1331	1331	17832
1021	838	61		3680	32	576	44	62359
105	194		26	1331	45	32	32	2722
274	568		96	1883		685	403	8927
371	305	300	693	356	17	4353	163	93712
609	422	142	70	3120	150	2741	1330	59242
12	157	1	10	386		215	13	877
234	509	8	13	2271	93	367	309	28321

续表 3

地　区	固定资产原值	实际使用房屋建筑面积(万平方米)	展览用房	库房面积	画室面积	实际拥有产权面积(平方米)	公共教育活动	
							讲座(次)	教育活动(次)
总　计	**2789863**	**127.73**	**49.28**	**8.17**	**5.14**	**49.04**	**1370**	**4726**
北　京	108424	1.06	0.40	0.02	0.06	1.06		
天　津	62	3.34	1.18	0.21			2	17
河　北	47105	4.70	2.46	0.14	0.09	2.83	27	20
山　西	30959	7.79	4.17	0.24	0.13	0.68	44	6
内蒙古	40718	3.14	1.58	0.17	0.24	1.18	56	7
辽　宁	310	0.04						
吉　林	58754	0.81	0.47	0.07	0.07	1.35	11	8
黑龙江	25481	0.82	0.18	0.06	0.14	0.30	3	3
上　海	386576	19.46	7.83	1.85	0.15	1.06	135	64
江　苏	230959	15.33	4.71	0.99	1.17	4.44	64	141
浙　江	243903	7.77	2.45	0.47	0.05	3.40	54	213
安　徽	24985	2.04	1.14	0.10	0.12	0.75	50	32
福　建	13439	0.74	0.32	0.06	0.07	0.41	9	20
江　西	53284	3.94	1.78	0.41	0.19	2.24	38	169
山　东	540514	15.37	4.99	0.58	0.66	3.22	226	162
河　南	84197	2.91	1.34	0.10	0.03	1.23	29	72
湖　北	221924	5.10	1.65	0.23	0.65	3.17	82	136
湖　南	11034	1.36	0.56	0.13	0.09	0.54	66	19
广　东	86755	11.89	4.03	0.73	0.04	5.88	118	906
广　西	26937	1.04	0.20	0.03	0.01	2.43	27	67
海　南								
重　庆	12164	1.48	1.07	0.09	0.17	0.54	27	19
四　川	45962	3.21	1.17	0.18	0.12	1.61	70	40
贵　州	1743	0.11				0.11		
云　南	6550	0.75	0.39	0.05	0.15	0.06	2	2
西　藏								
陕　西	69983	3.05	1.32	0.33	0.03	3.18	36	46
甘　肃	47191	4.74	2.13	0.35	0.58	2.20	112	2470
青　海								
宁　夏	877	0.04		0.01			1	3
新　疆	24710	1.86	0.99	0.10	0.15	1.34	51	20

	创作情况(个)			培训情况		学术研究情况(个)		
出版物(种)	创作项目数量	参加展览数量	获省部级以上奖项的作品数	组织培训次数(次)	培训人次(万人次)	本年承担课题、项目数	省部级以上课题项目数	结项课题项目数
1990	**11114**	**2732**	**768**	**435**	**1.68**	**111**	**39**	**34**
	12	8	16					
6	1		1					
1		16	2	3	0.02			
7	7	501	300	6	0.03	3	1	1
8	234	149	17	22	0.15	2		1
	3							
4	144	54	11					
15	101	10	24	10	0.02	4	2	1
9	96	23		3		22		
17	4285	525	85	47	0.15	13	4	6
3	149	32	4	41	0.17	5		5
16	151	49	26	3	0.01			
2			2			2		
15	685	230	89			3		3
32	753	520	70	167	0.58	15	13	6
2				2		1	1	
1714	611	69	23	18	0.05	5	3	2
4	30		8	13	0.01	3	1	
67	83	10	6			6	3	2
13	23	3	4	10	0.10			
8	7	4	2	7	0.04	11	5	1
8	2294	210	25	43	0.16	5		5
	356	8				5	1	
	1000	30	2	1	0.06			
5	20	20	7	4				
23	68	245	44	33	0.10	2	1	1
3								
1	1	6		2	0.02			

2013年各地区

地区	机构数(个)	从业人员(人)					藏品(件/套)	
			专业技术人才	正高级职称	副高级职称	中级职称		文物藏品数
总计	**337**	**3498**	**2097**	**245**	**338**	**773**	**422379**	**8913**
北京								
天津	3	22	12		1	5	274	
河北	10	181	79	11	11	37	2417	68
山西	21	194	49	1	7	25	26086	100
内蒙古	17	165	88	3	11	38	4386	800
辽宁								
吉林	7	58	43	3	10	24	6555	1
黑龙江	6	57	45	10	12	5	5581	
上海	5	231	123	15	11	50	17218	1136
江苏	21	294	252	37	45	116	16423	96
浙江	6	99	56	9	5	25	13708	
安徽	14	100	65	11	10	22	4021	110
福建	4	25	23	5	2	10	4851	5
江西	22	201	107	5	20	36	7600	341
山东	30	274	209	18	47	53	36066	2726
河南	5	72	49	6	10	12	4622	
湖北	10	160	111	31	11	30	6456	31
湖南	11	61	46	1	12	18	3153	10
广东	14	324	118	9	22	39	55742	1550
广西	3	46	33	3	4	16	1214	
海南								
重庆	5	42	31	2	6	13	2602	15
四川	27	110	67	3	5	24	57598	888
贵州								
云南	4	29	22	5	8	2	1243	100
西藏								
陕西	5	132	61	2	6	18	8538	
甘肃	46	301	180	3	35	73	18995	441
青海								
宁夏	1	10	9	1	2	4	1469	
新疆	38	108	82		5	33	4528	495

注：此页数据包含美术馆(画院)数据。

美术馆基本情况

非文物藏品数	国画	油画	版画	雕塑	水粉、水彩	设计	连环画、漫画	民间艺术	书法
397858	**64963**	**15314**	**26686**	**4886**	**15774**	**5525**	**64328**	**85095**	**38348**
274	131	22	43	10	9				11
2349	692	169	250	62	77	20	20	63	334
25931	2386	274	74	538	183	5	125	535	6829
3581	726	113	3	25	212	400	2	346	1248
6554	2071	189	30	16	235	300	520	251	2023
5551	395	382	1481	6	18				41
16082	2337	1515	1658	266	373	24	386	3979	1511
16409	5358	693	2367	45	480	28	149	3668	2424
11048	2697	737	2790	303	264	1050	143	156	1583
3883	1821	39	80	322	175	16	168	11	794
4450	928	251	1299	50	58	5	131	111	578
7224	1971	291	203	58	293	128	269	493	1248
24031	7682	1426	1255	125	644	8	81	3835	6106
4622	935	218	705	70	81	100	5	867	939
6425	1285	356	538	140	318	34	130	1188	546
3143	890	429	84	24	136	25	52	119	1042
55499	9900	3439	4943	490	1081	2511	1583	1169	1764
1214	570	76	34	4	57	25		2	398
2587	284	55	597	45	88	2	6	691	155
56359	2270	364	143	108	281	4	50262	527	852
1143	111	70	200	4	26	4			93
4769	872	276	218	24	102			2365	468
18578	4248	636	156	674	501	168	261	1545	4889
1469	640	25	262						542
3650	247	483	25	25	52		35	143	767

续表 1

地区				年度展览总量（个）		参观人次（万人次）		
					自主办展数量		未成年人参观人次	专著或图录（册）
	摄影、多媒体	漆艺	陶艺					
总　计	**41148**	**3037**	**2038**	**4539**	**2697**	**2913.76**	**543.19**	**8492**
北　京								
天　津	39		5	55	29	153.72	44.99	4000
河　北	605		7	165	55	215.95	97.08	8
山　西	82	22	24	214	157	18.93	4.33	1
内蒙古	429			106	43	14.27	6.86	7
辽　宁								
吉　林	860		13	69	52	14.55	3.20	16
黑龙江	1		5	43	28	2.15	0.31	9
上　海	3162	119	1	95	58	212.01	6.95	36
江　苏	427	1	178	409	233	239.90	43.19	18
浙　江	393	8	103	136	60	483.80	23.68	18
安　徽	233		98	188	115	60.03	11.66	1936
福　建	123	372	59	44	44	23.40	8.65	11
江　西	614	5	11	212	163	51.03	13.96	10
山　东	1705	60	482	531	338	270.10	74.89	55
河　南	364	16	23	209	121	75.55	6.60	10
湖　北	968	133	120	117	87	58.20	10.73	2163
湖　南	170	5	161	90	49	52.18	13.50	7
广　东	26415	47	122	418	310	293.07	76.66	42
广　西	38		1	62	25	36.30	5.90	8
海　南								
重　庆	502	12	150	39	20	28.89	9.38	4
四　川	1194		10	218	128	182.24	26.25	5
贵　州								
云　南	600		35	34	30	17.60	5.10	3
西　藏								
陕　西		2		105	61	142.13	11.02	30
甘　肃	1574	2077	178	546	315	108.35	25.53	77
青　海								
宁　夏				27	15	1.50	0.30	3
新　疆	650		42	267	139	45.91	12.48	2

学术成果		本年收入合计(千元)						
论文数(篇)	学术活动(次)		财政补贴收入	收藏专项经费	事业收入	上级补助收入	附属单位上缴收入	经营收入
635	**822**	**1286400**	**1006552**	**154700**	**170317**	**55291**		**26704**
		1066						
19	49	31474	30203	3000	15			
6	15	18757	18082	4150	260	215		
10	15	26030	26030	103				
3	5	11873	11547	3000		318		
3	20	10371	8762			1450		
61	25	205867	141844	4500	33325	30435		
83	48	104949	93188	7910	4080			22
38	47	71929	64742	6931	5487	635		32
22	22	19728	14501	850	449	2987		
	10	7484	6545	800	151	786		
9	24	31840	29394	4964	664	1640		30
89	95	226546	222757	61175		650		2940
14	28	16579	14501	3000	2074			
95	43	38290	31462	2750	1721	528		
9	14	9078	9046	180				
23	52	136899	87906	16092	7148	12799		23680
	26	5235	3581			169		
5	13	7349	6827	230	49	410		
4	35	13717	12252	260	1105	200		
4	6	6495	5831		53			
28	68	20358	18283	1256	1224	724		
100	127	24984	23929	2449		1040		
5	6	2292	2151	80				
5	14	9716	8713	20	22	305		

续表 2

地区	其他收入	本年支出合计(千元)	基本支出	项目支出	收藏经费	经营支出	工资福利支出	商品和服务支出
总计	**27536**	**1414181**	**459673**	**882313**	**151670**	**14067**	**235864**	**562353**
北京								
天津	1066	831	531				300	66
河北	1256	29230	15821	11528	2700		7095	12337
山西	200	17544	13034	3739	150	650	8603	1206
内蒙古		19890	17642	2245	300	3	8290	2758
辽宁								
吉林	8	11614	6089	5525	3613		3384	3280
黑龙江	159	10610	5852	4757			1472	495
上海	263	310905	58625	250237	3150		26206	194097
江苏	7659	118053	58752	51972	7910	22	30005	34421
浙江	1033	100678	13431	60410	16484	232	8773	43176
安徽	1791	18704	8895	8989	850	185	5995	7110
福建	2	5357	2903	2290	624		2002	2106
江西	112	11090	4154	6796	1400	55	2899	4774
山东	199	259087	26211	230735	60869	2011	14955	39070
河南	4	16502	7583	8795	1299		4051	7504
湖北	4579	42661	13651	27865	2840	500	5643	24139
湖南	32	9008	6324	2454	320		2388	1478
广东	5366	124313	50665	51405	13252	10359	28057	45789
广西	1485	4786	4079	707	361		2109	1049
海南								
重庆	63	7398	2362	4923	65		2004	3506
四川	160	12221	4608	5173	1950		3749	5768
贵州								
云南	611	6474	2991	3483			1605	2309
西藏								
陕西	127	27103	14682	11486	1256		7255	7372
甘肃	15	24417	17996	4799	1018	20	11759	5779
青海								
宁夏	141	2085	1672	413	209		817	492
新疆	676	8185	5490	1782	50	30	4517	1479

在支出合计中：								资产总计(千元)
差旅费	劳务费	福利费	各种税金支出	对个人和家庭补助支出	抚恤金和生活补助	其他资本性支出	各种设备、交通工具、图书购置费	
12915	**39493**	**3759**	**5984**	**79443**	**2710**	**339503**	**96545**	**3578066**
66								34
946	1275	119		3712	108	6081	623	51071
115	135	3		781	36	266	46	70794
211	32	19		3075	13	742	317	39236
309	48			1043	72	3249		67118
38	7			1276	1105	1105		23463
411	2160	1072		4773	298	72913	4460	411278
892	2673	100	22	17950	64	25801	7300	202637
906	7991	214	384	1163		43431	43331	549250
455	364	63		2339	56	391	100	28797
154	247	8	2	1159		35	35	4473
573	303	36		680	82	774	644	51101
339	433	167		6608	124	130683	28983	565291
171	740	314	71	991		3956	147	88405
1089	4505	473	109	6956	79	4693	552	234631
159	112	33		283	35	142	10	11044
1817	1157	714	3179	5316		14607	2744	307204
70	16	1		1082	63	546	98	28086
217	540	1	3	348		1290	1290	15575
425	645	39		221		13		43533
226	438		96	990		599	317	5942
371	305	300	693	356	17	4353	163	93712
425	397	55	38	1545	22	2620	1209	39158
12	157	1	10	386		215	13	877
72	394	8	13	468	4	227	169	25762

续表 3

地区	固定资产原值	实际使用房屋建筑面积(万平方米)	展览用房	库房面积	画室面积	实际拥有产权面积(平方米)	公共教育活动	
							讲座(次)	教育活动(次)
总计	**2419204**	**116.17**	**46.75**	**7.96**	**4.03**	**41.62**	**1349**	**4723**
北京								
天津	34	3.34	1.18	0.21			2	17
河北	47026	4.68	2.45	0.14	0.09	2.83	27	20
山西	29944	7.66	4.17	0.23	0.09	0.68	44	6
内蒙古	34719	2.62	1.29	0.13	0.12	1.18	53	5
辽宁								
吉林	58397	0.71	0.47	0.07	0.07	1.35	11	8
黑龙江	23386	0.67	0.18	0.06	0.13	0.30		3
上海	306117	18.88	7.83	1.85	0.15	0.48	135	64
江苏	173436	12.71	4.05	0.91	0.65	2.90	62	141
浙江	243411	6.38	1.89	0.47	0.03	2.70	54	213
安徽	24931	2.04	1.14	0.10	0.12	0.75	50	32
福建	988	0.33	0.17	0.05	0.03		9	20
江西	38222	2.99	1.62	0.41	0.18	1.29	38	169
山东	536310	14.60	4.79	0.55	0.55	3.22	224	162
河南	84175	2.91	1.34	0.10	0.03	1.23	29	72
湖北	221854	5.10	1.65	0.23	0.65	3.17	82	136
湖南	10668	1.26	0.55	0.13	0.09	0.54	66	19
广东	37143	11.26	3.99	0.72	0.03	5.33	118	906
广西	26314	0.87	0.20	0.03	0.01	2.43	18	67
海南								
重庆	11415	1.34	1.07	0.09	0.17	0.41	27	19
四川	33826	2.26	1.17	0.17	0.11	0.79	68	39
贵州								
云南	4056	0.68	0.39	0.05	0.15		2	2
西藏								
陕西	69983	3.05	1.32	0.33	0.03	3.18	36	46
甘肃	34709	4.19	2.06	0.35	0.45	1.79	112	2470
青海								
宁夏	877	0.04		0.01			1	3
新疆	22900	1.75	0.99	0.10	0.10	1.23	51	20

	创作情况(个)			培训情况		学术研究情况(个)		
出版物(种)	创作项目数量	参加展览数量	获省部级以上奖项的作品数	组织培训次数(次)	培训人次(万人次)	本年承担课题、项目数	省部级以上课题项目数	结项课题项目数
1976	**3172**	**1485**	**523**	**175**	**0.93**	**81**	**28**	**20**
6								
1								
7	6	500	300	3	0.03	2	1	
6	11	103	4	11	0.08	1		
4	80	50						
6	30	10	7	2	0.01			
9	96	23		3		22		
16	104	6	10			8	2	5
3	149	28	4	38	0.16	5		5
16	151	49	26	3	0.01			
2						2		
15	682	220	81			3		3
30	170	119	18	45	0.27	8	7	2
2						1	1	
1714	606	69	23	18	0.05	5	3	2
4				2		2	1	
67						6	3	2
13		3		5	0.09			
8	3	4		6	0.04	11	5	1
8								
	1000	30	2	1	0.06			
5	20	20	7	4				
23	64	235	41	30	0.10	1	1	
3								
1		6		2	0.02			

排序资料

全国执行事业单位会计制度的艺术表演团体分剧种演出场次排序

单位：场

名次	单位名称	演出场次	名次	单位名称	演出场次
	话剧、儿童剧、滑稽剧类		20	陕西省榆阳区文艺工作团	280
1	中国儿童艺术剧院	636	21	湖南省永顺县土家族民族艺术团	280
2	中国国家话剧院	536	22	山东省日照市艺术剧院	280
3	中国福利会儿童艺术剧院	462	23	湖北省兴山县昭君艺术团	278
4	山东省济南市儿童艺术剧院	430	24	新疆维吾尔自治区喀什市歌舞团	276
5	江苏省苏州市滑稽剧团	392	25	新疆维吾尔自治区新源县歌舞团	265
6	北京人民艺术剧院	362	26	湖南省长沙市歌舞剧院	265
7	天津市儿童艺术剧团	341	27	浙江畲族民间艺术团	260
8	山东省话剧院	339	28	湖南省常宁市歌舞剧团有限责任公司	260
9	天津人民艺术剧院	298	29	山东省滨州市歌舞团	260
10	福建人民艺术剧院	271	30	新疆维吾尔自治区库车县龟兹歌舞团	260
11	辽宁人民艺术剧院	218	31	陕西省榆林市文工团	258
12	河南省话剧艺术中心	175	32	湖北省宜昌市歌舞剧团有限责任公司	258
13	江苏省常州市滑稽剧团	105	33	吉林省交响乐团	249
14	黑龙江省齐齐哈尔市话剧团	103	34	云南省河口县民族工作队	247
15	内蒙古自治区话剧院	100	35	辽宁歌舞团	247
16	新疆艺术剧院话剧团	100	36	新疆维吾尔自治区和田地区新玉歌舞团	247
17	云南省话剧院	100	37	湖北省南漳县文工团	244
18	上海人民滑稽剧团	93	38	新疆维吾尔自治区喀什地区泽普县文工团	244
19	上海青年滑稽剧团	88	39	云南省西盟佤族自治县民族文化工作队	243
20	新疆维吾尔自治区伊犁州话剧团	86	40	陕西省南郑县剧团	240
	歌舞、音乐类		41	新疆维吾尔自治区疏附县文工团	240
1	广西壮族自治区柳州市艺术剧院	907	42	湖南省宁远县九嶷山艺术团	239
2	西藏自治区城关区民间艺术团	900	43	湖北省枝江市歌舞剧团	236
3	中国铁路文工团	491	44	新疆维吾尔自治区疏勒县文工团	235
4	山东省东营市艺术团	450	45	新疆维吾尔自治区巴楚县文工团	235
5	陕西省子洲县文工团	425	46	江西省吉安市采茶歌舞剧院	233
6	陕西省府谷县文工团	400	47	内蒙古自治区呼和浩特市民间歌舞剧团	231
7	辽宁省阜新市艺术团	350	48	江西省辰龙文化礼仪演艺庆典服务中心	230
8	新疆维吾尔自治区莎车县文工团	336	49	江苏省海门市山歌剧团	230
9	江苏省泰兴市歌剧团	332	50	天津歌舞剧院	228
10	新疆维吾尔自治区吐鲁番地区歌舞团	324		**地方戏曲类**	
11	河北省深泽县文工团	311	1	河南豫剧院	900
12	福建省闽清县闽剧团	310	2	河南省内乡县宛梆艺术传承保护中心	780
13	湖北省宜昌市宜都市歌舞剧团	305	3	陕西省周至县剧团	780
14	云南省迪庆藏族自治州民族歌舞团	297	4	吉林省戏曲剧院	689
15	新疆维吾尔自治区塔什库尔干县文工团	286	5	山东省嘉祥县山东梆子剧团	650
16	湖北省宜昌市长阳土家族自治县歌舞剧团	286	6	陕西省戏曲研究院	629
17	甘肃省歌剧院	286	7	浙江婺剧艺术研究院	627
18	湖北省罗田县黄梅戏剧团	282	8	河南省滑县豫剧团	618
19	陕西省靖边县文工团	280	9	河南省登封市豫剧团	600

续表 1

单位：场

名次	单位名称	演出场次	名次	单位名称	演出场次
10	河南省舞钢市豫剧团	582		**杂技、魔术、马戏类**	
11	河南省鄢陵县豫剧二团	580	1	河北省吴桥县杂技团	980
12	湖北省浠水县楚剧团	574	2	山西省长治市杂技团	800
13	甘肃省会宁县嘉韵秦腔文化传播有限责任公司	570	3	河北省沧州杂技团	760
14	广西壮族自治区戏剧院	557	4	山东省聊城市杂技团	720
15	山西省新绛县绛州蒲剧团	552	5	内蒙古自治区杂技团	590
16	河南省鄢陵县豫剧团	550	6	重庆三峡杂技艺术团	534
17	河南省太康县道情艺术保护传承中心	550	7	北京杂技团	501
18	山西省长治县红专剧团	550	8	河北省邢台市杂技团	500
19	山西省长治县红旗剧团	550	9	河南省濮阳市杂技团	475
20	河南省尉氏县豫剧团	548	10	山东省德州市杂技团	450
21	安徽省萧县梆剧团	530	11	四川省南充市杂技团	450
22	河南省睢县豫剧团	520	12	河南省清丰县动物驯化表演团	427
23	山西省平定县晋剧团	517	13	河南省柘城县杂技团	350
24	河南省鹤壁市豫剧牛派艺术研究院	500	14	江苏省盐城市杂技团	330
25	河南省浚县大平调传承保护中心	500	15	河南省驻马店市天驿晟景演艺有限公司	329
26	河南省栾川县曲剧团	500	16	江苏省如东县少年杂技团	320
27	山东省东明县大平调剧团	500	17	山东省济南市杂技团	317
28	广东潮剧院	498	18	黑龙江省齐齐哈尔市马戏团	308
29	河南省延津县大平调剧团	493	19	湖北省浠水县杂技团	286
30	河北省涞源县河北梆子剧团	490	20	山东省宁津县杂技团	240
31	河北省涉县平调落子剧团	480		**曲艺类**	
32	河南省濮阳县大平调剧团艺术保护传承中心	480	1	江苏省苏州市评弹团	1339
33	河南省睢阳区目连戏传承保护中心	480	2	江苏省苏州市吴中区评弹团	950
34	山东省巨野县山东梆子剧团	480	3	福建省福州市曲艺团	944
35	山西省泽州县上党梆子剧团	480	4	江苏省扬州市曲艺团	890
36	河南省临颍县曲剧团	470	5	江苏省常熟市评弹团	815
37	河北省沧州河北梆子剧团	468	6	江苏省常州市评弹团	810
38	河南省驻马店演艺中心	466	7	江苏省启东市评弹团	748
39	河南省商丘市豫剧院	458	8	江苏省江阴市评弹团	723
40	山西省榆次区晋剧团	457	9	江苏省苏州市吴江区评弹团	710
41	河北省魏县豫剧团	450	10	江苏省如皋市木偶艺术团	511
42	河南省安阳县豫剧团	450	11	天津市曲艺团	481
43	河南省临颍县豫剧团	450	12	湖南省木偶皮影艺术保护传承中心	383
44	江西省乐平市赣剧团	450	13	河南省柘城县说唱团	380
45	山东省曹县豫剧团	450	14	陕西省合阳线腔木偶剧团	352
46	山东省单县豫剧团	450	15	黑龙江省哈尔滨皮影木偶剧院	318
47	山西省平顺县落子剧团	447	16	四川省大木偶剧院	318
48	山西省垣曲县曲剧团	446	17	四川省资中县木偶剧团	315
49	河南省新郑市豫剧团	445	18	江苏省扬州市木偶剧团	312
50	河南省滑县大平调剧团	440	19	河南省偃师市曲剧团	280
			20	河南省清丰县说唱团	270

全国执行企业单位会计制度的艺术表演团体分剧种演出场次排序

单位：场

名次	单位名称	演出场次	名次	单位名称	演出场次
	话剧、儿童剧、滑稽剧类			**地方戏曲类**	
1	浙江话剧团有限公司	835	1	陕西省西安秦腔剧院有限责任公司	961
2	宁夏话剧艺术发展有限公司	787	2	浙江省金东区林达婺剧团	743
3	上海话剧艺术中心有限公司	761	3	安徽省石台县黄梅戏剧团有限责任公司	716
4	湖北省武汉人民艺术剧院有限责任公司	461	4	浙江省金东区百灵鸟婺剧团	700
5	湖北长江人民艺术剧院有限责任公司	450	5	浙江省金华市婺城区众艺婺剧团	650
6	北京儿童艺术剧院股份有限公司	436	6	浙江省金东区百花婺剧团	630
7	江西省话剧团	266	7	河北省尚义县锦峰演艺有限公司	600
8	安徽省话剧院有限责任公司	265	8	河北省肥乡县太极豫剧团	600
9	甘肃省话剧院	244	9	山西省兴县晋剧团有限公司	530
10	湖南省话剧院有限责任公司	238	10	福建省荔城区莆仙戏二团	510
11	黑龙江省哈尔滨儿童艺术剧院	224	11	陕西省麟游县人民剧团	508
12	辽宁省大连话剧团	214	12	浙江省金华市新秀婺剧团	480
13	陕西人民艺术剧院有限公司	201	13	山西省介休市绵山晋剧团	475
14	浙江省杭州滑稽艺术剧院演艺有限公司	200	14	陕西省千阳县人民剧团有限责任公司	447
15	吉林市话剧团有限责任公司	198	15	山西省蒲县蒲剧团	440
16	四川人民艺术剧院有限责任公司	177	16	安徽省望江县黄梅戏艺术传播有限公司	437
17	陕西省西安儿童艺术剧院有限责任公司	172	17	甘肃省崇信县龙泉文艺演出有限责任公司	434
18	上海滑稽剧团有限公司	170	18	甘肃省武山县剧团	432
19	陕西省西安话剧院有限责任公司	168	19	甘肃省秦安县文化演出有限公司	420
20	重庆市话剧团	131	20	河北省元氏县豫剧团	420
	歌舞、音乐类			**杂技、魔术、马戏类**	
1	北京歌舞剧院有限责任公司	824	1	北京市中国杂技团有限公司	1385
2	宁夏回族自治区中卫市歌舞团	774	2	辽宁省沈阳杂技团	1005
3	青海省演艺集团有限责任公司	734	3	上海杂技团有限公司	919
4	陕西省歌舞剧院有限公司	710	4	辽宁省大连杂技团	826
5	江西省瑞金市红色摇篮文化传媒演艺有限公司	650	5	安徽省杂技团有限责任公司	752
6	安徽省合肥市演艺有限责任公司	499	6	甘肃省杂技团有限责任公司	677
7	贵州省民族歌舞剧院有限责任公司	483	7	江苏省南京市杂技团有限公司	507
8	陕西省西安歌舞剧院有限责任公司	440	8	陕西省杂技艺术团有限公司	493
9	辽宁省沈阳艺术团	430	9	山东省济宁市杂技演艺有限责任公司	480
10	河北省望都县庆都艺术表演有限公司	400	10	湖南省杂技艺术剧院有限责任公司	469
11	河南歌舞演艺集团有限责任公司	400	11	武汉杂技艺术有限责任公司	451
12	浙江省宁波市演艺集团	399	12	重庆杂技艺术团有限责任公司	383
13	安徽省歌舞剧院有限责任公司	375	13	浙江省杭州杂技总团演艺有限公司	311
14	安徽省淮南艺术剧院有限责任公司	360	14	广州市杂技艺术剧院有限责任公司	267
15	吉林省歌舞剧团有限责任公司	346	15	山东省杂技演艺有限公司	206
16	河北省深泽县坠子剧团有限公司	311	16	安徽省安庆市杂技团	170
17	安徽省淮北市歌舞剧院有限公司	300	17	江西省杂技团	166
18	广西壮族自治区南宁市艺术剧院有限责任公司	299	18	四川省自贡市杂技团演艺有限责任公司	136
19	浙江歌舞剧院有限公司	284	19	贵州省杂技团	135
20	黑龙江省哈尔滨歌剧院	280	20	广东省龙川县杂技团	50

全国公共图书馆分级别总藏量排序

单位：万册/件

名次	单位名称	总藏量	名次	单位名称	总藏量
	一、省级			**二、市级**	
1	上海图书馆上海科技情报研究所	5415	1	广东省广州图书馆	574
2	江苏省南京图书馆	1006	2	浙江省杭州图书馆	452
3	广东省立中山图书馆	764	3	广东省深圳图书馆	402
4	山东省图书馆	741	4	江苏省苏州图书馆	351
5	天津图书馆	691	5	辽宁省沈阳市图书馆	349
6	首都图书馆	688	6	辽宁省大连市图书馆	348
7	浙江图书馆	615	7	广东省广州少年儿童图书馆	319
8	湖北省图书馆	599	8	黑龙江省哈尔滨市图书馆	309
9	辽宁省图书馆	566	9	四川省成都市图书馆	264
10	四川省图书馆	524	10	湖北省武汉图书馆	262
11	湖南图书馆	417	11	广东省东莞图书馆	251
12	吉林省图书馆	410	12	黑龙江省大庆市图书馆	250
13	陕西省图书馆	396	13	吉林省长春市图书馆	245
14	甘肃省图书馆	391	14	山东省济南市图书馆	224
15	河南省图书馆	330	15	福建省厦门市图书馆	215
16	黑龙江省图书馆	327	16	山东省青岛市图书馆	212
17	江西省图书馆	323	17	江苏省金陵图书馆	198
18	云南省图书馆	301	18	广东省深圳少年儿童图书馆	187
19	山西省图书馆	301	19	浙江省嘉兴市图书馆	187
20	重庆图书馆	297	20	浙江省宁波市图书馆	178
21	安徽省图书馆	288	21	江苏省无锡市图书馆	177
22	福建省图书馆	282	22	浙江省温州市图书馆	173
23	广西壮族自治区图书馆	274	23	江苏省常州市图书馆	163
24	广西壮族自治区桂林图书馆	253	24	安徽省黄山市图书馆	160
25	内蒙古自治区图书馆	241	25	吉林省吉林市图书馆	153
26	河北省图书馆	231	26	河北省廊坊市图书馆	149
27	宁夏图书馆	213	27	辽宁省鞍山市图书馆	146
28	新疆维吾尔自治区图书馆	191	28	山东省烟台市图书馆	135
29	贵州省图书馆	177	29	广东省中山市中山图书馆	134
30	青海省图书馆	166	30	河北省石家庄市图书馆	128
31	天津市少年儿童图书馆	154	31	四川省广安市图书馆	127
32	海南省图书馆	105	32	江苏省镇江市图书馆	125
33	上海市少年儿童图书馆	102	33	江苏省扬州市图书馆	125
34	湖南省少年儿童图书馆	96	34	浙江省绍兴图书馆	122
35	重庆市少年儿童图书馆	85	35	黑龙江省齐齐哈尔市图书馆	121
36	福建省少年儿童图书馆	60	36	福建省福州市图书馆	120
37	西藏自治区图书馆	46	37	湖北省武汉市少年儿童图书馆	112
38	广西壮族自治区少年儿童图书馆	31	38	江苏省南通市图书馆	108
39	河南省少年儿童图书馆	9	39	辽宁省沈阳市少年儿童图书馆	108

续表 1

单位：万册/件

名次	单位名称	总藏量	名次	单位名称	总藏量
40	辽宁省大连市少年儿童图书馆	108	80	四川省泸州市图书馆	67
41	广东省深圳大学城图书馆	107	81	河北省秦皇岛图书馆	66
42	河南省郑州市图书馆	106	82	陕西省咸阳图书馆	66
43	浙江省杭州少年儿童图书馆	103	83	江西省九江市图书馆	66
44	山西省太原市图书馆	103	84	湖南省长沙市图书馆	66
45	辽宁省抚顺市图书馆	96	85	新疆维吾尔自治区克拉玛依市图书馆	65
46	江西省南昌市图书馆	95	86	辽宁省营口市图书馆	65
47	广东省佛山市图书馆	92	87	内蒙古自治区鄂尔多斯市图书馆	65
48	广东省江门市五邑图书馆	92	88	陕西省宝鸡市图书馆	64
49	广东省珠海市图书馆	92	89	内蒙古自治区赤峰市图书馆	63
50	江苏省徐州市图书馆	92	90	江西省景德镇市图书馆	63
51	湖北省黄石市图书馆	89	91	山东省枣庄市图书馆	62
52	广西壮族自治区柳州市图书馆	88	92	吉林省延边朝鲜族自治州图书馆	62
53	贵州省贵阳市图书馆	88	93	江苏省连云港市图书馆	61
54	山东省淄博市图书馆	87	94	安徽省芜湖市图书馆	61
55	福建省泉州市图书馆	84	95	浙江省衢州市图书馆	61
56	安徽省蚌埠市图书馆	84	96	江西省吉安市图书馆	60
57	云南省昆明市图书馆	82	97	江西省上饶市图书馆	60
58	辽宁省本溪市图书馆	82	98	福建省厦门市少年儿童图书馆	60
59	广东省汕头市图书馆	82	99	广西壮族自治区南宁市图书馆	59
60	河北省唐山市图书馆	81	100	浙江省舟山市图书馆	59
61	江苏省盐城市图书馆	77		**三、县级**	
62	浙江省湖州市图书馆	77	1	上海市浦东新区图书馆	330
63	辽宁省锦州市图书馆	76	2	广东省深圳市福田区图书馆	254
64	河北省保定市图书馆	75	3	浙江省杭州市萧山图书馆	249
65	河南省洛阳市图书馆	74	4	江苏省昆山市图书馆	200
66	河南省新乡市图书馆	74	5	江苏省苏州市吴江区图书馆	198
67	安徽省合肥市图书馆	73	6	江苏省张家港市图书馆	192
68	山东省潍坊市图书馆	73	7	江苏省常熟市图书馆	177
69	河南省三门峡市图书馆	73	8	北京市朝阳区图书馆	165
70	江苏省淮安市图书馆	72	9	山东省龙口市图书馆	155
71	湖北省宜昌市图书馆	71	10	浙江省桐乡市图书馆	117
72	湖北省襄阳市图书馆	70	11	广东省深圳市南山区图书馆	117
73	浙江省温州市少儿图书馆	70	12	浙江省宁波市鄞州区图书馆	116
74	广东省惠州慈云图书馆	69	13	上海市黄浦区图书馆	112
75	山东省东营市图书馆	68	14	上海市嘉定区图书馆	112
76	江苏省泰州市图书馆	68	15	广东省佛山市顺德区图书馆	111
77	河南省南阳市图书馆	68	16	上海市杨浦区图书馆	101
78	陕西省西安图书馆	68	17	上海市闵行区图书馆	101
79	湖北省恩施州图书馆	68	18	广东省深圳市罗湖区图书馆	101

续表 2

单位：万册/件

名次	单位名称	总藏量	名次	单位名称	总藏量
20	浙江省苍南县图书馆	97	61	浙江省义乌市图书馆	62
21	上海市虹口区图书馆	94	62	贵州省毕节市图书馆	60
22	浙江省鹿城区图书馆	92	63	浙江省嘉善县图书馆	60
23	江苏省江阴市图书馆	88	64	安徽省亳州市图书馆	60
24	江苏省太仓市图书馆	87	65	广州番禺区图书馆	60
25	福建省龙岩图书馆	86	66	北京市东城区第一图书馆	59
26	山东省寿光市图书馆	85	67	北京市通州区图书馆	59
27	广东省深圳市宝安区图书馆	84	68	北京市怀柔区图书馆	58
28	北京市大兴区图书馆	84	69	山东省招远市图书馆	57
29	新疆维吾尔自治区独山子区图书馆	83	70	北京市西城区第二图书馆	56
30	天津市泰达图书馆	83	71	浙江省平阳县图书馆	56
31	辽宁省大连市经济技术开发区图书馆	81	72	浙江省张元济图书馆	56
32	辽宁省丹东市图书馆	81	73	北京市房山区图书馆	55
33	江苏省苏州市姑苏区独墅湖图书馆	80	74	四川省双流县图书馆	55
34	北京市平谷区图书馆	80	75	上海市闸北区图书馆	55
35	上海市徐汇区图书馆	79	76	天津市滨海新区塘沽图书馆	55
36	上海市宝山区图书馆	76	77	辽宁省瓦房店市图书馆	55
37	江苏省如皋市图书馆	76	78	浙江省宁波市北仑区图书馆	54
38	山东省兰山区图书馆	74	79	上海市崇明县图书馆	54
39	上海市奉贤区图书馆	74	80	广东省越秀区图书馆	54
40	内蒙古自治区东胜区少年儿童图书馆	73	81	浙江省余姚市图书馆	53
41	福建省尤溪县图书馆	73	82	福建省长乐市图书馆	53
42	上海市松江区图书馆	71	83	贵州省贵阳市乌当区图书馆	53
43	北京市顺义区图书馆	70	84	广东省广州市黄埔区图书馆	52
44	江苏省东海县图书馆	69	85	上海市黄浦区明复图书馆	52
45	北京市西城区第一图书馆	69	86	广东省花都区图书馆	52
46	北京市石景山区图书馆	69	87	浙江省嵊州市图书馆	52
47	上海市普陀区图书馆	69	88	江苏省海门市图书馆	51
48	北京市海淀区图书馆	68	89	浙江省建德市图书馆	51
49	北京市丰台区图书馆	68	90	广东省广州市荔湾区图书馆	51
50	福建省晋江市图书馆	66	91	重庆市北碚图书馆	50
51	浙江省杭州市余杭区图书馆	65	92	上海市静安区图书馆	50
52	广东省龙岗区图书馆	65	93	江苏省宜兴市图书馆	50
53	北京市门头沟区图书馆	65	94	广东省江门市新会区景堂图书馆	49
54	北京市密云县图书馆	65	95	浙江省瑞安市图书馆	49
55	广东省佛山市南海区图书馆	64	96	辽宁省大连市甘井子区图书馆	49
56	浙江省平湖市图书馆	64	97	浙江省临安市图书馆	47
57	北京市昌平区图书馆	63	98	广西壮族自治区隆安县图书馆	47
58	北京市东城区第二图书馆	63	99	江苏省常州市武进区图书馆	46
59	上海市长宁区图书馆	63	100	江苏省南京市秦淮区图书馆	46

全国公共图书馆分级别外借册次排序

单位：万册次

名次	单位名称	外借册次	名次	单位名称	外借册次
	一、省级			**一、市级**	
1	上海图书馆上海科技情报研究所	446	1	广东省广州市图书馆	569
2	天津图书馆	275	2	江苏省苏州市图书馆	362
3	首都图书馆	273	3	广东省深圳市图书馆	361
4	广东省立中山图书馆	220	4	福建省厦门市图书馆	353
5	湖南图书馆	214	5	浙江省杭州市图书馆	319
6	陕西省图书馆	185	6	浙江省温州市图书馆	247
7	湖北省图书馆	183	7	湖北省武汉图书馆	242
8	江苏省南京图书馆	180	8	广东省东莞市图书馆	191
9	安徽省图书馆	180	9	江苏省金陵图书馆	179
10	福建省图书馆	171	10	浙江省宁波市图书馆	175
11	福建省少年儿童图书馆	170	11	辽宁省鞍山市少儿图书馆	150
12	黑龙江省图书馆	158	12	浙江省嘉兴市图书馆	146
13	浙江图书馆	130	13	广东省广州少年儿童图书馆	141
14	辽宁省图书馆	115	14	四川省成都市图书馆	137
15	广西壮族自治区图书馆	110	15	辽宁省大连市少年儿童图书馆	134
16	山西省图书馆	105	16	福建省厦门市少年儿童图书馆	132
17	山东省图书馆	102	17	山东省青岛市图书馆	128
18	甘肃省图书馆	91	18	广东省佛山市图书馆	121
19	河北省图书馆	88	19	江苏省镇江市图书馆	119
20	重庆图书馆	85	20	江西省宜春市图书馆	118
21	上海市少年儿童图书馆	85	21	辽宁省大连市图书馆	112
22	天津市少年儿童图书馆	78	22	江苏省无锡市图书馆	107
23	宁夏图书馆	72	23	江苏省盐城市图书馆	105
24	河南省图书馆	69	24	江苏省常州市图书馆	103
25	海南省图书馆	69	25	浙江省绍兴市图书馆	101
26	云南省图书馆	68	26	江苏省泰州市图书馆	101
27	江西省图书馆	63	27	浙江省湖州市图书馆	100
28	广西壮族自治区桂林图书馆	44	28	浙江省台州市图书馆	95
29	重庆市少年儿童图书馆	39	29	山东省济南市图书馆	94
30	湖南省少年儿童图书馆	37	30	广东省珠海市图书馆	90
31	青海省图书馆	26	31	浙江省杭州少年儿童图书馆	84
32	新疆维吾尔自治区图书馆	25	32	辽宁省鞍山市图书馆	83
33	内蒙古自治区图书馆	24	33	辽宁省沈阳市图书馆	80
34	广西壮族自治区少年儿童图书馆	24	34	浙江省温州市少儿图书馆	78
35	吉林省图书馆	19	35	安徽省合肥市图书馆	72
36	四川省图书馆	13	36	甘肃省白银市图书馆	71
37	贵州省图书馆	11	37	山东省临沂市图书馆	70
38	西藏自治区图书馆	5	38	广西壮族自治区钦州市图书馆	70

续表 1

单位：万册次

名次	单位名称	外借册次	名次	单位名称	外借册次
39	黑龙江省哈尔滨市图书馆	69	80	江西省景德镇市图书馆	36
40	山东省枣庄市图书馆	68	81	湖北省十堰市图书馆	36
41	浙江省舟山市图书馆	68	82	湖南省衡阳市图书馆	36
42	四川省广安市图书馆	65	83	江苏省宿迁市图书馆	36
43	内蒙古自治区包头市图书馆	65	84	陕西省宝鸡市图书馆	35
44	河北省秦皇岛市图书馆	64	85	贵州省遵义市图书馆	35
45	浙江省衢州市图书馆	64	86	湖北省荆门市图书馆	35
46	湖北省宜昌市图书馆	62	87	河南省安阳市少年儿童图书馆	35
47	广东省深圳少年儿童图书馆	58	88	河南省开封市图书馆	34
48	广东省深圳大学城图书馆	56	89	湖南省株洲市图书馆	34
49	河南省郑州市图书馆	56	90	山东省菏泽市图书馆	34
50	辽宁省沈阳市少年儿童图书馆	55	91	湖南省岳阳市图书馆	34
51	湖南省长沙市图书馆	54	92	山东省潍坊市图书馆	33
52	吉林省长春市少年儿童图书馆	54	93	甘肃省兰州市图书馆	33
53	福建省泉州市图书馆	53	94	云南省曲靖市图书馆	33
54	河北省唐山市图书馆	53	95	江苏省扬州市少年儿童图书馆※	33
55	河南省安阳市图书馆	53	96	江西省抚州市图书馆	33
56	安徽省马鞍山市图书馆	52	97	吉林省长春市图书馆	32
57	湖北省黄冈市图书馆	52	98	山东省烟台市图书馆	32
58	江西省赣州市图书馆	50	99	江苏省南通市图书馆	32
59	辽宁省锦州市图书馆	49	100	广西壮族自治区玉林市图书馆	32
60	四川省内江市图书馆	49		**三、县级**	
61	河南省周口市图书馆	48	1	上海市浦东新区图书馆	282
62	广东省中山市中山图书馆	47	2	上海市闵行区图书馆	244
63	湖北省襄阳市图书馆	46	3	江苏省常熟市图书馆	212
64	河南省鹤壁市图书馆	46	4	江苏省昆山市图书馆	207
65	安徽省合肥市少儿图书馆	44	5	江苏省张家港市图书馆	197
66	江苏省连云港市少年儿童图书馆	43	6	上海市普陀区图书馆	155
67	江苏省扬州市图书馆	41	7	广东省深圳南山图书馆	137
68	宁夏回族自治区银川市图书馆	41	8	浙江省杭州市西湖区图书馆	134
69	新疆维吾尔自治区阿勒泰地区图书馆	41	9	浙江省杭州市下城区图书馆	134
70	广东省江门市五邑图书馆	40	10	上海市嘉定区图书馆	115
71	河南省三门峡市图书馆	40	11	浙江省杭州市萧山图书馆	114
72	江苏省淮安市图书馆	40	12	上海市虹口区图书馆	108
73	湖北省武汉市少年儿童图书馆	39	13	江苏省苏州市姑苏区独墅湖图书馆	105
74	四川省乐山市图书馆	39	14	江苏省东海县图书馆	105
75	辽宁省营口市图书馆	38	15	山东省市北区图书馆	102
76	河南省濮阳市图书馆	38	16	上海市宝山区图书馆	100
77	河南省洛阳市图书馆	37	17	江苏省苏州市吴江区图书馆	98
78	山东省聊城市海源阁图书馆	37	18	浙江省长兴县图书馆	93
79	内蒙古自治区鄂尔多斯市图书馆	36	19	江苏省太仓市图书馆	89

续表 2

单位：万册次

名次	单位名称	外借册次	名次	单位名称	外借册次
20	上海市松江区图书馆	82	61	广东省深圳市宝安区图书馆	45
21	浙江省江干区图书馆	79	62	浙江省宁海县图书馆	45
22	北京市西城区第一图书馆	75	63	重庆市江津区图书馆	44
23	江苏省邳州市图书馆	75	64	重庆市渝北区图书馆	44
24	广东省龙岗区图书馆	71	65	辽宁省大连市沙河口区图书馆	43
25	浙江省平湖市图书馆	71	66	四川省龙泉驿区图书馆	43
26	上海市杨浦区图书馆	70	67	福建省厦门市湖里区图书馆	41
27	广东省深圳市福田区图书馆	69	68	浙江省定海区图书馆	41
28	江苏省启东市图书馆	69	69	上海市徐汇区图书馆	40
29	上海市长宁区图书馆	67	70	辽宁省沈阳市沈河区图书馆	40
30	上海市长宁区少年儿童图书馆	65	71	福建省厦门市同安区图书馆	40
31	浙江省海宁市图书馆	63	72	安徽省谯城区图书馆	40
32	广东省佛山市南海区图书馆	63	73	福建省集美区少年儿童图书馆	40
33	浙江省张元济图书馆	63	74	江苏省大丰市图书馆	39
34	福建省晋江市图书馆	62	75	河南省濮阳市华龙区图书馆	39
35	上海市浦东新区新川沙图书馆	61	76	辽宁省大连市甘井子区图书馆	38
36	上海市奉贤区图书馆	60	77	重庆市涪陵区图书馆	38
37	辽宁省大连市普兰店市图书馆	59	78	安徽省宁国市图书馆	38
38	北京市朝阳区图书馆	58	79	广东省越秀区图书馆	37
39	浙江省永康市图书馆	58	80	江苏省南通市通州区图书馆	37
40	辽宁省大连市经济技术开发区图书馆	57	81	重庆市九龙坡区图书馆	37
41	江苏省靖江市图书馆	56	82	江苏省金坛市图书馆	37
42	上海市金山区图书馆	56	83	山东省陵县图书馆	37
43	重庆市铜梁图书馆	56	84	广州番禺区图书馆	36
44	浙江省杭州市余杭区图书馆	55	85	重庆市北碚图书馆	36
45	浙江省上虞市图书馆	55	86	浙江省玉环县图书馆	36
46	上海市闸北区图书馆	54	87	江苏省苏州市姑苏区图书馆	36
47	浙江省临安市图书馆	54	88	浙江省慈溪市图书馆	35
48	浙江省杭州市拱墅区图书馆	54	89	浙江省余姚市图书馆	35
49	江苏省南京市高淳区图书馆	54	90	河南省济源市图书馆	35
50	重庆市巴南区图书馆	54	91	江苏省泰兴市图书馆	35
51	江苏省江阴市图书馆	53	92	安徽省萧县图书馆	35
52	浙江省瑞安市图书馆	53	93	内蒙古自治区东胜区少年儿童图书馆	34
53	浙江省宁波市北仑区图书馆	52	94	天津市河西区图书馆	34
54	上海市黄浦区图书馆	51	95	四川省温江区图书馆	34
55	四川省双流县图书馆	50	96	河北省唐山市丰南区图书馆	34
56	广东省顺德图书馆	48	97	北京市西城区第二图书馆	33
57	北京市昌平区图书馆	48	98	上海市青浦区图书馆	33
58	上海市静安区图书馆	47	99	浙江省诸暨市图书馆	33
59	四川省崇州市图书馆	47	100	重庆市大渡口区图书馆	33
60	浙江省宁波市江东区图书馆	46			

全国公共图书馆分级别购书费占总支出的比重

单位：%

名次	单位名称	比重	名次	单位名称	比重
	一、省级		3	湖北省十堰市少儿图书馆	62.5
1	甘肃省图书馆	37.3	4	甘肃省嘉峪关市图书馆	61.7
2	江苏省南京图书馆	34.1	5	河北省石家庄市少年儿童图书馆	48.9
3	福建省少年儿童图书馆	33.8	6	广东省广州少年儿童图书馆	46.8
4	天津市少年儿童图书馆	33.6	7	山东省威海市图书馆	43.7
5	海南省图书馆	31.5	8	安徽省淮北市图书馆	43.5
6	上海图书馆上海科技情报研究所	29.3	9	青海省西宁市图书馆	39.9
7	广东省立中山图书馆	27.3	'10	河北省沧州市图书馆	39.8
8	辽宁省图书馆	24.6	11	广东省韶关市图书馆	38.9
9	河北省图书馆	23.8	12	湖南省邵阳市少年儿童图书馆	37.1
10	浙江图书馆	23.7	13	山东省菏泽市图书馆	36.3
11	河南省图书馆	23.1	14	安徽省合肥市图书馆	33.1
12	吉林省图书馆	23.0	15	四川省成都市图书馆	32.6
13	云南省图书馆	22.7	16	浙江省台州市图书馆	32.3
14	陕西省图书馆	21.4	17	陕西省西安图书馆	31.0
15	湖北省图书馆	21.0	18	吉林省长春市少年儿童图书馆	30.9
16	江西省图书馆	20.7	19	河南省平顶山市少年儿童图书馆	30.8
17	福建省图书馆	20.3	20	山东省青岛市图书馆	30.7
18	山东省图书馆	20.2	21	河南省三门峡市图书馆	30.6
19	广西壮族自治区图书馆	19.6	22	江西省抚州市图书馆	30.3
20	内蒙古自治区图书馆	17.7	23	湖南省永州市图书馆	30.2
21	重庆市少年儿童图书馆	16.4	24	安徽省宣城市图书馆	30.2
22	重庆图书馆	16.3	25	广东省佛山市图书馆	30.2
23	上海市少年儿童图书馆	15.8	26	内蒙古自治区乌海市图书馆	29.2
24	黑龙江省图书馆	15.4	27	辽宁省大连市图书馆	28.9
25	首都图书馆	14.5	28	福建省福州市少年儿童图书馆	27.9
26	广西壮族自治区桂林图书馆	14.4	29	福建省福州市图书馆	27.8
27	湖南图书馆	12.8	30	浙江省金华严济慈图书馆	27.7
28	安徽省图书馆	12.0	31	安徽省芜湖市图书馆	26.7
29	贵州省图书馆	9.4	32	江苏省南通市图书馆	26.6
30	天津图书馆	8.7	33	吉林省长春市图书馆	26.4
31	西藏自治区图书馆	8.3	34	河南省平顶山市图书馆	26.4
32	宁夏图书馆	8.1	35	广东省广州图书馆	26.3
33	湖南省少年儿童图书馆	8.1	36	安徽省马鞍山市图书馆	25.8
34	青海省图书馆	5.9	37	河北省邢台市图书馆	25.8
35	四川省图书馆	5.4	38	浙江省嘉兴市图书馆	25.6
36	新疆维吾尔自治区图书馆	4.2	39	江西省萍乡市图书馆	25.4
	二、市级		40	河北省廊坊市图书馆	25.4
1	广西壮族自治区来宾市图书馆	66.2	41	广东省珠海市图书馆	25.0
2	安徽省黄山市图书馆	64.5	42	山东省济南市图书馆	24.8

续表 1

单位：%

名次	单位名称	比重	名次	单位名称	比重
43	青海省果洛州图书馆	24.6	83	山东省东营市图书馆	17.6
44	河南省洛阳市少年儿童图书馆	24.5	84	江苏省镇江市图书馆	17.4
45	江苏省淮安市图书馆	24.2	85	河北省石家庄市图书馆	17.4
46	浙江省杭州图书馆	23.6	86	内蒙古自治区呼和浩特市图书馆	17.3
47	云南省昆明市图书馆	23.5	87	广西壮族自治区钦州市图书馆	17.1
48	湖北省孝感市图书馆	22.7	88	山东省潍坊市图书馆	17.0
49	广东省中山市中山图书馆	22.6	89	广西壮族自治区河池市民族图书馆	17.0
50	福建省泉州市图书馆	21.5	90	广东省惠州慈云图书馆	16.9
51	西藏林芝地区图书馆	21.4	91	湖南省常德市图书馆	16.8
52	浙江省温州市图书馆	21.1	92	山西省长治市图书馆	16.7
53	湖南省郴州市图书馆	21.0	93	浙江省丽水市图书馆	16.7
54	内蒙古自治区呼伦贝尔市图书馆	20.9	94	青海省海西州图书馆	16.6
55	山东省滨州市图书馆	20.7	95	湖北省襄阳市少年儿童图书馆	16.5
56	福建省厦门市图书馆	20.4	96	江苏省泰州市图书馆	16.4
57	山西省阳泉市图书馆	20.4	97	湖北省襄阳市图书馆	16.3
58	湖北省武汉市少年儿童图书馆	20.3	98	甘肃省兰州市图书馆	16.2
59	浙江省湖州市图书馆	20.2	99	广东省湛江市少年儿童图书馆	16.2
60	广东省梅州市剑英图书馆	20.2	100	山东省烟台市图书馆	16.1
61	河北省秦皇岛图书馆	20.2		**三、县级**	
62	云南省临沧市图书馆	20.1	1	广东省佛冈图书馆	68.6
63	广东省汕尾市图书馆	20.1	2	江苏省丹阳市少儿图书馆	66.7
64	安徽省合肥市少儿图书馆	20.0	3	河北省石家庄市新华区图书馆	66.7
65	江苏省常州市图书馆	19.9	4	河北省大城县图书馆	65.8
66	浙江省宁波市图书馆	19.9	5	广西壮族自治区隆安县图书馆	65.5
67	江苏省苏州图书馆	19.6	6	山东省东阿县图书馆	64.5
68	黑龙江省七台河市图书馆	19.4	7	江西省青原区图书馆	63.3
69	辽宁省铁岭市少年儿童图书馆	19.3	8	江苏省灌云县图书馆	63.3
70	河南省信阳市图书馆	19.0	9	河北省临西县图书馆	62.5
71	吉林省松原市图书馆	19.0	10	重庆市南川区图书馆	60.0
72	江苏省淮安市少儿图书馆※	18.7	11	安徽省金寨县图书馆	59.5
73	河南省安阳市图书馆	18.6	12	广东省惠东县图书馆	58.8
74	甘肃省平凉市图书馆	18.6	13	江西省吉州区图书馆	58.5
75	山东省莱芜市图书馆	18.5	14	江西省浮梁县图书馆	58.5
76	云南省曲靖市图书馆	18.3	15	河北省石家庄高新区图书馆	57.7
77	福建省莆田市图书馆	18.3	16	贵州省余庆县图书馆	57.1
78	湖北省武汉图书馆	18.2	17	安徽省潘集区图书馆	57.0
79	湖南省益阳市图书馆	18.2	18	四川省汉源县图书馆	56.5
80	黑龙江省牡丹江市图书馆	17.8	19	新疆维吾尔自治区独山子区图书馆	55.2
81	云南省昭通市图书馆	17.8	20	江苏省镇江市润州区图书馆	54.4
82	江苏省南通市少年儿童图书馆	17.7	21	江西省昌江区图书馆	53.8

续表 2

单位：%

名次	单位名称	比重	名次	单位名称	比重
22	贵州省黄平县图书馆	53.7	62	安徽省雨山区图书馆	42.4
23	海南省陵水黎族自治县图书馆	53.6	63	新疆维吾尔自治区乌鲁木齐县图书馆	41.7
24	河南省召陵区图书馆	53.6	64	山西省晋源区图书馆	41.6
25	河北省任县图书馆	52.6	65	江西省石城县图书馆	41.5
26	安徽省烈山区图书馆	52.0	66	江苏省张家港市图书馆	41.5
27	浙江省湖州市南浔区图书馆	51.8	67	安徽省滁州市琅琊区图书馆	41.4
28	河北省临城县图书馆	51.4	68	内蒙古自治区杭锦旗图书馆	41.4
29	内蒙古自治区准格尔旗图书馆	51.0	69	山东省历下区图书馆	40.4
30	河北省高邑县图书馆	50.9	70	浙江省温州市龙湾区图书馆	40.3
31	河北省鸡泽县图书馆	50.0	71	浙江省鹿城区图书馆	40.1
32	湖南省邵阳市北塔图书馆	50.0	72	河南省新野县图书馆	40.0
33	贵州省水城县图书馆	50.0	73	安徽省三山区图书馆	40.0
34	安徽省黟县少儿图书馆	50.0	74	青海省贵德县图书馆	39.9
35	河北省南和县图书馆	49.8	75	广西壮族自治区鱼峰区图书馆	39.0
36	浙江省新昌县图书馆	49.2	76	重庆市石柱土家族自治县图书馆	38.9
37	湖北省赤壁市图书馆	49.2	77	安徽省狮子山区图书馆	38.9
38	湖南省湘潭市岳塘区图书馆	49.2	78	四川省成都市成华区图书馆	38.8
39	浙江省衢江区图书馆	48.2	79	山东省垦利县图书馆	38.5
40	宁夏回族自治区红寺堡区图书馆	48.1	80	浙江省宁波市鄞州区图书馆	38.0
41	江苏省苏州市相城区图书馆	47.7	81	云南省西畴县图书馆	37.9
42	西藏自治区加查县图书馆	47.3	82	山东省东营区图书馆	37.8
43	福建省翔安区图书馆	46.4	83	福建省蕉城区图书馆	37.8
44	浙江省杭州市下城区图书馆	46.2	84	福建省厦门市海沧区图书馆	37.7
45	辽宁省瓦房店市图书馆	45.9	85	山东省青岛市市南区图书馆	37.6
46	河北省广宗县图书馆	45.5	86	山东省泗水县图书馆	37.5
47	浙江省瓯海区图书馆	45.1	87	湖南省衡阳市珠晖区图书馆	37.3
48	福建省厦门市思明区图书馆	44.9	88	新疆维吾尔自治区伽师县图书馆	36.9
49	山东省烟台市莱山区图书馆	44.5	89	湖南省东安县图书馆	36.8
50	江西省萍乡市湘东区图书馆	44.4	90	福建省将乐县图书馆	36.7
51	山东省无棣县图书馆	44.0	91	四川省武胜县图书馆	36.4
52	浙江省杭州市西湖区图书馆	43.8	92	山东省寿光市图书馆	36.4
53	广西壮族自治区柳南区图书馆	43.7	93	浙江省嘉善县图书馆	36.2
54	黑龙江省翠峦区图书馆	43.5	94	湖南省长沙市芙蓉区图书馆	36.1
55	安徽省无为县图书馆	43.3	95	广西壮族自治区南宁市青秀区图书馆	35.2
56	云南省石林县民族图书馆	43.3	96	福建省福清市图书馆	35.1
57	贵州省习水县图书馆	43.2	97	贵州省瓮安县图书馆	34.9
58	陕西省延川县图书馆	42.9	98	湖南省长沙市开福区图书馆	34.8
59	新疆维吾尔自治区若羌县图书馆	42.9	99	福建省周宁县图书馆	34.8
60	广西壮族自治区江南区图书馆	42.7	100	黑龙江省伊春市金山屯区图书馆	34.8
61	江苏省宿迁市宿豫区图书馆	42.6			

全国文化馆按举办展览个数排序

单位：个

名次	单位名称	举办展览个数	名次	单位名称	举办展览个数
1	福建省厦门市文化馆	73	51	山东省东阿县文化馆	36
2	北京市朝阳区文化馆	70	52	山西省闻喜县人民文化馆	36
3	江苏省常州市戚墅堰区文化馆	70	53	新疆维吾尔自治区塔城市文化馆	36
4	浙江省海宁市文化馆	63	54	江苏省扬州市文化馆	36
5	广东省顺德区文化馆	50	55	四川省内江市文化馆	36
6	河北省正定县文化馆	50	56	河南省新乡市凤泉区文化馆	35
7	河南省平顶山市文化艺术中心	50	57	浙江省宁波市鄞州区文化馆	35
8	河南省开封市群众艺术馆	50	58	江苏省南通市通州区文化馆	35
9	黑龙江省佳木斯市东风区文化馆	50	59	广东省佛山市石景宜刘紫英伉俪文化艺术馆	34
10	黑龙江省桦川县文化馆	50	60	浙江省嘉善县文化馆	34
11	山东省济南市群众艺术馆	50	61	浙江省秀洲区文化馆	34
12	山东省青岛市崂山区文化馆	50	62	湖北省武汉市群众艺术馆	32
13	山东省烟台市群众艺术馆	50	63	山东省临朐县文化馆	32
14	山东省陵县文化馆	50	64	山西省垣曲县文化馆	32
15	江苏省南京市玄武区文化馆	50	65	西藏自治区边坝县文化活动中心	32
16	河南省新乡市群众艺术馆	49	66	浙江省桐乡市文化馆	32
17	浙江省宁波市文化馆	49	67	江苏省苏州市姑苏区文化馆	32
18	云南省德宏州文化馆	49	68	浙江省嵊州市文化馆	31
19	甘肃省天水市文化馆	48	69	重庆市云阳县文化馆	31
20	湖南省湘潭市群众艺术馆	48	70	甘肃省安宁区文化馆	30
21	云南省马龙县文化馆	48	71	江西省鹰潭市月湖区文化馆	30
22	江苏省新沂市文化馆	48	72	辽宁省葫芦岛市龙港区文化馆	30
23	江苏省南通市文化馆	48	73	辽宁省旅顺口区文化馆	30
24	辽宁省沈阳市艺术馆	47	74	内蒙古自治区鄂托克前旗文化馆	30
25	上海市浦东新区浦南文化馆	47	75	山东省济宁市市中区文化馆	30
26	浙江省吴兴区文化馆	47	76	山西省屯留县文化馆	30
27	广东省越秀区文化馆	45	77	山西省壶关县文化馆	30
28	陕西省府谷县文化馆	45	78	山西省新绛县文化馆	30
29	上海长宁文化艺术中心	45	79	陕西省安康市群艺馆	30
30	浙江省东阳市文化馆	45	80	上海市虹口区文化馆	30
31	上海市群众艺术馆	44	81	浙江省宁波市镇海区文化馆	30
32	广东省高州市文化馆	42	82	浙江省平阳县文化馆	30
33	河北省石家庄市群众艺术馆	42	83	浙江省绍兴市文化馆	30
34	新疆维吾尔自治区拜城县文化馆	42	84	江苏省苏州高新区虎丘区文化馆	30
35	江苏省苏州市姑苏区工业园区文化馆	41	85	江苏省江苏省文化馆	30
36	福建省永定县文化馆	40	86	山西省太原市小店区文化馆	29
37	广东省深圳市宝安区群众文化艺术馆	40	87	甘肃省天水市秦州区文化馆	28
38	江西省铅山县文化馆	40	88	广东省佛山市南海区文化馆	28
39	山东省泗水县文化馆	40	89	河北省大名县文化馆	28
40	山西省高平市文化馆	40	90	河北省石家庄市长安区文化馆	27
41	四川省营山县文化馆	40	91	浙江省温州市龙湾区文化馆	27
42	辽宁省西岗区文化馆	39	92	重庆市九龙坡区文化馆	27
43	云南省昭通市文化馆	39	93	重庆市垫江县文化馆	27
44	浙江省宁波市北仑区文化馆	38	94	江苏省南京市群众艺术馆	27
45	四川省罗江县文化馆	38	95	江苏省江阴市文化馆	27
46	安徽省安徽省文化馆	37	96	四川省安岳县文化馆	27
47	广州市番禺区文化馆	37	97	安徽省马鞍山市文化馆	26
48	广西壮族自治区北海市群众艺术馆	37	98	福建省龙岩市艺术馆	26
49	广东省中山市文化馆	36	99	广东省阳江市文化馆	26
50	广东省深圳市福田区公共文化体育发展中心	36	100	广西壮族自治区田东县文化馆	26

全国文化馆按组织文艺活动次数排序

单位：次

名次	单位名称	组织文艺活动次数	名次	单位名称	组织文艺活动次数
1	浙江省杭州市文化馆	1673	51	河北省曲阳县文化馆	284
2	北京市石景山区文化馆	1204	52	黑龙江省佳木斯市东风区文化馆	280
3	辽宁省沈阳市铁西区文化馆	890	53	广东省广州市荔湾区文化馆	280
4	广东省佛山市文化馆	752	54	黑龙江省庆安县文化馆	280
5	吉林省长春市群众艺术馆	698	55	湖南省长沙市芙蓉区文化馆	280
6	北京市朝阳区文化馆	650	56	湖南省长沙市天心区文化馆	280
7	广东省深圳市南山区文化馆	500	57	宁夏回族自治区银川市文化艺术馆	277
8	安徽省长丰县文化馆	452	58	北京市东城区第一文化馆	275
9	四川省都江堰市文化馆	394	59	宁夏回族自治区石嘴山市大武口区文化馆	273
10	北京市丰台区文化馆	390	60	浙江省宁波市海曙区文化馆	270
11	广东省顺德区文化馆	365	61	浙江省青田县文化馆	262
12	江苏省苏州市姑苏区文化馆	365	62	宁夏回族自治区隆德县文化馆	260
13	江西省修水县文化馆	365	63	山东省青岛市群众艺术馆	260
14	山东省青岛市崂山区文化馆	360	64	山东省招远市文化馆	260
15	上海市松江区文化馆	360	65	山东省青岛市城阳区文化馆	260
16	湖南省永顺县文化馆	355	66	广西壮族自治区靖西县文化馆	260
17	河北省复兴区文化馆	350	67	山东省德城区文化馆	260
18	山东省潍坊市寒亭区文化馆	350	68	河北省隆化县文化馆	260
19	河南省新乡市红旗区文化馆	350	69	云南省文化馆	258
20	宁夏回族自治区西夏区文化馆	350	70	广东省深圳市福田区公共文化体育发展中心	255
21	辽宁省锦州市古塔区文化馆	350	71	宁夏回族自治区灵武市文化馆	253
22	江苏省常州市文化馆	350	72	四川省武侯区文化馆	250
23	上海市群众艺术馆	347	73	江苏省昆山市文化馆	250
24	上海市徐汇区西南文化艺术中心	343	74	湖南省花垣县文化馆	250
25	北京市西城区文化馆	339	75	河南省固始县文化馆	245
26	黑龙江省哈尔滨市群众艺术馆	332	76	浙江省吴兴区文化馆	241
27	山东省桓台县文化馆	330	77	天津市武清区文化馆	240
28	北京市顺义区文化馆	325	78	贵州省清镇市文化馆	240
29	云南省玉溪市红塔区文化馆	322	79	浙江省桐庐县文化馆	239
30	上海市浦东新区文化艺术指导中心	314	80	浙江省义乌市文化馆	236
31	山东省陵县文化馆	310	81	山东省天桥区文化馆	235
32	云南省楚雄市文化馆	310	82	上海市浦东新区浦南文化馆	230
33	湖南省桃江县文化馆	305	83	河南省郑州市金水区文化馆	230
34	山东省泗水县文化馆	300	84	四川省龙泉驿区文化馆	230
35	广西壮族自治区梧州市群众艺术馆	300	85	上海市奉贤区文化馆	229
36	广东省珠海市香洲区文化馆	300	86	广西壮族自治区北流市文化馆	228
37	湖南省长沙市望城区文化馆	300	87	河北省唐山市滦县文化馆	223
38	四川省攀枝花市文化馆	300	88	江苏省扬州市文化馆	222
39	云南省楚雄州文化馆	300	89	安徽省淮南市文化馆	220
40	河南省宝丰县人民文化馆	300	90	江苏省南京市秦淮区文化馆	220
41	山东省周村区文化馆	300	91	重庆市万州区文化馆	220
42	江苏省张家港市文化馆	300	92	河南省新乡县文化馆	220
43	北京市房山区文化馆	300	93	河北省唐山市群众艺术馆	220
44	宁夏回族自治区贺兰县文化馆	300	94	江苏省相城区文化馆	216
45	上海市黄浦区文化馆	300	95	上海长宁文化艺术中心	215
46	四川省青白江区文化馆	300	96	广东省增城市文化馆	213
47	陕西省新城区文化馆	300	97	甘肃省镇原县文化馆	210
48	湖北省武汉市群众艺术馆	295	98	黑龙江省香坊区文化馆	210
49	山西省太原市小店区文化馆	286	99	宁夏文化馆	210
50	江西省西湖区文化馆	286	100	新疆维吾尔自治区裕民县文化馆	210

全国博物馆分级别按藏品排序

单位：套

名次	单位名次	藏品数	名次	单位名次	藏品数
	一、省级		39	青海省博物馆	41277
1	首都博物馆	1021768	40	新疆维吾尔自治区博物馆	40766
2	上海博物馆	1018956	41	宁夏博物馆	39952
3	江苏省南京博物院	450365	42	贵州省博物馆	38922
4	天津自然博物馆	400133	43	青海柳湾彩陶博物馆	37925
5	陕西历史博物馆	381741	44	广西民族博物馆	32353
6	湖北省博物馆	237067	45	江西省井冈山革命博物馆	30251
7	云南省博物馆	222152	46	黑龙江地质博物馆	30000
8	安徽省博物院	220669	47	浙江省中国丝绸博物馆	28526
9	山西博物院	202547	48	湖北明代藩王博物馆	25163
10	天津博物馆	202345	49	山西省艺术博物馆	23000
11	重庆中国三峡博物馆	181713	50	海南省博物馆	21381
12	福建博物院	180818		**二、市级**	
13	广东省博物馆	171826	1	山东省青岛市博物馆	245580
14	内蒙古博物院	155064	2	四川省成都中国皮影博物馆	173816
15	浙江自然博物馆	144692	3	江苏省侵华日军南京大屠杀遇难同胞纪念馆	155971
16	河南博物院	132677	4	江苏省常州市戈小兴中外烟标烟具博物馆	150000
17	黑龙江省博物馆	132521	5	湖北省荆州博物馆	136583
18	湖南省博物馆	123430	6	陕西省西安博物院	120270
19	吉林省博物院	121749	7	内蒙古自治区内蒙古包头博物馆	110303
20	四川博物院	120845	8	湖北省恩施州博物馆	103816
21	辽宁省博物馆	120589	9	四川省成都华通博物馆	100000
22	山东博物馆	115707	10	安徽中国徽州文化博物馆	97374
23	重庆红岩联线文化发展管理中心(重庆红岩革命历史博物馆)	101793	11	河南省开封市博物馆	87913
24	中国共产党第一次全国代表大会会址纪念馆	100233	12	广东省惠州市博物馆	87636
25	河北省民俗博物馆	93844	13	江苏省南京市博物馆	82486
26	上海鲁迅纪念馆	91099	14	湖南省长沙简牍博物馆	80321
27	甘肃省博物馆	85367	15	山东省济南市博物馆	78713
28	重庆自然博物馆	84849	16	湖北省襄阳市博物馆	77899
29	浙江省博物馆	80049	17	湖北省鄂州市博物馆	76858
30	北京艺术博物馆	75191	18	辽宁省旅顺博物馆	61705
31	湖南省韶山毛泽东同志纪念馆	63214	19	湖北省荆门市博物馆	60738
32	西藏博物馆	60000	20	浙江省宁波博物馆	60293
33	江西省博物馆	56569	21	山西省大同市博物馆	60140
34	广西壮族自治区自然博物馆	53449	22	湖北省武汉博物馆	56139
35	天津市元明清天妃宫遗址博物馆	50000	23	山东省烟台市博物馆(烟台民俗博物馆)	55659
36	安徽省地质博物馆	44735	24	河南省鹤壁市博物馆	52944
37	上海市历史博物馆	42310	25	江苏省南通博物苑	51246
38	广西壮族自治区博物馆	42258	26	江苏省南通啸天风板鹞风筝艺术博物馆	50000

续表

单位：套

名次	单位名次	藏品数	名次	单位名次	藏品数
27	四川省成都杜甫草堂博物馆	48785	14	湖北省竹山秦巴民俗博物馆	53000
28	山东省泰安市博物馆	48178	15	湖北省郧阳博物馆	51864
29	河南省许昌市博物馆	47248	16	湖北省浠水县博物馆	51031
30	甘肃省武威市博物馆	44684	17	河南省郸城县中原民俗博物馆	50300
31	湖南省长沙市博物馆	44452	18	湖北省中国地质大学逸夫博物馆	50000
32	广东省江门市博物馆	43653	19	陕西省西北大学博物馆	50000
33	河南省洛阳民俗博物馆	42696	20	山西省曲沃县博物馆	45819
34	广东省广州博物馆	42271	21	湖北钱币博物馆	45800
35	江苏省苏州博物馆	41219	22	河南省偃师商城博物馆	45643
36	安徽省源泉徽文化民俗博物馆	40950	23	上海市陈云故居暨青浦革命历史纪念馆	43000
37	广西壮族自治区柳州市博物馆	38555	24	山东省莒南县博物馆	42859
38	江苏省苏州戏曲博物馆	36700	25	重庆市万州区博物馆	40251
39	广东省深圳博物馆	35635	26	四川易园园林艺术博物馆	40200
40	黑龙江省大庆市博物馆	35292	27	上海海洋大学博物馆	40000
41	甘肃省天水市博物馆	33956	28	重庆市云阳县博物馆	40000
42	黑龙江省黑河知青博物馆	33392	29	山东省莱西市胶东民俗文化博物馆	37500
43	湖北省十堰市博物馆	33112	30	青海省乐都县博物馆	36355
44	内蒙古自治区阿拉善博物馆	32238	31	浙江省瑞安市叶茂钱收藏馆	35000
45	陕西省延安革命纪念馆	31998	32	四川省南江县博物馆	34226
46	广东省河源市博物馆	31661	33	陕西省西安关中民俗艺术博物院	33600
47	广东省广州艺术博物院	31552	34	上海市银行博物馆	31106
48	江西省景德镇陶瓷馆	31149	35	湖北省宜昌市秭归县屈原纪念馆	30580
49	江苏省无锡博物院	30342	36	安徽省歙县博物馆	30440
50	河南省新乡市博物馆	30207	37	广西壮族自治区柳州工业博物馆	30184
	三、县级		38	浙江省海宁市谢氏艺术收藏馆	30085
1	云南省昆明动物博物馆	695419	39	山东省东平县博物馆	30054
2	上海科技馆	284835	40	甘肃省和政古动物化石博物馆	30045
3	四川省建川博物馆	200000	41	重庆市奉节县诗城博物馆	30020
4	上海中国航海博物馆	187616	42	广东省佛山市高明区世纪钱币博物馆	30000
5	陕西万达博物院	110800	43	辽宁省工业博物馆	30000
6	浙江省温州金洲动物博物馆	110000	44	山东省青岛啤酒博物馆	30000
7	云南省腾冲县滇西抗战纪念馆	87353	45	山东大学博物馆	30000
8	四川大学博物馆	84698	46	陕西省西安市非物质文化遗产博物馆	30000
9	上海市钱学森图书馆	61185	47	福建省上杭县客家族谱馆	29740
10	四川省成都理工大学博物馆	60000	48	山东省青州市博物馆(青州市文物事业管理局)	29720
11	河南省新郑市博物馆	58467	49	重庆市万县“九五”惨案纪念馆	29250
12	上海凝聚力工程博物馆	56945	50	广东省博罗县博物馆	29166
13	上海公安博物馆	53898			

全国博物馆分级别按参观人次排序

单位：万人次

名次	单位名称	参观人次	名次	单位名称	参观人次
	一、省级		38	广西民族博物馆	67
1	重庆红岩联线文化发展管理中心(重庆红岩革命历史博物馆)	595	39	浙江省中国丝绸博物馆	64
2	陕西省秦始皇兵马俑博物馆	404	40	上海市历史博物馆	60
3	江苏省南京中国近代史遗址博物馆	270	41	黑龙江省科学技术馆	60
4	浙江省博物馆	226	42	新疆维吾尔自治区博物馆	60
5	江西省南昌八一起义纪念馆	223	43	湖北省辛亥革命武昌起义纪念馆	55
6	陕西省历史博物馆	213	44	江苏省南京博物院	54
7	重庆中国三峡博物馆	208	45	湖南省韶山毛泽东同志纪念馆	50
8	河南博物院	204	46	贵州省博物馆	50
9	天津博物馆	200	47	天津市平津战役纪念馆	50
10	上海博物馆	195	48	上海鲁迅纪念馆	47
11	浙江自然博物馆	173	49	广西壮族自治区自然博物馆	44
12	内蒙古博物院	168	50	辽宁省博物馆	41
13	天津市周恩来邓颖超纪念馆	164		**一、市级**	
14	黑龙江省博物馆	154	1	江苏省侵华日军南京大屠杀遇难同胞纪念馆	582
15	湖北省博物馆	145	2	江苏省南京市雨花台烈士纪念馆	498
16	广东省博物馆	132	3	广东省鸦片战争博物馆	444
17	河北省英烈纪念馆	120	4	江苏省淮海战役烈士纪念塔管理局	300
18	首都博物馆	120	5	四川省成都武侯祠博物馆	300
19	江西省博物馆	115	6	河北省西柏坡纪念馆	300
20	福建博物院	113	7	贵州省遵义会议纪念馆	250
21	山东博物馆	107	8	江西省上饶集中营革命烈士博物馆	239
22	山西博物院	107	9	四川省邓小平故居管理局	220
23	四川博物院	102	10	浙江省绍兴鲁迅纪念馆	207
24	江西省安源路矿工人运动纪念馆	100	11	山东省青岛海产博物馆	200
25	黑龙江省东北烈士纪念馆	98	12	浙江省杭州工艺美术博物馆	182
26	江西省瑞金中央革命根据地纪念馆	98	13	山东省中国甲午战争博物院	173
27	广西壮族自治区博物馆	96	14	福建省龙岩市古田会议纪念馆	169
28	福建中国闽台缘博物馆	95	15	河南省洛阳博物馆	160
29	云南省博物馆	91	16	广东省佛山市祖庙博物馆	157
30	江西省井冈山革命博物馆	88	17	广东省东莞展览馆	152
31	安徽省博物院	87	18	浙江省中国湿地博物馆	149
32	福建省民俗博物馆	85	19	江苏省茅山新四军纪念馆	149
33	甘肃省博物馆	75	20	广东省孙中山故居纪念馆	146
34	海南省博物馆	72	21	浙江省温州博物馆	143
35	湖南省博物馆	70	22	陕西省法门寺博物馆	140
36	北京市孔庙和国子监博物馆	70	23	江苏省周恩来纪念馆	140
37	吉林省博物院	68	24	广东省深圳博物馆	130

续表

单位：万人次

名次	单位名称	参观人次	名次	单位名称	参观人次
25	四川省成都金沙遗址博物馆	130	13	江苏省新四军黄桥战役纪念馆	147
26	辽宁省沈阳故宫博物院	130	14	江苏省南京渡江胜利纪念馆	144
27	江苏省苏州博物馆	130	15	河北省涉县八路军一二九师纪念馆	144
28	浙江省杭州名人纪念馆	125	16	四川省朱德同志故居纪念馆	136
29	浙江省嘉兴南湖革命纪念馆	123	17	上海豫园管理处	134
30	安徽省渡江战役纪念馆	122	18	重庆市聂荣臻元帅陈列馆	132
31	湖南省湖南雷锋纪念馆	121	19	河北省北戴河博物馆	130
32	广东省黄埔军校旧址纪念馆	117	20	河北省乐亭县李大钊纪念馆	129
33	云南省楚雄州博物馆	116	21	重庆市杨闇公杨尚昆旧居陈列馆	128
34	河南省洛阳民俗博物馆	116	22	湖南省杨开慧纪念馆	123
35	江苏省新四军纪念馆	115	23	辽宁省抗美援朝纪念馆	120
36	河南省中国文字博物馆	113	24	江西省九江市庐山博物馆	120
37	湖北省武汉革命博物馆	112	25	海南省陵水县博物馆	120
38	黑龙江省大庆铁人王进喜纪念馆	108	26	山东省鲁西南战役纪念馆	120
39	浙江省宁波博物馆	107	27	山东省金乡军事文化馆	120
40	浙江省杭州博物馆	107	28	甘肃省会宁县长征胜利纪念馆	116
41	辽宁省抚顺市雷锋纪念馆	106	29	山东省蓬莱阁文物管理处古船博物馆	115
42	四川省成都杜甫草堂博物馆	106	30	河北省清苑县地道战遗址	111
43	江西省南昌市博物馆	105	31	山东省蓬莱市登州博物馆	110
44	吉林省伪满皇宫博物院	105	32	四川省建川博物馆	108
45	江苏省南京云锦博物馆	105	33	湖南省贺龙纪念馆	104
46	江苏省扬州博物馆	104	34	山西省平遥县博物馆	103
47	江苏省淮安市博物馆	103	35	山东省枣庄市台儿庄区台儿庄大战纪念馆	103
48	福建省福州市博物馆	103	36	广东省惠阳区叶挺纪念馆	102
49	陕西省宝鸡青铜器博物院	100	37	广西壮族自治区柳州工业博物馆	100
50	湖北省荆州博物馆	99	38	湖南省芷江受降纪念馆	100
	三、县级		39	山西省祁县乔家大院民俗博物馆	100
1	四川省江油市李白纪念馆	522	40	陕西省唐都新碑林线刻书画博物馆	99
2	浙江省桐乡市茅盾纪念馆	370	41	四川省川陕革命根据地红军烈士纪念馆	99
3	河南省淮阳县博物馆	300	42	河南省内乡县县衙博物馆	98
4	云南省大理市博物馆	281	43	四川省5.12抗震救灾纪念馆	95
5	湖南省长沙市刘少奇同志纪念馆	280	44	河南省确山县竹沟革命纪念馆	92
6	山东省孟良崮战役纪念馆	210	45	四川省红四方面军总指挥部旧址纪念馆	90
7	陕西省唐华清池御汤遗址博物馆	206	46	四川省大邑县刘氏庄园博物馆	90
8	四川省范长江纪念馆	200	47	四川省汶川县映秀震中纪念馆	90
9	四川省乐至县陈毅纪念馆	185	48	江苏省周恩来故居管理处	86
10	福建省武夷山市博物馆	180	49	山东省枣庄市薛城区铁道游击队纪念园	85
11	河南省兰考焦裕禄纪念园管理处	159	50	山东省汶上县中都博物馆	85
12	山东省中共山东省党史陈列馆	150			

附录资料

2013年全国文化志愿服务工作优秀单位名单（54个）

一、省（区、市）文化厅（局）（19个）

1.北京市文化局
2.天津市文化广播影视局
3.河北省文化厅
4.山西省文化厅
5.辽宁省文化厅
6.上海市文化广播影视管理局
7.江苏省文化厅
8.浙江省文化厅
9.安徽省文化厅
10.江西省文化厅
11.山东省文化厅
12.广东省文化厅
13.海南省文化广电出版体育厅
14.广西壮族自治区文化厅
15.四川省文化厅
16.西藏自治区文化厅
17.甘肃省文化厅
18.青海省文化和新闻出版厅
19.新疆维吾尔自治区文化厅

二、第一批国家公共文化服务体系示范区城市文化局（18个）

1.河北省秦皇岛市文化广电新闻出版局
2.山西省长治市文化广电新闻出版局
3.内蒙古自治区鄂尔多斯市文化局
4.吉林省长春市文化广电新闻出版局
5.黑龙江省牡丹江市文化广电新闻出版局
6.江苏省苏州市文化广电新闻出版局
7.安徽省马鞍山市文化委员会
8.福建省厦门市文化广电新闻出版局
9.山东省青岛市文化广电新闻出版局
10.河南省郑州市文化广电新闻出版局
11.湖北省黄石市文化局
12.湖南省长沙市文化局
13.重庆市渝中区文化广电新闻出版局
14.贵州省遵义市文化体育广播电影电视局
15.陕西省宝鸡市文化广电新闻出版局
16.甘肃省金昌市文化广播影视新闻出版局
17.青海省格尔木市文化体育广播电视局
18.宁夏回族自治区银川市文化广播电视局

三、文化部直属单位（17个）

1.中国艺术研究院
2.国家图书馆
3.故宫博物院
4.国家博物馆
5.中国文化传媒集团有限公司
6.国家京剧院
7.中国国家话剧院
8.中国歌剧舞剧院
9.中国东方演艺集团有限公司
10.中国交响乐团
11.中国儿童艺术剧院
12.中央歌剧院
13.中央芭蕾舞团
14.中央民族乐团
15.中国美术馆
16.中国国家画院
17.文化部全国公共文化发展中心

2013年“文化志愿者基层服务年”示范项目名单（119个）

一、“春雨工程”——全国文化志愿者边疆行示范项目（21个）

1. 新疆和田玉都文工团赴京培训演出
实施单位：北京市文化局
新疆维吾尔自治区文化厅
2. 天津文化志愿者西藏新疆行（大舞台、大讲堂、大展台）
实施单位：天津市文化广播影视局
西藏自治区文化厅
新疆维吾尔自治区文化厅
3. 山西文化志愿者新疆行（大讲堂、大展台）
实施单位：山西省文化厅
新疆维吾尔自治区文化厅
新疆生产建设兵团文化广播电视局
4. 江苏文化志愿者新疆行（大舞台、大讲堂、大展台）
实施单位：江苏省文化厅
新疆维吾尔自治区文化厅
5. 全国边疆民族地区文化艺术人才培训班
实施单位：浙江省文化厅
6. 山东群众文艺精品节目赴黑龙江演出

实施单位：山东省文化厅
黑龙江省文化厅

7. 青岛文化志愿者甘肃行（大舞台、大讲堂、大展台）
实施单位：山东省青岛市文化广播新闻出版局
甘肃省文化厅

8. 湖北文化志愿者新疆行（大讲堂、大展台）
实施单位：湖北省文化厅
新疆维吾尔自治区文化厅

9. “洞庭连天山、和美一家亲”湖南、新疆文化交流
实施单位：湖南省文化厅
新疆维吾尔自治区文化厅

10. “三省坡”侗乡共建共享暨“关爱留守儿童”活动
实施单位：湖南省文化厅

11. 广东省文化志愿者青海行（大舞台、大讲堂、大展台）
实施单位：广东省文化厅
青海省文化和新闻出版厅

12. 康定情歌的故乡 最后的香格里拉——圣洁甘孜走进广东
实施单位：广东省文化厅
四川省文化厅

13. 黎苗歌舞进宁夏
实施单位：海南省文化广电出版体育厅
宁夏回族自治区文化厅

14. “魅力北部湾”——三省文化艺术交流
实施单位：广西省文化厅
江西省文化厅
四川省文化厅

15. 西藏基层文化干部赴重庆培训
实施单位：重庆市文化广播电视局
西藏自治区文化厅

16. 成都艺术志愿者三省行（大讲堂、大展台）
实施单位：四川省成都市文化局
山西省文化厅
内蒙古自治区文化厅
陕西省文化厅

17. “丝路秦风”——陕西文化志愿者敦煌行（大舞台、大讲堂、大展台）
实施单位：陕西省文化厅
甘肃省文化厅

18. “渭水歌韵 · 雪域情深”——宝鸡文艺节目赴藏演出
实施单位：陕西省宝鸡市文化广电新闻出版局
西藏自治区文化厅

19. “网络书香边疆行”全国数字阅读推广活动
实施单位：国家图书馆

20. “走基层——美丽中国 · 海疆行”系列采访活动
实施单位：中国文化传媒集团有限公司

21. 文化共享志愿者边疆万里数字文化长廊活动（大讲堂）
实施单位：文化部全国公共文化发展中心

二、“大地情深”——国家艺术院团（馆）志愿服务走基层示范项目（14个）

1. 文艺知识大讲堂
实施单位：中国艺术研究院
服务地区：辽宁省大连市、内蒙古自治区鄂尔多斯市
江苏省苏州市、安徽省马鞍山市
江西省赣州市、山东省青岛市
河南省郑州市、湖北省黄石市
湖南省长沙市、广东省东莞市
四川省成都市、云南省保山市
西藏自治区林芝地区、宁夏回族自治区银川市

2. “文博大讲堂”及“历史印记——清宫帝后宝玺展”
实施单位：故宫博物院
服务地区：河北省秦皇岛市、福建省厦门市
云南省保山市

3. “牵手文明”图片展及文物知识讲座
实施单位：国家博物馆
服务地区：北京市朝阳区、内蒙古自治区鄂尔多斯市
宁夏回族自治区银川市

4. 京剧“大舞台”
实施单位：国家京剧院
服务地区：河北省秦皇岛市、内蒙古自治区鄂尔多斯市
上海市徐汇区

5. 话剧演出及普及知识讲座
实施单位：中国国家话剧院
服务地区：安徽省马鞍山市、广东省东莞市
广西壮族自治区来宾市、河南省郑州市

6. 歌舞剧演出及舞蹈编排创作现场指导
实施单位：中国歌剧舞剧院
服务地区：内蒙古自治区鄂尔多斯市、广东省东莞市
海南省澄迈县、广西壮族自治区来宾市
宁夏回族自治区银川市

7. 大型歌舞演出及辅导培训
实施单位：中国东方演艺集团有限公司
服务地区：天津市和平区、内蒙古自治区鄂尔多斯市
黑龙江省牡丹江市、重庆市渝中区
陕西省宝鸡市、甘肃省金昌市

8. “打开音乐之门”室内音乐会
实施单位：中国交响乐团
服务地区：江苏省苏州市、湖南省长沙市

9. 儿童剧演出
实施单位：中国儿童艺术剧院
服务地区：北京市朝阳区、山西省长治市
吉林省长春市、江苏省苏州市
山东省青岛市、河南省郑州市
贵州省遵义市、青海省格尔木市
宁夏回族自治区银川市

10.《鄞地九歌》及原创歌曲创作演出
实施单位：中央歌剧院

服务地区：浙江省宁波市鄞州区

11. 经典芭蕾舞剧演出
 实施单位：中央芭蕾舞团
 服务地区：内蒙古自治区鄂尔多斯市、吉林省长春市
 湖北省黄石市
12. 民族器乐演出及知识讲座
 实施单位：中央民族乐团
 服务地区：北京市朝阳区、四川省成都市
13. 馆藏艺术精品赏析讲座
 实施单位：中国美术馆
 服务地区：吉林省长春市、宁夏回族自治区银川市
14. 书画、篆刻知识讲座
 实施单位：中国国家画院
 服务地区：四川省成都市、广西壮族自治区来宾市

三、“9个主题”基层文化志愿服务示范项目（84个）

1. 肩并肩农民工志愿工程
 实施单位：北京市朝阳区文化志愿者服务中心
2. 怀柔区文化志愿者义务辅导站网络建设
 实施单位：北京市怀柔区文化馆
3. 文化志愿服务5285工程项目
 实施单位：北京市房山区文化志愿者服务中心
4. 文化公益大讲堂
 实施单位：北京市顺义区文化志愿者服务中心
5. “爱心天使 传递书香”和平区图书馆志愿服务活动
 实施单位：天津市和平区图书馆
6. 静海县书画文化志愿服务活动
 实施单位：天津市静海县书画院
7. “中国梦 蓟州行”蓟县文化馆文化志愿服务活动
 实施单位：天津市蓟县文化馆
8. 文化志愿者服务农村文艺辅导基地
 实施单位：河北省群众艺术馆
9. 青春践行梦想——河北省图书馆2013年暑期大学生志愿服务活动
 实施单位：河北省图书馆
10. 情暖城乡——万名文化志愿者走进百姓系统工程
 实施单位：河北省秦皇岛市群众艺术馆
11. “百姓一家亲 欢乐伴你行”活动
 实施单位：河北省张家口市群众艺术馆
12. 传递书香 见证成长——山西省图书馆文化志愿服务活动
 实施单位：山西省图书馆
13. “太原市图书馆高校志愿者联盟”服务活动
 实施单位：山西省太原市图书馆
14. 长治市“送戏惠民直通车”
 实施单位：山西省长治市青年戏迷协会志愿者服务队
15. “流动博物馆”基层行
 实施单位：内蒙古自治区鄂尔多斯博物馆
16. “志愿服务深入基层 推动文化惠及民生”——乌审旗文体特派员服务基层活动
 实施单位：内蒙古自治区乌审旗文化广播电影电视局
17. 文化公益 社会责任
 实施单位：内蒙古自治区杭锦后旗陕坝镇河酒社区红歌合唱团
18. 辽宁省博物馆志愿者历史文化宣讲团服务活动
 实施单位：辽宁省博物馆
19. “群星漂流 欢乐百姓”惠民巡演活动
 实施单位：辽宁省群众艺术馆
20. 锦州市文化志愿者群星大课堂
 实施单位：辽宁省锦州市文化广电新闻出版局
 辽宁省锦州市群众艺术馆
21. “艺术点燃希望 行动关爱未来”文化志愿服务活动
 实施单位：吉林省长春市群众艺术馆
22. “传递书香”——敦化市流动图书志愿服务活动
 实施单位：吉林省延边朝鲜族自治州敦化市图书馆
23. 百名志愿者 百日下基层
 实施单位：黑龙江省牡丹江市群众艺术馆
24. “传递书香 见证成长”鹤岗市图书馆志愿服务活动
 实施单位：黑龙江省鹤岗市图书馆
25. “与艺术同行”——中华艺术宫文化志愿服务活动
 实施单位：上海市中华艺术宫
26. “绿叶助学志愿队”服务活动
 实施单位：上海市闵行区图书馆
27. “名家坊”——天平社区文化名人服务活动
 实施单位：上海市天平路街道办事处
28. “聚乐轩”文化志愿者管理委员会
 实施单位：上海市嘉定镇街道文化体育服务中心
29. 上海师范大学“爱心学校”志愿服务活动
 实施单位：共青团上海师范大学委员会
30. “传递书香 见证成长”公共图书馆志愿服务活动
 实施单位：江苏省南京图书馆
31. 南通市文化馆新市民文化服务活动
 实施单位：江苏省南通市文化馆
32. 苏州市民文化艺术素养提升志愿服务工程
 实施单位：江苏省苏州市公共文化中心
33. “新阅读 心服务”e时代乡村行活动
 实施单位：江苏省苏州市吴江区图书馆
34. “绽放在港城”文艺演出基层行
 实施单位：江苏省张家港市文化志愿者协会
35. 安徽省群众文化辅导工作
 实施单位：安徽省文化厅
36. 情系八闽——文化志愿服务走基层活动
 实施单位：福建省艺术馆
37. “故事妈妈”俱乐部
 实施单位：福建省厦门市少儿图书馆
38. 面向特殊群体、弱势人群的知识援助行动
 实施单位：福建省图书馆
39. 周末免费百姓剧场
 实施单位：福建省宁德市文化广电新闻出版局

40.“传播爱心献社会 文化服务暖人间”活动
实施单位：江西省抚州市群众艺术馆
41. 泰安市群众文化艺术年活动
实施单位：山东省泰安市文化广电新闻出版局
42. 文化共享工程便民服务活动
实施单位：山东省荣成市文化广电新闻出版局
43.“精彩生活 幸福使者”文化馆志愿服务活动
实施单位：山东省临朐县文化广电新闻出版局
44. 吕剧传承发展活动
实施单位：山东省广饶县吕剧艺术中心
45.“文化暖心 点亮生活”关爱特殊群体文化志愿服务活动
实施单位：山东省定陶县两夹弦非遗保护传承中心
46. 公益无限系列活动
实施单位：河南省群众艺术馆
47. 小导游志愿服务活动
实施单位：河南省济源市济渎庙管理处
48.“爱 · 链”行动
实施单位：河南省焦作市图书馆、焦作师专
49. 志愿者图书导读活动
实施单位：河南省许昌市图书馆
50.“百姓书场”文化志愿者惠民演出活动
实施单位：河南省周口市鹿邑县宋河镇文化站
51. 历史大课堂——湖北省博物馆志愿者走进希望小学
实施单位：湖北省博物馆
52.“小种子”流动阅读推广活动
实施单位：湖北省武汉市少年儿童图书馆
53. 博物馆进校园——博物馆志愿者走进乡村小学系列活动
实施单位：湖北省荆门市博物馆
54.“欢乐潇湘”文化志愿行
实施单位：湖南省群众艺术馆
55. 三千文化志愿者下乡镇（社区）活动
实施单位：湖南省岳阳市群众艺术馆
56. 用心点亮世界 用爱构建和谐——湖南图书馆文化志愿者服务视障读者活动
实施单位：湖南图书馆
57. 深圳市宝安区“文化钟点工”志愿服务活动
实施单位：广东省深圳市宝安区群众艺术馆
58.“文化暖心 点亮生活”关爱特殊群体文化志愿服务活动
实施单位：广东省文化馆、各地级市文化馆
59. 广州市爱心艺术培训班
实施单位：广东省广州市文化馆
60.“文化艺术惠民生 百场培训进企业”活动
实施单位：广东省佛山市顺德区文化艺术发展中心
61.“书香润琼州”活动
实施单位：海南省图书馆
62.“广场排舞大家跳”活动
实施单位：海南省海口市群众艺术馆
63. 光影榭—周末观影沙龙
实施单位：广西壮族自治区图书馆
64. 千村万民农村基层大培训
实施单位：广西壮族自治区桂林市群众艺术馆
65. 高校公共文化志愿进“三馆”入社区
实施单位：广西师范大学公共文化服务体系建设研究团队
66.“情暖乡村同欢乐”文化惠民志愿服务活动
实施单位：广西壮族自治区北海市群众艺术馆
67. 重庆图书馆志愿者之家
实施单位：重庆图书馆
68.“喜悦”文化志愿服务行动
实施单位：重庆市九龙坡区图书馆
69.“快乐星期六”文化志愿服务活动
实施单位：重庆市开县文化广电新闻出版局、开县文化馆
70. 名师大讲堂
实施单位：四川省成都市文化志愿者协会
71. 壤塘藏戏团送戏下基层
实施单位：四川省阿坝藏族羌族自治州壤塘藏戏团
72. 二郎山艺术团抗震救灾巡回义演
实施单位：四川省天全县二郎山艺术团
73.“特色文化艺术学校”文化志愿服务活动
实施单位：四川省遂宁市文化馆
74. 抢救修复云南民族古籍文化志愿服务行动
实施单位：云南省图书馆
75.“义写春联”活动
实施单位：陕西省商洛市群众艺术馆
76.“文化使者进草原 群文活动乐万家”文化志愿服务活动
实施单位：甘肃省肃南县文化馆
77.“传递书香 见证成长”金昌市图书馆志愿者活动
实施单位：甘肃省金昌市图书馆
78.“欢乐乡村”巡回演出
实施单位：青海省文化馆
79. 银川市“万家欢乐涌湖城”文化志愿服务活动
实施单位：宁夏回族自治区银川市文化艺术馆
80. 传递书香 温暖读者—青铜峡市图书馆文化志愿服务活动
实施单位：宁夏回族自治区青铜峡市图书馆
81.“共享阳光 爱心助盲”志愿服务活动
实施单位：宁夏回族自治区银川市文化广播电视局
82. 伊宁市文化馆“文化钟点工”志愿服务活动
实施单位：新疆维吾尔自治区伊宁市文化馆
83.“文化惠民 为您服务”沙雅县海楼乡志愿服务活动
实施单位：新疆维吾尔自治区阿克苏地区沙雅县海楼乡人民政府
84.“中学生义务馆员”
实施单位：新疆维吾尔自治区克拉玛依市图书馆

2013年优秀文化志愿者名单（48名）

1.马崇阳（女） 推荐单位：北京市文化局
2.李世儒 推荐单位：北京市文化局
3.杨子湘（女，蒙古族） 推荐单位：北京市文化局
4.唐永谦 推荐单位：河北省文化厅
5.崔兰芳（女） 推荐单位：内蒙古自治区文化厅
6.郭建忠 推荐单位：内蒙古自治区文化厅
7.丁桂馥（女） 推荐单位：辽宁省文化厅
8.赵广军 推荐单位：辽宁省文化厅
9.谢晓楠 推荐单位：辽宁省文化厅
10.杨 帆（满族）推荐单位：吉林省文化厅
11.郑殿维 推荐单位：吉林省文化厅
12.徐亚峰 推荐单位：黑龙江省文化厅
13.史怡婷（女） 推荐单位：上海市文化广播影视管理局
14.朱菊芬（女） 推荐单位：上海市文化广播影视管理局
15.庄顺海 推荐单位：上海市文化广播影视管理局
16.杨慧生 推荐单位：安徽省文化厅
17.应天蓝 推荐单位：安徽省文化厅
18.汪礼堂 推荐单位：安徽省文化厅
19.陈志新 推荐单位：福建省文化厅
20.李金水 推荐单位：河南省文化厅
21.李璐璐（女） 推荐单位：河南省文化厅
22.申文慧（女） 推荐单位：河南省文化厅
23.彭泽云 推荐单位：湖北省文化厅
24.欧阳红 推荐单位：湖南省文化厅
25.吴伟敏（女） 推荐单位：广东省文化厅
26.唐 平（女） 推荐单位：广东省文化厅
27.刘学玲（女，黎族）推荐单位：海南省文化广电出版体育厅
28.刘毓鲲 推荐单位：广西壮族自治区文化厅
29.张星红 推荐单位：重庆市文化广播电视局
30.余 沛 推荐单位：重庆市文化广播电视局
31.王作平 推荐单位：四川省文化厅
32.李 茂（藏族）推荐单位：四川省文化厅
33.张秋荷（女） 推荐单位：贵州省文化厅
34.宋 芊（女） 推荐单位：贵州省文化厅
35.黄燕梅（女） 推荐单位：贵州省文化厅
36.彭光祥 推荐单位：云南省文化厅
37.杨跃华 推荐单位：云南省文化厅
38.董学芬（女） 推荐单位：云南省文化厅
39.李 刚 推荐单位：陕西省文化厅
40.刘小奔 推荐单位：陕西省文化厅
41.毛金凤（女） 推荐单位：甘肃省文化厅
42.杨 红 推荐单位：甘肃省文化厅
43.房宁霞（女） 推荐单位：宁夏回族自治区文化厅
44.唐振山 推荐单位：宁夏回族自治区文化厅
45.马淑芳（女） 推荐单位：新疆生产建设兵团文化广播电视局
46.夏家岐 推荐单位：新疆生产建设兵团文化广播电视局
47.王佐诗 推荐单位：故宫博物院
48.庄则平（女） 推荐单位：中国美术馆

第十届中国艺术节“群星奖”获奖名单

作品类“群星奖”（220个）

音乐类

序号	地区或单位	名称	形式
1	天津	城里打工的姊妹花	重唱组合
2	天津	运河颂	情景歌曲
3	河北	太行谣	女声组合
4	河北	古道乡音	器乐演奏
5	山西	闻喜鼓车	器乐
6	山西	丁陶鼍鼓	鼓乐
7	黑龙江	四物游戏	朝鲜族打击乐合奏
8	上海	站在高高的脚手架上	男声小合唱
9	上海	天候	打击乐
10	上海	古镇风情	女声组合

续表

音乐类			
序号	地区或单位	名称	形式
11	上海	桃花女	女声小组唱
12	江苏	苏北风情	唢呐演奏
13	浙江	畲乡三月三	女声独唱
14	浙江	早春的脚步	男女组合
15	浙江	小巷总理	男声独唱
16	浙江	南腔北调都是歌	男声组唱
17	山东	石韵 · 泰山	器乐合奏
18	山东	唱大戏	鲁西南吹打乐
19	山东	闯海人	男声组唱
20	山东	新绣荷包	女声表演唱
21	山东	亲亲的老百姓	独唱
22	山东	赶山会	鲁中南平派鼓吹乐
23	山东	泰山石敢当	声乐
24	河南	家的牵挂	歌曲
25	湖北	美酒喷喷香	表演唱
26	湖北	莲花赋	女声独唱
27	湖北	群星耀中华	男女声对唱
28	湖北	哪门搞起	男女声表演唱
29	湖南	山泉	女声小组唱
30	广东	春暖南海	男声四重唱
31	广东	城市节奏	新打击乐
32	广东	脚印	小组唱
33	广东	山美 城美	流行音乐组合
34	广西	侗不离酸	侗族大歌
35	海南	山兰放歌	原生态小组唱（黎族）
36	重庆	老张和老王	男声独唱
37	重庆	赶秋	组合唱
38	重庆	田坝腔	原生态无伴奏表演唱
39	重庆	跳蹬石工号子	表演唱
40	四川	香巴拉	歌曲
41	四川	川北婚嫁	组合表演唱
42	贵州	我爱我家	原生态演唱
43	云南	阿哈巴拉	小合唱
44	陕西	小桃红	组合演唱
45	甘肃	羲皇故里	独唱
46	宁夏	哥是阳沟妹是水	女声组合唱
47	总政	指导员信箱	男声表演唱
48	武警	让我来	男声小合唱
49	全总	师傅	男声独唱

续表

合唱类		
序号	地区或单位	合唱团名称
1	山西	山西省晋城市群众艺术馆太行风合唱团
2	上海	上海市嘉定区南翔百花合唱团
3	浙江	浙江省温州市籀园小学合唱团
4	福建	福建省福州市小茉莉合唱团
5	山东	山东省滨州市群星合唱团
6	山东	山东省烟台市群众艺术馆群星合唱团
7	广东	广东省广州市小海燕合唱团
8	广东	广东省中山市合唱团
9	广东	广东省广州市花都区合唱团
10	重庆	重庆市北碚区文化馆“缙云之声”合唱团

舞蹈类			
序号	地区或单位	节目名称	形式
1	北京	都市白领	群舞
2	北京	青春的记忆	群舞
3	北京	新居	群舞
4	河北	大山 · 油料兵	群舞
5	山西	海英和她的妈妈们	群舞
6	山西	我们的城里老师	群舞
7	山西	回娘家	群舞
8	山西	矿工情	男子情景舞蹈
9	内蒙古	萨吾尔登	群舞
10	内蒙古	敖鲁古雅伊堪	男女群舞
11	吉林	盛世长鼓	群舞
12	上海	小笼师傅	男子群舞
13	上海	我们的新家	少儿舞蹈
14	江苏	香脆萝卜干	舞蹈
15	浙江	青青竹儿	女子群舞
16	浙江	芙蓉镇印象	三人舞
17	安徽	千里淮河一条线	群舞
18	福建	鼓神	当代舞
19	江西	我最棒	幼儿舞蹈
20	山东	爷爷教我踩高跷	群舞
21	山东	闯关东	群舞
22	山东	舒心的日子扭着过	女子群舞
23	山东	小嫚	群舞
24	山东	田野的嫚儿	群舞

续表

舞蹈类			
序号	地区或单位	节目名称	形式
25	山东	运河绣娘	群舞
26	山东	泰山人家	群舞
27	河南	手舞四季	女子群舞
28	湖北	哩嘞响	女子群舞
29	湖北	爱在山水间	群舞
30	广东	学军	少儿舞蹈
31	广东	传人	舞蹈
32	广东	星期天	当代舞
33	广东	流动娃	群舞
34	海南	花帽新韵	群舞
35	海南	博 · 鳌	舞蹈
36	重庆	高山流水	舞蹈
37	重庆	咏莲	舞蹈
38	重庆	飞呀飞呀	少儿舞蹈
39	四川	老俩口的菜地	集体舞
40	四川	春色羌绣	女子群舞
41	四川	幸福像花儿一样	舞蹈
42	云南	热美姑娘	舞蹈
43	云南	嘎蒙卡兜	苗族原生态舞蹈
44	西藏	舞动雅江	歌舞
45	西藏	酥油情	群舞
46	西藏	查琼拉	舞蹈
47	青海	彩虹舞	土族女子群舞
48	宁夏	串铃声声	群舞
49	兵团	边境线上的小妞妞	少儿集体舞
50	总政	维和天使	舞蹈
51	总政	连队年夜饭	情景舞蹈

广场舞类		
序号	地区或单位	节目名称
1	山东	豪情鞭鼓俏秧歌
2	山东	幸福像花儿一样
3	湖北	五峰板凳龙
4	四川	泸州雨坛彩龙
5	云南	喜悦霸王鞭
6	西藏	大地之舞
7	新疆	黑走马

续表

戏剧类			
序号	地区或单位	节目名称	形式
1	北京	伟大的青春	情景小品
2	北京	乐谷之声	音乐小品
3	天津	给我一个微笑	小品
4	天津	走出大山的人们	小品
5	河北	枫林红了	丝弦小戏
6	河北	修鞋的故事	小品
7	河北	讨薪	小品
8	山西	县长遛牛	凤台小戏
9	山西	带着妈妈上大学	眉户小戏
10	山西	影戏缘	碗碗腔小戏
11	内蒙古	轻舟恋	二人台戏曲表演
12	辽宁	探亲	小品
13	上海	无弦的小提琴	小品
14	上海	牵手	小品
15	上海	门当户对	小品
16	上海	爱情小笼包	音乐剧小品
17	江苏	浪漫的事	小品
18	江苏	丫丫考0分	锡剧小戏
19	江苏	救	小品
20	江苏	公鸡做媒	小淮剧
21	江苏	一个馄饨引发的故事	小品
22	浙江	程序	小品
23	浙江	京巴小白	小品
24	浙江	文件夹	小品
25	福建	等	小品
26	福建	小圣斗巨蟒	儿童布袋木偶戏
27	江西	乡里新曲	戏曲
28	江西	鸭缘	戏曲小品
29	江西	把城里妹妹娶回家	小戏
30	山东	我们的名字	儿童剧
31	山东	将心比心	小品
32	山东	新房之夜	小品
33	山东	一个钱包	小吕剧
34	山东	村官上树	吕剧
35	山东	骆驼石	小品
36	山东	爱心家园	两夹弦小戏
37	河南	婚姻驿站	戏曲
38	湖北	来得及	小品

续表

戏剧类

序号	地区或单位	节目名称	形式
39	湖北	希望	小品
40	湖北	抢老张	花鼓小戏
41	湖南	人怕出名狗怕叫	常德花鼓小戏
42	湖南	两份协议	花鼓戏
43	广东	打虎之后	小品
44	广东	精雕细榄	小品
45	广西	连心店	客家山歌剧
46	重庆	杀出重围	戏剧小品
47	四川	两个人的车站	小品
48	云南	邻居·种鸡·杂毛鸡	花灯小戏
49	云南	喜羊羊	小彝剧
50	云南	挡车石	花灯小戏
51	西藏	藏戏片段（卓瓦桑姆）	传统戏剧
52	宁夏	绣家园	小品
53	新疆	最后三百箱葡萄	小品
54	总政	对抗	小品
55	总政	高人	小品
56	总政	人不留人天留人	小品
57	武警	纠结	小品
58	武警	便衣行动	小品
59	全总	回家过年	小品

曲艺类

序号	地区或单位	节目名称	形式
1	山西	常回家看看	长子鼓书
2	山西	退钱	钢板鼓书
3	山西	借亲妈	河东道情
4	山西	好婆婆	潞安鼓书
5	辽宁	特殊任务	评书
6	吉林	历史问答	双人好来宝
7	上海	领奖风波	沪书
8	上海	戆到底	情景故事
9	上海	镜头外的故事	故事
10	上海	花与瓜	上海说唱
11	江苏	送果篮	苏州评弹
12	江苏	文明村的风波	徐州琴书
13	浙江	老板密室	绍兴莲花落
14	浙江	斗牛	杭州评话

续表

曲艺类			
序号	地区或单位	节目名称	形式
15	浙江	长年葱	唱新闻
16	浙江	兵站故事	宁波走书
17	江西	今日犹闻翰墨香	南昌清音
18	山东	亲家亲	山东琴书
19	山东	农家春	山东琴书
20	山东	孔子试徒	山东渔鼓
21	山东	大喇叭	相声
22	山东	肉夹馍	群口山东快书
23	山东	太师训徒	东路大鼓
24	山东	登陆上海滩	数来宝
25	河南	劝人要有好心态	河洛大鼓
26	河南	孝子	三弦书
27	河南	农家溜	大调曲子
28	湖北	人民调解员	湖北大鼓
29	湖北	镇船石	恩施扬琴
30	湖北	口说为凭	天门说唱
31	湖南	传承	湘北大鼓
32	湖南	赈酒也烦恼	湘北大鼓
33	湖南	岩生哥的婚事	溜子说唱
34	广东	南音新唱十三行	广东南音弹唱
35	广东	好人的故事	快板
36	重庆	电话响过之后	谐剧
37	重庆	民生之帆	评书
38	四川	中华医药	四川清音
39	陕西	陕西关中八大怪	说唱
40	陕西	说风	陕北说书
41	宁夏	说法	数来宝
42	宁夏	民生工程为民生	宁夏坐唱
43	总政	警戒线	情景快板说唱
44	总政	我们村的退伍兵	常德丝弦

项目类“群星奖”（110 个）

序号	地区或单位	项目名称
1	北京	朝阳区“社区一家亲”文化活动
2	北京	暖心工程
3	北京	房山区“文化周末大舞台”品牌系列文化活动

续表

序号	地区或单位	项目名称
4	北京	延庆端午文化节系列群众文化活动
5	天津	滨海新区公共文化服务激励机制项目
6	天津	残疾儿童艺术节
7	天津	“和平杯”全国“读书”漫画大赛
8	河北	“燕赵少年读书”系列活动
9	河北	“欢乐乡村”十百千万农村文化工程
10	河北	民俗文化节
11	河北	北戴河音乐文化人活动
12	山西	图书馆系统业务总分馆建设
13	山西	农村流动书库工程
14	内蒙古	土右旗文化大院群众活动品牌项目
15	内蒙古	呼和浩特市文化进社区大型公益活动
16	辽宁	百馆千站文化艺术素质提升工程
17	辽宁	“对面朗读”——辽宁省图书馆公益文化活动
18	辽宁	沈阳市艺术惠民“双百万”工程
19	辽宁	大连图书馆白云系列活动
20	吉林	中国朝鲜族农乐舞（象帽舞）
21	吉林	柳河县“翰墨新农村”活动
22	吉林	吉林市朝鲜族民俗文化节
23	黑龙江	牡丹江市群众艺术馆“走进音乐厅”品牌活动
24	黑龙江	中国哈尔滨朝鲜族民俗文化节
25	黑龙江	“大庆之冬”艺术节
26	上海	松江区“万千百”文化配送实事工程
27	上海	“社区·院团一家亲”文化牵手活动
28	上海	“长风杯”新上海人歌手大赛
29	上海	“唱响贤城”——上海市奉贤区“群众文化四季歌”系列活动
30	江苏	张家港市网格化公共文化服务
31	江苏	掌上苏图——手机图书馆服务系统
32	江苏	牛歌会
33	浙江	嘉兴市城乡一体化公共图书馆服务体系
34	浙江	杭州市余杭区乡镇综合文化站服务与管理创新
35	浙江	儿童知识银行
36	浙江	文化走亲
37	浙江	定海区“文化零距离”大型民生服务项目
38	安徽	大地欢歌——淮南市社会文化展示活动
39	安徽	铜陵市农村文化墙展示活动
40	安徽	“金色晚霞”合唱节
41	福建	厦门市群众文化艺术节

续表

序号	地区或单位	项目名称
42	福建	三明市麒麟文化艺术节暨广场文化活动
43	福建	新福州人歌手大赛
44	江西	婺源·中国乡村文化旅游节
45	江西	萍乡市安源区“新安源·新形象”广场群众文化活动
46	江西	中国宜春·明月山月亮文化节
47	山东	济南市书香泉城全民阅读节活动
48	山东	济南市“新市民 新课堂”公益性艺术辅导培训
49	山东	淄博市桓台县公共电子阅览室暨乡村少年宫建设与服务
50	山东	东营市垦利县村村唱戏村村舞
51	河南	平顶山市“美丽鹰城”公益课堂活动
52	河南	“放歌如意湖”广场文化活动
53	河南	许昌市“百姓剧场”公益演出
54	湖北	“首义之春”系列群众文化活动
55	湖北	“天天跳、周周唱、月月演”特色广场文化
56	湖北	荆州市社区消夏文化节
57	湖南	长沙市“欢乐星城”大型群众文化活动
58	湖南	常德市鼓王擂台赛
59	湖南	衡阳市“和风衡州”群众文化艺术节
60	广东	广州市“羊城之夏”群众文化广场系列活动
61	广东	“寻梦佛山”异地务工人员子女文化夏令营
62	广东	深圳市群众艺术馆公益培训
63	广东	东莞市“越唱越红”歌唱大赛
64	广西	“魅力北部湾”群众文化活动
65	广西	桂林百姓大舞台
66	广西	百村百戏
67	广西	宾阳炮龙节
68	海南	群艺大舞台
69	海南	“欢乐陵河”广场文化活动
70	海南	海口市万春会
71	重庆	沙坪坝区民间故事会（黄葛树下龙门阵）
72	重庆	公共图书馆文化共享农民工联盟
73	重庆	合川儿童画进校园
74	重庆	“1+6”亲子读书活动推进全民阅读
75	四川	文瀚嘉州·百姓直通车
76	四川	甘孜州牧民定居暨帐篷新生活文化行动
77	四川	社区文化信使行动
78	四川	农民工文化服务“网络快线”
79	四川	成都文化四季风

续表

序号	地区或单位	项目名称
80	贵州	花灯戏
81	贵州	“花溪之夏”艺术节
82	云南	大理“洱海歌手大奖赛”
83	云南	昆明和谐大舞台
84	云南	阿露窝罗节
85	西藏	图书馆拉萨便民警务站“便民书窗”服务网点
86	西藏	林芝地区民族特色群众广场文化活动
87	西藏	全区性、示范性群众文艺汇演机制
88	西藏	珠峰文化旅游节
89	陕西	社区文化节
90	陕西	渭南市公共文化服务“四进”零距工程
91	陕西	宝鸡市激情广场
92	陕西	陕图讲坛
93	甘肃	少儿文化艺术节
94	甘肃	老年文化艺术节
95	甘肃	“和谐之春”天水市文化馆春节系列文化活动
96	青海	百姓大舞台
97	青海	西北五省（区）花儿演唱会
98	青海	互助县“二月二”擂台庙会
99	宁夏	“清凉宁夏”广场文化示范演出活动
100	宁夏	银川市“踏歌起舞”文化工程系列文化惠民活动
101	宁夏	“舞动石嘴山”广场文化艺术节
102	新疆	昌吉民间社火
103	新疆	阿勒泰市“金山之夏”文化艺术节
104	新疆	奎屯市文化艺术节合唱比赛
105	新疆	乌鲁木齐市中老年艺术节
106	总政	北京军区“多彩的军营”业余文艺会演
107	总政	海军“闪光的金锚”读书活动
108	总政	青藏兵站部“雪线”系列文化品牌
109	总政	云南边防八千里文化长廊
110	全总	“濠滨夏夜”广场文化活动

群文之星（100个）

序号	地区或单位	姓名	单　　位
1	北京	刘士华	朝阳区文化馆快板刘文化大院创办人
2	北京	王玉梅	东城区体育馆路街道文化服务中心主任
3	北京	黄　群	西城区文化委员会副主任兼西城区文化馆馆长
4	天津	穆双喜	北辰区文化馆馆长、副研究馆员
5	天津	张　举	宝坻区文化馆馆长

续表

序号	地区或单位	姓名	单　　位
6	天津	高　平	和平文化宫
7	河北	王庆茂	唐山市丰润区文化馆馆长
8	河北	顾玉青	河北省图书馆副馆长
9	河北	金　洁	任丘市文化馆馆长
10	河北	王新荣	邯郸武安市文化馆馆长
11	山西	刘宇宁	山西省群众艺术馆副馆长
12	山西	乔俊宝	太原市群众艺术馆研究馆员
13	山西	苏安福	稷山县安福艺校校长
14	内蒙古	付曙华	通辽市科尔沁区文化馆
15	内蒙古	高怀信	鄂尔多斯市群众艺术馆馆长
16	内蒙古	王福君	土右旗文化广播电影电视局、旅游局书记、局长，敕勒川博物馆馆长
17	辽宁	李　君	法库县文化馆馆长
18	辽宁	李春军	朝阳县北四家乡唐杖子村农民
19	辽宁	李山林	铁岭县凡河镇沙山子村四组农民
20	辽宁	周舜民	大连市群众艺术馆书记
21	吉林	柯维群	通化市东昌区文化馆 馆长
22	吉林	赵　楠	敦化市群众文化馆馆长
23	黑龙江	袁　颖	鸡西市鸡东县文化馆馆长
24	黑龙江	王亚慧	望奎县文化馆副馆长、舞蹈辅导员
25	黑龙江	于力平	齐齐哈尔市群众艺术馆馆长
26	上海	李为民	闸北区彭浦镇文化站站长
27	上海	萧烨璎	上海市群众艺术馆馆长、党支部副书记
28	上海	俞志清	虹口区文化馆党支部书记、副馆长
29	江苏	崔世莹	南通市海安县文化馆
30	江苏	叶林生	常州市金坛市文化馆研究馆员
31	江苏	王宝红	徐州市沛县文化馆馆长
32	江苏	李开清	镇江市丹阳市延陵镇文体中心主任
33	江苏	杭笑春	盐城市文化馆馆长
34	浙江	褚树青	杭州图书馆馆长兼杭州少年儿童图书馆馆长
35	浙江	潘力峰	丽水市文化馆馆长
36	浙江	谢智勇	温州市图书馆馆长
37	安徽	曾玉琴	太湖县图书馆馆长
38	安徽	余凤龙	青阳县委宣传部退休干部
39	安徽	孙　珂	界首市（县级市）文化馆馆长
40	安徽	薛　梅	滁州市文广新局社会文化科科长
41	福建	李明卿	连城县文化馆馆长
42	福建	刘雪花	南平市延平区西芹镇西芹社区文化协管员
43	江西	林　燕	南昌市青山湖区文化馆馆长

续表

序号	地区或单位	姓名	单　位
44	江西	李媛媛	赣州市群众艺术馆书记、馆长
45	江西	祝安峰	广丰县文化馆
46	江西	王永鸿	南昌市西湖区文化馆干部
47	山东	陆　玲	青岛市群众艺术馆馆长
48	山东	王子华	临清市文化广电新闻出版局原副局长
49	山东	张荫松	烟台市群众艺术馆
50	山东	魏玉静	巨野县文化馆馆长
51	山东	齐新东	泰安市艺术馆
52	山东	李晓静	滨州市群众艺术馆
53	河南	赵力民	河南省群众艺术馆
54	河南	李阁琪	中国平煤神马集团文工团
55	湖北	田玉成	长阳土家族自治县资丘镇文化站站长
56	湖北	付群刚	湖北省群众艺术馆副馆长
57	湖北	沈小慧	中共常青花园新区委员会副书记、武汉市常青花园新区管委会副主任
58	湖北	尤成立	十堰市群众艺术馆馆长
59	湖南	梁兆萍	衡阳耒阳市文化馆副馆长
60	湖南	陈恭森	长沙市长沙县江背镇综合文化站站长
61	湖南	姚　垚	娄底市涟源文化馆副馆长
62	湖南	袁学明	常德市群众艺术馆馆长
63	广东	符史安	深圳市罗湖区文化馆馆长
64	广东	黄晓丽	东莞市长安镇宣教文体局局长、镇文联主席
65	广东	谢荣波	广州市萝岗区文化与博物馆馆长
66	广西	范向健	玉林市北流市文化馆馆长
67	广西	孙红兵	广西壮族自治区群众艺术馆戏剧曲艺部主任
68	广西	何瑞武	来宾市象州县文化馆馆长
69	海南	孙如强	昌江黎族自治县文化馆馆长
70	海南	王文红	陵水黎族自治县文化馆馆长
71	重庆	缪培坚	璧山县文化馆馆长
72	重庆	董进波	北碚区文化馆馆长
73	重庆	吴　文	九龙坡区文化馆曲艺干部
74	四川	罗建华	宜宾市珙县文化广播影视新闻出版局文化股兼特色文化研究传播中心主任
75	四川	方　江	达州市文化馆干部
76	四川	阿依林芳	成都市温江区文化馆
77	四川	童世英	自贡市富顺县文化馆馆长
78	贵州	杨国祥	黔东南州黎平县文体广电局副局长、县文化馆馆长
79	贵州	马　丽	遵义市群众艺术馆馆长
80	云南	黄树兴	昆明市石林彝族自治县文化馆馆长
81	云南	赵门太	临沧市沧源佤族自治县勐省镇和平村央大海自然村自办文化室创始人、负责人

续表

序号	地区或单位	姓名	单　　位
82	云南	李赞阳	楚雄州永仁县中和镇文化站站长
83	云南	杨刘忠	大理白族自治州群众艺术馆馆长
84	西藏	达瓦次仁	康马县民间艺术团团长
85	西藏	多　吉	西藏自治区群艺馆副馆长
86	陕西	张天佑	渭南市合阳县甘井镇文化站站长
87	陕西	袁彩娥	安康市旬阳县文化馆馆长
88	陕西	朱　强	延安市吴起县文化馆馆长
89	甘肃	姬亚宏	华亭县文化馆
90	甘肃	杨耀中	白银市群众艺术馆馆长
91	青海	刘　鹏	西宁市群众艺术馆副馆长
92	青海	刘应军	海东地区互助县文化馆副馆长
93	宁夏	田红梅	石嘴山市文化馆馆长
94	新疆	柴　彩	博乐市文化馆馆长
95	新疆	何玲玲	奎屯市文化体育广播影视局文化科科长
96	新疆	王　娟	伊犁州文化馆中共党支部书记兼馆长
97	兵团	姚明庆	第二师 22 团宣传文化科
98	兵团	张国庆	兵团群众艺术馆副研究馆员
99	总政	李东东	69064 部队政治部副主任
100	全总	盖崇茂	辽宁省沈阳市工人文工团团长、文化宫主任

第十届中国艺术节优秀演出奖获奖名单

音乐类			
序号	地区或单位	节目名称	形式
1	北京	孔子说	男声独唱
2	天津	巧手神功泥人张	歌伴舞
3	山西	好兴头	八音会
4	内蒙古	草原等你来	组合演唱
5	辽宁	情系东北风	唢呐、京胡与竹笛
6	吉林	故乡赞歌	女声独唱
7	上海	衣被天下	女声与童声
8	安徽	金锁呐	男声独唱
9	福建	默娘	男生小组唱
10	江西	等着你	小组唱
11	山东	乡音和鸣	弦索乐
12	湖北	宋词黄州	男声独唱
13	湖南	下河嗓子—放排歌	原生态歌舞

续表

序号	地区或单位	节目名称	形式
14	广东	古埠听涛	古琴弦唱
15	广西	瑶族盘古歌	小组唱
16	重庆	梭乃惹	原生态演唱
17	云南	阿哥小普	女声小合唱
18	西藏	神奇的本塔	男声独唱
19	陕西	跑旱船	女生三重唱
20	青海	天地相接的蒙旗大草原	独唱
21	新疆	美丽的帕米尔	独唱
22	总政	到	歌表演
23	武警	雪域雄鹰	男声独唱

合唱类

序号	地区或单位	合唱团名称
1	北京	北京海燕合唱团
2	北京	北京东城区第二文化馆华风合唱团
3	河北	河北省唐山市群众艺术馆艺术中心合唱团
4	内蒙古	内蒙古呼和浩特市群艺馆教师合唱团
5	辽宁	辽宁省沈阳市总工会职工合唱团
6	辽宁	辽宁省沈阳市铁西区“工人之声”合唱团
7	吉林	吉林省吉林市丰满区第一实验小学“太阳花”合唱团
8	黑龙江	黑龙江省哈尔滨市香坊区金歌合唱团
9	上海	上海新韵合唱团
10	上海	上海市学生艺术团普陀区青少年中心合唱团
11	江苏	江苏省苏州工业园区青少年活动中心圆融·花季青少年艺术团
12	江苏	江苏省文化馆“爱之声”合唱团
13	福建	福建省榕树合唱团
14	山东	山东省青岛群星爱乐合唱团
15	山东	山东省青岛市老年服务中心七彩风男声合唱团
16	河南	河南省郑州田园室内合唱团
17	湖北	湖北省黄石市爱乐合唱团
18	湖南	湖南省太丰湘西边城之声合唱团
19	广东	广东省深圳市群声合唱团
20	广东	广东省深圳市宝安中学合唱团
21	重庆	重庆市沙坪坝区文化馆群星合唱团
22	四川	四川省成都高新区肖家河社区合唱团
23	贵州	贵州省独山花灯合唱团
24	云南	云南省怒江州福贡县赤恒底农民合唱团
25	新疆	新疆乌鲁木齐高新区（新市区）文化馆家园合唱团
26	武警	武警广东省总队红肩章战士合唱团

续表

舞蹈类			
序号	地区或单位	节目名称	形式
1	天津	兵趣	群舞
2	山西	走四方	舞蹈
3	辽宁	蝴蝶兰	群舞
4	吉林	喜悦	群舞
5	黑龙江	风雪倒套人	群舞
6	上海	迎着阳光上学去	少儿舞蹈
7	山东	拉大耙	群舞
8	河南	平安花	群舞
9	湖北	响·想·享	男子群舞
10	湖南	麻石街上的堂客们	女子群舞
11	广东	渔舟唱“惋”	群舞
12	广西	壮家娃娃扁担乐	群舞
13	重庆	母亲的火塘	群舞
14	贵州	小鸡丑丑	群舞
15	云南	唱支山歌给党听	舞蹈
16	云南	花枝·花鼓	群舞
17	云南	火火的佤山	民族群舞
18	陕西	妈妈的呼唤	当代舞、群舞
19	甘肃	扇韵	舞蹈
20	新疆	欢乐的牧羊人	男子群舞
21	新疆	依依塔河情	集体舞
22	总政	水下军魂	男子群舞
23	总政	蓝盔节奏	男子群舞
24	总政	机务兵	男子群舞
25	武警	家园	男女群舞

广场舞类		
序号	地区或单位	节目名称
1	北京	鼓舞太平
2	天津	津门太平鼓
3	内蒙古	顶碗舞
4	辽宁	戏耍财主
5	江西	瓷灯熠熠
6	山东	雩

续表

戏剧类			
序号	地区或单位	节目名称	形式
1	天津	最后一次摆渡	小品
2	山西	一块宅基地	秧歌小戏
3	辽宁	馄饨馆儿	小品
4	吉林	候车大厅	小品
5	黑龙江	大森林里的小故事	儿童音乐短剧
6	黑龙江	血，总是热的	小品
7	上海	请客	小品
8	浙江	看社戏	少儿绍剧小戏
9	山东	让座	山东梆子小品
10	河南	扁担湾的笑声	小品
11	河南	好媳妇	戏曲
12	湖北	护工	小品
13	湖南	留守嫂子	花灯戏
14	广东	清洁交响曲	哑剧小品
15	广东	天桥	音乐小品
16	广东	局长家事 2	小品
17	广西	连心店	客家山歌剧
18	广西	香糯香	乡村音乐剧
19	海南	鲜红的三角梅	小歌剧
20	重庆	文化站长	川剧小品
21	四川	调解	喜剧小品
22	四川	生活的味道	方言小品
23	云南	唢呐白曲歌不断	小白剧
24	陕西	采访的故事	小品
25	陕西	美丽的心灵	小品
26	陕西	路遇	情景小品
27	总政	红包	小品
28	武警	聊天	小品
29	全总	那年那月那天	小品
曲艺类			
序号	地区或单位	节目名称	形式
1	北京	虞美人	西河大鼓
2	天津	福满家园	天津时调
3	天津	天津人的乐	曲艺表演唱

续表

序号	地区或单位	节目名称	形式
4	天津	情满社区	鼓曲说唱
5	河北	二尺八	方言数子（方言快板）
6	内蒙古	王婆骂假	二人台呱嘴
7	内蒙古	奉献爱的故乡	好来宝
8	辽宁	深夜奇案	山东快书
9	黑龙江	咱村也有文艺人	龙江说唱
10	上海	都市里的女村官	宣卷
11	浙江	三张火车票	湖州三跳
12	福建	我的家乡在厦门	南音
13	江西	一块蓝绒布	弋阳腔说唱
14	山东	闹喜宴	山东琴书
15	广西	大岭山上桃花红	曲艺（零零落）
16	海南	南海颂歌	音乐说唱
17	重庆	妹妹花轿几时来	四川竹琴
18	四川	又听布谷鸟儿叫	四川清音演唱
19	贵州	外公的红军灯	故事
20	云南	我的爷爷杨善洲	快板
21	青海	水淹金山	青海地方曲艺“平弦”
22	总政	从军梦	相声

第一批国家公共文化服务体系示范区名单

序号	示范区名称
1	北京市朝阳区
2	天津市和平区
3	河北省秦皇岛市
4	山西省长治市
5	内蒙古自治区鄂尔多斯市
6	辽宁省大连市
7	吉林省长春市
8	黑龙江省牡丹江市
9	上海市徐汇区

续表

序号	示范区名称
10	江苏省苏州市
11	浙江省宁波市鄞州区
12	安徽省马鞍山市
13	福建省厦门市
14	江西省赣州市
15	山东省青岛市
16	河南省郑州市
17	湖北省黄石市
18	湖南省长沙市
19	广东省东莞市
20	广西壮族自治区来宾市
21	海南省澄迈县
22	重庆市渝中区
23	四川省成都市
24	贵州省遵义市
25	云南省保山市
26	西藏自治区林芝地区
27	陕西省宝鸡市
28	甘肃省金昌市
29	青海省格尔木市
30	宁夏回族自治区银川市
31	新疆维吾尔自治区喀什地区

第一批国家公共文化服务体系示范项目名单

序号	地区		示范项目名称
1	北京	1	东城区：公共文化资源分类供给
		2	大兴区：公共文化设施空间拓展方式
2	天津	3	北辰区：文化品牌活动长效机制
		4	东丽区：群众文艺创作激励机制
3	河北	5	邯郸市："千村万户"文化家园工程
		6	廊坊市：霸州县级公共文化服务体系
4	山西	7	太原市：文化精品惠民基层行
5	辽宁	8	沈阳市：社区文化建设"五个一"工程运作模式
6	吉林	9	松原市：积极探索"种"文化模式 推动农民自办文化健康发展
7	上海	10	宝山区：国际民间艺术交流平台建设
		11	浦东新区：高雅艺术走进百姓的运作模式

续表

序号	地区		示范项目名称
8	江苏	12	连云港市：社区文化中心标准化建设
		13	南通市：环濠河博物馆群
9	浙江	14	嘉兴市：城乡一体化公共图书馆服务体系建设
		15	温州市：苍南农村文化中心建设创新模式
10	安徽	16	铜陵市：城市文化社区建设项目
		17	淮南市：少儿艺术发展项目
11	福建	18	福州市等：艺术扶贫机制建设
		19	福州市等：村级文化协管员队伍建设
12	江西	20	宜春市："一乡一色"、"一村一品"特色文化建设
		21	南昌市：社区文化在线
13	山东	22	泰安市：肥城县级公共文化服务志愿者递进培养工程
		23	威海市：农村文化大院规范化建设与服务
14	河南	24	南阳市：邓州创建文化茶馆
		25	周口市：周末公益性剧场演出活动
15	湖北	26	武汉市："武汉之夏"群众文化活动
		27	荆州市：小太阳读书节暨全民阅读活动
16	湖南	28	衡阳市：公共文化服务进社区活动
		29	常德市：鼎城民间艺术团体惠民演出
17	广东	30	佛山市：南海区县域公共文化服务体系建设工程
		31	中山市：农村文化室全覆盖工程
18	广西	32	河池市：罗城仫佬族自治县乡镇文化站规范管理
19	海南	33	陵水黎族自治县：群众文化活动示范项目
20	重庆	34	大渡口区：文化馆和图书馆总分馆制
		35	南川区：文化中心户标准化建设
21	四川	36	攀枝花市：大地书香新农村家园工程
		37	泸州市：泸县农民演艺网
22	云南	38	昆明市：社区文化沟通机制建设
		39	楚雄彝族自治州：农民素质教育网络培训学校建设
23	西藏	40	山南地区：民族地区公共文化服务体系建设机制
24	陕西	41	渭南市："一元剧场"演出项目
		42	铜川市：公共图书馆服务一体化建设
25	甘肃	43	兰州市：群众自发文艺团队建设机制
26	新疆	44	克拉玛依市：图书馆联建、共享一体化服务体系
		45	乌鲁木齐市："新疆情"文化讲坛的拓展和创新

第二批创建国家公共文化服务体系示范区名单

序号	创建示范区名称
1	北京市东城区
2	天津市河西区
3	河北省廊坊市
4	山西省朔州市
5	内蒙古自治区包头市
6	辽宁省沈阳市沈河区
7	吉林省延边朝鲜族自治州
8	黑龙江省哈尔滨市南岗区
9	上海市浦东新区
10	江苏省无锡市
11	浙江省嘉兴市
12	安徽省安庆市
13	福建省三明市
14	江西省新余市
15	山东省烟台市
16	河南省洛阳市
17	湖北省襄阳市
18	湖南省岳阳市
19	广东省深圳市福田区
20	海南省保亭黎族苗族自治县
21	广西壮族自治区玉林市
22	重庆市北碚区
23	四川省南充市
24	贵州省贵阳市
25	云南省楚雄彝族自治州
26	西藏自治区山南地区
27	陕西省渭南市
28	甘肃省张掖市
29	青海省西宁市
30	宁夏回族自治区石嘴山市
31	新疆维吾尔自治区克拉玛依市
32	新疆生产建设兵团农八师石河子市

第二批创建国家公共文化服务体系示范项目名单

序号	省份	创建示范项目名单
1	北京	1.海淀区高新技术企业园区构建公共文化服务长效机制研究
		2.延庆县村级群众文化组织员建设工程
2	天津	3.宝坻区挖掘传统文化资源促进公共文化发展
3	河北	4.张家口市张北创建城乡文艺演出服务体系
		5.石家庄市井陉文化广场项目
4	山西	6.晋中市民办文化扶持引导与规范管理
		7.大同市红领巾艺术团再建设项目
5	内蒙古	8.乌海市“书法五进”
		9.兴安盟乌兰浩特市少数民族地区公共文化产品供给机制建设
6	辽宁	10.丹东市打造具有地域特色的传统节日文化
		11.本溪市群众文化“双进双建”
7	吉林	12.吉林市松花江河灯文化节
		13.白城市鹤文化系列群众文化活动
8	黑龙江	14.黑河市北安红色文化系列活动
		15.哈尔滨阿城区版画艺术园区
9	上海	16.松江区万部图书、千场电影、百场文艺下农村、进社区、到工地、入军营
		17.普陀区苏州河文化品牌打造
10	江苏	18.南京市文化惠民“百千万工程”
		19.常州市电视图书馆
11	浙江	20.杭州市余杭区乡镇综合文化站服务效能提升工程
		21.绍兴市电视图书馆绍兴模式
12	安徽	22.宣城市村级文化广场建设
		23.蚌埠市“花鼓灯”特色文化建设
13	福建	24.福州市激情广场大家唱活动
14	江西	25.九江市文化亲民“八个一”工程
		26.吉安市农村文化“星火”工程
15	山东	27.淄博市张店文化协管员
		28.济宁市“政府搭台，百姓听戏，激情广场大家唱”文化惠民工程
16	河南	29.信阳市平桥关爱留守儿童：农村公共图书馆一体化建设
		30.漯河市“幸福漯河健康舞”
17	湖北	31.孝感市楚剧展演活动
		32.黄冈市“激情新黄冈，欢乐大舞台”东坡广场大型文化活动

续表

序号	省份	创建示范项目名单
18	湖南	33.郴州市东江旅游摄影艺术惠民公益平台建设
		34.株洲市"乡村大舞台"文化服务点
19	广东	35.广州市越秀区中心城区公共文化服务体系创新工程
		36.惠州市文化惠民卡制度
20	海南	37.琼中乡村大舞台
		38.三亚市城市休闲娱乐文化广场
21	广西	39.柳州市"鱼峰歌圩"建设
		40.桂林市临桂五通农民画引领文化致富模式
22	重庆	41.南岸区社区图书馆标准化服务
		42.九龙坡区企业共建共享公共文化服务
23	四川	43.达州市全国新农村文化艺术展演平台建设
		44.乐山市文瀚嘉州·百姓直通车
24	贵州	45.黔南州幸福进万家——文化精品乡村行
		46.六盘水市公共文化服务机构的队伍拓展模式
25	云南	47.昭通市送文化百千万工程
		48.红河州开远自然村四位一体阵地建设工程
26	西藏	49.江孜县基层群众自办文艺团队
		50.昌都地区公共图书馆服务拓展与创新
27	陕西	51.安康市"汉剧兴市"创新公共文化服务体系建设
		52.西安市高陵公共文化服务"110"示范项目
28	甘肃	53.定西市"百姓舞台"机制建设
		54.酒泉市图书漂流志愿服务活动
29	宁夏	55.吴忠市公共文化服务进慈善产业园区
30	新疆	56.巴音郭楞蒙古自治州"幸福家园·特阅服务"公共图书阅览及文化信息共享工程
31	新疆生产建设兵团	57.新疆生产建设兵团第六师文化共享工程进连入户

第五次公共图书馆评估定级上等级图书馆名单

一 级 图 书 馆

北京市

首都图书馆

东城区图书馆

西城区图书馆

西城区第二图书馆

西城区青少年儿童图书馆

朝阳区图书馆

丰台区图书馆

石景山区图书馆

石景山区少年儿童图书馆

海淀区图书馆

房山区图书馆

通州区图书馆
昌平区图书馆
大兴区图书馆
怀柔区图书馆
平谷区图书馆
密云县图书馆
延庆县图书馆

天 津 市

天津图书馆
天津市少年儿童图书馆
和平区图书馆
河东区图书馆
南开区图书馆
红桥区少年儿童图书馆
泰达图书馆
滨海新区大港图书馆
东丽区图书馆
津南区图书馆
北辰区图书馆
静海县图书馆
蓟县图书馆

河 北 省

河北省图书馆
石家庄市图书馆
唐山市图书馆
秦皇岛图书馆
邢台市图书馆
沧州市图书馆
廊坊市图书馆
唐山市丰南区图书馆
乐亭县图书馆
遵化市图书馆
迁安市图书馆
涉县图书馆
武安市图书馆
沙河市图书馆
涞水县图书馆
易县图书馆
涿州图书馆
张北县图书馆
滦平县图书馆
泊头市图书馆
霸州市图书馆

山 西 省

山西省图书馆
太原市图书馆
长治市图书馆
清徐县图书馆
长治县图书馆
沁源县图书馆
灵石县图书馆
万荣县图书馆
晋中市榆次区图书馆
祁县图书馆
曲沃县图书馆
古县图书馆
孝义市图书馆
汾阳市图书馆

内蒙古自治区

包头市图书馆
鄂尔多斯市图书馆
包头市青山区图书馆
包头市九原区图书馆
土默特右旗图书馆
乌海市乌达区图书馆
通辽市科尔沁区图书馆
开鲁县图书馆
奈曼旗图书馆
赤峰市红山区民族少年儿童图书馆
鄂尔多斯市东胜区图书馆
鄂托克旗图书馆
乌审旗图书馆
科尔沁右翼中旗图书馆

辽 宁 省

沈阳市图书馆
大连图书馆
大连市少年儿童图书馆
鞍山市图书馆
营口市图书馆
沈阳市和平区图书馆
沈阳市大东区图书馆
沈阳市东陵区图书馆
沈阳市沈北新区图书馆
沈阳市于洪区图书馆
大连市开发区图书馆
大连市西岗区图书馆
大连市沙河口区图书馆
大连市甘井子区图书馆
大连市旅顺口区图书馆
大连市金州区图书馆
瓦房店市图书馆
普兰店市图书馆
庄河市图书馆
鞍山市铁东区图书馆
海城市图书馆

营口市鲅鱼圈区图书馆
建平县图书馆
北票市图书馆
凌源市图书馆

吉 林 省

长春市少年儿童图书馆
延边朝鲜族自治州图书馆
吉林市图书馆
松原市图书馆
延吉市少年儿童图书馆
长春市宽城区图书馆
长春市朝阳区图书馆
长春市绿园区图书馆
蛟河市图书馆
桦甸市图书馆
通化县图书馆
抚松县图书馆
前郭尔罗斯蒙古族自治县图书馆
敦化市图书馆
龙井市图书馆

黑龙江省

黑龙江省图书馆
牡丹江市图书馆
大庆市图书馆
哈尔滨市南岗区图书馆
哈尔滨市香坊区图书馆
哈尔滨市阿城区图书馆
哈尔滨市双城市图书馆
拜泉县图书馆
伊春市西林区图书馆
伊春市金山屯区图书馆
嘉荫县图书馆
绥芬河市图书馆
东宁县图书馆
海林市图书馆
望奎县图书馆
庆安县图书馆
绥棱县图书馆

上 海 市

上海图书馆
上海市少年儿童图书馆
黄浦区图书馆
黄浦区明复图书馆
徐汇区图书馆
长宁区图书馆
长宁区少年儿童图书馆
静安区图书馆
普陀区图书馆
普陀区少年儿童图书馆
闸北区图书馆
闸北区少年儿童图书馆
虹口区图书馆
杨浦区图书馆
闵行区图书馆
宝山区图书馆
嘉定区图书馆
浦东图书馆
浦东新区陆家嘴图书馆
浦东新区新川沙图书馆
松江区图书馆
青浦区图书馆
奉贤区图书馆
崇明县图书馆

江 苏 省

南京图书馆
金陵图书馆
无锡市图书馆
徐州市图书馆
常州市图书馆
苏州图书馆
南通市图书馆
南通市少年儿童图书馆
连云港市图书馆
连云港市少年儿童图书馆
淮安市图书馆
淮安市少年儿童图书馆
盐城市图书馆
扬州市图书馆
扬州市少年儿童图书馆
镇江市图书馆
泰州市图书馆
南京市玄武区少年儿童图书馆
南京市白下区图书馆
南京市秦淮区图书馆
南京市建邺区图书馆
南京市鼓楼区图书馆
南京市浦口区图书馆
南京市栖霞区图书馆
南京市雨花台区图书馆
南京市江宁区图书馆
南京市六合区第一图书馆
南京市六合区第二图书馆
南京市溧水区图书馆
南京市溧水区少年儿童图书馆
南京市高淳区图书馆

无锡市崇安区图书馆
无锡市北塘区图书馆
无锡市锡山区图书馆
无锡市惠山区图书馆
无锡市滨湖区图书馆
无锡市新区图书馆
江阴市图书馆
宜兴市图书馆
徐州市铜山区图书馆
沛县图书馆
新沂市图书馆
邳州市图书馆
常州市武进区图书馆
溧阳市图书馆
金坛市图书馆
苏州市沧浪区图书馆
苏州市平江区图书馆
苏州市金阊区图书馆
苏州市吴中区图书馆
苏州市相城区图书馆
苏州市高新区图书馆
苏州市吴江区图书馆
苏州工业园区独墅湖图书馆
常熟市图书馆
张家港市图书馆
张家港市少年儿童图书馆
昆山市图书馆
太仓市图书馆
南通市通州区图书馆
海安县图书馆
如东县图书馆
启东市图书馆
如皋市图书馆
海门市图书馆
赣榆县图书馆
东海县图书馆
灌云县图书馆
灌南县图书馆
淮安市淮安区图书馆
淮安市清河区图书馆
洪泽县图书馆
盱眙县图书馆
金湖县图书馆
盐城市盐都区图书馆
滨海县图书馆
阜宁县图书馆
射阳县图书馆
建湖县图书馆
东台市图书馆
大丰市图书馆
扬州市江都区图书馆
扬州市邗江区图书馆
仪征市图书馆
高邮市图书馆
镇江市京口区图书馆
镇江市润州区图书馆
镇江市丹徒区图书馆
丹阳市图书馆
扬中市图书馆
句容市图书馆
泰州市高港区图书馆
泰州市姜堰区图书馆
兴化市图书馆
靖江市图书馆
泰兴市图书馆
宿迁市宿城区图书馆
沭阳县图书馆
泗阳县图书馆

浙 江 省

浙江图书馆
杭州图书馆
杭州少年儿童图书馆
温州市图书馆
温州市少年儿童图书馆
嘉兴市图书馆
湖州市图书馆
绍兴图书馆
金华市图书馆
舟山市图书馆
台州市图书馆
杭州市下城区图书馆
杭州市江干区图书馆
杭州市拱墅区图书馆
杭州市西湖区图书馆
萧山图书馆
杭州市余杭区图书馆
桐庐县图书馆
建德市图书馆
富阳市图书馆
临安市图书馆
宁波市江东区图书馆
宁波市鄞州区图书馆
宁波市镇海区图书馆
宁波市北仑区图书馆
宁波市海曙区图书馆
宁波市江北区图书馆
象山县图书馆

宁海县图书馆
余姚市图书馆
慈溪市图书馆
奉化市图书馆
温州市瓯海区图书馆
温州市龙湾区图书馆
洞头县图书馆
永嘉县图书馆
平阳县图书馆
苍南县图书馆
泰顺县图书馆
瑞安市图书馆
乐清市图书馆
嘉善县图书馆
海盐张元济图书馆
海宁市图书馆
平湖市图书馆
桐乡市图书馆
湖州南浔区图书馆
德清县图书馆
长兴县图书馆
安吉县图书馆
绍兴县图书馆
新昌县图书馆
诸暨市图书馆
上虞市图书馆
嵊州市图书馆
武义县图书馆
浦江县图书馆
磐安县图书馆
兰溪市图书馆
义乌市图书馆
东阳市图书馆
永康市图书馆
舟山市定海区图书馆
舟山市普陀区图书馆
岱山县图书馆
嵊泗县图书馆
台州市椒江区图书馆
温岭市图书馆
临海市图书馆
云和县图书馆
景宁畲族自治县图书馆
龙泉市图书馆

安 徽 省

安徽省图书馆
合肥市图书馆
芜湖市图书馆
蚌埠市图书馆
马鞍山市图书馆
淮北市图书馆
铜陵市图书馆
安庆市图书馆
肥东县图书馆
芜湖市镜湖区图书馆
芜湖县图书馆
繁昌县图书馆
南陵县图书馆
五河县图书馆
马鞍山市花山区图书馆
怀宁县图书馆
枞阳县图书馆
太湖县图书馆
宿松县图书馆
桐城市图书馆
歙县图书馆
来安县图书馆
定远县图书馆
凤阳县图书馆
天长市图书馆
颍上县图书馆
界首市图书馆
巢湖市图书馆
无为县图书馆
黄山市屯溪区图书馆
黟县图书馆
郎溪县图书馆
青阳县图书馆
宁国市图书馆

福 建 省

福建省图书馆
厦门市图书馆
厦门市少年儿童图书馆
泉州市图书馆
三明市图书馆
龙岩图书馆
长乐市图书馆
厦门市思明区图书馆
厦门市海沧区图书馆
厦门市湖里区图书馆
厦门市集美图书馆
厦门市集美区少年儿童图书馆
厦门市同安区图书馆
厦门市翔安区图书馆
沙县图书馆
将乐县图书馆

永安市图书馆
泉州市鲤城区图书馆
永春县图书馆
石狮市图书馆
晋江市图书馆
南安市图书馆
南安市李成智公众图书馆
南靖县图书馆
龙海市图书馆
邵武市图书馆

江 西 省

南昌市图书馆
景德镇市图书馆
萍乡市图书馆
九江市图书馆
赣州市图书馆
吉安市图书馆
宜春市图书馆
抚州市图书馆
上饶市图书馆
庐山图书馆
会昌县图书馆
进贤县图书馆
乐平市图书馆
莲花县图书馆
武宁县图书馆
修水县图书馆
湖口县图书馆
瑞昌市图书馆
渝水区图书馆
分宜县图书馆
月湖区图书馆
大余县图书馆
上犹县图书馆
定南县图书馆
全南县图书馆
于都县图书馆
青原区图书馆
吉安县图书馆
峡江县图书馆
遂川县图书馆
万安县图书馆
安福县图书馆
奉新县图书馆
万载县图书馆
上高县图书馆
宜丰县图书馆
靖安县图书馆
崇仁县图书馆
金溪县图书馆
弋阳县图书馆

山 东 省

山东省图书馆
青岛市图书馆
济南市图书馆
淄博市图书馆
枣庄市图书馆
东营市图书馆
烟台图书馆
潍坊市图书馆
济宁市图书馆
泰安市图书馆
莱芜市图书馆
临沂市图书馆
德州市图书馆
菏泽市图书馆
济南市历下区图书馆
济南市市中区图书馆
济南市槐荫区图书馆
济南市天桥区图书馆
济南市历城区图书馆
济南市长清区图书馆
商河县图书馆
章丘市图书馆
青岛经济技术开发区图书馆
青岛市南区图书馆
青岛市市北区第一图书馆
青岛市市北区第二图书馆
青岛市黄岛区图书馆
青岛市崂山区图书馆
青岛市李沧区图书馆
青岛市城阳区图书馆
即墨市图书馆
平度市图书馆
莱西市图书馆
淄博市张店区少儿图书馆
桓台县图书馆
沂源县图书馆
滕州市图书馆
东营市东营区图书馆
垦利县图书馆
广饶县图书馆
烟台经济技术开发区图书馆
烟台市牟平区图书馆
龙口市图书馆
莱阳市图书馆

莱州市图书馆
招远市图书馆
潍坊市坊子区图书馆
潍坊市奎文区图书馆
青州市图书馆
诸城市图书馆
寿光市图书馆
高密市图书馆
昌邑市图书馆
金乡县图书馆
曲阜市图书馆
兖州市图书馆
邹城市图书馆
泰安市泰山区图书馆
东平县图书馆
肥城市图书馆
文登市图书馆
荣成市图书馆
乳山市图书馆
莱芜市钢城区图书馆
郯城县图书馆
沂水县图书馆
临沭县图书馆
陵县图书馆
齐河县图书馆
平原县图书馆
禹城市图书馆
茌平县图书馆
东阿县图书馆
无棣县图书馆
博兴县图书馆
菏泽市牡丹区图书馆

河 南 省

郑州图书馆
洛阳市图书馆
安阳市图书馆
鹤壁市图书馆
新乡市图书馆
焦作市图书馆
许昌市图书馆
三门峡市图书馆
信阳市图书馆
济源市图书馆
郑州市金水区图书馆
郑州市上街区图书馆
郑州经济技术开发区图书馆
荥阳市图书馆
新郑市图书馆
孟津县图书馆
新安县图书馆
偃师市图书馆
宝丰县图书馆
延津县图书馆
修武县图书馆
鄢陵县图书馆
禹州市图书馆
渑池县图书馆
陕县图书馆
灵宝市图书馆
淅川县图书馆
商丘市梁园区图书馆
商丘市睢阳区图书馆
睢县图书馆
永城市图书馆
信阳市平桥区图书馆
罗山县图书馆
商城县图书馆
商水县图书馆
郸城县图书馆
淮阳县图书馆
西平县图书馆
上蔡县图书馆
汝南县图书馆

湖 北 省

湖北省图书馆
武汉图书馆
武汉市少年儿童图书馆
黄石市图书馆
十堰市图书馆
宜昌市图书馆
襄阳市图书馆
鄂州市图书馆
荆州市图书馆
武汉市江岸区图书馆
武汉市江汉区图书馆
武汉市硚口区图书馆
武汉市汉阳区图书馆
武汉市青山区图书馆
武汉市洪山区图书馆
武汉市东西湖区图书馆
武汉市蔡甸区图书馆
武汉市江夏区图书馆
大冶市图书馆
宜昌市夷陵区图书馆
远安县图书馆
兴山县图书馆

秭归县图书馆
长阳县图书馆
当阳市图书馆
襄阳市襄州区图书馆
谷城县图书馆
老河口市图书馆
宜城市图书馆
京山县图书馆
钟祥市图书馆
应城市图书馆
松滋市图书馆
团风县图书馆
红安县图书馆
罗田县图书馆
浠水县图书馆
蕲春县图书馆
黄梅县图书馆
麻城县图书馆
嘉鱼县图书馆
崇阳县图书馆
赤壁市图书馆
利川市图书馆
仙桃市图书馆
潜江市图书馆
天门市图书馆

湖 南 省

湖南图书馆
湖南省少年儿童图书馆
株洲市图书馆
衡阳市图书馆
岳阳市图书馆
常德市图书馆
长沙市芙蓉区图书馆
长沙市天心区图书馆
长沙市岳麓区图书馆
长沙市开福区图书馆
长沙市雨花区图书馆
长沙县图书馆
长沙市望城区雷锋图书馆
宁乡县图书馆
浏阳市图书馆
攸县图书馆
茶陵县图书馆
炎陵县图书馆
醴陵市图书馆
湘潭县图书馆
湘乡市图书馆
韶山市图书馆
衡南县图书馆
张家界市永定区图书馆
衡东县荣桓图书馆
邵东县图书馆
隆回县魏源图书馆
岳阳县图书馆
华容县图书馆
平江县图书馆
汨罗市图书馆
临湘市图书馆
石门县图书馆
益阳市资阳区图书馆
益阳市赫山区图书馆
桃江县图书馆
永州市零陵区图书馆
祁阳县图书馆
双峰县图书馆
冷水江市图书馆
涟源市图书馆
泸溪县图书馆
凤凰县图书馆
花垣县图书馆

广 东 省

广东省立中山图书馆
广州图书馆
广州少年儿童图书馆
深圳图书馆
深圳少年儿童图书馆
珠海市图书馆
汕头市图书馆
佛山市图书馆
湛江市图书馆
湛江市少年儿童图书馆
茂名市图书馆
肇庆市图书馆
惠州市慈云图书馆
梅州市剑英图书馆
东莞市图书馆
中山市图书馆
广州市荔湾区图书馆
广州市越秀区图书馆
广州市海珠区图书馆
广州市天河区图书馆
广州市白云区图书馆
广州市黄埔区图书馆
广州市番禺区图书馆
广州花都区图书馆
广州市南沙区图书馆

广州市萝岗区图书馆
增城市图书馆
从化市图书馆
深圳市罗湖区图书馆
深圳市福田区图书馆
深圳市南山区图书馆
深圳市宝安区图书馆
深圳市龙岗区图书馆
深圳市盐田区图书馆
汕头市龙湖区图书馆
汕头市澄海区图书馆
佛山市禅城区图书馆
佛山市南海区图书馆
佛山市顺德区图书馆
佛山市三水区图书馆
佛山市高明区图书馆
江门市五邑图书馆
江门市新会区景堂图书馆
台山市图书馆
开平市图书馆
鹤山市图书馆
恩平市图书馆
高州市图书馆
肇庆市端州区图书馆
广宁县图书馆
怀集县图书馆
高要市图书馆
四会市图书馆
惠州市惠阳区图书馆
博罗县图书馆
惠东县图书馆
梅县图书馆
蕉岭县图书馆
兴宁市图书馆
英德市图书馆
连州市图书馆
中山市火炬开发区图书馆
揭阳市榕城区图书馆
普宁市图书馆
新兴县图书馆
罗定市图书馆

广西壮族自治区

广西壮族自治区图书馆
南宁市图书馆
南宁市少年儿童图书馆
柳州市图书馆
北海市少年儿童图书馆
贵港市图书馆
玉林市图书馆
隆安县图书馆
宾阳县图书馆
横县图书馆
灵川县图书馆
灵山县图书馆
博白县图书馆
北流市图书馆
兴宾区图书馆
象州县图书馆

海 南 省

昌江黎族自治县图书馆

重 庆 市

重庆图书馆
重庆市少年儿童图书馆
涪陵区图书馆
涪陵区少年儿童图书馆
渝中区图书馆
大渡口区图书馆
江北区图书馆
沙坪坝区图书馆
九龙坡区图书馆
南岸区图书馆
北碚区图书馆
万盛经济技术开发区图书馆
黔江区图书馆
长寿区图书馆
潼南县图书馆
铜梁县图书馆
荣昌县图书馆
璧山县图书馆
武隆县图书馆
忠县图书馆
开县图书馆
云阳县图书馆
奉节县图书馆
秀山县图书馆
酉阳县图书馆

四 川 省

成都图书馆
攀枝花市图书馆
泸州市图书馆
绵阳市图书馆
邓小平图书馆
成都市锦江区图书馆
成都市青羊区图书馆
成都市金牛区图书馆

成都市武侯区图书馆
成都市成华区图书馆
成都市龙泉驿区图书馆
成都市青白江区图书馆
成都市新都区图书馆
成都市温江区图书馆
成都市高新区图书馆
双流县图书馆
郫县图书馆
新津县图书馆
都江堰市图书馆
彭州市图书馆
邛崃市图书馆
崇州市图书馆
米易县图书馆
合江县图书馆
中江县图书馆
广汉市图书馆
什邡市图书馆
绵竹市图书馆
三台县图书馆
安县图书馆
北川羌族自治县图书馆
旺苍县图书馆
苍溪县图书馆
射洪县图书馆
南部县图书馆
眉山市东坡区图书馆
仁寿县图书馆
资阳市雁江区图书馆

贵 州 省

贵阳市图书馆
遵义市图书馆
毕节市图书馆
贵阳市乌当区图书馆
贵阳市白云区图书馆
开阳县图书馆
湄潭县图书馆
兴义市图书馆
贞丰县图书馆
仁怀市图书馆
大方县图书馆
镇远县图书馆
都匀市图书馆
瓮安县图书馆

云 南 省

云南省图书馆
昆明市图书馆
玉溪市图书馆
楚雄州图书馆
大理州图书馆
昆明少年儿童图书馆
昆明市五华区图书馆
昆明市官渡区图书馆
昆明市西山区图书馆
安宁市图书馆
曲靖市麒麟区图书馆
陆良县图书馆
师宗县图书馆
罗平县图书馆
宣威市图书馆
玉溪市红塔区图书馆
易门县图书馆
腾冲县图书馆
昌宁县图书馆
玉龙县图书馆
临翔区图书馆
楚雄市图书馆
大姚县图书馆
禄丰县图书馆
个旧市锡都图书馆
开远市图书馆
石屏县图书馆
弥勒市图书馆
泸西县图书馆

陕 西 省

陕西省图书馆
铜川市图书馆
延安市宝塔区图书馆
神木县图书馆
汉滨区少年儿童图书馆

甘 肃 省

甘肃省图书馆
兰州市图书馆
金昌市图书馆
白银市图书馆
兰州市西固区图书馆
张掖市甘州区图书馆
高台县图书馆
华亭县图书馆
酒泉市肃州区图书馆
通渭县图书馆
陇西县图书馆

宁夏回族自治区

宁夏图书馆

银川市图书馆
吴忠市图书馆
贺兰县图书馆
平罗县图书馆
青铜峡市图书馆
中宁县图书馆

新疆维吾尔族自治区

乌鲁木齐市图书馆
克拉玛依市图书馆
昌吉州图书馆
克拉玛依市独山子区图书馆
昌吉州吉木萨尔县图书馆
巴音郭楞州和静县图书馆
喀什地区莎车县图书馆
伊犁州新源县图书馆

二 级 图 书 馆

天 津 市

河西区图书馆
滨海新区汉沽图书馆

河 北 省

保定市图书馆
正定县图书馆
平山县图书馆
赵县图书馆
辛集市图书馆
藁城市图书馆
晋州市图书馆
新乐市图书馆
鹿泉市图书馆
唐山市曹妃甸区图书馆
唐山市古冶区图书馆
唐山市丰润区图书馆
滦南县图书馆
青龙满族自治县图书馆
昌黎县图书馆
抚宁县图书馆
鸡泽县图书馆
内丘县图书馆
任丘市图书馆
栾城县图书馆
唐县图书馆
定州市图书馆
平泉县图书馆
宽城满族自治县图书馆
邢台县图书馆
承德市鹰手营子矿区图书馆
青县图书馆
大厂县图书馆
黄骅市图书馆

山 西 省

阳泉市图书馆
大同市城区图书馆
大同市南郊区图书馆
左云县图书馆
襄垣县图书馆
长子县图书馆
黎城县图书馆
武乡县图书馆
朔州市朔城区图书馆
山阴县图书馆
代县图书馆
襄汾县图书馆
洪洞县图书馆
安泽县图书馆
侯马市图书馆
柳林县图书馆

内蒙古自治区

赤峰市图书馆
呼伦贝尔市图书馆
巴彦淖尔市图书馆
乌兰察布市图书馆
阿拉善盟图书馆
达茂旗图书馆
乌海市海渤湾区图书馆
赤峰市红山区图书馆
巴林左旗图书馆
巴林右旗图书馆
通辽库伦旗图书馆
扎鲁特旗图书馆
阿荣旗图书馆
莫力达瓦达斡尔族自治旗图书馆
满洲里市图书馆
五原县图书馆
乌拉特前旗图书馆
乌拉特中旗图书馆

辽 宁 省

丹东市图书馆
盘锦市图书馆

盘锦市少年儿童图书馆
铁岭市少年儿童图书馆
朝阳市图书馆
锦州市少年儿童图书馆
鞍山市铁西区图书馆
大连市中山区图书馆
长海县图书馆
鞍山市立山区图书馆
黑山县图书馆
义县图书馆
凌海市图书馆
阜新蒙古族自治县图书馆
彰武县图书馆
辽阳市宏伟区图书馆
辽阳市弓长岭区图书馆
辽阳县图书馆
灯塔市图书馆
朝阳市双塔区少年儿童图书馆
朝阳县图书馆
喀喇沁左翼蒙古族自治县图书馆
葫芦岛市连山区图书馆
建昌县图书馆

吉 林 省

白山市图书馆
长春市二道区图书馆
长春市双阳区图书馆
九台市图书馆
榆树市图书馆
德惠市图书馆
永吉县图书馆
磐石市图书馆
伊通满族自治县图书馆
集安市图书馆
白城市洮北区少年儿童图书馆
图们市图书馆
汪清县图书馆

黑龙江省

伊春市图书馆
哈尔滨市呼兰区图书馆
尚志市图书馆
依安县图书馆
泰来县图书馆
富裕县图书馆
讷河市图书馆
肇州县图书馆
肇源县图书馆
伊春市南岔区图书馆
伊春市友好区图书馆
伊春市新青区图书馆
铁力市图书馆
黑河市爱辉区图书馆
嫩江县图书馆
孙吴县图书馆
绥化市北林区图书馆
海伦市图书馆

上 海 市

金山区图书馆

江 苏 省

南京市下关区图书馆
宿迁市图书馆
无锡市南长区图书馆
涟水县图书馆
响水县图书馆
宿迁市宿豫区图书馆
泗洪县图书馆

浙 江 省

宁波市图书馆
淳安县图书馆
文成县图书馆
常山县图书馆
开化县图书馆
龙游县图书馆
江山市图书馆
台州市黄岩区图书馆
玉环县图书馆
三门县图书馆
天台县图书馆
仙居县图书馆
缙云县图书馆
遂昌县图书馆
松阳县图书馆

安 徽 省

淮南市少年儿童图书馆
长丰县图书馆
固镇县图书馆
马鞍山市雨山区图书馆
淮北市杜集区图书馆
淮北市相山区图书馆
淮北市烈山区图书馆
铜陵县图书馆
临泉县图书馆
岳西县图书馆
黄山市黄山区图书馆
黄山市徽州区图书馆

休宁县图书馆
祁门县图书馆
舒城县图书馆
金寨县图书馆
霍邱县图书馆
东至县图书馆
宣城市宣州区图书馆
泾县图书馆
广德县图书馆
旌德县图书馆

福 建 省

漳州市图书馆
三明市少年儿童图书馆
福州市台江区图书馆
福州市马尾区图书馆
福州市晋安区图书馆
连江县图书馆
平潭县图书馆
福清市图书馆
明溪县图书馆
清流县图书馆
宁化县图书馆
大田县图书馆
尤溪县图书馆
泰宁县图书馆
建宁县图书馆
惠安县图书馆
安溪县图书馆
德化县图书馆
漳浦县图书馆
诏安县图书馆
长泰县图书馆
浦城县图书馆
光泽县图书馆
政和县图书馆
武夷山市图书馆
建瓯市图书馆
建阳市图书馆
永定县图书馆
上杭县图书馆
武平县图书馆
连城县图书馆
漳平市图书馆
宁德市蕉城区图书馆
福安市图书馆
福鼎市图书馆

江 西 省

江西省图书馆
新余市图书馆
鹰潭市图书馆
南昌市东湖区图书馆
南昌市西湖区图书馆
南昌市青云谱区图书馆
南昌县图书馆
安义县图书馆
浮梁县图书馆
芦溪县图书馆
永修县图书馆
德安县图书馆
都昌县图书馆
贵溪市图书馆
赣县图书馆
信丰县图书馆
安远县图书馆
龙南县图书馆
兴国县图书馆
南康市图书馆
吉水县图书馆
新干县图书馆
永丰县图书馆
泰和县图书馆
永新县图书馆
井冈山市图书馆
丰城市图书馆
樟树市图书馆
高安市图书馆
南城县图书馆
南丰县图书馆
乐安县图书馆
宜黄县图书馆
资溪县图书馆
信州区图书馆
玉山县图书馆
鄱阳县图书馆
万年县图书馆
婺源县图书馆
德兴市图书馆

山 东 省

平阴县图书馆
淄博市临淄区图书馆
枣庄市峄城区图书馆
枣庄市台儿庄区图书馆
枣庄市山亭区图书馆
东营市河口区图书馆
利津县图书馆
烟台市芝罘区图书馆

长岛县图书馆
蓬莱市图书馆
海阳市图书馆
潍坊市寒亭区图书馆
临朐县图书馆
安丘市图书馆
微山县图书馆
汶上县图书馆
泗水县图书馆
新泰市图书馆
五莲县图书馆
莒县图书馆
临沂市兰山区图书馆
临沂市罗庄区图书馆
临沂市河东区图书馆
沂南县图书馆
苍山县图书馆
费县图书馆
平邑县图书馆
莒南县图书馆
蒙阴县图书馆
宁津县图书馆
庆云县图书馆
临邑县图书馆
夏津县图书馆
武城县图书馆
乐陵市图书馆
高唐县图书馆
临清市图书馆
滨州市滨城区图书馆
阳信县图书馆
单县图书馆
巨野县图书馆
郓城县图书馆

河 南 省

河南省图书馆
平顶山市图书馆
安阳市少年儿童图书馆
濮阳市图书馆
周口市图书馆
郑州市中原区图书馆
郑州市二七区图书馆
郑州市管城区图书馆
郑州市惠济区图书馆
中牟县图书馆
巩义市图书馆
新密市图书馆
洛阳市吉利区图书馆
栾川县图书馆
嵩县图书馆
鲁山县图书馆
舞钢市图书馆
滑县图书馆
浚县图书馆
新乡市牧野区图书馆
获嘉县图书馆
长垣县图书馆
武陟县图书馆
温县图书馆
清丰县图书馆
许昌市魏都区图书馆（许昌市少年儿童图书馆）
长葛市图书馆
漯河市郾城区图书馆
舞阳县图书馆
卢氏县图书馆
义马市图书馆
西峡县图书馆
镇平县图书馆
唐河县图书馆
桐柏县图书馆
邓州市图书馆
民权县图书馆
宁陵县图书馆
固始县图书馆
扶沟县图书馆
平舆县图书馆
确山县图书馆

湖 北 省

荆门市图书馆
孝感市图书馆
黄冈市图书馆
随州市图书馆
武汉市江岸区少年儿童图书馆
武汉市武昌区图书馆
武汉市汉南区图书馆
武汉市黄陂区图书馆
武汉市新洲区图书馆
阳新县图书馆
郧县图书馆
郧西县图书馆
五峰县图书馆
宜都市图书馆
保康县图书馆
枣阳市图书馆
荆门市掇刀区图书馆
孝感市孝南区图书馆

云梦县图书馆
安陆市图书馆
汉川市图书馆
荆州市荆州区图书馆
公安县图书馆
石首市图书馆
黄冈市黄州区图书馆
英山县图书馆
蕲春县少年儿童图书馆（李时珍图书馆）
武穴市图书馆
咸宁市咸安区图书馆
通城县图书馆
通山县图书馆
恩施市图书馆

湖 南 省

衡阳市少年儿童图书馆
邵阳市少年儿童图书馆
益阳市图书馆
郴州市图书馆
怀化市图书馆
湘西土家族苗族自治州图书馆
衡阳市雁峰区图书馆
衡阳县图书馆
南县图书馆
衡山县图书馆
祁东县图书馆
邵阳市松坡图书馆
邵阳市双清区图书馆
邵阳市大祥区图书馆
邵阳市北塔区图书馆
新邵县图书馆
邵阳县图书馆
洞口县图书馆
武冈市图书馆
常德市鼎城区图书馆
安乡县图书馆
汉寿县图书馆
澧县图书馆
临澧县图书馆
张家界市武陵源区图书馆
慈利县图书馆
桑植县图书馆
安化县图书馆
沅江市图书馆
郴州市嘉禾县图书馆
郴州市临武县图书馆
郴州市资兴市图书馆
双牌县图书馆
宁远县图书馆
怀化市鹤城区图书馆
沅陵县图书馆
辰溪县图书馆
溆浦县图书馆
会同县图书馆
通道侗族自治县图书馆
新化县图书馆
龙山县图书馆
保靖县图书馆
永顺县图书馆

广 东 省

韶关市图书馆
阳江市图书馆
云浮市图书馆
韶关市曲江区图书馆
乳源县图书馆
乐昌市图书馆
南雄市图书馆
珠海市斗门区图书馆
珠海市金湾区图书馆
汕头市金平区图书馆
汕头市潮阳区图书馆
遂溪县图书馆
廉江市图书馆
雷州市图书馆
信宜市图书馆
封开县图书馆
德庆县图书馆
梅州市梅江区图书馆
大埔县图书馆
丰顺县图书馆
五华县图书馆
紫金县图书馆
和平县图书馆
阳江市阳春图书馆
清远市清城区图书馆
饶平县图书馆
揭阳市揭东区图书馆
揭西县图书馆
惠来县图书馆
郁南县图书馆

广西壮族自治区

北海市图书馆
钦州市图书馆
南宁市兴宁区图书馆
南宁市青秀区图书馆
南宁市江南区图书馆

南宁市西乡塘区图书馆
南宁市良庆区图书馆
南宁市邕宁区图书馆
武鸣县图书馆
马山县图书馆
上林县图书馆
柳江县图书馆
柳城县图书馆
鹿寨县图书馆
融水县图书馆
临桂县图书馆
兴安县图书馆
合浦县图书馆
钦州市钦北区图书馆
浦北县图书馆
平南县图书馆
桂平市图书馆
靖西县图书馆
昭平县图书馆
南丹县图书馆
钟山县图书馆
环江县图书馆
宜州市图书馆
忻城县图书馆
武宣县图书馆
金秀县图书馆
宁明县图书馆
大新县图书馆
凭祥市图书馆

海 南 省

海南省图书馆
三亚市图书馆
澄迈县图书馆
保亭黎族苗族自治县图书馆
琼中黎族苗族自治县图书馆

重 庆 市

渝北区图书馆
巴南区图书馆
合川区图书馆
永川区图书馆
城口县图书馆
丰都县图书馆

四 川 省

自贡市图书馆
广元市图书馆
德阳市图书馆
宜宾市图书馆
遂宁市图书馆
内江市图书馆
乐山市图书馆
南充市图书馆
达州市图书馆
资阳市图书馆
巴中市图书馆
攀枝花市仁和区图书馆
盐边县图书馆
泸州市纳溪区图书馆
泸州市龙马潭区图书馆
泸县图书馆
叙永县图书馆
罗江县图书馆
盐亭县图书馆
梓潼县图书馆
平武县图书馆
江油市图书馆
青川县图书馆
剑阁县图书馆
大英县图书馆
威远县图书馆
资中县图书馆
峨眉山市图书馆
营山县图书馆
蓬安县图书馆
仪陇县图书馆
阆中市图书馆
青神县图书馆
广安市广安区图书馆
岳池县图书馆
武胜县图书馆
邻水县图书馆
达县图书馆
宣汉县图书馆
大竹县图书馆
渠县图书馆
万源市图书馆
巴中市巴州区图书馆
通江县图书馆
南江县图书馆
平昌县图书馆
茂县图书馆
西昌市图书馆

贵 州 省

贵州省图书馆
六盘水市图书馆
黔南州图书馆

息烽县图书馆
六盘水市六枝特区图书馆
盘县图书馆
桐梓县图书馆
绥阳县图书馆
正安县图书馆
道真县图书馆
凤冈县图书馆
余庆县图书馆
习水县图书馆
赤水市图书馆
普定县图书馆
关岭县图书馆
江口县图书馆
石阡县图书馆
思南县图书馆
印江县图书馆
黔西县图书馆
兴仁县图书馆
安龙县图书馆
威宁县图书馆
锦屏县图书馆
福泉市图书馆
榕江县图书馆
从江县图书馆
麻江县图书馆
岑巩县图书馆
荔波县图书馆
龙里县图书馆
惠水县图书馆
碧江区图书馆

云 南 省

普洱市图书馆
文山州图书馆
通海县图书馆
石林县图书馆
富源县图书馆
江川县图书馆
澄江县图书馆
峨山县图书馆
新平县图书馆
隆阳区图书馆
永善县图书馆
绥江县图书馆
威信县图书馆
丽江市古城区图书馆
景东县图书馆
牟定县图书馆
姚安县图书馆
永仁县图书馆
武定县图书馆
建水县图书馆
马关县图书馆
广南县图书馆
大理市图书馆
弥渡县图书馆
鹤庆县图书馆

西藏自治区

昌都地区图书馆

陕 西 省

西安图书馆
咸阳市图书馆
高陵县图书馆
铜川市耀州区图书馆
宝鸡市金台区图书馆
三原县图书馆
乾县图书馆
彬县图书馆
旬邑县图书馆
临渭区图书馆
华县图书馆
韩城市司马迁图书馆
吴起县图书馆
黄陵县轩辕图书馆
汉中市汉台区图书馆
南郑县图书馆
榆林市榆阳区星元图书馆
定边县图书馆
洛南县图书馆
柞水县图书馆

甘 肃 省

嘉峪关市少年儿童图书馆
天水市图书馆
兰州市安宁区图书馆
天水市麦积区图书馆
武威市凉州区图书馆
肃南县图书馆
庄浪县图书馆
静宁县图书馆
环县图书馆
镇原县图书馆
定西市安定区图书馆
临洮县图书馆

青 海 省

海西州图书馆

宁夏回族自治区

石嘴山市图书馆
中卫市图书馆
西夏区图书馆

新疆维吾尔族自治区

新疆维吾尔自治区图书馆
巴音郭楞蒙古自治州图书馆
塔城地区图书馆
克拉玛依市白碱滩区图书馆
吐鲁番地区鄯善县图书馆
昌吉州昌吉市图书馆
昌吉州阜康市图书馆
昌吉州玛纳斯县图书馆
昌吉州奇台县图书馆
昌吉州木垒县图书馆
巴音郭楞州库尔勒市图书馆
巴音郭楞州尉犁县图书馆
阿克苏地区沙雅县图书馆
阿克苏地区拜城县图书馆
喀什地区喀什市图书馆
喀什地区疏附县图书馆
和田地区于田县图书馆
伊犁州伊宁县图书馆
塔城地区额敏县图书馆
塔城地区沙湾县图书馆

三 级 图 书 馆

天 津 市

河北区图书馆
河北区少年儿童图书馆

河 北 省

承德市图书馆
石家庄市高新区图书馆
石家庄市井陉矿区图书馆
石家庄市裕华区图书馆
井陉县图书馆
行唐图书馆
灵寿县图书馆
深泽县图书馆
无极县图书馆
元氏县图书馆
玉田县图书馆
秦皇岛市山海关区图书馆
卢龙县图书馆
邯郸市邯山区图书馆
邯郸市丛台区图书馆
邯郸市复兴区图书馆
邯郸市峰峰矿区图书馆
临漳县图书馆
磁县图书馆
肥乡县图书馆
邱县图书馆
馆陶县图书馆
曲周县图书馆
永年县图书馆
临城县图书馆
柏乡县图书馆
隆尧县图书馆
任县图书馆
宁晋县图书馆
广宗县图书馆
平乡县图书馆
威县图书馆
清河县图书馆
南宫市图书馆
高碑店市图书馆
张家口市下花园区图书馆
万全县图书馆
怀来县图书馆
承德丰宁满族自治县图书馆
承德县图书馆
固安县图书馆
文安县图书馆
景县图书馆
枣强县李玉霞图书馆
冀州市图书馆

山 西 省

朔州市图书馆
太原市尖草坪区图书馆
太原市万柏林区图书馆
娄烦县图书馆
大同市新荣区图书馆
大同县图书馆
阳泉市城区图书馆
平定县图书馆
盂县图书馆
长治市郊区图书馆
平顺县图书馆
屯留县图书馆

壶关县图书馆
沁县图书馆
潞城市图书馆
晋城市城区图书馆
沁水县赵树理图书馆
陵川县图书馆
高平市图书馆
左权县图书馆
和顺县图书馆
运城市盐湖区图书馆
新绛县图书馆
绛县图书馆
垣曲县图书馆
夏县图书馆
平陆县图书馆
永济市图书馆
河津市图书馆
忻州市忻府区图书馆
定襄县图书馆
五台县图书馆
繁峙县图书馆
宁武县图书馆
静乐县图书馆
神池县图书馆
五寨县图书馆
岢岚县图书馆
河曲县图书馆
保德县图书馆
偏关县图书馆
原平市图书馆
太谷县图书馆
临汾市尧都区图书馆
翼城县图书馆
吉县图书馆
大宁县图书馆
隰县图书馆
蒲县图书馆
汾西县图书馆
文水县图书馆
交城县图书馆
中阳县图书馆
临县图书馆

内蒙古自治区

内蒙古自治区图书馆
乌海市图书馆
通辽市图书馆
呼和浩特市图书馆
呼和浩特市新城区图书馆
包头市白云矿区图书馆
赤峰市元宝山区图书馆
阿鲁科尔沁旗图书馆
林西县图书馆
克什克腾旗图书馆
翁牛特旗图书馆
敖汉旗图书馆
达拉特旗图书馆
鄂托克前旗图书馆
杭锦旗图书馆
伊金霍洛旗图书馆
鄂伦春自治旗图书馆
鄂温克族自治旗图书馆
新巴尔虎左旗图书馆
新巴尔虎右旗图书馆
扎兰屯市图书馆
额尔古纳市图书馆
根河市图书馆
巴彦淖尔市临河区图书馆
磴口县图书馆
乌拉特后旗图书馆
杭锦后旗图书馆
凉城县图书馆
化德县图书馆
商都县图书馆
察右中旗图书馆
察右后旗图书馆
科尔沁右翼前旗图书馆
乌兰浩特市图书馆
扎赉特旗图书馆
突泉县图书馆
二连浩特市图书馆
锡林浩特市图书馆
阿巴嘎旗图书馆
苏尼特左旗图书馆
东乌珠穆沁旗图书馆
西乌珠穆沁旗图书馆
镶黄旗图书馆
正镶白旗图书馆
太仆寺旗图书馆
多伦县图书馆
阿拉善左旗图书馆
阿拉善右旗图书馆

辽 宁 省

丹东市少年儿童图书馆
辽阳市少年儿童图书馆
铁岭市图书馆
鞍山市千山区图书馆

营口市西市区图书馆
营口市老边区图书馆
调兵山市图书馆
绥中县图书馆

吉 林 省

通化市图书馆
白城市图书馆
四平市图书馆
吉林市龙潭区图书馆
吉林市船营区图书馆
吉林市丰满区图书馆
舒兰市图书馆
梨树县图书馆
公主岭市图书馆
双辽市图书馆
东辽县图书馆
通化市二道江区图书馆
柳河县图书馆
白山市江源区图书馆
镇赉县图书馆
通榆县图书馆
大安市图书馆

黑龙江省

鸡西市图书馆
七台河市图书馆
牡丹江市朝鲜族图书馆
大兴安岭地区图书馆
哈尔滨市道外区图书馆
哈尔滨市平房区图书馆
宾县图书馆
通河县图书馆
延寿县图书馆
五常市图书馆
甘南县图书馆
鸡东县图书馆
虎林市图书馆
密山市图书馆
龙江县图书馆
萝北县图书馆
绥滨县图书馆
饶河县图书馆
林甸县图书馆
杜蒙县图书馆
伊春市美溪区图书馆
伊春市五营区图书馆
伊春市红星区图书馆
伊春市汤旺河区图书馆
富锦市图书馆
汤原县图书馆
宁安市图书馆
林口县图书馆
穆棱市图书馆
北安市图书馆
安达市图书馆
兰西县图书馆
明水县图书馆
青冈县图书馆
肇东市图书馆
漠河县图书馆

江 苏 省

丰县图书馆
宝应县图书馆
淮安市淮阴区图书馆

浙 江 省

丽水市图书馆
青田县图书馆
庆元县图书馆

安 徽 省

阜阳市图书馆
池州市图书馆
宣城市图书馆
庐江县图书馆
怀远县图书馆
淮南市潘集区图书馆
凤台县图书馆
当涂县图书馆
濉溪县图书馆
铜陵市郊区图书馆
潜山县图书馆
全椒县图书馆
明光市图书馆
阜南县图书馆
宿州市埇桥区图书馆
砀山县图书馆
萧县图书馆
含山县图书馆
和县图书馆
六安市金安区图书馆
寿县图书馆
霍山县图书馆
亳州市谯城区图书馆
涡阳县图书馆
蒙城县图书馆
利辛县图书馆
石台县图书馆

绩溪县图书馆

福 建 省

南平市图书馆
莆田市图书馆
仓山区图书馆
罗源县图书馆
永泰县图书馆
仙游县图书馆
云霄县图书馆
东山县图书馆
平和县图书馆
华安县图书馆
顺昌县图书馆
霞浦县图书馆
屏南县图书馆
古田县图书馆
寿宁县图书馆
柘荣县图书馆

江 西 省

南昌市湾里区图书馆
新建县图书馆
景德镇市昌江区图书馆
景德镇市珠山区图书馆
上栗县图书馆
九江市庐山区图书馆
浔阳区图书馆
九江县图书馆
星子县图书馆
彭泽县图书馆
章贡区图书馆
崇义县图书馆
宁都县图书馆
寻乌县图书馆
石城县图书馆
瑞金市图书馆
吉州区图书馆
铜鼓县图书馆
临川区图书馆
黎川县图书馆
广昌县图书馆
上饶县图书馆
横峰县图书馆
余干县图书馆

山 东 省

枣庄市中区图书馆
栖霞市图书馆
曹县图书馆

河 南 省

开封市图书馆
南阳市图书馆
登封市图书馆
兰考县图书馆
宜阳县图书馆
平顶山市卫东区图书馆
叶县图书馆
郏县图书馆
汝州市图书馆
安阳县图书馆
汤阴县图书馆
内黄县图书馆
原阳县图书馆
卫辉市图书馆
博爱县图书馆
孟州市图书馆
许昌县图书馆
临颍县图书馆
南召县图书馆
方城县图书馆
内乡县图书馆
社旗县图书馆
新野县图书馆
柘城县图书馆
虞城县图书馆
夏邑县图书馆
信阳市浉河区图书馆
潢川县图书馆
淮滨县图书馆
周口市川汇区图书馆
西华县图书馆
鹿邑县图书馆
项城市图书馆
驻马店市驿城区图书馆
正阳县图书馆
泌阳县图书馆
遂平县图书馆

湖 北 省

恩施州图书馆
竹山县图书馆
竹溪县图书馆
丹江口市图书馆
荆门市东宝区图书馆
沙洋县图书馆
孝昌县图书馆
大悟县图书馆
监利县图书馆

江陵县图书馆
洪湖市图书馆
建始县图书馆
巴东县图书馆
宣恩县图书馆
来凤县图书馆
鹤峰县图书馆
神农架林区图书馆

湖 南 省

永州市图书馆
株洲县图书馆
湘潭市岳塘区图书馆
衡阳市珠晖区图书馆
衡阳市石鼓区图书馆
衡阳市南岳区图书馆
新宁县图书馆
城步县图书馆
岳阳市云溪区图书馆
岳阳市君山区图书馆
岳阳市屈原区图书馆
岳阳市岳阳楼区图书馆
湘阴县图书馆
桃源县图书馆
郴州市苏仙区图书馆
桂阳县图书馆
宜章县图书馆
永兴县图书馆
汝城县图书馆
桂东县图书馆
安仁县图书馆
永州市冷水滩区图书馆
东安县图书馆
道县图书馆
津市图书馆
江永县图书馆
蓝山县图书馆
新田县图书馆
江华县图书馆
怀化市洪江市图书馆
怀化市鹤城区少年儿童图书馆
中方县图书馆
麻阳苗族自治县图书馆
新晃侗族自治县图书馆
芷江侗族自治县图书馆
靖州苗族侗族自治县图书馆
洪江区图书馆
涟源市作家爱心书屋

广 东 省

汕尾市图书馆
清远市图书馆
潮州市图书馆
始兴县图书馆
仁化县图书馆
翁源县图书馆
新丰县图书馆
汕头市濠江区图书馆
南澳县图书馆
湛江市霞山区图书馆
吴川市图书馆
电白县图书馆
化州市图书馆
肇庆市鼎湖区图书馆
龙门县图书馆
梅县松口图书馆
平远县图书馆
河源市源城区图书馆
连平县图书馆
阳东县图书馆
佛冈县图书馆
阳山县图书馆
连山县图书馆
连南县图书馆
清远市清新区图书馆
潮安县图书馆
云安县图书馆

广西壮族自治区

梧州市图书馆
贺州市图书馆
河池市民族图书馆
柳州市城中区图书馆
柳州市鱼峰区图书馆
融安县图书馆
三江县图书馆
全州县图书馆
灌阳县图书馆
龙胜县图书馆
永福县图书馆
平乐县图书馆
苍梧县图书馆
藤县图书馆
蒙山图书馆
岑溪市图书馆
上思县图书馆
东兴市图书馆
钦州市钦南区图书馆

容县图书馆
兴业县图书馆
田东县图书馆
百色市右江区图书馆
田阳县图书馆
凌云县图书馆
乐业县图书馆
田林县图书馆
西林县图书馆
隆林县图书馆
天峨县图书馆
凤山县图书馆
东兰县图书馆
罗城县图书馆
巴马县图书馆
大化县图书馆
合山市图书馆
扶绥县图书馆
龙州县图书馆
天等县图书馆
那坡县图书馆
荔浦县图书馆
都安县图书馆
陆川县图书馆
恭城县图书馆

海 南 省

五指山市图书馆
琼海市图书馆
儋州市图书馆
东方市图书馆
定安县图书馆
屯昌县图书馆

重 庆 市

万州区图书馆
南川区图书馆
綦江区图书馆
巫山县图书馆
石柱县图书馆
彭水县图书馆

四 川 省

阿坝藏族羌族自治州图书馆
凉山彝族自治州图书馆
眉山市图书馆
金堂县图书馆
大邑县图书馆
蒲江县图书馆
荣县图书馆
富顺县图书馆
古蔺县图书馆
广元市朝天区图书馆
遂宁市船山区图书馆
隆昌县图书馆
乐山市沙湾区沫若图书馆
乐山市五通桥区图书馆
犍为县图书馆
井研县图书馆
夹江县图书馆
沐川县图书馆
彭山县图书馆
洪雅县图书馆
宜宾县图书馆
宜宾市南溪区图书馆
江安县图书馆
高县图书馆
珙县图书馆
筠连县图书馆
兴文县图书馆
开江县图书馆
汶川县图书馆
九寨沟县图书馆
小金县图书馆
宁南县图书馆

贵 州 省

安顺市图书馆
黔东南州图书馆
修文县图书馆
平坝县图书馆
沿河县图书馆
铜仁市万山特区图书馆
晴隆县图书馆
册亨县图书馆
金沙县图书馆
织金县图书馆
赫章县图书馆
黄平县图书馆
三穗县图书馆
剑河县图书馆
黎平县图书馆
雷山县图书馆
平塘县图书馆
长顺县图书馆

云 南 省

曲靖市图书馆
曲靖市少年儿童图书馆
保山市图书馆

昭通市图书馆
临沧市图书馆
红河州图书馆
西双版纳州图书馆
德宏州图书馆
怒江州图书馆
迪庆州图书馆
昆明市呈贡区图书馆
华宁县图书馆
施甸县图书馆
巧家县图书馆
大关县图书馆
水富县图书馆
凤庆县图书馆
云县图书馆
永德县图书馆
沧源县图书馆
盈江县图书馆
晋宁县图书馆
富民县图书馆
宜良县图书馆
嵩明县图书馆
禄劝县图书馆
寻甸县图书馆
马龙县图书馆
会泽县图书馆
沾益县图书馆
元江县图书馆
腾冲和顺图书馆
龙陵县图书馆
昭阳区图书馆
鲁甸县图书馆
盐津县图书馆
镇雄县图书馆
华坪县图书馆
宁蒗县图书馆
宁洱县图书馆
墨江县图书馆
景谷县图书馆
镇沅县图书馆
江城县图书馆
孟连县图书馆
澜沧县图书馆
西盟县图书馆
镇康县图书馆
双江县图书馆
耿马县图书馆
双柏县图书馆
南华县图书馆
元谋县图书馆
屏边县图书馆
元阳县图书馆
红河县图书馆
金平县图书馆
砚山县图书馆
麻栗坡县图书馆
丘北县图书馆
富宁县图书馆
景洪市图书馆
漾濞县图书馆
祥云县图书馆
宾川县图书馆
南涧县图书馆
巍山县图书馆
永平县图书馆
云龙县图书馆
洱源县图书馆
剑川县图书馆
芒市图书馆
瑞丽市图书馆
梁河县图书馆
陇川县图书馆
泸水县图书馆
贡山县图书馆
维西县图书馆

西藏自治区

西藏自治区图书馆
林芝地区图书馆
札达县图书馆
工布江达县图书馆

陕 西 省

铜川市王益区少年儿童图书馆
宝鸡市图书馆
安康市图书馆
西安市灞桥区图书馆
西安市阎良区图书馆
西安市临潼区图书馆
蓝田县图书馆
户县图书馆
铜川市印台区图书馆
宜君县图书馆
宝鸡市渭滨区图书馆
宝鸡市陈仓区图书馆
凤翔县图书馆
岐山县图书馆
扶风县图书馆
眉县图书馆

陇县图书馆
千阳县图书馆
凤县图书馆
泾阳县图书馆
礼泉县图书馆
永寿县图书馆
淳化县图书馆
兴平市图书馆
大荔县图书馆
澄城县图书馆
富平县图书馆
延川县图书馆
志丹县图书馆
城固县图书馆
西乡县图书馆
勉县图书馆
镇巴县图书馆
留坝县图书馆
佛坪县图书馆
佳县国祯图书馆
汉阴县图书馆
石泉县图书馆
平利县图书馆
旬阳县图书馆
商洛市商州区少年儿童图书馆

甘 肃 省

兰州市红古区图书馆
永登县图书馆
榆中县图书馆
白银市平川区图书馆
靖远县图书馆
会宁县图书馆
景泰县图书馆
清水县图书馆
秦安县图书馆
甘谷县图书馆
民勤县图书馆
天祝县图书馆
民乐县图书馆
临泽县图书馆
山丹县图书馆
泾川县图书馆
灵台县图书馆
金塔县图书馆
瓜州县图书馆
肃北县图书馆
阿克塞县图书馆
玉门市图书馆
华池县图书馆
合水县图书馆
正宁县图书馆
宁县图书馆
渭源县图书馆
漳县图书馆
岷县图书馆
成县图书馆
迭部县图书馆

青 海 省

果洛州图书馆
大通县图书馆
湟中县图书馆
海晏县图书馆
湟源县图书馆
平安县图书馆
民和县图书馆
乐都县图书馆
门源县图书馆
河南县图书馆
贵德县图书馆
格尔木市图书馆
互助县图书馆

宁夏回族自治区

永宁县图书馆
灵武市图书馆
惠农区图书馆
盐池县图书馆
同心县图书馆
原州区图书馆
西吉县图书馆
彭阳县图书馆
隆德县图书馆
泾源县图书馆
海原县图书馆

新疆维吾尔族自治区

吐鲁番地区图书馆
阿克苏地区图书馆
喀什地区图书馆
和田地区图书馆
伊犁哈萨克自治州图书馆
石河子市图书馆
乌鲁木齐市水磨沟区图书馆
乌鲁木齐市米东区图书馆
吐鲁番地区吐鲁番市图书馆
吐鲁番地区托克逊县图书馆
哈密地区哈密市图书馆

哈密地区巴里坤县图书馆
哈密地区伊吾县图书馆
昌吉州呼图壁县图书馆
博尔塔拉州博乐市图书馆
博尔塔拉州精河县图书馆
巴音郭楞州轮台县图书馆
巴音郭楞州若羌县图书馆
巴音郭楞州且末县图书馆
巴音郭楞州焉耆县图书馆
巴音郭楞州和硕县图书馆
巴音郭楞州博湖县图书馆
阿克苏地区新和县图书馆
阿克苏地区乌什县图书馆
克孜勒苏州阿图什市图书馆
克孜勒苏州乌恰县图书馆
喀什地区英吉沙县图书馆
喀什地区泽普县图书馆
喀什地区叶城县图书馆
喀什地区伽师县图书馆
伊犁州奎屯市图书馆
伊犁州察布查尔县图书馆
塔城地区塔城市图书馆
塔城地区托里县图书馆
塔城地区裕民县图书馆
塔城地区和布克赛尔县图书馆
阿勒泰地区阿勒泰市图书馆
阿勒泰地区哈巴河县图书馆
阿勒泰地区富蕴县图书馆
阿勒泰地区福海县图书馆
阿勒泰地区吉木乃县图书馆

2013 年通过认定的重点动漫产品名单

产品名称	产品类型	申报单位
《摩尔庄园海妖宝藏》	动画（电影）	北京华映星球国际文化发展有限公司
《武林外传》	动画	北京联盟影业投资有限公司
《阿狸》	网络动漫	北京梦之城文化有限公司
《天天向上——忽悠讲坛》	手机动漫	北京千雅文化传播有限责任公司
《魁拔》	动画（电影）	北京青青树动漫科技有限公司
《侠岚》	漫画	北京若森数字科技有限公司
《兔侠传奇》	动画（电影）	北京世纪彩蝶动画制作有限公司
《天天好孩子》第一季	动画	北京万豪天际文化传播股份有限公司
《我爱灰太狼》	动画（电影）	卡通先生（天津）影业有限公司
《童子山》	动画	天津画国人动漫创意有限公司
《草莓乐园》	动画	天津市仁永影视动画制作传播有限公司
《天天健康》第一部	手机动漫	山西高新博澳文化产业股份有限公司
《云奇飞行日记》	动画	哈尔滨品格文化传播有限公司
《中国动漫百位插画师 CG 作品精选》	漫画	上海动画大王文化传媒有限公司
《漫画中国》系列作品	漫画	上海京鼎动漫科技有限公司
《诺诺森林》	动画	苏州士奥动画制作有限公司
《梦回金沙城》	动画（电影）	杭州盛世龙图动画有限公司
《手机小子》	手机动漫	福建天狼星动漫有限公司
《我的老婆是只猫》	动画（电影）	江西凯天动漫有限公司
Q 版《后宫甄嬛传》	手机动漫	湖南浩丰文化传播有限公司
《爆笑校园》	漫画	广州漫友文化科技发展有限公司
《张小盒》	漫画	广州盒成动漫科技有限公司
《熊出没》	动画	深圳华强数字动漫有限公司
《喜羊羊与灰太狼之开心闯龙年》	动画（电影）	广东原创动力文化传播有限公司

2013年通过认定的动漫企业名单（87家）

北京市

北京潘高文化传媒有限公司
北京鑫联必升文化发展有限公司
轩创国际文化发展（北京）有限公司
北京银河长兴影视文化传播有限责任公司
中科北控成像技术有限公司
北京漫联创意科技有限公司

天津市

天津祺祥文化创意有限公司
天津瑞格奇迹影视动漫文化有限公司
天津玺朗文化传媒有限公司
翼动文化传播（天津）有限公司
天津市动漫堂文化传媒有限公司

河北省

河北妙思影动文化传播有限公司
石家庄神行动漫设计有限公司
河北燕娃动漫设计有限公司

山西省

山西乐酷文化传媒有限公司

辽宁省

沈阳义果文化传播有限公司
大连奥马科技有限公司
大连乾豪动漫有限公司
大连翰星传媒有限公司
大连卡拉扬科技发展有限公司

黑龙江省

哈尔滨极光文化传播有限公司
哈尔滨雪娃文化发展有限公司
黑龙江龙德天合动漫有限公司
哈尔滨圣文动画有限公司

上海市

上海汇漫信息科技有限公司
上海上影大耳朵图图影视传媒有限公司
上海淘米动画有限公司
上海最世文化发展有限公司
上海小虫焉知动漫科技有限公司
上海皆悦文化影视传媒有限公司
上海视金石动画有限公司

江苏省

常州金刚网络技术有限公司
常州香江多媒体科技有限公司
南京水木动画制片厂有限公司
华宇动画（江苏）有限公司
苏州米粒影视文化传播有限公司
华莱坞传媒股份有限公司
无锡熊猫动画设计有限公司

浙江省

杭州华人普雷森文化创意有限公司
浙江缔顺科技有限公司
宁波莱彼特文化传媒有限公司

安徽省

安徽依美杰动漫科技有限公司
宿州中卡通动画制作股份有限公司
安徽信达动画制作有限公司
安徽星动卡通影视有限公司

福建省

厦门联合优创网络科技有限公司
福建坤奇信息科技有限公司
福建省华悦文化投资有限公司
福建省星空动漫科技有限公司
福建中科亚创通讯科技有限责任公司
福州天之谷网络科技有限公司
厦门大口袋动漫设计有限公司
厦门蓝火焰影视动漫有限公司

江西省

江西省铃山堂文化传播有限公司
江西腾王科技有限公司

山东省

山东广电呀咔咔动漫产业有限公司
威海市光远影视动画有限公司
潍坊合展动画有限公司
济南科明数码技术有限公司

河南省

河南安卓卡通科技有限公司
河南名阁影画文化传播有限公司
河南约克信息技术股份有限公司
河南智睿动漫设计有限公司

郑州太极蝌蚪动漫影视有限公司
郑州壹卡通动漫科技有限公司

湖北省
武汉四明印象文化传播有限公司
武汉漫维文化传媒有限公司

湖南省
湖南锦绣神州影视文化传媒有限公司

广东省
广州市东奕文化传播有限公司
广州天闻角川动漫有限公司
广州市乐淘动漫设计有限公司
深圳创艺时代文化发展有限公司
深圳市卡曼文化传播有限公司
东莞市天成动漫有限公司
东莞水木动画衍生品发展有限公司
佛山市南海区达力创意动漫有限公司
梅州市汉唐影视动漫传播有限公司

广西壮族自治区
广西临届动漫设计有限公司
广西天象国际动漫科技产业有限公司
桂林坤鹤文化传播有限公司
南宁峰值文化传播有限公司

海南省
海南英立科技开发有限公司

重庆市
重庆长美影视动画设计有限责任公司

四川省
成都谛听文化传播有限公司

云南省
昆明盛策同辉数字科技有限责任公司

甘肃省
甘肃上元甲子文化传媒有限责任公司

新疆维吾尔自治区
新疆魔力矩阵信息技术有限公司

2013年通过认定的重点动漫企业名单（9家）

北京市
北京联盟影业投资有限公司
北京万豪天际文化传播股份有限公司

天津市
天津画国人动漫创意有限公司
天津市仁永影视动画制作传播有限公司

山西省
山西高新博澳文化产业股份有限公司

黑龙江省
哈尔滨品格文化传播有限公司

安徽省
安徽樱艺缘文化传播有限公司

江西省
江西凯天动漫有限公司

广东省
广东咏声文化传播有限公司

2013年国家动漫品牌建设和保护计划动漫品牌入选名单

（排名不分先后）

申报地区	序号	项目名称	申报单位
中央直属单位	1	哪吒传奇	央视动画有限公司
	2	功夫兔与菜包狗	中国传媒大学
北京	1	星海镖师	北京颜开文化发展有限公司
天津	1	三国演义	天津神界漫画有限公司
	2	魁拔	天津市滨海新区青青树动漫科技有限公司

续表

申报地区	序号	项目名称	申报单位
上海	1	大耳朵图图	上海上影大耳朵图图影视传媒有限公司
	2	兔子帮	上海炫动传播股份有限公司
	3	赛尔号	上海淘米网络科技有限公司
	4	斗罗大陆	上海风炫动画设计制作有限公司
	5	中华小子	上海今日动画影视文化有限公司
	6	小破孩	上海拾荒动画设计有限公司
江苏	1	开心宠物店	苏州欧瑞动漫有限公司
浙江	1	乐比悠悠	浙江中南卡通股份有限公司
	2	少年阿凡提	宁波民和影视动画股份有限公司
福建	1	手机小子	福建省天狼星动漫有限公司
湖北	1	招财童子	武汉治图文化传媒有限公司
湖南	1	山猫吉咪	湖南山猫卡通有限公司
广东	1	巴啦啦小魔仙	广州奥飞文化传播有限公司
	2	拽猫	东莞市漫彩文化传播有限公司
	3	洛克王国大冒险	腾讯科技（深圳）有限公司

2013 年国家动漫品牌建设和保护计划动漫创意入选名单

（排名不分先后）

申报地区	序号	项目名称	申报单位
中央直属单位	1	新少林	央视动画有限公司
	2	侍灵演武	邮电出版有限责任公司
北京	1	新年的故事	北京国是经纬科技有限公司
	2	明卡猫	北京明卡动画有限公司
天津	1	毛病	天津神界漫画有限公司
山西	1	沃沃健康小卫士	山西高新博澳文化产业股份有限公司
辽宁	1	折纸总动员	大连乾豪动漫有限公司
	2	淘气冬冬	大连胡军漫画文化发展有限公司
上海	1	小花仙	上海淘米动画有限公司
	2	跟着刀刀去旅行	上海漫行文化传播有限公司
	3	梅兰芳漫画版	上海易霖动漫文化传播有限公司
	4	努努和露露	上海炫动传播股份有限公司
	5	昨日青空	上海青空绘彩动漫文化传播有限公司
江苏	1	粉墨宝贝	昆山合谷数码科技有限公司
	2	吉娃娃	江苏希际数码艺术网络股份有限公司
	3	小龙甜品工房	常州文化创意科技发展有限公司

续表

申报地区	序号	项目名称	申报单位
浙江	1	子不语	杭州夏天岛影视动漫制作有限公司
	2	妙先生	杭州路行动画设计有限公司
	3	亲亲小可	杭州时空影视文化传播有限公司
	4	魔幻仙踪	浙江中南卡通股份有限公司
安徽	1	合肥老母鸡	安徽同人文化传播有限公司
湖北	1	米可米乐	海豚传媒股份有限公司
	2	UP 喵	武汉博润通数码科技有限公司
湖南	1	PUPU 健康歌	湖南金鹰卡通有限公司
	2	后宫甄嬛传 Q 版	湖南浩丰文化传播有限公司
广东	1	楼兰旖梦	广州漫友文化科技发展有限公司
	2	键盘仔	广州盒成动漫科技有限公司
	3	快乐梦想家	广州艺洲人文化传播有限公司
四川	1	动漫川剧古诗词曲	四川文艺音像出版社
陕西	1	秦俑之五行传说	陕西动漫产业平台管理中心有限责任公司

2013 年获得进口动漫开发生产用品免税资格的动漫企业名单

序号	企业所在地	企业名称
1	北　京	北京若森数字科技有限公司
2	江　苏	好莱坞（中国）数码艺术研发中心有限公司
3	黑龙江	哈尔滨品格文化传播有限公司
4	河　南	河南省漫画时代传媒有限公司
5	河　南	河南升环动漫影视有限公司
6	广　东	广东咏声文化传播有限公司
7	宁　夏	宁夏新科动漫产业有限公司

2013 年通过进口动漫开发生产用品免税资格年审的动漫企业名单

序号	企业所在地	企业名称
1	北京	北京迪生动画制作有限公司
2	北京	北京万豪天际文化传播股份有限公司
3	天津	天津画国人动漫创意有限公司
4	天津	天津神界漫画有限公司

续表

序号	企业所在地	企业名称
5	天津	天津市灵感创然动画制作有限公司
6	天津	天津福丰达动漫游戏制作有限公司
7	上海	上海幻维数码创意科技有限公司
8	上海	上海河马动画设计股份有限公司
9	江苏	苏州欧瑞动漫有限公司
10	江苏	江苏卡龙动画影视传媒股份有限公司
11	浙江	浙江中南卡通股份有限公司
12	江西	江西凯天动漫有限公司
13	江西	江西笛卡传媒有限公司
14	山东	山东中动文化传媒有限公司
15	河南	郑州谷晶创艺动漫有限公司
16	湖北	海豚传媒股份有限公司
17	广东	深圳博克斯数码动画有限公司
18	广东	环球数码媒体科技研究（深圳）有限公司
19	广东	深圳华强数字动漫有限公司
20	陕西	西安长风影视文化传播有限公司
21	陕西	陕西嘉荷网络空间开发股份有限公司

各地区行政区划

(2013年年底)

单位：个

区划名称	地级	#地级市	县级	#市辖区	#县级市	#县	#自治县	乡镇级	#镇数	#乡数	#民族乡	#街道办事处
全国	**333**	**286**	**2853**	**872**	**368**	**1442**	**117**	**40497**	**20117**	**12812**	**1035**	**7566**
北京			16	14		2		325	144	38	5	143
天津			16	13		3		240	121	6	1	113
河北	11	11	172	37	22	107	6	2246	1045	914	50	286
山西	11	11	119	23	11	85		1398	564	632		202
内蒙古	12	9	102	22	11	17		1010	493	275	18	242
辽宁	14	14	100	56	17	19	8	1521	636	228	60	657
吉林	9	8	60	20	21	16	3	900	434	184	28	282
黑龙江	13	12	128	64	18	45	1	1279	495	398	56	386
上海			17	16		1		208	108	2		98
江苏	13	13	100	55	23	22		1265	797	79	1	389
浙江	11	11	90	34	21	34	1	1324	639	264	14	421
安徽	16	16	105	43	6	56		1508	927	330	9	251
福建	9	9	85	26	14	45		1104	616	313	19	175
江西	11	11	100	20	10	70		1546	807	594	8	145
山东	17	17	137	48	29	60		1826	1107	91		628
河南	17	17	159	50	21	88		2406	1085	755	12	566
湖北	13	12	103	38	24	38	2	1232	757	175	10	300
湖南	14	13	122	35	16	64	7	2407	1138	925	97	344
广东	21	21	121	58	23	37	3	1585	1128	11	7	446
广西	14	14	110	36	7	55	12	1247	722	405	59	120
海南	3	3	20	4	6	4	6	224	182	21		21
重庆			38	19		15	4	1016	611	213	14	192
四川	21	18	183	48	14	117	4	4657	1853	2502	98	302
贵州	9	6	88	13	7	56	11	1507	782	606	215	119
云南	16	8	129	13	12	75	29	1388	652	574	141	162
西藏	7	1	74	1	1	72		694	140	544	9	10
陕西	10	10	107	24	3	80		1420	1142	74		204
甘肃	14	12	86	17	4	58	7	1347	478	750	34	119
青海	8	2	43	5	3	28	7	395	137	228	28	30
宁夏	5	5	22	9	2	11		237	101	92		44
新疆	14	2	101	11	22	62	6	1035	276	589	42	169
香港特别行政区												
澳门特别行政区												
台湾省												

各地区生产总值

单位：亿元

地　区	2007年	2008年	2009年	2010年	2011年	2012年	2013年
北　京	9846.8	11115.0	12153.0	14113.6	16251.9	17879.4	19500.6
天　津	5252.8	6719.0	7521.9	9224.5	11307.3	12893.9	14370.2
河　北	13607.3	16012.0	17235.5	20394.3	24515.8	26575.0	28301.4
山　西	6024.5	7315.4	7358.3	9200.9	11237.6	12112.8	12602.2
内蒙古	6423.2	8496.2	9740.3	11672.0	14359.9	15880.6	16832.4
辽　宁	11164.3	13668.6	15212.5	18457.3	22226.7	24846.4	27077.7
吉　林	5284.7	6426.1	7278.8	8667.6	10568.8	11939.2	12981.5
黑龙江	7104.0	8314.4	8587.0	10368.6	12582.0	13691.6	14382.9
上　海	12494.0	14069.9	15046.5	17166.0	19195.7	20181.7	21602.1
江　苏	26018.5	30982.0	34457.3	41425.5	49110.3	54058.2	59161.8
浙　江	18753.7	21462.7	22990.4	27722.3	32318.9	34665.3	37568.5
安　徽	7360.9	8851.7	10062.8	12359.3	15300.7	17212.1	19038.9
福　建	9248.5	10823.0	12236.5	14737.1	17560.2	19701.8	21759.6
江　西	5800.3	6971.1	7655.2	9451.3	11702.8	12948.9	14338.5
山　东	25776.9	30933.3	33896.7	39169.9	45361.9	50013.2	54684.3
河　南	15012.5	18018.5	19480.5	23092.4	26931.0	29599.3	32155.9
湖　北	9333.4	11328.9	12961.1	15967.6	19632.3	22250.5	24668.5
湖　南	9439.6	11555.0	13059.7	16038.0	19669.6	22154.2	24501.7
广　东	31777.0	36796.7	39482.6	46013.1	53210.3	57067.9	62164.0
广　西	5823.4	7021.0	7759.2	9569.9	11720.9	13035.1	14378.0
海　南	1254.2	1503.1	1654.2	2064.5	2522.7	2855.5	3146.5
重　庆	4676.1	5793.7	6530.0	7925.6	10011.4	11409.6	12656.7
四　川	10562.4	12601.2	14151.3	17185.5	21026.7	23872.8	26260.8
贵　州	2884.1	3561.6	3912.7	4602.2	5701.8	6852.2	8006.8
云　南	4772.5	5692.1	6169.8	7224.2	8893.1	10309.5	11720.9
西　藏	341.4	394.9	441.4	507.5	605.8	701.0	807.7
陕　西	5757.3	7314.6	8169.8	10123.5	12512.3	14453.7	16045.2
甘　肃	2704.0	3166.8	3387.6	4120.8	5020.4	5650.2	6268.0
青　海	797.4	1018.6	1081.3	1350.4	1670.4	1893.5	2101.1
宁　夏	919.1	1203.9	1353.3	1689.7	2102.2	2341.3	2565.1
新　疆	3523.2	4183.2	4277.1	5437.5	6610.1	7505.3	8360.2

注：本表按当年价格计算。

各地区年末常住人口

单位：万人

地区	2006年	2007年	2008年	2009年	2010年	2011年	2012年	2013年
全国	**131448**	**132129**	**132802**	**133450**	**134091**	**134735**	**135404**	**136072**
北京	1601	1676	1771	1860	1962	2019	2069	2115
天津	1075	1115	1176	1228	1299	1355	1413	1472
河北	6898	6943	6989	7034	7194	7241	7288	7333
山西	3375	3393	3411	3427	3574	3593	3611	3630
内蒙古	2415	2429	2444	2458	2472	2482	2490	2498
辽宁	4271	4298	4315	4341	4375	4383	4389	4390
吉林	2723	2730	2734	2740	2747	2749	2750	2751
黑龙江	3823	3824	3825	3826	3833	3834	3834	3835
上海	1964	2064	2141	2210	2303	2347	2380	2415
江苏	7656	7723	7762	7810	7869	7899	7920	7939
浙江	5072	5155	5212	5276	5447	5463	5477	5498
安徽	6110	6118	6135	6131	5957	5968	5988	6030
福建	3585	3612	3639	3666	3693	3720	3748	3774
江西	4339	4368	4400	4432	4462	4488	4504	4522
山东	9309	9367	9417	9470	9588	9637	9685	9733
河南	9392	9360	9429	9487	9405	9388	9406	9413
湖北	5693	5699	5711	5720	5728	5758	5779	5799
湖南	6342	6355	6380	6406	6570	6596	6639	6691
广东	9442	9660	9893	10130	10441	10505	10594	10644
广西	4719	4768	4816	4856	4610	4645	4682	4719
海南	836	845	854	864	869	877	887	895
重庆	2808	2816	2839	2859	2885	2919	2945	2970
四川	8169	8127	8138	8185	8045	8050	8076	8107
贵州	3690	3632	3596	3537	3479	3469	3484	3502
云南	4483	4514	4543	4571	4602	4631	4659	4687
西藏	285	289	292	296	300	303	308	312
陕西	3699	3708	3718	3727	3735	3743	3753	3764
甘肃	2547	2548	2551	2555	2560	2564	2578	2582
青海	548	552	554	557	563	568	573	578
宁夏	604	610	618	625	633	639	647	654
新疆	2050	2095	2131	2159	2185	2209	2233	2264

注：1.全国数据包括中国人民解放军现役军人数，但不包括香港、澳门特别行政区和台湾地区数据；230万部队分省数据中未包括中国人民解放军现役军人数。
2.2010年数据为当年人口普查数据推算数；其余年份数据根据年度人口抽样调查推算。